GARCÍA MÁRQUEZ
El viaje a la semilla
LA BIOGRAFÍA

ALFAGUARA

Dasso Saldívar

GARCÍA MÁRQUEZ
El viaje a la semilla
LA BIOGRAFÍA

ALFAGUARA

ALFAGUARA

© 1997, Dasso Saldívar
© De esta edición:
1997, Santillana, S. A.
Juan Bravo, 38. 28006 Madrid
Teléfono (91) 322 47 00
Telefax (91) 322 47 71

• Aguilar, Altea, Taurus, Alfaguara S. A.
Beazley 3860. 1437 Buenos Aires
• Aguilar, Altea, Taurus, Alfaguara S. A. de C. V.
Avda. Universidad, 767, Col. del Valle,
México, D.F. C. P. 03100
• Ediciones Santillana, S. A.
Carrera 13, nº 63-39. Piso 12
Bogotá, Colombia

ISBN: 84-204-8250-1
Depósito legal: M. 14.624-1997
Impreso en España - Printed in Spain

Diseño:
Proyecto de Enric Satué
© Cubierta:
Jesús Sanz

PROCEDENCIA DEL MATERIAL GRÁFICO
© Fotografía de cubierta: Rodrigo García Barcha. 1975
FOTOGRAFÍAS: Archivo de los García Márquez: 1, 2, 8, 9, 11, 39,
50. Sara Márquez: 3, 10, 18. Dasso Saldívar: 4, 5-7, 12, 16-17, 19-28,
30-31, 33-38, 40-46, 53-58. Rosa Elena Fergusson: 29. Michel
Palencia-Roth: 32. María Luisa Núñez: 47. Carlos Martín: 48. Familia
de Carlos Julio Calderón Hermida: 49. Archivo de *El Espectador:* 51-52,
61, 65, 73. Luis Villar Borda: 62, 63. Francisco Porrúa: 70. Gustavo
Vázquez: 71. Jorge Uzón: 66-67.
PLANOS DE LA CASA NATAL: Gustavo Castellón Licero, Gilver,
Caraballo Gómez y Jaime Santos Puerta.
ÁRBOLES GENEALÓGICOS: Ligia García Márquez, Margarita
Márquez Caballero y Dasso Saldívar.

PRIMERA EDICIÓN: MARZO 1997
SEGUNDA EDICIÓN: MAYO 1997

Para Salvador Sepúlveda y Juana Ochoa.
A Fanier y Elkin Sepúlveda Ochoa,
ahora que nos hablan desde
el otro lado de la semilla.

Reconocimientos

En una obra tan tiránica y proteica como es una biografía, en la que el autor es apenas algo más que un solícito amanuense de sus muchos e indispensables colaboradores, es de elemental justicia y gratitud dejar constancia de la generosa aportación de éstos.

Mi primer reconocimiento es, por lo tanto, para Gabriel García Márquez, quien no sólo me concedió la comodidad de escribir sobre él sin ninguna cortapisa, «como si ya estuviera muerto», sino que me ayudó durante dos largas tardes a ordenar y aclarar los muy enredados y poco documentados primeros veinte años de su vida. En este sentido fueron decisivas también las aportaciones de su madre, doña Luisa Santiaga Márquez Iguarán (quien además me aclaró y amplió momentos fundamentales de su noviazgo y matrimonio con el telegrafista de Aracataca, Gabriel Eligio García Martínez), y de sus hermanos Luis Enrique, Margot, Aída, Ligia, Gustavo, Jaime y Eligio García Márquez. Luis Enrique y Ligia se encargaron de aclararme una y otra vez fechas, parentescos y anécdotas, y fue Ligia, «la historiadora de la familia», quien, junto a su prima Margarita Márquez, aportó la mayoría de los datos de los árboles genealógicos. Jaime, «el cartesiano de la familia», me prestó su mirada lúcida sobre todos y cada uno de los García Márquez. Aída, con quien había iniciado un diálogo en Copacabana, Antioquia, en octubre de 1972, cuando era todavía monja salesiana, después de veinte años continuó hablándome, como si no hubiera pasado el tiempo, para abundar en algunos aspectos de nuestra primera conversación.

Con todo, no hubiera podido terminar de establecer de manera amplia y convincente la infancia del escritor, ni concluir la reconstrucción teórica de su casa natal, sin la aportación definitiva de Sara Márquez, la prima hermana del novelista que, junto a Margot, se crió con él hasta los diez años; con su memoria fresca y sin concesiones, no sólo puso los puntos sobre las íes, evitándome algunas mistificaciones sobre la infancia del escritor que andan sueltas por el mundo, sino que me trazó los mejores retratos de los abuelos, las tías y la casa. Asimismo, fueron fundamentales las revelaciones de la tía prima Margot Valdeblánquez, una verdadera narradora oral, que me señaló aspectos claves de los abuelos y la infancia del escritor. El broche de oro sobre la casa natal fue posible gracias a la asistencia del arquitecto Gustavo Castellón Licero, coautor de una tesis de grado sobre aquélla y con quien pasé en Aracataca una semana de trasiegos, búsquedas y constataciones, completando así mis primeras pesquisas de comienzos y mediados de los años setenta.

No menos importantes fueron mis reiteradas charlas con Rosa Elena Fergusson, la maestra riohachera que le enseñó a leer y le inculcó la afición por la poesía en las veladas de la escuelita Montessori. Luis Carmelo Correa García, el amigo prenatal del escritor, me aportó la visión más amplia del escolar Gabito: sus juegos, costumbres, aficiones y manías, así como aspectos interesantes de la historia de Aracataca, las bananeras y algunos de sus personajes, como la inolvidable Juana de Freites y el pintoresco y hacendoso Antonio Daconte Fama.

Ante la falta casi absoluta de archivos, Lorenzo Solano Peláez, Ana Ríos, Graciano Brito, Etzael y Clemencia Saltarén fueron, en la hospitalaria Barrancas, mis fuentes principales para ahondar en el período guajiro de los abuelos de García Márquez, así como en el duelo en el cual el coronel Nicolás Ricardo Márquez Mejía tuvo que matar de dos tiros a su amigo Medardo Pacheco Romero la lluviosa tarde del 19 de octubre de 1908.

El poeta Carlos Martín, el arquitecto Eduardo Angulo Flores, el urólogo Armando López, las doctoras Gladys y Zunny Calderón, hijas del profesor Carlos Julio Calderón Hermida, y María Luisa Núñez y María Luisa Gómez de Aguirre, esposa e hija del abogado Adolfo Gómez Támara, fueron, con sus declaraciones y documentos aportados, complementos y correctivos indispensables en la recuperación de los cuatro años definitivos que García Márquez pasó en Zipaquirá. Sin embargo, la actividad literaria y periodística del joven bachiller de diecisiete años hubiera quedado a medias sin la aportación providencial de Carlos Martín: un ejemplar del primer número de *Gaceta Literaria,* el periódico que editó el novelista con sus compañeros del Liceo Nacional de Varones de Zipaquirá.

En la reconstrucción de los dos cursos escasos de Derecho que el escritor padeció en Bogotá, y que coincidieron con el comienzo en firme de su carrera literaria, es mucha la aportación que recibí de Luis Villar Borda y Gonzalo Mallarino, sus ex condiscípulos y amigos. Villar Borda fue un corresponsal profuso y detallista, y tuvo la generosidad añadida de recuperar en las hemerotecas los dos poemas que él y Camilo Torres le publicaron a mediados de 1947 en un suplemento del periódico *La Razón.*

Alfonso Fuenmayor, Gustavo Ibarra Merlano, Ramiro de la Espriella, Manuel Zapata Olivella, Álvaro Mutis, Rafael Escalona y Juan Zapata Olivella, tuvieron la paciencia de ayudarme a decantar, corregir o complementar la ingente información propia y ajena de los períodos de Cartagena y Barranquilla, dos períodos esenciales, de gran fermentación, durante los cuales García Márquez empezó a ser verdaderamente García Márquez. Alfonso Fuenmayor complementó nuestra primera charla con una correspondencia más que generosa, hasta su muerte en septiembre de 1994, e Ibarra Merlano soportó durante dos años mis inquisiciones epistolares, hasta que logramos establecer, sin ningún género de dudas, el lugar, el año y casi la fecha exacta en que su amigo concluyó la primera versión de *La hojarasca,* hecho fundamental para poder aclarar en el tiempo toda una serie de sucesos en cadena. Manuel Zapata Olivella y Rafael Escalona me señalaron momentos muy significativos de los diversos viajes que el novelista de Aracataca hizo a comienzos de los cincuenta por Valledupar y la Guajira, buscando las semillas más primigenias de su memoria.

Para el largo y trascendental período que va de enero de 1954, cuando García Márquez llega a *El Espectador,* a mayo de 1967, en que se publica *Cien años de soledad* en Buenos Aires, debo las aportaciones igualmente esenciales de muchas personas, pero tengo que confesar, con una gratitud aparte, que nadie fue tan generoso, paciente y profuso como Álvaro Mutis, el maestro de Coello, quien es para muchos el más querido e íntimo amigo del rapsoda de Macondo; también es, en mi caso, la memoria, la lucidez y la generosidad más altas que me ha tocado en suerte disfrutar durante la endiablada elaboración de esta biografía. Con él pude ver más y mejor la llegada y entrada del cataquero en el diario bogotano, su viaje a Europa y sus bregas en ésta, su arribo y establecimiento en México, los años difíciles anteriores a *Cien años de soledad,* los meses inolvidables de su escritura y los primeros momentos de gloria tras el cruce del desierto.

Con los periodistas José Salgar y Alberto Zalamea abundé en datos y aclaraciones sobre un período ya bastante estudiado por Jacques Gilard y Pedro Sorela; con el escultor Rodrigo Arenas Betancourt pude asomarme al método de trabajo empleado por García Márquez en algunos de sus reportajes de la época de *El Espectador;* el cineasta Fernando Birri me aportó información valiosa sobre aquellos meses en que el escritor estudió cine en Roma; Alberto Aguirre me contó, en Madrid y en Medellín, la historia de la primera edición de *El coronel no tiene quien le escriba;* Daniel Samper y José Luis Díaz-Granados me suministraron anécdotas y datos sueltos pero abundantes y precisos de distintos momentos; Adriano González León y José Font Castro me puntualizaron ciertos aspectos del período de Caracas, y Ángel Augier y Eliseo Alberto Diego me guiaron por el recuerdo de la primera estancia del novelista en La Habana del albor revolucionario.

En la reconstrucción del largo y fructífero período de México, el de la gran explosión, no fueron menos solícitos y amplios Carlos Fuentes, María Luisa Elío, Vicente Rojo, Emmanuel Carballo, Nancy Vicens, Mercedes Barcha Pardo, Gonzalo García Barcha, José de la Colina, Carmen Balcells, Luis Coudurier y Arturo Ripstein (éste, a través de Eduardo García Aguilar). De la época en que hicieron guiones juntos y soñaron con escribir las grandes novelas del continente, me habló Carlos Fuentes, con la misma generosidad y humildad de Álvaro Mutis; las charlas con María Luisa Elío, a quien está dedicada *Cien años de soledad,* Vicente Rojo y Emmanuel Carballo fueron, junto a las de Álvaro Mutis, piezas claves para poder reconstruir los catorce meses de escritura de la gran novela de Macondo, con las peripecias y dificultades que la rodearon.

Finalmente, el editor Paco Porrúa y la agente literaria Carmen Balcells me proporcionaron, a través de los meses, un goteo enriquecedor y muy clarificador sobre el contrato, primera edición y lanzamiento de *Cien años de soledad,* así como sobre los primeros contratos y traducciones a otras lenguas.

De la casi infinita bibliografía consultada, desde las más solemnes tonterías hasta las memorias, relatos y ensayos más luminosos, debo destacar, por su aporte fundamental al mío, los trabajos de Mario Vargas Llosa, Plinio Apuleyo Mendoza, Jacques Gilard, Michael Palencia-Roth, Lázaro Diago Julio y Eduardo García Aguilar, pues sin ellos esta biografía luciferina hubiera resultado mucho más ardua y lenta, acaso una eterna condena a galeras, como lo hubiera sido también en parte sin la lectura minuciosa, artesanal, que hicieron del texto Martha Canfield, Conrado Zuluaga y José Manuel Camacho Delgado.

Pero toda esta superestructura de la preguntadera, las epístolas, las llamadas, los viajes, las lecturas y las constataciones, a lo largo de diez años, no hubiera sido posible sin el fervor cotidiano de Reina, la ayuda y la comprensión de Jesús María Ospina y Margarita Zuluaga, y el refuerzo indispensable de Carmen Balcells y Rafael del Pozo. Sin embargo, la lista no termina aquí: Edgar Montiel, Gustavo Vargas, Antonio Gamoneda, Carmen Posadas, Santiago Mutis, Eduardo García Aguilar, Pedro Sorela, Narciso Gallego, Ernesto Sierra, Gustavo Tatis Guerra, Jorge García Usta, Araceli Cepeda, Victoria Colmenar, Martha Vahós y José Sepúlveda han sido asimismo apoyos fraternos durante la escritura de este libro, que comenzó con el entusiasmo pionero del editor artesano Valentín Zapatero (q.e.p.d.) y terminó con el entusiasmo de relevo y sin reservas de Juan Cruz.

Madrid, 13 de agosto de 1996

ÍNDICE

de una Eréndira. Fin de la infancia. Primer regreso a Aracataca. Comienzo de la secundaria en el colegio San José. «El viejo» de trece años. La Segunda División. Revista *Juventud*. Primeras crónicas y versos. Un «mamagallista» de mucho cuidado.

Yendo a conocer el frío. «El río de la vida.» Aprendiendo a dormir en Bogotá. El momento más grave de su vida. Una beca por un bolero. Zipaquirá. El Liceo Nacional de Varones. El tigre de la rifa. El sarampión literario. Piedra y Cielo. El rector Carlos Martín. El grupo de Los Trece. Pinitos periodísticos: la *Gaceta Literaria*. El profesor Carlos Julio Calderón. El hacedor de poemas. Primer cuento. Un dibujante singular.

El estudiante de Derecho. La Atenas Sudamericana. Un peripatético de bares y cafés. Los amigos cachacos. «La Vida Universitaria.» «El caso perdido.» El tranvía de los versos. Un fauno en el tranvía. Una noche de vigilia con Kafka. «La tercera resignación.» La profecía de Ulises. Al hilo de Scherezada, Kafka y Tranquilina.

Gaitán y el 9 de Abril. Bogotá en llamas. El escritor ante las piras de la historia. Fidel se fue a la guerra. Regreso al Caribe. *El Universal* y el Grupo de Cartagena. *La casa* y las lecturas de La Loma del Diablo. *La hojarasca* y el nacimiento de Macondo. A la sombra de los mangos en Sucre. Encuentro con Sófocles. Adiós al Derecho. Cartagena, un semillero inagotable. Álvaro Mutis, García Márquez y la vaina.

Barranquilla, la hervorosa ciudad del Atlántico. Entre taxistas, prostitutas y pescadores. El café Colombia y la Librería

Mundo. «Los mamadores de gallo de La Cueva.» Venturas y desventuras del sabio catalán. *Voces*. El columnista de *El Heraldo*. Inquilino de El Rascacielos. Un burdel muy faulkneriano. Al son de los teletipos. *La hojarasca* no tiene quien la edite. El semanario *Crónica*. La apuesta de «La mujer que llegaba a las seis». Los alcaravanes de La Negra Eufemia. Realidad, literatura y periodismo.

Cuando Santiago Nasar era todavía Cayetano Gentile. Esplendor y decadencia de Sucre. Historia de las Mamás Grandes. La cándida niña y su matrona desalmada. María Alejandrina Cervantes. La muerte de Cayetano Gentile. De Sucre a Cartagena. Coronación en Baranoa. *Comprimido*. Encuentro con Rafael Escalona. Los vallenatos, la fuente cantada. En busca de los tiempos perdidos. Regreso a la semilla. La casa de la botica. Confirmación de Macondo. Vendedor de libros en Valledupar y la Guajira. Con Hemingway, Virginia Woolf, Rafael Escalona y Lisandro Pacheco en la semilla de la semilla. Los tiempos recobrados.

Retorno a Bogotá. Redactor de planta por novecientos pesos. Los cofrades de *El Espectador*. Conrad, Bedford y la vaina. Rojas Pinilla y la dictadura mesiánica. En una célula comunista. Crítico de cine. «Un día después del sábado.» Los grandes reportajes. *Relato de un náufrago*. Violencia, dictadura y periodismo. Edición de *La hojarasca*. Una dedicatoria anunciada.

Hacia Europa con «el mejor oficio del mundo». Ginebra y el tren de Aracataca. La conferencia de los Cuatro Grandes. Reportero en Roma y Venecia. En Praga y Varsovia a través de Viena. Fernando Birri, cicerone en Cinecittà. Plinio Mendoza y el milagro de la nieve. En una mansarda del Hotel de Flandre. *El coronel* sí tiene quien lo escriba. París era una fiera. Tras la Cortina de Hierro. Guillermo Angulo y los encuentros de Sísifo. Londres, y adiós.

No cesaremos de explorar
y el fin de toda nuestra exploración
será llegar a donde arrancamos
y conocer el lugar por primera vez.

T. S. ELLIOT

Mi recuerdo más vivo y constante no es el
de las personas, sino el de la casa misma de
Aracataca donde viví con mis abuelos.
Todos los días despierto con la impresión,
falsa o real, de que he soñado que estoy en
esa casa.

GABRIEL GARCÍA MÁRQUEZ

CAPÍTULO UNO

Aquel viaje que hizo Gabriel García Márquez con su madre a Aracataca a principios de marzo de 1952*[1], para vender la casa de los abuelos donde había nacido, es tal vez, como lo reiteraría años más tarde, uno de los hechos más decisivos de su vida literaria.

García Márquez era un joven narrador de veinticinco años con la convicción de que toda buena novela lo es en función de dos circunstancias simultáneas: ser una trasposición poética de la realidad y una suerte de adivinanza cifrada del mundo. Desde hacía cinco años venía intentando darle una salida literaria al mundo de pesadillas de su infancia en los cuentos de *Ojos de perro azul*, en una protonovela amorfa e interminable titulada *La casa* y en dos o tres versiones de *La hojarasca*. Sin embargo, el regreso a su pueblo natal le permitió ver que estaba lejos de conseguirlo por el camino emprendido[2]. Se dio cuenta de que para recuperar el tiempo dejado atrás y para llegar hasta la médula de lo que acababa de ver en Aracataca (ruina y soledad), necesitaba una perspectiva más amplia, y que, por tanto, tenía que remontar el pasado de su infancia y adentrarse en el tiempo y en los pueblos guajiros desde los cuales provenían sus abuelos maternos.

En el mismo tren de regreso a Barranquilla, donde residía hacía dos años colaborando para el periódico *El Heraldo*, empezó a preguntarle a su madre por sus abuelos: quiénes habían sido en realidad, de dónde y cuándo habían llegado a Aracataca, quién era el hombre a quien el coronel Márquez había tenido que matar en un duelo cuarenta y cuatro años

---

* Las notas que aparecen numeradas se encuentran en la página 469 del libro.

atrás y quiénes, en fin, habían refundado Aracataca junto a los Márquez Iguarán a partir del año del cometa Halley.

Cuando retornó a Barranquilla, no sólo dejó la escritura de *La casa* y reelaboró *La hojarasca*[3], sino que sintió con más urgencia que nunca la necesidad de continuar, como en el cuento de Alejo Carpentier, sus viajes a la semilla, o, mejor dicho, a la semilla de la semilla: al origen de los abuelos, pues todo lo que había ocurrido en la casa que acababan de vender, empezando por su nacimiento, estaba conectado de una forma o de otra al destino más remoto de Nicolás Ricardo Márquez Mejía y Tranquilina Iguarán Cotes.

Fue así como al año siguiente, García Márquez iba a realizar un viaje todavía más minucioso por Valledupar y la Guajira, mientras vendía, o hacía como que vendía, enciclopedias y libros de la editorial Uteha, para buscar los pueblos y lugares de la memoria de sus mayores, siguiendo la ruta inversa a la que el destino les había trazado a ellos a finales de la primera década del siglo. Tanto este viaje esencial como otros que venía realizando desde comienzos de la década, los hizo en compañía de su amigo y compadre Rafael Escalona, «el sobrino del obispo», quien, además de mostrarle la Guajira profunda, le ayudó a identificar escenarios y personajes de muchas de las historias que le habían contado los abuelos en Aracataca cuando era niño.

Un día, mientras se tomaban unas cervezas en la única cantina del pueblecito de La Paz[4], vecino de Valledupar, se toparon con un José Arcadio: un hombre alto y fuerte, con sombrero de vaquero, polainas de montar y revólver al cinto. Escalona, que era su amigo, se lo presentó a García Márquez. El hombre le tendió una mano segura y afectuosa al escritor mientras le preguntaba: «¿Tiene algo que ver con el coronel Nicolás Márquez?». El escritor le dijo que era su nieto. «Entonces», recordó el hombre con una antigua complicidad familiar, «su abuelo mató a mi abuelo»[5].

Se llamaba Lisandro Pacheco, y, ciertamente, el abuelo de García Márquez, Nicolás Ricardo Márquez Mejía, había tenido que matar en un desafío a su abuelo, Medardo Pacheco Romero, hacía cuarenta y cinco años en la población guajira de

Barrancas. Por precaución, Escalona le sugirió a Lisandro que no removiera esa historia, que Gabriel no sabía mayor cosa de la misma, y, amparado en su afición y conocimiento de las armas de fuego, le sustrajo el revólver de la funda con el pretexto de probar puntería; descargó la recámara, dejó una sola bala y dijo: «Voy a ver qué tal puntería tengo hoy»[6]. Lisandro, complacido, lo animó a que hiciera todos los disparos que quisiera, y, de pronto, los dos se enzarzaron en un mano a mano de tiro al blanco. Cuando invitaron a García Márquez a que probara puntería, éste se negó, pero entre cerveza y cerveza siguió presenciando la competición.

La cautela del ya célebre compositor de música vallenata fue innecesaria: los dos nietos se hicieron tan amigos que estuvieron «de parranda tres días y tres noches» en el camión de contrabandista de Lisandro Pacheco, «bebiendo brandy caliente y comiendo sancocho de chivo en memoria de los abuelos muertos»[7]. Durante varios días viajaron por pueblos de los departamentos del Cesar y la Guajira: El Copey, Valledupar, Manaure, Patillal, Urumita, Villanueva, San Juan del Cesar, Fonseca, Barrancas, Riohacha y el Manaure guajiro. En este viaje definitivo, García Márquez completó su trabajo de campo de lo que catorce años después sería *Cien años de soledad*, y de paso Lisandro Pacheco le presentó a varios de los hijos naturales que su abuelo Nicolás Márquez había dejado desperdigados antes, durante y después de los años erráticos de la guerra civil de los Mil Días.

Los dos nietos debieron de detenerse con especial atención en el pueblecito de Barrancas, la «escondida ranchería» de otros tiempos donde sus abuelos, igual que José Arcadio Buendía y Prudencio Aguilar antes de la fundación de Macondo, habían sido dos hombres felices hasta que uno tuvo que matar al otro en un duelo, el 19 de octubre de 1908. Podemos convenir que en aquel lugar y en esta fecha empieza la biografía de Gabriel García Márquez, diecinueve años antes de su nacimiento, pues lo ocurrido durante ese día por la tarde en Barrancas, va a prefigurar la suerte personal y literaria del escritor: no sólo permitirá que sus padres se conozcan dieciséis años más tarde, sino que es también la causa lejana de que García Márquez se

quede a vivir hasta los diez años con sus abuelos en la casa grande y fantasmal de Aracataca, el hecho más importante para el
futuro novelista.

A diferencia de la mayoría de los pueblos de la Guajira, Barrancas llegó a ser un pueblo de aspecto moderno y relativamente próspero gracias a los tributos de la mina carboní-
fera de El Cerrejón. Sin embargo, cuando llegaron los abuelos
del escritor procedentes de Riohacha, hacia comienzos de la
última década del siglo pasado, era una ranchería deleznable,
con el estigma de haber padecido diversas catástrofes y un li-
tigio religioso-administrativo que, paradójicamente, había llevado su nombre hasta la misma Ciudad del Vaticano.

Con una altitud de ciento cincuenta metros sobre el
nivel del mar, Barrancas se asienta en el margen occidental del
río Ranchería, en un vallecito de la Guajira interior encajonado
entre las estribaciones orientales de la Sierra Nevada de Santa
Marta y las occidentales de los Montes de Oca. Esto le concede
una topografía diferente de la mayor parte de la Guajira, con
suaves laderas y una vegetación de verdes apacibles, que, tras
un mediodía tórrido, contribuyen a los frescos atardeceres que
traen los vientos descendentes de las dos estribaciones monta-
ñosas. Aunque fue fundada en 1664 por un misionero español
de apellido Barranco, es muy probable que su origen haya sido
el palenque o fortín de madera de los negros cimarrones, comienzo de muchos pueblos y ciudades del Caribe. Los indios caria-
quiles, una rama de los arauacos, se asentaron aquí y desarrolla-
ron su cultura de la ranchería alrededor del maíz, el frijol, la
yuca y la ahuyama.

Barrancas vivió prácticamente en una inercia bucólica
hasta 1746, cuando le llegó el primer sobresalto de su historia,
pues al arbitrario obispo riohachero Juan Nieto Polo del Águila
se le ocurrió concederle el rango de parroquia, contraviniendo
su categoría administrativa de corregimiento. El pleito entre el
obispo y el alcalde de Riohacha llegó al Vaticano, y éste falló a
favor de su vicario, lo que obligó a la autoridad civil a concederle a Barrancas la categoría artificial de municipio. Veintitrés
años más tarde, a raíz de la rebelión de los indios guajiros, se

convirtió en la avanzadilla de los ejércitos reales que reprimieron sin contemplación a los nativos, inaugurándose un largo y duro período de conservadurismo, hasta el punto de que en 1813 (el año de la primera guerra civil colombiana) se dio la paradoja de que el alcalde era realista y el concejo patriota. Después de la Batalla de Barrancas, ocurrida durante la Independencia, el pueblo entró en una lenta decadencia, acelerada en 1860 con la masiva inmigración del vecino pueblo de Moreno, destruido por una de esas conflagraciones típicas de la región[8].

Cuando en 1881 llegó el novelista Jorge Isaacs con el propósito de estudiar y explotar los yacimientos carboníferos de El Cerrejón, el calvario de Barrancas pareció tocar a su fin. Pero la feliz ventura literaria del autor de *María* no fue más que desventura en el terreno empresarial. Designado secretario general por el presidente Rafael Núñez de la misión científica encargada de tales fines, Isaacs, que descubriría también las minas hulleras de Aracataca, logró aunar socios y tecnología ingleses para acometer la explotación de las minas barranqueras, y pronto se tendieron los primeros rieles entre Barrancas y Riohacha. Sin embargo, como había de ocurrirle otras veces al novelista, su proyecto fracasó y quedó postergado durante cien años[9].

Así que cuando llegaron los abuelos de García Márquez procedentes de Riohacha, empezando la última década del siglo, Barrancas no sólo seguía postrada por una decadencia secular, sino que había perdido hasta su condición de municipalidad, volviendo a ser durante algún tiempo corregimiento del vecino municipio de Fonseca. Sin embargo, a los Márquez Iguarán debió de parecerles un paraíso de verdor, paz y tranquilidad en comparación con la ciudad de sol, polvo y salitre que habían dejado atrás.

Nicolás Ricardo Márquez Mejía había nacido en Riohacha el 7 de febrero de 1864, pero había sido criado lejos de allí, en El Carmen de Bolívar, por su abuela materna, Josefa Francisca Vidal, y no regresó a la ciudad natal hasta los diecisiete años, donde aprendió el arte de la platería de su padre, Nicolás del Carmen Márquez Hernández. Poco más se sabe de la infancia y juventud del abuelo de García Márquez: que, aparte de Riohacha, también estuvo en Camarones, que sólo pudo terminar la primaria y que la pobreza le impidió cursar el bachillerato, siendo enviado, desde muy niño, a trabajar en la fragua con su padre[10]. Después de haber tenido dos hijos naturales con Altagracia Valdeblánquez, Nicolás Márquez se casó, a los veintiún años, con una distinguida muchacha riohachera que era su prima hermana: Tranquilina Iguarán Cotes, nacida el 5 de julio de 1863 y descendiente de gallegos que habían llegado a la Guajira colombiana a través de Venezuela. Apenas recién casado, Nicolás marchó a Panamá, donde trabajó unos meses con su tío José María Mejía Vidal, y regresó poco después tras el nacimiento de su primogénito Juan de Dios en 1886. Tres años más tarde nacería en la misma Riohacha su segundo hijo, Margarita, mientras que la madre del escritor, Luisa Santiaga, nacería en Barrancas el 25 de julio de 1905.

El bisabuelo del novelista, Nicolás del Carmen Márquez Hernández, había nacido en 1820 en Castilla, lo mismo que sus padres, Nicolás del Carmen Márquez y Juana Hernández. Al enviudar ésta, viajó a Colombia desde Andalucía y Canarias con su hijo de pocos años, lo que debió de ser hacia mediados de la década. Según la madre de García Márquez, el bisabuelo Márquez Hernández conoció a Bolívar a los diez años, cuando El Libertador hizo en 1830 su largo viaje por el río Magdalena hacia la muerte. Lo cierto es que, al crecer, el bisabuelo se convirtió en un reputado maestro de la platería, profesión que había de transmitir a su hijo, y, al igual que éste, tuvo numerosos hijos naturales en Riohacha, la mayoría con Juana Alarcón, de donde procede la *Alarconera* de la Guajira. Más tarde se casó con Luisa Josefa Mejía Vidal, con quien tuvo cuatro hijos: Nicolás Ricardo, el abuelo del escritor, Armando, Francisco y Wenefrida Márquez Mejía, la hermana que acompañaría a Nicolás Ricardo hasta la muerte.

Por su parte, la viuda tatarabuela de García Márquez, Juana Hernández de Márquez, había encontrado un segundo amor en Riohacha: Blas Iguarán, con quien tuvo una hija en 1827[11]: Rosa Antonia Iguarán Hernández, quien, por tanto, fue medio hermana del bisabuelo Nicolás del Carmen Márquez Hernández. Rosa Antonia, a su vez, tuvo tres hijos naturales con el guajiro Agustín Cotes: Tranquilina, la abuela del novelista, Rosa

Antonia y José Antonio Iguarán Cotes. Así que, por obra y gracia de la tatarabuela castellana que llegó a Colombia desde las islas Canarias en un año impreciso de la tercera década del siglo XIX, los abuelos de García Márquez fueron primos hermanos, como José Arcadio y Úrsula Iguarán en *Cien años de soledad*.

Lo mismo que su padre en Riohacha, el abuelo Nicolás Ricardo se convirtió pronto en el reputado joyero de Barrancas. En su amplia casa de puertas y ventanas abiertas a los cuatro vientos, situada en una esquina de la plaza y diagonal al cementerio, tenía el taller con su socio Eugenio Ríos, a quien se había traído de Riohacha siendo apenas un muchacho, pues era hermano, por vía materna, de Francisca Cimodosea Mejía, la muy querida prima con quien se había criado Nicolás en El Carmen de Bolívar y la mujer que, muchos años después, criaría a García Márquez en Aracataca. La abuela Tranquilina también ayudaba en las labores finales de la platería incrustando rubíes, puliendo y limpiando las joyas. Pero mientras en Macondo el coronel Aureliano Buendía sólo fabrica pescaditos de oro, los pescaditos de oro de la soledad, en Barrancas el abuelo fabricaba toda clase de piezas: anillos, pendientes, pulseras, cadenas y animalitos. Sin embargo, después de la publicación de *Cien años de soledad*, lo que más exhiben los herederos de estas joyas son los pescaditos de oro, sobre todo los descendientes de los hijos ilegítimos del abuelo, quienes los enseñan con la satisfacción de poseer el símbolo heráldico que los incluye en la vasta jungla genealógica del novelista[12].

Muy pronto, Nicolás Márquez se hizo con la finca El Guásimo en tierras de su compadre Benisio Solano Vidal, en las estribaciones de la Sierra Nevada de Santa Marta, y más tarde compró El Istmo, en las inmediaciones del pueblo, a orillas del río Ranchería[13]. Como muchas de las familias de Barrancas, que cultivaban en las laderas de los Montes de Oca el maíz, el frijol, la yuca, el plátano, el café y la caña de azúcar, Nicolás Márquez se hizo también agricultor, especialmente de caña de azúcar, de cuyo guarapo fabricaba en un alambique casero el *chirrinche*, un aguardiente grueso que se comerciaba de contrabando.

Con unos ingresos económicos generosos, con apenas tres hijos en matrimonio: Juan de Dios, Margarita y Luisa Santiaga, la madre del escritor, y gozando de un sólido prestigio personal y profesional en una comunidad de gente pacífica y solidaria, Nicolás Márquez Mejía y Tranquilina Iguarán Cotes parecían haber encontrado, en la decadente y bucólica Barrancas, el paraíso de una madurez y una vejez tranquilas. Pero la guerra civil de los Mil Días y el duelo entre Nicolás y Medardo les iban a caer encima como dos pestes medievales en un lapso de ocho años, frustrándoles un proyecto de vida pacífica y convirtiendo al abuelo en un hombre triste, con terribles cargos de conciencia, y cuyas historias iban a empezar a moldear, tres décadas más tarde, la suerte literaria de su nieto de Aracataca.

Las mil y una anécdotas de la guerra que el niño Gabriel va a escuchar de boca del abuelo, mientras caminan por las calles de Aracataca o cruzan las plantaciones de banano para bañarse en los riachuelos de la Sierra Nevada de Santa Marta, empezaron el 17 de octubre de 1899, cuando los dirigentes liberales Rafael Uribe Uribe, Benjamín Herrera y Gabriel Vargas Santos encabezaron la lucha armada contra el corrupto y tiránico régimen conservador de la Regeneración, presidido entonces por el octogenario Manuel Antonio Sanclemente.

La historia de Colombia, como la de la mayoría de los países latinoamericanos, es una historia jalonada de guerras civiles, incluso desde antes de su nacimiento como República. La primera ocurrió en 1813, seis años antes de la Independencia, y marcó el momento álgido del período conocido como La Patria Boba: de 1810 a 1816. La pugna entre dos modelos de Estado, el centralista y el federalista, fue el origen común de la veintena de guerras civiles generales y regionales, declaradas y no declaradas, que padeció Colombia a lo largo del siglo XIX. Obviamente, lo que encubrían las luchas entre centralistas y federalistas era, en definitiva, la pugna entre dos modelos de sociedad: la conservadora, retardataria, hecha de detritos coloniales, que propugnaban los terratenientes y agroexportadores conservadores, y la liberal, anticlerical, adepta a la ilustración francesa, que propugnaba la naciente burguesía industrial y comercial.

A partir de la segunda mitad del siglo, y entre guerra y guerra, las clases y grupos de la sociedad colombiana fueron experimentando desplazamientos, interaccionándose en un complejo tejido social, económico y político, hasta llegar al gran contubernio bipartidista que fue el régimen de la Regeneración, mediante el cual la aristocracia liberal-conservadora manejó el Estado en beneficio propio, marginando y reprimiendo con ferocidad cualquier contestación de los partidos y grupos de oposición.

La Regeneración estaba encabezada por el liberal independiente Rafael Núñez y el conservador nacionalista Miguel Antonio Caro. Fue un poder omnímodo durante treinta años, que empezó en 1878 como un muro de contención al federalismo de los liberales radicales, cuyo proyecto de Estado se había demostrado reiteradamente impracticable en una sociedad tan descoyuntada como la colombiana del siglo xix. Éstos defendían, en general, la autonomía real de los estados federados frente al poder central, la modernización del país en su industria, comercio y educación, la independencia entre los poderes judicial y ejecutivo, así como la separación entre el Estado y la Iglesia. Constituían la burguesía industrial y agraria más progresista del país y eran librepensadores y anticlericales. Por el contrario, los conservadores nacionalistas y liberales moderados de la Regeneración, que detentaban el poder, con la Constitución de 1886 y el Concordato de 1887, pusieron en marcha un Estado centralizado draconiano, dejaron los intereses económicos del país en manos del capital extranjero, instituyeron el monocultivo del café, que tantos esplendores y calamidades había de traerle a la economía nacional, y pusieron de nuevo a Colombia a la sombra del pastoreo espiritual e ideológico de la Iglesia al serle devuelto el manejo de la educación pública[14].

Como si fuera poco, la bicéfala oligarquía de la Regeneración impuso su endogamia intelectual y literaria: sus dirigentes no sólo eran los dueños y administradores supremos de Colombia, sino sus mismos pensadores, historiadores, geógrafos, filólogos, gramáticos y poetas; como la Mamá Grande en Macondo, eran dueños también de «la pureza del lenguaje» y del ejercicio del pensamiento y la imaginación. De hecho, el esperpento en que degeneró el régimen es uno de los demonios históricos que le servirán a García Márquez para crear el personaje de la Mamá Grande con su poder omnímodo, anacrónico y pintoresco.

El deterioro del poder de la Regeneración coincidió con una de las peores crisis cafeteras a finales de siglo. El café, que había gozado de una década de precios boyantes, comenzó de pronto a caer en picado por razones externas e internas, lo que afectó seriamente los ingresos aduaneros del gobierno de Miguel Antonio Caro, y éste, a contracorriente, impuso corsés fiscales y económicos más asfixiantes aún a los liberales y conservadores de la oposición, los llamados históricos. Esta crisis coyuntural potenció los efectos de las grandes lacras de la Regeneración: la persecución a la burguesía industrial y comercial, la imposibilidad de que los liberales accedieran al Congreso mediante elecciones libres (a la sazón sólo tenían un congresista, el mismo Uribe Uribe, ganado en la última guerra civil de 1895), el uso y abuso del Gobierno en la emisión de papel moneda de curso forzoso, la manipulación del aparato electoral en beneficio de los candidatos del régimen y el cáncer cotidiano de la corrupción y el peculado[15].

En este contexto de tiranía y descomposición crecientes, la mecha que prendió con efecto retardado la guerra de los Mil Días fue la farsa electoral del 5 de diciembre de 1897 que, como tantas otras a lo largo de la historia colombiana, inmortalizaría García Márquez en *Cien años de soledad*.

Sin duda, ésta sería la guerra más trágica y sangrienta de la historia colombiana, pues arrasó el país de cabo a rabo en su población, producción e infraestructura, y dejó una conciencia nacional tarada de rencores, divisiones e injusticias, para que al final los dos grandes enemigos históricos, el liberalismo y el conservatismo, resultaran ser irónicamente las dos caras cómplices de la misma moneda política, pues en Colombia, como diría el coronel Aureliano Buendía, la única diferencia entre liberales y conservadores radica en que los unos van a misa de cinco y los otros a misa de ocho.

Los tratados de historia sobre la guerra de los Mil Días no mencionan siquiera el nombre del abuelo de García Márquez, y es preciso adentrarse en la enmarañada y dispersa selva de memorias, crónicas, notas y cartas de sus antiguos compañeros de armas para encontrarlo combatiendo en las huestes del general Rafael Uribe Uribe, a las órdenes del general Clodomiro Castillo, a todo lo ancho de los departamentos del Magdalena, el Cesar y la Guajira, donde, desde los primeros meses de la guerra, obtuvo los galones de un coronelato que iba a llevar con orgullo hasta la muerte. Como en *El coronel no tiene quien le escriba,* iba a esperar el resto de su vida la pensión de guerra que el Gobierno les prometió a los veteranos al final de la contienda. Pero ésta no fue la única de sus desventuras: estuvo a punto de ser apresado y fusilado con sus compañeros (uno de los cuales fue Medardo Pacheco Romero, el hombre a quien tendría que matar años después en un duelo) en una misión de alto riesgo, y en algunas batallas tuvo enfrente no sólo a los familiares de su mujer, los Cotes y los Iguarán, sino a los dos mayores de sus numerosos hijos naturales, José María y Carlos Alberto Valdeblánquez Márquez, quienes pertenecían al partido conservador por herencia materna. Así, cada batalla de esta guerra fue también una batalla entre padres e hijos, tíos y sobrinos, entre primos y aun entre hermanos.

Al principio de la guerra, Nicolás Márquez y sus copartidarios, sin una dirección clara, sin armas y sin adiestramiento, se vieron obligados a refugiarse en las laderas de la Sierra Nevada de Santa Marta y los Montes de Oca, sin ir más allá de hostigamientos esporádicos al ejército enemigo. Pero con la primera asistencia logística salieron de sus escondites y obtuvieron algunas victorias fáciles, como la ocupación de Riohacha en noviembre de 1899. En realidad, ésta se debió a que Juan Manuel Iguarán (el primo de la abuela del escritor) y sus hombres se habían retirado a la vecina población de Pájaro mientras los conservadores históricos decidían sumarse o no a los nacionalistas de la Regeneración en la guerra contra los liberales. Una vez que quedó clara la alianza entre las dos ramas del conservatismo, los hombres de Iguarán volvieron sobre sus pasos y desalojaron a los liberales de Nicolás Márquez[16].

La noticia del primer triunfo liberal de la guerra en el río Peralonso, en el norte de Santander, había llegado a Riohacha a comienzos de 1900, poco antes de la buena nueva de que el general liberal Justo Durán avanzaba desde la frontera colombo-venezolana con más hombres, mil fusiles Mannlicher y cien mil municiones aportados por el Gobierno venezolano del general Cipriano Castro. Esto llenó de pánico a los conservadores, quienes abandonaron la ciudad precipitadamente. Sin embargo, en la ciudad desguarnecida, los liberales del coronel Márquez encontraron un enemigo peor que sus adversarios políticos: la fiebre amarilla.

Poco después, procedente de Bolívar, llegó el general Uribe Uribe por la ruta de Valledupar y Barrancas. Tras una arenga y un vistazo al desastre de la peste, el jefe supremo de la revolución en el Atlántico prosiguió hacia Venezuela, para obtener más ayuda del presidente Castro. Entre tanto, los pocos hombres que le habían quedado al ejército liberal en la Guajira se disolvieron, refugiándose en los Montes de Oca hasta nueva orden. Las tropas conservadoras, que para diciembre de aquel año se habían robustecido considerablemente, entraron por Riohacha al mando del general Pedro Nel Ospina, ex condiscípulo y gran amigo de su adversario Uribe Uribe[17]. Una vez conquistado el apoyo del poderoso cacique guajiro José Dolores, avanzaron por el interior de la Guajira durante los primeros meses de 1901, hasta alcanzar Valledupar en pocos días sin mayor resistencia, pues las alcaldías de Barrancas, Fonseca, San Juan del Cesar, Villanueva, Urumita y Valledupar iban mudando sus banderas rojas liberales por las azules conservadoras al paso de los soldados.

Sin embargo, no tardaron en aparecer por la frontera los generales revolucionarios Miguel Ramírez y Salvador de Luque, *El General Carajo,* con más armas y bagaje obtenidos en Venezuela para proseguir la guerra. Los liberales de Nicolás Márquez se reunificaron y empezaron de nuevo a ganar terreno: doscientos cincuenta revolucionarios atacaron con fusiles Mannlicher a setecientos soldados y los derrotaron en Fonseca el 8 de marzo de ese año. Entonces los conservadores acantonados en Riohacha volvieron sobre sus pasos, pero ya los liberales habían desaparecido en las estribaciones de los Montes de Oca, escurriéndose como felinos en su propio terreno. Los conservadores obtuvieron su premio de consolación, aprehendiendo y fusilando en Barrancas al confiado coronel cundinamarqués Alonso Plazas[18].

Ocho meses antes, en la distante y andina Bogotá, el vicepresidente José Manuel Marroquín había depuesto al senil presidente Manuel Antonio Sanclemente. La posibilidad de que con ello se acabara el desgobierno del país y Marroquín promoviera un tratado de paz duradera llenó de júbilo a liberales y conservadores. Pero la reacción del nuevo presidente fue tan inesperada como fulminante: exigió que los liberales se rindieran incondicionalmente y dispuso que todo revolucionario aprehendido con las armas en la mano fuera fusilado. De esta manera, el fusilamiento del coronel Alonso Plazas se convirtió en una de las primeras ejecuciones políticas de la guerra de los Mil Días. El fusilamiento se llevó a cabo en el patio de la comandancia de Barrancas, cerca de la casa de los Márquez Iguarán[19]. Esta muerte fue una de las mayores tragedias personales para el coronel Nicolás Márquez, y su relato iba a ser una de las historias que, con toda su imaginería, le transmitiría a su nieto de Aracataca.

Sesenta años después de la contienda, el hijo mayor del coronel Márquez, el teniente coronel José María Valdeblánquez Márquez, recogió en un libro una serie de crónicas y documentos sobre la misma[20]. En él dice haber utilizado «los informes del campo revolucionario» que su padre le suministró después de la guerra. Sin embargo, apenas lo menciona, tal vez porque, como fue su costumbre, el abuelo del escritor prefirió siempre no hablar de sus méritos militares. En cambio, Valdeblánquez incluye los relatos de dos de los jefes y amigos del coronel Márquez, el general Sabas Socarrás y el coronel Octavio Gómez[21], quienes destacan la presencia del abuelo de García Márquez en las principales batallas y en ciertas misiones de alto riesgo, como la doble y temeraria travesía que realizaron juntos entre la frontera colombo-venezolana y Valledupar. Así fue. Se trataba de una peligrosa misión para contactar con el ejército liberal de esta provincia y convencer a su jefe, el general José María del Castillo, de que avanzara con sus huestes y varios voluntarios hacia la frontera para recoger las nuevas armas que el presidente Cipriano Castro acababa de proporcionarle a Uribe Uribe, y luego marchar sobre Rioha-cha, según nuevos planes.

Para este fin, el general Clodomiro Castillo, recién nombrado por Uribe Uribe nuevo jefe de sus ejércitos en el Atlántico, designó tres comisiones que debían alcanzar Valledupar por rutas diferentes en un tiempo récord. Una de ellas fue la de los coroneles Nicolás Márquez y Octavio Gómez y los generales Sabas Socarrás, José María Cuéllar y Francisco Javier Romero. Con ellos marchaba un sobrino de éste, un soldado raso de unos diecinueve años, alto y fornido, cuyo nombre, sin embargo, no registrarían las crónicas de Sabas y Gómez: Medardo Pacheco Romero[22], el hombre a quien mataría en un duelo el abuelo de García Márquez siete años más tarde.

Venciendo todo tipo de dificultades a través de una ruta endiablada de trescientos kilómetros, dominada en su mayor parte por los conservadores y sus aliados nativos del cacique José Dolores, Nicolás Márquez y sus compañeros alcanzaron Valledupar en siete días de temeridades, corriendo más de una vez el riesgo de ser aprehendidos y fusilados. Casi en el mismo tiempo volvieron sobre sus pasos: Urumita, Villanueva, El Molino, San Juan del Cesar, Fonseca, Hato Nuevo, Carraipía y la frontera, en donde los esperaba su jefe Clodomiro Castillo, para recibir la mala nueva: el otro general Castillo, al verse reemplazado por el primero en el puesto de jefe de los ejércitos liberales del Atlántico, no aceptó las órdenes de su nuevo jefe, so pretexto de que aquella ruta era un suicidio por estar entonces bajo el control de los conservadores. El resultado fue que, hasta el desastre de Karazúa, los revolucionarios tuvieron dos meses de inactividad militar. Por esta brecha empezó a esfumárseles a los liberales el triunfo en las provincias de la Guajira, Valledupar y, más tarde, en todo el Magdalena.

Sin embargo, con su importante triunfo sobre Rioha-cha, el 16 de abril de 1902, los liberales de Uribe Uribe, pese a su desorganización y a la rivalidad de las subdirecciones[23], dieron muestras de una capacidad de reacción que parecía inagotable. Por otra parte, las noticias del triunfo casi absoluto de los diez mil hombres de Benjamín Herrera en el Pacífico y Panamá hicieron concebir la esperanza de algunos liberales, como el mismo Herrera, de que la guerra podía ganarse antes de un año si se lograba la conjunción y coordinación con los ejércitos de Uribe Uribe[24]. Pero Colombia estaba completamente exangüe. La sensación común entre liberales y conservadores, por consiguiente, no era la del triunfo inminente, sino la del marasmo, el cansancio y el hastío. En casi tres años de guerra, ambos bandos habían logrado erigirle el mayor de los monumentos a la Patria Boba, que, como la longeva Mamá Grande de Macondo, había proyectado sus sombras deletéreas sobre Colombia a lo largo del siglo XIX: cien mil muertos, la destrucción casi completa de la producción, el comercio, los medios de comunicación y la inminente desmembración de Panamá, ideada y apoyada por Estados Unidos. En estas circunstancias, la necesidad inmediata de los contendientes era, pues, acabar con aquella guerra diabólica.

Desgastadas las fuerzas gubernamentales, el presidente Marroquín dio los pasos iniciales para alcanzar la paz el 12 de junio de 1902, y el 14 de agosto apareció en Riohacha, procedente de Curazao, el general Uribe Uribe con un gran cansancio y un enorme hastío histórico de cuatro guerras civiles (él había recibido su bautizo de fuego a los diecisiete años en la guerra de 1876), dispuesto a aprovechar la oferta gubernamental para acabar con la guerra como fuera[25]. Asumió el mando, reorganizó sus tropas y con mil hombres partió por la ruta de Barrancas y Valledupar, llegando a Aracataca el 5 de septiembre[26]. En el pueblo natal de García Márquez acampó con sus tropas durante dos días, parlamentó con los generales Clodomiro Castillo, José Rosario Durán y el resto de sus oficiales, entre quienes estaba el abuelo del novelista, y concibió planes de batallas desesperadas para ganarles rápido a los conservadores y al tedio aquella guerra interminable de los mil y un días, o, por lo menos, consolidar posiciones que le permitieran firmar un tratado de paz honroso. Fue así como se llegó al desastre liberal de la batalla de Ciénaga, el 14 de octubre de 1902, que puso punto final a la contienda.

En esa batalla, el coronel Nicolás Márquez perdió en el bando enemigo a uno de sus hijos, Carlos Alberto, con apenas diecisiete años, mientras al otro, el sargento mayor José María Valdeblánquez, le correspondía el honor de hacer el viaje a lomo de mula entre Santa Marta y Ciénaga, para entregarle a Uribe Uribe el pliego de la propuesta de paz que, a través del general conservador Florentino Manjarrés, proponía el Gobierno de Marroquín[27]. El tratado acordado por ambas partes en ocho días de armisticio dejaba mucho que desear, tanto en su forma como en su contenido, pues mandaba a los liberales desarmados a sus casas con la vaga promesa de que, tras reinsertarse en la vida civil, el régimen de la Regeneración acometería las reformas adecuadas para compartir con ellos el poder de forma proporcional.

El tratado fue firmado por los generales Rafael Uribe Uribe y Florentino Manjarrés en la hacienda bananera de Neerlandia, cerca de Ciénaga, el 24 de octubre de 1902. En una modesta casa, sobre una rústica mesa de madera, quedó oficializada la capitulación de los liberales. Los contendientes rubricaron el acto con un multitudinario sancocho de gallina que tomaron en hojas de bijao, y brindaron por una larga paz con coñac y aguardiente en recipientes de totuma, a la sombra del almendro del patio[28].

Un mes más tarde, Benjamín Herrera, a regañadientes pero con mejor espíritu y letra, firmó en Panamá un segundo tratado a bordo del buque de guerra norteamericano *Wisconsin*, con el que se puso oficialmente término a la guerra de los Mil Días, que sería el gran modelo, con sus nombres, avatares y anécdotas, de las guerras del coronel Aureliano Buendía. Pero es el tratado de Neerlandia el que va a poner término a las guerras civiles en *Cien años de soledad*, pues en éste estuvo presente el abuelo del novelista y fue firmado por el general Rafael Uribe Uribe, el modelo principal de Aureliano Buendía. Este nombre, en cambio, parece tomado de otros personajes de la guerra: los coroneles Ramón Buendía y Aureliano Naudín[29]. El primero, miembro del ejército de Benjamín Herrera, fue toda una leyenda por su audacia y bizarría en el Pacífico y Panamá, y el segundo fue un destacado guerrero de las huestes de Uribe Uribe en el litoral atlántico.

Para algunos, la capitulación de Neerlandia fue el gran error político y militar de Uribe Uribe; para otros, una necesidad inevitable y la rendición menos indigna. El disgusto de gran parte de su oficialidad quedó expresado públicamente en el gesto del joven coronel José María Cabello cuando, al mismo tiempo que rompía la espada, las medallas y los títulos honoríficos, exclamaba: «Puesto que de nada han servido tantos sacrificios, todo esto sobra; volveré a mi vida privada para no saber nada más de política»[30]. La mayoría de los generales y coroneles siguió su ejemplo, sumergiéndose en el anonimato, la pobreza y el olvido. Así los encontraría García Márquez a muchos de ellos, cincuenta años más tarde, en sus viajes por Guacamayal, Sevilla, Aracataca, Valledupar, Manaure, La Paz, Villanueva, Urumita, Fonseca, Barrancas y Riohacha. Como su abuelo, siguieron esperando que los sucesivos Gobiernos cumplieran el tratado de paz y les concedieran la pensión de guerra vitalicia prometida al término de la contienda[31].

Seis años después, cuando ya empezaban a cicatrizar las heridas de la guerra y los Márquez Iguarán parecían haber recuperado la paz fabricando pescaditos de oro y destilando aguardiente para la venta de contrabando, llegó el heraldo negro de Medardo Romero, llamado así por haber sido hijo natural de Medarda Romero y Nicolás Pacheco. Apareció en forma de rumor popular. Se decía que la Medarda, madre soltera y poco sujeta a las convenciones del resto de las mortales, le hacía el favor a cierto fulano. No faltó quien hiciera el comentario por enésima vez, un día en que Nicolás Márquez y sus amigos se encontraban departiendo en la plaza. Entonces éste, más en tono correctivo que aprobatorio, exclamó: «¡Pero será verdad!». El rumor popular llevó hasta Medarda las palabras de Nicolás aunque deformadas: que éste había afirmado en voz alta que ella le hacía el favor a cierto fulano. La Medarda se sintió ofendida en su honor y apeló a su hijo para que la desagraviara ante el coronel. Pero Medardo se negó a hacerlo. Nicolás no sólo era un hombre muy querido y respetado en Barrancas, sino que había sido uno de los jefes militares de Medardo en la guerra. Juntos, con su tío Francisco Javier Romero y otros oficiales, habían hecho la temeraria travesía de ida y vuelta entre la frontera colombo-venezolana y Valledupar, y ambos formaban parte del núcleo del liberalismo barranquero. Además, Medardo estaba escarmentado con los impulsos épicos de su madre: cuando empezó la guerra, ella había obligado a sus dos hijos a que se fueran al campo de batalla, y al final de la contienda Luis fue asesinado en una refriega del vecino caserío de Chancleta. De modo que lo primero que hizo Medardo fue negarse cuando su madre lo mandó a que la desagraviara ante el coronel. Entonces ella fue terminante: «Si no lo haces, hijo, tendré que ponerte mi pollera y amarrarme tus pantalones»[32].

A mediados de abril de 1908, mientras el coronel Nicolás Márquez departía una tarde con sus amigos en la terraza de la casa de Josefina Ávila, frente a la plaza, la Medarda le descargó vicariamente todo su veneno a través de Medardo, pues éste no sólo lo desafió, sino que lo insultó con toda clase de improperios y, concluyendo en voz alta para que todo el mundo lo oyera, dejó caer sus palabras donde más le dolían al coronel: «Además, tú eres un parche negro en nuestro partido liberal». Éste, sin inmutarse, se paró, miró a su joven ofensor serenamente y le dijo: «¿Ya terminaste, Medardo? Yo no soy gallina para cacarear; no todos los hombres se injurian»[33], y se fue a su casa con su parsimonia habitual.

Con pasquines y agresiones verbales esporádicas, Medardo siguió alimentando el deseo de venganza de su madre, mientras el coronel, con su espíritu de artesano, se preparaba meticulosamente en silencio para un duelo mortal. En los seis meses siguientes vendió la finca El Istmo, cumplió sus compromisos de joyero, dejó el taller en manos de su ayudante y heredero Eugenio Ríos, canceló sus deudas y le hizo saber a Medardo que se armara porque se aproximaba la hora de arreglar a balazos aquel asunto de honor.

Medardo era un hombre fuerte, alto, con dieciséis años menos que el rubicundo y fornido coronel, y hacía dos o tres meses que se había casado con Nicolasa Daza y se habían radicado en el vecino corregimiento de Papayal. El 19 de octubre, seis meses después del primer desafío, se celebraba en Barrancas la octava de la Virgen del Pilar, es decir, el último día de festividad de la patrona del pueblo. Medardo, como la mayoría de los barranqueros, salió de su casa para participar aquel día en la procesión con una vela encendida, pues era el momento de pagarle las promesas a la Virgen por los deseos cumplidos durante el año anterior, entre los cuales estaba su reciente matrimonio con Nicolasa. Sin embargo, ésta quiso retenerlo en casa con el argumento de que el día era muy lluvioso, pero Medardo se le zafó con el argumento definitivo de que las promesas había que pagarlas.

El duelo tuvo lugar en un callejoncito que desembocaba en los potreros, adonde había salido Medardo por la tarde a cortar un poco de hierba para su mula. El callejoncito hace años que desapareció. En su lugar, entre las actuales calle 11 y carrera 6.ª, se encuentran dos casas viejas, suburbiales, que, sin embargo, los barranqueros siguen señalando como el «callejón sin salida donde Nicolasito Márquez mató a Medardo Romero el día de la octava de la Virgen del Pilar», es decir, el 19 de octubre. Medardo entraba vestido de lino blanco, con un paraguas en una mano y un bojote de paja en la otra, bajo una llovizna pertinaz a las cinco de la tarde. En esas condiciones, su monumental figura fue un blanco perfecto a la puntería legendaria del coronel, quien lo esperaba impecablemente vestido con su paraguas bajo la lluvia. Como si no fuera a matar a un hombre sino a cumplir un rito, Nicolás Márquez le gritó cuando lo vio entrar con el bojote de paja: «Medardo, ya arreglé mis asuntos; ¿estás armado?». «Sí, estoy armado», fue lo único que alcanzó a contestar Medardo antes de que lo alcanzaran dos tiros certeros. Guiada por los disparos, Gregoria Cantillo, la anciana que vivía sola en una casa vecina, salió a la calle, avistó el tamaño de la tragedia e increpó al coronel: «¡Ay, lo mataste!», y él, con su parsimonia habitual, lo admitió: «¡Sí: la bala del honor venció al poder!».

Antes de entregarse en la alcaldía, el coronel buscó el apoyo moral de su gran amigo el dirigente liberal Lorenzo Solano y entró a casa a darle la mala nueva a su mujer. Tranquilina Iguarán Cotes enloqueció con la noticia. Los dos amigos cruzaron diagonalmente la plaza y Nicolás se entregó al alcalde Tomás Peláez. Cuando le preguntaron en la audiencia si se confesaba autor de la muerte de Medardo Pacheco Romero, el coronel lo admitió añadiendo dos precisiones en su estilo tácito y terminante: «Yo maté a Medardo Romero y si resucita lo vuelvo a matar»[34]. Algo parecido le diría José Arcadio Buendía a Prudencio Aguilar la noche de su aparición.

Desde entonces, la sombra de Medardo no iba a dejar en paz al atormentado coronel. Así, como había de perseguir el espectro de Prudencio Aguilar a José Arcadio Buendía, persiguió el espectro de Medardo Pacheco Romero a Nicolás Ricardo Márquez Mejía: no sólo hasta más allá de la sierra, en Aracataca, sino hasta su muerte, acaecida casi treinta años después. El mismo García Márquez quedaría atravesado para siempre por la frase confesional que le escuchó al abuelo a la edad de seis o siete años: «¡Tú no sabes lo que pesa un muerto!». Más aún: el aciago y lluvioso mes de octubre en que ocurrieron los hechos seguiría persiguiendo a toda una saga de coroneles en las novelas del nieto: el viejo y resignado coronel de *El coronel no tiene quien le escriba,* por ejemplo, siente que le nacen hongos y lirios venenosos en octubre, y el coronel Aureliano Buendía muere una tarde de octubre orinando al pie del castaño.

En general, Barrancas aceptó la tragedia como resultado del *fatum* inexorable. Todos sabían que Nicolás Márquez no quería matar por decisión propia a su copartidario y amigo, lo que explica que se hubiera tomado tanto tiempo preparando el duelo: tal vez esperaba que durante esos seis meses alguien o algo providencial le evitara la tragedia de tener que matar a Medardo, como les ocurriría a los homicidas de Santiago Nasar, en *Crónica de una muerte anunciada.* Pero los hechos siguieron su curso severo, como en una tragedia griega, y el tiempo habría de convertir al victimario en la auténtica víctima por quien se vertieron durante años casi todos los lamentos. Así que Barrancas experimentó la desgracia personal de Nicolás Márquez como su propia desgracia social. Incluso parte de la familia del muerto estuvo del lado del homicida en aquellos momentos. Pepe Mendoza, un tío del muerto, que era el único policía de Barrancas, durmió varias noches al pie de la puerta de la cárcel para evitar que otros familiares vengaran al difunto, y el general Francisco Javier Romero, otro tío de Medardo, protegió durante varios días en su casa a Tranquilina Iguarán Cotes y a sus tres hijos: Juan de Dios, Margarita y Luisa Santiaga, quien acababa de cumplir tres años.

El prisionero no estuvo más de unos días en la cárcel de Barrancas, pues los vengadores del difunto siguieron empeñados por todos los medios en matar al coronel. Gracias a la intervención del alcalde de Riohacha, Juan Manuel Iguarán (un primo de Tranquilina y antiguo contendiente del coronel en la guerra), Nicolás fue trasladado a la cárcel de esta ciudad, pero como los vengadores insistían en su propósito, aquél fue trasladado nuevamente a Santa Marta, donde se le impuso la ciudad por cárcel durante un año. Meses después llegaron Tranquilina, sus hijos y otros familiares, y, al contrario que en *Cien años de soledad*, donde José Arcadio Buendía y sus gentes hacen el viaje a través de la sierra, aquéllos la hicieron por el mar en una goleta.

Pagada su condena, el coronel y su familia dejaron Santa Marta y se radicaron en la vecina Ciénaga durante casi un año. La razón principal es que allí vivía Isabelita Ruiz, la amante que el coronel había conocido en Panamá en 1885 y con quien tuvo al año siguiente a María Gregoria Ruiz. Nicolás Márquez fue nombrado colector departamental del entonces corregimiento de Aracataca, pero no se instaló con la familia de inmediato porque el pueblo era muy insalubre. Sólo cuando se amplió el cultivo del banano y se asentó la United Fruit Company con toda su parafernalia de leviatán, decidió radicarse definitivamente en «la tierra que nadie les había prometido», a finales de agosto de 1910, dos meses y medio después del paso del cometa Halley[35].

Mientras tanto, Medarda Romero, la causante de la muerte de su hijo y del éxodo de los Márquez Iguarán, se sumergía en la soledad y la marginación moral, y moría de hidropesía veintidós años más tarde[36]. Por su parte, Nicolasa Daza, la joven viuda, se trasladó al vecino pueblo de Fonseca con los restos de su esposo y una hija de éste en el vientre: la que habría de ser madre de Lisandro Pacheco, el nieto de Medardo Pacheco Romero que, cuarenta y cinco años más tarde, acompañó a García Márquez por la región para que supiera dónde y cómo su abuelo había matado al suyo de dos disparos la lluviosa tarde del 19 de octubre de 1908.

CAPÍTULO DOS

La llegada de los Márquez Iguarán a la zona bananera no fue producto del azar, sino de una elección. El coronel tuvo, por lo menos, tres buenas razones para afincarse finalmente en Aracataca: desde los días finales de la guerra conocía la paz y la fertilidad de sus tierras, tenía allí amigos y ex compañeros de armas, como el general José Rosario Durán, y Aracataca era entonces uno de los centros álgidos de la explotación bananera. Así que, a finales de agosto de 1910, arribó con su familia, su servidumbre y los numerosos baúles en el tren amarillo que el nieto haría célebre en sus novelas. En este pueblo insalubre pero emergente, terminaba el largo éxodo de veintidós meses que los había arrancado de Barrancas y llevado durante un peregrinaje incierto a través de Riohacha, Santa Marta y Ciénaga.

Además de sus tres hijos legítimos: Juan de Dios, Margarita y Luisa Santiaga, que recién cumplía cinco años, los Márquez Iguarán llegaron acompañados de Wenefrida Márquez, la hermana del alma del coronel, y de su muy querida prima Francisca Cimodosea Mejía, una de las mujeres que más influirían en la vida de Gabriel García Márquez. La servidumbre estaba compuesta de tres indios que el coronel había comprado por trescientos pesos en la Guajira: Alirio, Apolinar y Meme, los silenciosos y anónimos protagonistas de *La hojarasca*[1].

Pero mientras el éxodo concluía en la tranquila y amplia casa que compraron cerca de la plaza de Bolívar, la tragedia no terminaba, sino que, al contrario, siguió cebándose en la familia: justo cuatro meses después murió de fiebre tifoidea Margarita, la hija mayor. Nacida en Riohacha y crecida en Barrancas, era una joven de veintiún años, blanca y de pelo rubio, cuya aura pálida enmarcada por dos trenzas se haría legendaria en la familia y le inspiraría al sobrino el personaje de

Rebeca Buendía. Margarita era la consentida de los Márquez Iguarán y los ojos más mimados del coronel, y poco antes de morir se incorporó en la cama, miró a su padre y, en el único momento de lucidez que le concedió la fiebre, dijo: «Se apagaron los ojos de tu casa»[2].

Así pues, los Márquez Iguarán estuvieron marcados por la tragedia al comienzo y al final de su éxodo, y la muerte de la hija impuso la tradición familiar de no celebrar las fiestas del 31 de diciembre, pues para ellos se habían apagado también ese día los ojos de toda la familia, justo en un momento en el que había tanto que ver y festejar en la renaciente y hervorosa Aracataca: la reciente llegada del tren, la expansión del cultivo del banano, el cosmopolitismo del pueblo, la prosperidad del comercio, la construcción del primer templo y la inauguración del telégrafo. Sin embargo, o tal vez por ello, en estos tiempos ya casi nadie se acordaba de los primeros fundadores del pueblo: los bravos e indómitos indios chimilas, que para entonces se habían extinguido en la región junto a su caserío: la Aracataca original.

Los chimilas estaban emparentados con los arauacos y, al igual que éstos, habían sido conquistados desde tiempos inmemoriales por los caribes, quienes les impusieron parte de su cultura y los desplazaron hacia el norte de Suramérica. Ocuparon el extenso y feraz valle del norte del departamento del Magdalena comprendido entre el mar y los ríos Ariguaní y César, de norte a sur, y las faldas suroestes de la Sierra Nevada de Santa Marta y el río Magdalena, de oriente a occidente. Sus dominios fueron descubiertos por el conquistador español Pedro de Lerma en 1528 y cruzados, ocho años más tarde, por Gonzalo Jiménez de Quesada, cuando se dirigía hacia la Colombia andina en busca de El Dorado. A finales del siglo XVI enfrentaron con éxito los primeros intentos españoles de someterlos, a las órdenes del cacique Sorli, el más célebre de sus dirigentes. Desde entonces, los conquistadores y colonizadores tuvieron cuidado de no adentrarse en sus vastos dominios, pues los chimilas eran uno de los pueblos nativos más guerreros e indómitos con que tropezaron los españoles, y por esta razón su conquista se retrasó más de doscientos años, de tal manera que, a mediados del siglo XVIII, seguían viviendo al margen de la colonización.

Pero llegó el momento en que los intereses coloniales impusieron sin más postergaciones el sangriento sometimiento de los chimilas. En 1744, el virrey Eslava encargó al capitán José Fernando de Mier y Guerra dicha tarea, y éste la cumplió a sangre y fuego. El propósito central era construir un camino que, atravesando el enclave chimila, comunicara el puerto magdalenense de Tenerife con el fértil y próspero Valle de Upar, donde crecía la ganadería y abundaban los molinos agrícolas y las herrerías. De Mier y Guerra le plantó cara feroz a los feroces chimilas, y dondequiera que les arrancaba un palmo de tierra fundaba un pueblo. El precio en vidas fue muy elevado en ambos bandos, pero, al cabo de cinco años, los colonizadores empezaron a doblegar a sus enemigos y fundaron los suficientes pueblos para contenerlos dentro de ciertas parcelas exiguas[3].

La tarea de exterminio fue completada por los seguidores de Mier y Guerra. En la última y más devastadora de las persecuciones realizadas por los hombres de José Joaquín de Zúñiga en 1768, éstos barrieron las tierras de Sevilla, Guacamayal, Orihueca y Aracataca, y los chimilas fueron definitivamente derrotados y casi exterminados. Los pocos que quedaron se refugiaron en las partes altas de los ríos Aduriamena, Fundación y Ariguaní. Con el tiempo, y habiéndose «pacificado», una de sus tribus descendió hasta el valle por el río Aduriamena, y en la margen sur del recodo del río plantó, en tierras realengas y en un año impreciso de finales del siglo XVIII, una ranchería de bohíos de madera, bejuco y palma, sin calles ni plazas, que denominaron Cataca, palabra cuyo epónimo es el título que se daba al cacique y el nombre de la tribu misma. Puesto que los catacas habían rebautizado al río Aduriamena también con el mismo nombre, la aldea terminó llamándose Aracataca, que es un topónimo compuesto de las voces chimilas *ara,* que significa río, y *cataca,* nombre del cacique y de la tribu[4].

Los catacas vivieron en su aldea con relativa paz durante casi un siglo cultivando la yuca y el ñame, la mandioca y la ahuyama, el maíz y el algodón; sacando los variados peces de las aguas cristalinas del río Cataca, que recorrían en sus bongos hasta la Ciénaga Grande; cazando en la abundancia de la Sierra Nevada y fabricando esmerados objetos de artesanía para intercambiarlos con otros indios y colonos, lo que les resultaba relativamente cómodo, porque Cataca, erigida en un lugar de paso obligado para los caminos que iban hacia el norte, sur y este, era entonces muy visitada por toda clase de comerciantes desplazados a lo largo y ancho de la vasta provincia de Santa Marta. Los mismos catacas caminaban durante semanas para llegar a los pueblos de la orilla oriental del río Magdalena o cruzaban la Sierra Nevada, hasta alcanzar los distantes caseríos de la Guajira, donde intercambiaban sus productos agrícolas y artesanales por sal, metales y otros productos de los cuales carecían. Y fue precisamente por las rutas del comercio por donde se les infiltró el apocalipsis de su cultura. Llegó embotellado, en forma de licor: nada menos que el aguardiente de contrabando, fabricado en alambiques domésticos, que contenía un elevadísimo grado de alcohol. Los chimilas lo cambiaban por sus productos y empezaron a ingerirlo sin control, sucumbiendo en pocos años a sus efectos nocivos. El resto fue fácil: los avariciosos colonos, atraídos por la calidad de las tierras que delataban sus productos agrícolas, terminaron por arrebatarles las mejores parcelas. Poco a poco, los habitantes foráneos del caserío fueron imponiéndoles sus modos de vestir y sus comportamientos culturales a los alcoholizados catacas, de tal manera que a finales de siglo iban a quedar muy pocos descendientes del legendario y valeroso cacique Sorli.

Sin embargo, aquella Aracataca heterogénea de indios, mestizos y blancos seguía siendo algo así como la aldea de los buenos salvajes, donde la autoridad, más moral que real, la ejercía el cacique o cataca de los chimilas, hasta que un día de 1888 llegó el corregidor. Como ocurriría en Macondo, apareció inesperadamente y tomó posesión civil y militar de la aldea ante los absortos nativos, alegando que representaba a la autoridad central y conservadora de Santa Marta (para entonces se había consolidado el sistema centralista en Colombia). Pero, en el fondo, esto les importó muy poco a los chimilas, mestizos y colonos, ya que durante estos años el empobrecimiento de la región, secular y tenazmente alimentado por las sucesivas guerras civiles, terminaba de ensañarse con los magdalenenses, alcanzando un estado de paroxismo que parecía no tener fondo. En el caso de Aracataca, ya el novelista Jorge Isaacs había contemplado con asombro esta miseria seis o siete años antes, cuando recorrió la región con el propósito de explorar sus yacimientos carboníferos.

El célebre autor de *María* había sido nombrado en 1881 por el presidente Rafael Núñez secretario de la misión científica para estudiar las riquezas naturales de Colombia. El novelista, muy necesitado de dinero, marchó de inmediato a explorar las tierras del Gran Magdalena, compuesto entonces por los actuales departamentos del Magdalena, el Cesar y la Guajira. Isaacs hizo estudios precisos de varios yacimientos de carbón en la Guajira y Aracataca, y le presentó al Gobierno los respectivos proyectos de explotación. Se dice que, con más alma de Buendía que de empresario, invirtió parte de los derechos de su popular novela en la exploración de las minas situadas en los contrafuertes de la Sierra Nevada, en el alto Aracataca, así como en un estudio para conocer los costos de limpieza del río, con miras a utilizarlo como medio de transporte hasta la Ciénaga Grande[5]. Sólo doce años más tarde, cuando el país estaba en bancarrota, el Gobierno conservador de Miguel Antonio Caro le concedió los derechos de explotación de las hulleras de Aracataca. El novelista dio comienzo a su empresa el mismo año de 1893, pero a los pocos meses tuvo que retirarse muy enfermo a Ibagué, donde murió dos años después. La empresa quedó en manos de su hijo Lisímaco, quien la traspasó a la Panamericana Investment Company, y ésta la abandonó finalmente por incumplimiento de contrato.

De esta manera, el gran sueño empresarial del autor de *María* quedaba truncado en los contrafuertes del alto Aracataca, donde, se diría, nadie se atrevió a continuarlo para que cumpliera, como en efecto ocurrió, «cien años de soledad». Parece forzoso pensar, entonces, que Jorge Isaacs estaba destinado a convertirse en un gran Buendía, acaso en el más notable, ya que también su primer proyecto de explotar con capital y tecnología ingleses las minas carboníferas de El Cerrejón, en Barrancas, había fracasado a comienzo de los años ochenta, cumpliendo igualmente cien años de abandono antes de convertirse en la más importante explotación hullera de Colombia.

Cuando Isaacs abandonó la patria chica de García Márquez, el corroído eje de la historia de los chimilas se había roto prácticamente, no sólo por su exterminio casi total a manos de los colonos, las pestes y el alcoholismo, sino porque, en la orilla norte del río, es decir, enfrente de la Cataca original, se había levantado un nuevo pueblo triétnico de blancos, mestizos y otros indios. El nuevo poblado experimentó un predominio definitivo cuando, en la guerra de 1885, un grupo de soldados procedentes de Santa Marta desertó al pasar por las fértiles y tranquilas tierras chimilas, y allí, en el incipiente caserío de la margen norte del río, levantaron sus casas de bahareque y techos de palma, sin ningún orden ni concierto. Con el tiempo, los colonos y mestizos que vivían en el poblado sur de los chimilas se pasaron al nuevo caserío. Así se consumó la refundación de Cataca, que habría de llamarse Aracataca, a secas, y no La Santísima Trinidad de Aracataca, nombre que recibió oficialmente el poblado de los catacas en 1834, cuando pasó a la jurisdicción del entonces cantón de Ciénaga.

Los pocos chimilas que no habían sido exterminados por la viruela o el alcoholismo a finales de siglo, empezaron a esfumarse por las rutas del sur, a aventurarse por los caminos interminables del valle de Upar o a emigrar a las tierras altas de los ríos Ariguaní y Aduriamena (Aracataca), de donde habían descendido sus antepasados cien años antes para fundar un pueblo que ahora apenas si se acordaba de ellos y que muy pronto, cuando estuviera danzando alrededor del becerro de oro del banano, los expulsaría por completo de su memoria.

Así fue. Cuando los Márquez Iguarán sentaron sus reales en «la tierra que nadie les había prometido», durante el año del cometa, la larga y dramática historia de los chimilas no sólo era un asunto del pasado, sino del olvido. La nueva Aracataca se erigía en la negación completa de la Aracataca primigenia. Desde el asentamiento de la United Fruit Company en 1905 y la inauguración del tren, llegaron en aluviones gentes de todo el Caribe, colombianos del interior (los llamados despectivamente «cachacos»), venezolanos, españoles, franceses, italianos, turcos, sirios, palestinos y putas de la más diversa calaña. De pronto, Aracataca se había convertido en un pueblo de Babel, en la pachanga ancha y ajena de la bonanza bananera, que el tiempo iría desvelando en su esencia encubierta: más una tragedia de efecto retardado que una irrupción exaltada del progreso.

Lo mismo que en Macondo, el tren lo había traído todo: el banano y «la hojarasca» (los advenedizos), el progreso y la decadencia. Aunque la United Fruit Company no alcanzó el predominio de la zona bananera hasta comienzos de la segunda década, el cultivo del banano se había iniciado en el Caribe colombiano hacía más de veinte años. Desde que el samario José Manuel González Bermúdez lo introdujo comercialmente en 1887, hasta que la United Fruit Company terminó de absorber las otras compañías nacionales y extranjeras en 1921, el cultivo del banano se fue extendiendo como un hongo a través del extenso territorio de los municipios de Ciénaga, Pueblo Viejo y Aracataca; de sus 112.009 hectáreas globales, 46.000 llegaron a corresponder a la zona bananera, y de éstas, unas 20.000 se dedicaron al cultivo[6].

El banano o guineo llegó a América a través de España durante el siglo XVI, y cien años después era común la existencia de distintas variedades en la zona de Santa Marta, haciendo las delicias de colonos y nativos. A lo largo del siglo XIX consolidó su prestigio al lado del cacao, el tabaco, el café, el algodón y la caña de azúcar, y a partir de la inauguración del ferrocarril entre Santa Marta y Ciénaga en 1887, su cultivo fue prácticamente sobre rieles, pues la construcción del tren hasta Fundación fue la espina dorsal sobre la cual creció la explotación bananera y, más tarde, el gran enclave de la United Fruit Company.

Esta compañía, que cambiaría radicalmente la historia de Aracataca y de Macondo, había sido fundada en Boston, al finalizar el siglo, con el objetivo de absorber las otras compañías que tuvieran dificultades financieras, y desde que plantó sus pies de coloso en el Magdalena, en 1901, no tardó en cristalizar sus propósitos. La culminación del ferrocarril hasta Aracataca y Fundación en 1906, el acaparamiento de tierras en las inmediaciones y la introducción de medios de producción más desarrollados fueron consolidando el monopolio americano y debilitando a los demás productores nacionales y extranjeros. Hacia 1915, la United Fruit Company poseía ya 6.050 hectáreas cultivadas, frente a las 5.850 de los productores criollos y las 2.485 de la francesa Inmobilière et Agricole de Colombie[7], que había extendido sus cultivos hasta Aracataca en 1908, arrastrando consigo buena parte de «la hojarasca» antillana. La United sobornaba, compraba o simplemente atropellaba a quien no aceptara sus reglas de juego. Y, desde luego, no todo el mundo las aceptó. El viejo general Benjamín Herrera fue uno de los productores criollos que se atrevió a denunciar al poderoso monopolio ante los tribunales de Santa Marta por los atropellos que cometía con los demás bananeros. Para cortar de cuajo el pleito con el general, la United mandó a su gerente a que se robara el expediente del juzgado[8]. El directivo fue encarcelado, pero la compañía siguió imponiendo su juego sucio. Cinco años más tarde terminó por absorber a la Compagnie Inmobilière et Agricole Colombie, con lo cual la United se convirtió en la mamá grande de las bananeras. Con el sesenta y nueve por ciento de las tierras cultivables y no cultivables de toda la zona, el enclave económico estaba consolidado: ese *status* de hecho, ya que no de derecho, por el cual la compañía funcionaría desde entonces como un pequeño Estado dentro del Estado colombiano.

Su gran poder de enclave le permitió, apoyándose en las leyes laborales establecidas durante el Gobierno del general Rafael Reyes (1904-1909), todo tipo de maniobras políticas, comerciales y laborales en la zona. Imponiendo unas exigencias de calidad extremas, la United decidía a qué precio debía comprar el banano a los otros productores, a quiénes y en qué cantidad debía proporcionarles el agua para el regadío, así como a quiénes y con qué porcentaje hacía los préstamos. Esto obligó a los productores criollos a agruparse en la Compañía Frutera Nacional, pero su drama se convirtió en una tragicomedia inesperada: en el puerto de Nueva York las autoridades aduaneras empezaron a detener los cargamentos de la Frutera Nacional para entregárselos a la United Fruit Company[9]. Si los productores nacionales fueron víctimas fáciles, a su medida, la explotación de los trabajadores de la United era un hecho difícil de calificar, pues, para empezar, sus miles de obreros no existían legalmente porque aquélla no trataba con ellos, sino con los jefes de cuadrilla o patrones-líderes, quienes eran los encargados de contratarlos, de tal manera que la empresa americana no tenía a su cargo sembradores, corteros, cargadores y estibadores, sino unos doscientos cincuenta contratistas, subcontratistas y capataces. Esta situación le permitió al leviatán del banano cometer toda clase de atropellos con sus miles de obreros que, para colmo, eran en su mayoría analfabetos, o de un bajísimo nivel cultural, y de una conciencia política nula. Al no existir estos legalmente, la United no estaba obligada, por tanto, a pagarles seguros de vida y de accidente laboral, a darles prestaciones médicas, a remunerarles los domingos y festivos, y mucho menos a reconocerles el derecho de huelga. En cambio, les imponía a través de los jefes de cuadrilla la paga quincenal en vales sólo canjeables por los productos que la compañía vendía en sus comisariatos.

Los bajos salarios, las deleznables y antihigiénicas viviendas y los servicios médicos casi inexistentes terminaron de erosionar las precarias y mediatizadas relaciones socio-laborales entre los pauperizados obreros y la United Fruit Company. Pero, sobre todo, terminaron por despertarlos y lanzarlos a una huelga que terminaría trágicamente el 6 de diciembre de 1928: uno de los demonios históricos que más influencia tendría en la vida y obra de García Márquez.

Mientras tanto, Aracataca, como Ciénaga y Pueblo Viejo, era un hervor babélico, una caldera étnica y cultural donde se iba fundiendo el mundo entero a pedacitos. Cachacos, costeños del Atlántico y Bolívar, antillanos, venezolanos, árabes y europeos conformaron un flujo migratorio incesante que, reforzado por el final de la I Guerra Mundial, iba a durar hasta mediados de los años veinte. Todos llegaron atraídos por la leyenda de El Dorado bananero. De las doscientas cincuenta casas y los mil doscientos habitantes que tuvo aproximadamente hacia 1908, Aracataca pasó a tener unas seiscientas casas y unos tres mil habitantes en cinco años, cifras que se triplicarían en la década siguiente. De un lado estaban los americanos en su ciudadela exclusiva; del otro, la polvorienta y ardiente Aracataca con su aristocracia, sus nativos de a pie y su populacho advenedizo: «la hojarasca».

Casi todas las viviendas eran de bahareque y techos de paja, y sólo las de la aristocracia local eran de madera y zinc. Más modestos todavía eran los campamentos donde convivían hacinados los miles de obreros de la compañía, pues no eran más que tambos de mala muerte montados sobre pilares de cemento, con techos de palma y sin paredes, de modo que los insectos nocturnos terminaban de sangrar a los esquilmados obreros. Las casas de los directivos y funcionarios de la United tenían, en cambio, todas las comodidades imaginables. Al otro lado de la vía férrea y de la realidad miserable de Aracataca, se levantaba el barrio de los gringos, llamado despectivamente «el gallinero electrificado» en *Cien años de soledad*. Con sus ventanas de anjeo para protegerse de los zancudos y sus techos especiales para combatir el calor, El Prado se erigía con sus canchas de tenis en medio de verdísimos céspedes y piscinas de un azul turquesa. Para los cataqueros era un paraíso de ensueño, inalcanzable, vallado y sobreprotegido por la vigilancia constante de negros armados de fusiles y perros guardianes[10].

En el crisol multirracial de Aracataca, los norteamericanos eran, pues, los únicos que no se cocinaban a fuego lento con los nativos y los miles de foráneos, y sólo tenían contactos puntuales con la aristocracia lugareña, la llamada Sociedad, compuesta por extranjeros, altos cargos de la compañía y viejos generales y coroneles de la reciente guerra. Por su prestigio moral y político añadido, éstos constituían el grupo más sobresaliente y la cabeza visible de Aracataca. Personajes como los generales Benjamín Herrera, Francisco Troconis, Pablo Emilio Morales y José Rosario Durán, y los coroneles Nicolás Márquez, Domingo Vizcaíno y Jesús Aguirre, fueron grandes reservas morales y dejaron sus estelas legendarias en la historia lugareña, constituyendo uno de los principales fermentos literarios de García Márquez.

El general Herrera fue la figura más prominente de Aracataca durante la segunda década del siglo y una de las más sobresalientes del país. Ya desde los años de la guerra había puesto sus ojos en los campos de Aracataca, y en 1912 dejó su exilio en Trinidad y se instaló en su finca bananera de La Colombia, con el propósito de hacer frente a los desmanes de la United Fruit Company. De cuando en cuando, al atardecer, solía visitar el pueblo, y en la oficina del coronel Márquez o en el Camellón se reunía con sus viejos colegas de armas para rememorar avatares de la guerra, los mismos que el coronel Márquez le narraría a su nieto preferido.

Es indudable que el general Rafael Uribe Uribe sería el gran modelo del coronel Aureliano Buendía, pero no es menos cierto que la personalidad del general Benjamín Herrera contribuiría también a la creación del personaje garciamarquiano. La dignidad insobornable con que éste aceptó las consecuencias de la derrota militar en la guerra de los Mil Días es la misma que comporta en la ficción el coronel Aureliano Buendía. Más aún: lo mismo que éste, el general Herrera nunca dejó de rebelarse contra la injusticia, contra el trombo de la oligarquía liberal-conservadora, convencido de que Colombia debía deshacerse de esa lacra política, cuya última felonía se expresaba en los poderes omnímodos concedidos a la empresa bananera norteamericana durante el Gobierno del general Rafael Reyes.

José Rosario Durán fue otra de las grandes figuras de la Aracataca emergente. Liberal hasta los tuétanos, dirigió el liberalismo cataquero durante medio siglo junto al coronel Nicolás Márquez. Ambos fueron los grandes desfacedores de entuertos, hasta el punto de que se buscó su mediación en la huelga bananera de 1928. Amigos desde siempre, Durán fue quien más le ayudó al abuelo de García Márquez para que se arraigara en el pueblo, prestándole todo tipo de apoyo, hasta que el coronel Márquez logró instalarse como platero y colector departamental, oficios que alternaría después con el de tesorero municipal.

Otros veteranos de guerra encontraron igualmente refugio en Aracataca como agricultores o artesanos y casi siempre ocupando al mismo tiempo cargos administrativos o políticos en el pueblo. A pesar de las huellas de la guerra y aunque unos eran liberales y otros conservadores, fueron grandes amigos y excelentes vecinos. Pero sobre todo fueron hermanos en la espera: semana tras semana esperaron en vano por el resto de sus vidas la pensión de jubilación que el Gobierno les había prometido al término de la guerra. Todos se convirtieron, pues, en coroneles a quienes nadie les escribía, y, como es de suponer que le sucede al personaje de García Márquez, la mayoría murió en la más espantosa soledad y miseria. Así que, mucho antes de que llegaran a ser sus personajes, el escritor fue testigo asombrado de su drama, primero de niño, y luego durante los viajes que hizo a la región a comienzos de los años cincuenta, cuando encontró a su pueblo convertido en «una aldea polvorienta, llena de silencio y de muertos» y a «sus viejos coroneles muriéndose en el traspatio, bajo la última mata de banano»[11].

Lo más notorio de la Sociedad o aristocracia local era, sin duda, su modo de vestir. Los hombres usaban pantalones bombachos, camisas de cuello y puño almidonados, chaleco, corbata, sombrero de fieltro y calzaban zapatos de cuero con guardapolvo; las mujeres vestían trajes de funda, calzaban zapatillas de tacón alto y llevaban sombrilla, y las más refinadas lucían sombrero de pava. Embutidos en estos trajes ajenos al trópico, solían hacer veladas los fines de semana, en las que bailaban el cuplé, la danza y la contradanza, el vals y el pasillo, o leían trozos de las obras literarias en boga[12].

Los esquemas económico, social y cultural de la aristocracia cataquera en que se movían los Márquez Iguarán serán llevados casi literalmente por García Márquez a sus novelas, especialmente a *Cien años de soledad,* donde los Buendía son su correlato, la referencia obligada de toda la sociedad macondiana.

Al igual que en Macondo, al otro lado de la aristocracia estaba el populacho propio y ajeno. En el prólogo de *La hojarasca,* García Márquez describe de forma lírica y precisa lo que era aquella multitud en fermentación: «Era una hojarasca revuelta, formada por los desperdicios humanos y materiales de otros pueblos, rastrojos de una guerra civil que cada vez parecía más remota e inverosímil»; era una hojarasca que «todo lo contaminaba de su revuelto olor multitudinario, olor de secreción a flor de piel y de recóndita muerte», y que «en menos de un año arrojó sobre el pueblo los escombros de numerosas catástrofes anteriores a ella misma».

El año aludido es, como se anota en el mismo prólogo, 1909. A partir de ese año, uno antes de que llegaran los Márquez Iguarán, se empezó a consolidar el cosmopolitismo de Aracataca con todas sus consecuencias, siendo las más notables el hacinamiento y la relajación de las costumbres. El tren seguía arrojando en aumento hombres de la más diversa condición y nacionalidad, con sus esposas y concubinas, sus chivos, cerdos, mulas y gallinas, sus baúles, catres, damajuanas y peroles. Algunos llegaban incluso con los huesos de sus antepasados, y hasta los gitanos hicieron su aparición ese año con sus carpas y mercaderías, entre las que destacaba una tan exótica como solicitada: el hielo, que adquirirían en los barcos de la United Fruit Company en el puerto de Santa Marta[13]. Un instrumento de abolengo europeo, el acordeón, llegado a Colombia a finales del siglo XIX, empezó también su andadura por esos días en los almacenes de Tadero Hermanos, pues, según la tradición, era en Aracataca donde su mítico intérprete, Francisco Moscote (Francisco el Hombre), terminaba sus recorridos de bohemia por la región.

Como una salida sensual y lúdica al cansancio acumulado en las bananeras, muy pronto empezaron a surgir los ranchones o pistas de baile, los burdeles y las casas de juego. Las buenas familias de la Sociedad contemplaban con asombro cómo otro pueblo iba naciendo dentro del pueblo, cómo la sociedad licenciosa y políglota de la hojarasca fagocitaba a la conservadora y timorata de Aracataca, pero nada podían hacer para contener aquella embriaguez multitudinaria alrededor del becerro de oro del banano. Las mujeres bailaban la cumbia con las velas rituales envueltas en billetes de uno y cinco pesos que les ofrecían sus donjuanes; las prostitutas salían a los corredores de sus casas en ropas menores y montaban a la grupa con los clientes de turno; el concubinato y la fornicación proliferaban por doquier, los burdeles se extendían hacia las acequias y los rastrojos, mientras los borrachitos de medio mundo se disputaban las aceras para dormir. Los billares hervían de carambolas y las riñas de las galleras encontraban su correlato en las calles de Aracataca.

El escándalo del progreso desgarró, pues, la conciencia de los nativos, que, en sólo cinco años, habían pasado de un pueblo pacífico, de agricultura artesanal, donde predominaban los cacaotales y los cañadulzales con sus trapiches, a un remedo exaltado de Sodoma y Gomorra. Desde entonces correría la leyenda de que en la zona bananera proliferaba el pecado y se tiraba la casa por la ventana, porque sobraba el dinero a manos llenas; de que, por ejemplo, en el baile de la cumbia no sólo se quemaban velas con billetes de cinco pesos, sino que «nadie se agachaba a recoger la plata que se le caía porque había mucho dinero»[14]. En realidad, la abundancia no era tanto de riqueza como de pobreza espiritual. A excepción de los sueldos gruesos de los empleados de la compañía, un jornalero ganaba apenas cincuenta centavos de peso al día: una miseria. Pero miles de sueldos cicateros juntos provocaban el espejismo de la abundancia en aquel centro del derroche sin control, un derroche alimentado por el analfabetismo, la falta de solidaridad y de conciencia gremial de las miríadas enloquecidas. La United Fruit Company las necesitaba así.

Para purificar y contener a la nueva Sodoma, donde además empezaban a proliferar las prácticas del vudú y la brujería, a ciertos miembros de la aristocracia se les ocurrió la buena idea de pedirle a la diócesis de Santa Marta un sacerdote permanente, y aquélla les envió al riohachero Pedro Espejo, el primer cura párroco de Aracataca. Con el mismo ardor y diligencia que empleó el padre Nicanor Reyna para plantar la simiente de Dios en Macondo, el padre Espejo hizo campañas para despertar el sentimiento religioso en las gentes e inculcarles las buenas costumbres. Organizó a la feligresía en congregaciones y creó comités para impulsar la construcción del templo, que duraría más de veinte años[15]. Pero no fue tanto su labor pastoral lo que le granjeó la fama de santo que tuvo durante años en Aracataca, sino el milagro de la levitación: sí, cierto día el padre Espejo se elevó unos centímetros en plena oración durante la misa[16]. La escena la repetirá, en *Cien años de soledad*, el padre Nicanor Reyna tomándose una taza de chocolate, y ésta es sólo una de las tantas anécdotas que protagonizará en buena parte de los libros de García Márquez, pues su apostolado inaugural en tierra de infieles, su gran amistad con los abuelos del novelista, su consagración posterior como vicario de Santa Marta y su decisiva intervención para que los Márquez Iguarán permitieran a su hija Luisa casarse con el telegrafista de Aracataca, le iban a asegurar una presencia constante en las ficciones garciamarquianas, bien como simple cura raso o bien como ese obispo que se anuncia y nunca llega[17].

La labor de saneamiento espiritual y moral del padre Espejo se vio pronto contrarrestada por el foco de violencia que supuso la vecina colonia penitenciaria de Buenos Aires, creada durante la Administración de Rafael Reyes para confinar a los delincuentes más peligrosos del país. En realidad fue como regalarles la libertad, porque aquéllos se escapaban de la precaria cárcel y formaban bandas para robar y asesinar a inocentes costeños. Esto acrecentó la tradicional animadversión entre costeños y cachacos, de tal manera que, a raíz del asesinato de un nativo a manos de un antioqueño, se desató la venganza incontrolada de todo el pueblo, y durante dos años Aracataca instituyó prácticamente la caza del cachaco. El infausto suceso empezó a conocerse como La Noche de Aracataca desde comienzos de la segunda década[18].

El alto grado de violencia, la relajación moral de la sociedad y el abandono en que tenía la cabecera municipal de Ciénaga a Aracataca, hicieron concebir la idea de transformar el corregimiento en municipio para acabar con la larga y trágica noche, que, en realidad, habría de ser mucho más trágica y mucho más larga de lo que se creyó. La idea fue expuesta inicialmente en *El Domingo,* el primer periódico del pueblo, por su dueño y director José Antonio Iguarán (hermano de la abuela de García Márquez). Después de tres años de comisiones, recolectas, peticiones y sobresaltos, Aracataca fue declarada municipio en abril de 1915, con límites territoriales entre los ríos Tucurinca y Fundación, las estribaciones occidentales de la Sierra Nevada y la Ciénaga Grande. Su primer alcalde fue el corregidor Tomás Noguera.

Desasida de la mano de Dios, pese a los esfuerzos del padre Espejo, y abandonada por la autoridad central, la situación del pueblo era completamente caótica antes de acceder a la municipalidad. Las peleas mortales de los fines de semana habían experimentado un aumento espectacular en los billares, en las galleras, en los ranchones de baile y en las cantinas; los burdeles de Pandora terminaron por abrir sus puertas y ventanas sin ningún pudor y el puterío se desparramó por todo el pueblo, contagiando a las hijas de algunas familias nativas, que terminaron entregándose al capataz o al foráneo seductor por cualquier peso. En consecuencia, las enfermedades venéreas adquirieron carta de ciudadanía, junto a la tuberculosis y el paludismo. Fue tal el desmadre y la degeneración que se apoderaron de Aracataca, que las buenas gentes empezaron a pregonar, y tal vez hasta desear, que algún castigo divino habría de cernirse sobre el pueblo. Y parece que sus ruegos no tardaron en ser escuchados, pues en mayo de 1914 apareció una de las peores plagas: la langosta[19].

El pánico fue general no sólo porque Aracataca conocía muy bien esta bacanal de la naturaleza, que siete años antes había asolado la región, sino porque ahora llegaba precedida de noticias que hablaban de enormes desastres causados en otras comarcas. Como en los viejos tiempos de la guerra, el general Benjamín Herrera se caló sus botas y se puso al frente de los cataqueros en una prolongada batalla campal contra la naturaleza. Aliándose con el fuego, pelearon a machetazos y escobazos, ahuyentando milagrosamente a los enjambres de insectos, pero la idea de que Aracataca (lo mismo que Macondo) era un pueblo destinado a padecer flagelos bíblicos quedó subyacente en la población.

La celebración de los primeros carnavales, en febrero del año siguiente, supuso un respiro de leyenda y una consagración del despilfarro propiciado por las bananeras. Llegaron gentes de todos los pueblos de la provincia, y, antes que nadie, llegaron otra vez los gitanos con el alboroto de sus pailas, calderos, ollas de cobre y el hielo, que para entonces se había convertido en un artículo popular. Llegaron numerosas bandas de música folclórica, encantadores de serpientes y todo tipo de mercaderes de feria, quienes ofrecían, cómo no, los *polvos del pájaro macuá* para embrujar a las mujeres renuentes, el *ojo de venado cimarrón* para curar las hemorragias, los *limones secos cortados en cruz* contra los maleficios, las *muelas de Santa Polonia* para la buena suerte en el juego de dados, las *mandíbulas de zorra chucha* para la fertilidad de las cosechas, los *niños en cruz* para ganar las peleas y las apuestas de fuerza y la *sangre de murciélago* para andar de noche sin ser molestado por las ánimas en pena[20]. Aracataca se convirtió durante cuatro días en una fiesta multitudinaria donde nadie estaba al margen porque todos cabían con sus máscaras y disfraces[21], y en una feria de bazar árabe donde se vendía todo lo vendible, que era todo lo imaginable. Sin duda, aquel primer carnaval fue la primera y más grande expresión festiva del realismo mágico de andar por casa que conoció Aracataca. Desde entonces se disparó la leyenda de los carnavales, que son un componente fundamental del folclor costeño, del despilfarro de billetes en la cumbiamba, de las riquezas interminables, de la prosperidad sin término, de tal manera que 1915 sería considerado como un año de epifanía en la historia lugareña y hasta el mismo García Márquez lo registraría en *La hojarasca* como el año en que Macondo fue más «próspero».

Sin duda fue un año importante en la historia del pueblo, pero no fue sino hasta 1924, aproximadamente, cuando Aracataca alcanzó el acmé de su alborozado y deletéreo desarrollo. El final de la I Guerra Mundial arrojó, entre 1918 y aquel año, la mayor parte de la inmigración europea y árabe, que permitió la consolidación de nuevas y prestigiosas familias con los Saade, Nadjar, Hattum, Sabatino, Fadul, Decola, Del Vecchio, Baronese, Di Domenico, Fergusson, Daconte, Barletta, Yáñes, quienes en su mayoría serían considerados grandes benefactores de la Aracataca moderna. El italiano Antonio Daconte, por ejemplo, no sólo fue el introductor del cine mudo, sino también de los gramófonos, los primeros receptores de radio, el salón de billar y las bicicletas de alquiler[22]. En el comercio pasaron a dominar los árabes y judíos, y el barrio Cataquita, el sector de Cuatro Esquinas y la calle de los Turcos, alcanzaron tal movimiento y prosperidad que era imposible sospechar que la decadencia del pueblo estuviera tan próxima.

El baremo de esta última prosperidad estuvo marcado por la ostentación de la sociedad de los nuevos ricos, la vulgarmente llamada *Jai Lai* (del inglés *high life*), que contaba entre sus miembros a comerciantes, contrabandistas, embaucadores, agiotistas y usureros, gente que había medrado a la sombra de la explotación bananera. Como Aureliano Segundo y su cohorte de amigos, hacían fiestas de derroche con bandas de música llevadas exclusivamente de Barranquilla y exhibían en sus casas exóticas lámparas de cristal en forma de araña, lujosos pianos de cola que nadie sabía tocar, muebles vieneses, cubiertos de plata, alfombras de terciopelo en un pueblo de treinta grados a la sombra y lujosos fonógrafos que llegaban de contrabando. Conocido en general como vitrola u ortofónica, el fonógrafo implicó toda una revolución en las costumbres de la sociedad cataquera, pues desplazó a las bandas en las sesiones de cine mudo, en los ranchones de baile y en los burdeles, y popularizó la difusión de todo tipo de música en la Babel del banano.

Durante esta década prodigiosa Aracataca conoció también la luz eléctrica, tuvo su primera orquesta, se levantó en cemento el Camellón 20 de Julio, avanzó la construcción del templo, y la lotería, que era un juego casero, salió a la calle para convertirse en el gran acontecimiento semanal del pueblo, prosperando a su sombra diversas actividades económicas y sociales.

Todas estas manifestaciones de un progreso tan alborozado a lo largo de dos décadas, no permitían prever a primera vista una decadencia tan dramática como la que padecería Aracataca a partir de la masacre de las bananeras, en diciembre de 1928. Pero bastaba arañar un poco en el tegumento social para darse cuenta de que la esencia encubierta de aquel progreso era más de tragedia que de bienestar, y que, por tanto, los problemas no se solucionaban ni limaban, sino que se acumulaban. Así, para el año de la masacre, las lacras del desempleo, la pauperización, el hacinamiento, el alcoholismo, la prostitución, la tuberculosis y las enfermedades venéreas, habían alcanzado un grado de contradicción insostenible con la cara bonita del negocio ajeno de las bananeras. Entonces aparecieron en escena los dirigentes sindicales, empujados por los vientos de moda de la madre Rusia, y encendieron la mecha de una huelga que iba a ser tan trágica como memorable, sobre todo porque iba a cautivar la sensibilidad y la imaginación de un niño nacido casi dos años antes.

Uno de los aspectos más llamativos de esta huelga fue el escamoteo oficial de su estadística de horror: el Gobierno sólo reconoció nueve muertos, mientras testigos y supervivientes hablarían siempre de cientos[23]. La macabra y cínica actitud del régimen conservador de Miguel Abadía Méndez obró como una levadura en la memoria popular, no sólo porque alimentó el repudio ancestral al sistema, sino porque aumentó a tres mil los nueve muertos del parte oficial.

Tal vez nunca se sepa con exactitud el número de muertos, pero con toda seguridad no fueron tan pocos como nueve, ni tantos como tres mil. Lo más aproximado sería hablar de varios cientos de muertos. Los periódicos nacionales, tras recoger inicialmente el parte oficial, dieron después datos muy disparejos, pero ninguno bajó del centenar de muertos. *La Prensa,* de Barranquilla, habló de «100 muertos»[24]; *El Espectador,* de Bogotá, habló de «más de mil muertos»[25], mientras otros hablaron de trescientos, de mil quinientos y de tres mil. El dirigente liberal Jorge Eliecer Gaitán habló en el Parlamento de «cientos de muertos» caídos «bajo la metralla asesina». El cónsul de Estados Unidos, en un informe que se conocería muchos años después, apuntó: «los muertos pasan de mil»[26]. Eduardo Mahecha, el principal dirigente de la huelga, aseguró desde el exilio que el número de muertos a manos del ejército había sido de «más de doscientos»[27]. Y el mismo García Márquez confesaría sesenta y cuatro años después, para acabar de marear la estadística: «Yo crecí con la idea de que habían sido muchos, miles, los muertos. Y cuando descubrí que los expedientes tenían como estadística el número siete, yo me pregunté de qué masacre podía hablar para siete muertos. Entonces convertí los racimos de guineo en muertos, y fui llenando los vagones del tren, porque con siete muertos no podía llenarlos. Entonces dije en la novela que habían sido tres mil los muertos de la masacre, y los lancé al mar. Eso jamás existió. Fue un invento»[28]. Pero fue un invento del pueblo, y, como siempre, el novelista acertó al trasmutar en verdad de ficción la mentira o exageración de la realidad, pues la aparición de *Cien años de soledad* sacó a flote «la página más bochornosa» de la historia colombiana con su falsa estadística, y, desde 1967, la mayoría de los colombianos empezaría a hablar de los tres mil muertos de las bananeras del Magdalena, que es la misma cifra que pregona en Macondo José Arcadio Segundo en solitario hasta su muerte.

Cabe la posibilidad, sin embargo, de que esta cifra no sea sólo una exageración vindicativa de la memoria popular, o una hipérbole de la imaginación de García Márquez, sobre todo si se tiene en cuenta que, tras la masacre de la estación ferroviaria de Ciénaga, el 6 de diciembre de 1928, los soldados del general Carlos Cortés Vargas se dispersaron por Pueblo Viejo, Sevilla, Guacamayal y Aracataca persiguiendo y fusilando a todos los sospechosos de huelguistas, en un terror continuado de tres meses a todo lo ancho del vasto territorio[29].

De pronto, en las charlas de familia, García Márquez suele evocar aquellas tardes de soldados marchando por las calles de Aracataca, pasando frente a su casa. Incluso le gusta precisar que algunos soldados lo saludaban diciéndole: «Adiós, mono Gabi»[30]. Su madre y sus hermanos lo escuchan con un oído cómplice y otro escéptico, pues les parece que es un recuerdo demasiado prematuro para un niño que tenía apenas unos dos años. Lo cierto, en todo caso, es que su imagen, unida a los relatos que el abuelo le contó de la masacre, iba a constituir uno de los fermentos más sólidos de su formación ideológica y una de sus obsesiones literarias más firmes. Más aún: su hermano Luis Enrique diría que el escritor modificó el año de su nacimiento para que coincidiera con el de la gran matanza. En cualquier caso, es innegable que esta huelga con su final sangriento fue uno de los hechos más trascendentales de la historia colombiana de este siglo, una herida inevitable por donde tenía que sangrar la lenta y encubierta tragedia del fenómeno de las bananeras, marcando de forma indeleble la conciencia histórica de todo el país.

Desde el mismo año de 1918 se vio que los acontecimientos eran inevitables a corto plazo. Después de tres lustros de explotaciones fáciles, los trabajadores recogieron de forma espontánea los vientos recientes de la Revolución de Octubre y esbozaron una primera huelga grande, que de inmediato fue sofocada por el Gobierno conservador de Marco Fidel Suárez. Seis años después, el esbozo se convirtió en realidad, pero la misma carencia de dirección y organización la hicieron vulnerable a la sofocación militar, incrementada para entonces en toda la zona bajo el Gobierno de Pedro Nel Ospina. De ambas derrotas quedó, sin embargo, la necesidad y la convicción de que los trabajadores de las bananeras debían organizarse para una huelga total y definitiva, pues la United Fruit Company y los productores criollos no querían ni oír hablar de mejorar sus precarias condiciones laborales y sus salarios de miseria.

En estas circunstancias aparecieron los dirigentes sindicales Alberto Castrillón, Erasmo Coronel, Eduardo Mahecha, entre otros, que venían derrotados de huelgas recientes en el Bajo Magdalena. El legendario Mahecha era un anarco-comunista más espontáneo que teórico, pero muy astuto, gran conocedor del movimiento obrero colombiano y con una gran facilidad para hablar y escribir. Tenía el encanto añadido de ser un homeópata clandestino que lo mismo extraía un cálculo embolsado que uno de hígado, y, al igual que el anarquista Alirio Noguera de *Cien años de soledad,* usaba la homeopatía como anzuelo para ganarse a sus seguidores[31]. No tardó en convertirse en el dirigente principal de la Unión Sindical de Trabajadores del Magdalena, nacida en Guacamayal dos años antes. En su imprenta portátil, que era su mejor aliada, Mahecha empezó a desarrollar una conciencia gremial y política entre los trabajadores, haciéndoles ver la necesidad de una huelga general compacta que doblegara la cerviz del Gobierno y los patronos. Así, apoyándose en las numerosas «casas del pueblo», los huelguistas del 28 acordaron y redactaron en Ciénaga el famoso pliego de peticiones de nueve puntos: establecimientos del seguro colectivo, reparación en caso de accidente laboral, descanso dominical remunerado y viviendas higiénicas, aumento del salario en un cincuenta por ciento, cesación de los comisariatos dentro de la zona, cesación del pago quincenal por el semanal, cesación de los contratos individuales y vigencia de los colectivos, un hospital por cada cuatrocientos trabajadores, un médico por cada doscientos y ampliación e higienización de los campamentos de los trabajadores[32]. La mayoría de estas reivindicaciones estaba en consonancia con la Constitución y las leyes colombianas.

Con tantas razones legales y morales juntas para triunfar, la huelga, sin embargo, se iba a perder en parte por los desfiladeros de la política. Sus dirigentes eran comunistas y anarco-sindicalistas enfebrecidos por los más recientes éxitos obreros de Estados Unidos y Rusia, de tal manera que no ocultaban ambiciones que excedían lo estrictamente sindical. Pero la dificultad primordial para una negociación radicaba en que la United Fruit Company era una economía de enclave, un Estado dentro del Estado colombiano, que, merced a sus argucias jurídicas, no tenía legalmente a su cargo a los miles de trabajadores en huelga, y, para colmo, el Gobierno conservador de Miguel Abadía Méndez, como los anteriores, estaba al servicio obsecuente de la compañía norteamericana.

Después de una huelga de casi un mes que generó cuantiosas pérdidas económicas y un estado de crispación creciente con sabotajes y saqueos, las autoridades declararon turbado el orden público y decretaron el toque de queda en toda la zona la víspera de la masacre. Este mismo día había fracasado la comisión de mediación compuesta, entre otros, por el general José Rosario Durán y el coronel Nicolás Márquez[33], tal vez porque ya se había decidido echarle plomo a los huelguistas, quienes pretendían converger en Ciénaga desde los distintos puntos de la zona y marchar hasta Santa Marta para manifestarse frente a la Gobernación. Pero al amanecer del 6 de diciembre, cuando se encontraban unos tres mil trabajadores en la estación ferroviaria de Ciénaga, se les comunicó que no hicieran nada, que muy pronto llegarían el gobernador y el gerente de la United Fruit Company para buscar un acuerdo con ellos sobre el pliego de peticiones. Fue una trampa mortal, porque, en lugar de aquéllos, apareció el general Carlos Cortés Vargas, jefe civil y militar de la zona, con unos trescientos soldados y cerró bocacalles, acorraló a los obreros en la estación, les leyó su propio «Decreto Número 1», conminándolos a disolverse bajo amenaza de fuego, y les concedió cinco minutos para retirarse. Nadie se retiró, y Cortés Vargas les concedió un minuto más. Entonces, una voz prepotente se alzó entre la masa silenciosa: «Les regalamos el minuto que falta»[34].

Tanto los detalles de la masacre como el propio general Cortés Vargas y su posterior «Decreto Número 4»[35] aparecen en *Cien años de soledad* de forma tan literal que, por su misma excepcionalidad, es inequívocamente acusadora. La mala hora tuvo lugar entre la una y media y las dos de la mañana del 6 de diciembre de 1928 y sólo a las seis se practicó el levantamiento de los cadáveres: un tiempo más que suficiente para que Cortés Vargas elaborara su macabra filigrana estadística de reducir los cientos de muertos a nueve, número sospechosamente igual al de las peticiones contempladas en el pliego de los trabajadores[36].

El ambiente hostil del pueblo hacia la United Fruit Company se vio potenciado por el juicio parlamentario que, en septiembre del año siguiente, encabezó el joven y brillante dirigente liberal Jorge Eliecer Gaitán[37], en el cual demostró, con pruebas y testimonios obtenidos en la misma zona, los usos y abusos de la empresa norteamericana, así como la connivencia del Gobierno de Miguel Abadía Méndez y la masacre de los huelguistas a mano de los soldados del general Carlos Cortés Vargas. El ambiente creado en torno a la empresa americana se enrareció y ya no le fue fácil manejar las cosas a su antojo. Sin embargo, fueron la crisis económica mundial del 29 —que redujo dramáticamente las cuotas de exportación— y las inundaciones del 32, los factores que obligarían a la United Fruit Company a replegarse de la región.

Como se lee en *Cien años de soledad,* pocas horas después de la matanza de los trabajadores arrecia un diluvio bíblico, de un modo que cabría interpretar como un castigo celestial que penaliza por igual al pueblo de Macondo y a la compañía bananera. En la realidad, por el contrario, la compañía no sólo fue coautora del crimen, sino del castigo. En el mes de octubre de aquel año cayó un aguacero diluvial durante varios días y noches que desbordó las aguas de los ríos y las acequias, inundando toda la zona rural occidental de Aracataca y gran parte de su perímetro urbano. El desastre se produjo, sobre todo, por el canal de nueve kilómetros que acababa de construir la United

Fruit Company para unir los ríos Aracataca, San Joaquín y Ají. El aguacero y las inundaciones alcanzaron tal magnitud, que muchos cataqueros llegaron a pensar en una versión actualizada del diluvio universal, pues, como en el «Monólogo de Isabel viendo llover en Macondo» y en las mismas descripciones de *Cien años de soledad,* el mundo rural y urbano quedaron reducidos a un océano de lodo durante días y noches. Fue la mayor catástrofe de la historia del pueblo, superando incluso a la inundación de 1912 y a la plaga de la langosta de 1914. Por supuesto, no faltaron quienes profirieron el lamento de marras: que todo era castigo del cielo por la soberbia de los gringos, los desmanes de la huelga, el derroche del dinero en las cumbiambas y el exceso pantagruélico en que había caído Aracataca con su corrosiva «hojarasca». Para evitar futuras inundaciones, la United Fruit Company desvió el curso del río, alejándolo del pueblo, como habría de ocurrir en Macondo.

Mientras este último flagelo bíblico devastaba a la región, García Márquez cumplía cinco años y ocho meses (curiosamente, la misma edad que tenía su maestro Daniel Defoe cuando la Gran Plaga asoló Londres en 1665) apostado en la casona de los abuelos, desde la cual debió de contemplar con fascinación el diluvio y sus efectos, el mismo que, treinta y cuatro años después, volvería a dejar caer sobre Macondo durante «cuatro años, once meses y dos días».

Cuando la United Fruit Company vio que no podía rehuir responsabilidades, las eludió de todas maneras: se maquilló un poco el rostro, cambiándose por la Magdalena Fruit Company, e hizo como que se marchaba. Desmantelaron «el gallinero electrificado», y sus piscinas, prados y canchas de tenis quedaron a merced de la voracidad de la naturaleza tropical. Detrás de ella se marcharon los parados de siempre, los parados recientes y los que también se iban a quedar parados. Se fueron muchos comerciantes y la mayoría de las familias de la *Jai Lai,* de los nuevos ricos. Se fueron con sus lámparas de cristal, sus pianos de cola, sus fonógrafos, sus tapices y sus bacanales. Aracataca volvió a quedar a la deriva, como al principio, y, aunque después tuvo momentos de paz y relativa prosperidad, en el futuro viviría una agonía lenta, sin paliativos, que la llevaría al estado de postración y soledad en que la iba a encontrar García Márquez en marzo de 1952, cuando regresa con su madre a vender la casa de los abuelos.

CAPÍTULO TRES

Un caluroso día de julio de 1924, en pleno apogeo de El Dorado bananero, apareció en la grande y hospitalaria casa de los Márquez Iguarán un joven moreno de veintitrés años, esbelto, de risa fácil y conversación fluida, más bien dicharachero. Se presentó ante el viejo coronel con una carta de recomendación que le había dado en Cartagena de Indias un cura amigo de aquél. Era el nuevo telegrafista de Aracataca, y debajo de su piel festiva había un soñador empedernido que gustaba de los versos de amor y del violín.

Gabriel Eligio García Martínez había nacido en Sincé, Sucre, el 1 de diciembre de 1901, y era hijo natural de Gabriel Martínez Garrido y de Argemira García Paternina, quien lo tuvo a la edad de catorce años. El apellido García, al igual que el Márquez, procedía de España, y probablemente recaló en la zona durante las primeras décadas del siglo XIX con el tatarabuelo del escritor, Pedro García Gordón, natural de Madrid. En Caimito, Sucre, éste tuvo un hijo, Aminadab García, quien se casó con una nativa de Sincelejo, Lozana Paternina[1]. Éstos fueron los padres de la abuela paterna del novelista, Argemira García Paternina. Así pues, los dos apellidos de Gabriel García Márquez no sólo le vienen de la península, sino que ambos le llegan por vías maternas, todo un preludio de la influencia decisiva que tendrían las mujeres en su vida.

En Sincé, Gabriel Eligio pasó la niñez y la juventud en medio de estrecheces económicas. Sin embargo, logró coronar el bachillerato y pisar el umbral de la universidad. A comienzo de los años veinte asistió durante algunos cursos a la antigua Escuela Dental de la Universidad de Cartagena[2], pero la pobreza lo sacó pronto de las aulas y lo llevó, entre 1923 y 1924, por varios pueblos de los departamentos de Córdoba, Sucre y Bolívar, alternando la telegrafía con su vocación más sincera: la homeopatía. En Magangué, patria chica de Mercedes Barcha, le cupo el honor de ser el primer telegrafista, y luego recorrió varios pueblos de Tolú a Sincelejo. En Achí tuvo al primero de sus cuatro hijos naturales, para pasar casi sin demora por Cintura, Caimito y Ayapel, donde conoció a la mujer que parecía destinada a ser su esposa de toda la vida: Carmelina Hermosilla. Pero el azar movió a tiempo sus fichas, y en Barranquilla, adonde había ido Gabriel Eligio a comprar las cosas para casarse, se topó con su primo Carlos Henrique Pareja, y éste le quitó la idea de un matrimonio prematuro[3], pues el novio apenas pasaba de los veinte años y tenía la cabeza saturada de versos de amor. Entonces Gabriel Eligio recurrió a sus contactos y consiguió que lo nombraran telegrafista de Aracataca, en pleno corazón de la zona bananera.

El padre Aguado, que le había dado la carta de recomendación para el viejo Márquez, era un sacerdote renegado (un cura católico convertido al protestantismo), y al entregársela le hizo el siguiente comentario: «Usted va a caer muy bien en la casa del coronel, porque es un joven educado, simpático, que toca muy bien el violín y sabe escribir versos. De pronto, hasta llega a formar parte de su familia, porque él tiene una hija muy agraciada»[4].

Las palabras del renegado parecieron surtir efecto tan pronto como Gabriel Eligio llegó a Aracataca: el coronel lo recibió con los mayores afectos, lo invitó a comer y al día siguiente se lo llevó a Santa Marta, donde veraneaba su familia, para presentársela. Más aún: cuando llegaron a la estación de la ciudad colonial, el coronel compró una alondra con su jaula y se la entregó a Gabriel Eligio para que se la obsequiara a su hija. El telegrafista conoció entonces a Luisa Santiaga Márquez Iguarán y al resto de la familia, pero, a pesar de su belleza, la hija del coronel no lo impresionó en un principio[5].

El flamante telegrafista de Aracataca tomó posesión de su cargo justo detrás de la iglesia, a pocas manzanas de la casa de los Márquez Iguarán. El cura renegado de Cartagena le había dado también otra carta para el párroco de Aracataca, y el padre Miraval lo acogió con el mismo entusiasmo que el coronel y lo vinculó, como violinista espontáneo, al coro de la iglesia, Las Hijas de María, veinte muchachitas en flor que revoloteaban como palomas, y para las que el enamoradizo telegrafista tenía siempre un verso a flor de labio, en especial para una «turquita llamada Rosa Elena». Ésta, que años después sería la primera maestra de García Márquez, se convirtió, ante los demás, en la muchacha en quien Gabriel Eligio había puesto sus ojos. Pero, en el fondo, el telegrafista no se sentía muy atraído por ella, y el tiempo estaba trabajando a favor de la hija del coronel. Sin embargo, cuando Luisa Santiaga le preguntó durante una fiesta que cuándo pensaba casarse con Rosa Elena, Gabriel Eligio le contestó con una risa expansiva: «Muy pronto. Y usted, señorita Luisa, va a ser mi madrina»[6]. Desde entonces se tratarían de Madrina y Ahijado.

Un día la Madrina se intoxicó y el médico recomendó que la llevaran a temperar a una tierra menos caliente, y los padres la enviaron al Manaure del Cesar, entre la Serranía de Perijá y el sureste de la Sierra Nevada de Santa Marta. Era «el pueblo más bello del mundo», con «una sola calle muy ancha, con casas iguales, en una meseta verde de un silencio sobrenatural»[7], según lo vería García Márquez treinta años después, cuando pasó por allí en su minucioso viaje al origen de los abuelos. La ausencia de la niña bonita de Aracataca obró entonces el milagro definitivo en el telegrafista enamoradizo.

Cuando ella regresó un mes después, el Ahijado fue a recibirla a la estación, entre la flor y nata de Aracataca, con el mejor traje que pudo comprarse gracias a una lotería de cien pesos que se había ganado poco antes. «La saludé con un suave apretón de manos. Ella correspondió de la misma manera y me entregó unos dulces que me traía. No me dijo una palabra, pero en el temblor de su mano yo pude percibir que sentía algo por mí»[8].

Días después volvieron a verse en una misa de domingo y estuvieron intercambiándose miradas por entre las cabezas de los demás feligreses. A Gabriel Eligio ya no le cupo la menor duda de que la fruta estaba a punto de caer por su propio peso, y fue entonces cuando, una sofocante tarde de marzo de 1925, le declaró su amor a la niña bonita de Aracataca con una propuesta de matrimonio inapelable, a la sombra de uno de los almendros de la casa de los Márquez Iguarán: le aseguró que ella era la causante de sus desvelos, que no había ninguna otra en su corazón, que tenía unas urgencias inaplazables de casarse con ella y le dio veinticuatro horas para pensarlo. Ni una más ni una menos.

Sin embargo, al término del plazo, Luisa no le pudo dar ninguna respuesta porque en ese momento se acercó al almendro su tía prima Francisca Cimodosea Mejía, el modelo de la tía Escolástica Daza de *El amor en los tiempos del cólera* y a quien Gabriel Eligio había apodado La Cancerbera, pues no se apartaba un solo instante de su sobrina y se había convertido en el azote de cuanto joven cataquero quiso cortejarla[9]. Esto lo sabía muy bien Mariano Barreneche, «el poeta», un vecino y familiar lejano de Luisa que pretendió enamorarla con el caballito de Troya de sus versos, hasta que la tía Francisca y el coronel se enteraron y pusieron término a sus pretensiones. Barreneche era sobrino de una hija natural del coronel, así que con él no había futuro para Luisa: era un poeta incestuoso. Este Florentino Ariza de la realidad tendría, entonces, que esperar hasta *El amor en los tiempos del cólera* para, tras un noviazgo efímero y cincuenta años de espera, poderse casar con el primero y único amor de su vida: alguien que ya no sería Luisa Santiaga Márquez Iguarán, sino Fermina Daza.

De tal manera que Francisca Cimodosea tenía sobrada razón para estar alerta con los escarceos amorosos de su sobrina y el telegrafista, un tipo raro, dicharachero, que también se decía poeta, con una inequívoca catadura de aventurero y unas ínfulas de ser homeópata y violinista.

Pero Luisa le dio vueltas y revueltas a la situación hasta que encontró cómo hacerle saber a su novio que lo esperaba para hablar del asunto a la hora de la misa del día siguiente. Sin La Cancerbera de por medio, el telegrafista fue directamente al grano sobre su propuesta de matrimonio:

«¿Y entonces?», preguntó Gabriel Eligio.

«Es que tengo dudas, porque usted es muy enamoradizo», dijo ella.

«Si no se compromete conmigo, señorita Márquez, no espero. Para muchas cataqueras yo soy un gran novio en potencia», se mostró él muy seguro.

«¿Qué me promete?», le preguntó ella.

«Que sólo muerto no me caso con usted.»

Entonces ella le dio su mano y le dijo:

«Yo también: sólo muerta no me caso con usted. Pero recuerde que mi familia no quiere que yo me case todavía y puede llegar a extremos para evitarlo»[10].

Así fue. Cuando el coronel Márquez se enteró de su compromiso matrimonial, se llevó tal disgusto que no volvió a hablarle al telegrafista y le cerró las puertas de la casa. El argumento que esgrimieron los Márquez Iguarán para impedir la boda es que los novios eran todavía muy jóvenes para cometer esa locura, pero en realidad no lo eran tanto: ella iba a cumplir veinte años y él acababa de cumplir los veinticuatro. La razón mayor de su oposición parecía fundarse en que Luisa seguía siendo la niña consentida por cuyas pupilas veía el coronel. Pero tal vez había otras menos confesables y más poderosas: aunque nacidos en Riohacha, los Márquez Iguarán, descendientes directos de españoles, arrastraban un buen lastre de prejuicios a la usanza de la España más arcaica, y, a pesar de los reiterados desmentidos posteriores de Gabriel Eligio, no les agradaba que éste fuera su yerno, pues era hijo natural y un aventurero entre los miles de advenedizos arrojados por la compañía bananera; para colmo, el telegrafista, pese a su buen oficio, a su violín y a sus versos clandestinos, era muy moreno y pertenecía al partido conservador, el gran rival histórico del partido del coronel, y su familia no tenía el rango aristocrático que, en el contexto de un pueblo como Aracataca, poseían los Márquez Iguarán[11].

Luisa Santiaga Márquez Iguarán había nacido el 25 de julio de 1905 en Barrancas, Guajira, y tenía cinco años cuando su familia se radicó en Aracataca tras el éxodo de veintidós meses por Riohacha, Ciénaga y Santa Marta. Después de la muerte de su hermana mayor, Margarita, se había convertido en la única hija de los Márquez Iguarán y en la niña de los ojos del coronel. Era una muchacha no sólo bella, a pesar de las fiebres que padecía de continuo, sino la mejor vestida, alhajada y atildada del pueblo: era la niña bonita de Aracataca. Las monjas del colegio de la Presentación de Santa Marta, donde cursó varios años de bachillerato, ampliaron y refinaron sus buenos modales y le enseñaron a redactar en perfecto castellano, un distintivo familiar de tradición. Tenía ademanes lentos y estilizados, un raro sentido de la contención y una gran intuición poética. Sobre todo, era una conversadora de pocas palabras, pero de argumentos precisos y demoledores. Tal vez porque la resignación siempre pareció en ella una prolongación de la obediencia, sus padres pensaron que desistiría del telegrafista enamoradizo y aventurero en cuanto le comunicaran su oposición frontal al matrimonio. Pero don Nicolás y doña Tranquilina no contaron con la tozudez de su corazón y, sobre todo, con el corazón imbatible de Gabriel Eligio.

Así que cuando el coronel no sólo le quitó la palabra al novio, sino que le cerró las puertas de la casa, ellos idearon un intrincado laberinto de señas y contraseñas, mensajes y recaderos para comunicarse y verse cuantas veces les viniera en gana. A la salida de misa, a la entrada del cine o en la Plaza Bolívar, Luisa recibía puntualmente los mensajes de su novio a través de Cañatico, el mensajero de la telegrafía. Otras veces, el telegrafista se metía con sigilo en la botica de don Antonio Barbosa, situada en una esquina diagonal a la casa de la novia, recogía las cartas de ella y le dejaba las suyas, y desde una ventanita con anjeo (cuya vista daba diagonalmente a los almendros donde lo esperaba Luisa), la visitaba todos los días a distancia[12]. Con el tiempo y la prohibición, las iniciativas del telegrafista fueron cada vez más lejos, y empezó a dedicarle serenatas de violín solo ejecutadas por él mismo, como lo haría Florentino Ariza con Fermina Daza, y a enviarle regalos. Santander Infante, el pirotécnico de Aracataca, no olvidaría nunca el día en que Gabriel Eligio lo mandó a que le entregara un pañuelo a Luisa, pues se fue leyendo y releyendo los versos adjuntos: «Y la orquídea galante a la orilla del río / la desviste el verano y la viste el invierno, / y no siente el pasado, / no lo siente, amor mío»[13].

Ante el empecinamiento del telegrafista, que había saltado por encima de todas las prohibiciones y convenciones para seguir viendo a su novia, los padres de ésta creyeron que sólo la distancia extirparía el encono de ese amor. Entonces el coronel se puso en contacto con familiares y amigos a lo largo de una ruta de más de cuatrocientos kilómetros que terminaba en Santa

Marta, trazando una elipse casi completa, y que pasaba por El Copey, Pueblo Bello, Valledupar, La Paz, Manaure, Villanueva, San Juan del Cesar, Fonseca, Barrancas y Riohacha, los lugares donde, un cuarto de siglo antes, él había luchado durante la guerra de los Mil Días. En una recua de mulas se cargaron los baúles y cabalgaron Tranquilina, Luisa y una de las sirvientas. Por una ruta lenta y ardua, que les permitía eludir las belicosas tribus de la Sierra Nevada, alcanzaron Valledupar y Manaure en varias semanas. En este pueblecito de intenso verdor y silencio lítico, donde Luisa había temperado antes y donde iba a nacer Rebeca Buendía, estuvieron varios meses, y hacia finales de agosto de 1925 emprendieron rumbo a Villanueva (donde el general Sabas Socarrás) y Barrancas, el pueblo natal de Luisa y el escenario de la mala hora de su padre. Siempre itinerantes, a finales de año salieron para Riohacha, de donde recalaron finalmente en Santa Marta durante los primeros meses del año siguiente[14].

Gabriel Eligio no se dio por vencido, sino que, como era de esperar, agudizó su ingenio y puso en marcha lo que denominó su «plan de batalla»: gracias a la complicidad de los telegrafistas de los pueblos por donde iba pasando Luisa, pudo comunicarse con ella en todo momento mediante mensajes cifrados[15], tal como lo haría, y siguiendo la misma ruta, Florentino Ariza con Fermina Daza en *El amor en los tiempos del cólera*. En Barrancas, por ejemplo, se recordarían durante décadas las peripecias de este amor a distancia. Durante los tres meses que estuvieron allí, Tranquilina, Luisa y la sirvienta Chon se alojaron en la casa de Eugenio Ríos, el platero ayudante del coronel en otros tiempos y medio hermano de la tía Francisca Cimodosea Mejía, *La Cancerbera*. Gracias a la complicidad de Héctor Solano Gómez, el amigo del alma del telegrafista de Aracataca, los mensajes y cartas de éste le llegaban puntualmente a Luisa. Mientras doña Tranquilina recordaba con familiares y amigos los trágicos tiempos que les había tocado vivir a comienzo de siglo, Luisa se encerraba en la cocina con Chon a leer y comentar las coloridas epístolas de su novio, que luego guardaba debajo de los tacanes del fogón, despistando cualquier posible atisbo de su madre. Sin embargo, el momento de mayor solaz para la novia distanciada eran las tardes, cuando acudía a la casa de Héctor Solano Gómez, a quien el coronel quería con afecto paternal porque era hijo de su gran amigo el dirigente liberal Lorenzo Solano. Y es que tan pronto como la muchacha entraba en la casa, le brotaba una alegría repentina que la hacía saltar como una venada retozona. Doña Tranquilina andaba desconcertada porque no lograba encontrar la causa de las alegrías vespertinas de su hija, hasta que una tarde la descubrió: en un rincón de la sala de la casa de Solano Gómez colgaba un retrato de su gran amigo Gabriel Eligio García[16]. Tranquilina comprendió de inmediato que la distancia no estaba extirpando el encono de aquel amor, sino exacerbándolo más y más. En efecto. Cuando finalmente desembarcaron en Santa Marta de la goleta que las había transportado desde Riohacha, la madre vio claro que los novios habían estado en contacto permanente, pues allí estaba el telegrafista de Aracataca con sus mejores galas esperando el desembarco de su novia, que lucía vestida de rosa.

Luisa se quedó en Santa Marta, en casa de su hermano Juan de Dios, y ya no regresaría a Aracataca de soltera. Gabriel Eligio, que iba a visitarla los fines de semana a través de una ventana de rejas coloniales en la calle del Pozo, le dijo que, si regresaba a su pueblo, la férrea vigilancia de los suegros y La Cancerbera terminaría disolviendo el noviazgo, mientras que la distancia de Santa Marta era saludable para su amor, porque incluso les podía permitir un matrimonio a hurtadillas llegado el caso. Previendo esa situación, el novio pidió su traslado como telegrafista a Riohacha[17] y Luisa se puso en contacto con el vicario de la ciudad, monseñor Pedro Espejo (que había sido el primer cura residente de Aracataca y era un gran amigo de los Márquez Iguarán), para pedirle que intercediera ante sus padres. Monseñor Espejo empezó por pedir a Sincé, el pueblo del novio, todas las referencias posibles sobre éste, y, al ver que eran excelentes, les escribió una larga carta a los Márquez Iguarán, fechada el 24 de mayo de 1926. En ella les confesaba que no había nada que hacer, que los muchachos estaban muy enamorados y que lo más sensato era consentirles el matrimonio para evitar «males mayores». «Yo estoy seguro», les auguraba el vicario, «que van a ser muy felices»[18]. Con amarga resignación, los Márquez Iguarán dieron su aprobación al matrimonio, y los novios se casaron al fin el 11 de junio[19], en la catedral de Santa Marta, casi dos años después de haberse conocido en la misma ciudad.

Gabriel Eligio, que había sido tocado en su amor propio, exigió que no estuvieran presentes sus suegros. Pero los aires de triunfo se le empezaron a desvanecer cuando advirtió que la novia no llegaba para casarse en la misa menor de las seis de la mañana, como estaba previsto. Ante el revuelo de los invitados y las suspicacias del novio, el mismo monseñor Espejo tuvo que ir corriendo a la calle del Pozo a ver qué pasaba. Sencillamente, Luisa Santiaga Márquez Iguarán se había quedado dormida el día de su boda. No era extraño en ella, pero sí en ese momento. Así que la vistieron a las volandas, y con las justas logró llegar a tiempo a la catedral para casarse con todos los honores en la misa mayor de las siete, con la cual Santa Marta celebraba el día de su patrón, el Sagrado Corazón de Jesús.

Entonces Gabriel Eligio García Martínez, telegrafista de profesión, homeópata de vocación y poeta y violinista clandestino, se sintió ovante y juró no volver más a Aracataca, a ese «moridero de pobres»[20], como solía decir. Para entonces ya había logrado que lo trasladaran a Riohacha, y a los dos días de la boda marchó con su mujer en una goleta a la legendaria ciudad de los piratas y contrabandistas. Pero los tropiezos en la ruta del amor parecían interminables: el viaje, que se hacía en menos de una noche, se prolongó hasta buena parte del día siguiente, porque los alisios contrarios devolvían la pequeña nave de cabotaje cada dos por tres. Todo un símbolo final de sus dos años de amores contrariados, que iban a inspirar a su hijo *El amor en los tiempos del cólera* casi sesenta años después.

La noticia de que Luisa estaba encinta fue el motivo que necesitaban sus padres para empezar a acortar las distancias y reparar los estragos sentimentales de su oposición irracional. De pronto, con las goletas del correo, empezaron a llegar a Riohacha mensajes y toda clase de presentes. Al principio, fueron las cartas con ruegos apremiantes para que Luisa volviera con su marido a casa; luego, ante la negativa del esposo, empezaron a llegar semanalmente frutas, dulces, regalos y ropitas para bebé. El encargado de despacharlos desde Santa Marta era el mismo funcionario de la aduana, José María Valdeblánquez Márquez, el mayor de los hermanos naturales de Luisa. Hasta que un día llegó a la casa de Riohacha su propio hermano legítimo Juan de Dios, con la noticia de que doña Tranquilina estaba postrada por la negativa de Luisa a volver a Aracataca. Entonces Gabriel Eligio, para no romper su promesa, tomó la decisión de que fuera Luisa sola a dar a luz en la casa de sus padres.

Cuando descendieron del trencito amarillo de las once aquella mañana de febrero de 1927, Luisa, con ocho meses de gestación, llegó sofocada por el largo viaje en goleta, que era una auténtica mula de mar, y por la canícula del verano. El hecho de que casi todo el embarazo de su primogénito se hubiera desarrollado en Riohacha daría pie durante años a la creencia de que García Márquez había nacido en la capital de la Guajira. Pero no: nació en Aracataca, en olor de bananeras, la calurosa mañana del domingo 6 de marzo de 1927, a las 8.30, mientras el abuelo Nicolás asistía a la misa de ocho[21].

El nacimiento anunciado estuvo a punto de convertirse en una doble tragedia. Los dulces semanales enviados a Riohacha y los cuidados excesivos de la madre y las tías durante el último mes de embarazo en Aracataca parece que hicieron su efecto a la hora del parto. A pesar de la pericia de la comadrona de marras de Aracataca, la Santos Villeros, el niño no terminaba de nacer y la madre se desangraba en abundancia. Entonces llamaron a Juana de Freites, una caraqueña exiliada que sabía un poco de todo, y ésta le aplicó a la parturienta los ejercicios respiratorios adecuados y los masajes oportunos para que terminara de nacer el bebé de 9,30 libras, quien llegó al mundo ahogándose, con el cordón umbilical anudado al cuello (de ahí la claustrofobia innata del novelista, que lo obligaría en años de gloria y abundancia a comprarse casas con amplios ventanales para que entrara la mitad del día). Fue entonces cuando volvió a aparecer en escena una de las mujeres que iban a decidir su suerte personal: Francisca Cimodosea Mejía, la prima del coronel Márquez, que en casa lo sabía y lo decidía todo: ella dispuso de

inmediato que le echaran el agua bautismal al niño por si se moría. Así quedó bautizado familiarmente Gabriel José García
Márquez, más conocido en su familia desde entonces por el di-
minutivo de su nombre: Gabito. Sólo tres años, cuatro meses y
veintidós días después sería bautizado de forma oficial.

Gabriel Eligio no fue a Aracataca a conocer a su hijo
hasta varios meses después. Enconado como estaba con los suegros, había jurado una y otra vez no volver a ese «moridero de
pobres», pero el deseo natural de conocer a su hijo y el precio
de muchas súplicas y ruegos lo llevaron finalmente de vuelta a
Aracataca. El ambiente en casa de los suegros no sólo era de
normalidad, sino de gran felicidad. El coronel le dio la mano y
le ofreció recompensas por los estragos sentimentales de tiempos pasados: «Estoy dispuesto a darle todas las satisfacciones que
quiera», le dijo con toda la humildad de que fue capaz. «Ya no
valen la pena»[22], le respondió Gabriel Eligio. El hijo primogénito de los García Márquez había traído la reconciliación y la
felicidad a las dos familias, y Gabito se quedaría con sus abuelos y sería para siempre más hijo de su abuelo que de su padre y
más hijo de su abuela y de sus tías que de su madre.

A partir de ese momento, Gabriel Eligio dejó Riohacha, se radicó en Aracataca y abandonó el oficio de telegrafista,
para entregarse a su vieja vocación de médico empírico gracias
a algunos estudios desordenados de homeopatía y farmacia que
había hecho en la Universidad de Cartagena. Ya en su primera
estancia, durante el noviazgo con Luisa, había dejado sentado
en Aracataca cierto prestigio de homeópata espontáneo, especialmente a raíz de una epidemia de disentería declarada en 1925[23],
que los mayores asociaron con el desastre de los tiempos del cólera. Pero esta primera estancia de los García Márquez en Aracataca fue corta, porque el trashumante homeópata decidió irse
a Barranquilla, en enero de 1929, a buscar mejores horizontes para su negocio, impelido también por los recientes acontecimientos sangrientos de las bananeras.

Cuatro meses antes, el 8 de septiembre, había nacido su
segundo hijo, Luis Enrique. Fue una solución salomónica de la
vida: así ellos pudieron llevarse consigo al recién nacido y dejar

a Gabito, de casi dos años, con los abuelos, pues el nieto se había convertido en el centro de los afectos y desvelos de éstos y ya no podían concebir la vida sin él. En Barranquilla, Gabriel Eligio montó una farmacia y trabajó simultáneamente en la empresa Singer. Las visitas entre las dos familias empezaron a sucederse con frecuencia. La primera vez que Gabito visitó conscientemente Barranquilla fue a raíz del nacimiento de su hermana Margot: el 9 de noviembre de 1929[24]. A pesar de sus dos años y ocho meses, no olvidaría la impresión que le causaron los semáforos, esos agentes mudos que manejaban solos el tráfico con sus luces mágicas. Pero los recuerdos serían más nítidos a partir del segundo viaje, cuando la abuela lo llevó al nacimiento de su segunda hermana, Aída Rosa, la que sería monja, el 17 de diciembre de 1930. No sólo recordaría la clínica y la hermanita recién nacida, sino el deslumbramiento de la ciudad que estaba de fiesta. Un avioncito «negro como un gallinazo enorme» sobrevolaba la ciudad en círculos, y el niño, de casi cuatro años, se quedó fascinado con el prodigio del avión; entonces oyó a alguien preguntando que qué era lo que pasaba y a su madre contestando que estaban conmemorando el centenario de la muerte de Bolívar. Gabito, que ya era un preguntón inclemente, quedó satisfecho con la respuesta porque creyó que se trataba de la mantequilla *Bolívar*[25]. Ésta fue la primera vez que escuchó el nombre de quien sería, casi sesenta años después, el protagonista de *El general en su laberinto*. Luego el abuelo le contaría que el bisabuelo, Nicolás del Carmen Márquez Hernández, había conocido a Bolívar siendo niño, y a los siete años lo llevó de la mano a conocer la quinta de San Pedro Alejandrino, donde murió El Libertador.

Pero antes de este viaje memorable a Barranquilla tuvo que haber ocurrido el primer encuentro consciente de Gabito con su madre. Algunos biógrafos pretenden que la conoció cuando tenía cinco años, y el mismo escritor declararía que le es imposible establecer la edad que tenía cuando eso ocurrió. Tampoco fue posible aclarar este momento con su madre. Sin embargo, doña Luisa aseguraría, contra la afirmación de su hijo, que ella había asistido al bautizo conjunto de Gabito y Margot, que tuvo lugar en la iglesia de Aracataca el 27 de julio de 1930, lo que permite concluir que aquél pudo haber conocido a su madre por esos días, teniendo casi tres años y medio. En cualquier caso, para García Márquez el encuentro fue uno de los momentos más nítidos y deslumbrantes de su infancia, y lo recordaría como una escena anticipada de *La hojarasca*: «Yo entré y mi madre estaba sentada en una de las sillas de la sala de la casa de Aracataca. Tenía un vestido color rosado de hombreras de campana y un sombrero verde. Entonces me dijeron: "Saluda a tu mamá", y recuerdo que me sorprendió mucho que me dijeran que ésa era mi mamá. Sólo la recuerdo a partir de ese momento». El momento quedaría intensamente asociado a su perfume, un olor que el escritor no volvería a experimentar jamás. Hasta ese día el niño había percibido a la madre como un ser múltiple repartido entre la abuela Tranquilina y las tías Elvira, Francisca y Wenefrida, pero a partir de entonces Luisa Santiaga dejaría de ser una de las tantas mujeres que visitaban la casa de los abuelos, y empezaría la relación más seria de sus vidas, sin sentimentalismos, una relación que excedería lo materno-filial y se tornaría con el tiempo en la de dos viejos amigos que se comunican y se quieren con la seriedad del humor.

Gabito fue bautizado de manera oficial relativamente tarde para la época, tal vez porque ya lo habían bautizado en familia cuando nació, por disposición de la tía Francisca. García Márquez lo ha explicado así, con su humor habitual: «De ahí que cuando van a bautizar a mi hermana Margot, teniendo yo más de dos años, entonces se acordaron de mí y dijeron: ¡Pero si este carajo no está bautizado oficialmente!', y me llevaron, me pararon ahí y me echaron el agua helada. Eso lo recuerdo perfectamente». Los dos fueron bautizados en la iglesia de San José de Aracataca por el padre Francisco C. Angarita, y los padrinos de Gabito fueron sus tíos Juan de Dios y Francisca Cimodosea, según la costumbre tribal guajira que obliga a los miembros mayores de la familia a brindarles su protección moral y material a los nuevos miembros.

Cuando doña Tranquilina fue a Barranquilla para asistir a su hija del parto de Aída Rosa, la futura monja, encontró que la pequeña Margot era un ser desmirriado y retraído, con los síntomas propios de los niños devoradores de tierra. No era para menos. El embarazo del cuarto hijo había sido una calamidad para la madre dentro de la calamidad doméstica a que los habían llevado los malos negocios de Gabriel Eligio, y todo esto influyó en los cuidados de la pequeña Margot. Entonces la abuela puso el grito en el cielo y le dijo a Luisa que se la llevaba a Aracataca para criarla junto a Gabito. Con purgantes de ruibarbo y aceite de ricino se la disputó a la mala hora, pero Margot seguiría siendo una niña retraída y enfermiza, pues siguió comiendo tierra a escondidas hasta los ocho años. Con todo, o tal vez por ello, ella sería la gran pareja de Gabito en la niñez, cimentando una complicidad que iba a durarles toda la vida y algo más: su hermano la convertiría más tarde en la niña Rebeca Buendía que come tierra en *Cien años de soledad*.

Como hermana mayor tuvieron a su prima hermana Sara Márquez, la hija natural de Juan de Dios Márquez Iguarán. Sara, nacida en 1917, había sido acogida en casa por los abuelos para sanearle al padre su relación matrimonial con Dilia Caballero, que nunca aceptó a la pequeña. Así que, aparte de los abuelos y las tías, fue la persona que más tiempo vivió con Gabito en la casa de Aracataca. Era una muchacha hermosa, silenciosa y distante, quien, como Santa Sofía de la Piedad, sólo parecía existir en los momentos precisos. A los setenta y cinco años, la localizamos en Santa Marta, y fue una verdadera suerte, pues gracias a su memoria prodigiosa fue posible terminar de reconstruir, amueblar, habitar y poner en movimiento lo que fue la casa real donde nació y se crió el novelista hasta los diez años. Con su aire huidizo, sin gestos ni ademanes, pero con las palabras precisas para expresar su memoria precisa, Sara Márquez (ahora sí convertida en Santa Sofía de la Piedad) fue completando y acotando durante dos largas tardes la abundante información proporcionada por Luisa Santiaga Márquez, Margot y Ligia García Márquez, mientras corregía, sin proponérselo, algunos datos y anécdotas sobre la casa y la infancia del escritor.

Durante aquel regreso trascendental de marzo de 1952, García Márquez y su madre vendieron la casa por siete mil pesos a dos ancianos campesinos muy pobres que acababan de ganarse la lotería. La mayor parte de ella fue desmantelada para construir otra moderna, y de la casa original sólo quedó la parte del comedor y uno de los cuartos. Años después pasó a ser propiedad de los Iriarte Ahumada, quienes, a su vez, se ganaron también la lotería porque se la vendieron al Municipio en tiempos de gloria, para reconstruir la casa original y crear un museo dedicado al escritor. Sin embargo, el proyecto no pasó de algunas chapuzas que terminaron de empeorar lo poco que quedaba. Por suerte, tres arquitectos de la Universidad Jorge Tadeo Lozano hicieron su tesis de grado sobre la casa del escritor, elevándola de hecho a propuesta de reconstrucción total y veraz de lo que fue la casa original[26]. Mediante excavaciones, estudios de la evolución urbanística de Aracataca y numerosas y minuciosas entrevistas con los García Márquez, allegados y vecinos, Gustavo Castellón, Gilver Caraballo y Jaime Santos lograron la reconstrucción teórica y pictórica más fiel posible. El mismo escritor, al ver los planos de lo que fue su casa, los aprobó con un rotundo autógrafo: «Doy fe de que así era».

La primera conclusión llamativa es que la casa de los abuelos es literalmente la de *La hojarasca* y, con apenas modificaciones, la de *Cien años de soledad*. No podía ser de otra manera. Al despertar en ella el autor a la vida consciente y subconsciente, a la memoria hedónica, emocional y afectiva, empezaba a germinar también en ella el espacio de su futura obra. Sus habitantes, sus objetos, las historias, los sabores, olores, colores y sonidos serían filtrados por la memoria y luego traspuestos por una poderosa imaginación que los convertiría en cuentos y novelas memorables.

Por eso, en los años posteriores a la publicación de su más célebre novela, García Márquez haría algunas confesiones que, para algunos, habrían de parecer una *boutade:* que *Cien años de soledad* partía de su obsesión por volver a la casa de los abuelos, que sus mayores influencias literarias habían sido los abuelos y *Las mil y una noches,* que desde que había muerto su abuelo no le había pasado nada interesante y que todo lo que había escrito hasta entonces ya lo conocía o lo había oído antes de los ocho años[27]. No sólo lo que había escrito hasta entonces, sino buena parte de lo que escribiría después.

Sin embargo, el niño no tuvo ninguna fascinación especial por la casa. La fascinación estaría en el recuerdo, en la nostalgia. En ella vivió normalmente, como todo niño, deseando crecer para ser detective y parecerse a Dick Tracy. Más bien al contrario: aquella casa fue el gran fantasma de su infancia, pues era una «casa tomada», como en el relato de Julio Cortázar, ya que casi la mitad de los cuartos estaba dedicada a la memoria de los familiares muertos: al tío Lázaro Cotes, que había venido de Valledupar; a la tía Petra Cotes, que había muerto centenaria con el pelo níveo, meciéndose en una de las mecedoras del corredor de las begonias, y tan ciega como Úrsula; a la tía Margarita, que había muerto a los veintiún años de fiebre tifoidea y sería el modelo principal de Rebeca Buendía.

Y si fue el gran fantasma de su niñez, seguiría siendo el fantasma inextinguible del resto de su vida y de buena parte de sus libros. De ahí que el escritor confesara que su «recuerdo más vivo y constante no es el de las personas, sino el de la casa misma de Aracataca donde vivía con los abuelos»; que todos los días de su vida despierta «con la impresión, falsa o real, de que he soñado que estoy en esa casa», no que ha vuelto a ella, «sino que estoy allí, sin edad y sin ningún motivo especial, como si nunca hubiera salido de esa casa vieja y enorme»[28]. Así pues, García Márquez no saldría jamás de la casa de Aracataca, viviéndolo y percibiéndolo todo en su memoria y en sus sueños con una intensidad mayor, hasta el punto de descubrir la grieta de la pared que no vio en la infancia, escuchar el canto del grillo en el patio que apenas oyó en su niñez o perfumarse con el olor del jazminero, cuyo efluvio esparcían los muertos en su deambular nocturno por los cuartos.

Por su tamaño y disposición y por la heterogeneidad de los materiales, la casa fue completamente atípica para la época. En los primeros tiempos llegó a tener hasta cuatro cuerpos distintos, pero a finales de los años veinte uno de los dos cuerpos construidos sobre la actual carrera 5.ª (o avenida de Monseñor Espejo) se incendió, y el espacio fue convertido en un antepatio protegido con vallas de madera, frente a los dos almendros de la acera (véanse planos de la casa en la parte gráfica). A la izquierda quedó entonces un primer cuerpo de techo de zinc, bahareque y zócalos de ladrillo, donde el coronel Márquez, colector departamental y tesorero municipal, tenía su despacho, a la sombra de una acacia; constaba de una salita y una oficina, en la cual relu-

cía limpio y ordenado el escritorio con el pisapapeles, el plume-
ro y las carpetas; en una estantería, junto a los cuadernos de con-
tabilidad, revistas y periódicos, el tesorero de Aracataca tenía
algunos libros y diccionarios, como el *Vocabulario costeño,* de Sun-
denheim, en cuyas páginas subrayaba con tinta roja ciertos cos-
teñismos: *vaina, conduerma, anime* y muchos otros que su nieto
echaría a andar por el mundo.

El segundo cuerpo, cuyo acceso daba al antepatio, era
una larga galería de seis espacios con la cual comenzaba la casa
propiamente. De suelos de cemento pulido y cielo raso de madera, estaba construido de madera, con techo de zinc de dos
aguas, ventanas de anjeo y varillas metálicas. Al seguir, en *Cien
años de soledad,* el curso del hilo de sangre que mana del cuerpo
muerto de José Arcadio, se visualiza mejor, en conjunto, la casa
de los Buendía, viéndose que ésta es casi idéntica a la de los
Márquez Iguarán; sólo se aprecia una modificación importante: en la novela, el taller de platería del abuelo se ha convertido
en una sala. En realidad, sólo hubo una alcoba de visitas, con la
cual empezaba la segunda galería. Dos camas pulcras, una silla
y un aguamanil con su jarro y su palangana constituían los en-
seres de este cuarto de invitados, donde reposaban, en días de
fiesta, el obispo de Santa Marta o los amigos y familiares que
llegaban de Riohacha, Barrancas, Valledupar, Cartagena o Barranquilla. A continuación, el abuelo tenía el taller de platería,
con sus morteros, su atanor y su fuelle, el mismo donde Gabito
lo vio con fascinación dorar los metales y fabricar los pescaditos
de oro. Luego venía el salón comedor presidido por una mesa
rectangular de diez puestos, un tinajero y dos mecedoras de
mimbre. La galería se completaba hacia el fondo con un cuarto
de alcoba, otro de alacenas y la cocina sin paredes, apenas pro-
tegida de los mosquitos y zancudos con una malla de anjeo; en
su hornilla de carbón, la abuela y las tías fabricaban además
panecillos y dulces para la venta.

Frente al comedor (que hacía las veces de sala de visitas) y el taller de platería estaba el patio interior, ocupado por
un jardín multicolor donde el sol del mediodía encendía un ro-
sal entre un jazminero, una flor de La Habana y los heliotropos,
el romero, el nardo, la astromelia y los geranios: el mismo desde

el cual se elevaría al cielo Remedios la bella en las sábanas de bramante de Fernanda del Carpio.

Al fondo del jardín y paralelo a la segunda galería, se extendía el tercer cuerpo de tres espacios, que, al igual que el primero, estaba construido en ladrillo tolete y bahareque, con techo de zinc de dos aguas. En el cuarto próximo al jardín, que era el de los abuelos, nació García Márquez; una cama matrimonial de tubos de hierro, una cuna, un aguamanil, una repisa y algunas imágenes de santos fueron algunas de las primeras cosas que el novelista vio al nacer. Luego habría de pasar al siguiente, al cuarto de los santos, donde dormiría con su hermana Margot y la tía Francisca Cimodosea, y se despertaría cada mañana bajo la atenta mirada de los santos acusetas del altar doméstico alumbrado con lámparas de aceite de corozo. Al final de este tercer cuerpo, en el extremo más interior de la casa, estaba el inmenso cuarto de la memoria: el de los baúles, que eran un montón, colocados en banquitos adosados a las paredes y repletos de libros, revistas, postales, muñecas, ropas y toda clase de objetos de los antepasados de Riohacha y Barrancas.

Entre esta galería, la segunda y el jardín se abría paso el luminoso corredor de las begonias, cuyos maceteros descansaban en una baranda de madera. En él habrían de sentarse a bordar, en las tardes de Macondo, Amaranta y Rebeca Buendía mientras se disputaban, con un odio sordo, el corazón del italiano Pietro Crespi.

Los distintos cuerpos de la amplia y variada mansión sólo tenían en común el piso de cemento y el cielo raso de madera.

En el patio se encontraba el baño con su alberca, el mismo que haría célebre Remedios la bella con sus interminables sesiones de autoadoración, y en un extremo, el cuarto rústico de la carpintería. En el traspatio o caballeriza, llamado «la roza», se levantaba el famoso castaño, a cuyo tronco iba a ser amarrado José Arcadio Buendía al descomponérsele la máquina del tiempo, y, en uno de los extremos laterales, estaba la letrina. Pero casi todo el espacio era de dominio de las gallinas, los cerdos y los chivos guajiros destinados a la próxima Navidad.

En una casa tan espaciada y llena de sombras del pasado, con unos moradores tan prodigiosos, y en un pueblo de Babel como Aracataca, donde había entrado medio mundo a pedacitos, sólo era cuestión de crecer, de tener los oídos bien puestos junto a la abuela y las tías y tener los ojos bien abiertos junto al abuelo. Y Gabito empezó como debía ser: como todo niño, empezó siendo un diablillo ejemplar. Aunque la verdadera encarnación del demonio era su hermano Luis Enrique, el terrible, a Gabito le caía bien cierta fama demoníaca, a pesar de ser un niño solitario y tímido, por la forma egocéntrica y contumaz con que defendía sus intereses. A salvo de los terrores de la noche, la mañana empezaba con sus exigencias en el orden de las comidas, hasta el punto de que, si éstas no encajaban plenamente en sus gustos, había que dejarlo todo e ir al mercado a comprarle lo que demandaba. Pero más era el hambre de saber: lo preguntaba todo a toda hora y a todo el mundo, y cuando llegaba una visita, el niño de cinco o seis años se convertía casi en el anfitrión principal. A esa edad, cuando empezó a escuchar con atención de adulto, adquirió un parpadeo repentino que traía de cabeza a la abuela: Tranquilina, pensando que el niño padecía alguna infección, le aplicaba colirio de rosa fina, pues durante sus primeros meses de vida lo habían preservado de las colerinas dándole infusiones de la misma flor. Pero el diablillo se reía sin confesarlo: según lo explicaría más tarde, el parpadeo simplemente le permitía captar mejor lo que conversaban los mayores. Eso parecía. Una de las anécdotas que más recordarían sus hermanos es la del ex militar que un día llegó a casa y se puso a remover historias de la guerra con el abuelo. Gabito, que siempre estaba al lado de éste, empezó con el parpadeo, siguió con un extraño movimiento de ojos, y sólo cuando el visitante se levantó para marcharse, se puso a llorar porque éste le había estado pisando un pie con una de sus botas durante todo el tiempo de la visita[29]. Es posible que, desde entonces, el niño asociara inconscientemente la bota militar al mundo de las guerras y del poder.

Cuando sus hermanos iban a la casa de los abuelos, Gabito no sólo cuidaba de que no se quedaran mucho tiempo, sino que tomaba atenta nota del cariño que los abuelos les prodigaban a los otros. Pero los celos podían ser extremos cuando eran los otros niños de Aracataca los que permanecían en casa más de la cuenta: el demonio de Gabito los pellizcaba a escondidas y luego les pedía el favor de que se fueran a llorar a sus casas. Una vez que las aguas volvían a su cauce, o mejor, para que volvieran a su cauce, él seguía preguntando y exigiendo con su cantaleta interminable. Entonces la abuela terminaba por reventar: «¡Carajo!», gritaba llenando el ámbito de la vieja casa, «¡esta criatura es una conduerma!»[30].

Así que, cuando llegaba la noche, ella sólo tenía un recurso para inmovilizarlo: el terror de los muertos. Lo sentaba en una silla y le decía: «No te muevas de aquí, porque si te mueves va a venir la tía Petra, que está en su cuarto, o el tío Lázaro, que está en el suyo»[31]. Gabito se quedaba inmóvil, respirando al compás de los espíritus endémicos, del jazminero y los grillos del patio, hasta que lo llevaban a la cama, en el cuarto de los santos, donde continuaba la pesadilla, pues en sus sueños se ampliaba y profundizaba el mundo fantasmagórico de la abuela, de tal manera que su zozobra no concluía hasta el amanecer, cuando el canto de los gallos y los primeros brotes del alba entraban por las rendijas y derrotaban a los espíritus de la abuela.

En el primer cuento de García Márquez, «La tercera resignación», vamos a encontrar un niño de siete años que, desde una muerte-vida, crecerá durante tres lustros en un ataúd, hasta convertirse en un muerto incorpóreo, abstracto. En *La hojarasca*, el niño, de once años, está sentado en una silla, durante todo el tiempo, frente al cadáver de un médico que se ha suicidado. Después, en «Alguien desordena estas rosas», el niño es ya un ánima sentada en una silla esperando. Esta imagen va a cruzar buena parte de sus libros, diversificándose y enriqueciéndose, hasta llegar a Melquíades, el personaje clave de la estructura mítico-temporal de *Cien años de soledad*. Es la imagen deudora de los terrores nocturnos de la abuela, que nunca dejarían al escritor en paz, y, tal vez, el instante genesiaco más fértil de su obra mayor.

Tranquilina Iguarán Cotes era todavía una abuela dinámica, menuda, de ojos grises nublados por las cataratas, con un cabello plateado y lacio que, partido por en medio, le enmarcaba el rostro aquilino, para terminar en un moño sobre el cuello blanco. Vestía de luto y semiluto, con tenues estampados, y recorría la casa de la mañana a la noche como un viento suave, cantando y dando órdenes: «Hagan carne y pescado porque nunca se sabe lo que le gusta a la gente que llega». La frase, que volveremos a escuchar en boca de Úrsula Iguarán, da una idea de lo que era la cocina de aquella casa hospitalaria, visitada por toda clase de gente. Pero, siendo una mujer activa, Tranquilina jamás tuvo prisa y se movía con una tranquilidad pasmosa, tal vez porque pocas veces tuvo los pies sobre la tierra: su reino no era de este mundo. Por esto le ponía menos atención a los chismes de los vivos que a los de los muertos. En vano Francisca Cimodosea Mejía intentaba ponerla al corriente de la vida real de los hombres, empezando por la de su esposo: «Mina, tú eres una pendeja», le decía, «porque Nicolás te engaña con otras mujeres y no te das cuenta»[32]. Pero ella no se inmutaba, pues estaba demasiado ocupada en los linderos donde se topan los vivos con los muertos, protegiendo a la familia con sus supersticiones. Por ejemplo, que había que acostar a los niños antes de que salieran las ánimas; que si pasaba un entierro y aquéllos estaban acostados, había que sentarlos para que no se murieran con el muerto que pasaba; que había que procurar que no entrara una mariposa negra porque eso significaba que alguien iba a morir en la familia; que si era un cucarrón era señal de que llegaría una visita; que había que evitar la mala suerte procurando que no se derramara la sal; que si se oía un ruido extraño era porque las brujas habían entrado en la casa, y si se percibía un olor a azufre era porque el demonio estaba cerca[33]. Buena parte del diccionario de supersticiones que fue ella, iba a ser heredado por el nieto, junto al terror a la muerte. En general, todo su mundo de fantasía y supersticiones constituiría el subsuelo más fértil de las ficciones de García Márquez.

La credulidad y el carácter fantasioso de la abuela le venían, sin duda, de su pasado guajiro y de su ascendencia gallega. A un guajiro que además es gallego le es muy difícil reconocer las fronteras entre los vivos y los muertos, lo que, por lo demás, es una realidad prácticamente endémica en América Latina. García Márquez pudo concebir *Cien años de soledad* cuando, entre otras cosas, se dio cuenta de la pura y simple verdad de que no sólo su abuela y sus tías vivían en una pararrealidad, sino también la mayoría de los colombianos y latinoamericanos.

Así que doña Tranquilina estaba todo el día cantando y delirando, mientras el nieto no paraba de exigir y preguntar:

«Abuela, ¿quién es Mambrú y a qué guerra se fue?»

Y ella, que no tenía la menor idea, pero hervía de imaginación, le contestaba impávida:

«Fue un señor que luchó con tu abuelo en la guerra de los Mil Días»[34].

Como se sabe, el Mambrú de la vieja y popular canción (que tanto le gustaba cantar al abuelo de Gabito) es el mismo duque de Marlborough, y cuando García Márquez fue a meterlo como personaje fugaz en sus novelas y cuentos, prefirió la versión de su abuela a la real. Ésta es la razón de que Marlborough aparezca disfrazado de tigre, perdiendo todas las guerras civiles colombianas, al lado del coronel Aureliano Buendía.

Con la misma «cara de palo» y al hilo de la enésima pregunta del nieto, la abuela le refería toda clase de historias fantásticas pobladas de muertos. Hablaba con una voz que parecía un susurro venido de un mundo lejano: del mundo de sus héroes. Y mientras las historias del abuelo eran realistas y estaban llenas de muertos que se morían de verdad, las de ella estaban pobladas de muertos que vivían e intentaban paliar su soledad buscando a los vivos, como aquella marquesita de cabellera larga que, muerta de mal de rabia a los doce años, seguía viviendo entre la gente con sus muchos milagros a todo lo ancho del Caribe.

En aquella casa llena de mujeres, Tranquilina, aparte de dar órdenes, se ocupaba de cosas puntuales, como cocinar cuando no había sirvienta, y siempre estaba al frente de la panadería doméstica, que consideró de su exclusivo dominio y que le deparó fama de panadera exquisita en la región. De los niños casi nunca se ocupaba, excepto para darles noticias de los muertos y cantarles las canciones de su propia inspiración cuando lloraban o se iban a dormir. Eran canciones que contaban historias, y García Márquez recordaría siempre una en que dos amantes se intercambian sus quejas. Así pues, la necesidad de contar no sólo estaba en sus historias, sino en sus canciones. Era el mismo

linaje narrativo de *Las mil y una noches*, el *Romancero* y los vallenatos, que tanto iban a cautivar e influir al futuro novelista.

De ahí que fueran las tías quienes prácticamente cria-
ron a Gabito: Elvira Carrillo, tía Pa; Wenefrida Márquez, tía
Nana, y, sobre todo, Francisca Cimodosea Mejía, tía Mama. Elvira era hermana melliza de Esteban Carrillo e hija natural del
coronel Márquez y Manuela Carrillo, y había nacido en Barrancas
al finalizar el siglo. A los veinte años llegó a Aracataca, donde
fue acogida no sólo por su padre, sino por Tranquilina, que la
consideró siempre su hija, como consideró siempre hijos suyos
a los numerosos hijos naturales del esposo. Por su parte, Elvira
habría de portarse como una hija amantísima, que cuidó de la
vieja Mina hasta que ésta murió en Sucre a la edad de ochenta
y cuatro años. La tía Pa tenía una autoridad bien repartida en
toda la casa y sobre todos sus miembros no sólo por su carácter,
sino porque era la única que hacía un poco de todo: se pasaba el
día bordando en el corredor de las begonias, limpiando la casa,
preservando la ropa de las polillas con naftalina, vigilando el
comportamiento de los niños, fabricando estrellitas y caballitos
de caramelo para la venta. En cambio, Wenefrida era una presencia mediatizada por el hecho de que vivía en otra casa con su
esposo Jesús Quintero, pero era otra de las mujeres, otra de las
tías de la casa, y ejercía su autoridad con la comodidad que le
concedían la distancia y el privilegio de ser la hermana del alma
de Nicolás Márquez.

Pero la que realmente mandaba en casa, por encima de
Tranquilina y del coronel, era la tía Mama. Fue la gran matriarca, la coronela de la casa, pues no sólo lo sabía y lo decidía todo,
sino que era la más activa. Nunca se casó, porque encontró un
sustituto del matrimonio en su entrega a la familia. Era además uno de sus miembros legendarios: había acompañado a los
Márquez Iguarán en el éxodo de Barrancas a Aracataca a finales de la primera década del siglo. Sus padres habían sido José
María Mejía Vidal y Teresa Ríos, lo que le concedía una colate-
ralidad en primer grado con el coronel y la convertía en medio
hermana de Eugenio Ríos, el joyero de Barrancas que había heredado de Nicolás el arte de la platería.

Natural de El Carmen de Bolívar, donde se había criado con su primo, Francisca Cimodosea[35] era morena, de mediana estatura y constitución regular. Tenía el pelo indio, peinado hacia atrás en dos trenzas largas que convertía en un moño para salir a la calle. Nunca usó ropas de colores, sino vestidos talares de negro y seminegro, como Tranquilina, y blusas con mangas de tres cuartos. En casa andaba en chancletas, que cambiaba por unas botas cerradas con botones cuando salía. Era marchosa, gritona, mandona y en los momentos de mayor agobio, como Fernanda del Carpio, soltaba unas diatribas interminables contra todos y contra todo, pero era de un corazón inmenso. Había llenado la casa de ahijados y a los numerosos visitantes los asediaba con jugos de frutas, galletas de soda, queso costeño y los imprescindibles dulces combinados de guayaba agria y dulce que ella misma hacía.

No paraba un instante, sobre todo porque la atención y conducción de los niños eran su ocupación predilecta: ella era la que los bañaba en el río, les daba de comer, los vestía, los orientaba en sus tareas, los llevaba a la iglesia al rosario de la tarde y vigilaba sus sueños muy de cerca: dormía en el mismo cuarto de los santos con Gabito, Margot y la adolescente Sara Márquez. Después de que la abuela Tranquilina les cantaba sus canciones-relatos, Francisca guiaba sus oraciones, y cuando ellos se dormían, ofrendaba las propias sentada en una silla de cuero junto al altarcito del cuarto, donde destacaban un San José y una Santa Rita de yeso, un cuadro del Corazón de Jesús y su predilecto de la Virgen del Carmen, que ella misma había traído desde la lejana Barrancas. Aunque iba a misa todos los días, a los niños los llevaba los domingos, especialmente a Gabito, para que oficiara de monaguillo del padre Angarita. Su religiosidad y entrega a la parroquia le habían concedido el honor de guardar las llaves del templo y el cementerio y de conservar los altares de las fiestas mayores. Y todavía le quedaba tiempo para ganarse la vida y aportar su granito de arena a la economía familiar, pues, al igual que Tranquilina y Elvira, también fabricaba dulces de leche, coco y guayaba para la venta.

García Márquez la recordaría siempre no sólo como la mujer infatigable e imaginativa que lo crió, sino como la tía sabia y protectora del pueblo. Era tan católica y supersticiosa como Tranquilina, pero a diferencia de ésta tenía los pies sobre la tierra y poseía un conocimiento esmerado de la cultura folclórica. Aunque la estampa venerable de la abuela será el prototipo de Úrsula Iguarán, es con la personalidad de la tía Mama con la que García Márquez armará lo esencial de Úrsula Iguarán. El aura de su persona, como la de Úrsula en Macondo, trascendía los límites familiares. Un día, por ejemplo, llegó a la casa una muchacha con un huevo que tenía una protuberancia. Como nadie en Aracataca le había sabido explicar de qué se trataba, fue donde Francisca, la tía sabia, y ésta, tras examinarlo detenidamente, dictaminó que era un huevo de basilisco, que hicieran un hoguera en el patio y lo quemaran[36]. Nadie entendió nada, pero su dictamen se cumplió de inmediato.

Esta manera natural e imaginativa de arrostrar la vida aun en las situaciones más insólitas y dramáticas es lo que el novelista llamaría la «cara de palo», que es la misma con la cual la abuela le contaba los cuentos más fantásticos sin inmutarse. Y éste sería el recurso literario más providencial de García Márquez, porque gracias a él escribiría treinta años después *Cien años de soledad,* al adoptarlo como una de las claves esenciales de su arte de narrar.

A pesar de la situación tan dramática en que murió, la tía Mama conservó su «cara de palo» hasta el final. Como no sabía tejer y además no pudo pararse ni sentarse los últimos días de su vida, a causa de una dolorosa infección renal, le pidió a Elvira Carrillo que le bordara su mortaja[37]. Cuando ésta estuvo lista, entonces le pidió un último favor: que le compusiera el altarcito para que le rezaran el novenario cuando muriera. Tía Pa siguió sus indicaciones paso a paso: en la antigua oficina del coronel, convertida en alcoba de convalecencia, colocó primero una sábana blanca en la pared, luego una mesa adosada a la misma y sobre ésta dispuso, en el orden simétrico que le iba dictando la moribunda, dos candelabros, un cristo, un cuadro del Corazón de Jesús y su predilecto de la Virgen del Carmen. Como la anacrónica Mamá Grande y la vengativa y enigmática Amaranta Buendía (que sí bordaría ella misma su propia mortaja en *Cien años de soledad*), la tía Mama murió soltera, y acaso con la venda negra de la virginidad, impartiendo sus últimas órdenes.

Sólo con el abuelo tuvo Gabito una comunicación y un entendimiento plenos. Mientras el mundo de la abuela y de las tías lo desorientaba y a menudo le causaba terror, el del abuelo le proporcionaba orden y seguridad. Siempre que la abuela y las tías le hablaban de algo extravagante, el abuelo solía decir: «Olvídate de eso, son creencias de mujeres»[38]. Pero, desde la seguridad del abuelo, el niño no resistía la curiosidad de asomarse al mundo de la abuela. El de él pertenecía al mundo de las cosas que pasan realmente, históricamente, en el cual hay un orden y una progresión; el de la abuela y las tías, por el contrario, era un mundo fantástico, lleno de supersticiones, con un tiempo estancado girando en círculos viciosos, donde imperaba una paralógica que el niño no podía entender con la facilidad con que captaba las cosas del abuelo. Por eso el nieto quería ser como él: heroico, seguro, ordenado. Pero, paradójicamente, la vida, en tanto que escritor, había de colocarlo más del lado de la abuela que del lado del abuelo. Su relación con ellos sería, pues, tan radical y diferente en cada caso, que iba a tener una influencia determinante no sólo en las historias de *La hojarasca* y *Cien años de soledad,* sino también en sus mismas estructuras espacio-temporales.

El coronel Nicolás Ricardo Márquez Mejía fue la persona que más han ponderado los sentimientos de García Márquez. De él ha dicho que fue la única persona con la cual tuvo comunicación en la niñez, que es la persona con quien mejor se ha entendido jamás, que es la figura más importante de su vida, que desde que murió no le ha sucedido nada interesante y que hasta las alegrías de su vida de adulto son alegrías incompletas por el simple hecho de que el abuelo no lo sepa[39]. Por su parte, éste solía lamentarse de que la vida no le fuera a permitir ver los logros de su nieto predilecto.

Los dos eran los únicos hombres en una casa de mujeres, y esto reforzó su complicidad y amistad. Él, como ex militar, le decía «mi Napoleoncito» y el niño le llamaba Papalelo. Cuando el nieto empezó a ser consciente de la complicidad de ambos, el abuelo debía de tener unos sesenta y ocho años. Era un castellano sanguíneo, de regular estatura y panza abultada, frente amplia y sonrisa breve y bonachona, bigotes abundantes y pelo canoso. Usaba gafas de armadura de oro y era tuerto del ojo derecho, pues un día, mientras contemplaba un caballo blanco desde su taller de Barrancas, perdió súbitamente el ojo a causa de un glaucoma.

A pesar de su gruesa figura de ex militar, Nicolás Márquez era hombre de suaves modales y de palabras medidas y precisas que sabían dar en la almendra de las cosas. Era práctico, ordenado y de un civismo ejemplar. Siempre estaba bien vestido, sobre todo en las ocasiones especiales, cuando lucía sus mejores galas con chaleco y corbata a pesar del calor asfixiante. En uno de los bolsillos del chaleco llevaba el reloj de oro con una leontina que le cruzaba en bandolera el vientre abultado. El remate de su pulcritud lo daban el afeitado permanente y el agua de Colonia. Y era «el comilón más voraz que recuerde y el fornicador más desaforado»[40], según su nieto. Sus incontables hijos naturales (diecinueve de los cuales asegura el novelista haber conocido en el Cesar y la Guajira cuando estuvo buscando sus orígenes) inspirarían los diecisiete hijos naturales del coronel Aureliano Buendía; y sus afanes gastronómicos servirían de modelo a las comilonas épicas de José Arcadio y Aureliano Segundo. De cuando en cuando, especialmente durante las Navidades, aparecían en la casa de Aracataca algunos de sus retoños desperdigados por el vasto Caribe, y Tranquilina los acogía como si fueran sus propios hijos, del mismo modo que lo haría Úrsula Iguarán con los hijos naturales del coronel Aureliano Buendía.

Su prestancia y probidad, sus oficios de colector departamental y tesorero municipal, sus lides políticas en las filas del partido liberal, así como su prestigio de viejo coronel y sus buenos contactos, llegaron a convertirlo en uno de los patriarcas más sólidos y queridos de Aracataca, con una autoridad moral y política incuestionable. Su liberalismo era de la más pura raigambre y en cuestiones ideológicas era tan intransigente como en los asuntos de honor: una de sus mayores ofensas la padeció aquella tarde de abril de 1908 en que

Medardo Pacheco Romero se atrevió a rematar otras ofensas diciéndole que él era «un parche negro en nuestro partido liberal».

Andaba siempre con el nieto de la mano, preocupado por mostrarle y contarle cosas. Con él Gabito conoció el pueblo, el mundo exterior, la historia con minúscula y mayúscula, y los hombres de carne y hueso que la hacen. Lo llevaba de la mano por las calles de polvo abrasador y almendros tristes a ver las películas de Tom Mix y los mejores circos del país, que plantaban sus carpas en el pueblo atraídos por la bullaranga de la explotación bananera. De este modo el nieto llegó a conocer muchos de los animales que sólo había visto en los libros de cómics o en los textos escolares. Una noche en que regresaron a casa después de haber conocido el dromedario en el circo, el abuelo sacó el diccionario y le explicó al niño de seis años: «Éste es el dromedario, ésta es la diferencia entre el dromedario y el elefante, ésta es la diferencia entre el dromedario y el camello»[41], es decir, le dio su primera lección de zoología y de lexicografía. Y cada vez que el muchacho preguntaba y el abuelo titubeaba en la respuesta, le decía: «Vamos a ver qué dice el diccionario». De ahí nació la afición del escritor por los diccionarios y las enciclopedias.

No había pregunta o inquietud que el viejo no le contestara al niño. Mientras la abuela lo amordazaba con los espíritus de la casa a las seis de la tarde, el abuelo atendía gozoso sus interminables requerimientos. En cierta ocasión el niño de cinco años volvió a casa diciendo que acababa de ver en el comisariato de la compañía bananera unos pargos duros como piedras. El abuelo le explicó que los pescados parecían piedras porque estaban congelados. Gabito le preguntó qué era congelados y él le dijo que los habían metido en hielo. Pero ¿qué era el hielo? Entonces el abuelo lo tomó de la mano y lo llevó a la próxima esquina diagonal donde estaba el comisariato, hizo abrir la caja de los pargos y le enseñó el hielo[42]. Durante muchos años lo iban a perseguir, fusionándosele en la memoria, las imágenes del hielo y del abuelo llevándolo de la mano a ver el circo: las imágenes originales de *Cien años de soledad*.

Algunos de los recuerdos más coloridos del escritor junto al abuelo serían los viajes en goleta a las islas de Curazao y Aruba, cuando el coronel iba a comprar perfumes y camisas de seda[43], y el que hicieron en el planchón *Aurora* por el río Magdalena hacia Barranquilla. Éste, sin embargo, estuvo a punto de ser un viaje trágico, pues desde el camarote Gabito, que debía de tener unos seis o siete años, pudo escuchar la tremolina que se armó mientras su abuelo se defendía de unos hombres que, por alguna disputa política, querían tirarlo al río[44]. Como tantas veces a lo largo de su vida y desde su nacimiento, la tragedia había tocado a sus puertas pero sin atreverse a entrar.

El viaje más trascendental que hicieron los dos fue, sin duda, a la quinta de San Pedro Alejandrino, en Santa Marta, para que el niño conociera el santuario patrio donde había muerto El Libertador. Como vimos, antes de cumplir los cuatro años, el nieto ya había escuchado el nombre de Bolívar en Barranquilla, y a los seis, había visto la imagen de Bolívar muerto en un calendario mural del abuelo con unos versos cándidos donde se decía que sólo Santa Marta le había dado siquiera un pedazo de playa para morir. Cuando Gabito llegó con siete años de la mano de su abuelo a conocer San Pedro Alejandrino, lo primero que se preguntó, a la sombra de los tamarindos, fue dónde diablos estaba la playa que anunciaban los versos. Como siempre, su abuelo, cuyo padre había conocido a Bolívar, le explicó las cosas y le mitificó la figura del padre de la patria[45]. A partir de éstos y otros detalles acumulativos iría surgiendo el interés novelístico del escritor por la figura de El Libertador.

Con todo, los momentos más sedantes de su infancia fueron las mañanas en que el abuelo lo llevaba a través de la inmensidad de las plantaciones de banano, aturdidos por el silencio, para bañarse en las aguas providenciales del río Aracataca, al pie de la Sierra Nevada de Santa Marta. Por supuesto, su memoria ávida se adueñaría para siempre de la imagen del torrente de aguas diáfanas, casi heladas, que fluía por el «lecho de piedras pulidas, blancas y enormes como huevos prehistóricos». Cuando volvían sobre sus pasos, el silencio compacto de las bananeras (un silencio mágico y letal en *Cien años de soledad* y *El amor en los tiempos del cólera*) se había averiado por el canto de las chicharras. Gabito las escuchaba y lo escuchaba a él, que le hablaba del año del cometa, de los tiempos dorados de Aracataca, que le repetía los detalles de la masacre de las bananeras y le volvía a referir las mil y una historias de la guerra civil de los Mil Días: los combates en los que había participado, el día en que estuvo a punto de ser aprehendido y fusilado con sus compañeros, los amigos que se habían muerto de verdad, los heridos moribundos en los hospitales de emergencia, los fusilados al amanecer en cualquier paredón, como su amigo el coronel Alonso Plazas, ejecutado por los conservadores una infausta mañana de hacía treinta y tantos años cerca de su casa en Barrancas.

Todas estas historias hervirían en la memoria del escritor y serían traspuestas por su imaginación, dando origen a las treinta y dos guerras que promovió y perdió el coronel Aureliano Buendía. Pero el meollo de las mismas no lo iba a cifrar su memoria en tal o cual batalla horrenda, ni siquiera en la figura venerable del abuelo, sino en una imagen aparentemente secundaria: una cicatriz de bala cerca de la ingle del abuelo. Dos años antes de su muerte, el médico había ido a hacerle un examen a raíz de una caída grave que tuvo desde una escalera. El médico se detuvo en el estigma del balazo y le preguntó que de qué se trataba. «Es un balazo de la guerra»[46], le contestó el coronel. Para el nieto fue como la auténtica revelación de todo el pasado legendario y heroico de su abuelo.

Siempre de la mano, otras veces se adentraban hasta los linderos entre el mundo caótico y pobre de Aracataca y el vallado y paradisíaco de los norteamericanos de la United Fruit Company. El niño podía ver en el otro mundo, que en *Cien años de soledad* llamará con revanchismo literario «el gallinero electrificado», las bellas casas refrigeradas, sus piscinas turquesas con quitasoles izados en el verdor de los prados y sus canchas de tenis. Hombres, mujeres y niños «rojos como camarones» se paseaban dentro de ropas delicadas o descansaban en sillas de mimbre bajo los quitasoles. A veces, del «gallinero electrificado» salían mujeres con trajes de muselina y sombreros de gasa, mujeres de risas despreocupadas y ojos para otro mundo, como aquella que una tarde cualquiera se aventuró en su automóvil descapotable, con un perro lobo a su lado, por las calles del «moridero de pobres» de Aracataca. Entre la multitud de ojos que la contemplaron reverberantes a través del polvo y el calor, estaban los de un niño de seis o siete años, que se quedaría perturbado para siempre por su imagen de belleza, exotismo y poder[47]. Así, antes de que aprendiera a leer, el niño taciturno y solitario de Aracataca ya había empezado a ver que, en el mundo real del abuelo, en el mundo de las cosas que pasan, hay un eje progresivo o regresivo, porque unos lo tienen todo y otros no tienen nada, porque unos mandan y otros son mandados, porque unos lo saben todo y otros lo ignoran todo, y que en ese avance o retroceso tenían su cuota de responsabilidad los habitantes de la ciudad prohibida, los del «gallinero electrificado», pues ellos habían sido los responsables de la gran huelga trágica de 1928, ellos habían cambiado el curso del río donde el niño se bañaba con el abuelo y, lo que era más grave, ellos habían cambiado para siempre el curso de la historia del pueblo y su gente.

Así pues, entre las cosas que le mostraba y le contaba al nieto, el coronel Márquez le iba suministrando detalles que cimentaran su despertar político e ideológico. Por eso se afanaba también en leerle las noticas de los periódicos y en explicarle, como si fuera una consigna, que el conservador nace y el liberal se hace. Sin embargo, fue durante el Gobierno liberal de Olaya Herrera (1930-1934) cuando el niño tuvo el primer resquemor contra el sistema de su país, pues los agentes del Gobierno habían llegado un día a Aracataca recogiendo donaciones para los fondos de la guerra tragicómica contra el Perú y se llevaron los anillos matrimoniales de sus abuelos; entonces Gabito empezó a abrir los ojos y pensó que tal vez «alguien había inventado el pleito con los peruanos sólo para robarles a mis abuelos, y a todo el país, sus anillos matrimoniales»[48].

De pronto, durante los paseos vespertinos, el viejo coronel se detenía en mitad de la calle y con un suspiro profundo le confesaba al niño de siete años: «¡Tú no sabes lo que pesa un muerto!». Si la revelación de la cicatriz de guerra fue la imagen que más le iba a fascinar del abuelo, esta confesión sería la frase suya que más le iba a impresionar. Que así haya sido es indicio inequívoco de que en ambas circunstancias se cifraba el drama supremo del abuelo: los estigmas de la guerra y de la muerte. García Márquez admitiría que la influencia de Sófocles es tal vez la razón de la presencia obsesiva de la muerte en su obra[49]. La respuesta es cierta pero sólo a medias, pues la otra mitad de la verdad radica en que, mucho antes que el maestro griego, lo habían influido los dramas de su país y de su abuelo. Como hemos visto, la guerra de los Mil Días fue el drama civil más sangriento de la historia colombiana (junto a la época de la llamada Violencia de los años cuarenta y cincuenta), y este drama fue transmitido por el abuelo a su nieto. Por otra parte, la frase confesional del coronel: «¡Tú no sabes lo que pesa un muerto!» era la sombra del difunto Medardo Pacheco Romero, el hombre a quien había tenido que matar en Barrancas en un duelo.

De tal manera que, con los años, el nieto iría comprendiendo que la venerable figura del abuelo, con su serenidad, orden y potestad, era en realidad una figura asediada por dos dramas irreductibles, un superviviente con dignidad de sus propias derrotas. El nieto también comprendería que él y su destino eran hijos en parte de esas derrotas atávicas, pues, visto desde esa perspectiva, los Márquez Iguarán habían llegado a la zona bananera, tras el aciago duelo de Barrancas, para que dieciséis años después el telegrafista se casara con la niña bonita de Aracataca y él, Gabito, se criara con los abuelos hasta los diez años en aquella casa vieja y enorme rebosante de vivos y muertos. Sólo que el coronel Nicolás Márquez nunca llegaría a saber que su doble derrota se convertiría en perenne victoria estética en las novelas del nieto.

En el censo de personajes de la infancia de García Márquez, los abuelos y las tías, sus padres y hermanos, las sirvientas y ciertos familiares fueron, desde luego, los más importantes, pero no los únicos. Aracataca, era una Babel en donde residían o llegaban los personajes más extraños, nacionales y extranjeros, que iban a colonizar la memoria de García Márquez, y le servirían para crear muchos otros personajes o, cuando menos, dibujar rostros o trazar determinados rasgos psicológicos.

Algunos eran anónimos, poderosamente anónimos, como aquella mujer que un día llegó abrasada por el sol y la curiosidad popular con una niña de la mano y un ramo de flores para la tumba de su hijo, mientras en toda Aracataca corría el rumor: «Aquí viene la madre del ladrón»[50]. Esta madre digna, invencible en su anonimato, quedaría eternizada en «La siesta del martes», que el escritor consideraría durante años su mejor cuento. O aquella otra mujer del vecindario que un día se fugó con su amante, y su abuela, para ocultar la vergüenza familiar, explicaba que su nieta había sido arrebatada por los vientos al atardecer[51]. Pero los que le causaban verdadera fascinación eran los curanderos que les sacaban los gusanos a las vacas con sus rezos mágicos, el hombre al que le habían metido un sapo en la barriga, o el decapitado de la plaza de Bolívar que había seguido montado en su burro después de un machetazo limpio.

Otros, la mayoría, tenían nombre propio, aunque no fueran de este mundo, como el muerto que vivía en la casa colindante a la de los abuelos, conocida como la Casa del Muerto, pues, aunque su morador había revelado su verdadero nombre en una sesión de espiritismo[52], todo el mundo lo llamaba simplemente El Muerto y no Alfonso Mora. No era un ánima dramática, sino tranquila, ajena a las alharacas de otros muertos, que vivía su segunda vida con filosofía, como el Prudencio Aguilar de *Cien años de soledad*. Sólo a veces se le escuchaba toser o silbar al lado, y si alguien se topaba con ella no era porque cometiera la impertinencia de salir a la calle o de pasarse a las casas de sus vecinos. No: era porque éstos, de pronto, se atrevían a irrumpir en su casa de muerto inofensivo. Con la misma «cara de palo» de su abuela Tranquilina y su tía Elvira Carrillo, las que más lo escucharon toser y silbar al lado, García Márquez describiría, para ponerle los ojos cuadrados a los racionalistas, la forma como transcurrió su encuentro de niño con El Muerto: «Un día, a pleno sol, pasé a la casa vecina de la nuestra persiguiendo un conejo, y traté de alcanzarlo en el excusado, donde se había escondido. Empujé la puerta, pero en vez del conejo vi al hombre acuclillado en la letrina, con el aire de tristeza pensativa que todos tenemos en esas circunstancias. Lo reconocí de inmediato, no sólo por las mangas enrolladas hasta los codos, sino por sus hermosos dientes de negro que alumbraban en la penumbra»[53].

Pero lo más asombroso no es que en la casa de la esquina viviera El Muerto, sino que éste terminara compartiendo su vivienda con un mortal: el cura párroco Francisco C. Angarita, que la alquiló contra toda advertencia y, al parecer, logró apaciguar aún más al ánima al cabo de varias sesiones de espiritismo, aunque nunca dejara la manía de toser y silbar a cada rato. Así se lo confirmó la abuela Tranquilina a Osvaldo Robles Cataño cuando éste la visitó a comienzo de los años cuarenta en la casona medio abandonada: «Yo le pregunté entonces por el muerto que salía en la esquina frontera, donde la presencia de un párroco que la había alquilado logró espantar los duendes que la habitaban. Y ella se sonrió plácidamente diciéndome que a mí esas pesadillas no se me olvidaban. Y así, con la risa contenida, mostrándome el solar de al lado que ya sus ojos no alcanzaban a mirar, me dijo con picardía: 'Ahí siempre silban. A cada rato lo siento'...»[54].

Con todo, era todavía más sorprendente la vida del padre Angarita que la de su compañero de vivienda. Angarita había llegado como nuevo cura párroco de Aracataca a mediados de 1928, y prácticamente inició su apostolado bautizando a García Márquez. Era panzudo, paquidérmico y caminaba apoyándose en un bastón. Como el padre Ángel y el padre Antonio Isabel, era un moralizador implacable con cierto aire de desvarío. Igual podía hablar en la homilía sobre el contenido moral de las películas, el escandaloso escote de las mujeres, el Almanaque Bristol, o el precio del banano. A los muchachos díscolos les tiraba de las orejas, pero a los más comedidos, como Gabito, que era uno de sus monaguillos, los premiaba con los recortes de las hostias. A éste y a toda su generación los preparó para la confesión de la primera comunión mediante un diccionario de pecados que le permitía interrogarlos en orden y a fondo acerca de sus hechos e intenciones, tales como si habían tenido relación con mujeres o con animales. Sentado en un taburete en el corredor de su casa, hacía como que leía la Biblia, pero en realidad estaba, mediante un espejito hábilmente colocado entre las páginas, escrutando la forma de vestir de las muchachas que pasaban: si alguna iba con escote o falda insinuantes, en la siguiente homilía la censuraba sin nombrarla. Pero esto no era más que un síntoma disimulado de su oculta e insaciable apetencia venérea: el padre Angarita, como todos los hombres del pueblo, también se las arreglaba para obtener los servicios de las fulanas de Aracataca. Se dice que él mismo exageró las historias de El Muerto para espantar a los niños curiosos que pudieran acecharlo mientras procuraba saciar sus apetencias libidinosas.

Angarita, sin embargo, se ganó el corazón de los cataqueros, no porque hubiera levitado en la misa, como su antecesor monseñor Espejo, sino porque logró terminar con tesón las obras del templo iniciadas por éste a principios de la segunda década y, sobre todo, porque tuvo una postura valerosa y coherente durante los días de represión que siguieron a la matanza de los trabajadores en diciembre de 1928: al sospechar que los huelguistas encarcelados en Aracataca iban a ser fusilados por los soldados de Carlos Cortés Vargas, se hizo meter con ellos a la cárcel. Ésta y otras barbaridades de la represión militar en la zona bananera se conocieron en toda Colombia gracias al informe que el mismo Angarita le hizo llegar al parlamentario liberal Jorge Eliecer Gaitán, a mediados del año siguiente[55].

En la esquina frontal a la Casa del Muerto y diagonal a la casa de Gabito vivía otro personaje que le dejaría una huella perdurable: el médico venezolano Antonio Barbosa. Exiliado de la dictadura de Juan Vicente Gómez, había llegado a principios de la segunda década, convirtiéndose en el médico y boticario del pueblo, pero con el tiempo iría abandonando su profesión para echarse a la bartola en una hamaca en la sala de su casa. Barbosa fabricaba lociones y diversos mejunjes; era un hombre comedido y un gran amigo de los Márquez Iguarán, y su neurastenia apenas toleraba a los niños. Sin embargo, se complacía con los juegos de Gabito y Luis Correa García, quienes habían logrado convertirlo en el cómplice perfecto para ver cuál de los dos identificaba primero, en la estantería de la botica, la kola granulada, o la emulsión Scott, o el tricófero de Barry, productos que el mismo boticario iba rotando día a día de lugar. Estos juegos no serían del todo inocentes, porque a través de ellos la botica del doctor Barbosa pasaría traspuesta a varios de los libros del futuro escritor. Más aún: su casa, que es la misma donde sus padres se dejaban los mensajes durante su noviazgo prohibido, sería la casa donde en *La hojarasca* vive, se ahorca y es velado el misterioso y vegetariano médico francés. También el mismo doctor Barbosa sería en parte el modelo de este personaje. Sólo en parte: la otra mitad del modelo sería un personaje aportado por la inmigración europea: el belga don Emilio.

El Francés, como lo apodaban, había llegado desde las Antillas a finales de la segunda década, con un tiro en una pierna y una muleta en cada mano, huyendo del horror de la I Guerra Mundial, en la que había participado. Era joyero y fabricante de mesas de juego. Gran amigo de los abuelos de Gabito, don Emilio compartía mañas artesanales con el coronel y solían jugar a las damas al atardecer. Lejos de los bárbaros de Europa, el «moridero de pobres» de Aracataca le había proporcionado, paz y seguridad. Pero un sábado por la tarde cometió el error de ir a ver la película *Sin novedad en el frente*, y fue tal el impacto que le produjo la recreación magistral de la Primera Guerra, que se vio repetido como en un espejo, y volvió a padecer otra vez el drama que lo había baldado física y mentalmente para siempre, y sucumbió. Antes de beberse una pócima de cianuro tuvo, sin embargo, la entereza de dejar una nota explicativa: «No culpen a ninguno. Me maté por majadero»[56].

Al día siguiente, el coronel tuvo que perderse la misa dominical de ocho para organizarle a las volandas un sepelio digno en tierra de suicidas. Como siempre, llevó a Gabito de la mano, y, como siempre, éste había de sacarle partido literario a la tragedia: el belga don Emilio no sólo se convertiría parcialmente en el misterioso y herbívoro médico francés de *La hojarasca,* sino que muchos años después lo resucitaría otra vez en *El amor en los tiempos del cólera* con el nombre de Jeremiah de Saint-Amour, refugiado antillano, inválido de guerra y fotógrafo de niños.

Pero pocos personajes de la infancia del escritor serían tan gratos a su memoria como la caraqueña Juana de Freites, quien, al igual que los Barbosa, se había refugiado en Aracataca con su esposo, el general Marcos Freites, huyendo del dictador Juan Vicente Gómez. Ella fue la asesora providencial de la partera Santos Villeros cuando nació García Márquez, salvando la vida del niño y de la madre. Y fue además una de las parteras de la vocación literaria del escritor: fue la primera persona que le narró los cuentos infantiles de siempre, actualizándolos a su manera. En el salón de su casa de puertas corredizas, que era una prolongación de la casa donde estaba el comisariato de la United Fruit Company, la hermosa y gorda anciana blanca se sentaba todas las tardes en un mecedor de bejuco a contarles a los niños de Aracataca la conmovedora historia de Caperucita Roja, que había sido devorada en Caracas por un lobo llamado Juan Vicente el Feroz, o la fascinante historia de Cenicienta, que había perdido su zapato de cristal en una fiesta de gala del Paraíso caraqueño, o la regocijante historia de la Bella Durmiente, que esperaba a su príncipe despertador a la sombra de los Caobos de Caracas[57]. A los cuentos clásicos, la fantástica Juana de Freites les añadía, pues, una novedad: todos sucedían en su añorada ciudad.

García Márquez crecería entonces con una visión idealizada y literaria de la capital venezolana, una ciudad donde había nacido Simón Bolívar, donde ocurrían cosas increíbles y desde la cual llegaba gente importante y maravillosa, como los Barbosa y los Freites o como los Leoni y los Betancourt, dos destacadas familias que aportarían años después sendos presidentes a la República de Venezuela. Curiosamente, como veremos, será en Caracas donde, un día de enero de 1958, se le va a perfilar a García Márquez el tema de *El otoño del patriarca,* un tema que, de alguna manera, había entrevisto de niño en Aracataca junto al abuelo, los otros veteranos de guerra y los ilustres exiliados venezolanos.

De la casa de los espíritus, que era la suya, a la Casa del Muerto, que era la de su vecino, pasando por la de Juana de Freites y la de don Emilio, el pequeño Gabriel José vivía en un mundo perfectamente literario y preliterario, en un mundo pararreal y prodigioso, que se tornaba mágico, de pronto, en la casa del italiano Antonio Daconte Fama.

Emigrante europeo como tantos otros a finales de la Primera Guerra, Daconte introdujo en Aracataca el cine mudo, las bicicletas de alquiler, los gramófonos y los primeros receptores de radio, razones suficientes para que García Márquez lo eternizara en *Cien años de soledad* con el nombre de Pietro Crespi, el gran benefactor de Macondo. Su destino de hombre rico y pródigo se reflejaba también en su vida amorosa: tuvo dos mujeres que eran hermanas, y lo más extraordinario no es que las dos se entendieran bien con él y entre ellas y que se intercambiaran los hijos para criarlos, sino que con una tuviera sólo los hijos y con la otra sólo la hijas. Pero no fue sólo por su vida hacendosa y pintoresca por lo que iba a quedar en la memoria del escritor, sino también por los animes o duendes que habitaban su casa de Cuatro Esquinas. Una de las diversiones favoritas de Gabito y sus amigos Luis Correa García y Franco Vidal era espiar el comportamiento imprevisible y el humor atrabiliario de los animes que tenían tomada la casa del italiano.

A diferencia de los animes del Caribe colombiano, que son duendes bienhechores que auxilian a sus amos en trances difíciles, los de Aracataca eran más bien unos espíritus traviesos, juguetones, que vivían en el fondo de las tinajas del agua y «se divertían haciendo toda clase de travesuras en la casa. No eran más que eso: espíritus traviesos, pero benévolos, que cortaban la leche, cambiaban el color de los ojos de los niños, oxidaban las cerraduras o causaban sueños enrevesados. Sin embargo, había épocas en que se les trastornaba el humor, por razones que nunca fueron comprensibles, y les daba por apedrear la casa donde vivían»[58].

Como el doctor Juvenal Urbino de *El amor en los tiempos del cólera*, García Márquez se pasaba «las lentas horas de su infancia contemplándolos con un asombro casi místico», pero a diferencia de su personaje, el escritor seguiría afirmando, impertérrito, haberlos visto apedreando la casa de Antonio Daconte, es decir, su propia casa, y cuando, casi sesenta años después, se le preguntó a Luis Carmelo Correa García, con la prevención racionalista que todos llevamos dentro, si era cierta la historia de los animes, éste no vaciló un instante en contestar que eso había sido completamente cierto, pero que «sólo Gabito ha vuelto a acordarse de ellos».

Una palabra con duende milenario, no sólo por su etimología, le iba a llegar de la mano de otro de los personajes que solían visitar la casa de los abuelos: Ramón García, el capataz de la finca bananera Macondo.

Aunque García Márquez diría muchos años después, recordando hechos de la infancia con su amigo prenatal Luis Carmelo Correa García, que el nombre Macondo lo había escuchado por primera vez como a los cinco años en el comisariato de la United Fruit Company, es muy probable, lo más probable, que antes lo hubiera escuchado en su propia casa, pues Ramón García visitaba con frecuencia a los Márquez Iguarán y se hospedaba en su casa cada vez que iba a Aracataca para asistir a las fiestas de la Virgen de la Candelaria, el 2 de febrero. Pero también es probable que lo hubiera escuchado inicialmente en otras circunstancias y por otros motivos, ya que la palabra «macondo» era a la vez el nombre de un árbol, de un juego de azar y de un poblado de Pivijay.

Con sus 336 hectáreas, Macondo era una de las fincas más extensas de la United Fruit Company, en las márgenes del río Sevilla, cerca del poblado del mismo nombre, pero en la jurisdicción del vecino Guacamayal, un corregimiento de Ciénaga surgido al amparo de la construcción del ferrocarril y la explotación bananera en los albores del siglo. Durante años, Guacamayal fue considerada la Sodoma por antonomasia de la región, y García Márquez la cita en «Los funerales de la Mamá Grande» al referirse a «las prostitutas de Guacamayal». Pero también, como hemos visto, fue la sede del movimiento intelectual y político que capitaneó la huelga general de 1928. Con todo, el aporte más interesante de Guacamayal iba a ser, sin duda, el nombre de su antigua finca bananera. El lugar es de una vegetación intensa, semisalvaje, y de un calor húmedo e insoportable, como los mismos alrededores de Aracataca. Así que cuando Gabito la veía desde el tren, al pasar en sus viajes con sus abuelos y tías a Ciénaga, Santa Marta y Barranquilla, Macondo debió de parecerle una prolongación del mismo paisaje, con sus bananeras, samanes, mangos, guayabos, palmeras, ceibas y acacias.

El nombre Macondo tiene una historia inmemorial, imposible de seguir con mayores detalles en sus avatares hasta llegar al Caribe colombiano. Pero se sabe que viene del África centro-oriental, de la lengua milenaria de los bantúes: «macondo» es un fitónimo procedente del bantú *makonde,* plural del sustantivo *likonde,* que es el nombre del plátano o banano en dicha lengua y que los bantúes traducen como «alimento del diablo»[59].

La palabra viajó al Caribe con los esclavos africanos durante el siglo XVI, para más tarde recalar en la costa atlántica colombiana. Parece indudable que los esclavos la preservaron, más allá de la extinción de su lengua original, al seguir llamando aquí *makondo* o *likondo* al plátano, uno de los frutos básicos de su alimentación. Con el tiempo, la palabra pasó a designar un árbol que abundó en el norte del departamento del Magdalena hasta las primeras décadas de este siglo. El macondo, llamado también bongo (clasificado por el botánico Bonpland durante la expedición de Humboldt a Suramérica), es un árbol grueso y pelón, cuyas primeras ramas de hojas lobadas se divisan sólo a partir de los veinte metros de altura, siendo escaso y apretado su follaje. Su tronco verde grisáceo se caracteriza por unos anillos oscuros alternados con otros blancos y anchos. Al ser muy maleable, los nativos y la compañía bananera lo usaron hasta el abuso en la construcción de canoas, artesas, bateas y toda clase de instrumentos caseros y agrícolas, de tal manera que a partir de los años treinta el macondo fue exterminado casi por completo, quedando apenas algunos ejemplares en las estribaciones de la Sierra Nevada de Santa Marta[60].

En la época en que abundaron los macondos en la región, lucieron dos gigantescos en el patio de la casa de la finca Macondo, razón por la cual el fitónimo degeneró en topónimo, designando también la vereda que luego se levantaría en el lugar. Pero mucho antes de que naciera ésta, había otro poblado conocido con el mismo nombre en la jurisdicción del vecino municipio de Pivijay.

Macondo se llamó también, o se llama, un juego de azar que fue muy común en la zona bananera durante las ferias y fiestas patronales. Era una especie de bingo primitivo, en el cual la ruleta venía a ser un trompo o peonza hexagonal con una figura distinta en cada cara: un sol, una luna, una tierra, una estrella, una casita y un macondo (las figuras podían variar de región a región). Las seis figuras se representaban igualmente en seis casillas sobre un tapete de hule, donde se depositaban las apuestas. El juego se ejecutaba poniendo a bailar la peonza sobre un plato, resultando ganadora la figura que quedara hacia arriba. Como el nombre lo indica, era la figura del macondo la que obtenía el máximo premio, aludiéndose tal vez con ello a lo inaccesible de este árbol por su lisura, grosor y altura de cuarenta metros.

De tal manera que las circunstancias en que Gabito escuchó por primera vez el nombre Macondo pudieron ser diversas, pues su polisemia le concedía una presencia permanente en el vocabulario de los habitantes de la zona bananera. En cualquier caso, García Márquez admitiría que fue como a los cinco años cuando él recuerda haberlo escuchado por primera vez en el comisariato de la United Fruit Company, situado en una esquina diagonal a su casa. Y es que, después de haber pagado los sueldos de los trabajadores de la finca Macondo, el tren llegaba los sábados a las ocho de la mañana a la estación de Aracataca para hacer lo mismo con los trabajadores de aquí, y, antes de que el tren saliera de Macondo, se llamaba al comisariato avisando que ya iba para que estuvieran listos los trabajadores. En ese momento, Ricardo Correa, el jefe del comisariato, salía a la calle gritando: «Vámonos a la estación, que ya el tren salió de Macondo».

Cualquiera que fuese el lugar y el momento en que la escuchó por primera vez, lo cierto es que esta palabra iba a anidar en la memoria del futuro autor de *Cien años de soledad* con una cierta aura de lejanía, con el enigma sonoro de un tambor africano.

Es posible que este mundo lleno de prodigios, de personajes extraños y fascinantes de palabras sonoras cargadas de duende, hubiera sustraído inicialmente al pequeño Gabriel José del interés por aprender a leer y a escribir, porque, paradójicamente, éste fue uno de los pocos afanes que no tuvo. En cambio, dibujar fue la gran pasión que lo poseyó desde muy niño, a la sombra del abuelo. El dibujo fue su primera y excluyente forma de expresión hasta que comenzara a escribir a los trece años. Lo dibujaba todo a toda hora y sobre cualquier superficie. Mientras la abuela despotricaba contra la conduerma del nieto que no paraba de rayar las paredes, las puertas, el suelo y hasta los troncos de los árboles, el abuelo no sólo toleraba sus desmanes, sino que procuraba mantenerlo surtido de papel y lápiz.

Empezó haciendo rayitas y amagos de figuras en el patio de la casa con cualquier pedazo de palo, continuó dibujando figuras indefinidas en las hojas de cuaderno que le daba el abuelo y terminó hacia los seis años dibujándolo todo en todas partes. Normalmente copiaba las tiras cómicas de los periódicos y revistas, pudiendo llenar un cuaderno completo en una tarde. Pero su diversión preferida era dibujar sin tregua la cabeza de la mujer decapitada en el circo por el mago Richardine. Este peregrino del interior fue otro de los grandes personajes de la infancia del escritor, hasta el punto de que bajo la influencia de su magia circense acometió los primeros pinitos dramáticos, pues con una muñeca de calabaza, a la que inyectaba un líquido rojo, Gabito y sus amigos representaban en el patio de la casa una y otra vez el número de la mujer decapitada, para que él y sólo él hiciera una y otra vez de mago Richardine.

Gracias al mundo prodigioso que lo rodeaba y a la pasión del dibujo, que será su vocación dominante hasta que contraiga el «sarampión literario» en tercero de bachillerato, Gabito no demostró, pues, inicialmente ninguna ansiedad por aprender a leer y escribir. «En el fondo», recordaría el escritor, «sabía que me tocaría, que eso llegaría fatalmente, pues saber leer no era para mí nada sacralizado». El no saber leer y escribir lo recordaría como una de las sensaciones más extrañas de su infancia, y luego de cruzar las fronteras del abecedario de la mano de su maestra Rosa Elena Fergusson, la vida se le abriría en un antes baldío y en un después colonizado por las palabras.

Rosa Elena Fergusson era «la turquita» a quien Gabriel Eligio García galanteaba, junto a las otras muchachas del Coro de María, por los días en que empezó a enamorarse de Luisa Santiaga Márquez. Descendiente del primer cónsul de Inglaterra en Riohacha (y probablemente con algún ascendiente en el coronel William Fergusson, edecán de Bolívar), había nacido en esta ciudad y se había educado en la Normal de Santa Marta. Recién egresada recibió el encargo de plantar en Aracataca, donde vivía su familia, la simiente de la pedagoga italiana María Montessori, y en 1933 fundó la escuela que llevaría su nombre. Rosa Elena empezó su magisterio en un local prestado, a dos cuadras de la casa de los Márquez Iguarán, pero a mitad de curso tuvo que cerrar la escuela por problemas internos. Así que Gabito, que no había comenzado el preescolar hasta los seis años, debió repetirlo al año siguiente, y no aprendió a leer y escribir hasta el primero de escuela, en 1935, teniendo ocho años. Para entonces ya la Montessori contaba con un local propio junto al Camellón, muy cerca de la estación del tren. Era una construcción en forma de escuadra de carpintero, espaciada y fresca en medio de la naturaleza, con un techo de tejas de dos aguas, un antejardín y un patio sin fronteras para que los niños jugaran a la sombra de los mangos y los matarratones.

El método de enseñanza Montessori era un método suave, con imaginación y nada imperativo, que encajaba perfectamente en las suaves maneras de Rosa Elena. Al niño se le enseñaba primero disciplina y urbanidad sin que sintiera la imposición de un corsé en el reglamento. Luego, antes de que aprendiera a leer y escribir, se le enseñaba a ver, a escudriñar y a expresarse con libertad, que era lo mismo que Gabito había estado haciendo bajo la égida de su abuelo. Así que acudir a la escuela y aprender las primeras letras fue un verdadero deleite para él, con el placer añadido de asistir para ver a su maestra, pues llegó a enamorarse de ella y, con ella, de la poesía. Rosa Elena era bella, graciosa, tolerante y de una seductora fluidez en los gestos y en la conversación. Era una adicta a la poesía del Siglo de Oro español, que declamaba en veladas y ante sus alumnos. Tal vez Gabito sintiera que los versos que fluían de su boca eran como la emanación natural de su graciosa belleza. Lo cierto es que, con una gratitud sin merma, el escritor la seguiría recordando aun desde el cenit de su gloria: de la primera mujer que lo fascinó diría que le inculcó la necesidad de ir a la escuela sólo por el placer de verla y que «fue ella quien nos leía en clase los primeros poemas que me pudrieron el seso para siempre»[61].

Por su parte, Rosa Elena seguiría recordando a su alumno sesenta años después con entera nitidez: «Gabito parecía un muñeco, con su cabello del color de la panela cuando se bate y su piel blanca rosada, un color extraño en Aracataca, y siempre estaba bien peinado y aseado. Usaba pantalones cortos muy estrechos, y yo le decía a su mamá que no se los pusiera así porque el niño podía coger manías feas. Era callado, de muy pocas palabras, vivía casi avergonzado. Sus compañeros lo respetaban y él se destacaba entre ellos por su aplicación, orden e inteligencia, pero no fue aficionado al deporte. Se sentía muy orgulloso de ser el primero en cumplir una orden». Rosa Elena recordaría que su alumno destacaba especialmente en matemáticas, dibujo, lectura y escritura. La puntualidad era su cualidad más acusada y la lectura y el dibujo sus aficiones más firmes. Del amorío platónico del niño con ella, comentaría que fue posible que él la hubiera idealizado por su manera suave de conducirlos y por los versos que les leía, admitiendo que, en efecto, una vez Luisa Márquez le comentó que su hijo le había confesado que cuando ella se le acercaba, él se ponía colorado y sentía un no sé qué por todo el cuerpo.

En el famoso cuestionario Proust, García Márquez confesó que la Bella Durmiente es una de sus heroínas favoritas de la fantasía. Ciertamente, es una fidelidad que le viene desde los primeros años de aprendizaje de la literatura con Juana de Freites y Rosa Elena Fergusson. Al final de cada curso, los alumnos solían hacer «sesión solemne»: lecturas dramatizadas de los clásicos cuentos de Perrault. Durante la clausura del primero de escuela, Gabito y sus compañeros escenificaron la historia de «La bella durmiente del bosque», correspondiéndole a él el papel del príncipe que va a despertar a la princesa con un beso. Fue el remate entusiasta de sus incipientes afinidades dramáticas inspiradas por el mago Richardine. Así, desde la lejana y ardiente Aracataca, un día de finales de noviembre de 1935 quedaba tendido un hilo de puente que, catorce años después, lo conduciría hasta Sófocles, el más grande y constante de sus maestros.

Pero Gabito sólo cursó el preescolar y el primero de primaria con Rosa Elena en la escuelita Montessori. En 1936 ingresó a la escuela pública, en donde estudió segundo con el profesor Francisco Antonio Aarón. Con nueve años, el taciturno y tímido nieto del coronel Márquez era prácticamente un lector ensimismado, sobre todo desde el instante en que tuvo lugar el descubrimiento de *Las mil y una noches*, uno de los hechos más trascendentales de su vida. Un día, como lo había hecho otras veces, siguió buscando en los baúles de los abuelos y se topó con un libro amarillento, desencuadernado e incompleto, y empezó a leerlo a pedazos: uno de los primeros relatos contaba, con la misma «cara de palo» de la abuela, la historia de un pobre genio oriental que llevaba seiscientos años metido en una botella, hasta que un pescador le hizo el favor de abrírsela para que recuperara la vida corporal. Gabito no supo que aquel tomo desencuadernado era una antología de *Las mil y una noches* hasta varios años después, pero «entonces», recordaría el escritor, «yo lo agarré, y había un tipo que destapaba una botella y salía un genio de humo, y dije: "¡Coño, esto es una maravilla!". Eso me fascinó más que todo lo que me había ocurrido en la vida: más que jugar, más que pintar, más que comer, más que todo, y ya no volví a levantar cabeza». Y es que las historias de Scherezada supusieron una confirmación y una ampliación del mundo de la abuela. Por supuesto, en el de ésta no había genios de humo, ni alfombras voladoras, ni lámparas maravillosas, ni cuevas mágicas, pero había ánimas y brujas deambulando por la casa a partir de las seis de la tarde, vecinos muertos que tosían y silbaban a cada rato y marquesitas vírgenes de cabellera larga que hacían milagros. Y ambas, Scherezada y Tranquilina, narraban sus historias impertérritas, con «cara de palo».

La lectura de *Las mil y una noches* no sólo cambiaría la vida de Gabito, sino que como tal experiencia lo perseguiría hasta *Cien años de soledad*, para que fueran Aureliano Segundo y Aureliano Babilonia quienes repitieran esa hazaña enajenante y fructífera en el cuarto intemporal de Melquíades.

Por la puerta grande que le mostró Scherezada siguió devorando relatos de Perrault, los hermanos Grimm, Dumas,

Salgari y Verne, en una pasión continuada hasta los primeros años del bachillerato en Zipaquirá. Uno de los asiduos de la casa vivía maravillado de que en un pueblo tan caluroso como Aracataca, de treinta grados a la sombra, hubiera alguien, para colmo un niño de nueve años, que estuviera leyendo a toda hora. «Ese muchacho va a ser una lumbrera», exclamaba el vecino cada vez que lo veía con un libro en las manos. De cierto modo, la fascinación de García Márquez por los primeros libros nos recuerda la que tuvo Don Quijote por las novelas de caballería, la de Aureliano Babilonia por los intrincados pergaminos de Melquíades y la fascinación renovada que el mismo García Márquez tendría más tarde por las obras de Franz Kafka, Sófocles y Juan Rulfo.

Mientras Gabito cursaba el preescolar, sus padres habían regresado de Barranquilla para radicarse otra vez en Aracataca, por un período de más de tres años: de mediados de 1934 a finales de 1937 o comienzos de 1938. Fue durante este regreso cuando el niño vino a conocer a su padre, quien llegó después, justo el 1 de diciembre de aquel año. La fecha nunca se le olvidaría porque escuchó que alguien le dijo a su padre: «Te felicito, cumples la edad de Cristo». Si a la madre la había conocido teniendo unos tres años y medio, al padre no lo conoció, pues, hasta que tuvo siete años y nueve meses. Y si en el primer caso le pareció extraño que una mujer joven de veinticinco años, vestida de traje rosa con hombreras de campana y sombrero verde, fuera su mamá, no debió de ser menor su extrañeza cuando se vio frente a «un hombre esbelto, moreno, dicharachero y simpático, con un vestido entero de dril blanco y un sombrero *canotier*. Un perfecto caribe de los años treinta»[62]. Más aún: el conocimiento de su padre quedaría asociado para siempre a la pérdida definitiva de la inocencia.

Antes de cumplir los cinco años, Gabito había visto una noche de Navidad entrar a su cuarto a una mujer con una túnica fosforescente que, antes de abandonar el dormitorio, se agachó sobre su cama. Como creyó que era uno de los espíritus de la casa, se quedó aterrado bajo las sábanas, pero al día siguiente descubrió que la mujer de la túnica fosforescente era su abuela, que había entrado a ponerle los regalos del Niño Dios a sus pies.

Durante las dos navidades siguientes no le contó a nadie su descubrimiento para que los regalos siguieran llegando. Sin embargo, en la Nochebuena de sus siete años, cuando los niños debían acostarse juiciosos para esperar los regalos del Niño Dios, su padre le dijo que se quedara, y «sin explicación alguna», recordaría el escritor, «me llevó al mercado para que lo ayudara a comprar los juguetes que el Niño Dios iba a ponerles a mis hermanos. Esa noche —con la frustración más grande de mi vida— empecé a ser adulto»[63]. En verdad, la niñez de García Márquez apenas iba a durarle un poco más allá de los siete años.

En Aracataca los García Márquez alquilaron una casa cerca de la de los Márquez Iguarán, donde nació Ligia el 8 de agosto y Gabriel Eligio montó una farmacia a finales de 1934. Su inventiva y la eficacia de sus fórmulas homeopáticas eran ya bien conocidas en el pueblo desde los tiempos en que había sido telegrafista, y ahora volvía con recursos y conocimientos más amplios de buen lector de revistas y manuales médicos y de experimentador permanente. Así logró que la Junta de Títulos Médicos del Departamento del Atlántico le otorgara en 1935 una licencia para ejercer la medicina por su sistema homeopático. Fue por esa época cuando inventó y patentó el regulador menstrual GG (Gabriel García), un jarabe que vendía en su botica ponderándolo a los reguladores extranjeros. Y así, entre reguladores menstruales, globulitos homeopáticos y pócimas extrañas para el tétano, la eclampsia y la fiebre amarilla, la farmacia le daba lo justo para sostener a una familia que ya empezaba a ser numerosa, pues el 27 de septiembre de 1935 nació Gustavo, el tercer varón y el sexto de los hijos. Por suerte, los García Márquez tuvieron el apoyo constante de los Márquez Iguarán y, para más suerte, Gabito continuaría por un tiempo en casa de los abuelos.

En diciembre de 1936, Gabriel Eligio decidió levar anclas una vez más y se fue a Sincé, su pueblo natal, a buscar nuevos aires para su negocio, tal vez porque Aracataca empezaba a parecerse cada vez más a lo que él había dicho diez años antes: un «moridero de pobres». Sin embargo, la verdad de fondo, que casi siempre daba al traste con su estabilidad de farmaceuta y homeópata, es que Gabriel Eligio era un trashumante, un

Melquíades empedernido, un soñador y un lírico incurable, como el mismo Florentino Ariza.

Con la idea de que conocieran a la abuela paterna, Argemira García Paternina, decidió llevarse a sus dos hijos mayores, Gabriel José y Luis Enrique. A partir de este momento, Gabito sólo viviría cuatro o cinco meses más en Aracataca y no volvería a ver a su abuelo y a su tía Wenefrida Márquez. En Sincé continuó la primaria con Luis Gabriel Mesa, un ex seminarista que daba clases informalmente, sólo por amor a la profesión, de tal manera que Gabito perdió, a efectos académicos, todo el año de 1937. En realidad perdió mucho más: a los tres meses de estar allí murió su abuelo.

El coronel Márquez se había caído de una escalera hacía dos años mientras comprobaba, como cada mañana, el nivel del agua en los tanques que se llenaban con una motobomba. Al bajar, uno de los travesaños de madera cedió y el abuelo cayó de espaldas desde lo alto[64]. Por suerte no murió, pero quedó muy grave, teniendo que caminar apoyado en un bastón. Fue por estos días cuando su nieto, a raíz de una visita del médico, experimentó una de las grandes fascinaciones de su infancia al descubrirle, cerca de la ingle, la cicatriz del balazo que el coronel había recibido en la guerra de los Mil Días, y que es la imagen más intensa y perdurable que el escritor tendría de él.

Durante los dos años siguientes, la salud del coronel no sólo no mejoró, sino que empeoró con la muerte de su hermana Wenefrida, el 21 de enero de 1937, y hubo que trasladarlo a Santa Marta, donde fue operado de un lipoma en el cuello y atendido con mejores recursos por su hijo Juan de Dios y la esposa de éste, Dilia Caballero. Pero una neumonía que le trajeron las frías mañanas de Santa Marta, mientras se bañaba al aire libre, precipitó su muerte el 4 de marzo, a la edad de setenta y tres años[65], después de haber esperado, cada semana, durante treinta y cinco la pensión de veterano de la guerra de los Mil Días. Entre esquelas de condolencia y un apretado duelo familiar, el coronel Nicolás Ricardo Márquez Mejía fue enterrado a las volandas el mismo día en el Cementerio Central de la ciudad, donde sus restos permanecieron hasta los años ochenta, para luego extraviarse definitivamente, como tal vez se hubiera extraviado su mismo nombre en los vericuetos de la historia de no haber sido el abuelo y el personaje clave del más grande escritor colombiano y uno de los fabuladores más proverbiales de este siglo.

En Sincé, Sucre, Gabito recibió la noticia de su muerte de modo indirecto: la oyó comentar entre su padre y la abuela Argemira. Acababa de cumplir diez años, y el abuelo ya era el personaje clave de su destino, pero aún no lo sabía, y tal vez por esto y porque entonces no tenía una noción trágica de la muerte, no lloró cuando conoció la noticia. Pensó que debía llorar, pero no lo hizo; la única noción que tenía de la muerte era de miedo y curiosidad, como se lo había inculcado la abuela con sus relatos y los espíritus de la casa. «Mi preocupación era otra», recordaría García Márquez. «Yo recuerdo que en esa época me pegaban piojos en la escuela de Sincé y eso me causaba mucha vergüenza. Decían que cuando uno se moría se le salían los piojos. Entonces recuerdo que me preocupé mucho: "¡Coño, si ahora me muero se van a dar cuenta que tengo piojos!". Entonces, en esas circunstancias no me podía haber impresionado la muerte del abuelo. Mi verdadera preocupación eran los piojos. En realidad, a mí me empezó a hacer falta el abuelo cuando, ya grande, no encontré con quien sustituirlo, porque nunca fue sustituido por mi papá, éste andaba en otra onda.»

A partir de entonces iba a llevar consigo un germen de frustración nacido del hecho de que la vida no le hubiera permitido decirle al abuelo lo bien que lo habían pasado los dos en su infancia y lo mucho que tenía que agradecerle por la amistad y la complicidad con que lo había llevado de la mano hasta los diez años de edad. Más aún: en las conversaciones con su amigo y compañero de aventuras periodísticas Plinio Apuleyo Mendoza, confesó: «Cada vez que me ocurre algo, sobre todo cada vez que me sucede algo bueno, siento que lo único que me falta para que la alegría sea completa es que lo sepa el abuelo. De modo que todas mis alegrías de adulto han estado y seguirán estando para siempre perturbadas por ese germen de frustración»[66].

A los dos o tres meses de la muerte del coronel, Tranquilina, Luisa, Elvira y Francisca se fueron también a Sincé con el resto de la familia, y en la casa sólo quedó la recién casada Sara Márquez. A pesar de que nadie es profeta en su tierra, Gabriel Eligio seguía insistiendo en su pueblo natal, esperando encontrar por fin la redención económica de su profesión. Pero, como siempre, los negocios no le salieron bien al homeópata, y, para colmo, la tía Francisca, tía Mama, enfermó gravemente de los riñones, por lo que tuvieron que regresar todos a Aracataca en septiembre de ese año.

Aunque tenían a su disposición la casa de los abuelos y gozaban del mayor prestigio y estima en el pueblo, los García Márquez decidieron volver a Barranquilla entre finales de 1937 y comienzos de 1938, pero, ahora sí, con Gabito incluido. Fue el adiós definitivo a Aracataca para los García Márquez. No así para Gabriel José: a partir de este momento el futuro narrador la habitaría con mayor intensidad, ya que se fue lleno, saturado, de todos sus fantasmas.

Los espíritus endémicos de la casa, las historias fantásticas de la abuela, las historias reales del abuelo, los paseos y viajes realizados con él, los extraños personajes del pueblo, los animes, *Las mil y una noches,* los versos y el hálito de Rosa Elena, la magia circense de Richardine, el doctor Antonio Barbosa, el belga don Emilio, Juana de Freites... tenían un interminable complemento en las historias y anécdotas que pululaban en la fantasmagórica Aracataca, la cual, pasado el esplendor bananero, comenzaba a transformarse en un torbellino de añoranzas y leyendas. El pueblo había quedado exhausto y era, ahora sí, un «moridero de pobres». «La hojarasca» había sido barrida por el tiempo, las carambolas ya no se multiplicaban en los billares, los gallos ya no peleaban tanto en las galleras, la cumbia ya no se bailaba con billetes encendidos, las pianolas repetían apenas sus canciones gastadas, los pobres eran más pobres y las miradas de los que se quedaron se perdían en un horizonte inexistente. Había llegado, pues, la hora de las leyendas, de las sombras paseándose por las calles de polvo y almendros tristes, de la soledad invadiendo las deleznables casas de bahareque y techos de zinc. Ahora no sólo la casa de los abuelos era una «casa tomada», sino toda Aracataca.

Al otro lado, Gabriel José García Márquez, un tímido y retraído muchacho a punto de cumplir once años, comenzaba, a tientas y a ciegas, la lenta andadura hacia su destino, urgido por un hervor colectivo de historias, nombres, rostros, voces, colores, olores, sabores y sonidos: todo el mundo que había sido de sus padres y abuelos y que con el tiempo sería más suyo y de sus lectores, por obra y gracia de la imaginación y de la poesía.

CAPÍTULO CUATRO

La segunda estancia de los García Márquez en Barranquilla fue más breve que la primera: de finales de 1937 o comienzos de 1938 a noviembre del año siguiente. A pesar de los afanes ciertos de Gabriel Eligio García, la verdad es que el duro oficio de ganarse la vida con la homeopatía y la farmacopea seguía siendo un hecho difícil de conciliar con su romanticismo crónico, y esto lo mantenía sumido en una inestabilidad permanente, de peregrinaje continuo, de desmontar aquí para volver a montar allá, de tal manera que era imposible que la familia echara raíces en ninguna parte. Sin embargo, sus conocimientos y experiencia en medicina naturista eran ya formidables: en mayo de 1938 había logrado que el Ministerio de Educación le revalidara, a nivel nacional, la licencia de médico homeópata obtenida tres años antes en esta misma ciudad. En la resolución ministerial se le advertía claramente que no podía «tomar parte en operaciones quirúrgicas ni tampoco se le permite ninguna actividad en el ejercicio de la alopatía»[1]. Por supuesto, Gabriel Eligio no sólo acataría la disposición, sino que su prestigio de homeópata le concedía el lujo de mirar por encima del hombro a la medicina oficial.

Sin embargo, estos dos años de Barranquilla fueron muy malos, de simple supervivencia, y el primogénito Gabriel José tuvo que empezar a ingeniárselas, a sus once y doce años, para aportar unos centavos a la economía doméstica. Gracias a la buena letra que le había enseñado Rosa Elena Fergusson en la escuela de Aracataca, Gabito empezó pintando letreros para el dueño de la tienda Tokío de la esquina. Con pedazos de carbón dibujaba en cartones blancos, para los clientes morosos del señor Castellanos, letreros como «hoy no fío, mañana sí», «el que fía salió a cobrar», «pregunte por lo que no vea»[2]. Hasta que un día se ganó el primer sueldo gordo de su vida: veinticinco pesos, por pintar en el patio de su casa el letrero de un autobús de la ruta del Barrio Abajo, el barrio donde vivían. En una época en que la comida tenían que inventarla cotidianamente, ese día hubo, por supuesto, almuerzo grande en la casa de los García Márquez y algunas compras para renovar el modesto mobiliario de la casa que ocupaban en la calle de Santana, en donde nació el 10 de julio de 1938 el séptimo hijo de la familia: Rita del Carmen.

Entretanto, Gabito prosiguió los estudios primarios, interrumpidos por el viaje a Sincé y el posterior regreso a Aracataca durante el año anterior. En la Escuela Cartagena de Indias cursó el tercero y cuarto de escuela con el profesor Juan Ventura Cassalíns, entre 1938 y 1939 (en ese entonces la primaria en Colombia tenía apenas cuatro cursos). A pesar de que sus intereses ya eran diversos, su rendimiento académico fue excelente y mereció las máximas calificaciones y condecoraciones. Éstas, sin embargo, no supusieron para él un halago: sus hermanas Aída y Margot recordarían que el día en que terminó la primaria llegó a casa con la chaqueta empedrada de medallas, y que después las abandonó en un rincón como adornos de desecho. En realidad, los estudios académicos, aunque siempre destacara en ellos, le empezaban a estorbar, pues su verdadera vocación era el dibujo y su gran pasión, la lectura. En este momento era un dibujante insomne y un lector entusiasta de los poetas colombianos y de los clásicos del Siglo de Oro español, a la vez que continuaba despachando relatos de los hermanos Grimm, Verne, Salgari y Dumas.

En noviembre de 1939, la familia empacó de nuevo las maletas y embaló los corotos, en busca de otro pueblo y otra casa donde seguir probando fortuna. En esta ocasión recalaron en el pueblecito de Sucre del departamento del mismo nombre, en donde transcurriría buena parte de los libros de García Márquez. Con apenas doce años, y gracias al espíritu práctico heredado del abuelo, Gabriel fue el organizador y supervisor de todos los trámites del traslado, mientras que su padre, con el pretexto de preparar la llegada, solía tomar el atajo a la hora de las mudanzas. Gabriel compró los billetes, contrató los camiones, controló el embalaje, dispuso el orden de salida y dio consejos: prácticamente se comportaba ya como un adulto.

En Sucre, los García Márquez iban a vivir doce años, disfrutando de su primera época de paz y relativa felicidad, gracias a la fortuna con que Gabriel Eligio pudo al fin ejercer su oficio de farmaceuta y homeópata, pero gracias también a las características del pueblo y a sus gentes de paz y solidaridad. Sin excepción, todos los García Márquez recordarían la época de Sucre como aquella en que fueron probablemente más felices y la única en que estuvieron juntos, a excepción de Gabriel, que en enero de 1940 debió regresar a Barranquilla para comenzar los estudios de bachillerato en el colegio jesuita de San José.

Si se exceptúan los ocho meses que vivió en Sucre durante 1941, cuando tuvo que interrumpir el segundo de bachillerato por problemas de salud, apenas iba a pasar cortos períodos, máximo de tres meses, con su familia. Durante esta época empezaría a ser percibido en casa como el hijo o el hermano que volvía cada cierto tiempo, el muchacho delgado, tímido y solitario que hablaba poco y estaba siempre leyendo libros raros. Este peregrinaje permanente le iba a hacer más difícil una relación fluida con su padre. Mientras la relación con su madre muy pronto excedió lo materno-filial para alcanzar la cordialidad y la seriedad del humor, la relación con su padre estaría entorpecida por la distancia y la falta de conocimiento mutuo. Pero la razón de fondo estaba en que la figura del abuelo fue siempre irreemplazable para Gabriel. Por otra parte, hay que tener presente que éste apenas conoció a su padre cuando tenía siete años, justo el día en que Gabriel Eligio cumplía los treinta y tres. En estas circunstancias, es apenas lógico que le resultara imposible asimilar la figura de un padre que no sólo era distinta, sino la opuesta a la del abuelo. Mientras Gabriel era un muchacho cada vez más retraído porque no encontraba las claves que lo condujeran al corazón de Gabriel Eligio, éste era un padre esmerado pero de una severidad rayana en la incomprensión, y consideraba a su primogénito no sólo como el muy mimado nieto de su abuelo el coronel, sino también como un muchacho «mentiroso», que todo lo que oía o veía en el pueblo iba a contarlo de otra manera, distorsionándolo todo con su inventiva. En realidad, a Gabriel Eligio, que se precio siempre de ser un buen lector y un hombre de imaginación, le costaría mucho comprender, y tal vez nunca lo entendería por completo, que en la condición innata de su hijo para «mentir» radicaba su mejor cualidad.

En lo sucesivo, con mayor o menor distancia, con mayor o menor fluidez, García Márquez sería, como en el poema «El buen sentido» de César Vallejo, más el hombre ante su padre, que el hijo ante su padre.

Sin embargo, la imaginación de Gabriel Eligio, los versos que escribió en la juventud y su pasión por la lectura y el violín, tal y como aparece descrito en *El amor en los tiempos del cólera,* son algunos de los elementos que sin duda están en la raíz de la vocación literaria de su hijo.

Durante once años, el bachiller, el universitario y el periodista incipiente pasaría sus vacaciones en Sucre, los momentos más relajados de su juventud. Como las de Aracataca, muchas de las experiencias y anécdotas vividas y oídas en aquel pueblo sin tren alimentarían parte de sus relatos en los años venideros. Una de las primeras fue su extraña iniciación sexual a los doce años. La anécdota, traspuesta después en la novela de los amores contrariados de Fermina Daza y Florentino Ariza, ocurrió de la forma más natural e intempestiva mientras Gabriel le hacía un mandado a su padre en el lupanar del pueblo. Con toda la inocencia de sus doce años, el muchacho llegó, tocó la puerta y preguntó por la persona indicada. La muchacha que le abrió, lo midió con los ojos y le dijo sin aspavientos: «Ah, sí, ven por aquí», conduciéndolo de la mano a un cuarto en penumbras donde lo desnudó y lo violó. García Márquez recordaría el suceso como «la cosa más horrible que me ha sucedido, porque yo no sabía nada de lo que estaba pasando. Yo estaba absolutamente seguro de que me iba a morir»[3]. Es el mismo sentimiento que van a experimentar algunos de sus personajes masculinos en su iniciación sexual, como el coronel Aureliano Buendía con la entonces anónima cándida Eréndira, o el romántico Florentino Ariza con la Rosalba del buque fluvial.

Tras la muerte del abuelo, la salida de Aracataca y el desencuentro con su padre, esta inesperada iniciación sexual vino a consolidar prácticamente el fin de la infancia de Gabriel a los doce años: la infancia de Aracataca, una infancia breve pero intensa que, saltando por encima de la adolescencia, lo entregó en brazos de la juventud sin mayores trámites, pues los testimonios de sus familiares y amigos de entonces permiten creer que, a tan temprana edad, Gabriel era, sin embargo, un muchacho psicológica e intelectualmente lo bastante maduro para ser considerado un adulto. Era en realidad como se comportaba, tal vez porque, como dijo Marcel Proust y lo reconocería García Márquez después, ya había vivido al cabo de los nueve años las experiencias nutrientes esenciales de sus novelas y relatos.

Así era, aunque todavía no lo supiera. Desde el momento en que empezó el bachillerato a los trece años, su vida iba a estar marcada por una búsqueda inconsciente y paradójica: crecer hacia el origen, madurar hacia la infancia, la verdadera patria de la que nos hablaron Baudelaire y Saint-Exupéry, y de ese lento y accidentado viaje a la semilla irían surgiendo con el tiempo sus narraciones y poemas primerizos y sus cuentos y novelas magistrales.

Aunque Gabriel no escribiría sus primeros poemas y su primer cuento de interés literario hasta los diecisiete y veinte años, es probable que alguna incidencia hubiera tenido en el comienzo de su viaje al origen el primer regreso a Aracataca: el que hizo en 1940, mientras hacía primero de bachillerato, para acompañar a la abuela recién operada de cataratas. A los tres años de la muerte del coronel, Tranquilina, en las arenas movedizas de una locura senil, era apenas un ser encorvado y diminuto, en cuyos ojos sin luz seguían pululando los muertos de siempre. Los García Márquez la habían llevado a Barranquilla con la esperanza de que la cirugía la rescatara de las tinieblas, pero no: el escritor recordaría que al regresar de Aracataca la dejó igual que antes, sumida en su noche sin fronteras, como Úrsula Iguarán en su vejez. Fue la última ocasión que estuvieron juntos en Aracataca.

Este primer regreso no fue aún de desarraigo y conmoción, como sí lo sería el que tuvo lugar doce años más tarde con su madre, pero de todos modos debió de impactarle profundamente la comprobación de que no sólo la abuela había sucumbido a la soledad y las tinieblas, sino que la casa natal estaba también tomada por los animes del tiempo, pues se habían marchitado los almendros de la entrada, las begonias del corredor, el jardín multicolor del patio y el verdísimo prado donde en otros tiempos pastaban los chivos guajiros de la próxima Navidad. Vio que el resto de Aracataca no era una excepción, sino la normalidad: los animes habían intensificado el calor y la soledad por todas partes y habían terminado de oxidar los techos de zinc y desalojar la mayoría de las casas.

Su misma casa no tardaría en sucumbir más de tres años. Muerta la incansable Francisca Cimodosea Mejía, la tía Mama, el 5 de febrero de 1943, la abuela Tranquilina se trasladó con Elvira Carrillo a Sucre, donde moriría el 15 de abril de 1947 completamente ciega y loca, mezclando los nombres de sus muertos queridos con versos desperdigados de Severo Catalina y Candelario Obeso. Curiosamente, en ese momento su nieto de veinte años, enajenado por la poesía, seguía atesorando versos de Petrarca, Dante, Garcilaso, Quevedo, Rubén Darío y Neruda, mientras fingía que estudiaba Derecho en la Universidad Nacional de Bogotá.

En febrero de 1940, Gabriel había comenzado la secundaria en el colegio de San José[4], un inmenso galpón cuadrangular de tres plantas adosado a una iglesia, lo que le daba el aspecto cerrado de un convento, donde estudiaban seiscientos alumnos provenientes en su mayoría de las clases media y baja. Pero era entonces uno de los mejores colegios de la ciudad. La diligencia, cualificación y disciplina de los jesuitas le habían asegurado ese prestigio de primer rango, y ésa es la razón, junto a la módica mensualidad de cinco pesos, de que los García Márquez hubieran matriculado a su hijo en el San José. El ambiente de seriedad de la casa de los abuelos encontraba así su continuidad en el colegio jesuita para el muchacho de trece años que ya empezaba a dar señales llamativas por su adicción a la lectura y al dibujo, y por la facilidad y buena letra con que redactaba.

Allí conoció a varios muchachos que después serían algunos de sus compañeros de aventuras periodísticas y a otros que ocuparían altos cargos en los estamentos político y económico del país. El periodista y ex ministro Juan B. Fernández Renowitzky recordaría que Gabriel era entonces un muchacho de figura escuálida que le tenía aversión a la práctica de los deportes y solía vestir «pantalones verdes y guayaberas escandalosas»[5], lo que contrastaba con su carácter tímido e introvertido de Piscis y su pasión excluyente por la lectura y el dibujo. A la hora del recreo, los compañeros lo veían aislarse en el jardín, al amparo de un árbol, donde devoraba libros gruesos de Julio Verne y Emilio Salgari. De tal manera que el muchacho de Aracataca, con su perfecto cinco en conducta, su gran timidez que lo hacía parecer huraño y su peinado de gomina con una raya en el lado izquierdo, les pareció tan distante, tan de otra edad, que lo apodaron «el viejo». No era sólo distancia y timidez, sino, como hemos dicho, los rasgos de una prematura juventud, pues Gabriel, como Florentino Ariza, tuvo «la extraña suerte de parecer viejo desde muy niño».

En términos parecidos iba a recordarlo, cincuenta y dos años después, el padre Ignacio Zaldívar, su profesor de Literatura en primero de bachillerato: «Él casi nunca hacía deportes, era introvertido, intelectual y tenía una mirada de adulto para los detalles; era incapaz de hacer una trastada, pero tenía mucho encanto y un gran sentido del humor. Durante los recreos solía buscarnos a sus profesores para hablar de libros o de cosas de la vida, y casi siempre se expresaba con criterios de persona mayor». Pero al contrario que sus ex compañeros, el padre Zaldívar agregaría: «Nadie sospechó que llegaría Gabito a donde ha llegado; era un muchacho más del montón, sólo que era retraído y le gustaba leer. Siempre iba muy bien vestido y arreglado. Pero eso era todo».

Pronto, el muchacho de Aracataca empezó a cambiar de carácter o, mejor dicho, dejó que aflorara su verdadero temperamento: el de «mamagallista»[6] o bromista. Los costeños son, por regla general, gente antisolemne, bromistas para quienes el sentido del humor es la cosa más seria del mundo y uno de los elementos de mayor credibilidad en las relaciones personales.

Así que Gabriel, criado dentro de la formalidad y la dignidad más estrictas por sus abuelos y tías descendientes de españoles, pronto empezó a poner en práctica lo que sin duda ya sabía: que para sobrevivir entre «los mamadores de gallo» de Barranquilla, lo mejor era convertirse en uno de ellos. Y el mismo García Márquez recordaría que en el San José mantenía loco a todo el mundo con su «mamagallismo» a flor de labio o de pluma. Buena prueba de ello son las crónicas y versos que escribió para la revista *Juventud* del colegio: los primeros de su vida.

Con el fin de controlar mejor disciplinariamente al alumnado, los jesuitas habían parcelado el personal en divisiones o seccionales compuestas por alumnos de distintos cursos, agrupados según criterios de edad y estatura, y las denominaban Primera, Segunda y Tercera División. Cada una estaba bajo la responsabilidad de un prefecto, quien, antes de que los muchachos pasaran a sus respectivas aulas, los reunía y desde un estrado les hablaba sobre algún tema disciplinario, deportivo o académico. Los de primero, segundo y tercero de bachillerato formaban la Segunda División, a la que perteneció Gabriel durante los dos años largos que estuvo en el San José (en 1941 perdió el segundo curso por problemas de salud y tuvo que repetirlo al año siguiente). Dentro de cada división se formaban grupos según las afinidades vocacionales. Gabriel encabezaba el de los literatos y humanistas. Al ver su voracidad lectora, los jesuitas lo fueron orientando hacia las letras y pusieron en sus manos el manual de Literatura, un mamotreto hecho a la medida de la División, en el cual se codeaban los clásicos con los escritores nacionales y regionales. Gabriel se·lo leyó de cabo a rabo con la misma pasión con que había leído el tomo desencuadernado de *Las mil y una noches* en la casa de los abuelos a los nueve años. Su segundo entusiasmo (o el primero) fue, pues, por la poesía y llegó a saber de memoria poemas enteros, algunos tan largos como «El vértigo», del posromántico español Gaspar Núñez de Arce.

Al calor de estas lecturas y de la cotidianidad de la Segunda División, Gabriel escribió sus primeros versos y crónicas[7], que publicó en la revista *Juventud* del colegio: «Crónica de la Segunda División», «Instantáneas de la Segunda División», «Desde un rincón de la Segunda», «Bobadas mías» y «Crónica de la Segunda División» (verso), que firmó con los nombres de Capitán Araña, Gabito y Gabriel García[8].

Juventud era una revista muy modesta, pero de diagramación e impresión aceptable, creada por los jesuitas el mismo año en que Gabriel empezó el bachillerato, con el propósito de incentivar la creatividad y el trabajo humanístico de sus alumnos. Es probable que uno de los factores decisivos para emprender la publicación fuera la alta fiebre literaria que llevó al colegio el muchacho de Aracataca. En un acápite de la página editorial del primer número, su director, el padre Trino Miguel Serrano, anotó: «Para cuántos de nuestros queridos alumnos esta Revista habrá de ser el comienzo de su carrera de escritores: literatos, polemistas, sociólogos, científicos... Más tarde ellos recordarán con infantil cariño la revista que publicó sus primeros ensayos en el campo de las letras»[9].

La revista estaba también abierta a profesores y padres de familia, con secciones dedicadas al colegio y a la ciudad, al país y a figuras del arte, la historia y la ciencia. Gabriel no sólo era uno de los colaboradores literarios más destacados, sino que fue el autor de todas las viñetas de los seis primeros números. En éstos se aprecia el dibujante imaginativo que era a los trece y quince años. La pasión por el dibujo y el cómic, nacida a los cuatro años a la sombra del abuelo, alcanzó, pues, en *Juventud* una cierta consagración, para culminar en Zipaquirá durante el bachillerato, dando paso después a la pasión excluyente de la poesía y la narrativa.

Los motivos de sus primeras «crónicas» y «bobadas» se los brindaba la misma cotidianidad colegial: el comienzo de curso, excursiones, confrontaciones deportivas, un cambio de prefecto, la inauguración de la nueva biblioteca; asimismo, los nombres de los compañeros, sus apodos, manías y comportamientos eran buenos pretextos para que el incipiente versificador desgranara unas décimas o acometiera una crónica. En ninguno de estos primeros escritos se observa afán de trascendencia o mistificación intelectual. El joven autor lo que buscaba era divertirse, bromear con sus amigos y, de paso, expresar su desacuerdo con las rígidas normas del colegio jesuita. Hace gala, inseparablemente del humor y la ironía, de una total antisolemnidad, de su congénito anti-intelectualismo, de cierta irreverencia y rebeldía, que van a ser algunas de las características más acusadas de su obra literaria. Pero ello no indica que las «bobadas» y «crónicas» escritas al calor de la Segunda División deban considerarse el comienzo literario de García Márquez. Al contrario, y a pesar de su rima y su ingenio admirables en un muchacho de trece y quince años, son casi lo contrario de los poemas y relatos que escribirá después en Zipaquirá y Bogotá. Él mismo lo reconocería: «En esa época yo apenas jugaba con los versos, pero todavía no estaba en la literatura, no tenía aquello una dimensión creativa; aún no había despertado a la literatura: estaba empezando». Así es, y al contrario de lo que les suele suceder a los incipientes escritores, Gabriel no sólo no se creía sus primeras «bobadas», sino que subrayaba su carácter de tales: «El que quiera saber quién escribió estas tonterías que le dirija una carta a: Gabito», anotaba al final de «Bobadas mías»[10].

Pero no eran tan bobadas suyas, pues se trata de versos hábilmente construidos por un «mamagallista» de mucho cuidado, como lo recordarían siempre algunos de sus compañeros: José Consuegra, cuyo apellido convirtió en una broma permanente: «Mi amigo José Consuegra / se queja de su apellido / porque dice que la suegra / lo tiene ya carcomido»; Santolamazza, cuya pequeña y envalentonada figura le sirvió para armar un chiste: «Santolomazza boxea / y cualquiera pelea gana / pero si es seria pelea / se esconde como una rana»; o Chona Emiro, a quien retrató así con sus travesuras: «Chona Emiro es un encanto / no tiene tiempo perdido / el pobrecito es un santo... / cuando se encuentra dormido»[11].

Un repaso a sus cinco colaboraciones entre 1940 y 1942 y, en general, a su protagonismo en los seis primeros números de *Juventud* (donde se registran además sus premios, honores y condecoraciones por su excelente rendimiento académico) muestra que Gabriel se encontraba cómodo y relajado en el ambiente citadino de Barranquilla. Muestra, sobre todo, que se sentía en su elemento natural respirando el ambiente literario e intelectual de la Segunda División, cuyas lecturas ampliaron considerablemente las primeras de Aracataca, Sincé y la Escuela Cartagena de Indias. Pero también muestra que los curas, los estudios académicos y el colegio con su disciplina monacal, acaso castrense, eran un corsé demasiado estrecho e incómodo para él, que había sido criado dentro de las mayores libertades y complacencias por sus abuelos. Y es que la pérdida de la infancia dorada le ha empezado a causar ya, como una piedrecilla en el zapato, una cierta desazón espiritual en todos los medios y lugares, así sean los más cómodos, dondequiera que se encuentre. Como diría Vargas Llosa: «Aracataca es una herida que el tiempo irrita en vez de cerrar, una nostalgia que aumenta con los días, una presencia subjetiva con la que el niño se siente obligado a medir el nuevo mundo que lo rodea»[12].

CAPÍTULO CINCO

En enero de 1943, poco antes de cumplir dieciséis años, Gabriel se vio abocado al hecho más radical de su vida y acaso al más provechoso de todos: salir de casa y buscar la manera de financiarse los estudios secundarios, aliviando de paso la carga familiar.

En Sucre, pese a los éxitos homeopáticos del padre, la familia vivía aún con grandes dificultades económicas, y los hijos aumentaban de año en año. En ese momento Gabriel tenía ya siete hermanos: Luis Enrique, Margot, Aída, Ligia, Gustavo, Rita, Jaime, y faltaban dos meses para que naciera Hernando. De modo que tenía dos alternativas: quedarse con la familia, viendo cómo se ensombrecían las perspectivas de futuro, o irse de casa e intentar salvarse nadando solo[1]. Es probable que la fuerza del escritor latente, que para entonces empezaba a perfilarse como un destino ineludible, lo empujara también hacia la segunda opción. Fue así como viajó a Bogotá, con algunas cartas de recomendación de su padre, decidido a presentarse al concurso nacional de becas del Ministerio de Educación. Su excelente rendimiento académico en el colegio de San José, sus lecturas abundantes y frescas, así como su deseo de encontrar un medio más exigente y estimulante intelectualmente, le otorgaron confianza en la nueva empresa, con la cual empezaría el camino inverso al del hijo pródigo. Lo que el adolescente costeño no imaginó jamás, aunque estaba avisado, es que el contraste entre el Caribe y los Andes iba a ser un impacto casi imposible de resistir a sus escasos dieciséis años.

Gracias a un pasaje fluvial y a unos doscientos pesos que sus padres le proporcionaron del escaso patrimonio familiar, pudo comenzar la aventura más trascendental de su vida. La madre, apesadumbrada por el primogénito que ahora volvía a perder, le ajustó un traje de manta negra del padre en una vieja máquina Singer de pedal, y cuando la familia en pleno lo despidió en el modesto puerto fluvial, el mismo de *El coronel no tiene quien le escriba* y *Crónica de una muerte anunciada*, Gabriel estaba tan atónito como irreconocible: el traje negro con chaleco le seguía quedando un poco grande, el sombrero no le cuadraba del todo en la cabeza y, para colmo, llevaba consigo un baúl que «tenía algo del esplendor del santo sepulcro»[2]. Allí guardaba las ropas de colores encendidos, los abrigos contra el frío bogotano y los libros cuya relectura le mantenían alta la fiebre literaria.

En una lancha hizo el recorrido por los ríos Mojana, San Jorge y Magdalena hasta Magangué, donde tomó el barco procedente de Barranquilla que lo condujo en una semana a Puerto Salgar, al pie de los Andes orientales. Con él viajaban otros muchachos costeños que también iban en busca de una beca o regresaban de sus vacaciones, y que García Márquez rememoraría en *El amor en los tiempos del cólera* como un tropel de «estudiantes bulliciosos que se agotaban con una cierta ansiedad en la última parranda de las vacaciones». Entre el resto de los pasajeros había un hombre pulcro, vestido de saco y chaleco, como un cachaco bogotano, que no hacía más que leer libros y libros, y que le llamó la atención a Gabriel, del mismo modo que a aquél le llamó la atención la manera como éste cantaba boleros y vallenatos con sus amigos para ganarse unos pesos[3]. Tuvieron un cierto contacto amistoso, y éste iba a ser uno de los encuentros más providenciales en la vida del adolescente cataquero.

En aquellos tiempos la navegación por el río Magdalena, arteria fluvial e histórica de Colombia, se hacía en unos barcos de tres pisos con dos chimeneas que, a diferencia de los buques del Mississippí, tenían la rueda de impulso en la popa, y «pasaban de noche como un pueblo iluminado, y dejaban un reguero de músicas y sueños en los pueblos sedentarios de la ribera»[4]. El viaje hasta Puerto Salgar podía durar una semana o dos, según el estado del barco y del río, pero el retraso no era motivo de preocupación para nadie, porque la nave, lenta o varada, se convertía en una fiesta flotante. Un complemento de la parranda era la contemplación de la sinfonía de la naturaleza que el río iba ofreciendo al paso del barco: los aluviones de garzas, las bandadas de loros, la algarabía de los micos, los bancos de peces que le daban al río un resplandor súbito de aluminio, los caimanes bebiéndose el sol del mediodía y los manatíes amamantando a sus crías en los playones. El espectáculo zoológico se convertía en un verdadero hechizo cuando despuntaba el alba o el día caía con la luz gruesa e inofensiva del ocaso por entre las selvas de la ribera. En los cinco años siguientes, García Márquez iba a repetir en diez ocasiones aquel viaje de encanto, hasta instalarse en su almario como una de las experiencias más fascinantes y fructíferas de su vida. En efecto. «El río de la vida»[5], como lo llamaría después en un artículo periodístico, se convertiría luego en el río del amor en *El amor en los tiempos del cólera* y en el río de la muerte y la derrota en *El general en su laberinto*.

En Puerto Salgar tomó rumbo ascensional a Bogotá en un tren no muy diferente del trencito amarillo que todos los días veía llegar a Aracataca a las once de la mañana siendo niño. Era casi artesanal, y durante el itinerario recorría pueblos y paisajes instalados en un tiempo inocente y apacible. Con los años, junto a los barcos de vapor de dos chimeneas del Magdalena, aquel trencito de los Andes sería una de sus mayores fuentes de nostalgia: «El tren de Puerto Salgar subía como gateando por las cornisas de rocas durante un día completo. En los tramos más empinados se descolgaba para tomar impulso y volvía a intentar el ascenso resollando como un dragón, y en ocasiones era necesario que los pasajeros se bajaran y subieran a pie hasta la cornisa siguiente, para aligerarlo de su peso». Los pueblos del camino los recordaría «helados y tristes», donde «las vendedoras de toda la vida ofrecían por la ventanilla del vagón unas gallinas grandes y amarillas, cocinadas enteras, y unas papas nevadas que sabían a comida de hospital»[6].

En el tren, Gabriel y sus amigos continuaron la pachanga del barco, aunque cada vez con menos ímpetus, pues a medida que se acercaban a Bogotá el oxígeno se volvía cicatero y el frío empezaba a aterirles el alma. La mayoría no sólo bailaba bien y cantaba vallenatos y boleros, sino que muchos tocaban con destreza la guitarra y el acordeón, procurándose unos pesos de los más enamorados. De pronto, cuando el trencito acezante había ganado la altiplanicie a dos mil seiscientos metros y comenzaba a «correr como un caballito», el hombre vestido de cachaco que durante todo el viaje había estado devorando libros y libros se acercó a Gabriel y le pidió que le hiciera el favor de copiarle la letra de uno de los boleros que él y sus compañeros habían estado cantando durante la travesía del barco. El hombre le explicó que tenía una novia en Bogotá y que estaba seguro de que aquel bolero le iba a gustar mucho. Gabriel no sólo le copió la letra, sino que le enseñó un poco la música[7], con la misma complacencia con que Pilar Ternera asistiría a los amantes furtivos de Macondo. Sin saberlo, con aquel gesto había atizado la buena estrella[8] que tanta falta le haría al llegar a la capital de la República.

Eliécer Torres Arango, un familiar lejano que le había designado el padre como su acudiente, lo estaba esperando en la Estación de la Sabana a las cuatro de la tarde. Al verle el baúl de madera con refuerzos metálicos, aquél le sugirió que lo llevaran en una zorra a la pensión, que estaba a seis manzanas. Cuando echaron a correr por las calles detrás de la zorra, Gabriel se dio cuenta de que casi no podía respirar debido a la altura. Pálido y atónito, con aquel traje negro ajustado de su padre, el sombrero y el inmenso baúl sepulcral, el muchacho de Aracataca debió de parecerles más un fantasma colonial que un estudiante costeño a los otros costeños de la pensión de la calle 19.

El local de la pensión era una casa antigua, sin ventanas, cuyas puertas daban a un jardín interior de geranios y jazmines, que le recordaron los del patio de la casa natal. Al cerrarse la puerta de la habitación, los pensionistas quedaban encerrados como en una caja de seguridad. Sin embargo, la primera noche que durmió en Bogotá, Gabriel no tuvo tiempo de dejarse arrobar por su congénita claustrofobia, pues tan pronto como se metió en la cama pegó un grito de espanto que alarmó a los vecinos durmientes: tuvo la impresión de que alguien, por hacerle una broma, le había mojado la cama. El costeño que dormía al lado le explicó muerto de risa que no se trataba de ninguna broma: así era Bogotá. Gabriel comprendió entonces por qué la casa no tenía ventanas y por qué las casas con ventanas las tenían herméticamente cerradas. El coterráneo lo tranquilizó: «Esto no es lo mismo que en la Costa; hay que aprender a dormir en Bogotá»[9].

Según sus mismas declaraciones, aquella «funesta tarde de enero» de 1943 en que llegó a Bogotá ha sido tal vez el momento más grave de su vida, pues es el único en que ha tenido que llorar de desolación. No era para menos. Él, un adolescente tímido y desamparado, llegaba de un mundo que no sólo era diferente, sino lo contrario del que ahora iba a enfrentar. El suyo era un universo de treinta grados a la sombra, un orbe donde no había visto una montaña, a excepción de las estribaciones occidentales de la Sierra Nevada de Santa Marta, y donde había tanto oxígeno que se tenía la sensación de ahogo vital, donde abundaba la música pachangosa, la cordialidad, las mujeres, y donde, en fin, los prejuicios no amordazaban tanto la vida y todos, ricos y pobres, tenían el recurso de la alegría epidérmica. Bogotá, en las antípodas, tenía que parecerle forzosamente una ciudad fría y triste, de un cielo y una atmósfera social grises, donde escaseaban las mujeres o estaban guardadas y abundaban los hombres lúgubres, ciertos ingleses tropicales y burócratas sigilosos que hablaban de forma enrevesada, como en las novelas de Franz Kafka.

Veintiocho años más tarde, atravesado por ráfagas de nostalgia, describiría así la ciudad de sus pesadillas: «Lo primero que me llamó la atención de esa capital sombría fue que había demasiados hombres de prisa en la calle, que todos estaban vestidos como yo, con trajes negros y sombreros, y que, en cambio, no se veía ninguna mujer. Me llamaron la atención los enormes percherones que tiraban de los carros de cerveza bajo la lluvia, las chispas de pirotecnia de los tranvías al doblar las esquinas bajo la lluvia, y los estorbos del tránsito para dar paso a los entierros interminables bajo la lluvia. Eran los entierros más lúgubres del mundo, con carrozas de altar mayor y caballos engringolados de terciopelo y morriones de plumones negros, y cadáveres de buenas familias que se sentían los inventores de la muerte. Bajo la llovizna tenue de la plaza de las Nieves, a la salida de un funeral, vi por primera vez una mujer en las calles de Bogotá, y era esbelta y sigilosa, y con tanta prestancia como una reina de luto, pero me quedé para siempre con la mitad de la ilusión, porque llevaba la cara cubierta con un velo infranqueable»[10].

Entonces, cerca de aquella plaza, en la misma avenida Jiménez de Quesada y frente al edificio de la Gobernación, ocurrió el momento más grave de su vida, como en el poema de César Vallejo[11]: no resistió el impacto de la soledad y se echó a llorar[12].

En la ciudad encapotada y lluviosa, bajo los paraguas, los sombreros negros y los abrigos, pudo reconocer los mismos cachacos que un día, cuando él tenía unos cinco años, habían llegado a llevarse los anillos matrimoniales de los abuelos para la guerra contra el Perú; los mismos que hacían todo tipo de martingalas jurídicas para defender los intereses de la United Fruit Company, y los mismos que, uniformados de soldados, habían desfilado frente a su casa en los años posteriores a la matanza de los trabajadores bananeros de 1928. Entonces comprendió que el momento más grave de su vida estaba sucediendo en ese «otro mundo» del cual le habían hablado desde niño.

Días después, madrugó a las ocho de la mañana a hacer cola frente al Ministerio de Educación, situado entonces en la avenida Jiménez de Quesada, con el propósito de inscribirse para el examen de concurso de becas. La cola era muy larga, formada en su mayoría por los estudiantes pobres del país, y a Gabriel, que llevaba a cuestas todo el frío y la tristeza de Bogotá aquella mañana, le pareció interminable. Pero entonces, inesperadamente, cuando se encontraba a un palmo de la puerta del ministerio, apareció su buena estrella: el hombre enamorado a quien le había copiado la letra del bolero en el tren días antes. «¿Pero tú qué haces aquí?», le preguntó el hombre. «Estoy haciendo cola para el examen de beca», le contestó Gabriel, ya desolado después de varias horas de espera. «No seas pendejo, ven conmigo», le dijo el hombre, y lo subió a su oficina saltándose la cola: era nada menos que el director nacional de Becas[13].

Se llamaba Adolfo Gómez Támara. Era un costeño como él, de Sincelejo, un culto y joven abogado que había sido nombrado para ocupar esa dirección durante aquel único año.

El cargo le imponía la pulcritud y la elegancia inglesas de los cachacos, de los típicos bogotanos del funcionariado. Por eso, muchos años después, García Márquez lo recordaría como «el cachaco enamorado» que le ayudó a conseguir la beca para terminar
el bachillerato en Zipaquirá. En su oficina, Gómez Támara le
dijo que si le presentaba un buen examen le daría la beca sin mayores trámites. Gabriel le presentó un examen excelente, apro-
bado por el mismo director. Mientras lo corregía, Gómez Támara apreció además la calidad de su redacción y la caligrafía con
que el adolescente de dieciséis años le había copiado en el tren
la letra del bolero para su novia María Luisa Núñez. No eran
simples detalles: la redacción elegante y la buena letra eran dos
de las grandes debilidades de aquel culto funcionario de veintiséis años.

Cuando Gómez Támara le preguntó para qué colegio
de Bogotá quería la beca, Gabriel sólo tenía en su mente un colegio: el San Bartolomé, uno de los dos más prestigiosos de la ciudad, donde, desde los tiempos de la Colonia, se había educado
buena parte de los hijos de las clases dirigentes y económica-
mente más pudientes del país. El director de Becas le fue since-
ro: «No te la puedo dar para San Bartolomé porque todo esto
que tengo aquí —mostrándole una pila de papeles— son recomendaciones de ministros y de gente importante. Pero ¿por qué
no haces una cosa? Vete al de Zipaquirá, que es muy buen colegio y está cerca de aquí»[14]. Gabriel se sintió muy frustrado por
no haber podido acceder al colegio de San Bartolomé[15], y tuvo
que aceptar el modesto Liceo Nacional de Varones de la vecina
Zipaquirá, cuyo nombre ni siquiera había oído antes.

La soledad y el frío bogotanos los iba a padecer en grado
mayúsculo en Zipaquirá. Esta hermosa y pequeña ciudad colonial, situada a cincuenta kilómetros al noreste de Bogotá, tiene
una altitud y una temperatura similares a las de la capital. Como La Candelaria, el barrio fundacional de Bogotá, se levanta
al pie de unos cerros, con sus casas, calles, plazas e iglesias coloniales semejantes a las de ésta. De modo que al desolado muchacho de Aracataca, Zipaquirá, con sus cinco mil habitantes
de entonces, debió de parecerle una Bogotá a escala reducida, pe-

ro más fría y rebosante de soledad, cuando llegó de la mano de su acudiente para matricularse el 8 de marzo en tercero de bachillerato[16].

La población es anterior al descubrimiento de América, y el nombre procede del original *Chicaquicha,* palabra indígena que significa «pie del Zipa», cerro a cuyo pie los chibchas construyeron el caserío original. La última resistencia fuerte que encontraron los hombres de Gonzalo Jiménez de Quesada para consolidar la conquista del altiplano andino fue precisamente en Zipaquirá —no deja de ser curioso que la primera la hubieran encontrado en tierras de Aracataca y aledaños a manos de sus fundadores, los feroces indios chimilas—, adonde habían llegado en abril de 1537, después de una larga y penosa marcha desde Santa Marta a través del río Magdalena, atraídos por la belleza del paisaje y la sal de sus minas. Los chibchas resistieron al dominio colonial durante casi un siglo, de tal manera que los españoles no pudieron consolidar las explotaciones salinas hasta que no los aniquilaron en 1622. Cerca del pie del cerro Zipa, los conquistadores construyeron entonces la actual Zipaquirá, una de las ciudades más bellas de la sabana. Su actividad ganadera y económica, su atractivo colonial y su imponente y curiosa catedral subterránea de sal, considerada una de las maravillas del mundo, llegaron a convertirla en una de las ciudades más turísticas de Colombia.

Pero, en las circunstancias descritas, Gabriel no podía ver sus atractivos turísticos, ni interesarse por sus heroísmos pasados: sencilla y llanamente, Zipaquirá era para él una prolongación agravada de Bogotá. Así que se encerró literalmente entre las paredes del viejo caserón del internado, situado a pocas manzanas de la plaza. Muchos años después, él lo recordaría patinado por la tristeza como un «convento sin calefacción y sin flores». En realidad, era una acogedora construcción colonial de dos plantas, de forma cuadrangular, con techo de tejas de dos aguas y balcones de madera, a la cual se accedía por un amplio portal centenario. Alrededor del patio rectangular, entre postes de madera y macetas de geranios, quedaban los recintos de la administración y el profesorado, la cocina y los servicios. Una escalera de madera amplia y descansada conducía a la segunda planta, donde se hallaban la capilla, la biblioteca y los galpones de los dormitorios. En un segundo cuerpo, de construcción moderna y simple, se encontraban las aulas y el patio mayor de los recreos.

Allí estaban comprimidos unos doscientos cincuenta alumnos de todas las condiciones etnoculturales del país, y la mayoría eran becados internos. Por lo general, los muchachos provenían de familias pobres, pero muy capacitados y con las ganas y la necesidad de aprovechar la oportunidad de una beca. La suerte de haber podido acceder a la diversidad cultural de su país y a un buen nivel académico en el Liceo Nacional de Zipaquirá sería reconocida por García Márquez muchos años después: «Yo creo que en Zipaquirá lo importante fue la confrontación de culturas con el resto del país, no sólo con el interior. Creo que, al final, la gran suerte que tuve fue que me enviaran al Liceo Nacional de Zipaquirá, porque era el internado de todos los pobres becados del país. Yo recuerdo haberme peleado por el San Bartolomé de Bogotá, pero ahí no había nada que hacer: era el colegio de las grandes recomendaciones, de las grandes familias del país, de los políticos. Entonces me enviaron para Zipaquirá, que era el siguiente y que era mucho mejor. Todo lo que aprendí se lo debo al bachillerato».

Uno de los factores decisivos fue la calidad del profesorado. Muchos de los profesores que habían llegado a aquel liceo eran marxistas o de tendencia progresista, pues habían sido formados en la Normal Superior por José Francisco Socarrás, y el Ministerio de Educación los desterraba a la periferia para que no contaminaran a la juventud de Bogotá. Aparte de una cierta influencia ideológica, los resultados eran excelentes, ya que cada profesor era una autoridad en su respectiva materia y un esmerado pedagogo. El profesor de Historia, Manuel Cuello del Río, por ejemplo, no sólo les prestaba a escondidas libros de marxismo a sus alumnos, sino que les impartió una historia de América rigurosa e imparcial. El arquitecto Eduardo Angulo Flores, ex condiscípulo de García Márquez, diría que Del Río, en efecto, los influyó mucho con su visión objetiva de la historia, pero sobre todo a Gabriel: cree que fue la persona con más influjo ideológico en el joven cataquero. También los profesores de Castellano,

Literatura, Matemáticas y Filosofía iban a quedar asimismo en la memoria de García Márquez y del grupo de destacados médicos, arquitectos y abogados que terminaron el bachillerato con él en 1946.

Otro de los aspectos decisivos en el rendimiento académico de Gabriel fue, sin duda, el régimen monacal del internado. Tan pronto como la campana sonaba a las cinco y cuarenta y cinco minutos de la mañana, los alumnos tenían tres cuartos de hora para ducharse en tres turnos en los baños de agua fría. A las seis y media debían estar bien vestidos, con los zapatos y las uñas limpias, y tener la cama tendida. Después del desayuno de *changua* (caldo de cebolla y leche), café, huevos, pan y tostadas, recibían las primeras clases. A las nueve pasaban al comedor para combatir el frío andino con las *medias nueves* (mazamorra o agua de panela con pan). A continuación venían dos horas de clase, para luego almorzar a las doce. Tras una digestión apresurada, los alumnos eran llevados en fila india a los campos deportivos, a quinientos metros del liceo, para una hora de educación física. De dos a cuatro se volvía a las clases y posteriormente había un respiro para tomar las *onces* (una merienda o refresco). Las clases terminaban a las seis, pero, después de un descanso de media hora, empezaba la segunda parte de la jornada. De seis y media a siete se cenaba, y las dos horas siguientes las empleaban los internos para hacer los deberes en las mismas aulas y descansar jugando, cantando o tocando algún instrumento. Por fin, a las nueve de la noche llegaba el premio de la cama, en los galpones del segundo piso, donde eran vigilados por un profesor que dormía en una especie de cubículo instalado a propósito dentro del galpón. Pero aún había más: mientras los muchachos se dormían, el profesor leía en voz alta un capítulo de la novela de turno: *La montaña mágica, El conde de Montecristo, Los tres mosqueteros, Madame Bovary, Cantaclaro*. Cuando calculaba que la mayoría se había dormido, el profesor cerraba el libro y se rendía en su cubículo.

Sin embargo, frente a la soledad y el frío de Zipaquirá, este régimen conventual fue como la tabla de salvación de Gabriel. Es más: los fines de semana lo extremaba, quedándose encerrado en los dormitorios leyendo novelas y libros de poesía, mientras la tarde se consumía entre los eucaliptos de la sabana. Apenas jugaba un poco al fútbol los domingos y por las tardes solía ir a Bogotá a familiarizarse con la gran ciudad y a visitar de paso, en el barrio Chapinero, a los jesuitas Ignacio Zaldívar y Luis Posada Maldonado, que habían sido sus profesores y amigos en la Segunda División del colegio San José, de Barranquilla. Pero lo demás: salir al pueblo, divertirse con los amigos, ir a la Catedral de Sal, todo eso lo aburría mortalmente a más de mil kilómetros de su ardiente Aracataca. Por eso, y por la alergia que siempre le tuvo a los estudios académicos, declararía treinta y ocho años después, con su impenitente «mamagallismo», que haberse ganado la beca para terminar el bachillerato en Zipaquirá fue como haberse ganado «un tigre en una rifa». También diría que «aquel colegio era un castigo y aquel pueblo helado una injusticia», que tenía «completamente borrada la escuela y el colegio», que «es horrible que lo sometan a uno a esa tortura», para, a modo de condena del sistema educacional, terminar citando a Bernard Shaw, quien dijo que desde niño había tenido que interrumpir su educación para ir a la escuela[17].

Pero no hay que dejarse despistar por sus hipérboles: Gabriel no sólo destacaba académicamente sobre los demás alumnos, aun en aquellas materias que no eran de su agrado, sino que fue el mejor alumno de la promoción de bachilleres de 1946. Y, sobre todo, gracias al «tigre» de la «rifa» que se ganó en Bogotá y al suplicio de Zipaquirá, su vida iba a experimentar un salto cualitativo irreversible: fue en el internado andino donde, según sus propias palabras, contrajo el «sarampión literario», despuntando con fuerza su vocación de escritor. Y es que, como iremos viendo, García Márquez no hubiera sido el escritor que es sin Zipaquirá y, sobre todo, sin Bogotá, del mismo modo que, aunque por razones distintas, no lo hubiera sido sin Aracataca.

En realidad, el virus del sarampión literario ya lo había contraído en el San José de Barranquilla, o tal vez en la misma Aracataca cuando leyó a los nueve años el tomo desencuadernado de *Las mil y una noches*. Lo que hizo el encierro de Zipaquirá fue propiciar el desarrollo del virus. Desde la Biblioteca Aldeana, una colección que abarcaba los autores colombianos de provincia, hasta la Colección Araluce, que contenía resumidos los grandes clásicos, Gabriel se leyó toda la biblioteca del colegio. De ahí le vino una formación rigurosa de la literatura colombiana que muy pocos tuvieron en esa época, excepto quienes la estudiaron como carrera universitaria. Fue tanto el ardor literario, o tanta la soledad, que cuando se despachó todos los libros de literatura, continuó devorando cuanto texto caía en sus manos, incluyendo tres gruesos volúmenes de las obras completas de Freud y los libros de marxismo que le prestaba a escondidas su profesor de Historia. Las novelas que no podía leer por su cuenta, las recomendaba para las lecturas nocturnas, pues el profesor le daba plena libertad para que seleccionara los títulos. Entre los libros raros que leyó entonces, uno le resultaría particularmente fructífero: las *Profecías* de Nostradamus, pues éste es uno de los hechos germinales de su personaje Melquíades[18]. Con todo, su pasión era la poesía, pasión que iba a prevalecer durante todo el bachillerato y el primer año de carrera.

El contrapunto de las jornadas académicas y la efervescencia literaria eran los corros nocturnos, durante los cuales desfilaban las costumbres y leyendas de las distintas regiones del país al son de una guitarra o un acordeón. Con el tiempo, la numerosa colonia costeña fue abriendo grietas en el encierro inicial del muchacho de Aracataca, y, de pronto, empezó a aficionarse a los bailes de los fines de semana que su amigo José Palencia y los otros costeños armaban dondequiera que los invitaran. Pero aun en las circunstancias más báquicas, el sarampión literario era inocultable, pues en mitad del baile podían abandonar a sus novias para sentarse en un rincón a intercambiarse «el rollo infinito de la literatura».

Quienes estudiaron con García Márquez o lo conocieron en esa época, entre los dieciséis y diecinueve años, lo recuerdan como un muchacho flaco, de ojos desorbitados, pelo negro y crespo, que se refugiaba del frío en un saco grande de lana del cual no se atrevía a sacar las manos, pues no podía superar el temor a morirse de una pulmonía en la altiplanicie andina. En las clases era muy serio, atendía con devoción, hacía preguntas frecuentes y pertinentes, y le gustaba que los profesores le preguntaran para que los demás escucharan sus opiniones, sobre todo en materia literaria. Fuera de clase, por el contrario, era un típico caribe: «mamagallista» e irónico, e incluso revoltoso. Respecto a su comportamiento disciplinario, parece que aquel perfecto cinco en conducta de Aracataca y Barranquilla se resquebrajó en el ambiente del páramo junto a sus compañeros costeños a partir de cuarto de bachillerato, tal vez como reacción al alejamiento de su tierra y al impacto del internado. Algunos, como el urólogo Armando López, quien no estudió con Gabriel pero conoció en detalle sus aventuras y desventuras de interno, afirmarían que, en efecto, el muchacho de Aracataca tuvo una época de gran indisciplina. Por las noches, tan pronto como el profesor que los vigilaba caía rendido en su cubículo, él y sus amigos se descolgaban por una ventana anudando sábanas por las puntas y se iban al Teatro MacDual o a ver a sus novias. El poeta Carlos Martín, ex rector del liceo durante 1944, recordaría que «alguna de esas noches, en mi ausencia, hubo un amago de motín en que salieron a volar almohadas y zapatos, en detrimento de la lectura y del sueño. Con urgencia, me llamaron a la casa. En un inesperado rapto de autoritarismo, excepcional de mi parte, ordené formar filas y bajar al patio, sin dar tiempo de cambiar de ropas. Después de una breve alocución, en medio de las sombras de los corredores coloniales y bajo un débil resplandor lunar, regresamos todos al dormitorio, en orden y concierto. ¿Quién iba a pensar en un premio Nobel subiendo viejas escaleras, en paños menores, desde el frío patio hacia el dormitorio?»[19].

Felizmente, el irregular comportamiento disciplinario de Gabriel, en conjunción con los afanes de mentor literario de su profesor Carlos Julio Calderón Hermida, tendría una relativa importancia en el nacimiento del futuro prosista.

A pesar de la intensa vida académica y literaria, del intercambio vivencial con sus compañeros y del afecto y la admiración que concitó a su alrededor, Gabriel, como buen caribe, sólo recuperaba de forma plena la vida corporal y emocional cuando regresaba a Sucre con su familia durante los fines de curso. Pero los billetes de regreso, en tren y en barco, no siempre estaban al alcance de su modesto bolsillo, de tal manera que la asociación de padres del liceo solía hacer veladas y otras actividades para enviarles a él y a sus coterráneos más pobres de regreso a la Costa. El calor, la vegetación, el empacho del mango y la guayaba, los vallenatos, los bailes interminables, el carácter abierto de los costeños, todo eso lo instalaba de nuevo en el centro de las emociones recobradas. Y se sentía doblemente vivo porque también aprovechaba las vacaciones para devorar los libros que no alcanzaba a leer en el colegio, echado en una hamaca a la sombra de los mangos de la casa que su padre, al fin, había construido lo suficientemente amplia, cómoda y «blanca como una paloma» a orillas del río La Mojana.

En uno de aquellos tumultuosos bailes de estudiantes, empezó a enamorarse de una niña de trece años que acababa de terminar los estudios primarios: la hija mayor de los Barcha Pardo, vecinos y amigos de los García Márquez. Lo sedujeron sus ojos negros y adormilados, su cuello esbelto, su voz y sus maneras simples y enigmáticas. Su proverbial timidez lo llevó a saltarse los circunloquios amorosos, y aquella misma noche le pidió que se casara con él, tal y como lo contaría literalmente después en *Crónica de una muerte anunciada*. Aunque la pequeña Mercedes Barcha no le paraba muchas bolas al principio y tuvieron que pasar trece años, él siempre supo que se casaría con ella. Entre tanto, la niña de ascendencia egipcia inspiraría algunos de los mejores sonetos piedracielistas del bachiller Gabriel García.

De regreso al internado volvía a hacer el mismo recorrido de su primer viaje en lancha por los ríos Mojana, San Jorge y Magdalena, para tomar en Magangué, la patria chica de Mercedes, el barco procedente de Barranquilla que lo conducía hasta Salgar, desde donde remontaba la cordillera en el trencito artesanal de los Andes. Pero la brecha entre él y la ciudad de los cachacos se agrandaba en cada regreso, de año en año, hasta el punto de que, años después, en *El amor en los tiempos del cólera*, Florentino Ariza desistiría en su juventud de remontar los Andes para llegar a Villa de Leyva y Fermina Daza se negaría a viajar a Bogotá por considerarla una «ciudad helada y sombría donde las mujeres no salían de sus casas sino para la misa de cinco». También su relación con la bella Zipaquirá se tornaría con los años en un desencuentro que no va a medrar en sus ficciones: en *Cien años de soledad,* la ciudad de la Catedral de Sal es apenas una mención sesgada, «el mismo pueblo lúgubre, a mil kilómetros del mar, donde Aureliano Segundo fue a buscar a Fernanda del Carpio»[20].

Con la carga de nostalgia acumulada en cada regreso, era inevitable que los versos fueran la primera expresión del sarampión literario de Gabriel. Además, en los tres años del colegio San José de Barranquilla, había leído bastante poesía, casi toda la mala poesía diría él, y, como hemos visto, había escrito los primeros versos «mamagallistas», que los jesuitas le publicaron en la revista *Juventud.* Pero entre aquellas primeras lecturas, las del Siglo de Oro le aportarían el bagaje fundamental. «Para mí la literatura es la poesía, y ya entonces, cuando llegué al colegio (de Zipaquirá), me sabía de memoria todos los poetas clásicos españoles. No sólo me los sabía y los recitaba, sino que los cantaba»[21], tal y como lo haría Cayetano Delaura con Garcilaso de la Vega en *Del amor y otros demonios*. Precisamente, en el año en que llegó al internado andino seguía de moda en Colombia el movimiento poético Piedra y Cielo, el cual, junto a la poesía del Siglo de Oro, iba a ejercer una influencia decisiva en el futuro novelista.

El grupo Piedra y Cielo, que había tomado este nombre del poemario homónimo de Juan Ramón Jiménez, reunió, desde finales de los años treinta, a los poetas Eduardo Carranza, Jorge Rojas, Arturo Camacho Ramírez, Carlos Martín, Darío Samper, Tomás Vargas Osorio y Gerardo Valencia. El movimiento se alimentaba de la influencia tardía de Rubén Darío, la reciente de Juan Ramón Jiménez, Pablo Neruda y la del Siglo de Oro, a través de algunos poetas de la Generación del 27. Los piedracielistas revolucionaron entonces las formas poemáticas, esclerotizadas por la retórica apabullante de los románticos, parnasianos y neoclásicos colombianos. Las metáforas audaces y fulgurates de Carranza, Rojas y sus compañeros fueron un balón de oxígeno para los jóvenes que, como García Márquez, escribían entonces sus primeros poemas. Por eso el novelista diría de ellos que «eran los terroristas de la época» y que «si no hubiera sido por Piedra y Cielo, no estoy seguro de haberme convertido en escritor»[22]. Y más adelante precisaría: «lo que me dieron ellos fue un elemento de rebeldía contra el academicismo, pues cuando yo vi lo que esos poetas se atrevían a hacer, me sentí alentado para seguir en la literatura, y dije: entonces, si esto se puede hacer en literatura, esto me gusta, me quedo con esto. Me pareció, en definitiva, que se podía estremecer el pedestal de Valencia[23], la bardolatría de los poetas parnasianos».

A pesar de que en tercero de bachillerato no se daba todavía Literatura, sino Castellano, el profesor Carlos Julio Calderón Hermida, enfebrecido piedracielista, les leía y comentaba ya estos poetas. Él mismo era un empedernido hacedor de versos, y entre alumnos y profesor se fue creando un intercambio de poemas y lecturas. De pronto, a principios de cuarto de bachillerato, Calderón Hermida recibió un día en plena clase un paquete de libros. Lo abrió, agradeció la dedicatoria personal en uno de ellos y leyó en voz alta algunos poemas: era *Travesía terrestre,* de Carlos Martín, uno de los miembros de Piedra y Cielo, que acaba de llegar al liceo como nuevo rector. La lectura de los poemas, así como la llegada de su autor, entusiasmaron a Gabriel y a sus compañeros del Centro Literario de los Trece[24], con quienes seguía puntualmente las antologías y presentaciones poéticas que Eduardo Carranza hacía en el suplemento del semanario *Sábado.*

Carlos Martín, el benjamín del movimiento poético, tenía treinta años, dos libros publicados y estaba sin trabajo. A dos amigos de generación se les había ocurrido la buena idea de presentárselo al ministro de Educación para que le diera algún empleo digno de su condición. Casualmente, ese mismo día de finales de marzo de 1944 acababa de suicidarse el anterior rector del Liceo Nacional de Zipaquirá, el matemático Alejandro Ramos, y el poeta fue nombrado su nuevo rector. Empezó su gestión asistiendo con los alumnos al entierro de su antecesor, para continuar con el de sus métodos severos. Decretó el fin de la influencia predominante de las Matemáticas, impuesta por aquél, y dio paso a la de la Literatura. Impartió varias conferencias, repartió sus libros entre profesores y alumnos e implantó la costumbre de las lecturas nocturnas en los galpones de los dormitorios.

De abril a agosto o septiembre de aquel año, Martín reemplazó como profesor de Literatura Universal al profesor Calderón Hermida, y los muchachos, especialmente Gabriel y sus amigos del grupo de Los Trece, acogieron con alborozo sus clases. Durante los cinco o seis meses que duró su rectorado los centró en la obra y la figura de Rubén Darío. Podía estarse una hora analizando uno de sus sonetos: los motivos del poema, la invención metafórica, el ritmo poemático[25]. Y, entre poema y poema, les iba contando la vida del maestro nicaragüense en anécdotas pintorescas y sugestivas. Les hablaba, por ejemplo, de aquel niño soñador que fue Rubén Darío en una aldea de Nicaragua, al cuidado de su tía abuela, y de la sorpresa que se llevó el día en que apareció una señora muy bella, vestida de negro y envuelta en pieles y con un enorme sombrero emplumado, asegurándole que ella era su verdadera madre. Les contaba también que el padre del modernismo americano se había criado a la sombra de un viejo coronel que le narraba historias de guerras pasadas, que un día el niño poeta había conocido el hielo como una auténtica revelación, que había publicado sus primeros versos rimados a los trece años y había estudiado con los jesuitas[26].

Gabriel, que se quedó desde entonces magnetizado por la figura y la obra de Rubén Darío, debió mirarse como en un espejo en los relatos de su profesor, pues él también había sido un niño soñador en una aldea del Caribe, al cuidado de su abuela y de su tía abuela, y un día, teniendo menos de cuatro años, lo había deslumbrado la presencia de una bella y joven señora, vestida de rosa, con perfumes y aderezos de ciudad, asegurándole que ella era su madre. Y como el poeta nicaragüense, Gabriel se había criado también a la sombra de un viejo coronel que le contaba mil y una historias de las guerras civiles, el mismo que un día lo llevó de la mano a conocer el hielo, y, al igual que el poeta, Gabriel había publicado sus primeros versos rimados a los trece años y había estudiado con los jesuitas. Sin duda, las numerosas coincidencias entre su vida y la del poeta nicaragüense reforzaron la admiración que desde entonces sintió por su figura y obra, hasta el punto de que Rubén Darío afloraría de modo particular en *El otoño del patriarca* como influencia y como personaje[27].

No sólo la introducción al padre del modernismo americano iba a ser decisiva para Gabriel, sino los libros que Martín le prestó aquel año, especialmente *La vida maravillosa de los libros,* de Jorge Zalamea, y *La experiencia literaria,* de Alfonso Reyes[28]. Estas lecturas vinieron a consolidar y a fomentar sus afanes literarios, a la vez que le proporcionaron la primera fundamentación teórica importante. Asimismo, el poeta rector introdujo al joven bachiller en el círculo amistoso de los poetas mayores de Piedra y Cielo.

A los pocos meses de haber llegado a Zipaquirá, Martín recibió la visita de los capitanes de su movimiento poético: Eduardo Carranza y Jorge Rojas. Por esos días, Los Trece le habían pedido apoyo y alguna colaboración para editar una gaceta literaria que debía ser el órgano del grupo. El momento no sólo era propicio, sino que conducía casi inevitablemente a la linotipia: en todo el país, gracias en parte al debate creado por los piedracielistas, estaba en auge la poesía y la literatura, y se publicaban revistas por todas partes. Además, a Gabriel le había quedado un regusto por su buen papel en la revista *Juventud* de Barranquilla. Así que el poeta rector les aconsejó la manera de hacer y financiar la revista y les dio una colaboración: un artículo encendido y retórico en el cual ponía en solfa a la oligarquía del país y poco menos que invitaba a la juventud a tomarse el palacio de invierno de la patria[29]. Por su parte, cada uno de Los Trece aportó su artículo, poema o relato. Gabriel escribió entonces, a los diecisiete años, a cuatro manos, su primer trabajo periodístico: un breve y modesto reportaje sobre la juventud, la educación y la música colombianas[30]. Con este objeto acudió con Mario Convers, presidente del grupo y director de la flamante gaceta, a la residencia de Carlos Martín, una casona colonial en la plaza de Zipaquirá, para entrevistar a los poetas mayores de Piedra y Cielo: Eduardo Carranza y Jorge Rojas. Para un joven de cuarto de bachillerato, que entonces se sentía ceñido por las musas, el encuentro con los tres poetas debió de ser un momento trascendental, y así parecía subrayarlo el escenario: un salón amplio de reminiscencias coloniales con pocos muebles, pero con abundantes libros y fotografías de Luis de Góngora, Rubén Darío, José Asunción Silva, Paul Valéry y Juan Ramón Jiménez.

Pero Gabriel aportó además al primer número de la juvenil *Gaceta Literaria*[31], aparte de hacerse cargo de la sección «Nuestros Poetas» (dedicada, cómo no, a Jorge Rojas), un breve relato lírico: «El instante de un río», aparecido en otra sección titulada «Prosas líricas de Javier Garcés», que es el seudónimo con el cual García Márquez firmó todos sus primeros escritos de Zipaquirá. Aun con las ingenuidades de un muchacho de diecisiete años, es un texto inaugural y revelador, pues es la primera prosa del escritor que delata una incipiente dimensión creativa y anuncia imágenes de la obra futura, como las del río y la lluvia de flores, a la vez que esboza una de las constantes de sus novelas y cuentos: la trasposición poética por el reflejo de las personas y las cosas en los espejos (del agua, del hielo, del sueño o de la nostalgia).

Cuando Los Trece se encontraban a la espera del momento propicio para distribuir la *Gaceta Literaria,* ocurrió un imprevisto en la historia colombiana. El presidente de la República, Alfonso López Pumarejo, un ascendiente lejano de García Márquez por vía materna, había sido arrestado días antes por un grupo de oficiales sublevados, en la ciudad de Pasto, en un intento de golpe de Estado. Carlos Martín, en nombre de los profesores y los alumnos del liceo, envió un telegrama de adhesión al Gobierno de López Pumarejo, representado temporalmente por el vicepresidente Darío Echandía. Ese mismo día llegó al colegio el alcalde de Zipaquirá con varios policías para incautar posible propaganda subversiva escondida en las aulas, y se llevaron toda la edición del primer número de la *Gaceta Literaria.* Días más tarde, el ministro de Educación que le había dado el empleo de rector, telefoneó a Martín para pedirle su renuncia y lo llamó a su despacho. La razón de su despido y de la incautación de la revista de Los Trece, según le explicó enseñándole la gaceta, se debía a su encendido artículo contra la oligarquía, destacado a cinco columnas en primera página.

Pero 1944 fue, sobre todo, el año del primer cuento y los primeros poemas creativos de García Márquez. Aquí jugó un papel destacado su profesor de Castellano y Literatura, Carlos Julio Calderón Hermida, una de las personas providenciales en este momento de sus inicios literarios.

El profesor Calderón Hermida era un hombre sabio, prudente y modesto. Tenía treinta y cinco años, y se había pasado los últimos cinco leyendo poesía del Siglo de Oro español en la escuelita de un pueblo perdido en el departamento del Huila. Tenía una reputación muy bien ganada de desfacedor de entuertos y de organizador de colegios. El caso más delicado que le había tocado resolver fue el de un colegio cuyos alumnos se pasaban el día metidos en el burdel del pueblo. Él llegó, los reunió y les dio una conferencia sobre los riesgos de las enfermedades venéreas, les habló de los escritores y artistas que habían muerto a consecuencia de ellas, y esto fue definitivo para que las ovejas descarriadas volvieran al redil[32].

Con la misma prudencia y sabiduría de griego antiguo, el profesor Calderón Hermida explicó la literatura en el Liceo Nacional de Zipaquirá, contagiando a los alumnos de la buena literatura colombiana, española y universal. García Márquez, quien lo recordaría con la misma gratitud que le tiene a la maestra de Aracataca que le enseñó a leer y a degustar los primeros versos, diría de él que «era un hombre modesto y prudente que nos llevaba por el laberinto de los buenos libros sin interpretaciones rebuscadas»[33]. Al principio y al final de cuarto de bachillerato, los introdujo a salto de mata en Homero, Sófocles, Virgilio, Dante, Shakespeare y Tolstoi. Y en quinto los metió de lleno en el Siglo de Oro español, especialmente en Garcilaso y Quevedo, y en sexto los llevó de la mano por la buena y la mala literatura colombiana, haciendo hincapié siempre en los autores de Piedra y Cielo.

Así pues, los dos últimos años de Gabriel en el Liceo Nacional fueron especialmente fértiles en lecturas y hechuras de poemas de corte piedracielista. Todos, lo mismo que las colaboraciones de la *Gaceta Literaria,* los firmaba con el seudónimo de Javier Garcés. Algunos, como «La espiga», «Drama en tres actos» y «La muerte de la rosa», desarrollaban temas impuestos por el profesor Calderón Hermida. Otros estaban inspirados en la adolescente y añorada Mercedes, quien lo esperaba durante las vacaciones en Sucre, y en dos amigas que tuvo en Zipaquirá: Lolita Porras y Cecilia González, *La Manquita*. Cecilia era una rubia atractiva, inteligente y generosa, que llevaba siempre una venda en la mano; poseía una buena formación literaria y leía a los poetas de moda, de tal manera que no sólo era una compañera sentimental y una diligente mecenas, sino alguien con quien Gabriel podía rascarse mutuamente la comezón literaria. «Canción», «Si alguien llama a tu puerta», «Tercera presencia del amor» y «Soneto a una colegiala ingrávida»[34] tienen, en efecto, ese sabor inconfundible del joven poeta enamorado, pero también encorsetado por la poesía y los autores que admira. Sin embargo, a diferencia del niño que escribió sus primeros versos en el colegio de San José, de Barranquilla, el joven Gabriel de Zipaquirá es ya un escritor con imaginación y en posesión de unos recursos literarios y lingüísticos que le permiten, si bien de forma mimética, expresar sus sentimientos y emociones[35].

«Canción» es uno de los menos logrados, pero le cabe el honor de ser la primera publicación literaria de García Márquez: apareció editado el 31 de diciembre de 1944 en el suplemento literario de *El Tiempo* de Bogotá, que dirigía entonces el poeta Eduardo Carranza. Su publicación en un suplemento tan prestigioso, que solicitaba todas las colaboraciones, tuvo que ver, sin duda, con el encuentro de Gabriel, hacia mediados de este año, con el mismo Carranza y Jorge Rojas, los capitanes de Piedra y Cielo. En el poema, Gabriel (Javier Garcés) se lamenta de la trágica muerte, ocurrida meses antes, de su amiga Lolita Porras.

Pese a que los poemas de Gabriel eran mejores que los de su profesor, éste no dejaba de insistirle en que lo suyo era la prosa. Calderón Hermida veía que la mayoría de los poemas de su alumno presentaba elementos y temperamento narrativos, es decir, que la suya era una poesía que se expresaba más cómodamente en el mundo de las cosas que pasan. Cada vez que escribía un poema, Gabriel buscaba a su profesor y le decía: «Profesor, ¿qué tal mi poema?». Éste se lo elogiaba sinceramente, pero le repetía: «No olvides que lo tuyo es la prosa», y lo esti-

mulaba a que escribiera relatos y a que leyera a los grandes pro-
sistas. Por supuesto, Gabriel los leía, como hemos visto, pero
seguía empeñado en su anhelo de ser poeta y en su convicción,
que en el fondo defendería y practicaría siempre, de que la literatura es ante todo la poesía. Sin embargo, el empeño del profesor y el mal comportamiento disciplinario de Gabriel durante
los dos primeros años iban a dar sus frutos muy pronto, ya que,
casualmente, el profesor de Literatura era también el prefecto de
Disciplina, y cada vez que Gabriel cometía una trastada que
demandaba un castigo ejemplar (con alguna amenaza seria de
expulsión), aquél se lo conmutaba por otro aún más ejemplar:
le imponía el castigo de que le escribiera un cuento para el día
siguiente[36]. Fue así, o por lo menos en este contexto, como García Márquez escribió un día, hacia finales de cuarto de bachillerato, su primer cuento: «Sicosis obsesiva»[37].

Era la historia de una muchacha que se convertía en mariposa, y volaba y volaba, y le sucedían todo tipo de cosas. Calderón Hermida y algunos de sus ex condiscípulos recordarían
la anécdota vivamente, pues el relato de Gabriel les produjo
verdadera fruición, y a partir de ese momento algunos empezaron a ver en Gabriel al futuro fabulador de cualidades excepcionales. Gracias al entusiasmo del profesor, el relato pasó de mano en mano, hasta llegar al secretario del liceo, quien lo leyó con
el mismo entusiasmo y dijo que se parecía a *La metamorfosis* de
Kafka. Ni el profesor, ni Gabriel, ni ninguno de sus compañeros habían oído hablar de ese tal Kafka, quien, por lo demás, era
entonces muy poco conocido en Colombia. El relato del autor
checo fue llevado a clase y se leyeron algunos pasajes. Calderón
Hermida recordaría que todos se quedaron «asombrados del
parecido de los dos cuentos»[38]. Lo inexplicable es que, en ese
momento de celebración unánime de su primer cuento y de su
voracidad de lector, García Márquez no hubiera leído *La metamorfosis* sino tres años más tarde, en primero de Derecho, dando
paso a la segunda o tercera epifanía de su carrera literaria.

Las características más destacadas del García Márquez
de estos años de Zipaquirá, los años germinales de su carrera literaria, eran su memoria extraordinaria, la facilidad para la expresión escrita, una gran capacidad para la imitación y un acer-

vo lexicográfico considerable, cuya fuente original había sido el diccionario del abuelo y los abuelos mismos. También fue una época de maduración del hábito de mirar la realidad enfrentándola a lo que leía y viceversa. Pero la literatura seguiría siendo todavía esa cosa más o menos académica, más o menos intelectual, que se toma de los libros para exhibirse, como un adorno del espíritu, en las charlas de café, pues el hecho literario como algo enraizado en la realidad y proyectado a ella no despertaría en él hasta su regreso a Cartagena y Barranquilla después del *Bogotazo*.

La pasión del dibujo, nacida en Aracataca a los cuatro años y mantenida en el colegio de San José como vocación paralela predominante, alcanzó su edad de oro en tercero y cuarto de bachillerato, para irse diluyendo a medida que maduraba el sarampión literario. Al ser una vocación más visible, ejercida durante las clases de tedio y en los recreos, quedaría como la faceta artística más memorable de Gabriel entre sus profesores y compañeros. Éstos no olvidarían sus espléndidos dibujos de mujeres desnudas, sus rosas, gatos y burros. Aun el mismo profesor de Literatura, que andaba tan convencido del futuro literario de su alumno, llegó a pensar más de una vez que en realidad Gabriel estaba predestinado para la pintura: «Como se la pasaba a toda hora pintando gatos, burros y rosas, yo creía que iba a ser pintor. En realidad, todos creíamos que iba a ser pintor, pues entonces era un dibujante admirable. Era tan bueno para ese arte, que sin levantar la mano dibujaba de un solo trazo un burro, un gato o una rosa. Uno se quedaba absorto mirando cómo dibujaba sin levantar la mano»[39].

Un día había hecho una caricatura del rector Alejandro Ramos, un hombre temido por su severidad e intransigencia y quien había de suicidarse poco después. La caricatura produjo tanto regocijo como admiración entre alumnos y profesores, y Calderón Hermida se la pidió para enseñársela al caricaturizado. Gabriel puso el grito en el cielo: «Cómo se le ocurre, profesor: si usted se la enseña, el rector me bota del colegio»[40]. El profesor le dio garantías de que eso no ocurriría, y le llevó la caricatura al rector. Al contrario de lo que todos esperaban, éste se entusiasmó tanto con ella que le hizo saber a Gabriel que si quería ser pintor, él estaba dispuesto a conseguirle una beca para que estudiara pintura en la Escuela de Bellas Artes de Bogotá. Dos años después, iba a dejar una prueba mayor de su talento de dibujante al componer un mosaico de caricaturas de sus trece profesores y veinticinco compañeros de graduación, que se conservó durante años en el Liceo Nacional de Zipaquirá, junto al mosaico oficial de la promoción de bachilleres de 1946, hasta que la «gabomanía» dio cuenta de él.

Con la expresión diversa de su talento, el bachiller de diecinueve años terminó por confundir a todo el mundo respecto a su verdadera vocación: nadie sabía a ciencia cierta qué iba a ser el voraz lector de Aracataca, si pintor, periodista, poeta o narrador. Sin embargo, el profesor Calderón Hermida, su mayor alcahuete de entonces, le dijo, expresando más un deseo que un pronóstico: «Eres poeta, pero debes cultivar tu prosa, leer muchos cuentos y novelas para que seas el primer novelista de Colombia»[41].

Diez años más tarde, al publicar su primera novela, el escritor rendiría su particular homenaje al generoso y sabio profesor que lo había guiado por el laberinto de los buenos libros, marcándole las pautas de su destino literario.

CAPÍTULO SEIS

La Ciudad Universitaria de Bogotá fue fundada durante el primer Gobierno de Alfonso López Pumarejo, a mediados de los años treinta, en lo que eran entonces las afueras de la ciudad. Aun en los espacios capturados entre los bloques de las facultades, la inmensa y hermosa sabana bogotana seguía siendo bella y extensa bajo los eucaliptos y los pinos, por entre los cuales iba y venía Gabriel recitando e intercambiando versos con sus compañeros de lírica durante los catorce meses que estudió Derecho en la Universidad Nacional.

Al regreso de Sucre, donde acababa de pasar las vacaciones con sus padres, se había matriculado el 25 de febrero de 1947[1] en el primer curso, no tanto porque tuviera vocación jurídica, sino porque el *pensum* de Derecho era el más afín a sus inquietudes humanísticas y porque el horario matinal le ofrecía la posibilidad de ganarse algunos pesos por la tarde en trabajos ocasionales. Pero tal vez tuvo una razón más antigua para esta elección, y es que Gabriel había visto en las películas desde niño que los abogados eran los que se llevaban las palmas en los juzgados defendiendo causas perdidas. Por otra parte, el padre, que siempre anheló que su primogénito tuviera la carrera universitaria que la pobreza le negó a él, quería que Gabriel fuera farmaceuta para que más tarde lo reemplazara en la farmacia. Sin embargo, la esperanza más secreta que albergaba el padre es que su hijo fuera cura, no tanto por vocación ni convicción religiosa como por necesidad: Gabriel Eligio García pensaba, en momentos de grandes estrecheces económicas, que con un cura en la familia todo sería más llevadero[2].

Pero, muy pronto, el tímido y melancólico joven de Aracataca empezó a cambiar los códigos del Derecho por los versos de la vasta poesía universal y castellana, que, desde Barranquilla y Zipaquirá, seguía siendo su pasión dominante. Sobre todo, lo aburrían hasta el paroxismo las clases de Estadística y Demografía, que perdió este año, y Derecho Constitucional[3], que impartía su futuro amigo y futuro presidente Alfonso López Michelsen. Así que buena parte de los catorce meses que estuvo matriculado en la Universidad Nacional la pasó ausente de las aulas, quedándose en la cafetería o en los prados de la facultad, a la sombra de los pinos y los eucaliptos, o en los cafés ruidosos de la carrera 7.ª, donde intentaba sacarle aunque fuera una cita efímera a la camarera y donde seguía comentando e intercambiando versos y versos con otros compañeros igualmente tocados por las musas: Camilo Torres, Gonzalo Mallarino y Luis Villar Borda, con quienes había formado un particular cuadrivio literario.

Bogotá era entonces, a un año del asesinato del líder populista Jorge Eliecer Gaitán, una ciudad de setecientos mil habitantes, tan apacible como la misma meseta andina, con el alma de un gran pueblo castellano conservada en formol colonial, pero cuyos habitantes se permitían la paradoja de vivir dentro de ciertos gustos y maneras ingleses, de vivir mirando a Londres. Uno de los responsables de este mimetismo cultural había sido el creador de la escuela utilitaria, Jeremy Bentham, cuyas teorías tuvieron una gran influencia en la economía, la política y el derecho colombianos durante el siglo anterior, cuando, en pleno furor utilitarista, apareció la clase de los *cachacos,* compuesta por abogados, comerciantes y tribunos liberales, y denominada así por su manera de vestir a la inglesa[4]. El sobrenombre se convertiría con el tiempo en el apelativo de los bogotanos y, en general, de todos los habitantes andinos de Colombia.

Pero éste fue apenas uno de los aspectos de la esquizofrenia cultural del país, ya que en las vertientes lingüística y literaria siempre estuvo, por supuesto, más cerca de Madrid que de Londres. Colombia, y en especial Bogotá, no sólo se ha ufanado siempre de hablar el castellano más castizo del mundo hispánico, sino que su capital había mantenido una cultura de cafés y sesteaderos literarios muy al uso madrileño. No era para menos. Bogotá fue fundada por Gonzalo Jiménez de Quesada, uno de los pocos conquistadores cultos que tuvo España en las Américas, y, según el historiador Germán Arciniegas, con él empezó la vida literaria de la ciudad el mismo 6 de agosto de 1538[5], cuando acometió su fundación como si estuviera representando una escena anticipada del *Quijote*. Elegido el lugar, el conquistador letrado de Granada se apeó de su caballo, arrancó unas hierbas, se paseó con solemnidad quijotesca y proclamó la fundación de Santa Fe (que pronto habría de llamarse Santa Fe de Bacatá) en nombre de su emperador Carlos V, para luego volver a su caballo, desenvainar la espada y desafiar a quienes se opusieran a sus designios fundacionales: justo como lo haría el ingenioso hidalgo Don Quijote de la Mancha.

Desde entonces la vida literaria iría aparejada a la vida cotidiana y administrativa de la ciudad, y el formalismo se iría imponiendo a la realidad de carne y hueso de la nación. Aislada del resto del país, a dos mil seiscientos metros sobre el nivel del mar en la cordillera oriental de los Andes, con sus numerosos conventos e iglesias y sus colegios religiosos, la Bogotá mimética padeció la otra paradoja —hasta finales de los años cuarenta— de estar más cerca de Dios y la literatura que de la historia y el destino del resto del país. Incluso, durante la media centuria anterior se impuso la tradición de que para ser presidente de la República había que ser escritor, poeta o gramático. De tal manera que, en la república de las letras y la política mancomunadas, los cafés literarios de Bogotá llegaron a constituir, desde las últimas décadas del siglo pasado, verdaderas torres de marfil donde políticos, escritores y estudiantes se daban la mano y medían sus armas tomando café, sin preocuparse de quién invitaba y de quién pagaba. Pero, como era de esperar, buena parte de la literatura que se producía estaba hecha de nostalgias y maneras castellanas, de espaldas a la realidad del país. Sin embargo, Bogotá fue la única ciudad colombiana que tuvo durante décadas una vida cultural realmente sólida y activa. De ahí que el argentino Miguel Cané le concediera el pomposo epíteto de la Atenas Sudamericana, mientras el gran Rubén Darío le endilgaba a toda Colombia el panegírico de «foco de superiores intelectos». Los bogotanos no sólo asumieron estos epítetos desmesurados, sino que los usaron y pregonaron hasta el desgaste. Sus bibliotecas públicas y privadas, sus teatros, sus publicaciones periódicas y sus hervorosos cafés literarios de la carrera 7.ª no parecían desdecir un solo ápice de aquéllos, y éste fue el gran estímulo que, junto a los grandes amigos cachacos, encontró García Márquez en la Bogotá de los años cuarenta.

Como hemos visto, la Atenas Sudamericana fue siempre para él «aprensión y tristeza» desde la «funesta tarde de enero» de 1943 en que, con dieciséis años escasos, pisó los andenes de la Estación de la Sabana, para luego tener que llorar de desolación en plena avenida Jiménez de Quesada, frente a la Gobernación. Pero sus declaraciones reiteradas y nada exageradas han sido tomadas demasiado al pie de la letra por algunos estudiosos, velando de paso la importancia radical que han tenido Bogotá y algunos bogotanos en su vida y formación de escritor, pues la verdad es que, sin el encuentro o desencuentro con la ciudad de los cachacos y la influencia decisiva de ciertos ilustres personajes, probablemente García Márquez no hubiera llegado a ser el escritor que es. Más aún: allí donde él cree que la capital sólo le aportó «aprensión y tristeza», le estaba concediendo ya algo esencial: perspectiva. Pero lo más importante, en lo inmediato, iban a ser los amigos cachacos y el ambiente literario de los cafés, aunque años después, al regresar al Caribe, descubriera que aquél era más intelectual y libresco que vital, y, por tanto, ajeno a su sensibilidad e inquietudes.

En el ambiente que se respiraba entonces en aquella Bogotá ínclita y parroquial, de tranvías lentos y atardeceres grises de hollín, un estudiante alérgico a la universidad como Gabriel podía pasarse el día alrededor de la carrera 7.ª, entre la Plaza de Bolívar y la calle 24, entrando y saliendo de los bares y cafés, a la búsqueda de escritores y amigos o de un rincón para continuar la lectura del libro entre manos. Y, de hecho, Gabriel lo prefirió con frecuencia a la universidad. Además, tenía toda una galería de cafés con solera para escoger: el Asturias, El Molino, el Gato Negro, el Automático, el Colombia o el Rhin, donde podía encontrarse con amigos como el futuro cura guerrillero Camilo Torres, Gonzalo Mallarino, Luis Villar Borda, Plinio Apuleyo Mendoza o Eduardo Santa, entre otros, para hablar de libros y de política, matando de paso el tiempo estancado en la sabana. Algunos de estos cafés tenían acondicionadas mesas y sillas para que los estudiantes se reunieran alrededor de algún personaje importante de la política o la literatura, o simplemente para que se sentaran a realizar sus tertulias y sus tareas universitarias. Éstos sabían que por cinco centavos de peso podían aspirar a una mesa y a un café caliente, y de paso estar cerca de poetas como León de Greiff, Jorge Zalamea, Eduardo Carranza, Jorge Rojas o Rafael Maya[6]. Gabriel, siempre tímido para acercarse a los grandes nombres, llegó, en cambio, a hacer buena amistad con los jóvenes poetas Daniel Arango y Andrés Holguín, apodados por Eduardo Carranza como la «Generacioncita» y a quienes Gabriel ya había leído en Zipaquirá, pues su amiga de entonces, Cecilia González, *La Manquita,* era admiradora y lectora de Arango.

A la sombra de los cafés y la complicidad de los amigos, las lecturas bogotanas de Gabriel enriquecieron considerablemente las de Zipaquirá. La poesía, especialmente la del Siglo de Oro, siguió siendo la espina dorsal de sus lecturas, hasta que en agosto de este año de 1947 se topó con Kafka. El *Romancero,* Garcilaso, Quevedo, Góngora, Lope de Vega, San Juan de la Cruz, Fray Luis de León, así como algunos poetas de las generaciones del 98 y el 27, terminaron por ser bien conocidos por el incipiente escritor, que ya llevaba leyéndolos unos cinco años. De los grandes poetas latinoamericanos leía sobre todo a Rubén Darío y Pablo Neruda, y de los colombianos, a Porfirio Barba Jacob, León de Greiff y los piedracielistas. Pero no sólo seguía devorando poemas y poemas, sino escribiéndolos, como en Barranquilla y Zipaquirá. Dos de ellos, «Geografía celeste» y «Poema desde un caracol», fueron publicadas por Luis Villar Borda y Camilo Torres en «La Vida Universitaria», el suplemento estudiantil que ambos dirigieron en el periódico *La Razón*[7], hasta que éste abandonó el primer curso de Derecho y se fue al Seminario Mayor de Bogotá.

El joven poeta de Aracataca ya usaba bigotes, tenía el pelo largo, fumaba mucho y vivía instalado dentro de unos suéteres cerrados de cuello alto. Era frecuente que las convenciones bogotanas le impusieran el uso de la corbata, en consonancia con sus trajes típicamente caribes. Plinio Apuleyo Mendoza, quien lo conoció en esa época y sería su compañero de aventuras periodísticas y uno de sus grandes amigos, lo recordaría como un «típico muchacho costeño que desentonaba en las calles de Bogotá, porque vestía a la cubana, con camisas y corbatas estridentes». Era de aspecto magro, muy pálido, ágil y, sin ser alegre, «rápido como un pelotero de béisbol o un cantante de rumbas»[8]. De pronto, irrumpía como un relámpago en los cafés o en algún acto cultural, hiriendo con sus trajes crema y sus corbatas y calcetines de colores chillones la sensibilidad inglesa de los bogotanos con trajes y sombreros grises y luctuosos.

Para algunos de sus compañeros de universidad, el cataquero era, como diría Plinio Mendoza, un «caso perdido»: cuando no faltaba a clase, llegaba tarde, porque tal vez se había emborrachado la víspera o se había quedado dormido en algún burdel. Y casi siempre, para justificar su absentismo contumaz, estaba quejándose de que tenía tuberculosis, de que tenía sífilis, de que tenía pulmonía, y mientras unos le creían su fingida nosomanía, otros lo consideraban un masoquista[9]. Era, pues, en apariencia, un joven a la deriva a quien muy pocas personas auguraban algún porvenir, a pesar de que, entre sus amigos y compañeros, era el más abrasado por las ascuas de la literatura.

La impresión que entonces transmitía Gabriel no podía ser otra, pues estaba lejos de su familia y de su tierra, residía en una ciudad que lo entristecía hasta la médula de los huesos, vivía entre gente con la que no terminaba de sentirse cómodo, estudiaba una carrera que no era la suya y era uno de los estudiantes más pobres en la ciudad más almidonada y extranjerizante del país. Se hospedaba en una pensión de estudiantes costeños en la antigua calle Florián, hoy carrera 8.ª, donde compartía una modesta habitación con su amigo Domingo Manuel Vega, y, aunque sus ingresos eran muy modestos, se «daba el lujo de pagar más que los demás residentes para que me dieran un huevo al desayuno. Creo que era el único con huevo al desayuno entre los pensionados»[10].

Durante los cuatro años de Zipaquirá y los dos primeros de Bogotá, Gabriel iría desarrollando el virus de la soledad, cuya expresión más notoria iba a ser el sentimiento de sobrar y sentirse extranjero en todas partes, menos en el Caribe y, particularmente, en Cartagena y Barranquilla. Es probable que el sentimiento de soledad haya germinado en él mucho antes: desde que a los diez años dejó Aracataca y la casa de los abuelos. Lo que sí es inequívoco es que fue en Zipaquirá y en Bogotá en donde, siendo un estudiante menesteroso, se desarrolló otro de los complejos que iban a perseguirlo toda la vida: la impresión de que siempre le faltan los últimos cinco centavos. «Si yo quería ir al cine, no podía porque me faltaban los últimos cinco centavos. El cine valía treinta y cinco centavos y yo tenía treinta. Si quería ir a los toros y valía un peso veinte, yo tenía un peso quince. Y siempre sigo teniendo la misma impresión»[11]. Siempre. Incluso en los momentos de mayor gloria y abundancia.

Solo, sin novia y sin sus contertulios líricos, que solían irse los fines de semana a sus retiros, Gabriel inventaba los sábados unos bailes tumultuosos, como los de Zipaquirá, con sus coterráneos José Palencia, su gran amigo de aquellos años, Domingo Manuel Vega, Jorge Álvaro Espinosa, Jacobo Pérez Estrada, Luis Correa García y Cayetano Gentile Chimento, el futuro Santiago Nassar de *Crónica de una muerte anunciada*. Así, con bacanales costeñas interminables, en las que, sin embargo, era inevitable que se colara el sarampión literario, Gabriel obviaba la soledad de los sábados, pero al día siguiente tenía el problema del domingo, un día enorme y solitario que se erigía como una muralla para pasar a la semana siguiente. Gabriel, que ya se avenía mal con este día, se inventó entonces el recurso de los tranvías reiterativos, de tal manera que por cinco centavos recorría en círculos viciosos la ciudad de sur a norte y de norte a sur: de la Plaza de Bolívar a la avenida de Chile y de ésta a aquélla, leyendo poemas y poemas. El azul de las vidrieras no atenuaba el espectáculo de la ciudad lluviosa, fría y encapotada ahí afuera, sino que le otorgaba ese aire de las cosas lejanamente cercanas que tienen las pesadillas. Pero, mientras el tranvía recorría una y otra vez las sesenta y dos manzanas, Gabriel estaba de momento a salvo de otro domingo bogotano: leía versos y versos «a razón quizá de una cuadra de versos por cada cuadra de la ciudad»[12], sin enterarse de que a su paso iban quedando atrás el edificio de *El Tiempo,* donde siempre había querido publicar, la Gobernación, donde había llorado de desolación cuatro años antes, el lujoso hotel Tequendama, adonde no podía ni asomarse, y la plaza de toros, para la cual siempre le faltaban los últimos cinco centavos. Hacia las cuatro de la tarde se bajaba en la avenida de Chile, donde lo esperaba su amigo Gonzalo Mallarino, con algún libro de versos bajo el brazo, y se lo llevaba a su casa espaciada y tranquila entre los eucaliptos del norte, para continuar el rollo infinito de los versos y versos al amparo de una merienda de chocolate, pan y queso: las imprescindibles *onces* bogotanas.

Con las primeras luces de la noche, Gabriel volvía a los cafés de la carrera 7.ª, buscando a alguien que «me hiciera la caridad de conversar conmigo sobre los versos y versos que acababa de leer. A veces encontraba a alguien, que era casi siempre un hombre, y nos quedábamos hasta pasada la medianoche tomando café y fumando las colillas de los cigarrillos que nosotros mismos habíamos consumido, y hablando de versos y versos, mientras en el resto del mundo la humanidad entera hacía el amor»[13].

Una de esas noches de tranvía, Gabriel tuvo una visión de fábula, no se sabe si a raíz de la soledad o del atiborramiento de versos, o de las dos cosas a la vez, pero lo cierto es que, treinta y cuatro años después, él lo contaría con la misma «cara de palo» de su abuela Tranquilina y su tía Francisca Cimodosea, con la misma cara impertérrita con que aseguraría haber visto de niño los animes de Aracataca y haberse topado con el muerto que vivía en la esquina contigua a la casa de sus abuelos. Para él no había, pues, ninguna duda sobre lo que vio en el tranvía: era «un fauno de carne y hueso» e «iba vestido a la moda de la época, como un señor canciller que regresara de un funeral, pero lo delataban sus cuernos de becerro y sus barbas de chivo, y las pezuñas muy bien cuidadas por debajo del pantalón de fantasía»[14]. Esa misma noche llamó a sus amigos para contarles la visión del fauno en el tranvía, pero al otro lado del teléfono no encontró a Gonzalo Mallarino ni, por supuesto, a Álvaro Mutis, a quien conocería apenas dos años después. Entonces se fue a la modesta pensión de la antigua calle Florián, escribió su segundo cuento, «El cuento del fauno en el tranvía», y lo envió al suplemento literario de *El Tiempo,* donde hacía tres años le habían publicado un poema con el seudónimo de Javier Garcés. Nunca se lo publicaron ni le dieron respuesta alguna, y el original de este cuento iba a ser devorado por las llamas, junto a sus pertenencias, un año después, al arder la pensión durante el estallido de violencia que generó el asesinato del dirigente liberal Jorge Eliecer Gaitán.

Para ver publicado su primer cuento iba a tener que esperar unos meses más, hasta toparse con otro tipo de fauno, con el gran fauno de la novela de este siglo: Franz Kafka. Este encuentro lo iba a dejar literalmente mareado, e iba a reconducir su destino de escritor y hasta determinar el comportamiento futuro de su imaginación.

Ocurrió una noche en la pensión. Jorge Álvaro Espinosa, un costeño acomodado de Sincé, que sería después asesor económico de grandes empresas, era un lector voraz con una biblioteca muy completa, y una tarde le recomendó y le prestó a Gabriel, como lo había hecho antes con otros libros, *La metamorfosis,* algunos de cuyos pasajes ya éste había escuchado tres años antes en la clase de Literatura de cuarto de bachillerato, pues el texto de Kafka había sido convocado a raíz de su parecido con el primer cuento del muchacho de Aracataca, «Sicosis obsesiva». Gabriel llegó entonces aquella tarde de mediados de agosto de 1947 a su pensión de costeños, subió las escaleras hasta el segundo piso, entró al cuarto que compartía con su coterráneo Domingo Manuel Vega, se quitó el saco y los zapatos y se acomodó en su cama. Al abrir el librito de cubierta rosada, vio que estaba traducido por Jorge Luis Borges, de quien aún no conocía nada, y empezó a leer: «Al despertarse Gregorio Samsa una mañana, tras un sueño intranquilo, encontróse en su cama convertido en un monstruoso insecto. Hallábase echado sobre el duro caparazón de su espalda, y, al alzar un poco la cabeza, vio la figura convexa de su vientre oscuro...». Gabriel cerró el libro emocionado y pegó un grito de fascinación. «¡Carajo!», recordó en el acto, «¡pero si así hablaba mi abuela!». Pasó casi toda la noche en vela y volvió a experimentar la misma fascinación que le habían producido a los nueve años los relatos de aquel tomo desencuadernado de *Las mil y una noches* y las historias fantásticas que le contaba su abuela Tranquilina, quien había muerto en Sucre cuatro meses atrás ciega y loca, mezclando los nombres de sus muertos queridos con versos desperdigados de Severo Catalina y Candelario Obeso[15]. La reflexión que se hizo Gabriel enseguida fue una convicción y una necesidad instantáneas: «Entonces pensé: de modo que esto se puede hacer en literatura; entonces esto sí me interesa, esto seré yo. Porque yo creía que esas cosas no se podían hacer en literatura, pues hasta ese momento yo tenía una deformación literaria y creía que la literatura era otra cosa. Me dije: si se puede sacar un mago de una botella, como en *Las mil y una noches,* y se puede hacer lo que hace Kafka, entonces sí se puede, sí existe otra línea, otro canal para hacer literatura».

A partir de ese momento, que sería una de las grandes epifanías de su vida, decidió ser un narrador y un narrador grande. Decidió, tal y como años antes se lo había aconsejado su profesor de Literatura del bachillerato, leerse todas las grandes novelas y los mejores relatos que se hubieran escrito en la humanidad hasta ese momento, empezando por la Biblia. La afición por la poesía se le empezó a convertir entonces en una afición excluyente por la novela: *Lazarillo de Tormes, La Celestina*, Cervantes, Kafka, Dostoievski, Tolstoi, Gógol, Dickens, Flaubert, Stendhal, Balzac, Zola, Victor Hugo, Thomas Mann.

Pero no sólo empezó a leer todo, en orden, sino que se sentó al día siguiente a escribir su tercer cuento, «La tercera resignación» (que es en realidad su primer cuento propiamente dicho), según las luces que acaba de encontrar en Kafka. Lo escribió como escribiría todos sus cuentos y novelas: dándole la lata a sus amigos. Gonzalo Mallarino recordaría que él se «enrollaba con el tema y hablaba y hablaba y hablaba, y mientras tanto escribía y corregía laboriosamente, buscando no sólo la palabra justa sino el equilibrio. Así estaba trabajando ya su primer cuento». Cuando llevaba varios días escribiéndolo, ocurrió un hecho casual que aceleró su escritura: Gabriel leyó en la columna diaria «La Ciudad y el Mundo» del escritor Eduardo Zalamea Borda (*Ulises*), que publicaba en el diario *El Espectador,* una nota de respuesta al lector Arturo Correa, quien acababa de enviarle una carta quejándose de que el suplemento literario bajo su dirección, «Fin de Semana», no publicaba más que cuentos y ensayos de autores extranjeros, a pesar de que su filosofía fundacional contemplaba como prioridad el servir de «cartelera de los nuevos escritores colombianos». Zalamea Borda le respondió al lector en su columna que, aunque la producción literaria nacional no era abundante entre la juventud, en los próximos días iba a publicar colaboraciones de escritores poco conocidos, citando entre éstos a un tal Álvaro Mutis, y que las páginas del suplemento estaban abiertas de preferencia a las colaboraciones de los escritores colombianos, y concluía: «Espero con verdadera ansiedad las que me envíen los nuevos poetas y cuentistas "desconocidos e ignorados por falta de una adecuada y digna divulgación de sus escritos"»[16].

Cuando Gabriel leyó esto, un viernes por la tarde, vio la primera gran oportunidad de su vida, pues el otro gran periódico capitalino, *El Tiempo,* era una tribuna inalcanzable para los jóvenes principiantes como él (prueba de ello era el silencio con que habían acogido meses antes su infortunado cuento del fauno en el tranvía), y se sentó y terminó de un tirón el cuento que venía escribiendo bajo la inspiración de Kafka: «La tercera resignación»[17]. Al lunes siguiente lo metió en un sobre y se lo envió a Eduardo Zalamea Borda, a *El Espectador.*

Gabriel estaba seguro de que Zalamea Borda se lo publicaría al cabo de uno o dos meses, pues su cuento tenía una catadura kafkiana y aportaba una manera distinta de imaginar en el panorama literario nacional. Pero se llevó una gran sorpresa, la primera gran sorpresa de su vida, cuando a los quince días entró un sábado a un café de la carrera 7.ª y vio que alguien estaba leyendo su cuento, a seis columnas, en el suplemento de *El Espectador*. Su reacción lógica fue la de ir a comprar el periódico, pero había un problema: le faltaban los cinco centavos de siempre. Regresó a su pensión de la antigua calle Florián, se lo comentó a un amigo y los dos salieron a la calle y compraron el periódico[18]. En efecto: en la página 8 del suplemento «Fin de Semana», de *El Espectador* del sábado 13 de septiembre de 1947, estaba el primer cuento publicado de Gabriel García Márquez, con una ilustración del pintor Enrique Grau. No era lo primero que le publicaban, pero sí el primer relato en un medio de importancia nacional, con el cual, pese a sus veinte años, García Márquez entraba en la literatura colombiana por la puerta grande.

El cuento fue acogido con entusiasmo por algunos sectores, pero los más entusiasmados fueron los compañeros universitarios de Gabriel, que lo leyeron y comentaron a la sombra de los eucaliptos de la Facultad de Derecho. Que a un compañero suyo de primero de carrera le hubieran publicado un cuento realmente novedoso en un suplemento de primer rango, fue algo que les produjo una satisfacción tan grande como la del novel autor, inaugurando así desde entonces ese entusiasmo colectivo que genera la aparición de cada texto de García Márquez. Uno de ellos, Gonzalo Mallarino, recordaría que cuando leyó «La tercera resignación» le comentó a Gabriel, con la ligereza de sus veinte años, que eso no era «un cuento, sino una larga metáfora». Lo que Mallarino consideró años después como un juicio pretencioso de juventud era, en realidad, una gran verdad: debajo de su ropaje fantástico, el relato era también una parábola autobiográfica.

El cuento narra la historia de un personaje que, a los siete años, muere de fiebre tifoidea (como la tía Margarita) y queda en un estado de muerte-vida durante dieciocho años, sintiendo, al cuidado de su madre, cómo su cuerpo crece hasta los veinticinco dentro de la misma caja mortuoria. Durante este tiempo padece tres muertes sucesivas, hasta convertirse en un muerto abstracto, incorpóreo. Con todo, la mayor tragedia del personaje radica en la terrible lucidez que conserva de la vida y sus minucias, en la incapacidad de reaccionar ante un ruido y su olor a cadaverina que lo atormentan, o ante el ratón que pretende devorarle la córnea del ojo y la obsesión terrorífica de que lo entierren vivo.

Desde su naturaleza fantástica, su catadura lírica y su estilo y arquitectura prestados, el relato toca fibras profundas de la inconsciencia, exhibiendo ya esa «irrealidad demasiado humana» de la obra posterior de su autor, y es, a la vez, una parábola autobiográfica, como lo sería ese cuento de plena madurez garciamarquiana: «El ahogado más hermoso del mundo». Sí, porque ¿acaso Gabriel, como el personaje de «La tercera resignación», no había sido un niño de cinco o seis años a quien la abuela Tranquilina inmovilizaba en una silla a las seis de la tarde amenazándolo con los muertos antepasados que deambulaban por toda la casa, de tal manera que ésta se le convertía en un inmenso catafalco al anochecer? ¿Acaso Gabriel, como su personaje, no había vivido hasta ese momento de sus veinte años una vida que tenía mucho de mengua, de muertes sucesivas, como fue la pérdida de su infancia dorada de Aracataca y la de su Caribe al viajar a Zipaquirá para terminar el bachillerato, y luego a Bogotá, donde ahora vivía asediado por la soledad de la sabana, fría y distante, enredado en la aridez de los códigos del Derecho?

Pero «La tercera resignación» era todavía algo más: el despunte y el compendio de algunos de los principales temas y subtemas de su obra posterior, como la casa, la soledad, el miedo, la nostalgia, la muerte, el afán de trascendencia de la muerte, las muertes superpuestas y el enclaustramiento. Era, pues, el primer paso del viaje a la semilla.

Mes y medio después, el 25 de octubre, *El Espectador* le publicó un segundo relato: «Eva está dentro de su gato», escrito con mayor fluidez, pero en la misma línea intelectual y de pesadilla kafkiana del anterior, y en el que, al narrarse un caso de metempsicosis, vuelven a aparecer la soledad, la nostalgia, la casa, el miedo ontológico y ancestral, la muerte, el afán de trascendencia de la muerte, y, por primera vez, asoman los temas de las taras hereditarias y de la belleza asociada a la fatalidad.

Tres días después, publicados ya dos cuentos que produjeron entusiasmo en los lectores, Eduardo Zalamea Borda (*Ulises*) anunció y comentó al país la aparición de un nuevo escritor, genial y distinto, en su columna diaria «La Ciudad y el Mundo». La nota marca un hito en la crítica colombiana y latinoamericana, pues no sólo es el primer texto sobre García Márquez, sino la primera visión profética de lo que éste llegaría a ser:

«Los lectores de "Fin de Semana", suplemento literario de este periódico, habrán advertido la aparición de un ingenio nuevo, original, de vigorosa personalidad. Dos cuentos se han publicado con la firma de Gabriel García Márquez, de quien no tenía ninguna noticia. Ahora me entero, por uno de los compañeros de la redacción, de que el autor de "Eva está dentro de su gato" es un joven estudiante de primer año de Derecho, que no llega aún a la mayoría de edad. Me ha sorprendido no poco esta información, porque se advierte en los escritos de García Márquez una madurez desconcertante, acaso prematura. Su discurso es nuevo y nos llega a regiones inexploradas de la subconsciencia, pero sin necesidad de recurrir a lo arbitrario. Dentro de la imaginación puede pasar todo. Pero saber mostrar con naturalidad, con sencillez y sin aspavientos la perla que logra arrancársele, no es cosa que puedan hacer todos los muchachos de veinte años que inician sus relaciones con las letras.

»Con Gabriel García Márquez nace un nuevo y notable escritor. No dudo de su talento, de su originalidad, de su deseo de trabajar, pero sí me resisto a creer —lo que no es en modo alguno disminución de su personal valer— que sea un caso aislado entre la juventud colombiana»[19].

Cuando Gabriel leyó la nota consagratoria que le dedicaba uno de los escritores más leídos y lúcidos del país, se quedó mareado y un poco preocupado, no tanto por el tamaño del elogio como por la terrible responsabilidad que le había caído encima; ahora, pensó, tendría que seguir escribiendo por el resto de su vida para hacer quedar bien a Ulises, quien, aparte de ser su Cristóbal Colón y uno de sus mentores literarios, sería años después su amigo personal.

El encuentro con Kafka y la publicación de los dos cuentos terminaron por distanciarlo aún más de la universidad. Sin embargo, ese año logró terminar el primer curso de Derecho, aunque perdiendo Estadística y Demografía y aprobando por los pelos Introducción al Derecho y Derecho Constitucional. Durante las vacaciones volvió a Sucre con sus padres y siguió escribiendo cuentos: el 17 de enero del año siguiente, tres meses antes de regresar al Caribe empujado por la violencia expansiva del *Bogotazo*, *El Espectador* le publicó un tercer cuento: «Tubal-Caín forja una estrella», en el que la presencia de la muerte es igualmente desgarradora y excluyente. En cuatro meses había publicado, pues, tres cuentos completamente extraños en el contexto de las letras nacionales y ya empezaba a ser considerado como la promesa más brillante de la narrativa colombiana.

Cuando su padre, el homeópata y farmaceuta de Sucre, se enteró de que su hijo estaba descuidando los estudios jurídicos para dedicarse a la literatura, lo consideró también un «caso perdido», pues mientras algunos veían en el joven cuentista una de las más sólidas promesas de las letras colombianas, Gabriel Eligio García sólo podía ver en su hijo la redención económica futura de la familia. Además, para una familia pobre como la suya y de extracción humilde, tener un universitario en casa era un honor que compensaba con creces la carencia de prerrogativas sociales y títulos de abolengo. Así que Gabriel retornó a la universidad en febrero de 1948, siguiendo siempre la ruta fluvial del Magdalena, para matricularse en el segundo curso de Derecho, pero más por complacer a su padre que por interés personal en continuar una carrera que ya, desde el año anterior, había dejado de interesarle.

Kafka había tenido la culpa. Por primera vez Gabriel no sólo comprendió, a la luz de su obra, qué era el arte de la narración, sino que encontró un canal distinto para su imaginación, a la vez que vislumbraba la clase de escritor que podía llegar a ser. Por un vicio de deformación literaria adquirida durante el bachillerato, Gabriel había creído hasta entonces que la novela era, más o menos, un calco o una recreación de la realidad, pero Kafka le mostró que no, que era una trasposición de ésta, con un código de leyes distintas, más parecido al del mundo de los sueños que al de la realidad de la vida, y tal vez por esto había estado antes más escorado hacia la poesía que hacia la novela.

Al contrario de lo que sostendrían algunos estudiosos, como Mario Vargas Llosa, «La tercera resignación», «Eva está dentro de su gato», «Tubal-Caín forja una estrella» y, en general, la mayoría de los cuentos de *Ojos de perro azul,* no constituyen la prehistoria de García Márquez. Su prehistoria es Zipaquirá, los cuatro años que pasó en el Liceo Nacional de Varones, donde agarró el sarampión literario, leyó obsesiva y ordenadamente y escribió prosas y versos voluntariosos y miméticos. Aquí es ya un escritor en ciernes, un pichón de escritor, con la vocación, la formación, la decisión y hasta la necesidad de serlo. Lo que hace Kafka, a través de «La tercera resignación» y los otros cuentos, es reorientar sus pasos en el laberinto de la literatura, clarificar su vocación, ayudándole a reencontrar el hilo de Tranquilina, su abuela, y de *Las mil y una noches*. De tal manera que la suerte quedaba así echada: desde ahora y para siempre, Gabriel García Márquez, el hijo del telegrafista de Aracataca, sería un forjador y un contador de historias como lo habían sido Scherezada, Franz Kafka y Tranquilina Iguarán Cotes.

CAPÍTULO SIETE

El día en que Gabriel se topó con Manuel Zapata Olivella en la esquina de la carrera 7.ª con la avenida Jiménez de Quesada, frente al edificio de *El Tiempo,* y le confesó que pensaba dejar Bogotá y abandonar el Derecho no sólo por dificultades económicas, sino por su vocación literaria recientemente afianzada[1], no podía imaginarse siquiera que, al cabo de unos meses y a pocos metros del mismo sitio, iba a tener lugar el epicentro del estallido de violencia, conocido como el *Bogotazo,* que lo lanzó de vuelta a su añorada tierra caribe, con consecuencias definitivas para su vida y su suerte literaria.

En efecto, a pocos metros de allí, en el número 14-55 de la carrera 7.ª (entre la avenida Jiménez de Quesada y la calle 14), a la una y cinco minutos de la tarde del 9 de abril de 1948, el valetudinario Juan Roa Sierra, un hombre modesto y sin trabajo, con marcados rasgos de esquizofrenia, disparaba su revólver a bocajarro sobre el dirigente liberal Jorge Eliecer Gaitán cuando salía de su despacho de abogado para almorzar con su colaborador Plinio Mendoza Neira y otros amigos. Cuarenta minutos más tarde moría en la Clínica Central[2], truncándose así la brillante carrera de quien sería, según todos los pronósticos, el próximo presidente de Colombia y el único que prometía extirpar el quiste crónico de la oligarquía liberal-conservadora, que, una vez más, había conducido al país al atolladero de la violencia, una constante de Colombia desde antes de su nacimiento como República independiente.

Gaitán era un hombre mestizo, de marcados y hermosos rasgos indios, hijo de un modesto librero de Bogotá y una maestra de espíritu espartano. Con la disciplina de hierro que le inculcó su madre, desde muy joven empezó a escalar los más erizados peldaños del conocimiento jurídico y la política, y luego de graduarse en la Universidad Nacional partió a Roma para especializarse bajo la mirada del eminente jurista Enrico Ferri. De la ciudad milenaria, Gaitán trajo poco después un *Magna Cum Laude* en Derecho Penal, una inocultable inclinación por ciertos gestos mussolinianos y el gusto por las grandes concentraciones de masas[3], que muy pronto empezó a saborear en su propia piel, pues su popularidad creció como la espuma tras el magistral alegato político, jurídico y moral, realizado en el Parlamento en septiembre de 1929, contra el Gobierno conservador de Miguel Abadía Méndez por la masacre de los trabajadores de la zona bananera en diciembre del año anterior. Meses antes de su comparecencia parlamentaria, Gaitán había recorrido varios pueblos del Magdalena, documentándose a fondo sobre lo que definió como «la página más bochornosa» de la historia colombiana, y entre sus numerosos informantes había contado con el abuelo de García Márquez, el tesorero de Aracataca, y el cura párroco de ésta, Francisco C. Angarita[4], el mismo que habría de bautizar al escritor.

Con la llegada al poder del liberalismo en 1930, tras cuarenta y cinco años de gobierno conservador, el muy aristocrático presidente Enrique Olaya Herrera hizo del joven Gaitán su protegido, nombrándolo sucesivamente presidente de la Cámara, miembro de la dirección del partido y segundo designado a la presidencia de la República.

Con treinta y cuatro años, el hijo de la maestra de escuela llegó así a la cumbre de una carrera política meteórica, pero si en ésta no hubo cima inaccesible para él, en lo social nunca pudo conquistar los elegantes salones de los clubes de la aristocracia bogotana. Gaitán recordaría siempre, como una de las mayores afrentas de su vida, el no haber sido recibido en el Jockey Club y el hecho de que en sus salones la aristocracia lo siguiera llamando despectivamente el «negro Gaitán», por su color moreno de mestizo.

Gaitán padeció al comienzo de su carrera la contradicción propia de su partido liberal: la de ser Gobierno y oposición. Así, el ambicioso y lúcido dirigente, que en un principio había sido elegido al Parlamento por los barrios pobres de Bogotá y que había creado una efímera Unión Nacional de Izquierda

Revolucionaria, no sólo fue el protegido de Olaya Herrera, sino que después colaboró con los Gobiernos de Eduardo Santos y Alfonso López Pumarejo, como ministro de Educación y ministro de Trabajo, Salud e Higiene, para luego pasar a una oposición radical no sólo respecto de la oligarquía conservadora, sino de la de su propio partido. De ahí que, en las elecciones presidenciales de 1945, el liberalismo se hubiera presentado dividido, con dos candidaturas: la suya y la del oficialista Gabriel Turbay, siendo derrotado finalmente en beneficio del minoritario partido conservador, que se hizo con el Gobierno en la persona del ingeniero antioqueño Mariano Ospina Pérez[5].

Paradójicamente, Gaitán salió reforzado: asumió la dirección del partido y lo llevó a la calle, a las barriadas y a los pueblos. El fenómeno populista del gaitanismo, con el verbo prodigioso y el agudo olfato político de su máximo dirigente, empezó a crecer desde entonces como la espuma, desbordando los estrechos cauces de la política parroquial del bipartidismo colombiano. En el momento en que fue asesinado, ya nadie dudaba de que Gaitán sería el presidente del próximo cuatrienio 1950-1954, pues su figura había adquirido tal estatura que ya era el animal político más extraordinario que había conocido Colombia en toda su historia, y, como tal, había logrado ganarse el apoyo de la inmensa mayoría del pueblo, una mayoría exaltada pero obsecuente, vociferante pero también silente, como lo demostró la «Manifestación del Silencio», que convocó y presidió, dos meses antes de su asesinato, en respuesta a la violencia y la represión creciente que venía padeciendo el país desde el Gobierno interino de Alberto Llerras Camargo y que se había acentuado con el actual de Mariano Ospina Pérez.

Aquel impresionante grito de las masas silenciosas con velas encendidas bajo la noche de los Andes, probablemente atemorizó mucho más a las clases de la alta sociedad y la política que el consuetudinario estribillo de «a la carga» de Gaitán y sus seguidores, de tal manera que los aristócratas temblaron en sus encopetados salones de Bogotá, como temblaron los oligarcas en los despachos del poder. Entonces una terrible duda empezó a corroerles la conciencia: ¿cuál de los dos Gaitanes sería el presidente: el agitador social que los tenía con las vísceras en vilo o el liberal conciliador que había sido aupado a los más altos cargos por la oligarquía de su partido y en la cual seguía conservando excelentes amigos? Aquéllos tenían toda una galería de espejos en que mirarse y en que mirar el destino de la patria, pues en Colombia han sido proverbiales los casos de dirigentes políticos que han empezado de incendiarios para terminar de bomberos; tenían, por ejemplo, el antecedente más conocido del mítico general Rafael Uribe Uribe, quien se había pasado la mitad de su vida peleando en tres guerras contra un régimen del cual terminó convertido en uno de sus bastiones esenciales, antes de morir asesinado en octubre de 1914 cerca del Capitolio Nacional.

Los analistas más agudos e imparciales de este período de la historia colombiana coinciden en afirmar que la oligarquía más ultramontana no soportó la terrible duda y mandó a matar al carismático líder populista[6], convirtiendo al valetudinario Juan Roa Sierra en la cabeza de turco de un plan perfectamente diseñado y dirigido desde las más altas instancias del poder.

Lo cierto, en todo caso, es que el asesinato jamás esclarecido de Jorge Eliecer Gaitán fue la mecha que prendió fuego a Bogotá y al resto del país, teniendo como epicentro el mismo sitio donde aquél fue abatido por los tres disparos de Roa Sierra a la una y cinco de la tarde del 9 de abril de 1948. A esta misma hora, en la pensión de estudiantes pobres de la carrera 8.ª , donde compartía habitación con su hermano Luis Enrique y su amigo José Palencia, el estudiante de segundo de Derecho Gabriel García Márquez se disponía a sentarse a la mesa para almorzar. Cuando supo la noticia del atentado, corrió con otros amigos al lugar donde había caído Gaitán, pero éste ya había sido llevado moribundo a la Clínica Central[7]. Como muchos, se quedó entonces merodeando por allí, expresando su solidaridad aunque fuera con la mera presencia. Dado que la ciudad ardía y la revuelta cobraba dimensiones apocalípticas, Gabriel tuvo que buscar el refugio de la pensión; pero no: ésta también estaba ardiendo. Allí fueron pasto de las llamas sus cosas personales, los libros que le atizaban la alta fiebre literaria (en esos días leía el *Ulises* con la atención de un cirujano) y, lo que le era más querido, los originales de «El cuento del fauno en el tranvía», los tres que había publicado en *El Espectador* y otros en los cuales estaba trabajando. Gabriel se sintió tan desamparado sin sus haberes literarios, que intentó rescatarlos y algunos amigos debieron disuadirlo para que no entrara en la pensión en llamas[8]. Luis Villar Borda, uno de sus compañeros del cuadrivio literario y quien, como mucha gente, andaba buscando dónde enrolarse para la lucha, recordaría que se topó con Gabriel a eso de las cuatro o cinco de la tarde del 9 de Abril en el cruce de la carrera 8.ª con la avenida Jiménez de Quesada, muy cerca de donde había ocurrido el crimen. A Villar Borda le impresionó mucho encontrarlo tan demudado, tan fuera de sí y a punto de echarse a llorar, pues sabía que, después de un año de avatares universitarios y de lecturas comunes, Gabriel no había demostrado todavía pasión alguna por la política y menos por la política bipartidista nacional. Aunque había salido del Liceo Nacional de Zipaquirá con cierta simpatía ideológica por el socialismo marxista, lo suyo era la literatura, que, como hemos visto, había asumido de forma excluyente. Así que Villar Borda, al verlo tan desencajado, le comentó extrañado:

«¡Oye, Gabriel, yo no sabía que tú eras tan gaitanista!»

Entonces Gabriel le dijo demudado y casi llorando:

«¡No, qué va, lo que pasa es que se quemaron mis cuentos!»

Mientras García Márquez asistía desolado a la incineración de sus libros y de los originales de sus primeros cuentos por las piras incontroladas de la historia, un muchacho cubano de veintiún años con voz delgada, bigote incipiente y alma de Quijote, que sería después uno de sus más grandes e íntimos amigos, andaba loco de contento con su tema favorito: las revoluciones, e intentaba colocarse al frente de las masas enloquecidas para encauzarlas hacia algún objetivo preciso. Sin embargo, pronto iba a comprender el universitario Fidel Castro que cualquier acto de solidaridad era un sacrificio inútil en aquel pandemonio, pues las masas estaban huérfanas de toda dirección y la tragedia de Gaitán era ya una fatalidad colectiva:

los muertos se contaban por cientos en las calles y los edificios públicos, los comercios del casco central habían sido saqueados y Bogotá seguía ardiendo bajo la lluvia con sus tranvías de vidrios azules.

Castro había llegado a la ciudad durante los primeros días de abril en compañía de otros estudiantes cubanos, con el propósito de organizar el Congreso de Estudiantes Latinoamericanos, que debía ser la respuesta política a la IX Conferencia Panamericana impulsada por Washington para atajar el «peligro comunista», y que se celebraba durante esos días en la capital colombiana bajo la diligente mirada del general Marshall. El día 7 se había entrevistado con Gaitán en su despacho de la carrera 7.ª y ambos habían congeniado muy bien: éste prometió al joven cubano y a sus compañeros ayudarles a conseguir un local para el congreso y clausurarlo después con un acto de masas. Así que habían quedado en volverse a ver a las dos de la tarde del mismo 9 de Abril para ultimar detalles sobre lo acordado, pero Gaitán había de morir quince minutos antes. Por eso, cuando Castro se enteró de su muerte, se encontraba cerca de su despacho, rondando por allí con un compañero mientras llegaba la hora de la cita[9].

El futuro dirigente cubano era todavía un revolucionario imberbe, sin formación ni ideología marxistas, pero había leído ya mucha teoría política, varios libros sobre revoluciones y tenía unas ansias enormes de acción. Así que cuando se vio en medio de la turbamulta huérfana y enloquecida se sintió solidario, y se entregó en cuerpo y alma a la que habría de ser la primera revolución de su vida. Sin embargo, su primera hazaña no fue un acto muy revolucionario: destruir una máquina de escribir. Ciertamente no había sido una elección suya, pues al primero que encontró cuando decidió luchar fue a un pobre hombre desesperado porque no lograba romper una máquina de escribir que acababa de saquear de alguna oficina pública, y Castro no halló otra forma de ayudarle que prestándole su fuerza y su estatura para dejarla caer desde lo más alto. Satisfechos los dos, siguió caminando por la carrera 7.ª, entró en un cuartel sublevado de la policía y a codazos se hizo con un fusil Mauser, un capote de policía, unas botas, una gorra sin visera, y se fue a la guerra. A los dos días, después de haberse enrolado por equivocación en la Guardia Presidencial, de haber arengado al pueblo y a los soldados frente a un cuartel y de haber intentado defender la Radiodifusora Nacional, amaneció custodiando unas lomas al pie del cerro de Monserrate[10].

Cuando por fin terminó de convencerse de que aquello no era la revolución que esperaba, sino un infierno de anarquía a dos mil seiscientos metros sobre el nivel del mar, decidió buscar a sus compañeros y regresar al hotel, donde, para colmo, se enteró de que la policía los andaba buscando porque ellos eran los «estudiantes comunistas cubanos» responsables de aquella conflagración. Obviamente, Castro vio que si se dejaban atrapar no quedaría de ellos ni el pellejo, pues su presencia en Bogotá con un fin tan claramente político había dado pie para que los agentes del Gobierno prepararan una de las coartadas que debían encubrir el asesinato político de Jorge Eliecer Gaitán. Así que si el universitario Fidel Castro no hubiera encontrado a tiempo la forma de llegar a la embajada de su país, tal vez no habría podido contarle a su amigo Gabriel García Márquez, décadas después, «la increíble y triste historia» de su aventura durante el 9 de Abril.

A los tres días de saqueos, revueltas y represiones, la Universidad Nacional fue cerrada, como casi todos los centros públicos de Bogotá y otras ciudades del país, y Gabriel se quedó sin pensión, sin universidad y sin cafés en donde sestear. La Bogotá que él había conocido hacía cinco años y que hasta hacía pocos días recorría de café en café, más contagiado que nunca del sarampión literario, ya no existía ni existiría jamás. Entonces, complacido, retornó al Caribe, cumpliendo el deseo acariciado desde el año anterior, y, en un DC-3, llegó a Barranquilla en compañía de su amigo José Palencia, el 20 de abril, dos días después de que lo hiciera su hermano Luis Enrique.

El *Bogotazo,* que no dio origen a la llamada Violencia pero sí la atizó a fondo (arrojando un saldo de más de trescientos mil muertos y consolidando la violencia como uno de los elementos estructurales de la sociedad colombiana), fue uno de los dos o tres momentos más graves de toda la historia nacional, pero para García Márquez y la literatura fue un hecho providencial, porque lo devolvió al Caribe, y el reencuentro con su tierra no sólo le permitió recuperar su vida afectiva, emocional y espiritual, sino que le permitió el descubrimiento o redescubrimiento de los grandes temas de su obra, empezando por la misma violencia. El ambiente de Bogotá, que le fue tan útil por los libros que leyó, por los amigos que conoció y, sobre todo, por la perspectiva que le otorgó, se le había convertido últimamente, sin embargo, en una influencia un tanto perniciosa, dada la atmósfera intelectual y académica que se respiraba en la capital.

Así que retornó a Barranquilla, la ciudad de sus afectos, la ciudad que conocía desde antes de los tres años, donde lo habían deslumbrado, junto a su abuela, los semáforos y el avioncito negro del centenario de la muerte de Simón Bolívar y donde había vivido dos años con sus padres y había cursado los dos últimos años de primaria y los dos primeros de bachillerato. También era la ciudad donde había escrito y publicado sus primeros versos rimados y sus primeras croniquillas o amagos periodísticos. Pero cuando acudió a su universidad para continuar el segundo de Derecho, se encontró con que también estaba cerrada por los efectos de la violencia expansiva del *Bogotazo*. Entonces se fue a la legendaria y pacífica Cartagena de Indias, en cuya universidad lograría matricularse el 17 de junio.

Pero el verdadero interés de García Márquez no era la carrera de Derecho, sino seguir escribiendo y dedicarse al periodismo. Cinco años entre los bogotanos le habían decolorado bastante su cultura caribe, y cuando retornó a su tierra se percató de que nada le gustaba tanto como la vida que andaba en la calle: los cuentos, las leyendas y creencias, los pequeños sueños y las pequeñas derrotas de las gentes, los vallenatos. Todo. Además, el *Bogotazo* le acababa de abrir los ojos, mostrándole que los cuentos escritos y publicados en la capital tenían muy poco que ver con la realidad de su país. Así que la ciudad de los cachacos, con su frío, su llovizna eterna y su literatura de torre de marfil, iba a quedar atrás de momento. También la asimilación distorsionada de escritores como Kafka, Joyce y Borges.

En éstas andaba cuando un día de finales de mayo se topó en una calle de la ciudad colonial con el médico y novelista Manuel Zapata Olivella, con quien se había encontrado el año anterior en otra calle de Bogotá y a quien le había confesado su deseo de regresar al Caribe para dedicarse a vivir y a escribir. García Márquez no ignoraba que hacía dos meses Domingo López Escauriaza (hermano del popular poeta el Tuerto López) había fundado en Cartagena el periódico progresista *El Universal* y que su jefe de redacción era Clemente Manuel Zabala, un izquierdista misterioso y parco, pero con la suficiente maestría, generosidad y entusiasmo como para haberse convertido en el mentor y en la caja de resonancia de los jóvenes periodistas y escritores de la ciudad. Gabriel vio que allí estaba no sólo el refugio que necesitaba, sino la escuela de periodismo que andaba buscando y el apoyo económico que precisaba. Entonces, durante el encuentro fortuito con Zapata Olivella, que era ya un periodista conocido y andaba también fugado del *Bogotazo,* le pidió el favor de que lo presentara ante Clemente Manuel Zabala.

Después de un largo diálogo en la redacción, Zabala se quedó entusiasmado con el joven cataquero: con sus cuentos, que había leído en *El Espectador,* sus conocimientos literarios y sus enormes ganas de trabajar en el periodismo. Zabala supo ver de inmediato en García Márquez a uno de los soportes que necesitaba para desarrollar un nuevo periodismo en el recién fundado periódico. De modo que le abrió sin reservas las puertas del periódico y de su amistad, y el 20 de mayo lo saludó con una nota entusiasta en la que, tras una breve semblanza y la notificación de su reciente ingreso en la Universidad de Cartagena, anunciaba que «el estudioso, el escritor, el intelectual, en esta nueva etapa de su carrera, no enmudecerá y expresará en estas columnas todo ese mundo de sugerencias con que cotidianamente impresionan su inquieta imaginación las personas, los hombres y las cosas»[11].

Sin embargo, el examen de admisión fue más bien desalentador para el aprendiz de periodista. Clemente Manuel Zabala le pidió que le llevara una primera nota de tema libre, y Gabriel la escribió con la comodidad de su imaginación, su ansia desmedida de poetización y su prosa chispeante. Cuando se la entregó, Manuel Zabala sacó su lápiz rojo y empezó a reescribir la nota en los interlineados[12]. Esa noche se puso a analizar el estilo de su jefe y el suyo en la misma nota, y halló una diferencia esencial. En la siguiente nota ya hubo menos tachaduras en rojo, y unas dos semanas más tarde, ya no hubo ninguna. A los pocos meses, su estilo y su imaginación se habían impuesto en el periódico de tal manera, que el mismo Clemente Manuel Zabala no tardó en comentar que Gabriel no sólo llegaría muy lejos como periodista, sino como escritor.

Así empezó la otra carrera de quien sería, además, uno de los mejores periodistas de la lengua, y acaso su mejor reportero. El periodismo era una de sus pasiones más antiguas, junto al dibujo, el cine y la literatura, pues es muy probable que le hubiera nacido en la infancia al calor de las lecturas de periódico que le hacía su abuelo. Como vimos, Gabriel ya había intentado sin fortuna la crónica periodística a los trece y quince años, en la revista *Juventud* del colegio San José, y había escrito a cuatro manos con Mario Convers su primer reportaje en Zipaquirá para la *Gaceta Literaria*. Así que los veinte meses que va a pasar en *El Universal,* con sus treinta y ocho notas firmadas y muchas más sin firmar, son el comienzo trascendental del periodista y del escritor, porque a la vez que nace el periodista nace el escritor de verdad, enraizado en su cultura caribe.

García Márquez confesaría que fue un verdadero milagro que hubiera podido escapar a tiempo del ambiente intelectual y literario de Bogotá, para recuperar su cultura caribe y comenzar a ser un escritor diferente. Había publicado sus tres primeros cuentos en *El Espectador,* y esto estuvo bien porque fue su entrada en la literatura por una puerta grande; había leído a Kafka, Joyce, Borges, Thomas Mann, Dostoievski, Garcilaso, Quevedo, entre otros, y esto fue extraordinario porque le dio confianza en sí mismo y armas para ser escritor; y había conocido a excelentes amigos tan tocados por las musas como él, y esto fue muy positivo porque las lecturas y discusiones con ellos contribuyeron a su formación literaria. Pero había algo que no terminaba de convencerlo, algo que Gabriel había empezado a entrever desde los años del bachillerato: la correspondencia entre realidad y literatura. Él había visto que la literatura de la mayoría de los intelectuales y escritores de Bogotá, aunque se exhibiera en las calles y en los cafés, era una literatura divorciada de la vida y la realidad del país. Y él mismo era víctima de esta situación endémica: sus primeros cuentos (e incluso los tres que va a publicar estando en Cartagena), son intelectuales y abstractos, aunque basados en obsesiones de su infancia, pues antes que servirse de las influencias de Kafka, Joyce y Borges, las sirven casi mecánicamente.

De modo que el periodista y el escritor que quería ser sólo podía surgir a partir del reencuentro con su cultura caribe: es aquí donde se resolverá el divorcio entre literatura y realidad, entre ficción y cultura; es en Cartagena y en Barranquilla donde García Márquez logrará algunas de las claves que le permitan integrar literatura y realidad con la facilidad e inmediatez con que el mar entra en la vida de los costeños y éstos en el ámbito de aquél. El primer ambiente va a ser, por consiguiente, el de la redacción de *El Universal,* el primer espacio va a ser el de la Cartagena colonial, y los primeros cómplices van a ser los amigos con quienes formó el Grupo de Cartagena: el citado Clemente Manuel Zabala, Héctor Rojas Herazo y Gustavo Ibarra Merlano. También aquellos que entraban y salían del grupo o tenían una relación tangencial con éste: Donaldo Bossa Herazo, Manuel Zapata Olivella, Ramiro de la Espriella, George Lee Bisswell Cotes y Santander Blanco Cabeza. Un grupo de amigos, de cómplices literarios, que acaso va a ser tan importante para García Márquez como el otro grupo de amigos que tendría en Barranquilla al comenzar los años cincuenta.

El mismo escritor afirmaría que Zabala fue más importante para él que el mismo Ramón Vinyes[13], «el sabio catalán» de *Cien años de soledad* y uno de los mentores literarios del Grupo de Barranquilla. Es probable que así fuera, porque Zabala no sólo lo descubrió y lo ayudó a formarse en el periodismo, como lo había hecho Eduardo Zalamea Borda en la literatura un año antes, sino que lo influyó con su vasta cultura humanística, literaria y musical a lo largo de una relación cotidiana de casi tres años. Autor de algunas biografías de caudillos liberales, a Clemente Manuel Zabala se le atribuye el haber sido el primero, o uno de los primeros, en descubrir el valor cultural de la música vallenata, que tanta influencia iba a ejercer en García Márquez. Zabala era un ser parco y recóndito al que muchas veces había que sacarle los temas, pero, en cambio, tenía tanto entusiasmo por la cultura y por sus jóvenes valores, que aquellas cualidades nunca fueron obstáculo para mantener una relación fluida con los jóvenes que lo rodeaban. Una vez que entraba en conversación, éstos podían constatar que lo suyo no era tanto parquedad como respeto por el hecho literario. Antes de dedicarse de lleno a labores culturales y periodísticas en Bogotá, Barranquilla y Cartagena, Zabala había formado parte durante los años veinte del grupo político de Los Nuevos (al cual perteneció también Jorge Eliecer Gaitán), inspirado en el entusiasmo de moda de las revoluciones rusa y mejicana. Precisamente, Zabala sería después secretario de la embajada de la Unión Soviética, y esto le impediría lograr uno de sus más caros anhelos: ser nombrado cónsul de Colombia en Bilbao.

El poeta, pintor y novelista Héctor Rojas Herazo, seis años mayor que García Márquez, era un colaborador destacado de *El Universal,* un lector voraz y plural y un conversador magnetizante que se expresaba con un juego de metáforas vivas e insólitas. «Era un hecho literario viviente, como si un libro caminara y hablara y gesticulara.» Su vitalidad, su imaginación, su estilo limpio, fluido y sonoro, así como su sentido de la metáfora, fueron tan provechosos para García Márquez durante esta etapa de su formación literaria y periodística, que este mismo no tardaría en reconocer que haberlo conocido supuso para él una «tremenda y comprometedora experiencia»[14].

Gustavo Ibarra Merlano, casi de la misma edad que Rojas Herazo, había estudiado bachillerato en el colegio mayor Nuestra Señora del Rosario, de Bogotá, donde aprendió a familiarizarse con los clásicos griegos y españoles, y de regreso a Cartagena había estudiado griego en los ratos de ocio que le dejaban las labores agrícolas de su finca de Ternera. Mientras García Márquez y Rojas Herazo se dedicaban al periodismo, él se aplicaba a la enseñanza en el colegio San Pedro Claver y, sobre todo, a la lectura ordenada y anotada de los clásicos griegos, españoles y norteamericanos. Ibarra Merlano, futuro abogado de aduanas, era el ser más amigable y entrañable, con una voz fluida y sedante, y era tal vez el lector de mayor calado entre los miembros del grupo.

Estos dos formaban con Gabriel una *troika* inseparable dentro del grupo, un solo nervio y una sola voz al servicio de la literatura, pero siempre vertebrados, claro está, por el maestro Clemente Manuel Zabala, quien, al igual que a sus lectores, los tonificaba a diario con un poema antológico de la poesía nacional y mundial, desde su rincón de *El Universal*. Cada uno tenía su terreno más o menos acotado, y mientras Rojas Herazo era un lector plural centrado en la poesía e Ibarra Merlano era un atesorador de los mejores versos clásicos griegos y españoles, García Márquez, sin perder nunca de vista la poesía, era ya un estudioso meticuloso de la técnica de la novela. Así que los tres tenían tres cosas en común: la amistad, la literatura y la ciudad.

En una ciudad pequeña y mágica como Cartagena, donde pesaba más el monolitismo de su pasado colonial que el presente, este grupo de enajenados por la literatura era de los pocos habitantes realmente vivos de la ciudad, con una experiencia desbordante de ida y vuelta entre la vida y la literatura. Pero la sociedad de entonces los veía como tipos raros, intelectuales vagos y ubicuos, pues se veían a todas horas y en todas partes: por la mañana, por la tarde y por la noche; en el periódico, en el Pie de la Popa (donde vivían Rojas Herazo e Ibarra Merlano), en el centro de la ciudad amurallada (donde vivía Gabriel en casa de los Franco Múnera), en la plaza de Santo Domingo, en el parque de Bolívar, en el Portal de los Escribanos, en el muelle de los Pegasos, en los espacios modernos de Bocagrande y en la playa.

Gabriel solía terminar su nota firmada o anónima para *El Universal* hacia la una de la tarde, y el resto de ésta se le agotaba hablando y recitando poemas con Rojas Herazo, Ibarra Merlano y Donaldo Bossa. La mitad de la noche se le iba seleccionando y ajustando noticias de los cables internacionales, o dictándoles los textos directamente a los linotipistas cuando el tiempo no alcanzaba, o charlando con sus compañeros, sin darse cuenta de que ya estaban preparando en las tertulias buena parte de la edición del día siguiente, y así hasta que cerraban la edición del periódico a la una o dos de la mañana. Como vivía de noche, se iba luego con los linotipistas a hilar los cabos sueltos de su trabajo y a presenciar la vida en caliente del amanecer en el muelle de la Bahía de las Ánimas, donde estaba el mercado central, o a «la casa de camas alquiladas de Matilde Arenales», o a las antiguas bodegas coloniales del puerto. Entre arduas copas de ron de caña, escuchaban las historias de los noctámbulos, y con ellas alimentaba parte del periodismo y parte de sus relatos. García Márquez recordaría con especial gratitud las historias que les contaba el celador mientras auscultaba con golpecitos de los nudillos los espacios de otros tiempos tapiados en el edificio de las bodegas coloniales. Muchas eran leyendas de su propia cosecha, y les contaba, por ejemplo, la historia de la esclava abisinia enterrada ahí, que había sido comprada por un rico de la Colonia por su peso en oro y luego asesinada por él mismo para librarse del hechizo de su belleza. Como el rico colonial, el escritor quedaría igualmente tocado por el hechizo de la anécdota, y no se libraría de ella hasta cuarenta y cinco años después, cuando la metió en su novela *Del amor y otros demonios*. Pero la historia por la cual García Márquez le quedaría más agradecido al anónimo e imaginativo celador es, sin duda, la de Blacamán, el hombre mitad mago y mitad bandido que había sido llevado a Cartagena con el propósito de que embalsamara a un virrey ahogado en un aljibe para que siguiera gobernando después de muerto[15].

Los autores que leía, comentaba e intercambiaba con los amigos del grupo iban desde los clásicos griegos, latinos y españoles, hasta los piedracielistas, que seguían estando de moda en Colombia, pasando por Hawthorne, Poe, Melville, Kierkegaard, Claudel, Faulkner, Dos Passos, Capote, Caldwell, Virginia Woolf, Gómez de la Serna, Vallejo, Neruda y los poetas españoles de la Generación del 27, su generación canónica. Casualmente, en octubre de 1948 Gabriel García Márquez, Gustavo Ibarra Merlano, Héctor Rojas Herazo y Clemente Manuel Zabala tuvieron la ocasión de hablar a fondo, en el Hotel Caribe, con Dámaso Alonso, miembro destacado del 27. El autor de *Hijos de la ira*, que había ido a dar una conferencia sobre la influencia de la novelística española en la inglesa, los escuchó con generosidad y conoció sus textos. Rojas Herazo le leyó sus poemas, Ibarra Merlano le mostró sus ensayos y García Márquez, que entonces se regodeaba con sus primeros cuentos, también se los enseñó, sobre todo a la esposa del poeta, la narradora Eulalia Galvarriato. A su regreso a España, Dámaso Alonso habló con entusiasmo en uno de sus artículos periodísticos de aquel grupo de jóvenes endemoniados por la literatura a orillas del Caribe, pues los había encontrado francamente informados y con muchas ganas de trabajar.

El más metódico y humilde, y acaso el más profundo, de este grupo de lectores voraces era Ibarra Merlano, quien guardaba todos los apuntes de sus lecturas y llevaba un fichero sistemático de aquellos versos de la poesía del Siglo de Oro que él consideraba antológicos no sólo por su profundidad, sino por su anuncio de la modernidad. Así conoció García Márquez, aparte de una reveladora antología de Garcilaso de la Vega, San Juan de la Cruz, Fray Luis de León, Lope de Vega, Quevedo y Góngora, sus reflexiones sobre *La casa de los siete tejados, Moby Dick* y Sófocles. Ibarra Merlano les recomendaba a sus amigos que leyeran con cuidado a aquellos poetas, porque ellos anunciaban ya ciertos elementos de la modernidad. Estas orientaciones, que García Márquez reconocería más tarde como inestimables, le permitieron una relectura de los clásicos españoles con una óptica distinta de aquella con la cual los había estado leyendo desde Zipaquirá e incluso desde antes. La gran familia del Siglo de Oro ya no lo abandonaría jamás, hasta el punto de que llevaría consigo a todas partes, desde entonces y para siempre, una buena antología de los clásicos españoles.

Entre las lecturas que hacían en voz alta, Ibarra Merlano recordaría las de *Moby Dick* y *Mrs. Dalloway*. La novela de Virginia Woolf, que tanto influjo y hechizo ejercería en García Márquez, la leyeron caminando por el camellón de Turbaco, la localidad vecina de Cartagena adonde habían ido a pasar un fin de semana. La leyeron y comentaron a tres voces con el deleite de quien descubre un nuevo camino. Desde luego, el más entusiasmado fue García Márquez, y muy pronto iba a dejar constancia de este entusiasmo en su primera novela, *La horajasca*.

Era frecuente que la complicidad y vecindad literaria y periodística de Rojas Herazo y García Márquez se expresara a través del «mamagallismo», ese desparpajo de la imaginación que les permite a los caribes asumir y proyectar la vida sin la limitación y la solemnidad de los cachacos. Como los vecinos de pueblo, que se prestan la sal, el martillo o la silla del caballo, estos vecinos de columna de *El Universal* se prestaban imágenes, metáforas, temas y personajes. Más aún: como algo completamente natural, en una ocasión apareció en la columna de García Márquez, «Punto y aparte», un artículo de Rojas Herazo sobre el presunto poeta César Guerra Valdés[16]. Presunto: en realidad era un heterónimo inventado por Rojas Herazo y asumido por el grupo, que les permitía una personalización del arquetipo del poeta americano y, de paso, reírse a sus anchas de la vida, la gente y la intelectualidad, pero muy seriamente: en las charlas con su heterónimo, el grupo iba puliendo su visión sobre la historia, la cultura y el arte americanos.

Las lecturas de García Márquez de esta época se afianzaron y ampliaron con las que conjunta y simultáneamente hacía con el joven intelectual y abogado cartagenero Ramiro de la Espriella, quien no perteneció al Grupo de Cartagena, pero con quien el novelista tuvo una relación personal y literaria tan intensa y fructífera como la que tuvo con los demás.

De la Espriella, que sería años después un colaborador permanente del diario *El Espectador,* había terminado la carrera de Derecho en 1947 en la Universidad Externado de Colombia, en Bogotá, pero, como muchos universitarios de entonces, no pudo graduarse al año siguiente por culpa del *Bogotazo,* de tal manera que se quedó durante año y medio en Cartagena vagando y leyendo todos los libros que los estudios le habían impedido leer. En este momento de efervescencia literaria, De la Espriella se topó un día en algún rincón de la ciudad colonial con el recién llegado Gabriel García Márquez, y desde el primer momento empezaron a hablar de literatura y a intercambiarse libros. Los autores que iban a leer y releer hasta mediados de 1949 fueron prácticamente los mismos del grupo: Faulkner, Dos Passos, Capote, Steinbeck, Saroyan, Huxley, Malaparte y Virginia Woolf. Aunque tenían unas discusiones interminables sobre Capote y Saroyan, estaban de acuerdo en su admiración por la novedosa narrativa de Faulkner y Virginia Woolf; y, en general, su afinidad con la novela era mayor que la que tenía García Márquez con los del grupo, pues ambos estaban centrados en la narrativa.

También los unía la complicidad inmediata de la «mamadera de gallo», que podía ser activa y social, como cuando ambos coronaron a dos reinas de belleza estudiantiles, en julio de 1949, con sendos discursos malos y retóricos, al uso, pero con las suficientes incrustaciones de humor e ironía como para reírse por detrás a sus anchas, risa cómplice que terminaron rematando con el intercambio de los mismos: García Márquez leyó el discurso escrito por De la Espriella y éste leyó el escrito por aquél. Como en los juegos de infancia de José Arcadio Segundo y Aureliano Segundo, los discursos iban a quedar cambiados para siempre, y la posteridad terminaría atribuyéndole a García Márquez un discurso que en realidad es de Ramiro de la Espriella y a éste uno que en realidad es de aquél[17].

Otras formas de «mamagallismo» podían ser pasivas, pero no menos fructíferas, como cuando por las tardes se reunían en la Plaza de Bolívar, frente al antiguo Palacio de la Inquisición y el Portal de los Escribanos, a escuchar las historias rabelesianas de su amigo Antonio Luis Cabrales, Ñolis Cabrales, un fabricante de camas con una imaginación desbordante cuyas historias tenían una particularidad: todas estaban protagonizadas por su falo, todo un personaje de hilarantes aventuras. Ñolis Cabrales les narraba a García Márquez y a De la Espriella con gran delectación que cuando su falo se ponía erecto, él lo peinaba, porque tenía pelo, con una raya en la mitad y lo sacaba de la mano a pasear para que las mujeres lo miraran; que cuando iba al cine tenía que comprar una entrada para él y otra para su verga, que mientras veían la película solían pelearse a codazos por las palomitas de maíz y que algunas veces su hermano del eros protestaba: «Ñolis, no jodas, vámonos de aquí, que esta película no sirve». Entonces él lo sacaba, lo llevaba al retrete y lo paseaba por el vestíbulo para que las mujeres lo miraran. Ñolis Cabrales a veces abundaba en detalles tan pintorescos como verosímiles, y le contaba a la pareja de encantados oyentes que, por ejemplo, una vez había amanecido con una resaca tan grande y el otro tan tieso, que al darle un golpe de saludo en la cabeza, la verga había hecho el mismo ruido que hacen las copas de Baccarat: ¡plinnn!, y que entonces fue a abrir la ducha para bañarse, pero la vio tan caliente que dijo: «¡No, no le echo agua porque se astilla!».

Las *falofabulaciones* de Ñolis Cabrales eran interminables, como en *Las mil y una noches,* pues cada vez eran más numerosas y ricas las variantes de las venturas y desventuras de su miembro viril. Según Ramiro de la Espriella, estas historias llenas de imágenes y de una fabulación desbordante son la primera gran influencia rabelesiana de García Márquez mucho antes de que éste leyera *Gargantúa y Pantagruel,* la obra que, sin duda, lo influiría también en la concepción de la exuberancia fálica de los Buendía.

Poco después de entrar en *El Universal,* al calor del reencuentro con su tierra, del ambiente del grupo y de la lectura de los escritores norteamericanos, García Márquez empezó a escribir, en unas tiras largas de papel periódico, un libro informe e interminable que pretendía ser su primera novela. Como hemos visto, hasta entonces había estado escribiendo unos cuentos de pesadilla muy kafkianos pero artificiales y abstractos, a pesar de estar inspirados en ciertos fantasmas de su infancia. La lectura de los norteamericanos le fue enseñando que por ahí no era la cosa y que todo ese mundo de su infancia en Aracataca y la casa de los abuelos, así como las guerras del abuelo y la explotación americana de las bananeras, merecían la pena ser contados. Entonces se puso a escribir *La casa,* sin saber muy bien cómo ni hacia dónde iba, pero sabiendo de dónde partía. Iba a necesitar dos años para darse cuenta de que estaba perdido y tres o cuatro para convencerse definitivamente de que esta novela era un «paquete demasiado grande» para su inexperiencia literaria, pues lo que pretendía escribir ya a esa edad era nada menos que *Cien años de soledad.*

Con el método aportado por los norteamericanos, sobre todo por Faulkner, García Márquez se aplicó, pues, a escribir su primera novela. Los largos rollos de papel periódico los llevaba siempre consigo a todas partes: a la sala de redacción, a los cafés, a las plazas, a los pueblos, y se los leía y comentaba a sus familiares y cómplices literarios, como lo había hecho con sus primeros cuentos y lo haría con cada uno de sus libros. Algunos fines de semana se iba a la localidad vecina de Turbaco, donde vivía la familia de Ramiro de la Espriella en su finca de La Loma del Diablo, y durante horas les leía a éste, a su hermano y a su madre, capítulos enteros de «el mamotreto», el apodo que tuvo *La casa* entre sus amigos. De pronto, interrumpía la lectura, hacía un gesto rotundo con la mano empuñada y decía: «este personaje hay que atornillarlo más». En una de esas lecturas, Tomasa de la Espriella sorprendió al joven narrador descubriéndole una de sus fuentes. García Márquez leía una descripción del coronel Aureliano Buendía, cuando, de pronto, ella lo interrumpió: «Ése es el general Rafael Uribe Uribe». «¿Y cómo lo sabe?», le preguntó él muy intrigado. Y ella le respondió: «Por las muñecas, porque el general Uribe Uribe las tenía así de gruesas». Las largas sesiones de lectura eran amenizadas con el ron añejo con ciruelas pasas que el padre de los Espriella tenía durmiendo en el garaje y que Ramiro y Gabriel se robaban con una cánula.

En realidad, las fuentes que manejaba García Márquez eran ya diversas: la casa de los abuelos y los abuelos mismos, el drama de Aracataca como fondo, las guerras del abuelo, las figuras casi míticas de los generales Uribe Uribe y Benjamín Herrera, las leyendas de los coroneles Aureliano Naudín, Francisco Buendía y Ramón Buendía. Ahora que se había reencontrado al fin con el mundo de su infancia y su cultura caribe, el problema no era sobre qué escribir, sino cómo hacerlo, y, como él mismo lo reconocería, iba a necesitar quince años para aprenderlo.

Según los fragmentos que nos han llegado de esta novela[18] y según los comentarios de quienes, como Ramiro de la Espriella, leyeron algunos de sus capítulos, se ve que, en efecto, el tema central es el de la casa y el de una familia patriarcal, los Buendía, viviendo su drama sólo dentro del espacio doméstico. También se ve que hay un personaje vertebral, el coronel Aureliano Buendía, pastoreando su soledad (producto de sus derrotas militares) en un mundo donde también los objetos parecen tener vida propia. El aire que se respira en estos fragmentos de *La casa* no es tanto de soledad como de nostalgia por las personas, las cosas y los tiempos idos. Pero, en general, era una obra informe, desarticulada, con digresiones excesivas, un manejo torpe del tiempo y un realismo ingenuo que no permitía el empalme con lo fantástico. García Márquez no lograba, por tanto, arrancar el entusiasmo de sus amigos y, lo que es más importante, el suyo propio. Entonces fue dejando *La casa*, con ciertos períodos de reincidencia, y mientras tanto fue escribiendo *La hojarasca,* el resto de los cuentos de *Ojos de perro azul* y continuó haciendo periodismo. Como admitiría años más tarde, se encontró, pues, con que la novela que quería escribir a los veintiún años era un «paquete demasiado grande» para su inexperiencia literaria.

Por esta época, hacia septiembre de 1948[19], tuvo lugar uno de los hechos más decisivos en la vida de García Márquez: su encuentro con «los mamadores de gallo de La Cueva», sus grandes amigos del Grupo de Barranquilla. En Cartagena se había enterado por la prensa y Clemente Manuel Zabala de que en la capital del Atlántico la caldera literaria estaba en plena ebullición, atizada, entre otros, por dos periodistas, Alfonso Fuenmayor y Germán Vargas, un periodista y narrador, Álvaro Cepeda Samudio, un pintor, Alejandro Obregón, y dos maestros, José Félix Fuenmayor y Ramón Vinyes. Algunos de ellos habían escrito incluso sobre los cuentos de Gabriel aparecidos en *El Espectador*.

No está muy claro cuándo tuvo lugar el primer contacto de García Márquez con sus amigos de Barranquilla. Germán Vargas reiteraría a lo largo de su vida que él y Álvaro Cepeda Samudio lo habían conocido primero en la redacción de *El Nacional:* «Él llegó preguntando por nosotros, cruzamos varias palabras, intercambiamos conceptos y en la noche nos fuimos de parranda»[20]. Es posible que éste fuera el primer contacto, pero parece incuestionable que el primer encuentro formal y detenido tuvo lugar durante el mes de septiembre de este año, gracias a un viaje ex profeso que hicieron a Barranquilla García Márquez e Ibarra Merlano.

El encuentro fue eminentemente literario, es decir, amistoso. Durante una tarde y parte de la noche, Gabriel García Márquez y Gustavo Ibarra Merlano se enzarzaron con Alfonso Fuenmayor, Germán Vargas y Alejandro Obregón en discusiones cruzadas e interminables. La voz cantante la llevaron Fuenmayor e Ibarra Merlano, y su erudición los arrastró por el berenjenal de las épicas francesa y española: que si el *Poema de Mio Cid* y la *Canción de Rolando* habían sido concebidos por una o varias personas, que si la tradición los había forjado y luego el compilador les había dado forma, que si realmente habían creado una tradición de la épica en ambas lenguas[21]. Entre la algarabía etílico-literaria emergía de pronto la voz mesurada y certera, de una precisión de cirujano en los análisis, de García Márquez, y esto, junto al prestigio ganado con sus primeros cuentos, impresionó vivamente a Alfonso Fuenmayor, el hijo del escritor José Félix Fuenmayor y subdirector del periódico *El Heraldo*. Así que, al final de la velada, le pidió a Gabriel en tono confidencial que no se fuera a regresar a Cartagena a la mañana siguiente sin antes hablar con él.

Fuenmayor madrugó a pregonar en su periódico las excelencias del joven cataquero que acababa de conocer y a intentar convencer al gerente y al director Juan B. Fernández Ortega de que *El Heraldo* necesitaba esta nueva promesa de las letras y el periodismo. Ambos no dudaron de las razones de su entusiasmo, pero lo pusieron frente a la crudeza de los hechos: el periódico estaba en una situación económica frágil y no podía darse el lujo de emplear a alguien más. Entonces Fuenmayor jugó a fondo, desde su propia alma: «De acuerdo», les dijo, «pero Gabriel García Márquez viene a trabajar con nosotros y ustedes le pagan la mitad de lo que me pagan a mí». El gerente lo miró extrañado y le contestó que no sabía que fuera tan tonto como para hacer un trato así. «Desde luego», concluyó Fuenmayor, «soy lo suficientemente tonto como para hacer este trato».

Sin embargo, y aunque ya García Márquez había intuido que su ambiente estaba en esta ciudad y entre sus nuevos amigos, tendrían que pasar todavía quince meses para que se concretara su ingreso en *El Heraldo* y se radicara en Barranquilla.

Es un lugar común afirmar que García Márquez escribió *La hojarasca* en Barranquilla, concretamente entre la redacción de *El Heraldo* y el burdel El Rascacielos[22]. La verdad es que la escribió en Cartagena y sólo la reescribió en Barranquilla a partir de los primeros meses de 1950.

Como hemos dicho, los narradores norteamericanos le dieron el impulso y el método para intentar articular su mundo narrativo a partir de las experiencias personales y familiares de su infancia, pero fracasó con *La casa*. Entonces del tronco primordial separó algunos esquejes para plantarlos por separado con métodos distintos, en aproximaciones parciales, hasta alcanzar algún día la médula del embrollo en una novela total. El primer esqueje importante fue entonces *La hojarasca*. No está claro en qué fecha empezó a escribirla, pero es probable que fuera durante los últimos meses de 1948[23], luego de haber probado fortuna con la primera novela y de haber leído con Rojas Herazo e Ibarra Merlano *Mientras agonizo* y *Mrs. Dalloway,* cuyas técnicas combinadas le permitieron este primer acercamiento amplio al mundo de su infancia.

Mientras escribía *La hojarasca,* con un entusiasmo aún mayor que el puesto en *La casa,* seguía trabajando en *El Universal,* escribiendo su columna esporádica «Punto y aparte», leyendo vorazmente con los amigos del grupo en sesiones de auténtico taller literario e intentando continuar la carrera de Derecho en la Universidad de Cartagena, aunque sólo fuera para satisfacer a su padre, que soñaba con un abogado en la familia. Este exceso de trabajo, junto a la precariedad económica en que vivía, terminaron haciendo mella en su salud. Gustavo Ibarra Merlano recordaría que, en efecto, García Márquez vivía entonces en condiciones muy modestas y que, pese a que el periódico le pagaba sólo treinta y dos centavos de peso por artículo, «nunca se le oyó mencionar la palabra dinero para nada. Era como una autonomía, como un hombre superior a la circunstancia económica, una gran elegancia interior únicamente ocupada en problemas de poesía y novela». Pero cuando Ramiro de la Espriella supo lo que le pagaban por artículo, le dijo con su sinceridad escueta que en *El Universal* lo estaban explotando, que lo veía muy pálido y con exceso de trabajo, que se fuera a otro lugar donde pudiera desarrollar su trabajo en condiciones más generosas.

En estas circunstancias fue inevitable que el escritor cogiera, en los fríos amaneceres estivales de Cartagena, la pulmonía que lo mandó a finales de marzo de 1949 a un reposo de mes y medio con sus padres en Sucre (curiosamente, su abuelo había muerto en el mismo mes de una pulmonía que cogió en los amaneceres traicioneros de Santa Marta). Este desmedro de su salud sirvió, sin embargo, para enriquecer sus haberes literarios, no sólo porque allí tuvo tiempo y serenidad para terminar la primera versión de *La hojarasca,* sino por los muchos libros esenciales que leyó durante la convalecencia, a la sombra de los mangos de la casa de sus padres. Cuando ya no tuvo nada que leer, les mandó una carta a los amigos de Barranquilla, con quienes seguía estrechando fuertes lazos de amistad, y les pidió que le enviaran algo para leer. Ramón Vinyes, el sabio catalán, Germán Vargas y Álvaro Cepeda Samudio empacaron cada uno una cajita de libros, y este último se las entregó a Luis Enrique García Márquez, quien se encargó de llevarlas a Sucre en avión y en lancha. Cuando su hermano las abrió, se encontró con tres cajitas de Pandora de la novela, pues tenían de todo: lo principal de la novela moderna europea y muchos libros que aún no había leído de Faulkner, Dos Passos, Capote, Anderson, Dreisser, Huxley, Caldwell y Virginia Woolf.

Echado en una hamaca colgada de dos palos de mango, a orillas del río la Mojana, García Márquez empezó no sólo a leer, sino a desmontar, a desestructurar, cada relato y cada novela, como quien desmonta un reloj en sus diversas piezas, hasta desentrañar los múltiples y complejos mecanismos del arte de narrar. Cuando a los dos o tres meses les devolvió los libros a sus cofrades de Barranquilla, ya tenía terminada la primera versión de *La hojarasca* y había resuelto el problema técnico de la novela en líneas generales.

Tras una convalecencia abreviada por las fórmulas homeopáticas de su padre y los cuidados de su madre, regresó a Cartagena a mediados de mayo y se volvió a incorporar a *El Universal*. Héctor Rojas Herazo, su amigo y vecino de columna, lo saludó con una nota anónima en la cual anunciaba la conclusión de la primera novela del joven autor de veintidós años: «En la Mojana (...) García Márquez estuvo dándole los toques finales a su novela —próxima a aparecer— titulada *Ya cortamos el heno*. Hemos tenido la oportunidad de conocer la mayoría de los originales y estamos en capacidad de juzgarla como uno de los mayores esfuerzos que actualmente se realizan en Colombia para incorporar nuestro país a los más exigentes derroteros de la novelística contemporánea»[24].

Quien sí iba a leerla completa por esos días, ya con el título definitivo de *La hojarasca*, fue Gustavo Ibarra Merlano, el metódico estudioso de los clásicos griegos. La leyó con la amorosa atención que merecía su amigo y compañero de grupo, y estuvo esencialmente de acuerdo con el juicio emitido por Rojas Herazo en su nota anónima, pero lo que más lo emocionó fue encontrar en esta primera novela de García Márquez un tema que ya había sido tratado por Sófocles en *Antígona* en el siglo quinto antes de Cristo. Tanto en la obra del griego como en la del colombiano, el enterramiento de un cadáver frente a la oposición del pueblo es el asunto central que potencia y proyecta la naturaleza del conflicto. Así que cuando Ibarra Merlano le devolvió el original y le comentó con asombro regocijado que su novela era en parte *Antígona,* García Márquez se quedó muy sorprendido, le pidió prestada la obra de Sófocles y se fue a su casa a leerla con urgencia inaplazable[25].

Esta coincidencia temática del joven narrador colombiano de veintidós años con el maestro griego indujo a pensar a Ibarra Merlano que su amigo poseía el duende necesario para llegar a ser un novelista excepcional, de inequívocas resonancias clásicas, y desde entonces lo seguiría con atención en cada relato y en cada novela. Por su parte, García Márquez devoró todo Sófocles con la misma fascinación con que había leído a los nueve años *Las mil y una noches* y, más recientemente, las obras de Kafka, Faulkner y Virginia Woolf. Lo estudió según las notas y orientaciones de Ibarra Merlano, y, según confesión propia, éste hasta le tomaba examen de sus lecturas del maestro griego[26]. Con estas nuevas y antiguas luces, García Márquez reescribió después algunos aspectos de *La hojarasca,* y, como expresión permanente de su gratitud y admiración por Sófocles (que sería desde entonces su maestro más constante y cercano), puso una cita de *Antígona* a modo de epígrafe en la novela. Fue la primera de las emboscadas que el novelista le tendería a los críticos sabuesos, y, en efecto, basándose en la cita, éstos explicarían y pregonarían después la gran influencia de Sófocles en García Márquez.

Sin negar esta influencia, que sin duda le llegó inicialmente mediatizada por la cultura occidental, en realidad fueron la historia de Aracataca y su niñez prodigiosa las que, a la luz de la obra de William Faulkner y Virginia Woolf, le aportaron el humus esencial de su primera novela: la casa natal con su jazminero y sus espíritus endémicos; la casa de la botica, cuyo huésped, el doctor Antonio Barbosa, se fusionaría con el suicida belga don Emilio, *El Francés,* para crear el personaje del misterioso médico suicida; la figura venerable del abuelo, su éxodo desde Barrancas, sus indios guajiros y sus hazañas guerreras; la estampa aparentemente sumisa pero firme de la madre; el trotamundismo del padre; la United Fruit Company y el falso progreso que supuso la explotación bananera, con su saldo de ruina y soledad; el tren amarillo que llegaba todas las mañanas a las once mientras el autor aprendía sus primeras letras en la escuelita Montessori, y, en fin, el drama secular de Aracataca, viendo pasar impotente los vientos de la historia.

Si la fallida *La casa* era un engendro informe que contenía núcleos y personajes importantes de las obras posteriores, incluida *Cien años de soledad, La hojarasca* es ya una primera novela que, aun adoleciendo de irregularidades estructurales y estilísticas, anuncia inequívocamente la originalidad y la fuerza creadora de García Márquez: es la obra que proclama el nacimiento de Macondo, a la vez que, como *La casa,* prefigura casi todos los libros posteriores hasta *El otoño del patriarca.*

Un año después de haber escapado de la capital del país empujado por el *Bogotazo,* García Márquez estaba así en posesión y en posición de su cultura caribe y de los grandes fantasmas de su infancia, alcanzando uno de los momentos más decisivos de su vida, pues su suerte literaria hubiera sido muy distinta de no haber regresado e intuido a tiempo que la fuerza creadora viene de la oscura imaginación del pueblo y que la obra literaria nace de la colaboración del talento del escritor con su entorno familiar y la tradición anónima.

Sin embargo, los tres cuentos que publicó en *El Espectador* durante los veinte meses que vivió en Cartagena y las treinta y ocho notas de su columna «Punto y aparte», de *El Universal,* parecen desmentir en parte el certero aunque todavía estrecho camino emprendido con *La casa* y continuado en *La hojarasca.*

Que García Márquez continuara en «La otra costilla de la muerte», «Diálogo del espejo» y «Amargura para tres sonámbulos» con la línea psicologista y abstracta iniciada en sus primeros cuentos de Bogotá, a pesar de haberse reencontrado con sus temas y su cultura, se explica por el hecho de que las rupturas en él nunca van a ser abruptas, sino paulatinas, conforme a una línea de acción y reflexión estéticas muy ordenada; también se explica por el hecho de que el tema de las pesadillas, desdoblamientos y desintegraciones ontológicas iniciado con «La tercera resignación» le seguía proporcionando la gloria de ser considerado por algunos como uno de los mejores cuentistas del país.

Aunque hizo su entrada en el periodismo en el contexto de la violencia del 9 de Abril, el García Márquez de *El Universal* es todavía más literato que periodista (si bien es cierto que gran parte de su labor en el periódico se perdía en editoriales y notas anónimas). Él había querido ser desde el principio reportero, el cronista de las páginas de sucesos, pero pronto se dio cuenta de que era imposible porque sus colaboradores fijos actuaban como si fueran dueños de las mismas. Así que fue haciendo de su columna «Punto y aparte» una especie de laboratorio para reflexionar sobre aquellos aspectos que más le interesaban de la vida y la literatura y para ensayar un estilo propio en el que se difuminaran las fronteras entre periodismo y literatura. Se puede constatar, como se ve también en sus primeros cuentos, que el autor de *Cien años de soledad* no siempre escribió bien y que su estilo claro, ordenado, musical y sugerente es el producto de una

ardua y larga búsqueda. Sus notas cartageneras, en las que muy
pocas veces se refiere al fenómeno de la violencia que asolaba el
país, adolecen, en su mayoría, de un estilo empedrado de metáforas rebuscadas y chocantes, pescadas en el río piedracielista, y
de una sintaxis sinuosa, que muchas veces encalla en lo inverosímil, pues el articulista no logra aún el empalme convincente
entre literatura y periodismo. Sin embargo, hay un progreso
notable en sus últimas notas, apreciándose, entre otros hallazgos, una sabia asimilación de las greguerías y gollerías de Ramón Gómez de la Serna, uno de sus maestros esenciales.

En medio de la fiesta vital, periodística y literaria que
suponían Cartagena, *El Universal* y los amigos, la universidad
terminó convirtiéndosele en el mayor tedio de su vida. A pesar
de que reemprendió el segundo curso de Derecho muy tarde,
hacia principios de mayo de 1948[27], y a pesar de las frecuentes
faltas de asistencia, logró terminarlo con las mejores notas que
tuvo nunca en los tres únicos cursos que hizo de esta carrera,
aunque perdiera Derecho Romano con un 2[28]. En el curso tercero del año siguiente, las faltas de asistencia fueron mucho
más numerosas y el rendimiento académico fue ostensiblemen-
te menor: aprobó Derecho Civil con un 3 raspado y perdió
Medicina Legal con un 2 y el Seminario de Derecho Civil por
no presentar la monografía final preceptiva[29]. Como no habili-
tó Derecho Romano del curso anterior, acumuló tres materias
perdidas, y sólo se enteraría de esto un año más tarde, cuando
en enero de 1951, después de un año de residencia en Barranquilla, regresó a Cartagena para matricularse en cuarto curso: entonces supo que si quería continuar la carrera tenía que repetir
tercero. Por supuesto, rechazó de plano semejante pesadilla, y
se alejó para siempre de las aulas. La liberación de las ataduras
académicas, que Bernard Shaw calificó alguna vez como el gran
obstáculo para la instrucción de una persona, iba a redundar en
beneficio de sus afanes literarios.

La verdad es que el saldo era ya excelente a finales de
1949, cuando había dejado prácticamente la universidad, pues
tenía en su haber media docena de cuentos que le depararon
desde *El Espectador* una envidiable fama de buen cuentista; ha-

bía logrado terminar una segunda versión de *La hojarasca,* bosquejando así el universo de Macondo; había leído lo esencial de la poesía y la novela clásicas y modernas; tenía un conocimiento cabal del arte narrativo (como lo demuestran su última nota de «Punto y aparte», dedicada a Edgar Allan Poe, y el prólogo que por esos días le escribió a la novela *Neblina azul,* de su amigo George Lee Bisswell Cotes)[30], y estaba en posesión consciente e irrenunciable de su cultura caribe y del prodigioso mundo de su infancia. Cartagena y los amigos cartageneros le habían permitido, pues, recuperar sus fuentes y enriquecer los elementos esenciales para convertirse en el escritor y el periodista que había querido ser desde los años de Zipaquirá.

Sin embargo, la relación de García Márquez con Cartagena iba a ser de amor-odio durante los siguientes veinte años. Al novelista le costaría olvidar las hambrunas y la estrechez económica, el salario de miseria de *El Universal* y, sobre todo, la suficiencia y solemnidad de ciertos sectores de la burguesía cartagenera que mostraron su desprecio por el modesto periodista de provincia. Pero, al mismo tiempo, García Márquez no podía olvidar todo lo que la ciudad le había dado durante estos dos años y lo que le seguiría dando durante el resto de su vida, porque la ciudad heroica sería, junto a Aracataca, Sucre, Valledupar y Barranquilla, el semillero literario más inagotable del novelista. Como la sombra al cuerpo, la ciudad colonial lo perseguiría a través de dos libros de cuentos y cuatro novelas: desde la Cartagena esclavista de Sierva María de Todos los Ángeles y la republicana de Bolívar, hasta la Cartagena decimonónica del *cólera morbus* y la ciudad moderna que medra en el turismo. Fue en su antiguo convento de Santa Clara, como lo contaría en la nota liminar de *Del amor y otros demonios,* donde «encontró»[31] fortuitamente el motivo de lo que, cuarenta y cinco años después, sería esta novela. Fue en las antiguas bodegas coloniales del puerto donde escuchó de labios del anónimo celador la historia que daría origen a «Blacamán el bueno vendedor de milagros». Fue en la Cartagena de finales de los años cuarenta donde empezó a madurar la ciudad anónima de *El otoño del patriarca.* Sería en uno de sus balnearios donde se iban a conocer los protagonistas de «El rastro de tu sangre en la nieve».

Y sería en los incontables recovecos de la ciudad amurallada, tan propicios para el amor y la poesía, donde se amarían, se dejarían y se recuperarían el Florentino Ariza y la Fermina Daza de *El amor en los tiempos del cólera*.

Pero la ciudad mágica aún le depararía, antes de trasladarse a Barranquilla en diciembre de 1949, otro de los momentos felices de su vida: conocer a su grande amigo, el poeta y novelista Álvaro Mutis.

A los veintiséis años, Mutis era un trotamundos completo, con un sentido de la amistad y una generosidad excepcionales, y un melómano exquisito y un lector universal de poesía, novela e historia. A diferencia de su ilustre ascendiente, el sabio botánico José Celestino Mutis, Álvaro no disecaba plantas, sino poemas y novelas por montones. Su verdadera índole de poeta y sabio medievalista solía ocultarla ejerciendo diversos oficios, como los de locutor de radio y jefe de promoción de varias empresas. De modo que, cuando llegó a la Costa Atlántica a finales de los años cuarenta, no lo hizo en busca de inspiración, sino como agente de propaganda de la Compañía Colombiana de Seguros, y en Barranquilla se encontró con Alfonso Fuenmayor, Germán Vargas y Alejandro Obregón, los amigos del Grupo de Barranquilla, y éstos empezaron a hablarle de Gabo, de ese muchacho flaco y bigotudo que, como ellos, andaba enajenado por la amistad y la literatura. Pero quien más le insistió en que tenía que conocer al desorbitado cataquero fue el poeta Héctor Rojas Herazo. Lo mismo que Eduardo Zamalea Borda en Bogotá, le decía: «Tienes que ver al Gabo». «No, tienes que conocer al Gabo», le insistía. Sin embargo, no fue a través de ninguno de ellos como Mutis llegaría a conocer a García Márquez en la Cartagena de finales de 1949, sino a través de Gonzalo Mallarino, el amigo del cuadrivio literario de los años universitarios, y todo porque éste no conocía el mar.

A diferencia de otros encuentros, el de Mutis y García Márquez no iba a ser fortuito, sino inevitable, como programado por el destino, pues la verdad es que llevaban dos años leyéndose mutuamente y pisándose los talones desde los tiempos bohemios de Bogotá. La primera vez que el uno se cruzó en la vida del otro fue cuando García Márquez escribía su primer cuento. Éste había estado trabajando en «La tercera resignación», al impulso de *La metamorfosis* de Kafka, cuando el 22 de agosto de 1947 leyó la nota de Eduardo Zalamea Borda que le aportó el impulso final para terminar su cuento. En aquella nota aparecía ya el nombre de Álvaro Mutis anunciado como uno de los colaboradores inminentes del suplemento literario[32]. Dos semanas más tarde y una antes de que apareciera el primer cuento de García Márquez, apareció el primer poema de Mutis publicado en esa sección, y el segundo vería la luz veinte días antes de que saliera el segundo cuento de García Márquez[33]. Así que ambos hubieron de leerse entonces dada la atención que le profesaban a esa sección y a todas las cosas de Zalamea Borda.

Debió de ser por esos días de finales del 47 o comienzos del 48 cuando tuvo lugar el primer encuentro personal de los dos amigos en la sala de conciertos de la Biblioteca Nacional. García Márquez era uno de sus escasos clientes, y solía refugiarse en la cafetería. Otro era un joven de veintitrés años, de «nariz heráldica y cejas de turco, con un cuerpo enorme y unos zapatos minúsculos como los de Buffalo Bill, que entraba sin falta a las cuatro de la tarde y pedía que tocaran el concierto de violín de Mendelssohn»[34]. A pesar del detalle reiterado del concierto y de la figura tan característica de Mutis —un claro descendiente de los judíos de Pisa—, iban a tener que pasar cuarenta años para que García Márquez reconociera, al son de un comentario ocasional de Mutis sobre Mendelssohn, que la «voz estentórea» de éste era la misma del joven de veintitrés años que sin falta llegaba a las cuatro de la tarde a la salita de conciertos de la Biblioteca Nacional a pedir que tocaran la misma pieza.

Es muy probable que los dos se hubieran cruzado también por esta época más de una vez en los atiborrados cafés de la carrera 7.ª, en El Molino o en el Asturias, por ejemplo, adonde ambos solían ir en los meses previos al 9 de Abril. Lo cierto, en todo caso, es que las piras incontroladas del *Bogotazo* iban a reducir a cenizas tanto los primeros cuentos de García Márquez como el primer poemario de Mutis, *La balanza*.

De modo que cuando Gonzalo Mallarino los presentó en Cartagena de Indias, hacia octubre o noviembre de 1949, el suyo era un encuentro prácticamente anunciado. Mutis y Mallarino acababan de conocerse también ese mismo día por la mañana en el centro de Bogotá, y éste le había confesado que no conocía el mar, a pesar de los muchos poemas que podía recitarle de memoria; entonces a Mutis le pareció tan increíble que alguien no conociera el mar, que se lo llevó esa misma tarde a Cartagena, y Mallarino conoció el mar al pie de las murallas con todos los honores. Pero la celebración del mar no fue tan larga y enajenante como llegaría a ser la de la amistad cuando apareció García Márquez.

En seguida habían ido a El Universal a rescatarlo de la rutina, pero él no estaba y decidieron esperarlo en un hotelito de Bocagrande, en cuya terraza se sentaron a beber, a continuar hablando y hablando y a ver nacer y morir la tarde mágica del Caribe, hasta que una tormenta huracanada los arrancó del paraíso. De pronto, cuando el mar se fue encrespando y los cocos empezaron a saltar de las palmeras como balones de rugby, llegó Gabriel García Márquez, como una aparición de la tormenta. Álvaro Mutis lo vio emerger del pandemonio tal y como era: pálido, extremadamente delgado, con un bigote excesivo, unos ojos desorbitados que podían desvelar hasta los vericuetos más ocultos del alma y una camisa Truman de colores chillones. «¡Ajá, qué es la vaina!», les dijo a los dos amigos. Agotaron las botellas de licor, agotaron la noche y parte de la mañana hablando y hablando de la «vaina», de «los comunes casos de toda suerte humana», en fin, de «los días que unos tras otros son la vida», según el feliz verso de su maestro y amigo Aurelio Arturo. También hablaron, por supuesto, de literatura, principalmente de las novelas de William Faulkner. Desde entonces Mutis tenía claro que el maestro norteamericano era un narrador innovador, seminal, pero que no era tan buen escritor como se creía generalmente. La discusión entre los dos amigos iba a durar treinta años, hasta que una mañana en México García Márquez le pusiera término con una llamada a Mutis: «Maestro», admitiría García Márquez al otro lado del teléfono, «tiene usted razón: ¡Faulkner no es tan bueno!».

Aunque no iban a tener una comunidad de lecturas, a excepción de Conrad y Borges, es verdad que la tuvieron en su formación, pues ambos habían leído con fervor a los poetas del Siglo de Oro, Proust, Rubén Darío, Pablo Neruda y Herman Melville (de *Moby Dick* García Márquez tomaría el aliento mítico para su novela mayor y Mutis encontraría algunos elementos para concebir su personaje de Maqroll el Gaviero). Más aún: ambos habían seguido las enseñanzas y orientaciones poéticas de Eduardo Carranza, el capitán de Piedra y Cielo: Mutis desde las clases que aquél impartía en el colegio mayor Nuestra Señora del Rosario y García Márquez desde el suplemento que Carranza dirigía en el semanario *Sábado*.

Sin embargo, por el resto de sus vidas, los dos amigos seguirían hablando no tanto de literatura como de la «vaina», es decir, de la vida, ocupándose, más que de sí mismos, de sus amigos y allegados, queriéndose y respetándose por el simple hecho de ser el uno Álvaro y el otro Gabriel, sin el adjetivo de sus apellidos ni el padrinazgo de sus obras. Su amistad sin sombras sería un caso excepcional en dos hombres que no se parecen en nada, excepto en la inteligencia, la ternura y la generosidad. Pero, siendo dos escritores tan diferentes, sus libros estarían vertebrados por una obsesión común: avanzar, madurar hacia el origen; Mutis hacia Coello y Amberes, y García Márquez hacia Aracataca y Sucre.

CAPÍTULO OCHO

- Barranquilla, la hervorosa ciudad del Atlántico
- Entre taxistas, prostitutas y pescadores
- El café Colombia y la Librería Mundo
- «Los mamadores de gallo de La Cueva»
- Venturas y desventuras del sabio catalán
- *Voces*
- El columnista de *El Heraldo*
- Inquilino de El Rascacielos
- Un burdel muy faulkneriano
- Al son de los teletipos
- *La hojarasca* no tiene quien la edite
- El semanario *Crónica*
- La apuesta de «La mujer que llegaba a las seis»
- Los alcaravanes de La Negra Eufemia
- Realidad, literatura y periodismo

En la Navidad de 1949 García Márquez se había instalado en Barranquilla, y poco después, el 5 de enero del año siguiente[1], empezó a trabajar para *El Heraldo,* estrenándose con su columna diaria «La Jirafa», que firmaría en sus casi cuatrocientas entregas con el seudónimo woolfiano de Septimus, el personaje sensatamente loco de *Mrs. Dalloway.*

Cartagena, de momento, quedaba atrás. Era un pozo de historia sin fondo, una «tumba viva», y su magia, belleza y sosiego habían constituido un remanso fecundo para el escritor durante esos dos años claves de su carrera, pero en el aspecto socio-cultural Cartagena tenía un marco y una proyección muy limitados y literariamente casi no existía, si se exceptúan, claro está, las figuras del consagrado poeta Luis Carlos López y del renombrado Jorge Artel. De otro lado, la burguesía local había tratado con displicencia al joven periodista, el trabajo se le había vuelto rutinario después de dos años y el sueldo cicatero de *El Universal* no le alcanzaba ni para comer. Para colmo, a finales de julio se habían trasladado a Bogotá Gustavo Ibarra Merlano y Ramiro de la Espriella[2], y era inminente la ausencia de Héctor Rojas Herazo. Así que, dispersado el grupo, García Márquez había encontrado el momento propicio para radicarse por fin en Barranquilla, la ciudad donde había querido vivir desde su regreso de Bogotá y donde lo esperaban nuevos amigos, nuevos logros, una vida más intensa y su novia Mercedes Barcha Pardo, la muchacha de diecisiete años, hermosos rasgos exóticos y una personalidad reposada y enigmática.

La capital del Atlántico no tenía la historia, la magia y la belleza de Cartagena, pero, en cambio, era una ciudad en ebullición, con un comercio y un movimiento social y cultural crecientes desde comienzos de los años cuarenta. Dinamizada por una inmigración diversa a lo largo del siglo (judíos, alemanes, franceses, españoles, italianos y árabes), era entonces la ciudad cosmopolita de Colombia y, al ser el principal puerto fluvial del país, se había convertido en su puerta de entrada y salida más importante, desplazando a Cartagena, Santa Marta e incluso a la misma Bogotá, que seguía estando tristemente de moda en la prensa internacional por el fenómeno de la llamada Violencia, pero que, por lo mismo, se encontraba más aislada que nunca.

Sin embargo, a mediados de los años cincuenta, García Márquez escribiría que Barranquilla era «una ciudad sin historia»[3]. En el fondo, era verdad, porque esta ciudad no tuvo la fundación heroica de Cartagena o Santa Marta, sino una de las más anodinas y tardías del Caribe, y luego, durante todo el período de la Colonia, permaneció aislada y aletargada entre el calor, el polvo y la humedad.

Como en cualquier novela pastoril, había sido fundada por unos labriegos y pastores en 1629 en las Barrancas de San Nicolás, en la orilla occidental del río Magdalena, y al quedar al margen del comercio y la comunicación marítima y fluvial por el predominio de Cartagena y Santa Marta y por el hecho de que los barcos no podían remontar las bocas del Magdalena, Barranquitas, como se la llamó después[4], estuvo aislada y estancada durante doscientos años. Poco a poco, sobre todo al habilitarse el puerto marítimo de Sabanilla, Barranquilla empezó a despertar de su letargo colonial, hasta que, al comenzar la navegación a vapor por el río Magdalena, a mediados del siglo XIX, se convirtió en el principal puerto fluvial de Colombia, siendo el comienzo de su supremacía capitalina en la Costa Atlántica.

Así que cuando García Márquez volvió a radicarse en diciembre de 1949, después de siete años de ausencia, Barranquilla seguía siendo, en comparación con las demás ciudades de la costa, una ciudad casi sin historia, pero se había convertido en el foco comercial, social y cultural más importante de la región. Era, por tanto, la ciudad costeña donde se vivía de forma más radical y consciente la vieja idea de que el Caribe colombiano es un país aparte, sin más lazos con el interior centralista que los burocráticos y políticos. En la base de esta actitud habían estado jugando un papel preponderante los nuevos amigos del escritor, a quienes apodaría fraternalmente para siempre, en «Los funerales de la Mamá Grande», como «los mamadores de Gallo de La Cueva»: Álvaro Cepeda Samudio, Germán Vargas, Alfonso Fuenmayor y Alejandro Obregón, los destacados miembros del Grupo de Barranquilla, que estaban literariamente vertebrados por los veteranos escritores José Félix Fuenmayor y Ramón Vinyes, «el sabio catalán» de *Cien años de soledad.*

Con ellos recuperaría García Márquez la ciudad de sus afectos, una ciudad que era todavía la misma ciudad hedónica de su adolescencia, con el río Magdalena enviando su tufo denso y caliente, impregnándola por los cuatro costados, para que el olor a pescado fresco se mezclara en los recodos con el otro olor predominante a guayabas podridas. Una ciudad por cuyas calles trasegaba la abigarrada humanidad costeña en medio de un calor insoportable, con los merengues, porros y paseos tan pegados a su piel como la misma humedad fluvial. Pero, a pesar de la caldera urbana, los barranquilleros no perdían su humor, su eterna «mamadera de gallo» y sus carnavales interminables, tal vez como una manera de preservar la mínima y necesaria cordura cotidiana.

Entre el común de los habitantes de la ciudad, los taxistas iban a gozar del afecto y la amistad del escritor. Con ellos, a quienes llamaría «los campeones del sentido común», mantendría amistades duraderas y recorrería en noches de ocio los rincones más insospechados de Barranquilla. También se haría amigo de las prostitutas de la calle del Crimen y del burdel El Rascacielos, de los bármans de las cantinas de arrabal, de los peluqueros, de los conductores de camiones y de los pescadores del puerto, de donde se llevaría la imagen germinal de *El coronel no tiene quien le escriba.* Lugares como la plaza de San Nicolás, el barrio Chino, el callejón de los Miao, el burdel de La Negra Eufemia, el paseo de Bolívar, la carrera Progreso y la farmacia de Demetrio Barcha, en la avenida del Veinte de Julio, serían los sitios frecuentados por García Márquez durante los cuatro años escasos que residiría esta vez en la capital del Atlántico. Pero los más comunes, sus verdaderos tópicos, serían la sala de redacción de *El Heraldo,* la libre-

ría Mundo, el café Colombia y los bares Japi y Roma: los sesteaderos literarios del grupo.

Después de unas horas escasas de sueño en el burdel El
Rascacielos, García Márquez llegaba hacia el mediodía al café
Colombia para tener el primer encuentro del día con sus amigos. Luego se iba a la redacción del periódico a cumplir con
su trabajo de redactor, editorialista y columnista. Por la tarde,
volvía al café y a la Librería Mundo, que quedaban casi conti-
guos, para hablar de libros y echarle una ojeada a las novedades
que llegaban de Buenos Aires: las últimas obras de Kafka,
Joyce, Virginia Woolf, Faulkner, Hemingway, Capote, Camus,
Saroyan, Sartre, Borges, Neruda, Cortázar, Felisberto Hernández, algunas traducidas o prologadas por Borges y sus amigos y
casi siempre editadas por Sur, Losada y Sudamericana. Cuando
llegaban en barco las cajas de los pedidos, cuyas listas ellos mismos les ayudaban a elaborar a los hermanos Rondón de la librería, García Márquez y sus amigos hacían fiesta, y cuando la
librería cerraba, volvían al café, y cuando éste hacía lo mismo,
se iban al bar Japi o al bar Roma, en pleno Paseo de Bolívar. Las
discusiones eran acaloradas, en voz alta, armadas de palabras y
expresiones tan gruesas que los demás parroquianos se escanda-
lizaban[5]. A veces, buscando algo que comer y beber al alcance
de sus bolsillos, se iban hasta el barrio Chino o hasta el burdel de
La Negra Eufemia, en el barrio Las Delicias. De tal manera
que entre libro y libro, entre charla y charla, entre copa y copa
y entre un bocado de esto y un bocado de lo otro, García Márquez volvía a su dormitorio burdelesco de El Rascacielos a
última hora de la noche o primera de la mañana. Cuando no
había fiesta o ronda con los amigos, se quedaba en la desierta
sala de redacción del periódico escribiendo la columna del día
siguiente o trabajando en *La casa* o en la enésima corrección
de *La hojarasca*.

El motor de todo este frenesí vital, periodístico y literario eran «los mamadores de gallo de La Cueva», en especial
Cepeda Samudio, Germán Vargas y Alfonso Fuenmayor, quienes, junto al catalán Ramón Vinyes y José Félix Fuenmayor,
orientaron sus lecturas, corrigieron sus cuentos y novelas, elo-
giaron su talento singular y le prestaron toda clase de ayudas

cotidianas. Con ellos se aflojaría el corsé de la formalidad para ponerse al día en la «mamadera de gallo» y dar curso legal en su vocabulario a las expresiones vulgares que tanto detestaba en Cartagena[6], pues pronto comprendió que el léxico coprofílico de sus amigos barranquilleros no era más que la contraseña de la complicidad, el afecto y la verdadera amistad. Con el tiempo, él los elevaría al altar mayor de la gratitud, reconociéndoles el privilegio de ser «los mejores amigos» que tendría en la vida y permitiéndoles pasearse a sus anchas con sus propios nombres y sus mismas locuras y generosidades por las páginas de *El coronel no tiene quien le escriba* y *Cien años de soledad*.

Álvaro Cepeda Samudio, el miembro nuclear del grupo, fue una especie de febril renacentista que dispersó su enorme talento entre el periodismo, la literatura y el cine, la publicidad, la empresa y otras actividades heteróclitas. En apariencia era un bárbaro del Caribe, con su mechón de pelo alborotado en la frente, sus abarcas de conductor de camión, sus malas palabrotas, su risa estruendosa que «asustaba a los caimanes» y su congénita indisposición para los formalismos y la solemnidad. Pero de cerca y entre sus amigos, era un hombre lleno de ternura, pudor y generosidad. Sobre todo, un ser espontáneo y original, muy leal a sus afectos y convicciones, que escribía cuentos casi a escondidas de sus amigos, y madrugaba a las cinco de la mañana a leer todos los libros posibles hasta más allá del alba sentado en una mecedora de Viena[7]. En el fondo, Cepeda Samudio era un niño asustado, un ser que vivía jalonado por los recuerdos de la infancia que lo perseguían desde los salitrosos cuartos en penumbra de la Casa Grande, en Ciénaga, donde vivió de niño tras su nacimiento en Barranquilla el 30 de marzo de 1926. Muerto su padre cuando era apenas un niño, la condición de huérfano lo dejó agazapado para siempre en los espacios insondables de la casa cienaguera. De ahí nacería el cisco poético que supo colocar con sobria elegancia en algunos cuentos de *Todos estábamos a la espera* y en la novela *La casa grande*, dos libros que le aportaron un aire de renovación a la narrativa colombiana con su estilo sencillo, elíptico y sugerente, despojado de cualquier pretensión retórica y grandilocuente.

Cuando Cepeda Samudio nació, los padres de su amigo García Márquez aún andaban en las últimas peripecias de su azaroso noviazgo, para casarse luego en la vecina ciudad de Santa Marta, y faltaban dos años y ocho meses para la matanza de los trabajadores bananeros del 6 de diciembre de 1928 (ocurrida en la misma Ciénaga, a unas cuantas cuadras de la Casa Grande), un episodio que los marcaría y uniría aún más a lo largo y profundo de sus vidas, hasta el punto de que sería el monotema de *La casa grande* y uno de los episodios, el más cruento y conmovedor, de *Cien años de soledad*.

Cepeda Samudio y García Márquez llegarían a ser, pues, más que amigos, dos personas distintas y una sola identidad verdadera; los separaban muchas cosas, sobre todo las formas, pero los unía lo esencial: la amistad, el Caribe y su amor al Caribe, la literatura, el periodismo, el cine, Faulkner, Hemingway, Saroyan, Dos Passos y su eterna pelea con los almidonados escritores e intelectuales de Bogotá. Fue precisamente Cepeda Samudio el que terminó de meter de cabeza a su amigo en el cine y en las escuelas de literatura y periodismo de los norteamericanos, en las cuales García Márquez se había iniciado ya en Cartagena con Clemente Manuel Zabala, Gustavo Ibarra Merlano y Héctor Rojas Herazo. La noche en que se conocieron, Cepeda Samudio lo llevó a su casa atiborrada de libros, se los mostró y le dijo: «¡Te los presto todos!». Cuando García Márquez le habló de sus lecturas cartageneras de Hawthorne, Melville y Poe, Cepeda Samudio, que no era precisamente un entusiasta de estos autores, le dijo con su estilo inconfundible: «Todo eso es una mierda. A los que tienes que leer es a los ingleses y norteamericanos recientes»[8], es decir, Joyce, Woolf, Faulkner, Hemingway, Dos Passos, Capote, Caldwell, Saroyan, que ciertamente García Márquez ya había empezado a leer con los amigos de Cartagena.

La pasión de Cepeda Samudio por el periodismo y la literatura de estos escritores lo había llevado a la Universidad de Columbia, donde obtuvo un título de periodista a mediados de 1950, aunque su estancia en Nueva York no fue más que un pretexto para conocer la ciudad y el país de sus admirados escritores. De regreso aportó a la caldera literaria del grupo sus conocimientos e ideas sobre el cine norteamericano, el fresco periodismo de la gran metrópoli y sus depuradas afinidades literarias norteamericanas, que robustecieron el ideario estético del grupo y particularmente el de García Márquez.

Con su hiperactividad renacentista, Álvaro Cepeda Samudio no pareció tener preferencia por nada en particular, sino por todo en general. Sin embargo, tres años antes de su muerte se fue decantando por su antigua vocación cinematográfica (que había iniciado en 1954 con *La langosta azul*), realizando diversos cortometrajes para la distribución comercial, y cuando se apagó su vida a causa de la leucemia en el Memorial Hospital de Nueva York, el 12 de octubre de 1972, su gran proyecto era abandonar todos los proyectos y dedicarse sólo a escribir en la localidad marina de Sabanilla. Con él desaparecía el miembro más espontáneo, raizal y envolvente del Grupo de Barranquilla, en una muerte temprana que, mal que le pesara a su amigo García Márquez, era, desde hacía cinco años, una muerte profetizada en *Cien años de soledad,* pues, como se lee al final de su novela, «Álvaro fue el primero que atendió el consejo de abandonar a Macondo. Lo vendió todo, hasta el tigre cautivo que se burlaba de los transeúntes en el patio de su casa, y compró un pasaje eterno en un tren que nunca acababa de viajar»[9].

De distinta catadura, pero de la misma madeja humana e intelectual, Germán Vargas, nacido en Barranquilla en 1919 y muerto en 1991, destacaba en el grupo no sólo por su gran estatura y delgadez y sus «ojos verdes, de un verde luciferino», sino por el fervor detenido con que leía a los clásicos, a los consagrados y a los que empezaban. Una vez que abría un libro, entre pausa y pausa podían pasar hasta cinco y seis horas, y no había fenómeno del mundo circundante que pudiera apartarlo de las páginas en que estaba instalado. Fue proverbial entre sus amigos la avidez insomne con que leyó a Proust completo en una semana. Pero no era un lector voraz, como se dice, sino un lector que degustaba los libros frase a frase, con la infatigable constancia de una termita. Tal vez por ello, y no sólo por su generosidad, su amigo García Márquez le haría llegar años después sus originales desde París, desde México, desde dondequiera que estuviera, para recibir los comentarios del perspicaz crítico que era, con la visión amplia que le concedían sus conocimientos genealógicos del cuento y la novela.

Editor de periódicos, periodista que se paseaba desde la crónica roja a la nota impersonal de un editorial, crítico y locutor de radio (prestó su voz a la radionovela *Se han cerrado los caminos,* de Olga Salcedo Medina, la única adaptación radiofónica que haría García Márquez en su vida)[10], Germán Vargas fue uno de los más diligentes difusores del grupo y sus obras. Era la expresión normal de su fervor por la palabra escrita y la amistad. De ahí que fuera el corresponsal más solícito de los amigos distantes, el que, junto a Fuenmayor, enviaría a París, Caracas o México los libros y manuales raros solicitados por su amigo García Márquez. Ya en abril de 1949, cuando éste estuvo mes y medio convaleciente en Sucre, Germán Vargas satisfizo con Cepeda Samudio y Ramón Vinyes la apremiante solicitud del cataquero de que le enviaran todos los libros posibles, porque estaba echado en una hamaca a la sombra de unos mangos sin nada que leer.

Su devoción por la palabra escrita y su ejercicio de la amistad sin sombras lo llevarían en *Cien años de soledad* a ocuparse con Aureliano Babilonia de contestarle al sabio catalán, a Barcelona (como ocurrió en la realidad), su correspondencia nostálgica, y a incendiar un burdelito en los arrabales del Macondo terminal para demostrar que no era más que una pura invención de él y sus amigos.

Otro contrapunto a la personalidad exuberante y extravertida de Cepeda Samudio, y tal vez al resto de los miembros del grupo, era la personalidad tranquila, medida y formal de Alfonso Fuenmayor, el mentor intelectual del grupo y el mayor de los «cuatro muchachos», quien moriría a los setenta y siete años, en 1994. Miope de nacimiento y siempre con gafas de montura gruesa y con corbata, Fuenmayor parecía un intelectual cachaco en plena capital del «mamagallismo». Parecía: en realidad era de un humor bárbaro por lo inteligente y refinado, cortante y sutil como el filo de una navaja de afeitar, pero, en todo caso, nunca dejaría de ser el miembro más serio del grupo, con una seriedad que nacía, sin duda, del ambiente intelectual

y exquisito de su padre, el narrador y periodista José Félix Fuenmayor, quien había atesorado una gran biblioteca en español,
inglés y francés, los idiomas en que aprendió a leer Alfonso.

Pero la complicidad, la amistad, el «mamagallismo» y
la pasión por la vida, el periodismo y la literatura, van a ser los
mismos en cada uno de los miembros del grupo, independien-
temente de sus características personales. Fuenmayor, que mantenía buenos contactos con algunos miembros del Grupo de
Cartagena, fue el primero que deslumbró con su enciclopedis-
mo literario a García Márquez la tarde de septiembre de 1948
en que se vieron por primera vez en una bodega de Barranquilla; fue él quien, aun sacrificando parte de su sueldo, invitó a
García Márquez a trabajar en el periódico *El Heraldo,* del cual
era subdirector, y fue él quien le dio la bienvenida al periódico
y a la ciudad el 17 de diciembre de 1949, exaltándolo de paso
como «el gran cuentista que con tanta paciencia y con tanto es-
cepticismo ha venido esperando el país»[11].

Crítico y excelente periodista, Fuenmayor aportó al
grupo sus grandes conocimientos literarios, sobre todo de los
clásicos griegos y latinos, y su afán por alcanzar un periodismo
nuevo y vigoroso, bien desde *El Heraldo,* o bien desde el semanario *Crónica,* que dirigió con García Márquez. Su condición de
perseguidor y difusor de la palabra escrita era incluso evidente
en sus bolsillos repletos de manuscritos y recortes de periódicos
que venían o iban hacia sus amigos. Partiendo de una anécdota
real ocurrida una noche en el burdel de La Negra Eufemia, donde
Fuenmayor perdió los originales de una obra dramática de
Ramón Vinyes, García Márquez recogería al final de *Cien años
de soledad* esa característica tan suya: «Habiendo aprendido el
catalán para traducirlos (los originales del sabio catalán), Alfonso se metió un rollo de páginas en los bolsillos, que siempre
tenía llenos de recortes de periódicos y manuales de oficios
raros, y una noche los perdió en la casa de las muchachitas que se
acostaban por hambre. Cuando el abuelo sabio se enteró, en vez
de hacerle el escándalo temido, comentó muerto de risa que aquél
era el destino natural de la literatura».

Alfonso Fuenmayor, Germán Vargas y Álvaro Cepeda
Samudio serían, pues, junto a Gabriel García Márquez, los «cua-

tro muchachos despotricadores» que beberían y hablarían de todo con Aureliano Babilonia en el Macondo de los últimos días; los mismos que, como en la realidad, estarían unidos por el afecto y el magisterio del sabio catalán; los mismos que, así en la vida como en la novela, empezaban sus charlas en una librería y las terminaban en los burdeles, bebiendo ron y aguardiente y cruzando las fronteras de la realidad y la ficción con la misma naturalidad con que cruzaban las del día y la noche. Todos estaban unidos por la ciudad, la amistad, la literatura, el periodismo, el sabio Ramón Vinyes, un cierto y fecundo desorden vital y el «mamagallismo» en su más pura esencia.

Pero, en realidad, los «cuatro despotricadores» eran cinco, porque el núcleo del grupo no era concebible del todo sin la presencia del menos despotricador de ellos: el pintor Alejandro Obregón, su miembro más destacado y de mayor renombre nacional en ese momento.

Hijo de un hidalgo español y nacido en Barcelona en 1920, Obregón había experimentado la vivencia universalizadora de París y había conocido la paz bucólica del pueblecito de Alba, la aldea gala fundada por los romanos. Sin embargo, de regreso a Barranquilla a mediados de los cuarenta, se negó a aceptar la comodidad burocrática que le ofreció desde una oficina el imperio familiar de la Fábrica de Tejidos Obregón, y se fue a los campos petrolíferos del Catatumbo, en el oriente del país, a conducir un caterpillar[12]. Por fortuna, su primera exposición en la Biblioteca Nacional de Bogotá lo salvó en parte del peregrino destino de conductor de camiones, dándole un aliciente más para continuar pintando con una pasión tan creciente que llegaría a ser una «vocación desaforada», excluyente, sin límites en el tiempo y en el espacio. Desde su taller de la calle de San Blas, Obregón empezó a llenar la historia colombiana y latinoamericana de cóndores raudos, de barracudas y toros bravíos y de pájaros y huracanes naciendo del paisaje tropical. Su arte singular lo convertiría en el pintor de las cosas y los seres trasmutados en color y movimiento. Hasta el «sancocho de la edad de piedra» que solía prepararles a sus amigos era, según García Márquez, más un asunto de formas y de colores que de gastronomía, porque Obregón era capaz de meter en una olla los elementos del paisaje para dejarlos hervir a «grandes aguas con el mismo ángel con que pinta»[13].

Él y Cepeda Samudio fueron los dos grandes extrovertidos del grupo, pero mientras éste no pasaba de la provocación, Obregón se acercaba peligrosamente al abismo del suicidio. Conforme a sus «ojos diáfanos de corsario» y a sus «manos de castellano viejo, tierno y bárbaro a la vez», satisfacía la necesidad de emociones fuertes con los juegos excéntricos que compartía con Eduardo Vilá, el dueño del bar La Cueva, adonde habría de trasladarse el grupo a partir de 1954. No siempre salió indemne de todos, pero su gran fortaleza física y moral le servían de escudo contra éstos y otros avatares de su vida, como el de rescatador de ahogados perdidos en la oscuridad. Con la misma resolución alocada con que se comía un saltamontes vivito y pateando, Obregón había tenido que rescatar una noche el cuerpo de un botero que se había ahogado en la Ciénaga Grande mientras pescaba sábalos al atardecer, y este episodio, que García Márquez se hacía contar cada vez que se emborrachaban y que según el escritor es el que más se parece al trabajo de Obregón (porque él pintaba así: «como rescatando ahogados en la oscuridad»), le daría a García Márquez años después la idea para escribir «El ahogado más hermoso del mundo»[14], su gran parábola autobiográfica.

Pero tal vez el instante más revelador de su personalidad, y de la del grupo en general, sea el encuentro del pintor con el representante papal que intentó negociar un cuadro suyo para la pinacoteca vaticana. Siendo ya un pintor famoso y reconocido en el mundo entero y habiendo aprendido las argucias para hacerse pagar bien su obra, Obregón exigió al Vaticano un precio de oro por su obra. Cuando el enviado papal conoció el precio fijado por el pintor, se sacó de la manga su diplomacia pesetera, con halagos previos a la vanidad del artista, y le vino a decir que el precio ofrecido no sólo era razonable sino que su cuadro iba a estar bien acompañado en la pinacoteca vaticana y que eso, como era sabido, daba mucho prestigio. Al ver que el corazón del pintor no se ablandaba ni su vanidad se inflaba, el vicario del Papa le ofreció de encima quince mil misas por la salvación de su alma, «porque he sabido que usted las necesita», le aseguró.

Obregón, con la misma serenidad bestial que exhibía al borde de los abismos, puso enseguida término a la negociación: «Vea, padre, con respecto a la plata no rebajo un solo centavo. En cuanto a las misas, rebajo las que usted quiera»[15]. La anécdota ilustra muy bien no sólo la personalidad del pintor, sino una de las características de todo el grupo: su entrega al trabajo y a la vida sin dejarse distraer por los posibles halagos de la gloria.

Así que Obregón, Cepeda Samudio, Fuenmayor, Vargas y García Márquez eran los cinco miembros constantes del grupo alrededor de los veteranos José Félix Fuenmayor y Ramón Vinyes. Los otros, que eran los más numerosos, entraban y salían del grupo a cortos y largos intervalos, como Alfredo Delgado, Orlando Rivera (*Figurita*), Julio Mario Santodomingo, Juan B. Fernández Renowitzky, Roberto Prieto, Ricardo González Ripoll, Quique Scopell, Bernardo Restrepo Maya, Carlos y Ramiro de la Espriella, Gonzalo González, y de cuando en cuando se dejaban caer, en calidad de visitantes, Rojas Herazo y el poeta Álvaro Mutis, que, en su condición de jefe de relaciones públicas de la empresa aérea Lansa, viajaba a Barranquilla semanalmente.

Cada uno de los dos maestros aportó su media naranja a la hervorosa vida literaria del grupo. El periodista y narrador José Félix Fuenmayor, nacido en Barranquilla en 1885 y muerto en la misma ciudad en 1966, fue uno de los modelos a seguir, con su prosa sencilla, precisa y transparente. En sus relatos de *La muerte en la calle,* publicados inicialmente en el semanario *Crónica,* les mostró a los muchachos del grupo los dones poéticos inagotables que se esconden en la mísera vida cotidiana, en los anhelos y pesadillas de las gentes de la calle, en los mitos y leyendas de los pueblos; al mismo tiempo, les enseñó que la manera más eficaz y elegante de narrar es la que ofrece una prosa sencilla, transparente, como lo aconsejaba Hemingway, donde los seres, las cosas y los actos proclamen y se asignen sus propios adjetivos, sin resquicios para la retórica y la mistificación intelectual.

Ramón Vinyes, «el sabio catalán» o «el viejo que había leído todos los libros», les afinó el olfato indicándoles en charlas de café los libros y autores que había que leer en cada circunstancia y momento, a la vez que les iba enseñando a desmontar los cuentos y novelas de los grandes narradores universales, identificando y separando piezas, tuercas y tornillos, para volver a armarlos con el placer del truco desvelado. Y si los muchachos se demoraban en los laberintos de cierta literatura que él consideraba dudosa, no tardaba en llamarlos al orden recordándoles a Homero en la Librería Mundo, el café Colombia o el bar Japi. Todos lo reverenciaban porque él era la «mejor hora» de sus «veinticuatro horas cotidianas»[16].

La historia de sabiduría y humanidad de Ramón Vinyes había comenzado en la aldea pirenaica de Berga en 1882. Habiéndose trasladado a Barcelona en su niñez, se dedicó a las letras desde muy joven y alcanzó antes de los treinta años cierta notoriedad en España como poeta y dramaturgo, llegando a figurar pronto en la Enciclopedia Espasa. Sin embargo, un día de 1913 terminó desencantándose del ambiente literario e intelectual de Barcelona, se distanció de la literatura y la ciudad y apareció en Ciénaga, la capital de la zona bananera, coincidiendo en el tiempo y en el espacio con otros dos hombres claves en la vida de García Márquez: el abuelo Nicolás Ricardo Márquez Mejía y el general Benjamín Herrera, quienes llevaban unos años residiendo en la vecina Aracataca. En Ciénaga, Vinyes se empleó como contable durante un año en una compañía bananera, pero la soledad, la miseria social y la monotonía del trabajo le hicieron volver pronto los ojos a la literatura, y, reconciliándose con ésta gracias a la belleza reparadora de la *Divina Comedia*, se trasladó a Barranquilla al año siguiente para fundar una librería y una revista literaria, *Voces,* que tendría una impronta notable en la vida intelectual y literaria de la Costa Atlántica y del país[17].

Atrapado por «dos nostalgias enfrentadas como dos espejos», el venerable catalán hizo a lo largo de casi cuarenta años varios viajes de ida y vuelta entre Barcelona y Barranquilla, sin llegar a decidirse del todo por ninguna de las dos ciudades, pues mientas Barcelona constituía el estanque de sus nostalgias más perennes, Barranquilla era la ciudad depositaria de sus amistades y afectos más ciertos: aquí se había casado con la barranquillera María Salazar.

Cuando en mayo de 1931 cayó la Monarquía de Alfonso XIII, Ramón Vinyes regresó por cuarta vez a Barcelona, tomó partido por la República y se dispuso a quedarse para siempre en su tierra, pero el triunfo del franquismo lo obligó a replegarse a Francia en febrero de 1939, para volver a Barranquilla un año después[18]. Esta vez permaneció diez años seguidos en la capital del Atlántico, una ciudad que, pese a sus amigos y a los años vividos en ella, no terminaba de agradarle por lo caótica y caliente y por su aspecto terroso. Vivía en un cuarto lleno de libros con un escritorio, una máquina de escribir, un baúl, dos cuadros, un ropero, un aguamanil y una cama. Por la mañana madrugaba a dar clases de Historia y Literatura en un colegio de señoritas; al mediodía se veía con los amigos del grupo en el café Colombia para tomar Coca-Cola y hablarles de sus autores y libros favoritos; por las tardes se instalaba en pijama junto a la ventana a escribir obras de teatro, artículos y cartas para sus amigos europeos; al anochecer se pasaba por la Librería Mundo, el café Colombia o el bar Japi para seguir hablando y tomando Coca-Cola con sus amigos[19]. Así transcurrieron sus últimos diez años en Barranquilla, hasta que un día tuvo las primeras intuiciones de la muerte, empacó otra vez las maletas y se subió a un avión el 15 de abril de 1950 rumbo a su añorada Barcelona, pues lo había empezado a mortificar la idea de que lo enterraran en el cementerio de la hervorosa y caótica ciudad. Sin embargo, a los pocos meses se dio cuenta demasiado tarde de que la Barcelona de sus sueños ya no existía, que no era más que una trampa en sus nostalgias, que él era menos un catalán que un colombiano del Caribe y que lo verdaderamente cierto para él, aparte de la proximidad de la muerte, era la bulliciosa, calurosa y terrosa ciudad de Barranquilla al otro lado del Atlántico, donde de verdad quería morirse entre el afecto de sus grandes e incondicionales amigos. Y, en efecto, pocos días antes de su muerte, acaecida el 5 de mayo de 1952, había solicitado un pasaje de barco para regresar y quedarse definitivamente en Colombia[20].

De todas maneras, se quedó. Y no sólo porque sería eternizado quince años después en *Cien años de soledad* con el apelativo de «el sabio catalán», sino por el magisterio que ejerció desde *El Heraldo* y la revista *Voces,* una de las más vanguardistas de Colombia y América, y desde sus charlas de peripatético de bares y cafés.

En *Voces*, que sólo tuvo tres años de vida a finales de la segunda década, Vinyes publicó las primeras traducciones en español de Chesterton y enriqueció la cultura literaria colombiana con textos de Claudel, Gide, Milosz, Apollinaire, Reverdy, Max Jacob, Huidobro, José Eustasio Rivera, León de Greiff y otros. Se preocupó sobremanera por difundir un ideario estético moderno que le ayudara a Colombia a salir de su provincianismo literario, y fue tan crítico con el casticismo estéril de los españoles y bogotanos como con los complejos, facilismo e ignorancia de los hispanoamericanos[21]. Sin embargo, no creía que la Meca de la modernidad fueran inevitablemente París, Londres o Nueva York. Pensaba que desde una provincia o una aldea americana se podía ser perfectamente moderno en lecturas y hechuras literarias. Esta idea esencial iba a alimentar a partir de los años cuarenta la filosofía del Grupo de Barranquilla en sus lecturas, ideas y obras. En particular, a García Márquez le iba a caer como anillo al dedo la idea buscada y pregonada por el escritor catalán de la aldea universal, ese microcosmos genuino donde cupieran cifradas la geografía, la historia, la humanidad y la cultura de América, que es exactamente lo que García Márquez venía buscando a tientas desde su regreso al Caribe tras la conflagración del *Bogotazo*, primero en *La casa* y después en *La hojarasca*. Es más: en uno de sus primeros artículos cartageneros había intentado ya una definición lírica y aproximada de lo que sería Macondo[22].

Con dos maestros tan completos como Ramón Vinyes y José Félix Fuenmayor y unos amigos tan fraternales, emprendedores y «mamagallistas» como los del grupo, en una ciudad abierta y cosmopolita como la Barranquilla de comienzos de los cincuenta, no es de extrañar que, muchos años después, García Márquez confesara y repitiera hasta la exageración que los años más fructíferos y deslumbrantes de su vida habían sido los tres o cuatro que pasó con sus amigos en aquella ciudad, y que éstos, como se lee en *Cien años de soledad*, habían sido «los primeros y últimos amigos que tuvo en la vida»[23]. La justa ponderación del escritor tendría, sin embargo, un efecto minimizador sobre sus amigos del Grupo de Cartagena y los logros alcanzados junto a Clemente Manuel Zabala, Héctor Rojas Herazo y Gustavo Ibarra Merlano, pues casi todos los frutos que el novel escritor cosechó junto a sus amigos de Barranquilla fueron el producto lógico y consecuente de lo que había empezado a plantar con los de Cartagena: el reencuentro con su cultura caribe, el descubrimiento, desde el mundo de su infancia, de los grandes temas y obsesiones de su obra, la búsqueda de un estilo y de un método narrativos adecuados a su propia temática, la búsqueda y configuración de Macondo (la aldea universal que contendría traspuesto todo lo vivido y lo soñado), el descubrimiento de los clásicos griegos y latinos, en especial de Sófocles, el hallazgo de una manera contemporánea de leer a los clásicos del Siglo de Oro español, y, en fin, lo que sería tan decisivo en su carrera como su encuentro con Kafka y Sófocles: el descubrimiento de William Faulkner, Virginia Woolf y Herman Melville, a quienes, al contrario de lo que se diría, no descubrió con los amigos de Barranquilla, sino con los de Cartagena desde el mismo momento en que empezó a trabajar en *El Universal*.

O sea que los períodos de Cartagena y Barranquilla no son dos momentos separados en la vida y evolución de García Márquez, sino que están íntima y globalmente unidos, ya que el uno continúa al otro. Es más: los miembros de uno y otro grupo tenían contactos intelectuales y literarios y algunos hasta una estrecha amistad. Lo que es innegable es el gran aporte que le brindarían Barranquilla y sus intelectuales, por el carácter cosmopolita de ambos, al futuro autor de *Cien años de soledad,* y de modo muy especial la amistad fraterna y cómplice de los amigos del grupo. Agotado el ambiente provinciano, casi aldeano, de la ciudad heroica y disgregado el Grupo de Cartagena al finalizar los años cuarenta, Barranquilla y sus muchachos se erigieron entonces en la cuna y soporte finales que le permitirían al cataquero alcanzar la madurez social, humana, periodística y literaria necesaria para acometer el lento proceso de su monumental obra narrativa.

El salto definitivo empezó a consolidarse en la sala de redacción de *El Heraldo.* Una vez que Alfonso Fuenmayor ganó la batalla en favor de la inclusión de su amigo García Márquez en el periódico, renunciando a la mitad de su sueldo durante varios meses para que ello fuera posible, el escritor quedó encargado de la sección internacional: tenía el cometido de seleccionar, ajustar y titular los cables que llegaban por los teletipos. Sin embargo, al igual que en Cartagena, lo que él quería era ser un simple reportero de las páginas de sucesos, pero, al igual que en *El Universal,* se dio cuenta de que no era posible porque los cronistas de dichas páginas no sólo eran reporteros muy fogueados, sino que se comportaban como si fueran dueños de las mismas. Así que tuvo que conformarse con ser un editorialista esporádico y un columnista permanente, inaugurando el 5 de enero de 1950 la larga y fecunda serie de cuatrocientas *jirafas.* Como el silencioso mamífero (Ramón Gómez de la Serna lo había definido como «un caballo alargado por la curiosidad»), desde su columna lo otearía y comentaría todo o casi todo apenas sin ruido, y, como la misma jirafa, sería la más vistosa por su elevado estilo y gran imaginación. Pero su éxito fue más allá, hasta propiciar el absentismo laboral en la redacción del periódico, pues García Márquez adquirió la costumbre de irse a la esquina próxima a comprar cigarrillos, tomarse un trago y seguir contando sus historias, de tal manera que detrás de él se iba la mayor parte de la redacción, y un día el gerente pegó el grito en el cielo y lo botó de *El Heraldo.* De nuevo fue Fuenmayor el que hizo de abogado y mecenas de García Márquez, enfrentándose a su primo: «Mira, Carlos, Gabriel es la gente más importante de *El Heraldo.* Tú no te acabas de dar cuenta de que es un diamante en bruto. No seas estúpido»[24]. Juan B. Fernández Renowitzky era de la misma convicción cuando le propuso a su padre, el dueño del periódico, que lo hiciera su socio, «en la seguridad de que ésa sería nuestra mejor inversión para el futuro»[25].

García Márquez era entonces, a los veintitrés años, un loco muy cuerdo, y tal vez por eso firmó todas sus *jirafas* con el seudónimo woolfiano de Septimus. Ambicioso y deseoso de ser un escritor de verdad, sin adjetivos, era muy consciente del momento esencial que estaba viviendo, de los amigos únicos e irreemplazables que le estaban transmitiendo lo mejor de sí mismos. Eso acrecentó sus bríos y lo convirtió en un trabajador desorbitado: aparte de escribir una columna diaria y editoriales esporádicos, trabajaba en dos novelas, escribía cuentos, armaba él solo el semanario *Crónica,* leía por lo menos un libro diario, se emborrachaba con sus amigos por las noches y, como en Cartagena, hasta coronaba de pronto a alguna reina de belleza. El año 1950 sería tal vez el más prolífico, intenso y deslumbrante de la vida de García Márquez. Un año irrepetible durante el cual, para mayor felicidad, estuvo más cerca de su novia Mercedes Barcha, la guapa muchacha de descendencia egipcia que durante las vacaciones lo esperaba detrás del mostrador de la farmacia de su padre, en la avenida Veinte de Julio con calle 65.

Pero para las personas que no lo conocían de verdad, más allá de los gestos y las formas convencionales, como los taxistas, los bármans, las prostitutas y los chulos de la calle del Crimen, el escritor no parecía estar en su mejor año; para ellos no era más que el amable Trapo Loco[26]: un joven pálido y muy delgado, de pelos hirsutos y ojos desorbitados, más bien despistado, que caminaba rápido y vestía pantalones de dracón, camisas de colores chillones que deslucía por fuera y unos zapatos gastados que, sin embargo, eran menos llamativos que los calcetines de colores estridentes.

En apariencia, hubo mucho de locura y de masoquismo romántico en la forma en que le tocó a García Márquez vivir en Barranquilla para poder disfrutar las mieles del momento. Para empezar, tuvo que dormir cerca de un año en un burdel. Como los tres pesos por columna y los cuatro por editorial que cobraba en *El Heraldo* apenas le alcanzaban para malvivir, se vio obligado a buscarse un manera barata de dormir y, con «las muchachitas que se acostaban por hambre» de la calle del Crimen, empezó a descubrir la ganga de su vida: dormitorios de un peso con cincuenta centavos las veinticuatro horas del día. El lugar era un viejo edificio cuadrangular de cuatro plantas, sin ascensor, conocido con el nombre risible de El Rascacielos, ubicado en la calle Real, frente a *El Heraldo.* En los pisos bajos funcionaban las notarías y en los altos lo hacían los burdeles. En la terraza estaban las duchas comunales donde las putas, los chulos y los huéspedes se bañaban por turnos. La habitación burdelesca de García Márquez era cuadrada, de tres por tres metros, daba a la calle y por la ventana se le colaba el ruido bochornoso de la calle, pero tenía a la vista la presencia nostálgica de dos almendros viejos. Una de las huéspedes permanentes del burdel, María Encarnación, una gorda floral olorosa a agua de lavanda, le lavaba y le planchaba los dos únicos pantalones de dracón y las tres únicas camisas de colores chillones, con la entrega caudalosa y desinteresada de las amantes de urgencia[27].

Entre el portero de El Rascacielos y el escritor se fue creando una relación consuetudinaria: García Márquez llegaba por la tarde, por la noche o al amanecer, le daba un peso con cincuenta centavos y el negro Dámaso Rodríguez le entregaba la llave del cuarto. Al cabo de varias semanas la relación se convirtió en algo mecánico. Pero una noche, y muchas otras, no tuvo a mano el peso con cincuenta centavos; entonces le describió a Dámaso el drama de su vida, sacó los originales escritos en papel periódico que llevaba siempre en una funda de cuero debajo del brazo y le dijo: «Mire, estos papeles que usted ve aquí son lo más importante para mí y valen mucho más que un peso con cincuenta centavos, se los dejo y mañana le pago»[28]. Dámaso no sólo accedió, sino que llegó a aceptarlo como una norma: cuando García Márquez tenía el peso con cincuenta centavos se los tomaba y cuando no, le recibía como prenda de garantía la funda de cuero con los originales de *La hojarasca*.

Así logró tener dormitorio fijo y barato durante casi un año, estuvo bien atendido por María Encarnación y se hizo amigo de Dámaso y del resto de las mujerzuelas, que no sólo le tenían respeto y cierta simpatía fraterna, sino que le pedían consejos para la vida y ayuda en la redacción de las cartas para sus amores imposibles. Ellas nunca llegaron a saber quién era él, aunque les parecía evidentemente culto y con amigos distinguidos que iban a buscarlo en coches oficiales. Por las mañanas le prestaban el jabón, que casi nunca tenía, y lo invitaban a compartir un improvisado desayuno con cerveza y huevos fritos. Otras veces era el escritor quien las invitaba a su cuarto a escuchar canciones vallenatas interpretadas por él mismo con un dulzaina que le había regalado Germán Vargas.

En el fondo, la vida en El Rascacielos no fue tan mala para el joven escritor que se había propuesto vivir sólo y exclusivamente de su pluma en una ciudad en que nadie podía darse ese lujo. En cierto modo, el infierno de las putas tenía mucho de paraíso para su alma carroñera de artista. Esto, al menos, es lo que pensaba su maestro William Faulkner cuando, en su famosa entrevista a *The Paris Review,* declaró que «el mejor ambiente en que un artista puede trabajar» es el de un burdel, porque, explicó, durante las mañanas hay silencio y tranquilidad para escribir y durante las noches hay fiesta, licor y gente para conversar[29]. Pero García Márquez entonces iba más allá, pues los deleznables tabiques que separaban los cuartos le permitían escuchar las confidencias que los clientes les hacían a sus mujeres de alquiler, y aquéllos eran a menudo intelectuales, políticos y burócratas respetables de la ciudad. Allí aprendió muchas cosas de la honestidad de las prostitutas y de la condición humana de los clientes, de su clandestina condición humana, como que, por ejemplo, no iban tanto para hacer el amor, sino para hablarles de sí mismos a sus compañeras de ocasión[30]. No en balde este burdel pasaría casi intacto a *El otoño del patriarca* y sería uno de los modelos de otros burdeles que andan eternamente activos en sus cuentos y novelas, y no en balde su portero Dámaso Rodríguez quedaría traspuesto como el personaje Dámaso que se roba las bolas de billar en el cuento «En este pueblo no hay ladrones».

Conforme a la preceptiva faulkneriana, García Márquez también pastoreaba sus musas en el burdel El Rascacielos. Sentado en su cama de madera en el pequeño cuarto cuya ventana daba a un almendro decrépito, corregía compulsivamente lo que había escrito el día anterior hasta altas horas de la noche en la sala de redacción de *El Heraldo,* una sala con luces de neón y viejos ventiladores de aspas que en vano giraban para amainar el calor, pero que estaba desierta al son del ruido de los teletipos y el estruendo lejano de la rotativa en la planta baja. Cuando aquéllos cesaban de pronto, el cerebro de García Márquez se quedaba en nada, como si se lo hubieran arrancado de cuajo, pero tan pronto como se reiniciaba la lluvia de granizo de los teletipos, las imágenes y las historias volvían a su mente; entonces, mientras afuera hervía la calle del Crimen con el ambiente abrasivo de sus bares y su música de arrabal, seguía fumando sin parar frente a la vieja máquina Remington de Alfonso Fuenmayor, intentando sacarse del cuerpo los demonios de Aracataca, de su infancia, con la tercera versión de *La hojarasca*[31] o con la siempre postergada novela *La casa*, la primera que había comenzado a mediados de 1948 en Cartagena, mientras se estrenaba como periodista en *El Universal*. Algunas noches, después de terminar su doble jornada en el periódico, se iba de copiloto de *El Mono* Guerra, un taxista muy amigo suyo, y se perdían en el laberinto de la ciudad dormida, llevando y trayendo pasajeros, hasta la madrugada, cuando la ciudad despertaba con sus efluvios de pescado fresco y frutas podridas. Sólo entonces García Márquez volvía a su cuarto burdelesco de El Rascacielos, cargado de historias y anécdotas de los anónimos pasajeros y con el semblante lívido de un ánima en pena[32].

En cierta forma lo era. A principios de 1950, *La hojarasca* había conocido ya dos versiones y andaba por el mundo haciendo sus primeros pinitos: García Márquez, por sugerencia de Álvaro Mutis, se la había entregado al agente editorial Julio César Villegas para ser publicada en Buenos Aires por la editorial Losada. Desembarazado de esta novela (eso creía él), volvió a la carga con *La casa*, y durante los primeros meses de ese año trabajó intensamente en ella. El esquivo mamotreto se crecía, se comprimía y se volvía a desparramar: era un mundo vasto, proteico e inabarcable cuya escritura terminó convirtiéndosele en un caos tedioso.

Con todo, el primer purgatorio del joven narrador no fue la escritura imposible de *La casa*, sino el rechazo editorial de *La hojarasca* durante los primeros meses de ese año. Ésta había sido enviada por Villegas a Losada junto con *El cristo de espaldas*, de Eduardo Caballero Calderón, con el propósito de captar nuevos valores de la narrativa colombiana. Entre los amigos de García Márquez que habían leído su libro no cabía la menor duda de que sería seleccionado, porque, si bien ésta es la novela menos acabada del autor colombiano, entonces era completamente revolucionaria en el panorama narrativo nacional y latinoamericano por su desarrollo de un tema sofocleo, a la luz de los recuerdos de la infancia del autor, con técnicas combinadas de Faulkner y Virginia Woolf. Pero el comité de lectura de la editorial argentina no sólo rechazó la *opera prima* de García Márquez, sino que le envió una carta demoledora, firmada por su presidente Guillermo de Torre, el cuñado de Jorge Luis Borges[33].

Ese día el joven narrador llegó muy compungido a *El Heraldo,* se dirigió a Alfonso Fuenmayor y le dijo en voz baja: «Quiero hablar con usted, pero allá», señalándole a lo lejos una tienda del mercado. En medio de los carniceros barranquilleros que tomaban cerveza, García Márquez sacó la carta de la editorial, la puso delante de las gruesas gafas de su amigo y le dijo: «Lea esta carta»[34]. Fuenmayor también se quedó congelado: la carta del español Guillermo de Torre, después de reconocerle un cierto tino poético al autor de *La hojarasca,* lo descalificaba como narrador, negándole cualquier futuro, y le sugería que lo mejor que podía hacer era dedicarse a otra cosa.

García Márquez, que había gozado de un éxito editorial inmediato desde que había escrito sus primeras cosas a los trece años, cayó literalmente enfermo. Años después reconocería que si su «vocación de escritor no hubiera sido tan intensa, habría abandonado para siempre la literatura»[35]. No sólo lo salvó su vocación irreductible, sino los amigos del grupo con sus críticas fraternales y sinceras. Entre todos lo sacaron del fango. Alfonso Fuenmayor le dio ánimos recordándole que «el primer libro de uno nunca es el mejor», que su novela era buena a pesar de todo y que la posible autoridad literaria del crítico Guillermo de Torre se autoinvalidaba con un juicio tan torpe. Por su parte, Ramón Vinyes le comentó la novela párrafo a párrafo, capítulo a capítulo, haciéndole ver sus aciertos y debilidades. La clarividencia y sinceridad de éste no sólo le ayudaron a superar la horrible depresión, sino a acometer meses después (probablemente hacia mayo/junio de ese año) la tercera versión de la novela, en medio de la orfandad amistosa y literaria en que los dejó el mismo sabio catalán cuando emprendió su último viaje de regreso a Barcelona el 15 de abril, pero también en medio del entusiasmo febril del grupo, que a finales de este mes estrenaba su propio órgano de expresión: el semanario *Crónica.*

Crónica era un viejo proyecto de Alfonso Fuenmayor nacido en una de las reuniones habituales del grupo en el café Colombia, y durante años lo había paseado por el bar Japi, el café Roma, la Librería Mundo (los otros sesteaderos del grupo), la redacción de los periódicos y media Barranquilla. Ramiro de la Espriella, recién nombrado Juez Octavo de policía para controlar los estados de ratería, vagancia y marihuanería, les sugirió que hicieran una sociedad en comandita y le dio al semanario el nombre provisional de «El Comanditario», hasta que una tarde de abril de 1950 el proyecto cuajó en una de las reuniones vespertinas de la Librería Mundo. Fuenmayor hizo prevalecer entonces el nombre de *Crónica*, y se conformó el cuerpo de redacción con él como director y García Márquez como jefe de redacción. En el comité de redacción entraron prácticamente todos los del grupo, desde los más nucleares hasta los más itinerantes: Ramón Vinyes, José Félix Fuenmayor, Germán Vargas, Álvaro Cepeda Samudio, Julio Mario Santodomingo, Alfonso Carbonell, Rafael Marriaga, Juan B. Fernández Renowitzky, Alfredo Delgado, Bernardo Restrepo Maya, Meira Delmar, Gonzalo González. Los pintores Alejandro Obregón, Alfonso Melo y Orlando Rivera, *Figurita*, fueron los encargados de la ilustración, y a veces el mismo García Márquez hacía o plagiaba algunos dibujos, apelando a su vieja cualidad de buen dibujante.

Alfonso Fuenmayor recordaría que aquélla fue una tarde de especial entusiasmo en el grupo y que, mientras caminaban por la calle después de salir de la Librería Mundo, García Márquez se detuvo, lo tomó del brazo y le dijo muy contento: «Maestro, estamos bien de grupo». Ésta fue, según Fuenmayor, la primera vez que el grupo recibió tal mención, aunque sería Próspero Morales quien más tarde lo bautizó como «Grupo de Barranquilla» en un artículo publicado en el diario *El Espectador* de Bogotá[36]. La anécdota subraya de paso una de las características principales del grupo: su espontaneidad. Y es que, lo mismo que el Grupo de Cartagena, aquél era ante todo un grupo de amigos que compartían varias cosas, siendo el periodismo y la literatura las dos más importantes. Los «mamadores de gallo de La Cueva» se reunían informalmente nucleados por la amistad y el sentido de la diversión, que era la forma como entendían su dedicación al arte y la cultura. El mismo Fuenmayor repetiría seis años antes de su muerte que ellos habían instruido y orientado «a Gabriel en sus lecturas, pero ya individualmente, no como grupo organizado, porque nunca lo fuimos, aunque algunos estudiosos así lo crean»[37]. Sin embargo, el Grupo de Barranquilla fue uno de los más activos e informados del continente, y el propósito esencial de cualquier grupo de artistas e intelectuales sería plenamente cristalizado, con obras tan perdurables como las de Álvaro Cepeda Samudio, Alejandro Obregón y Gabriel García Márquez. El hecho de que el grupo terminara consolidándose alrededor del semanario *Crónica,* donde todos sus miembros publicaron uno o varios trabajos, proclama con elocuencia que no porque se careciera de forma y ambiente más o menos académicos se descuidaba lo esencial: la obra y su proyección social.

La misma naturaleza híbrida de *Crónica,* el hecho de ser un semanario deportivo y literario a la vez, delata la coherente filosofía del grupo de quitarle seriedad a la vida, como les había enseñado el sabio catalán, y restarle toda solemnidad a la literatura, el periodismo y la cultura. Creada en un momento de gran auge del fútbol en Colombia, la revista, de presentación modesta y esforzada, pretendió utilizar el deporte como anzuelo comercial para hacer y difundir lo que realmente les interesaba: el periodismo y la literatura. De tal manera que los lectores podían toparse, al final de un reportaje sobre los alcantarillados de la ciudad o de una entrevista a uno de sus ídolos deportivos, con una cosa tan seria como un cuento de Kafka, Saroyan, Borges, Hemingway, Cortázar, Felisberto Hernández o el propio García Márquez.

Al principio de la publicación, estrenada el sábado 29 de abril, hubo tal efervescencia y tal avalancha de colaboraciones, que Fuenmayor y García Márquez apenas daban abasto para recibirlas y encontrarles el espacio que se merecían. Todos enviaron sus crónicas, comentarios, reportajes, poemas o relatos. Ramón Vinyes, regresado a España quince días antes de la salida de *Crónica,* les enviaba cuentos y comentarios desde Barcelona, lo mismo que Juan B. Fernández Renowitzky desde París y Bernardo

Restrepo Maya desde Estados Unidos. Cepeda Samudio publicó excelentes cuentos y José Félix Fuenmayor, el otro maestro del grupo, cedió siete de sus innovadores relatos de *La muerte en la calle,* que tanta influencia tendrían en Cepeda Samudio y García Márquez, y este último publicó algunos fragmentos de su imposible novela *La casa* y los mejores cuentos de *Ojos de perro azul,* lo que hacía cada vez que estaban escasos de material[38].

Editada en *El Heraldo* y armada totalmente por García Márquez, cobrando veinticinco pesos semanales (la primera paga importante de su vida), *Crónica* tuvo una buena acogida durante sus primeros números, pues los lectores pensaron que se trataba de un semanario de deportes, pero cuando descubrieron el truco de su catadura deportiva para encubrir su orientación «liberal heterodoxa con elementos de izquierda» y sus incrustaciones literarias, dejaron de comprarla gradualmente. Entonces sus responsables reforzaron la sección de deportes, y hasta el mismo García Márquez escribió un reportaje deportivo, el primer reportaje de su vida, titulado «El deportista mejor vestido», una semblanza del futbolista uruguayo Berascoechea, quien militaba en el equipo Junior. Sin embargo, el destino de *Crónica,* como el de la mayoría de las revistas de su época, estaba cantado: al verse obligados Fuenmayor y García Márquez a incidir más en el aspecto deportivo, un tema que no era su fuerte y que apenas les interesaba, y al tener que llevar ellos solos todo el peso de la elaboración de la revista, de la distribución y del cobro[39], al poco tiempo empezaron a cansarse y el semanario fue decayendo poco a poco, para cerrar a los catorce meses acuciado por problemas económicos y la falta de colaboraciones exclusivas.

Pero García Márquez se alejó de la revista mucho antes de su quiebra, dejándola en enero de 1951, cuando se trasladó a Cartagena con su padre y su hermano Gustavo y empezó a dar clases de castellano en el Colegio Departamental Anexo a la Universidad de Cartagena, a la vez que pretendió matricularse en cuarto de Derecho para terminar la carrera abandonada a finales de 1949.

A pesar del hartazgo final, *Crónica* quedaría ligada de forma esencial no sólo al año más intenso de su vida, al que más tiempo seguido pasó junto a los amigos del grupo, sino al desarrollo de su segunda forma de expresión literaria: la muy elíptica, transparente y objetiva de *Relato de un náufrago*, *El coronel no tiene quien le escriba* y la mayoría de los cuentos de *Los funerales de la Mamá Grande*, que serviría de contrapeso y complemento al primer estilo lírico-barroco de los primeros seis relatos de *Ojos de perro azul*, *La hojarasca*, el relato «Los funerales de la Mamá Grande», *Cien años de soledad* y *El otoño del patriarca*.

Los últimos cuentos de *Ojos de perro azul*, aparecidos en *Crónica* durante ese año: «La mujer que llegaba a las seis», «La noche de los alcaravanes» y «Alguien desordena estas rosas», marcan, pues, la pauta del segundo de los dos estilos de García Márquez, un salto cualitativo derivado del definitivo afianzamiento del autor en su cultura caribe, de sus dos años de experiencia en el periodismo y de sus lecturas de escritores como Hemingway, Dos Passos y Capote, así como de la novela y el relato policíacos. La historia de la concepción de los dos primeros relatos revela no sólo la cohesión vital y literaria que había entre García Márquez y sus amigos, sino el genio ya alerta del joven narrador y periodista respecto a la realidad inmediata como fuente primordial de su obra.

A veces, cuando los relatos de policías que traducía o pirateaba Fuenmayor de revistas extranjeras eran muy extensos, éste le pedía a García Márquez que los comprimiera sin resumirlos hasta una determinada extensión. Entonces, el escritor cogía un lápiz y podaba las frases explicativas o meramente descriptivas, adelgazando el relato en lo esencial, de tal manera que esta labor reiterada se convirtió en todo un taller de estilo para él. Fue durante estos meses, en que el grupo leía también las novelas policíacas de la colección el «Séptimo Círculo», dirigida por Jorge Luis Borges y Adolfo Bioy Casares, cuando surgió la apuesta entre Fuenmayor y García Márquez acerca de si éste sería capaz de escribir un cuento policíaco. El escritor aceptó el reto, hizo el pertinente trabajo de investigación, trazó el plan de trabajo y se sentó a escribirlo[40].

Al hurgar en la realidad inmediata, buscando material para su cuento, García Márquez se acordó de la historia de la modelo que había dejado esperando al pintor Alejandro Obregón. Siendo profesor de la Escuela de Bellas Artes, éste se había propuesto conseguir una modelo de carne y hueso que posara para sus alumnos, pero, en el ambiente aún puritano de la ciudad, eso sólo era posible conseguirlo en el sector desprejuiciado de las hetairas. Así que Obregón se puso a buscar la modelo, hasta que un día la encontró con la ayuda de Fuenmayor, Germán Vargas y Orlando Rivera, *Figurita*, el personaje más espontáneo y pintoresco del grupo. La mujer, que logró que Obregón le escribiera una carta en inglés para un marinero de Bristol, no entendió muy bien la propuesta del pintor, pero quedó en ir al día siguiente a las tres de la tarde a la Escuela de Bellas Artes. Jamás llegó[41]. La anécdota, como tantas otras, hizo pronto carrera en el entorno del grupo, y García Márquez aprovecharía la anónima hetaira para convertirla en el personaje de su cuento pretendidamente policíaco que había de escribir para ganarle la apuesta a su amigo. La verdad es que, en el fondo, no le hubiera hecho falta, porque él vivía entre hetairas en El Rascacielos, compartiendo miserias y alegrías con ellas, y conocía muy bien su ambiente y el hastío insondable de su oficio.

Como lo explicaría dos años después en una carta a su amigo y coterráneo Gonzalo González, *Gog*, muy pronto su «viejo romanticismo interfirió» su inexperiencia policíaca, y el cuento de la apuesta se fue al carajo, pero, en cambio, García Márquez escribió «La mujer que llegaba a las seis», el primer cuento completamente verosímil de *Ojos de perro azul* y, pese a sus deficiencias, uno de los mejores que habría de escribir en su vida. Aunque el mismo autor reconociera que este cuento «parece más de Hemingway que de Gabriel García Márquez» y aunque ciertamente existe una atmósfera y algunos elementos comunes entre su cuento y «Los asesinos» de Hemingway[42], la verdad es que el relato del joven autor colombiano no sólo posee una estructura más esférica, sino que alcanza mayores cotas estéticas que el de su maestro norteamericano. Y es que en «La mujer que llegaba a las seis» emerge ya el meticuloso, ordenado, elíptico y transparente narrador de *Relato de un náufrago* y *El coronel no tiene quien le escriba*.

En esta nueva línea y partiendo de otra de las tantas anécdotas vividas con el grupo, escribió poco después «La noche de los alcaravanes», un relato que gozó del aplauso inmediato de lectores como los poetas Jorge Zalamea y Álvaro Mutis.

Como tantas noches, García Márquez había acudido con sus amigos al bar de La Negra Eufemia, un burdel pintoresco en el barrio Las Delicias (el mismo burdel de Pilar Ternera en el Macondo decadente), que para ellos tenía un atractivo insustituible: se vendía de contrabando el ron Bacardí más barato de la ciudad. Al contrario de lo que afirma la leyenda, Fuenmayor recalcaría que ninguno de ellos llegó a tener la más mínima relación sexual con «las muchachitas que se acostaban por hambre» del burdel, sino que ellos iban simplemente a beberse su botella de ron por trece pesos y a ver bailar a los marineros americanos, balanceando sus cuerpos de grandes niños sonrojados en una pista de baile por donde se paseaban como gallinas los alcaravanes de La Negra Eufemia. Lo cierto es que una noche García Márquez se quedó dormido, Fuenmayor lo sacudió por el hombro y le dijo: «¿Y si los alcaravanes nos sacan los ojos?». Como se sabe, estas aves pueden sacarle los ojos a los niños porque ven que algo se mueve en las pupilas y creen que es un pez. García Márquez se despertó sobresaltado con la ocurrencia de su amigo y vio los alcaravanes en la pista. Su duende ensoñador no tardó en concebir la imagen de tres amigos que se quedan ciegos en un burdel, tanteando aquí y allá, porque los alcaravanes les han sacado los ojos. Éste fue el origen de «La noche de los alcaravanes», su segundo gran cuento, escrito una noche de una sentada para llenar algún espacio que les sobraba en el semanario *Crónica*.

La relación nutricia con la realidad inmediata de estos dos cuentos, que es la misma relación del joven periodista con la realidad, no es la que va a alimentar su siguiente relato, «Alguien desordena estas rosas», pues éste se basa más bien en la vieja experiencia del escritor con los espíritus endémicos de la casa de Aracataca y en su obsesión personal porque le lleven flores y testimonios de afecto hasta el pie de la misma tumba[43]. En este cuento, escrito con el mismo estilo que los anteriores, el salto es de otra índole: por primera vez en un relato de García Márquez la muerte no es una pesadilla, sino un estado de gracia que ofrece alguna posibilidad y hasta cierto aliciente para seguir viviendo en la muerte-vida. Así, el alma del niño que quiere robar las rosas de un altar doméstico para colocarlas en su tumba, no es ya un muerto necrológico y masoquista, desgarrado por la desintegración ontológica y su imposible comunicación con los vivos, sino un muerto-vivo sereno, con sus propios alicientes y la conciencia de sus propios alcances y limitaciones. Con él empieza la saga de los muertos vitales que, enriquecidos por la lectura posterior de *Pedro Páramo,* poblarán *Cien años de soledad,* imponiendo sus leyes y caprichos.

CAPÍTULO NUEVE

Mientras los muertos empezaban a serenarse en los relatos de García Márquez, anunciando el vitalísimo reino de Melquíades y Prudencio Aguilar, él, por el contrario, era salpicado muy de cerca por las esquirlas de la muerte, pues el asesinato de su amigo Cayetano Gentile Chimento, ocurrido en Sucre la madrugada del 22 de enero de 1951, fue tal vez el momento más grave de su juventud. Esta muerte introdujo en su memoria, no ya las piedrecillas que le habían dejado la pérdida del abuelo y la infancia fabulosa de Aracataca, sino verdaderos pedruscos de mortificación que sólo exorcizaría treinta años después en *Crónica de una muerte anunciada.*

Cuando ocurrió la tragedia, García Márquez había dejado Barranquilla y había vuelto a Cartagena para encontrarse con su padre Gabriel Eligio y su hermano Gustavo, que era apenas un adolescente de quince años. Mientras éstos buscaban una casa y ultimaban los preparativos para el inminente y definitivo traslado de la familia desde Sucre, el escritor seguía enviando columnas y editoriales a *El Heraldo,* empezaba a dar clases de castellano en el Colegio Departamental Anexo a la Universidad y andaba con la ventolera tardía de volverse a matricular para terminar los estudios de Derecho[1], aunque más por presión familiar que por voluntad propia: la verdad es que la carrera la tenía abandonada desde finales de 1949. Peor aún: ni siquiera había recogido las notas del curso tercero, y sólo cuando fue a matricularse para cuarto se dio cuenta de que había perdido tres materias, por lo que tenía que repetir todo el curso si pretendía ser abogado. García Márquez declinó semejante tortura y se alejó para siempre de las aulas. Cuando Gabriel Eligio supo que su hijo había descartado el Derecho como la solución profesional de su vida, aferrándose más todavía al periodismo y la literatura, se llevó un gran disgusto y le espetó sin la menor comprensión: «Comerás papel»[2]. Y así sería, al menos durante los siguientes quince años.

En el fondo, esto no le preocupó lo más mínimo. Al contrario: quedaba con las manos libres para jugarse la única carta que le interesaba. Su verdadera aflicción, su gran pérdida, como la de su familia y todo Sucre, era la muy aciaga muerte de su amigo Cayetano Gentile Chimento, de tal manera que el impacto inicial de la tragedia se le fue convirtiendo en una necesidad irresistible de narrarla en un extenso reportaje, y pensó viajar a Sucre a reconstruir el crimen en todos sus pormenores. Pero el asunto de la universidad, el trabajo y la pronta llegada de su familia fueron postergando el viaje indefinidamente. Sin embargo, debió de ser la falta de perspectiva y el hecho de ser un periodista incipiente en un periódico de provincia lo que en el fondo lo disuadió del empeño, para convertírsele en una obsesión literaria a fuego lento durante treinta años.

Como en la mayoría de los pueblos de la Costa Atlántica, la violencia afloró en Sucre sobre todo a nivel político, económico y moral, y ésta encontró uno de sus medios de expresión en los famosos pasquines que los sucreños empezaron a intercambiarse en las paredes de sus casas a finales de los años cuarenta. En estos pasquines o boletas, que serían el origen de *La mala hora,* las gentes hacían ciertas acusaciones de forma anónima, dando lugar a diversos incidentes e incluso a algunos hechos de sangre que, aunque esporádicos, terminaron de envenenar la atmósfera del pueblo. Fue en este contexto de sospechas mutuas, de acusaciones cruzadas y de violencia subterránea en el cual los hermanos Chica Salas asesinaron a su amigo Cayetano Gentile Chimento, para reparar la afrenta del honor ultrajado, y a raíz de este mismo clima irrespirable los García Márquez decidieron trasladarse a Cartagena en febrero de este año, justo un mes después del asesinato de Cayetano.

La familia llevaba residiendo en Sucre desde noviembre de 1939, y era la primera vez que los García Márquez vivían tanto tiempo seguido en un mismo sitio, gozando de una vida llena de sosiego y relativa prosperidad. Aquí habían nacido los cuatro menores de los once hijos del telegrafista y la hija del coronel: Jaime, entonces de diez años, Hernando, de siete, Alfredo, de cinco, y Eligio Gabriel, de apenas tres[3]. Aquí, el padre había sido síndico del hospital mientras ejercía su profesión de homeópata y farmaceuta con el éxito que había soñado siempre, y, tras residir en varias casas alquiladas, había podido al fin construirse la suya propia, amplia y «blanca como una paloma», entre un bosque de mangos a orillas del río La Mojana. Aquí, el estudiante y joven periodista y escritor Gabriel García Márquez había sido libre y feliz durante las vacaciones a la sombra de los mismos mangos, devorando libros y escribiendo relatos echado en una hamaca. Aquí había estudiado a fondo los problemas técnicos de la novela y había terminado la primera versión de *La hojarasca*. Aquí había perdido la virginidad a los once o doce años, había conocido los favores del regazo prostibulario de María Alejandrina Cervantes, había conocido la «increíble y triste historia» de una niña que con el tiempo se llamaría Eréndira y las de muchos otros personajes que poblarían sus ficciones. Como Aracataca, Barranquilla, Valledupar y Cartagena, Sucre sería uno de los viveros más fértiles de sus ficciones. Más aún: al igual que Aracataca, que sería el modelo de Macondo, Sucre sería el modelo de «el pueblo» que aparece en *El coronel no tiene quien le escriba*, *La mala hora*, la mayoría de los relatos de *Los funerales de la Mamá Grande* y *Crónica de una muerte anunciada*.

Curiosamente, durante los años veinte y treinta, Sucre había conocido una prosperidad parecida a la que tuvo Aracataca en los años diez y veinte, y, asimismo, padecería una decadencia progresiva acelerada por una causa semejante a la que terminó con la prosperidad de la patria chica del escritor.

Doscientos años después de su fundación, Sucre empezó a convertirse a principios de este siglo en un eslabón importante de la economía de la cuenca hidrográfica de aluvión irrigada por los ríos Magdalena, Cauca, San Jorge y La Mojana. Generoso productor de ganado, caña de azúcar, arroz y maíz, este pueblo experimentó un notable desarrollo económico, social y cultural gracias a la inmigración de alemanes, italianos, libaneses, sirios y egipcios, que a lo largo de las dos primeras décadas del siglo sentaron sus reales como cacharreros ambulantes, para convertirse luego en prósperos comerciantes, ganaderos y agricultores. Con italianos como los Gentile, los Chimento, los Garibaldi, los Parisi, y con árabes como los Naser, los Barcha, los Cure y los Hanne, Sucre no sólo conoció la edad de oro de su economía, sino un sostenido desarrollo cultural que hizo del deporte, el teatro, la música y el cine expresiones cotidianas en un medio en el que escaseaban o simplemente no existían. En sus mejores momentos, Sucre llegó a tener dos aeropuertos en los que aterrizaban y despegaban hasta seis aviones por semana. Fue uno de los primeros pueblos de Colombia en tener planta eléctrica y el primero en tener una fábrica de hielo[4].

El gran problema de Sucre, aparte de su insalubridad, era el aislamiento derivado de los precarios medios de comunicación, pues en verano la sequía del río o caño La Mojana, su principal vía de acceso, interrumpía la navegación, mientras que en invierno los caminos quedaban completamente anegados. Para resolver este problema que afectaba a todos los pueblos de las riveras de La Mojana, el misionero español y cura párroco del cercano pueblo de Majagual, José Gavaldá, convenció a la vecindad de la necesidad de abrir un canal de dos kilómetros para verter en verano las aguas del río Cauca al caño La Mojana. Como en los mejores tiempos de José Arcadio Buendía, la espontánea obra de ingeniería se hizo en 1938 con el concurso de todos, pero su misma improvisación llevaba dentro el germen de la tragedia: sin estudios previos ni infraestructuras adecuadas, las aguas alocadas del Cauca fueron ensanchando el metro y medio inicial de la Boca del Cura, como se le llamó desde entonces, hasta alcanzar los cincuenta metros en diez años[5]. Las inundaciones empezaron a arrasar, año tras año, cultivos, factorías y casas, y la decadencia de Sucre fue una agonía lenta, sin paliativos, como la que había conocido Aracataca a partir de 1932, cuando las inundaciones de octubre, propiciadas por el canal interfluvial de la United Fruit Company, terminaron de dar al traste con su esplendor bananero.

Cuando los García Márquez se instalaron aquí en noviembre de 1939, el destino apocalíptico de Sucre ya había, pues, comenzado, pero todavía les tocó disfrutar de una cierta prosperidad que, aunque residual, sería suficiente para que todos recordaran la década de los cuarenta como la época en que probablemente fueron más felices. Gracias a la insalubridad del lugar, Gabriel Eligio montó una farmacia y el mejor consultorio naturalista de la región, que le dieron suficiente para sostener con dignidad a su numerosa familia y construirse la casa propia, amplia y cómoda en el costado norte del río. Aquí el escritor y sus hermanos fueron especialmente felices durante los fines y comienzos de año, cuando la juventud sucreña retornaba de los mejores colegios y universidades del país para pasar las vacaciones en familia. Siendo estudiante en Barranquilla, Zipaquirá y Bogotá, Gabriel apresuraba el retorno para vivir con alborozo sus vacaciones; habiéndose zafado del corsé académico, de la inclemencia del frío y del formalismo de los andinos, diciembre y enero eran para él la libertad recuperada. El calor, la vegetación, el empacho de mango y la guayaba, los vallenatos, los bailes interminables, los cuentos y leyendas, el carácter abierto de los costeños, toda la realidad barroca y pantagruélica del Caribe, lo devolvían de nuevo al centro de gravedad de su cultura, de su vida espiritual y corporal.

Con todo, era Mercedes Barcha Pardo, la muchacha de ascendencia egipcia a quien había conocido aquí durante un baile de estudiantes, la que ponía la mayor nota de felicidad en el corazón del joven cataquero. Su familia vivía en una de las casas de la plaza, frente a la de Cayetano Gentile, y ella también regresaba todas las vacaciones de Mompox y Envigado para atizar un noviazgo seguro y lento con el bachiller de Zipaquirá y el joven periodista de *El Universal* de Cartagena.

En realidad, por estas fechas coincidían todos: Mercedes, Gabriel y sus hermanos; José Palencia y Cayetano Gentile (sus mejores amigos del pueblo, con quienes hacía el viaje de ida y vuelta por los ríos Magdalena, San Jorge y La Mojana); los Salazar y los Sáenz; todos. Y todos convergían en la única plaza, entre el puerto y la iglesia, para celebrar su fiestas, juegos y reuniones, en especial los festejos y competiciones de fin de año, cuando Sucre se engalanaba y vivía la división lúdica de los dos grandes sectores: el Zulia Abajo y el Gongoveo Arriba. Los muchachos de ambos bandos preparaban en secreto sus disfraces, juegos y desfiles, y el día y la hora señalados desfilaban para converger en la plaza, donde estaba el jurado espontáneo que premiaba a los mejores. Era un ambiente colorista, multitudinario y muy animado, en el que ricos y pobres disfrutaban por igual, pues los sucreños se consideraban ante todo gente de paz y de honor.

La fiesta de la vida recuperada adquiría su recogimiento en la casona de los García Márquez, que Gabriel llamaba «el hospital», alcanzando su momento culminante en los corros nocturnos, en los que Gabriel, sus hermanos y amigos hablaban de brujas y aparecidos y se relataban las leyendas de la tradición local[6]. Historias como la del judío errante y la de la marquesita de La Sierpe le aportarían el bagaje esencial, sobre todo esta última, una leyenda que García Márquez escuchó más de una vez en sus viajes por las veredas aledañas, hasta que a finales de los años cuarenta fue a La Sierpe para reconstruirla y contarla después en «Un país en la Costa Atlántica»[7], su primer reportaje novelado y la definición más clara de la veta narrativa que lo conduciría a «Los funerales de la Mamá Grande» y después a *Cien años de soledad*.

Según la leyenda, la marquesita era rubia y blanca y no conoció marido en su vida. Vivió más de doscientos años en su hacienda, que abarcaba varios municipios. Era bondadosa, acatada y temida, porque conocía todas las oraciones secretas para hacer el bien y el mal. Era, pues, la «gran mamá» de quienes le servían en La Sierpe. La marquesita española vivía sola en su casa, pero una vez al año hacía un largo viaje por toda la región, visitando a sus protegidos, sanando a los enfermos y resolviendo todo tipo de problemas económicos. Antes de morir repartió parte de sus riquezas humanas y sobrenaturales entre las seis familias de sus inmediatos colaboradores, e hizo girar sus ganados en torno suyo (que duraban hasta nueve días pasando enfrente de su casa), hasta que se formó la Ciénaga de La Sierpe, situada más allá de los tremedales de La Guaripa, al suroeste de Sucre y entre los ríos San Jorge y Cauca. En mitad de la Ciénaga quedaron enterrados los tesoros de la marquesita y el secreto de la vida eterna, y así, desde el mito y la leyenda, siguió ejerciendo su dominio la rubia y rica española[8].

La doble experiencia periodística y literaria que supuso para García Márquez «Un país en la Costa Atlántica», le permitiría siete años después ampliar, en «Los funerales de la Mamá Grande», la perspectiva mítico-legendaria del incipiente Macondo de *La hojarasca* y anunciar el advenimiento de *Cien años de soledad,* con su estilo hiperbólico y su torrencialidad narrativa. La leyenda de la marquesita de La Sierpe le mostraría palmariamente lo que ya sabía (y había designado como «realismo de lo irreal» o «irrealidad demasiado humana»): que los mitos y leyendas, las creencias y supersticiones forman un entramado pararreal tan poderoso o más que la misma realidad objetiva, determinando comportamientos mentales y actuales de la gente. Así, el concepto de realidad se ampliaría y se haría más complejo en su obra, y, con ello, su compromiso de escritor con la misma realidad.

Aunque decisivo, la marquesita no sería, sin embargo, el único modelo del personaje de la Mamá Grande. Durante esta década de los cuarenta, García Márquez conoció a una mujer rica y pintoresca del mismo Sucre: María Amalia Sampayo de Álvarez (la Mamá Grande se llamaría María del Rosario Castañeda y Montero), cuya casa de dos plantas y aires holandeses quedaba frente a la plaza y colindaba con la de Cayetano Gentile Chimento, el futuro Santiago Nasar. Era toda una matriarca y su familia fue una de las más ricas del pueblo, con varias haciendas en propiedad y numerosos hatos de ganado. No sólo hacía ostentación de sus riquezas, sino de su ignorancia supina, y decía que el saber y las ciencias, sobre todo las matemáticas, no sólo eran inútiles, sino cosas perniciosas, y se ufanaba de su cultura del tener frente a la cultura del saber. Cuando murió María Amalia Sampayo de Álvarez se le hicieron unos funerales espléndidos, de gran boato, con la asistencia de numerosas personalidades, de tal manera que sus hijos y familiares siguieran pregonándolo a los cuatro vientos durante los años venideros[9].

Pero los modelos del personaje garciamarquiano no se agotan en estas dos mujeres del mito y la leyenda, ya que la Aracataca del infante Gabito había aportado algunas aristas para su conformación, con la United Fruit Company y la tía abuela del escritor, Francisca Cimodosea Mejía. Como hemos visto, la compañía norteamericana fue el gran leviatán del negocio del banano, con sus leyes y su reino aparte, ejerciendo su poder casi ilimitado sobre pueblos enteros, altas instancias de la Administración, tierras, aguas y medios de comunicación. Ella administraba, pues, hasta el aire que respiraban los habitantes de la zona bananera, por lo que era conocida entre el vulgo con el apelativo de Mamita Yunai. El inmenso poder regional de la compañía tuvo que haberlo percibido, sin duda, el niño Gabito a nivel doméstico en su tía abuela Francisca Cimodosea Mejía, la tía Mama o gran mamá de la casa, la que verdaderamente mandaba en la familia. Tanto mandó y tuvo tanta autoridad que, como habría de hacerlo la Mamá Grande, murió impartiendo las últimas disposiciones acerca de sus propios funerales.

Así que la metáfora de la Mamá Grande, concebida a mediados de 1959 y una de las más felices de la literatura latinoamericana, está sustentada sobre modelos dispersos en el tiempo y el espacio, y su concepción sería el producto de una larga y sedimentada reflexión. Como la tía Mama en la casa de los abuelos, como la Mamita Yunai en la zona bananera, como la María Amalia Sampayo de Álvarez en el Sucre de la juventud del escritor y como la marquesita de la vecina La Sierpe, así mandó y ordenó la vida nacional durante el siglo XIX (y parte de éste) la aristocracia criolla, una aristocracia feudal y terrateniente hecha de detritos coloniales, que luego evolucionaría, entre guerra y guerra, hasta alcanzar el contubernio político con los liberales más afines para concebir la gran mamá de la política nacional de finales de siglo: el régimen bipartidista de la Regeneración.

La tía Mama, aparte de ser quien prácticamente crió a García Márquez, fue, antes que su padre, la persona que le aportó en la niñez elementos de la cultura del gran departamento de Bolívar (que abarcaba antes el actual de Sucre), pues ella era de El Carmen de Bolívar, gran semillero de la cultura sabanera caribe, y allí se había criado con el abuelo del escritor, que era su primo hermano. Ella llevó a la casa de Aracataca muchos elementos culturales de los pueblos de Bolívar, del mismo modo que los abuelos los habían llevado de la Guajira. De modo que García Márquez crecería sabiendo que sus raíces más profundas se extendían tanto hacia el oriente guajiro como hacia el occidente sabanero, de donde eran su padre y su tía abuela y donde viviría su familia durante la década de los cuarenta.

Aunque Luis Enrique y Ligia García Márquez puntualizarían que la marquesita milagrosa de doce años a la que se refiere su hermano en la nota liminar de *Del amor y otros demonios* no existió como tal ni siquiera en las fantasías de la abuela Tranquilina, no deja de ser factible que ésta, con su hervorosa imaginación, la hubiera elaborado como una variante de la marquesita de La Sierpe, cuya leyenda bien pudo haber sido aportada por la tía Mama de su acervo cultural de los pueblos de Bolívar. Lo cierto es que García Márquez, que visitó Sincé (el pueblo de su padre) por primera vez a los nueve años y luego Sucre a los doce, demostró desde el primer momento un gran interés por los personajes, historias y leyendas de estos pueblos de un modo natural, como si fueran una prolongación o un complemento de los de Aracataca.

Una de las primeras historias que prenderían en su memoria fue la muerte del músico Joaquín Vega, el bajista de la banda del pueblo, que había estado «comiendo pichones», como se decía, hasta que el esposo de su amante lo degolló de un navajazo limpio una tarde en el teatro Sucre mientras tocaba el bajo para animar a los espectadores[10]. Fue el primer muerto que vieron los García Márquez en Sucre (el último sería Cayetano Gentile), hacia mayo de 1940, por la época en que acababan de instalarse en el pueblo. El infortunado bajista sería convertido quince años después en el Pastor clarinetista que es asesinado de un escopetazo por César Montero en *La mala hora*.

Pero la historia que más lo conmovería fue la de la anónima y escuálida niña a quien, según García Márquez, conoció por estos lares cuando ya era consciente de que tarde o temprano sería escritor. Explotada de forma inclemente por una matrona que él imaginaría como «su abuela desalmada» en uno de sus relatos más célebres, «andaba en un burdel ambulante que iba de pueblo en pueblo, siguiendo el itinerario de las fiestas patronales y llevando consigo su propia carpa, su propia banda de músicos y sus propios puestos de alcoholes y comidas (...) Su estancia en el pueblo fue sólo de tres días, pero la memoria que dejó duró mucho tiempo»[11]. Al escritor le iba a durar toda la vida y algo más: primero lo perseguiría a través de las páginas de *Cien años de soledad,* luego buscaría acomodo en un guión cinematográfico y finalmente hallaría su propio espacio novelesco en *La increíble y triste historia de la cándida Eréndira y de su abuela desalmada*.

Otro personaje prostibulario, éste sí cercano y familiar, iba a dejar también su huella fructífera en el escritor: María Alejandrina Cervantes, la matrona de *Crónica de una muerte anunciada*. Después del 9 de Abril, la violencia, que colmó el centro y el oriente del país, envió sus ramalazos por el norte hasta los departamentos de Córdoba y Bolívar, especialmente la zona comprendida entre los ríos Cauca y San Jorge, donde se encuentra Sucre. Aunque aquí llegaron no más que eso: ramalazos, el pueblo entró en estado de sitio, y un contigente de policías llegó a finales de 1948 para reforzar el estado de la represión. Fue entonces cuando apareció María Alejandrina Cervantes, como amante de un oficial de policía. Con el tiempo, el amante se fue, ella se quedó y montó el único burdel del lugar. Por su cama y sus artes amatorias pasarían Gabriel y todos los muchachos de Sucre, pero era la matrona más rara del mundo, porque no sólo era como la segunda madre de aquéllos, sino que algunas madres hasta se sentían tranquilas cuando sabían que sus hijos estaban en la casa de ella. Aquí hacían sus reuniones con sancochos multitudinarios, celebraban las fiestas y los cumpleaños, jugaban a los naipes y buscaban consejos. Más aún: siguiendo el itinerario de las fiestas patronales, la Cervantes cogía sus muchachas del burdel y se iba con Gabriel, José Palencia, Cayetano Gentile y otros amigos por Majagual, Guaranda, San Marcos y Caimito a torear en las corralejas, porque María Alejandrina Cervantes fue, además, la primera torera de la Costa Atlántica[12]. Pero un día se fue como vino: en la misma lancha y por el mismo caño de La Mojana, hasta que García Márquez la recuperó de la pátina del olvido en *Crónica de una muerte anunciada* con su propio nombre y en su propio burdel, con sus artes amatorias y su gran corazón.

En esos tiempos la violencia en Colombia estaba en todo su apogeo. Uno de sus primeros signos realmente preocupantes que se percibieron en Sucre fue la llegada de un dentista bogotano que se exilió en el pueblo huyendo de la encarnizada violencia capitalina. Llegó con una enorme depresión, muy resentido con el sistema político de su país, y montó su consultorio en el pueblo. García Márquez lo conoció bien, pues su llegada se produjo por los días en que él estaba en Sucre convaleciendo de la pulmonía que había cogido en los amaneceres estivales de Cartagena. Por supuesto, el sacamuelas cachaco pasaría a engrosar la lista de sus personajes ficticios como el dentista de «Un día de éstos» y de *La mala hora*[13].

En este fondo de violencia, el fantasma de los pasquines se había posesionado de las calles de Sucre entre finales de los cuarenta y comienzos de los cincuenta, manteniendo en vilo la conciencia de los sucreños. Uno de estos pasquines había sido deslizado por debajo de la puerta de Miguel Palencia (el futuro Bayardo San Román de *Crónica de una muerte anunciada*), comunicándole que su novia Margarita Chica Salas (la futura Ángela Vicario) no llevaba al matrimonio todas las prendas virginales, y por esto sus hermanos Víctor Manuel y José Joaquín Chica Salas (los futuros gemelos Pedro y Pablo Vicario) asesinarían a su amigo Cayetano Gentile Chimento (el futuro Santiago Nasar) la mañana del lunes 22 de enero de 1951[14].

El estado de sitio en que se había sumergido el pueblo, con la consiguiente ola de represión, la corrupción de la autoridad civil y militar y el inquietante asunto de los pasquines sacando a flote los trapos sucios de algunas familias, tornaron irrespirable el ambiente social y político, y familias enteras empezaron a abandonar el pueblo, justo como había ocurrido en Aracataca después de la matanza de las bananeras y las inundaciones de octubre de 1932. Para finales de 1949, por ejemplo, ya habían emigrado del pueblo los Barcha Pardo, la familia de Mercedes, y se habían trasladado a Barranquilla. Catorce meses después salieron los García Márquez. Aunque el asesinato de Cayetano Gentile pudo haber acelerado su traslado a Cartagena, la verdad es que era una decisión tomada con antelación, y por eso, cuando ocurrieron los hechos, el escritor se encontraba en Cartagena con su padre y su hermano Gustavo ultimando los preparativos del traslado.

Precisamente, la mañana del lunes 22 de enero, Luis Enrique y Margot García Márquez habían acudido al puerto con Cayetano Gentile para entregar una carta de su madre Luisa Santiaga destinada a su padre Gabriel Eligio. La lancha salió a las ocho y media para Magangué y los tres la vieron deslizarse despacio por el río de aguas bajas y acolchadas de tarulla, esos lotos fluviales trashumantes, cuyas flores moradas ya habían llovido milagrosamente en el primer texto lírico del incipiente narrador: «El instante de un río».

Un cuarto de hora más tarde los hermanos Chica mataron a Cayetano Gentile. Desde muy temprano lo habían estado buscando por todo el pueblo y decidieron esperarlo bebiendo frente a su casa, al otro lado del camellón y los almendros del parquecito. Eran buenos amigos de su víctima, pero la moral cerrada del pueblo les había echado encima la tragedia de tenerlo que matar. Su hermana Margarita acababa de ser devuelta al hogar por Miguel Reyes Palencia, el hombre con quien se había casado el sábado último, pues ella le había confesado que no era virgen porque Cayetano Gentile, su anterior novio, la había deshonrado. Como todos, los Chica sabían que el honor manchado sólo se lavaba entonces con sangre, como había ocurrido diez años antes con el músico Joaquín Vega, de tal manera que tenían dos alternativas: o mataban a su amigo o quedaban como cobardes e indignos ante todo Sucre.

Por ser un italiano alto, bien parecido, rico y generoso, que además estudiaba Medicina en la Universidad Javeriana de Bogotá, Cayetano Gentile era uno de los solteros más apetecidos del pueblo. Gran amigo de juventud de García Márquez y sus hermanos, era también querido por todo Sucre, incluso por sus asesinos, menos por Margarita Chica, la ex novia que había convertido su viejo amor en un resentimiento encarnizado. Por eso tal vez señaló a Cayetano como el autor de su deshonra, aunque la verdad es que muy pocos creyeron su versión: él, lo sabía todo el pueblo, no había sido el único que había bebido de sus aguas virginales.

Al despedirse en el puerto de Luis Enrique y Margot García Márquez, a las ocho y treinta, Cayetano Gentile fue a cambiarse de ropa, pues había quedado de pasar luego por la casa de aquéllos a recoger a Luis Enrique para llevárselo a su finca El Verdún, pero no se fue directamente a su casa, que estaba al fondo en diagonal, frente al parque, sino que se desvió a la derecha por el callejoncito de la casa de María Amalia Sampayo de Álvarez (la Mamá Grande) para ver primero a su novia Nydia Naser. Cuando volvió sobre sus pasos habían pasado apenas quince minutos y, al doblar la esquina para desembocar en el parque y ganar el portal de su casa, vio cómo José Joaquín Chica se dirigía a él desde el otro lado del parque profiriendo insultos y blandiendo un cuchillo. Aterrado, llamó al portal de su casa con golpes dramáticos, pero su madre, en vez de abrir, terminó de cerrar con tranca pensando que eran los Chica que querían asaltar la casa para matarlo dentro: ella creía que su hijo se encontraba en los aposentos de arriba. Apresado el frustrado homicida, Cayetano echó a correr hasta dos casas más allá sobre la acera de la suya y entró despavorido en la casa de los Munive Guerrero con Víctor Manuel Chica detrás, el menor y más fuerte de sus asesinos, y éste sí lo alcanzó en el fondo de la casa, junto a la alberca, mientras Cayetano intentaba abrir el portón del callejón de atrás para llegar a su casa[15].

Su madre, Julieta Chimento, llevaba una semana de temores anunciados por un mal presagio. Diez días antes, un sábado por la noche, había habido un baile en su casa. Era una noche lluviosa y alguien llegó con un paraguas negro que puso a escurrir en un rincón. Una muchacha, alborotada por la parranda, lo agarró, lo abrió y se puso a bailar con él entre la gente. Entonces la madre de Cayetano se lo arrebató alarmada: «¿No ves que trae mala suerte?»[16]. Por eso, cuando supo que los Chica estaban buscando a su hijo para matarlo, se asustó más que nadie, tomó el control de las puertas y ventanas de la calle y se quedó vigilando a los asesinos, que estaban al otro lado del parque esperándolo, y también por eso, cuando su hijo tocó a su puerta con golpes dramáticos, se apresuró a cerrar con tranca pensando que eran los Chica que querían meterse en la casa para matarlo.

Sólo cuando escuchó la algarabía en la casa vecina y los gritos de «¡Mataron a Cayetano!» salió al encuentro de la tragedia, pero, al ver que no estaba su hijo, volvió sobre sus pasos y lo encontró en la sala principal, sin aire, derrumbándose de bruces mientras intentaba contenerse los intestinos sueltos con las dos manos. Cayetano había logrado entrar a su casa por la cocina, siguiendo el atajo del callejón paralelo al caño menor de La Mojana, con las dieciséis puñaladas, casi todas mortales, que le había propinado Víctor Manuel Chica de forma demencial junto a la alberca de la casa de los Munive Guerrero[17].

La descripción del crimen en *Crónica de una muerte anunciada,* así como el escenario, sus motivaciones y consecuencias, guarda una gran similitud con los hechos reales, sólo que a Santiago Nasar no lo mata uno solo de los dos hermanos, sino los dos a la vez, con cuchilladas alternas, y no lo matan en el patio de la casa vecina, sino contra la puerta de su misma casa, que, como en la realidad, tampoco se abriría para él. García Márquez no recogería asimismo las últimas palabras de su amigo Cayetano Gentile antes de morir: «Madre mía, paciencia, conformidad y calma, soy inocente», y las que dijo finalmente mirando a sus hermanos: «Venguen mi sangre»[18]. En cambio, estuvo a punto de mandar parar la impresión de la novela, treinta años después, cuando conoció con retraso la anécdota del paraguas, pues, para un escritor tan alerta y supersticioso como García Márquez, éste era el presagio que mejor cuadraba en el ámbito aciago de esta muerte ineluctable.

Cayetano Gentile Chimento fue enterrado rápido en el cementerio de Sucre, entre el dolor y el silencio petrificados de todos, y su familia le colocó en su tumba de granito una lápida con lazos de borlas, hojas y flores de plomo y estaño, la Virgen del Carmen y dos ángeles del silencio. Debajo de la estrella de su nacimiento (2 de marzo de 1927) y la cruz de su muerte (22 de enero de 1951), nunca le faltaría un promontorio de flores de toda clase, excepto las detestadas margaritas, pues tal era el nombre de la culpable de su muerte. Sin embargo, la idea que prevalecería en Sucre, aun entre los mismos García Márquez, es que no sólo Margarita Chica Salas había sido la culpable de la muerte de su ex novio, sino todo el pueblo con su rígido código moral. En verdad, los hermanos Chica Salas nunca desearon matar a su amigo Cayetano, como no lo quiso, cuarenta y tres años antes, el abuelo de García Márquez cuando tuvo que matar en un duelo a su amigo Medardo Pacheco Romero. Pero unos y otros, víctimas y victimarios, estaban condenados de antemano por la práctica social de una moral esclerotizada. En este sentido, el de los hermanos Chica Salas fue un crimen, una tragedia, de «responsabilidad colectiva», como lo explicaría el propio García Márquez, y éste es el tema que desarrollaría treinta años después en *Crónica de una muerte anunciada,* cuestionando el *fatum* inexorable de su maestro Sófocles. Tal vez por esto, en la recreación del asesinato de Cayetano Gentile, embozaría el de Cayo Julio César, el crimen de la historia que más fascinación e influencia ha ejercido en el escritor[19].

La tragedia personal y la obsesión literaria por la muerte de su amigo fueron tan intensas y duraderas, que después de la publicación de la novela el escritor anotaría equivocadamente que este crimen había ocurrido «poco antes de que yo supiera qué iba a ser en la vida, y sentí tanta urgencia de contarlo, que tal vez fue el acontecimiento que definió para siempre mi vocación de escritor»[20]. En realidad, no ocurrió antes de que él supiera que iba a ser escritor, ni fue el acontecimiento que definió su vocación, aunque ciertamente hubiera podido serlo.

Los factores que determinan la vocación de un escritor y los motivos que la consolidan a través de su obra, son, por lo general y al mismo tiempo, diversos, complejos y simples, solares y soterrados, graves y leves, conscientes e inconscientes y con frecuencia muy ambiguos, porque ni siquiera llegan a ser determinados hechos, sino una línea de sombra en que convergen distintas situaciones. En el caso de García Márquez, hemos señalado algunos momentos decisivos en el origen y consolidación de su vocación, siendo los más importantes (o los más detectables) los abuelos, *Las mil y una noches,* la salida de Aracataca, la soledad y la perspectiva de Zipaquirá y Bogotá, los poetas del Siglo de Oro español y del grupo colombiano Piedra y Cielo, *La metamorfosis* de Kafka, el reencuentro con su cultura caribe, las lecturas de Melville, Virginia Woolf y, sobre todo, Faulkner y Sófocles. Y todo esto y mucho más había ocurrido antes de que mataran al futuro Santiago Nasar. Es más: cuando ocurrió esta tragedia, García Márquez había escrito unas quinientas páginas de periodismo, los relatos de *Ojos de perro azul*, por lo menos tres versiones de *La hojarasca* y seguía empeñado en escribir a esa edad *Cien años de soledad* con el título de *La casa*. Así que ya era un escritor e incluso un buen escritor. Lo único que le faltaba para terminar de consolidar, no ya su vocación, sino su mundo literario y el marco de su acción imaginaria, era el viaje de regreso a Aracataca con su madre en marzo del año siguiente y los viajes con su amigo Rafael Escalona por los departamentos del Cesar y la Guajira.

Los primeros años de los García Márquez en Cartagena fueron el comienzo de un largo calvario que iba a durar prácticamente toda la década. El nuevo nivel de vida citadino y el estudio de los numerosos hijos exigieron un reacomodo de la economía familiar que Gabriel Eligio ya no pudo afrontar solo, y por primera vez tuvo que apelar a la colaboración de sus hijos mayores para sacar adelante la familia, que, aparte de los once hijos del matrimonio, sumaba los cuatro naturales del padre (dos antes del matrimonio: Abelardo y Carmen Rosa; y dos después del matrimonio: Antonio y Emy). Entonces Gabriel, Luis Enrique, Margot y Gustavo, pese a sus quince años, aportaron su grano de arena a la economía familiar. Gracias a los contactos políticos del padre, Luis Enrique y Margot consiguieron empleos estables en el Ministerio de Agricultura y en la Tesorería Departamental, mientras Gabriel y Gustavo encontraron trabajos temporales en la municipalidad de Cartagena. El puesto del escritor fue el de asistente del censo nacional para el departamento de Bolívar, pero éste, a pesar de la necesidad y los ruegos del padre, no quiso aceptar su primero y último empleo oficial[21], sino que, resuelto a «comer papel», se aferró más aún a su máquina de escribir. Descartado el Derecho, redobló sus esfuerzos de periodista, y volvió a trabajar anónimamente en *El Universal* mientras seguía enviando *jirafas* (sus cada vez menos frecuentes columnas) a *El Heraldo*. Fue por estos días cuando su madre le pidió dinero para amueblar la nueva casa de la calle Real en el barrio del

Pie de la Popa. García Márquez acudió a Alfonso Fuenmayor, y éste le prestó seiscientos pesos de los fondos del periódico con la condición de que se los pagara en editoriales, y durante cinco meses el escritor le envió semanalmente siete editoriales, aparte de las *jirafas,* hasta que le pagó la deuda[22].

Con este dinero García Márquez le compró unos muebles a la ex reina del carnaval de Baranoa, Esther Ávila, a quien él mismo había coronado un año antes, y se los envió a su madre con su hermano Gustavo. Tan curiosa como su adquisición iba a ser la trayectoria de estos muebles, llevados y traídos durante cuarenta años por los García Márquez desde su primera casa en el suburbial barrio del Pie de la Popa hasta el cómodo y tranquilo de La Manga, pasando por Torices, Toril y Lo Amador.

El oficio de coronador y discursero de reinas de belleza es uno de los momentos más insólitos de la vida del escritor, pues él fue desde siempre un crítico sin tregua de la endemia discursera nacional y de la proliferación de los reinados de belleza (como se ve en «Los funerales de la Mamá Grande»), de tal manera que sólo puede entenderse su pasión pasajera por los discursos y las coronaciones como una consecuencia de esa eterna «mamadera de gallo» que ya había empezado a practicar con Ramiro de la Espriella en Cartagena, en julio de 1949, cuando ambos coronaron a sus primeras reinas estudiantiles. Tal vez por ello repitió en la coronación de doña Esther Ávila, «señora de la perfecta alegría» de Baranoa, lo mismo que había dicho un año antes en la de Elvira Vergara o Elvira Primera de Cartagena: que ponía por testigos de su belleza y su reinado a Tales de Mileto, a Esquilo y a Sófocles, a Esopo y a Ramsés, a Erasmo de Rotterdam, a Jubal y a David, repitiendo dos párrafos enteros de aquel primer discurso, que, para mayor chiste, había sido escrito por Ramiro de la Espriella[23].

Pero si éstas fueron anécdotas que muy pronto olvidó el escritor como travesuras de juventud, la compra de los muebles de la señorita Ávila fue, por el contrario, un hecho que tal vez no olvidaría jamás, pues para pagarle a Fuenmayor los seiscientos pesos tuvo que escribir cantidad de editoriales contra su voluntad y tal vez contra sus convicciones políticas e ideológicas, y esto le dejó un cierto sabor amargo que le extirpó para siempre el interés por el género editorial.

Una vez que terminó de pagar el préstamo, suspendió por un tiempo su colaboración con el periódico barranquillero a comienzos de julio, y volvió a la escritura febril del eterno mamotreto de *La casa,* hizo algunos viajes, siempre con fines periodísticos y literarios, y se dispuso a preparar la edición del primer periódico enteramente suyo: el fugaz y mínimo *Comprimido,* un original diario de ocho páginas, veinticuatro pulgadas y quinientos ejemplares de tirada que apenas duró del 18 al 23 de septiembre de 1951, y que él y sus colaboradores distribuían de forma personal y gratuita por las tardes en Cartagena.

El minidiario estaba al margen de cualquier orientación política y buscaba dar una información rápida, amena y comprimida a sus lectores sobre los principales sucesos locales, nacionales e internacionales. A pesar de su tamaño y de sus exiguas finanzas (el presupuesto de la edición era de veintiocho pesos), *Comprimido* era una publicación envalentonada, o tal vez simplemente hiperbólica como el estilo de su inspirador y director, quien abría así la alcancía de sus sueños en la presentación del primer número: «Al iniciar nuestras labores, saludamos a la prensa nacional, al comercio, a la sociedad en general y nos comprometemos a cumplir, en la medida de nuestras fuerzas, con esta diaria aventura cuya clave consiste en dirigir todas las tardes un telegrama urgente a la opinión pública». Sin embargo, «todas las tardes» apenas fueron seis, porque los «turcos» (árabes) y demás comerciantes de la ciudad dejaron de anunciarse en el miniperiódico. Entonces García Márquez y su gerente Guillermo Dávila lo cerraron con una pirueta poético-metafísica, anotada en el editorial del último número: «Ante tan halagadora perspectiva, no hemos encontrado un recurso más decoroso que el de comprimir este periódico hasta el límite de la invisibilidad. En lo sucesivo, *Comprimido* seguirá circulando en su formato ideal, que ciertamente merecen para sí muchos periódicos. Desde este mismo instante, éste empieza a ser (...) el primer periódico metafísico del mundo».[24]

Bloqueado por los problemas económicos, cansado de una labor periodística que se le estaba volviendo rutinaria y deseoso de seguir conociendo a fondo el folclor y la historia de los pueblos de su infancia y sus abuelos, García Márquez se dedicó, entre finales de 1951 y febrero de 1952, a viajar por las provincias del Magdalena, el Cesar y la Guajira. Algunos viajes los hizo en compañía de su reciente amigo el compositor de vallenatos Rafael Escalona, quien, pese a su juventud, era ya celebrado como un autor innovador de la música vallenata.

Escalona y García Márquez se habían conocido en Barranquilla a finales de marzo de 1950, en plena efervescencia literaria y periodística del grupo, y desde el primer momento consolidaron una amistad profunda y duradera que tendría notables consecuencias literarias en el escritor. Ese día por la tarde, el escritor llegó al café Roma al encuentro del compositor cantándole «El hambre del liceo», un paseo de Escalona que hablaba de Santa Marta y la zona bananera, de Fundación y Valledupar, y describía la soledad y el hambre que el autor había padecido en aquella ciudad siendo estudiante de bachillerato del liceo Celedón[25]. Prácticamente eran los mismos lugares del escritor, sin exceptuar el hambre y la soledad que también había padecido en Zipaquirá y Bogotá siendo un estudiante menesteroso. Y es que los cantos vallenatos ya eran una de las referencias culturales y literarias más fértiles de García Márquez. No sólo conocía de memoria e interpretaba con buenas dotes las composiciones de Escalona en una dulzaina, sino todas las clásicas del género.

Su gusto e interés por los cantos vallenatos (merengues, paseos, sones, puyas y tamboras) le venían desde la infancia y se le habían acentuado en Zipaquirá y Bogotá. Cuando regresó a Barranquilla y Cartagena después de la conflagración del *Bogotazo,* tuvo la confirmación definitiva de que esta música le era tan indispensable para vivir como el mismo aire del Caribe. No sólo para vivir: también para escribir.

Como los cuentos y leyendas, como la misma estela mítica de Francisco el Hombre, y como las costumbres, sueños y fracasos de los costeños, los cantos vallenatos andaban ya sueltos por la calle, llenando un ámbito geocultural apenas más amplio del que les dio origen en tiempos remotos. Aunque terminaron adjudicándose el gentilicio de Valledupar, la capital del departamento del Cesar, su cuna había sido en realidad una pluralidad de lugares que empieza en Riohacha (por donde se cree que entró el acordeón) y termina en la zona bananera, pasando por lugares esenciales como Tomarrazón, Barrancas, Fonseca, Villanueva, Urumita, Valledupar, Manaure, El Paso, la antigua región de la Ciégana de Zapatoza (donde nació la cumbia), El Banco, Mompox, Plato, Ciénaga[26]: una vasta región triangular dominada por las cuencas de los ríos Ariguaní, Cesar y el bajo Magdalena, es decir, la misma zona cultural de los abuelos y la infancia de García Márquez, y, por consiguiente, de *Cien años de soledad* y la mayoría de sus obras.

Los vallenatos, como se les conoce comúnmente, fueron en su origen un mester de juglaría, un relato cantado, y nacieron en el contexto del antiguo modo de producción de la vaquería. Su evolución se dio en el proceso de integración étnica, económica y cultural del indio, el negro y el español alrededor de esta actividad, como lo delatan los tres instrumentos con que se interpreta su música: el acordeón europeo, la caja o tambor de linaje africano y la guacharaca o carrasca que utilizaban los indígenas para imitar el canto de los pájaros. En sus orígenes juglarescos, el baquiano o guía de la vaquería iba delante, a través de las sabanas interminables, cantando con voz monótona, y acompañado de instrumentos muy primarios, las aventuras y desventuras inherentes a su oficio, importando más lo contado que lo cantado. Después, cuando el vallenato se conformó musicalmente con la convergencia del acordeón, la caja y la guacharaca, importó también el virtuosismo en la ejecución de los instrumentos, sobre todo del acordeón[27]. El acordeonero era casi siempre el mismo compositor y cantor, por lo que la belleza de la ejecución iba pareja a la de unos textos llenos de poesía y de una justa dosis de filosofía presocrática. En este sentido, un auténtico cantautor vallenato sólo compone e interpreta urgido por la misma necesidad interior que mueve a los verdaderos artistas.

Parece que el más grande y mítico de los cantautores vallenatos fue Francisco Moscote Daza, más conocido como Francisco el Hombre. Su biografía se diluye en el mito y la leyenda, pero algunos datos son verosímiles: nació el 24 de abril de 1880 en Tomarrazón y desde muy niño se reveló como un genio del acordeón, con el que, más tarde, cantaría o contaría sus canciones-noticias en viajes interminables de Riohacha a Barranquilla, pasando por Valledupar y toda la zona bananera. Rafael Escalona afirmaría haberlo conocido en 1948, cerca de Riohacha, mientras que para García Márquez, Francisco el Hombre no fue más que una simbiosis popular de mito y literatura, música y folclor, y como tal lo recrearía en *Cien años de soledad*. Pacho Rada y Pedro Nolasco, quienes, como aquél, también derrotaron al diablo en encarnizadas faenas acordeonísticas, son los otros dos nombres de la gran trilogía mítica de la canción vallenata.

Cuando a finales de los años cuarenta García Márquez empezó a interesarse por esta música, con un fervor no sólo artístico sino casi científico, bajo la influencia de Clemente Manuel Zabala y Manuel Zapata Olivella, el canto vallenato era poco conocido más allá de su ámbito original a pesar de que vivía su edad de oro con siete juglares de leyenda: Abelito Villa, Crescencio Salcedo, Miguel Canales, Emiliano Zuleta, Leandro Díaz, Luis Enrique Martínez y, pese a su juventud, Rafael Escalona. Al estudiar sus textos, el entonces novel escritor constató que no sólo contenían una gran sabiduría y poesía, sino que narraban anécdotas e historias con naturalidad, con la misma «cara de palo» de su abuela, de *Las mil y una noches* y del *Romancero*. Profundizando más, vio que estas historias tenían sus fuentes reales en el entorno personal, familiar y social de los mismos juglares, que eran un repertorio no sólo artístico sino cultural y moral de las regiones de Valledupar y la Guajira, las mismas de sus abuelos. Esto le dio una de las claves fundamentales para concebir sus libros, sobre todo *Cien años de soledad*: éste debía ser, como lo confesaría treinta años después, un vallenato en versión novela, es decir, una larga, poética y fluida historia construida sobre la infancia, los abuelos y la casa natal, Aracataca, la zona bananera y el Caribe en general[28].

De tal manera que el interés de García Márquez por la música vallenata iba a estar ligado a la concepción y a las fuentes de sus libros, lo que a su vez estaría ligado de modo especial a su amistad con el compositor Rafael Escalona, pues con éste continuó las discusiones en profundidad sobre estos cantos y empezaron los viajes hacia abril de 1950, para terminar hacia mediados de 1953[29].

Escalona tenía la misma edad del escritor: había nacido el 27 de mayo de 1927 en Patillal, cerca de Valledupar, y, como éste, había sido un hacedor de versos de enamorado en la adolescencia y un desertor de las aulas académicas; uno de sus primeros y más encarnizados amores lo había sustraído del liceo Celedón de Santa Marta cuando le faltaba apenas un año para terminar el bachillerato y lo había mandado de vuelta a Valledupar a ocuparse de las fincas de su padre. El paralelismo de estos dos personajes no iba a terminar aquí, sino que el tiempo y las casualidades lo harían cada vez mayor. Ambos compartían un mismo apellido (Gabriel es en realidad Martínez Márquez y Rafael es Escalona Martínez), los dos serían antiacadémicos y pueblerinos enraizados en la cultura de sus regiones; tanto el abuelo del escritor como el padre del compositor fueron coroneles en la guerra de los Mil Días y ambos se quedaron esperando el resto de sus vidas la pensión de jubilación; tiernos y enamorados, generosos y grandes amigos de sus amigos, la primera canción del compositor y el segundo libro del escritor verían la luz en la misma ciudad de Medellín y las obras de ambos tendrían una gran resonancia internacional. Más aún: los dos se convertirían en su vejez en vanidosos y egocéntricos patriarcas de la cultura colombiana, adulados y seducidos por los grandes oligarcas de su país.

De la música vallenata, de sus lugares comunes y de sus semejanzas hablaron varias horas en su primer encuentro, bebiendo cerveza fría a la sombra de los matarratones del café Roma. García Márquez le habló de Aracataca, de su familia y de sus amigos. Escalona le habló de sus últimas composiciones, de Patillal, Valledupar y La Paz, donde tenía sendas fincas de arroz, y lo invitó a que lo visitara cuanto antes. Así fue. Estando de médico de La Paz el escritor Manuel Zapata Olivella (el amigo común que había propiciado el encuentro y con quien García Márquez había estado en Valledupar hacía unos meses), éste no tardó en volver a la capital del Cesar, y se alojó en la casa de los padres de Escalona.

Existe una gran ambigüedad respecto a los años y fechas en que el escritor hizo estos viajes fundamentales por los pueblos del Magdalena, el Cesar y la Guajira profundos, una ambigüedad que nace no sólo de la escasez y fragilidad de las fuentes (son los momentos menos documentados de su vida), sino de las afirmaciones contradictorias que el mismo García Márquez ha ido soltando aquí y allá[30]. La mayoría de los estudiosos se refiere a uno o dos viajes, ignorando que fueron muchos más, de los cuales se pueden documentar directa o indirectamente unos cinco. El primero de ellos vendría a ser el que hizo hacia finales de 1949 o comienzos de 1950 a Valledupar y La Paz invitado por Manuel Zapata Olivella, quien, buscando un pueblo fronterizo que lo pusiera a salvo de la persecución política, acababa de ser nombrado médico de este pueblo[31]. El segundo viaje, parece que sólo a Valledupar, vendría a ser, pues, el que hizo invitado por Escalona unas semanas después de que se conocieran en Barranquilla, tal vez hacia abril de 1950[32]. Acompañados de acordeoneros y envueltos en el ámbito propio de los paseos, sones y merengues, durante una semana los dos amigos recorrieron Valledupar y sus recovecos, recogiendo anécdotas y leyendas y visitando a los personajes legendarios de la zona, algunos de los cuales eran ya parte de la memoria del escritor, que los conocía desde niño por las historias de sus tías y abuelos. Pero la mayor parte del tiempo la pasó en casa de su anfitrión escuchando las historias del viejo Clemente Escalona, quien, como su abuelo, había sido coronel en la guerra de los Mil Días. Entonces el nieto del coronel Nicolás Márquez volvió a escuchar las mismas anécdotas sobre el mítico caudillo liberal Rafael Uribe Uribe, las mismas historias de sacrificio y valentía de los combatientes en las batallas de Riohacha, Carazúa, El Banco y Ciénaga, los mismos lamentos de los cientos de heridos en los hospitales de emergencia, y las mismas quejas sobre la misma pensión de jubilación que, después de casi cincuenta años, no terminaban de cobrar ninguno de los veteranos de aquella guerra fratricida. El sentido del honor del viejo Escalona, la insobornabilidad política de este viejo liberal de pura cepa y su estampa señorial y austera, no sólo le hicieron revivir a García Márquez la figura de su abuelo, sino que le reforzaron la imagen prototípica de la cual saldría el personaje de *El coronel no tiene quien le escriba*[33].

Estos dos primeros viajes a Valledupar y sus aledaños no hicieron más que fomentar la curiosidad del escritor por conocer mejor la tierra de los cantos vallenatos, de las andanzas de sus mayores y de los escenarios de la guerra de los Mil Días, y encontrar los cabos de los tiempos perdidos. Así que después de haberse retirado de *El Heraldo* (tan pronto como terminó de pagarle a Fuenmayor la deuda de los seiscientos pesos) y de haber probado fortuna como editor y periodista independiente con el efímero y mínimo *Comprimido,* volvió a Valledupar, La Paz, Manaure y otros pueblos vecinos, en una primera y detenida gira de varios meses que podemos situar aproximadamente entre octubre o noviembre de 1951 y principios de febrero de 1952[34]. Teniendo siempre como guías y mecenas a Escalona y Zapata Olivella, sobre todo al primero, que conocía muy bien su región y era un compositor ya popular, García Márquez recorrió palmo a palmo estos lugares y tomó abundantes notas, consciente de que estaba desenterrando las raíces más profundas de sí mismo y de su obra futura.

En Manaure vio el mismo pueblo con su sola calle larga, que conocía desde niño por los relatos de la familia, sobre una meseta verdísima, rodeado de un silencio milenario, adonde su madre había sido llevada a temperar para que se olvidara del telegrafista de Aracataca y donde habría de nacer Rebeca Buendía, la niña endemoniada que llegaría a Macondo portando en un saco los huesos de sus padres y los gérmenes de la peste del insomnio. En La Paz, como en Valledupar, siguió explorando el destino de los viejos y olvidados coroneles y haciendo acopio de los mitos y leyendas, pero también divirtiéndose con los músicos del lugar, cuyos merengues, paseos y sones relataban hazañas guerreras y amorosas como en los viejos romances españoles. Esto fue lo que más lo cautivó de La Paz: que en un pueblo de apacibles agricultores se encontrara la mata de «la música vallenata en su estado original»[35], pues aquí abundaban los maestros del acordeón, como los hermanos Juan y Dagoberto López, y eran muchos los que cantaban e interpretaban la caja y la guacharaca como algo natural y cotidiano. Manuel Zapata Olivella, que era el médico de los acordeoneros y su conciencia teórica, recordaría a García Márquez encantado en este paraíso de la música vallenata «oyendo y cantando canciones y tocando la caja». El mismo jolgorio y las mismas prospecciones musicales los repetiría un año después al volver a la región como agente vendedor de enciclopedias y libros técnicos a plazos.

Al término de esta gira volvió a Barranquilla y a *El Heraldo* y reanudó su columna «La Jirafa» el 8 de febrero de 1952. La experiencia del viaje le removió el anhelo aplazado de escribir reportajes, de ejercer el periodismo que siempre había querido hacer, y pensó utilizar el material recogido para escribir un extenso reportaje, como un año antes había pensado hacerlo con el asesinato de su amigo Cayetano Gentile Chimento. Sin embargo, pronto se dio cuenta de que la experiencia del viaje excedía el marco de un simple reportaje, pues se trataba de sus propias raíces, de su misma memoria atávica, y la dejó como material literario para *La casa,* el «novelón de setecientas páginas» que pensaba «terminar antes de dos años»[36]. Eso creía él. Ciertamente, volvió a su primera novela con el propósito de llevarla a buen puerto, pero un mes después, hacia la primera semana de marzo, ocurrió el trascendental regreso con su madre a Aracataca para vender la casa de los abuelos[37]: el hecho que, junto a su siguiente viaje a la Guajira, terminaría de definir para siempre el alcance y el marco de su acción imaginaria.

Muertos los abuelos y las tías, la casa de Aracataca había quedado sola, a merced de la maleza y los fantasmas, y los García Márquez se la alquilaron a los Acuña Acosta, los suegros de la maestra que le enseñó a leer al novelista, pero con el tiempo éstos se olvidaron de pagar y las circunstancias económicas de los García Márquez se agravaron con su reciente traslado a Cartagena. Entonces decidieron venderla por siete mil pesos a una pareja de campesinos muy pobres que acababa de ganar la lotería, y con este dinero terminaron de construir la casa de Cartagena, entre los barrios de Pie de la Popa y Lo Amador.

Cuando Luisa Santiaga Márquez se dirigía a Aracataca, procedente de Cartagena, se encontró en Barranquilla con su hijo recién llegado de Valledupar, y éste, que tenía últimamente muy alborotados los demonios atávicos, decidió acompañarla. Hicieron el viaje en lancha hasta Ciénaga, donde se encontraron con Luis Enrique, recién instalado aquí como empleado del Ministerio de Agricultura, y continuaron hasta Aracataca en el mismo trencito amarillo que el escritor había visto llegar en su niñez todas las mañanas.

Al llegar a la estación, la canícula de marzo estaba en su apogeo y empezaron a recorrer las calles polvorientas buscando la sombra inútil de los almendros y los matarratones. García Márquez, que se había ido de su pueblo a los diez u once años, empezó a verlo todo igual pero a la vez un poco traspuesto[38]. De un lado, veía la Aracataca inmutable de su infancia: la misma estación de tren, la misma escuelita Montessori entre los mangos, el mismo Camellón, las mismas calles y almendros polvorientos, las mismas casitas de zinc mohoso, las mismas tiendas y cantinas pobres y las mismas gentes desoladas. De otro lado, las calles le parecieron más estrechas de lo que él creía; las casas, más viejas y bajas de como él las recordaba; los almendros, más vetustos y polvorientos que los que poblaban su memoria; el mundo de Cuatro Esquinas no era tan vasto y rotundo como él lo recordaba, ni tan alta la torre de la iglesia donde lo bautizaron; los niños con quienes había aprendido las primeras letras en la escuelita Montessori eran ahora hombres de veinticinco años, como él, pero la mayoría no tenía futuro ni ilusiones, y muchos de los cataqueros mayores estaban definitivamente devastados por la pobreza y la soledad; el hombre de aspecto torvo que lo intimidaba en la niñez era ahora un anciano desdentado y escuálido tirado en su chinchorro; y, sobre todo, la amplia, fresca y trasegada casa de los abuelos donde había nacido era el paraíso en ruinas, una caricatura diluida del antiguo esplendor. Los animes del tiempo habían devastado, pues, la casa y la Aracataca reales en comparación con las que él mantenía intactas en la memoria. Este tiempo corrosivo era ni más ni menos que los catorce años que García Márquez había vivido en Barranquilla, Zipaquirá, Bogotá, Cartagena y otra vez en Barranquilla: el tiempo durante el cual se había hecho escritor y había adquirido la cultura y la perspectiva de la gran ciudad.

Cuando llegaron a la esquina diagonal a la casa de los abuelos, en la avenida de Monseñor Espejo, García Márquez y su madre se detuvieron en la vieja botica del médico venezolano Antonio Barbosa. Detrás del mostrador, la mujer de éste estaba cosiendo a máquina a pesar del sopor, y Luisa Santiaga Márquez la saludó escuetamente con un «¿Cómo está, comadre?». Tras el desconcierto inicial de Adriana Berdugo, se abrazaron y lloraron en silencio. No se dijeron nada más, sino que lloraron en silencio[39]. A su lado estaba el escritor también en silencio, muy afectado por el paso demoledor del tiempo, cuando, al fondo de la botica, detrás de una cortina, escuchó una tos leve, reiterada: era la del viejo doctor Barbosa. Éste lo hizo pasar y sentarse a su lado, y durante varias horas le contó todo lo que había pasado en el pueblo desde que él se había marchado. García Marquez se preguntó entonces si lo que había escrito hasta ese momento tenía algo que ver con lo que acababa de contarle el viejo boticario, con lo que estaba viendo a su alrededor y, sobre todo, con el tiempo que había dejado atrás. Porque el problema esencial era éste: tuvo «la sensación de haber dejado el tiempo atrás», de que lo que lo «separaba del pueblo no era la distancia, sino el tiempo»[40]. Y ese tiempo de atrás, el de la infancia y los abuelos, venía siendo el cogollo de su incipiente obra narrativa, pero todavía de una manera inmadura y caótica.

Después de la casa de los abuelos, la botica de los Barbosa era uno de los lugares esenciales de la memoria del escritor: fue la casa en la cual sus padres se visitaron a distancia y se dejaron cartas y mensajes de amor durante el noviazgo prohibido; fue el lugar donde aprendió los primeros nombres de algunas medicinas; fue también como su segundo hogar, y ahora volvía a ser el lugar donde estaba teniendo remate una de las experiencias más trascendentales de su trayectoria literaria: la comprobación, subrayada por el abrazo de las dos comadres y la larga charla con el boticario, de que entre él y Aracataca o su infancia se había abierto una brecha insalvable en el tiempo y que su trabajo literario tenía que ser reorientado a partir de esta comprobación.

Así había de ser, por supuesto. Pero el salto cualitativo que experimentaría su obra futura (incluyendo la cuarta versión de *La hojarasca*) no iba a estar determinado sólo por este regreso a Aracataca, sino también por los otros viajes que realizó. Esas experiencias le darían la profundidad en el tiempo y en el espacio que le faltaba a *La casa,* es decir, a las grandes obsesiones de su infancia, e iban a introducir un cambio igualmente cualitativo en su trabajo periodístico, tornándolo poco a poco más narrativo y dinámico y menos reflexivo e inmóvil (como puede comprobarse a partir de la *jirafa* «Algo que se parece a un milagro» y el extenso reportaje «Un país en la Costa Atlántica»).

Si García Márquez llegó a ponderar años después el regreso a Aracataca como la experiencia tal vez más decisiva de su carrera literaria, fue por el impacto que le produjo y por el marco de reflexión y ajuste que le ofreció. Así, por ejemplo, en septiembre de 1967, en la Universidad de Ingeniería de Lima, le confesaría a su reciente amigo Mario Vargas Llosa que a partir de este regreso, concretamente a partir del abrazo prolongado y silencioso de las dos comadres, le «surgió la idea de contar por escrito todo el pasado de aquel episodio»[41], dando a entender que éste había sido el verdadero comienzo de su obra literaria. Y dieciséis años después sería todavía más explícito en una entrevista a la revista *Play Boy:* «Ese día me di cuenta de que todas las historias que hasta entonces había escrito eran simplemente obras literarias, nada que tuviera que ver con la realidad»[42].

Ni entonces le «surgió la idea de contar por escrito todo el pasado» de aquel episodio, ni lo que había escrito hasta ese momento eran «simplemente obras literarias». En realidad, la tentativa de emprender el viaje a la semilla, de recuperar el tiempo perdido de la infancia, la casa de los abuelos y los abuelos mismos, había empezado, como vimos, hacía cinco años con «La tercera resignación» y los otros cuentos de *Ojos de perro azul;* había continuado, gracias a su retorno al Caribe y a la lectura de Faulkner, con la escritura imposible de *La casa* y había obtenido su primera victoria parcial en las tres primeras versiones de *La hojarasca*. Lo que pasaba era que, aún forjando sus propias armas, aún deslumbrado por los escritores que leía (Faulkner, Virginia Woolf, Sófocles) y careciendo todavía de la suficiente perspectiva para abordar el mundo de la infancia, García Márquez no había logrado hasta entonces darle autonomía y verosimilitud plenas a sus primeras narraciones, y por eso, al regresar a Aracataca, le pareció (en un acto de injusticia consigo mismo) que todavía no había empezado a escribir en serio, que lo que había escrito hasta este momento estaba «muy lejos de lo que estoy viendo aquí», y que, por consiguiente, eran meros ejercicios literarios sin ninguna o poca correspondencia con la realidad y el tiempo dejado atrás.

Este momento de lucidez sería providencial para él porque, además, lo armó de una paciencia infinita y le mostró que el camino para llegar al lugar de donde había arrancado y conocerlo verdaderamente por primera vez, como había dicho Eliot, era más largo y accidentado de lo que él creía. La casa de los abuelos que acababan de vender por siete mil pesos era el punto de partida y de llegada, el principio y el fin de todo, por lo menos hasta *Cien años de soledad*. Pero detrás de la casa había otras casas; detrás de Aracataca había otras Aracatacas, y detrás del tiempo estancado y doméstico, casi viscoso, que García Márquez venía intentando capturar en sus primeras narraciones, había otro tiempo, un tiempo dinámico y extenso, que lindaba y se confundía con el tiempo de la historia y la cultura de la Costa: era el tiempo de los abuelos en la Guajira y de su éxodo de Barrancas a Aracataca, el tiempo de la guerra de los Mil Días, de las batallas de Riohacha, Carazúa y Ciénaga, el tiempo de Francisco el Hombre y los cantos vallenatos; era el tiempo de Bolívar muriéndose vilipendiado, perseguido y abandonado en la quinta de San Pedro Alejandrino, y, más lejos todavía, era el tiempo de Francis Drake asaltando Riohacha y Cartagena en el siglo XVI.

Así que sintió más que nunca el apremio de conocer a fondo la Guajira y la historia de sus abuelos, y en el mismo tren de regreso a Barranquilla empezó a preguntarle a su madre por ellos: quiénes habían sido en realidad, de dónde y cuándo habían llegado a Aracataca, quién era el hombre a quien su abuelo había tenido que matar en un duelo hacía cuarenta y cuatro años y quiénes, en fin, habían refundado Aracataca junto a los Márquez Iguarán a partir del año del cometa Halley[43].

García Márquez repetiría después que cuando llegó a Barranquilla se puso a escribir, muy rápidamente, *La hojarasca,* es decir, que abandonó el mamotreto imposible de su primera novela y empezó por otro camino[44]. Pero, como ocurre con frecuencia, su memoria no cuadra con la cronología de los hechos, pues esta novela no la escribió entonces, sino que la reescribió (por tercera vez), ya que había sido escrita en su primera versión hacia mediados de 1949, como lo confirmó Gustavo Ibarra Merlano y puede corroborarlo un simple análisis de la evolución estilística del autor. Es más: cuando regresó a Aracataca, hacía dos años que la novela había sido rechazada en su segunda versión por la editorial Losada de Buenos Aires[45].

Tan en serio iba a tomar García Márquez este juego de los equívocos que, en una carta a Germán Vargas posterior a *Cien años de soledad,* caería en otra imprecisión al afirmar que fue durante el mismo viaje con su madre (él lo sitúa siempre en el 50 y no en el 52) cuando recuperó y decidió elegir el nombre de la finca bananera Macondo para su espacio literario: «En realidad, ese letrero con el nombre de la finca pienso que seguramente lo vi muchas veces en mi niñez al pasar en el tren, pero lo había olvidado por completo cuando lo volví a ver en el año 50 y decidí adoptarlo para mi evocación literaria de Aracataca»[46]. Y en la entrevista concedida a *Play Boy* volvería a reiterar este equívoco: «A propósito, durante ese viaje mi madre y yo pasamos frente a una finca bananera que conocía desde mi niñez. El letrero que la distinguía decía que se llamaba Macondo»[47]. Claro que este nombre lo había visto de niño y lo siguió viendo de mayor varias veces al pasar en el tren a la altura de Guacamayal, pero no fue en 1950 cuando lo recuperó y decidió adoptarlo por primera vez en *La hojarasca,* a no ser que lo hubiera hecho a partir de la segunda reescritura. Pero esto no parece probable, pues Gustavo Ibarra Merlano aseguró, con su memoria fresca y ordenada, que podía «dar fe de que en el tiempo en que yo la leía *(La hojarasca)* figuraba la palabra Macondo», es decir, «antes de julio de 1949»[48], cuando García Márquez estaba todavía en Cartagena y acababa de regresar de Sucre tras la convalecencia de la pulmonía.

Lo que en realidad hizo el escritor al volver a ver desde el tren, en marzo de 1952, el nombre de la finca Macondo en letras blancas sobre un fondo de peltre azul grisáceo, fue confirmar su elección en la cuarta versión que emprendió poco después[49]: Macondo, por su eufonía profunda y enigmática, era efectivamente el nombre que había de designar su espacio mítico concebido a partir de Aracataca y de su infancia[50]. Porque él había tenido sus dudas y había pensado que tal vez Macondo debía llamarse Barranquilla, pero Ramón Vinyes, el sabio catalán, le aconsejó que no, que éste era un nombre tan conocido y tan antiliterario que le restaría verosimilitud a su novela. Vinyes, como su aventajado discípulo, era partidario también del ideario estético de la aldea universal, donde cupiera todo de modo cifrado.

A los pocos días del regreso de Aracataca, García Márquez le escribió una carta a su coterráneo Gonzalo González (*Gog*) al diario *El Espectador* en la que, entre otras cosas, le describía el estado de ruina y soledad en que se encontraba su pueblo natal: éste «sigue siendo una aldea polvorienta, llena de silencio y de muertos. Desapacible, quizás en demasía; con sus viejos coroneles muriéndose en el traspatio, bajo la última mata de banano, y una impresionante cantidad de vírgenes de sesenta años, oxidadas, sudando los últimos vestigios del sexo bajo el sopor de las dos de la tarde». Y a continuación anotaba: «En esta ocasión me aventuré a ir, pero creo que no vuelva solo, mucho menos después de que haya salido *La hojarasca* y a los viejos coroneles les dé por desenfundar sus chopos para hacerme una guerra civil personal y exclusiva»[51]. Y es que antes le había confesado que pensaba «editar por suscripción popular» esta novela y ponerle «como prólogo el ribeteado y andrajoso concepto del consejo de la editorial» Losada que se la había rechazado.

El proyecto no pasó de ser más que eso, tal vez porque la corrección y reelaboración en algunos aspectos de los originales, a la luz de la trascendental experiencia del regreso, le llevó más tiempo de lo previsto; tal vez porque acababa de comprender que, al contrario de lo que venía sucediendo, en lo sucesivo debía escribir para guardar sus textos en la gaveta, sometiéndolos a «la habitual corrección del duende» y al selecto paladar de sus amigos y cómplices literarios; o simplemente no editó su primera novela porque no encontró el número suficiente de suscriptores.

El ahínco con que García Márquez reemprendió la escritura de *La casa* y la reescritura de *La hojarasca* se deduce de la aparición decreciente de sus columnas en *El Heraldo* de febrero a diciembre de este año de 1952. Durante esos meses, las treinta o veinticinco columnas mensuales de los años anteriores descendieron a doce u ocho, publicando sólo dos en diciembre, más un capítulo que había desglosado de *La hojarasca,* «El invierno», y que cinco años después reeditaría con el título definitivo de «Isabel viendo llover en Macondo». Pero el desgano de sus colaboraciones en *El Heraldo* se explica también por el cansancio y la rutina de un trabajo que ya no le ofrecía mayores alicientes, porque sencillamente le había dado lo que venía buscando desde hacía cuatro años: perfeccionar y acerar las armas del periodista y del novelista que siempre había querido ser. Así que cuando se presentó la oportunidad de dejarlo, se alejó encantado del periódico y de la ciudad, y se fue por los pueblos del Magdalena, el Cesar y la Guajira como agente vendedor de libros.

La ocasión se le presentó como otras veces se le habían presentado y se le seguirían presentando los momentos decisivos: como si el destino estuviera anudando los cabos dispersos de su vida. Julio César Villegas, el ex agente editorial de Losada que le había enviado *La hojarasca* a Buenos Aires hacía tres años, acababa de montar en Barranquilla un negocio de venta de libros a plazos, y convenció a García Márquez para que fuera uno de sus agentes. Este peruano errante había sido ministro del Gobierno del presidente Bustamante y Rivero, hasta que la dictadura del general Odría lo obligó a exiliarse en Colombia, donde ejerció diversos oficios como empresario. Excelente conversador e intelectual cultísimo, Villegas era un hombre impasible, un soñador y un transgresor al modo picaresco. Su presencia en Barranquilla era un exilio dentro del exilio, pues había llegado de Bogotá huyendo de las acusaciones de graves desfalcos cometidos como representante de la editorial Losada de Buenos Aires[52].

Cuando García Márquez vio que con Villegas podía ganar tal vez más dinero que en *El Heraldo* y que, sobre todo, tenía el pretexto idóneo para adentrarse con detenimiento en los pueblos guajiros de donde procedían sus mayores, no lo pensó dos veces y se fue de pueblo en pueblo, en diciembre de ese año[53], estrenándose en su nuevo oficio de vendedor de libros a plazos. Para su sorpresa, en éstas se lo encontró su hermano Luis Enrique en Santa Marta, de donde pasaron a Ciénaga, y el escritor empezó a trabajar en la antigua capital bananera, la misma donde habían masacrado a los trabajadores en diciembre de 1928 y donde habían vivido sus abuelos antes de radicarse en Aracataca y había probado fortuna Ramón Vinyes, el sabio catalán, recién llegado a Colombia.

Ampliando su radio de acción, García Márquez viajó días después en compañía de Luis Enrique hasta Valledupar, La Paz y Manaure, pasando por Guacamayal, Sevilla, Aracataca, Fundación y El Copey. En estos pueblos visitaban a los médicos, abogados, jueces, notarios, alcaldes, y el escritor intentaba convencerlos de que los libros técnicos de toda clase que él les sacaba de un enorme maletín negro eran los mejores aliados de su trabajo diario; que las doce mil quinientas páginas ilustradas de los diez tomos del Diccionario Enciclopédico UTEHA eran la gran panacea a sus lagunas culturales. Por supuesto, la inexperiencia y su gran timidez fueron el obstáculo mayor en el nuevo trabajo, pero aun así logró vender algunos ejemplares: apenas nada en tan vasta geografía. De modo que, pasado el entusiasmo inicial, García Márquez empezó a sentirse cada vez más incómodo en el peregrino oficio de vendedor de libros a plazos. En cambio, conocer el folclor y la historia de las regiones, conversar con la gente del pueblo y los viejos coroneles que se habían quedado esperando su pensión de guerra y emparrandarse con los acordeoneros de Valledupar, La Paz o Manaure, en unión de Rafael Escalona, Manuel Zapata Olivella y su hermano Luis Enrique, era lo que de verdad le interesaba.

Cuando Luis Enrique retornó a Ciénaga, Gabriel se internó con Rafael Escalona y Lisandro Pacheco, que lo acompañaron juntos durante una semana, por toda la Guajira hasta Riohacha, deteniéndose en los pueblos de sus ancestros, como Urumita, Villanueva, El Molino, San Juan del Cesar, Fonseca, Barrancas, Tomarrazón y el Manaure guajiro[54]. Las horas muertas de más calor las pasaba en los hoteluchos de paso leyendo los cuentos policíacos y las novelas de su vademécum. Cuando se le agotaban, recurría a la enciclopedia y a los libros técnicos de su muestrario de vendedor. En algunos le ocurrieron cosas decisivas para su suerte de escritor y en otros simplemente siguió regando las semillas de la leyenda. Víctor Cohen, dueño del hotel Welcome, de Valledupar, lo recordaría muy flaquito, de pelos hirsutos y bigote fino, con sus ojos desorbitados y el paso ligero, entrando a comer a horas puntuales con un apetito grande, pero con muy poco dinero; con tan poco, que al marcharse después sólo pudo pagarle a Cohen cincuenta y tres pesos colombianos de los ciento veintidós con cincuenta y tres centavos que le debía de varias semanas de alojamiento y comida. García Márquez le dejó algunos libros de su muestrario de vendedor fracasado, le firmó un vale por el resto de la deuda y se olvidó del asunto. Víctor Cohen, sin embargo, no iba a olvidarlo, sino que guardaría el vale durante tres décadas, para enseñárselo en abril de 1983, durante una fiesta de amigos, a su deudor, que acababa de convertirse en el reciente Premio Nobel de Literatura[55]. Desde entonces, la anécdota iba a encabezar el repertorio de historias favoritas con que los vallenatos deleitan el oído de los visitantes.

Fue probablemente en ese hotel donde el escritor leyó alucinado uno de los relatos que más trascendencia tendría en su carrera literaria. Hacía unos tres meses que la revista *Life* se venía publicando en español, y en su sección literaria sacaba relatos de los escritores norteamericanos más importantes del momento, por lo que García Márquez y sus amigos de Barranquilla seguían la publicación con una ansiedad creciente. Un día, asediado por el calor asfixiante, el escritor recibió de repente un envío de sus amigos: era el número 7 de *Life En Español* con *El viejo y el mar*. El texto se leía cómodamente en veinte páginas a dos columnas amplias bien ilustradas. En la primera aparecía en primer plano la foto de un Hemingway joven, sin barba, con el bigote y el pelo entrecanos, dejando ver al fondo el pueblecito pesquero cubano de Cojímar, el mismo que había servido de modelo al de su relato. Como le había ocurrido con otros textos esenciales, García Márquez se enfrascó en su lectura y se olvidó de los cuarenta grados de calor a la sombra de Valledupar[56]. Esta lectura «fue como un taco de dinamita», pues la tremenda influencia de Faulkner quedaba así contrarrestada, y, por otra parte, la extensión, la estructura y el estilo transparentes del relato de Hemingway le proporcionaron un laboratorio idóneo para escudriñar a fondo los trucos formales del relato corto, que, con gran maestría, iba a manejar dentro de poco a partir de *Relato de un náufrago* y *El coronel no tiene quien le escriba*.

Otra aventura lectora aparentemente menos explosiva, pero de consecuencias aún más definitivas para el creador de Macondo, fue la relectura de *Mrs. Dalloway* de Virginia Woolf, mientras espantaba mosquitos y deliraba de calor en otro hotel de paso de la Guajira interior. Desde que la había leído hacía cinco años en Turbaco con Rojas Herazo e Ibarra Merlano, la relectura de esta novela se le había convertido en una brújula y en un fetiche insustituibles, como el *Edipo Rey* de Sófocles, *La metamorfosis* de Kafka o el *Diario del año de la peste* de Defoe. Pero esta vez no fue la relectura de toda la novela lo que obró el milagro, sino la de un solo párrafo del principio: «Pero no había duda de que dentro (del coche) se sentaba algo grande: grandeza que pasaba, escondida, al alcance de las manos vulgares que por primera y última vez se encontraban tan cerca de la majestad de Inglaterra, del perdurable símbolo del Estado que los acuciosos arqueólogos habían de identificar en las excavaciones de las ruinas del tiempo, cuando Londres no fuera más que un camino cubierto de hierbas, y cuando las gentes que andaban por sus calles en aquella mañana de miércoles fueran apenas un montón de huesos con algunos anillos matrimoniales, revueltos con su propio polvo y con las emplomaduras de innumerables dientes cariados».

Veinte años más tarde, confesaría que él hubiera sido un escritor y hasta un hombre distinto si durante este viaje no hubiera tomado conciencia del contenido providencial de este párrafo, pues, «transformó por completo» su «sentido del tiempo» y le «permitió vislumbrar en un instante todo el proceso de descomposición de Macondo y su destino final»[57]. Más aún: sin saberlo todavía, le proporcionó tal vez el origen remoto de *El otoño del patriarca* y del capítulo liminar de *Del amor y otros demonios*.

Pero la confesión de García Márquez encierra sólo una verdad parcial. En realidad, fue la relectura del párrafo unida a la experiencia de los viajes por Valledupar y la Guajira, más el regreso con su madre a Aracataca, lo que desencadenó en él una visión dinámica y corrosiva del tiempo estancado que venía manejando en *La casa, La hojarasca* y los relatos de *Ojos de perro azul*. Éstos hablaban de personajes y realidades encerradas entre cuatro paredes con un tiempo estancado, sin solución de continuidad, y de recuerdos y nostalgias de tiempos abstractos. En *La casa*, los recuerdos del coronel Aureliano Buendía, enclaustrado en la casona de su infancia, no eran más que una nata de nostalgias desordenadas flotando en un piélago de tiempos idos, pero inexistentes contextualmente. En *La hojarasca* se hablaba de una familia encerrada velando un cadáver, una familia llegada de allende de la sierra, donde había padecido el flagelo de la guerra, una guerra irreal porque no hay trasfondo histórico verosímil del tiempo.

Gracias al párrafo de *Mrs. Dalloway* y a esos viajes, García Márquez empezó a tomar conciencia literaria de los tiempos histórico y legendario y de la necesidad (o inevitabilidad) de encadenarlos al tiempo familiar, dinamizándolos. Es como si, al echarse él mismo a andar por los pueblos y caminos de sus mayores, sus personajes hubieran experimentado también la necesidad de hacerlo. De esto termina de darse cuenta recorriendo los polvorientos e infernales caminos de Valledupar y la Guajira. Cada ruta que recorría y cada pueblo que visitaba eran escenarios de un pasado familiar e histórico, como Barrancas, donde sus abuelos habían vivido unos tres lustros y había tenido lugar su mala hora la tarde del 19 de octubre de 1908, o Carazúa y Riohacha, donde el coronel Nicolás Ricardo Márquez Mejía había luchado en la guerra de los Mil Días. Más allá o más acá estaba desde siempre la Guajira de Francis Drake, los exploradores y Francisco el Hombre.

De modo que los viajes con Rafael Escalona y el encuentro con Lisandro Pacheco, el nieto de Medardo Pacheco

Romero, no fueron sólo una exploración del tiempo de sus ancestros, de las raíces primigenias de su cultura, sino también un encuentro con los tiempos de la historia y la leyenda. En la semilla de la semilla había encontrado los tiempos perdidos superpuestos que terminarían de nutrir su obra de ficción, especialmente *Cien años de soledad*.

Al regresar a Barranquilla, hacia mayo/junio de 1953, se interrumpieron bruscamente las giras y el negocio de la venta de libros a plazos porque el ex ministro peruano Julio César Villegas fue apresado y llevado a la cárcel Modelo de Bogotá. Sin embargo, el García Márquez potencial, el García Márquez lleno de lecturas, vivencias, personajes, historias, mitos y leyendas ya estaba completo. En lo sucesivo vendrían, por supuesto, grandes experiencias complementarias, pero el humus germinal ya estaba acumulado en su memoria y en su sensibilidad. El resto sería, sobre todo, un proceso de sedimentación y reflexión, de constante y afiebrada carpintería literaria.

CAPÍTULO DIEZ

Cuando García Márquez retornó a Bogotá a finales de enero de 1954, con el propósito de vincularse al diario *El Espectador*, llegó al antiguo aeropuerto de Techo con su maleta de trotamundos y dos paquetes en la mano que le entregó al poeta Álvaro Mutis para que se los metiera en la cajuela del coche: eran los originales de *La casa* y *La hojarasca*. Esta última había conocido al menos cuatro versiones esenciales y era un ánima en pena en busca de editor. La primera, en cambio, se había quedado en ciernes esperando su oportunidad, aunque, bien miradas las cosas, ya la había encontrado, pues el destino de *La casa* no podía ser otro que el de un vivero adánico, y, coherentemente, de una de sus costillas había salido *La hojarasca* y de otras tantas habrían de salir total o parcialmente *El coronel no tiene quien le escriba, La mala hora* y *Los funerales de la Mamá Grande. Cien años de soledad,* la novela río que lo globalizaría y sintetizaría todo, emergería de sus sedimentos y de mucho más.

Los dos originales constituían el comienzo en firme del largo y accidentado viaje emprendido por el autor al fabuloso mundo de su infancia, de sus padres y de sus abuelos. De nuevo, muy a su pesar, iba a ser la andina y distante Bogotá la que, después de seis años de ausencia, le concediera la perspectiva suficiente para continuar este viaje interior, cuyo primer paso había dado con «La tercera resignación» hacía siete años en el mismo periódico y en la misma ciudad.

Pero esta vez, aparte de la gran tribuna de *El Espectador*, Bogotá le iba a dar sobre todo perspectiva, una perspectiva complementaria para la reflexión y la sedimentación de todo lo vivido, leído, escrito e investigado, que había alcanzado su culmen en los recientes viajes por Valledupar y la Guajira[1]. Sin embargo, esta oportunidad decisiva estuvo a punto de truncarse porque inicialmente García Márquez no quería dejar a Barranquilla y a sus amigos, pese a que acababa de concluir su última y breve aventura periodística en la Costa, junto a Álvaro Cepeda Samudio, como jefe de redacción del nuevo periódico *El Nacional*.

Según Álvaro Mutis, Guillermo Cano, el director de *El Espectador*, y Eduardo Zalamea Borda, el subdirector del periódico y descubridor literario de García Márquez, habían intentado en Barranquilla convencer a éste para que se fuera a trabajar con ellos. Mutis, tal vez previendo que el gran talento de su amigo podría oxidarse en la bohemia de la Costa, les había dicho que lo captaran porque valía la pena, y aquéllos no lo dudaron, pues ya habían publicado y elogiado sus cuentos de *Ojos de perro azul*. Pero García Márquez no demostró, en efecto, mayor entusiasmo por volver a Bogotá, aunque fuera como redactor de un diario tan prestigioso. Entonces Guillermo Cano y Eduardo Zalamea le pidieron a Mutis que lo convenciera personalmente para que se fuera a su periódico. Mutis, que era jefe de relaciones públicas de la empresa petrolera Esso, fue a Barranquilla, lo invitó a Bogotá y le dejó un pasaje de avión, pero García Márquez lo perdió; entonces le envió otro, hasta que, más por gratitud a Mutis que por su interés en volver a la capital, se sobrepuso a su congénito miedo al avión y apareció un día de finales de enero en el antiguo aeropuerto de Techo.

Cuando Gabriel Cano, el dueño del periódico, lo vio, se quedó traspuesto: no podía concebir que aquel joven recién llegado de Barranquilla, de ropas de colores chillones, bigote y ojos excesivos y una palidez y una delgadez extremas, fuera el gran escritor del que hablaban Álvaro Mutis y Eduardo Zalamea y que respaldaban sus cuentos y artículos de prensa. Entonces, el viejo Cano le dejó caer a Mutis el peso de su desconcierto: «Hombre, don Álvaro, ese muchacho tendrá mucho talento, pero su aspecto, ¡por Dios!...». Mutis lo sacó en el acto de toda duda: «Es el mejor trabajador que usted va a tener en este periódico; usted no ha tenido un trabajador igual». Pocos días después lo llamó a su oficina y le dijo: «Oiga, don Álvaro, usted tiene toda la razón: ese tipo es de primera. Mil gracias»[2].

En aquel entonces, las instalaciones de *El Espectador* quedaban en la primera y segunda planta de un edificio de la avenida Jiménez de Quesada, muy cerca de su competidor, *El Tiempo,* prácticamente en el corazón político del país. En las plantas de arriba del mismo edificio estaban las oficinas de la Esso, donde trabajaba Álvaro Mutis. Los primeros días, García Márquez pasaba el tiempo en el despacho de su amigo, refugiado del frío y la soledad, y de cuando en cuando redactaba alguna nota que le pedían los directores de *El Espectador,* pues los Cano, conocedores de su talento indudable de escritor, no se atrevían a contratarlo hasta no probar sus cualidades de periodista. Cuando García Márquez pensó en regresar a Barranquilla, porque sintió remota la posibilidad de un empleo fijo, el periódico le ofreció un contrato como redactor de planta con un sueldo de novecientos pesos mensuales[3]. Fue la apoteosis económica de su vida. Ahora podía permitirse el lujo de vivir con cierta tranquilidad y ayudar un poco más a sus padres y hermanos, que cumplían tres años de dificultades en Cartagena. A su vez, pudo dejar la casa de la madre de Mutis, en Usaquén, e instalarse cerca del periódico en la pensión de una matrona francesa: la misma donde se había hospedado Eva Perón en su época de bailarina.

Entre esta pensión, el despacho de Mutis, la sala de redacción del periódico y las salas de cine de la ciudad, iba a pasar García Márquez prácticamente los dieciocho meses en que trabajó como editorialista, comentarista de cine y reportero estrella del vespertino bogotano.

El Espectador, con una tirada media en ese entonces de sesenta y cinco mil ejemplares, era el segundo diario de Colombia después de *El Tiempo* y el más antiguo: había sido fundado en Medellín a finales del siglo pasado por los Cano. Lo mismo que su competidor, se regía por principios liberales y democráticos, pero, a diferencia de aquél, conservaba un margen de relativa independencia frente a la oligarquía secular del país, a la vez que buscaba el aporte de los nuevos valores del periodismo y la literatura. La mayoría de sus redactores y colaboradores se componía de intelectuales y escritores liberales progresistas o izquierdistas más o menos camuflados. Ambas circunstancias fueron decisivas para que el joven escritor de Aracataca tuviera cabida y expresión holgada en el periódico. Su gran talento haría el resto: ir ganando cada día mayores cotas de apoyo y confianza entre sus jefes y compañeros.

Como habría de ocurrirle siempre dondequiera que llegara hasta que fue un escritor famoso, García Márquez no entró en *El Espectador* precedido de tambores especiales. A pesar del prestigio que le habían dado sus cuentos publicados en el periódico a lo largo de siete años, al principio apenas era un hombre visible en el cuerpo de redactores. José Salgar, su jefe de redacción, recordaría que su trato no iba más allá del que tenía con él y Guillermo Cano, Eduardo Zalamea Borda *(Ulises)* y el también cataquero Gonzalo González *(Gog)*. Sin embargo, poco a poco, el tímido periodista fue imponiendo su personalidad «mamagallista» y su estilo en el periódico y fuera de él, hasta convertirse en el reportero estrella. Las relaciones humanas y profesionales con sus jefes fueron siempre relaciones plenas y exquisitas. Guillermo Cano fue el director sencillo, tímido y exigente que le brindó todo el apoyo (no siempre suficiente en lo económico) a su amigo y reportero de planta. José Salgar fue el incansable jefe de redacción con quien García Márquez trabajaba codo con codo casi las veinticuatro horas del día, pero Salgar era un veterano del periodismo sin el menor sentido lúdico y lírico del oficio, y un día se atrevió a recomendarle al cataquero que le torciera el cuello al cisne de la literatura en aras del periodismo[4], olvidando que su talento literario era precisamente lo que sustentaba en gran medida su excelente obra periodística. Esto, en cambio, fue siempre claro para su otro jefe y maestro, Eduardo Zalamea Borda, el subdirector, un hombre que, por su talante, su desbordada capacidad de trabajo, su particular duende de escritor y periodista y su vasta cultura, era toda una institución en el periódico. No sólo por afinidad literaria, sino tal vez por su parecido físico con James Joyce, Zalamea Borda publicó durante años una columna con el seudónimo de Ulises en la que abordaba todos los temas culturales y literarios. Esta columna era un plato suculento que degustaban a diario sus lectores de *El Espectador* y sobre todo los jóvenes escritores. Como vimos, para García Márquez supuso mucho más que eso, pues su lectura fue uno de los motivos que lo impulsó a escribir su primer cuento propiamente dicho: «La tercera resignación». Y fue en la misma columna «La Ciudad y el Mundo» donde Zalamea Borda anunció, tres días después de haberle publicado el segundo cuento, que con García Márquez nacía algo así como el futuro genio de la literatura colombiana.

Cuando García Márquez llegó a *El Espectador,* Zalamea Borda seguía siendo el prestigioso autor de *Cuatro años a bordo de mí mismo,* la poética novela que había extraído de las mismas entrañas de la Guajira. Fue durante aquellos años treinta de prospección por la provincia de los abuelos de García Márquez, cuando Zalamea Borda había intentado suicidarse pegándose un tiro en el café Roma de Barranquilla. Por suerte, su única novela le permitió saldar cuentas con un pasado tormentoso, dejándole la sabiduría, maneras y costumbres de un maestro en reposo. Esto lo sabía muy bien García Márquez cuando lo llamó su «Cristóbal Colón» y su «verdadero papá literario», pero fueron ante todo amigos y compañeros de la misma nave. Aunque se hicieron amigos en Barranquilla, siendo el cataquero colaborador de *El Heraldo,* ambos se habían conocido a finales de los cuarenta en Bogotá por mediación de Gonzalo González, *Gog,* el coterráneo y pariente lejano de García Márquez. En aquellos tiempos universitarios, éste había acudido con un amigo a llevarle uno de sus primeros cuentos, pero su timidez era tan pavorosa que no se atrevió a subir al periódico, sino que envió al amigo con el cuento y se quedó esperándolo en la esquina de la avenida Jiménez de Quesada con la carrera 7.ª Cuando Gog bajó para invitarlo a que subiera y presentarle a Zalamea Borda, encontró a un muchacho triste, delgado y pálido, casi a punto de diluirse en la dudosa luz del día, parado en la esquina «a la tímida expectativa de los hechos»[5].

Desde entonces, Eduardo Zalamea Borda y Gonzalo González iban a convertirse en los principales mecenas, alcahuetes y compañeros de García Márquez en el periódico. Con el segundo tenía además la afinidad de las raíces, del olor de la guayaba. Igual que el novelista, Gog había nacido en Aracataca, se había educado en Barranquilla, había sido miembro cola-

borador del semanario *Crónica,* sería defensor de presos políticos y terminaría siendo un destacado y longevo colaborador de
El Espectador. Pero, a diferencia de su coterráneo, Gog había sido
un atleta nacional y un campeón de ajedrez que terminaría la
carrera de Derecho y se convertiría en profesor de periodismo.
Lo mismo que había hecho en *El Universal* con el poeta y pintor
Héctor Rojas Herazo, García Márquez lo haría con Gog, volviendo al juego mutuo de imitarse en sus notas de opinión, e
incluso llegó a inventarse un seudónimo para que éste, desde su
columna «Preguntas y Respuestas», le contestara las más diversas inquietudes sobre autores y libros[6].

Así que el ambiente dentro del entonces vespertino bogotano conjugaba al mismo tiempo la amistad, la complicidad
y la exquisitez profesional que había encontrado en *El Universal* y en *El Heraldo.* Con el tiempo correría la leyenda de que
García Márquez prácticamente había vivido en *El Espectador*
durante los dieciocho meses que trabajó aquí. Sin embargo, él
siguió teniendo una relación intensa con sus amigos y su literatura fuera del periódico. Por eso José Salgar recordaría que a
veces García Márquez llegaba por la mañana con las ojeras y la
mala cara de los trasnochadores, pues buena parte de la noche bogotana la había pasado trabajando en sus cuentos, leyendo los
libros de sus apetencias o en alguna de las saturnales que de cuando en cuando montaba con sus amigos costeños y bogotanos
más antiguos.

Aunque en este tiempo recuperó algunos de los amigos
de los años universitarios anteriores al *Bogotazo,* como Gonzalo
Mallarino y Luis Villar Borda, e hizo numerosos amigos del periodismo y la literatura, los encuentros con Álvaro Mutis, Nancy
y Luis Vicens, uno de los fundadores del Cineclub de Colombia, fueron una necesidad cotidiana. Sobre todo los encuentros
con Mutis, pues la suya sería siempre la amistad de la eterna
habladera sobre lo que ambos irían definiendo como la «vaina», esa sucesión de «los días que uno tras otro son la vida».
Aunque parezca extraño, la amistad de Mutis y García Márquez habría de ser una amistad más personal que literaria, pero
de todos modos, entre charla y charla, entre copa y copa y entre

fiesta y fiesta, Mutis fue instalando a su amigo en el reino providencial de la música clásica y en las fértiles páginas de Dickens y Conrad, iniciando así ese magisterio casi secreto que desde entonces ejercería el poeta de Coello sobre el novelista de Aracataca. Algunos comunes casos de la «vaina» los habían situado ciertamente más allá de la amistad y la complicidad personal. Uno de los más memorables había sido la muerte del multimillonario americano Bedford en Barranquilla el año anterior.

Bedford, que parecía un calco físico de Hemingway, había llegado ese día de Nueva York en su avión particular como representante de la Standard Oil, y a Álvaro Mutis, poeta de minorías y jefe de relaciones públicas de la Esso colombiana, le tocó organizarle una recepción al más alto nivel. Para adornar el acto, Mutis invitó a los periodistas y a algunos miembros del Grupo de Barranquilla, como García Márquez, Fuenmayor y Germán Vargas. Pero la muerte le jugó una última y muy mala pasada a este millonario exquisito, dejándolo inerte de un paro cardíaco en medio de sus propios excrementos en una habitación del Hotel del Prado. Entonces Mutis recibió la consigna de su gerente de que a ese muerto grande había que sacarlo de ahí lo antes posible y mandarlo de vuelta a Nueva York esa misma noche. Como los trámites burocráticos lo hacían imposible, Mutis llamó a García Márquez y Fuenmayor para que le ayudaran a conseguir la exención de las actas y los permisos del levantamiento y envío del cadáver a su país[7]. Fue una experiencia que los transformó. Desde entonces García Márquez y Mutis supieron que quedaban ligados para siempre por una complicidad que estaba más allá de la amistad: la complicidad de una veta literaria común. En efecto, como lo reconocería el propio Mutis, esa muerte concreta de un hombre tan rico y poderoso en circunstancias casi anónimas e indecentes, les hizo *clic* a los dos escritores, a cada uno por su lado, señalándoles el tema de la muerte como un fenómeno a explorar en toda su sordidez y en todo su esplendor.

De modo que sus obras, tan distintas, tendrían por lo menos una veta común y una misma obsesión vertebral: llegar al origen, a la semilla primigenia de la memoria. Tal vez por esto iban a poder mantenerse por el resto de sus vidas en los fueros de una amistad poco escorada hacia lo literario. Lo cierto es que la ya sólida amistad con Mutis, así como la de los Vicens y la de Hernando Téllez (con quien pasaba «domingos enteros recitando versitos pendejos»), fue para García Márquez un refugio reconfortante, casi indispensable, durante los dieciocho meses que trabajó en *El Espectador*, y no sólo porque Bogotá seguía siendo la ciudad lluviosa, triste y encapotada que tenía metida en los huesos como una enfermedad crónica, sino porque ahora era una ciudad que padecía el cáncer de la violencia y los desmanes de una dictadura militar.

La andina e ínclita Bogotá de mediados de los años cuarenta, de tranvías lentos y atardeceres grises de hollín, aquélla en la cual el escritor había tenido que llorar de desolación con dieciséis años escasos, era ahora un asunto del pasado que empezaba a duplicar su población, pues el *Bogotazo* y su violencia expansiva le habían acarreado una inmigración masiva y desordenada que acabó con sus costumbres de gran aldea castellana conservada en formol colonial y la empezó a transformar en la metrópoli esparcida y contradictoria del futuro. Aunque lo negara años después, García Márquez volvió a transitar sus parajes más connotados y volvió a sus cafés de tradición, como el Automático y el Asturias, aunque ya no con la vocación vital y literaria de los años de la bohemia universitaria, sino, más bien, con una cierta urgencia profesional, como lo hacía con las salas de cine de la ciudad. Sus horas más reposadas y fructíferas las pasaba en su pensión, en el despacho de Mutis o en la sala de redacción de *El Espectador*, mientras los únicos momentos de esparcimiento llegaban los fines de semana con José Salgar y Eduardo Zalamea Borda, cuando cogían el coche y se iban a los pueblos del norte a tomar cerveza y a impregnarse del verdor y el silencio de la sabana, uno de los lugares más hermosos y sedantes del planeta, donde hasta la conversación y la melancolía de los indios parecían simples modalidades del silencio. Pero aun así, los tres amigos no se desligaban por completo del oficio, pues solían dejar la radio del coche al alcance de la oreja por si surgía alguna noticia que los trajera de vuelta a la sala de redacción.

Cuando llegó a esa sala para convertirse en un periodista maduro y en uno de los mejores reporteros de la lengua, Colombia llevaba ocho meses bajo la dictadura del general Gustavo Rojas Pinilla, de tal manera que puede decirse que si García Márquez se había iniciado como periodista a finales de los cuarenta bajo el signo de la violencia, su madurez como tal habría de alcanzarla bajo la institucionalización de esa misma violencia, lo que tendría consecuencias definitivas en su obra.

Rojas Pinilla había llegado al poder el 13 de junio de 1953 aupado por los principales sectores de la oligarquía liberal-conservadora de marras, y aunque una semana antes de hacerse con el poder se había mostrado en contra de una solución militar a la grave situación que padecía el país (lo que muestra que el golpe fue más una aventura de la oligarquía que del ejército), el general iba a quedarse, sin embargo, casi cuatro años en el poder.

A los cinco años del asesinato del carismático dirigente liberal Jorge Eliecer Gaitán, la violencia se había generalizado y agudizado en casi todo el país, siendo uno de los factores decisivos el pábulo institucional que le aplicaron los Gobiernos conservadores de Mariano Ospina Pérez y Laureano Gómez, sobre todo de este último, que bajo un ropaje civil ejerció de hecho una dictadura tal vez más feroz que la del mismo Rojas Pinilla. Las estadísticas muestran que de los más de trescientos mil muertos arrojados durante los quince años de la llamada Violencia, casi la mitad corresponde al quinquenio 1948-1953 en que gobernaron Ospina Pérez y Laureano Gómez[8]. El problema entonces era cómo parar a los ultramontanos conservadores que retroalimentaban desde el poder una violencia ya de por sí tradicionalmente larvada. Esta circunstancia empujó a la oligarquía liberal y a los sectores más moderados de la conservadora a un acuerdo para tumbar al franquista Laureano Gómez y atajar de paso el peligro revolucionario que incubaban las primeras bandas guerrilleras. La respuesta fue inventarse un dictador que llegara al solio de Bolívar como el salvador y conciliador de todos los colombianos en esa mala hora, ejerciendo una benigna dictadura de transición.

Pero Rojas Pinilla cometió un error de lesa patria: se tomó en serio el papel de dictador de opereta que le habían encomendado y les hurtó el poder a sus jefes durante casi cuatro años, y éste fue el desmán supremo que, por supuesto, no le perdonaría la oligarquía colombiana. Entonces, el dictador al que habían aupado entre todos al poder tuvo que ser depuesto entre todos los del poder. Redondeándole una biografía y un mandato de oprobios, terminaron de convertirlo en el enemigo número uno de los colombianos, pues era el enemigo número uno de la democracia por méritos propios, y lograron deponerlo el 10 de mayo de 1957 mediante un paro cívico nacional que, ironías de la politiquería, habían alentado y conducido el dirigente liberal Alberto Lleras Camargo y el ultramontano conservador Laureano Gómez, dos enemigos irreconciliables hasta hacía poco. La conspiración contra la dictadura la habían pactado meses antes en Sitges, pero fue también, paradójicamente, un pacto contra la democracia, pues con éste nació el Frente Nacional, esa gran componenda de la oligarquía bipartidista para recuperar y repartirse el poder alternativa y equitativamente durante dieciséis años con todas sus prebendas y sinecuras.

Tras unos primeros gestos encaminados a taponar la hemorragia nacional de la violencia, Gustavo Rojas Pinilla, como era de esperar, enseñó pronto los dientes de la bayoneta calada y el plomo para resolver los problemas. Según García Márquez, que inicialmente había pensado en él como un mal menor frente a la feroz dictadura civil de Laureano Gómez, las dos hazañas más memorables de Rojas Pinilla fueron «una matanza de estudiantes en el centro de la capital cuando el ejército desbarató a balazos una manifestación pacífica, y el asesinato por la policía secreta de un número nunca establecido de taurófilos dominicales»[9] que abucheaban a su hija en la plaza de toros. Casualmente, la matanza de estudiantes fue presenciada por el mismo García Márquez el 9 de junio de 1954 en la avenida Jiménez de Quesada, mientras regresaba de visitar en la Cárcel Modelo a Julio César Villegas, el ex ministro peruano con quien había trabajado el año anterior como vendedor de libros a plazos[10]. La matanza significó un vuelco no sólo en la historia política del país, sino en la conciencia política y literaria del escritor, pues en el contexto de esta dictadura y en el fondo de violencia en que nació y se proyectó, García Márquez iba a experimentar una decantación definitiva hacia la izquierda. Del mismo modo, ejercería gran parte de su obra periodística y enmarcaría sus libros *La mala hora, El coronel no tiene quien le escriba* y *Los funerales de la Mamá Grande,* obras desde las cuales se irían ampliando y enriqueciendo los temas del poder y la violencia.

El ideario socialista y antiimperialista de García Márquez, con un indudable origen en la personalidad de su abuelo, se había potenciado en las aulas del bachillerato de Zipaquirá, a la sombra del profesor de Historia, y había seguido madurando paulatina y discretamente en Cartagena y Barranquilla, de tal manera que muy pocos de sus amigos llegaron a enterarse de que, ya en *El Heraldo,* él pagaba cuotas de solidaridad al Partido Comunista Colombiano, cosa que, con la misma discreción, siguió haciendo después en Bogotá con algunos compañeros de *El Espectador*[11].

Fue durante esta época cuando se produjo el mayor acercamiento entre el escritor y el entonces clandestino partido comunista, llegando incluso a ingresar en una de sus células, pero su militancia fue fugaz y se redujo a discusiones políticas e ideológicas con algunos cabecillas del partido. Cuando su secretario general, Gilberto Vieira, lo supo, lo mandó llamar a su casa y le dijo que no tenía sentido que estuviera en una célula si no era militante del partido, que se entendiera directamente con él, que le daría toda la información que precisara para su trabajo periodístico[12]. La actitud de Vieira era, en realidad, una manera de ganarse el apoyo y la simpatía del nuevo valor en alza. Los comunistas eran muy conscientes de la importancia creciente que iba tomando el reportero estrella de *El Espectador,* y cuando vieron la estatura literaria que le concedió la publicación de *La hojarasca* en mayo de 1955, hasta se tomaron la molestia de hacerle la sugerencia dogmática, de lesa literatura, de que el ámbito mítico y el estilo lírico de su novela no eran los más adecuados para adentrarse en la realidad actual colombiana[13]. Esta sugerencia, que se reflejaría en el verismo de sus libros siguientes, iba a sumir a García Márquez en una relativa confusión, hasta recuperar en *Cien años de soledad* su libertad creadora total.

Sin embargo, García Márquez nunca dejó de sospechar que su compromiso con la realidad en tanto que escritor no podía ser un compromiso dogmático y excluyente, sino que, por el contrario, tenía que ser un compromiso abierto e incluyente de toda realidad. Prueba de ello iban a ser sus cuentos y novelas, así como su vasta obra periodística, que, en este período bogotano, se haría más madura desde el momento en que empezó a colaborar de forma anónima, en febrero de 1954, en la sección editorial de «Día a Día», para luego pasar al comentario de cine y terminar de reportero de primera línea.

«Día a Día» era entonces como la joya de la corona del periódico. En ella escribían el mismo director Guillermo Cano, el subdirector Eduardo Zalamea Borda (*Ulises*), el jefe de redacción José Salgar y Gonzalo González (*Gog*). Que García Márquez hubiera entrado al periódico escribiendo en esta sección muestra de forma inequívoca la altísima estima con que sus directivos habían acogido a su nuevo pupilo. De hecho, cuando publicó su cuarta nota, «La reina sola», Ulises le dijo que con ella demostraba que podía colaborar dignamente en la sección[14]. La nota demostraba también que el periodismo de comentario seguiría siendo, como en *El Universal* y *El Heraldo*, un laboratorio de decantación y de delimitación de sus temas literarios: el amor y la muerte, la soledad y la nostalgia, el poder y la soledad del poder, el tiempo primigenio y la circularidad e inmovilidad del tiempo, el mundo como aldea global y los largos viajes, y, en medio, la trascendencia definitiva de las minucias cotidianas. Por eso, a pesar de sus ocupaciones de comentarista de cine y de reportero, no sólo no iba a dejar el periodismo de comentario, sino que siempre sacaría tiempo para ello cada vez que sus jefes se lo solicitaran. García Márquez recordaría que, cada vez que sobraba un hueco en la sección editorial, Guillermo Cano o José Salgar se dirigían a él para pedirle una nota sobre cualquier tema, indicándole en el aire con el pulgar y el índice abiertos el tamaño que debía tener la nota[15].

Precisamente, fue a raíz de algunas notas sueltas sobre cine publicadas en «Día a Día» como sus jefes llegaron a ofrecerle la oportunidad de escribir una columna semanal sobre el séptimo arte, desarrollando así una labor paralela en la sección «El cine en Bogotá. Estrenos de la semana», que había de ser pionera en su género en Colombia. Desde esta ventana abierta al celuloide, García Márquez dio expresión, más voluntariosa que profesional, a su antigua pasión por el cine, una pasión que le venía desde los días felices de la infancia junto al abuelo, el coronel Nicolás Ricardo Márquez Mejía, quien lo había llevado de la mano en Aracataca a ver las películas de Tom Mix y otras menos inocentes, de tal manera que sus inquietudes por el cine eran por lo menos tan antiguas como sus inquietudes por la literatura, el dibujo y el periodismo. En Cartagena y Barranquilla fue un cinéfilo constante, adquiriendo el ojo avezado del buen espectador, y con los amigos del Grupo de Barranquilla, especialmente con Álvaro Cepeda Samudio, llegó a la convicción de que el cine era un medio de expresión casi tan prodigioso como la misma literatura. Tuvo mucho que ver en ello no sólo el regreso de Estados Unidos de Cepeda Samudio saturado del periodismo y el cine norteamericanos, sino la reciente amistad con el catalán Luis Vicens y el impacto poderoso que le dejó, en octubre de 1950, la película el *Ladrón de bicicletas,* de Vittorio de Sica. Esta película iba a marcarlo para siempre con la influencia del neorrealismo italiano, sobre todo en lo referente al detalle de «lo humano trascendente»[16], que será uno de los elementos fundamentales de su mundo narrativo. Así que cuando comenzó sus comentarios semanales sobre cine, el 27 de febrero de 1954, García Márquez tenía no sólo el ojo avezado del buen espectador, sino una cierta influencia y una buena información estética y filosófica del séptimo arte. Sin embargo, al ser profano en sus aspectos técnicos, García Márquez no iría mucho más allá del comentario voluntarioso e ingenioso en la crítica cinematográfica, con evidentes aciertos en la captación de situaciones y detalles afines a sus inquietudes y búsquedas literarias.

De estos dieciocho meses de comentarista semanal de cine, a García Márquez le quedaría el mérito añadido de ser no sólo uno de los pioneros de la crítica cinematográfica en Colombia, sino uno de los impulsores más decididos de la creación de un cine nacional. De aquí saltaría pronto al Centro Sperimentale di Cine, en Roma, para convertirse después en México en un guionista atormentado a mediados de los sesenta y terminar creando y dirigiendo veinte años después la Fundación del Nuevo Cine Latinoamericano, con sede en La Habana.

Pero para llegar a Roma aún faltaban los grandes textos de su primera época de reportero. Qué duda cabe que, para dar este paso decisivo en su carrera periodística y literaria, los directores de *El Espectador* debieron de tener en cuenta no sólo su versatilidad en el oficio, demostrada durante los primeros meses, sino el resonante Premio Nacional de Cuentos que la Asociación de Escritores y Artistas de Colombia le otorgó en julio por su relato «Un día después del sábado».

Después de cinco años de hibernación de *La hojarasca* y del duro golpe de su rechazo editorial, éste era el primer reconocimiento grande que García Márquez obtenía como escritor, un premio que, sin embargo, él habría de minimizar muchos años después al recordar que en realidad se había presentado al concurso porque el secretario de la Asociación de Escritores y Artistas, que era su amigo, le había pedido que lo hiciera, ya que el nivel de los concursantes era muy bajo, y entonces él se decidió y le entregó el cuento todavía sin terminar[17]. Pero el poeta Carlos Martín, que fue su profesor de Literatura en el Liceo Nacional de Zipaquirá, recordaría que él y Hernando Téllez, como jurados del concurso, tuvieron que emplearse a fondo para que, ante la disparidad de criterios, el jurado concediera el primer premio a «Un día después del sábado». Este relato, escrito apenas unos meses antes en los ratos que le dejaba libre la labor periodística, confirma que cuando García Márquez llega a *El Espectador* es ya un escritor bastante maduro, pues en él hace gala del tacto narrativo y la sabiduría estilística de sus mejores obras. Inscrito en Macondo, como *La hojarasca*, «La siesta del martes», «Los funerales de la Mamá Grande» y *Cien años de soledad*, es el segundo texto macondiano que aparece publicado, y muestra a la mítica aldea en su fase terminal, anegada de pobreza y soledad, un Macondo por el que es evidente que han pasado toda clase de pestes y catástrofes sociales y naturales.

Pestes y catástrofes: éstos son los términos que, empezando por la peste suprema de la soledad, van a cifrarlo todo en la obra literaria y periodística de García Márquez.

En los relatos del abuelo, en los relatos de la tradición costeña y cataquera y, luego, en las páginas de la historia nacional, García Márquez iría viendo, reforzado por la Biblia, Sófocles, Defoe y Camus, que su pueblo y su país estaban afectados secularmente por toda suerte de pestes y catástrofes, como las guerras, la violencia larvada, el saqueo de los recursos naturales, la marginación social y económica, los diluvios, la langosta, la politiquería, la emulación y la esquizofrenia culturales. Y ahora, con veintisiete años y en el umbral de su madurez, él lo estaba viviendo en carne propia: de nuevo, el país volvía a padecer la catástrofe generalizada de la violencia, expresión directa de la particular forma de ejercer la política en Colombia: no como una manera de convivir y conducirse, sino como una permanente y cotidiana epidemia medieval.

Ya *La hojarasca*, donde aparecen las primeras connotaciones políticas de la soledad, toca estas fibras profundas de la sociedad colombiana, y muy pronto, en *La mala hora* y en *El coronel no tiene quien le escriba*, García Márquez las abordaría de forma más inmediata y directa. La mayoría de sus reportajes de este año previo a su viaje a Europa seguirá la misma conducta política e ideológica, dentro de una elaboración estética muy apreciable.

Casualmente, y conforme a sus lecturas y preferencias temáticas, el primer reportaje de García Márquez como enviado especial de *El Espectador* iba a centrarse en una catástrofe natural y (también) social: el trágico derrumbe de la Media Luna en Medellín. Más que una casualidad fue una doble o triple casualidad, pues en esos días el escritor había estado tentado de viajar a Haití invitado por su amigo Álvaro Mutis, y luego, cuando llegó a Medellín, le faltó poco para renunciar y regresarse a Barranquilla[18].

Aunque no era un novicio en el género (ya había escrito la estupenda serie sobre la marquesita de La Sierpe, «El deportista mejor vestido» y muchas crónicas y estampas lugareñas sobre sus viajes por los pueblos de la Costa), éste era su primer reportaje como enviado especial de un periódico, y semejante responsabilidad le produjo un miedo tan espantoso que, muchos años después, él lo evocaría como un miedo idéntico al que padeció de niño frente a los espíritus endémicos de la casa de Aracataca[19]. Así que, cuando llegó al hotel de Medellín, pensó en renunciar y regresar directamente a Barranquilla, y cuando vio que estaba lloviendo, se alegró de que la lluvia le impidiera enfrentarse a los hechos y lo dejara inmóvil, como en la silla de sus miedos fantasmales. Pero cuando escampó y ya no tuvo más pretextos para eludir su misión, se lanzó al ruedo y tomó un taxi rumbo a la Media Luna. En el camino se enteró de que, después de dos semanas, ya no quedaba nadie en el lugar de la tragedia; entonces cambió de rumbo y se hizo llevar a Las Estancias, el barrio que más víctimas había tenido en la catástrofe. Allí encontró un hervidero dantesco de anécdotas e historias. El elemento más dramático y novelesco estaba en que la mayoría de las víctimas no eran habitantes de la Media Luna, sino pobres gentes que habían caminado varios kilómetros para encontrar la muerte, y la noticia periodística, con una evidente carga política por su denuncia implícita de la negligencia administrativa, se centraba en que el derrumbe había comenzado sesenta años atrás por unas aguas desperdigadas, sin canalizar, y en que la mayoría de las víctimas se produjo no tanto por la envergadura de los derrumbes sucesivos, sino por la solidaridad desbordada sin ninguna asistencia oficial.

Cuando, después de numerosas entrevistas e investigaciones exhaustivas, García Márquez se encontró ante un material tan vasto y proteico de historias, anécdotas, personajes y datos, se acordó de los preceptos que le había oído a su amigo Álvaro Cepeda Samudio, sacados del periodismo norteamericano, acerca de cómo organizar un material de esa naturaleza en un relato fluido, ordenado y transparente[20]. Y se acordó también del que ya era uno de sus libros preferidos, el *Diario del año de la peste* de Daniel Defoe, y echó mano en primer lugar de su experiencia reciente de investigador particular de la realidad de los pueblos costeños.

El éxito periodístico y literario de «Balance y reconstrucción de la catástrofe de Antioquia», publicado en tres entregas a principios de agosto de ese año, convirtió a su joven autor en un reportero estrella casi de la noche a la mañana, y detrás de este primer trabajo llegarían los otros grandes reportajes garciamarquianos de esa época: «El Chocó que Colombia desconoce», «De Corea a la realidad», «El triple campeón revela sus secretos» y, el más sonado y trascendental, «La verdad sobre mi aventura», acerca del náufrago Luis Alejandro Velasco.

El reportaje sobre el departamento del Chocó supuso para García Márquez un regreso literal a la semilla, pues desde el momento en que descendió del avión se encontró en un mundo que por muchas razones lo devolvió a su Aracataca natal. También, como en el primero, experimentó el miedo aterrador de su infancia, pero para entonces ya los dos habían llegado a un acuerdo tácito de convivencia: a diferencia de Francis Macomber, el inolvidable personaje de Hemingway, García Márquez no intentaría ninguna hazaña heroica para sacarse el miedo de su cuerpo, sino que lo domesticaría y lo haría cada vez más consciente, hasta convertirlo en el enemigo cordial, en la perla dentro de la ostra, comprendiendo además que el suyo era también el mismo miedo existencial de todos los hombres en los momentos decisivos de la vida y que por eso es inútil intentar extirparlo.

El origen del reportaje sobre el Chocó tuvo una historia risueña que muestra hasta qué punto sedujo a García Márquez el aspecto aventurero del género y cómo el reportaje fue para él, lo mismo que la novela, un trabajo de imaginación y realidad.

Todo había empezado cuando el Gobierno del dictador Rojas Pinilla decidió disolver y repartir entre los departamentos vecinos el olvidado y lejano departamento de los negros del Pacífico. Ante semejante perspectiva y ante la pasividad de los mismos chocoanos, al corresponsal de *El Espectador* en Quibdó se le ocurrió la buena idea de enviar un cable urgente a Bogotá informando de la manifestación permanente que se había declarado en la ciudad contra la arbitraria disposición del Gobierno central. Al segundo cable, el director del periódico convenció a García Márquez de que se fuera a cubrir aquel acontecimiento de alcance nacional. Cuando García Márquez descendió con el fotógrafo del viejo Catalina y empezó a recorrer las calles de Quibdó, con el mismo calor insoportable de Aracataca, no encontró el menor indicio de manifestación alguna, sino que vio a los chocoanos apacibles de siempre superando el sopor a las tres de la tarde tirados a la bartola en sus hamacas o sentados en taburetes recostados a la puerta de la calle.

Cuando al fin dio con Primo Guerrero, el corresponsal, lo encontró también echado a la bartola en su hamaca, y éste le explicó que eso de la manifestación permanente eran puras vainas que él se había inventado, que la verdad era que allí no pasaba nada porque nadie protestaba por nada. García Márquez, que había necesitado casi dos días para llegar a Quibdó, le dijo que él y su fotógrafo no estaban dispuestos a regresar a Bogotá con las manos vacías y que por lo tanto había que convocar la manifestación permanente para poder enviar el reportaje que estaban esperando en el periódico. Entonces se fueron a la Gobernación, le explicaron la situación al gobernador y éste convocó la manifestación permanente mediante un bando solemne[21].

A los dos días salieron las primeras fotos de la manifestación en *El Espectador,* y días después llegaron nuevos reporteros e incluso los mismos políticos chocoanos pervertidos por el centralismo bogotano, y día a día la manifestación se fue convirtiendo en un río creciente, mientras García Márquez recorría el Chocó geográfico, histórico, económico y cultural para publicar en cuatro entregas uno de los mejores reportajes de toda su carrera de periodista: «El Chocó que Colombia desconoce»[22]. Apoyado en una documentación abundante, como era su costumbre, y en una solidaridad evidente, mostró un Chocó de tierras fértiles y ricas, pero de gentes indigentes, desasidas de la mano del poder central.

Era la misma historia endémica y paradójica de su Aracataca natal y de su país caribe en general. La riqueza y la fertilidad de la tierra habían propiciado la perdición de sus habitantes: en Aracataca y la zona bananera había sido por el cultivo del banano y en El Chocó, por la explotación del oro y el platino. Pero el paralelismo no era sólo en lo político y económico, sino, sobre todo, en lo geográfico, social y cultural. Cuando se encontró con la misma vegetación y las mismas cosas de comer; cuando vio las mismas casas de madera y techos de zinc mohoso; cuando vio a los chocoanos sobrellevando el sopor de las tres de la tarde tirados a la bartola en hamacas o sentados en taburetes recostados a la puerta de la calle; cuando entró a las casas y vio los mismos mosquiteros y los mismos viejos ventiladores de aspas, y, sobre todo, cuando vio en el rostro de los chocoanos la misma dignidad altiva del que se sabe derrotado de antemano, García Márquez comprendió, como si el tiempo no pasara sino que diera vueltas en redondo, que había llegado otra vez a Aracataca: sí, había vuelto literalmente a la semilla, y esto le iba a reforzar la concepción de Macondo como la metáfora inequívoca de la realidad ancestral y permanente de Colombia.

En su siguiente gran reportaje, «De Corea a la realidad»[23], la sensación fue idéntica, o tal vez peor, pues volvió a encontrarse con la historia de su abuelo y de todos los veteranos de la última gran guerra civil.

Tres años después de que el Gobierno conservador de Laureano Gómez hubiera decidido enviar cuatro mil voluntarios a la guerra de Corea, muchos habían regresado convertidos en mil kilos de cenizas y otros, en ciudadanos inadaptados, marcados por la cruz de ceniza de la guerra y la soledad. Las promesas de becas especiales y pensiones de por vida habían sido pura retórica para empujarlos a una aventura inútil. El reportaje de García Márquez mostraba además que los supervivientes de la guerra de Corea habían quedado enganchados entre dos tragedias, pues la mayoría eran pobres campesinos y pueblerinos arrancados de su tierra y de sus oficios durante los años más trágicos de la Violencia, viéndose empujados a aquella guerra ajena y distante como una salida a sus dramas cotidianos. Era el mismo drama del coronel Nicolás Ricardo Márquez y los otros veteranos de la guerra de los Mil Días, pero aumentado dos o tres veces de tamaño. Colombia había vuelto a llenarse, pues, de soldados y coroneles a quienes nadie les escribiría.

El ameno y risueño reportaje sobre el escultor Rodrigo Arenas Betancourt, que acababa de triunfar con sus obras en México, fue un respiro en sus prospecciones macondianas. Pero aun así, el mensaje subyacente volvía a ser crítico: la realidad nacional no ofrecía mayores alicientes para sus intelectuales y artistas, que se veían obligados a emigrar del país. Para entonces, García Márquez había soñado con la posibilidad de viajar a Europa, y la historia de Arenas Betancourt mostraba ciertos paralelismos con su vida y sus búsquedas de escritor. Así que este reportaje se planteaba en parte como un autorreportaje. Lo mismo que Arenas Betancourt, él había sido un trashumante de las ciudades, viviendo como podía, comiendo lo que podía, pero siempre con la obstinación monolítica de su vocación; como habría de ocurrirle dentro de poco al escritor estando en París, el escultor había sido ayudado por sus amigos en los momentos más críticos escribiendo artículos en *El Colombiano* de Medellín con el seudónimo común de PRAB (para Rodrigo Arenas Betancourt); como éste, García Márquez había sido y sería siempre amigo de artistas, intelectuales y políticos importantes de los cuales aprender o ayudarse según las circunstancias. Y lo mismo que el escultor, era un militante discreto del partido comunista y años después alcanzaría el éxito desde el mismo país azteca. Esta vida de buscavidas y de buscaéxitos la describe el reportero con humor, fluidez y evidente satisfacción, haciéndola suya, en «Un grande escultor colombiano adoptado por México»[24]. Tres años antes de su muerte en mayo de 1995, Arenas Betancourt recordaría que, cuando se encontraron en el café Automático de Bogotá para la entrevista, García Márquez llegó tan bien informado sobre sus miserias y milagros, que apenas le hizo algunas preguntas, como si el reportaje lo tuviera ya en la cabeza: en realidad, lo tenía parcialmente en la trayectoria de su propia vida[25].

Arenas Betancourt lo recordaría entonces como un hombre delgado, pálido, nervioso, nicotínico, de bigotes intensos y bien delimitados, que entró al café Automático de la avenida Jiménez de Quesada con un traje opaco, a tono con el ambiente, y un típico abrigo bogotano; de momento, las ropas de colores chillones que espantaron al dueño de *El Espectador* habían quedado atrás. El ambiente en el periódico y en el Automático, donde se reunía la flor y nata intelectual y literaria de Bogotá, era de que Gabo, como le decían ya, tenía pedigrí de escritor distinto, fuera de serie, de futuro premio Nobel. Así lo pregonaban sus admiradores irrestrictos, como Eduardo Zalamea Borda y Luis Vicens, el intelectual y cineasta catalán que tuvo un papel orientador en la formación cinematográfica del escritor.

El enorme éxito del reportaje sobre el náufrago Luis Alejandro Velasco y la buena acogida crítica de la primera edición de *La hojarasca,* iban a corroborar y a profundizar aquella convicción.

Cuando la historia de la desventura del náufrago cayó en las manos de García Márquez, era ya un tema manido en la prensa nacional que no presagiaba mayores logros, y Guillermo Cano, el director de *El Espectador,* lo recibió con cierto desgano, confiando tal vez en que el talento de su reportero hiciera el milagro de sacar un reportaje que se vendiera lo más dignamente posible. Pronto, sin embargo, el relato por entregas se convirtió en un acontecimiento periodístico, literario y político de primer orden.

García Márquez ha contado de forma precisa las circunstancias en que se originó, escribió y publicó el reportaje, así como las consecuencias que le acarreó a él y al periódico[26]. En catorce sesiones de trabajo de unas cuatro horas cada una, logró reconstruir, entre café y café, la aventura de Luis Alejandro Velasco paso a paso, día a día, en una labor ardua de reportero y psicoanalista, y tuvo la suerte de que el protagonista poseyera una memoria prodigiosa y un sentido excepcional de la narración. Al principio, el marinero hacía hincapié sobre todo en los hechos más heroicos: su brega con las olas, el gobierno de la balsa, la pelea con los tiburones, el control de su mente, hasta que el reportero le dijo: «¿No te das cuenta de que han pasado cuatro días y todavía no has hecho pipí?»[27]. El reportero, urgido por el novelista que llevaba dentro, necesitaba saberlo todo: qué pensaba, qué recordaba el náufrago en las horas vacías, cómo empezó a ser su relación con el exiguo espacio doméstico de la balsa, cuándo vio la primera gaviota, el primer tiburón. Después de cada sesión, en un estrecho café de la avenida Jiménez de Quesada, García Márquez salía con sus notas debajo del brazo muy entrada la tarde y se encerraba en la redacción con su máquina de escribir, redondeando un capítulo por día. A veces, cuando la hora del cierre de la edición se echaba encima, José Salgar, el jefe de redacción, tenía que arrancarle las hojas de la máquina en caliente, sin corregir, para írselas pasando al linotipista[28].

El relato se publicó en catorce entregas, con el mejor despliegue, y, como al sexto día, el viejo Gabriel Cano, excitado por el hallazgo de la gallina de los huevos de oro, se le acercó al reportero y le preguntó: «Dígame una cosa, tocayito: ¿eso que usted está escribiendo es novela o es verdad?». Y García Márquez le contestó: «Es novela porque es verdad, y todo minuciosamente». «¿Me lo jura?» «Se lo juro.» Entonces el viejo Cano le hizo la pregunta que más le interesaba: «Y dígame una cosa: ¿cuántos capítulos cree que puede escribir?». «Unos catorce», le dijo García Márquez. «No», le rogó él, «tienen que ser por lo menos unos cincuenta»[29]. En ese momento estaba prácticamente doblada la tirada de *El Espectador*.

Muchos años después, el escritor admitiría que, mientras estuvo escribiendo «La verdad sobre mi aventura», no tuvo mayor conciencia de lo que estaba haciendo, excepto que estaba contándole a los lectores exactamente lo que le había sucedido al marinero Luis Alejandro Velasco en una balsa a la deriva durante diez días en el mar Caribe. Por esto, entre otras razones, él y el marinero decidieron escribirlo en primera persona y publicarlo con el nombre de éste, de tal manera que el nombre de García Márquez no aparecería asociado al reportaje (a excepción de la separata especial con los catorce episodios) hasta quince años después, cuando se reeditó en forma de libro con el título de *Relato de un náufrago*[30]. Mientras, el éxito económico y periodístico se lo quedaba el periódico y el literario se lo llevaba vicariamente Luis Alejandro Velasco. Más tarde, como consta en el prólogo del libro, García Márquez le regalaría al marinero los derechos en castellano, porque «hay libros que no son de quien los escribe sino de quien los sufre», y éste pudo disfrutarlo durante doce años, hasta que el escritor se los retiró sin ninguna explicación[31].

La manida aventura del marinero contada ahora por García Márquez tuvo, sin embargo, dos componentes explosivos:

uno de orden ético y político, y otro de orden literario. El primero terminó de enrarecer la relación del periódico con la dictadura de Rojas Pinilla, y el segundo le dio al texto tal altura y tal poder de convicción, que los lectores aceptaron la manoseada historia con la novelería del estreno, potenciando de paso el componente político.

Luis Alejandro Velasco fue el héroe nacional, condecorado por el presidente de la República y paseado por todo el país, mientras contó sólo lo que le dijeron que contara: que la causa de su heroísmo de haber sobrevivido en el mar durante diez días sin comer ni beber, en una balsa a la deriva, había sido una tormenta que lo arrojó a él y a siete de sus compañeros al mar Caribe el 28 de febrero de 1955, cuando el destructor *Caldas,* recién reparado en Mobile, Alabama, regresaba a su base de Cartagena de Indias. Pero cuando el marinero se cansó de su silencio cómplice y de que lo besaran las reinas de belleza y lo mostraran en la televisión como un héroe y un ejemplo y lo utilizaran en toda clase de supercherías publicitarias, fue a *El Espectador* y reveló la verdad: en realidad, no había habido ninguna tormenta el día del desastre: simplemente la nave había dado un bandazo por el viento, y la carga de contrabando mal estibada en la cubierta se soltó, cayendo los ocho marineros al mar. La revelación implicaba un delito serio y dos faltas graves.

A partir de este momento, el náufrago dejó de ser el paradigma, el héroe nacional, y perdió su empleo en la Marina, mientras el diario y el reportero fueron objeto de fuertes presiones, que, sin embargo, no lograron impedir que el reportaje se reeditara completo una semana después en un suplemento especial con fotos probatorias de las revelaciones del náufrago.

No fue una excepción. Aquélla había sido la tónica general en el enfrentamiento del periódico con la dictadura, hasta su cierre en enero del año siguiente. La mayoría de los reportajes de García Márquez era un cuestionamiento esencial del sistema y una acusación tangencial a la dictadura. En mayor o menor medida, estaban en los trabajos sobre el derrumbe de Antioquia, la marginación del Chocó, los veteranos de la guerra de Corea, el crónico problema de Bocas de Ceniza, el escultor Arenas Betancourt, el náufrago y el drama de los tres mil niños desplazados por la violencia y la represión militar. Y es que, en el fondo, los reportajes de García Márquez implicaban un trabajo mucho más político y revolucionario que el de la mayoría de sus contemporáneos de izquierda, y si sus textos lograban franquear la censura del régimen era porque el escritor, a diferencia de sus camaradas, no hacía política demagógica y mitinera, ni entraba en entelequias ideológicas propias del marxismo esclerotizado de Moscú, sino que se dedicaba a investigar, a pensar y a narrar la realidad colombiana en cada línea, en cada página (utilizando muchas veces los mismos datos que le suministraban sus amigos del partido). Esencialmente, es lo mismo que haría en sus cuentos y novelas, pero de forma traspuesta.

El esmero estético con que trabajó sus reportajes fue, sin duda, el gran caballo de Troya que le permitió llegar a sus lectores en medio de una censura creciente. En *Relato de un náufrago* alcanzó el punto paradigmático: una magistral síntesis de periodismo y literatura, de investigación de la realidad y comunicación de la misma mediante cánones estéticos perdurables, cánones que, como vimos, García Márquez había empezado a elaborar en los últimos cuentos de *Ojos de perro azul,* concretamente a partir de «La mujer que llegaba a las seis», y en innumerables notas y crónicas de *El Heraldo.* El cine neorrealista italiano, el periodismo norteamericano y autores como Albert Camus, Ernest Hemingway y Truman Capote habían sido, como complemento y contrapunto a la influencia faulkneriana, los modelos de inspiración de su segunda opción estética, que, pasando por los soberbios itinerarios de *El coronel no tiene quien le escriba* y *La mala hora,* alcanzaría la suave y tranquila perfección de *Crónica de una muerte anunciada* y *Del amor y otros demonios.*

Por eso la edición de *La hojarasca,* en mayo de 1955, pareció una extraña, aunque feliz, irrupción en este momento de su proceso narrativo. En realidad, se trataba del comienzo en firme de la senda mítica y de la primera opción estética que, a través de «Un día después del sábado» y «Los funerales de la Mamá Grande», lo conduciría a *Cien años de soledad.* Ésta se había iniciado en Cartagena seis años atrás bajo el influjo de

Herman Melville, William Faulkner, Virginia Woolf y el reencuentro con su cultura caribe y los fantasmas de su infancia.

Ni siquiera la primera edición de *La hojarasca* iba a romper del todo el maleficio que pesaba sobre la *opera prima* de García Márquez desde que había sido rechazada por la editorial Losada de Buenos Aires. Un judío aventurero, Samuel Lisman Baun, la había editado en Bogotá de forma apresurada y con muy pocos recursos, de tal manera que Eduardo Zalamea Borda y el mismo García Márquez tuvieron que llamar a sus amigos libreros para que compraran el libro de a cinco y diez ejemplares en los depósitos de la Imprenta Sipa. Al parecer, Lisman Baun se había alzado con el resto de una pobre edición que no debió de pasar de mil ejemplares, a pesar de los cuatro mil que proclamaba formalmente el pie de imprenta[32]. El novelista Manuel Zapata Olivella, viejo amigo y cómplice de García Márquez, recordaría que a él le tocó parte del botín, pues Lisman Baun le dejó quinientos ejemplares de *La hojarasca* como pago de los derechos por su libro *China, 6 a.m.*, publicado un poco antes en la misma colección. Durante años, el escritor cartagenero tuvo que cargar con el montón de ejemplares, vendiéndolos aquí y allá como podía, para cobrarse sus derechos de autor. En cambio, García Márquez iba a tener que esperar cuatro años más para cobrarse los suyos, hasta agosto de 1959, cuando el primer Festival del Libro Colombiano hizo una segunda edición de *La hojarasca* con una tirada entonces astronómica de diez mil ejemplares.

Sin embargo, aquella primera edición, al precio de cinco pesos, había salido a la luz con cierta dignidad. Ilustrada por la pintora cartagenera Cecilia Porras (con el dibujo de un niño sentado en una silla esperando) y dedicada a Germán Vargas, uno de los más entrañables «mamadores de gallo de La Cueva», la primera edición de la novela tuvo la contrapartida de una excelente crítica en los círculos intelectuales y literarios de Bogotá y del resto del país. Eduardo Zalamea Borda y Hernando Téllez la saludaron con grandes aplausos desde *El Espectador*, y Gonzalo Arango, el futuro creador del nadaísmo, hizo lo mismo desde *El Colombiano*, mientras sus amigos del Grupo de Barranquilla la comentaron y presentaron con reuniones y ágapes incluidos[33].

Siendo la primera y más entrañable de sus novelas y siendo su primer libro impreso, García Márquez, como era de esperar, fue pródigo en dedicatorias y autógrafos a sus amigos y antiguos cómplices literarios. Uno de ellos fue especialmente buscado y homenajeado por el joven autor. Con un ejemplar todavía caliente debajo del brazo, llegó a la Secretaría de Educación de Cundinamarca, buscó en su despacho al nuevo jefe de la División de Secundaria y Normales y le entregó el ejemplar con esta dedicatoria: «A mi profesor Carlos Julio Calderón Hermida, a quien se le metió en la cabeza esa vaina de que yo escribiera»[34]. Desde que lo vio entrar, el viejo profesor supo a qué iba su antiguo alumno, pues era un momento esperado desde que, a mediados de los años cuarenta, lo había guiado por el laberinto de los buenos libros en el Liceo Nacional de Zipaquirá, aconsejándole que se alejara de los versos de colegial enamorado, se dedicara a la prosa y leyera muchos cuentos y novelas para que fuera el mejor novelista de Colombia.

La buena acogida crítica de *La hojarasca*, junto al sonado éxito del relato del náufrago Luis Alejandro Velasco, terminó de consolidar literariamente el nombre de García Márquez a nivel nacional, mientras *El Espectador* lo situaba en lo más alto de la plantilla de redactores. Esto debió de ser definitivo para que los dueños del periódico decidieran que ya era hora de mandar a su reportero estrella como enviado especial al Viejo Continente.

CAPÍTULO ONCE

Las razones de peso que llevaron a García Márquez a Europa como corresponsal de *El Espectador* en julio de 1955 se verían difuminadas por toda suerte de especulaciones. Se diría, siguiendo la mitología del propio escritor, que el viaje fue una especie de exilio forzado por la animadversión política que la publicación del relato del náufrago le acarreó entre el régimen dictatorial de Rojas Pinilla[1], y se diría también, según versiones afines a los dueños del periódico, que el viaje fue, en realidad, un premio a su exitosa labor de redactor y reportero durante año y medio[2]. Sin subestimar estas razones adyacentes, el decurso de los hechos permite apreciar que las verdaderas razones de su viaje fueron de índole personal, vocacional y profesional: por una parte, García Márquez había acariciado el proyecto desde hacía mucho tiempo, pues quería estudiar cine en Roma y necesitaba ampliar sus horizontes culturales y tener una perspectiva suficiente de Colombia y América Latina; por otra parte, los dueños de *El Espectador,* con su pragmatismo alerta de empresarios, se dieron cuenta de que el envío de su reportero estrella a Europa era una de las mejores inversiones que podían hacer en ese momento[3]. Era la primera vez que se atrevían a mandar un enviado especial al Viejo Continente.

Tal vez los dueños del periódico se dieron cuenta también del cansancio que su reportero había acumulado durante dieciocho meses de un trabajo intenso y diverso, con numerosos viajes, exhaustivas investigaciones, notas editoriales, comentarios de cine y extensos reportajes. Tal vez quisieron, de paso, aligerarle el peso y el cansancio con esta corresponsalía de lujo y trescientos dólares mensuales de sueldo.

Porque el cansancio era evidente. Cuando García Márquez partió para Ginebra a cubrir la conferencia de los Cuatro

Grandes, hacía apenas tres días que acababa de publicarse la larga serie sobre el triple campeón de ciclismo Ramón Hoyos, un trabajo que pretendió tal vez repetir la hazaña del relato del náufrago, pero pronto se vio que, aunque decoroso, el producto no era igual, y no podía serlo porque era el trabajo no sólo de un reportero que desconocía el mundo y los tecnicismos de este deporte, sino de un hombre evidentemente cansado. Después de año y medio de un trabajo excesivo y febril, García Márquez había llegado al límite de su etapa bogotana como periodista. Alfonso Fuenmayor y Álvaro Mutis, por ejemplo, recordarían el gran cansancio y el tedio que el escritor padecía en los últimos meses, y ésa era una de las razones por las cuales se escapaba a Barranquilla cada vez que encontraba un paréntesis. También lo hacía a veces empujado por los Cano para evitar posibles retaliaciones del régimen castrense, pero lo hacía sobre todo impelido por la necesidad de recuperar el olor de la guayaba (la metáfora con que definiría la nostalgia y la necesidad del Caribe), de ver a sus amigos del Grupo, que ahora merodeaban por el nuevo bar La Cueva, y de visitar a su eterna novia Mercedes Barcha Pardo, «el cocodrilo sagrado», que seguía esperándolo sin prisa y escribiéndole cartas detrás del mostrador de la botica de su padre.

Sin embargo, parece que el cansado reportero había encontrado un momentáneo oasis de relajación poco antes de que se le presentara el viaje a Europa. Según recordaría José Salgar, en ese momento habían estado trabajando en un tema casi tan antiguo como la memoria de los hombres, un tema que no les había permitido un solo instante de tranquilidad a los mismos conquistadores que fundaron la ciudad: un fabuloso tesoro. El rumor se había extendido por todo Bogotá: debajo de la Plaza de Bolívar, frente al Capitolio Nacional, yacía un tesoro cuyas proporciones hubieran levantado de su tumba al mismísimo Robert Louis Stevenson. García Márquez y el Mono Salgar, los dos insomnes del periodismo, siguieron el sentido inverso de los rumores y lograron dar con una leyenda que, en efecto, ya empezaba a convertirse en realidad, pues en una casa de la avenida Jiménez de Quesada dieron con el túnel en construcción que pretendía llegar hasta el lugar del fabuloso tesoro[4]. Pero el viaje a Europa tomó cuerpo de pronto, quedando inconcluso el que hubiera sido tal vez el más festivo de los reportajes de García Márquez desde los mismos fueros de la novela de aventuras. Pero otras aventuras, otros tesoros y algunas miserias lo esperaban al otro lado del Atlántico.

Según García Márquez, en la víspera del viaje los amigos del periódico le hicieron una despedida tan borrascosa, que al día siguiente se despertó tarde y perdió el avión que debía llevarlo a París en poco más de treinta horas. Por fortuna, el *Super Constellation* se descompuso en su primera escala de Barranquilla y logró alcanzarlo en otro avión, vía Medellín, tres horas más tarde[5]. En realidad, habían sido tres días borrascosos de preparativos, sobresaltos y despedidas.

Como siempre, Álvaro Mutis, desde su despacho de la Esso, fue el amigo diligente que lo puso en manos expertas, y en cuarenta y ocho horas tuvo resuelto todo el papeleo para salir del país. El periódico, que lo despidió en primera página, le dio el billete y algunos viáticos exiguos, que lo obligaron a conseguir dinero suplementario aquí y allá, entre sus buenos amigos. El pintor Alejandro Obregón, que entonces estaba en Bogotá, lo previno contra el frío regalándole unos calzoncillos largos de nailon de su época parisina, pero García Márquez era entonces tan delgado, que el obsequio pareció más un gesto de burla que de solidaridad. Alberto Zalamea, el sobrino de Ulises y quien había cubierto la anterior conferencia de Ginebra sobre la paz en Indochina, le dio una carta de recomendación para el cineasta argentino Fernando Birri, en Cinecittà. El mismo Ulises, desde su columna diaria «La Ciudad y el Mundo», lo despidió con los mejores augurios y los mayores sentimientos de afecto, amistad y admiración, confesando que no les iba a ser fácil habituarse a «la ausencia de Gabo». El poeta Jorge Gaitán Durán, quien sería el primero en publicar *El coronel no tiene quien le escriba,* fue a despedirlo a su cuarto la víspera del viaje, y de paso escarbó en sus papeles de desecho, donde recuperó el «Monólogo de Isabel viendo llover en Macondo», para publicarlo poco después en su revista *Mito*[6]. Y Álvaro Mutis, que llevaba año y medio viéndolo casi todos los días, estuvo entonces más cerca de él, hablándole de Europa, de su historia y su literatura entre cena y cena junto a su esposa María Luz Montané. Para dos amigos que ya eran como hermanos, éste fue el primer momento grave de su amistad; el segundo iban a padecerlo doce años después, cuando el novelista dejara la ciudad de México para trasladarse a Barcelona.

En Barranquilla, donde pasó la última noche mientras hacía la conexión con el avión de París, las cosas no estaban mejores: Mercedes, la novia que llevaba diez años esperándolo mientras ella crecía y él se estabilizaba y con quien se había prometido en matrimonio hacía poco, tenía la cara larga y el corazón contrito, pero de todos modos le dijo que no había problema en aplazar la boda unos meses más con tal de que él, su Gabito, alcanzara por fin el viejo sueño de conocer Europa. Los grandes amigos del grupo, como Álvaro Cepeda Samudio, Alfonso Fuenmayor y Germán Vargas, experimentaron la paradoja de no caber de contentos en su propia congoja, pues nadie mejor que ellos conocía la importancia decisiva que tendría este viaje para el talento creador de su amigo. Así que le guardaron algunos libros, le dedicaron sus notas de despedida en la prensa barranquillera, lo agasajaron en el bar La Cueva, adonde se habían trasladado cuando él se fue a Bogotá, y lo auparon al *Super Constellation*, recién reparado, el viernes 15 de julio de 1955 por la mañana.

En unas treinta horas excesivas llegó a París al día siguiente por la tarde, pues el avión fue haciendo escala en Bermudas, Azores, Lisboa y Madrid y en varias ocasiones hubo que cambiarle las hélices. Como era una estrella del periodismo y un enviado especial de *El Espectador*, le tocó viajar en primera clase, donde había otro pasajero de primera: Fernando Gómez Agudelo, el director de la recién fundada Televisión colombiana, que iba a Francfort a comprar tecnología suplementaria y con quien García Márquez tendría una amistad centrada en la pasión común por la música, de la que, por supuesto, hablaron entre copa y copa, hasta que la azafata les comunicó en París, a punto de aterrizar, que se abrocharan bien los cinturones y tomaran la consabida posición fetal, porque al fatigado *Constellation* no le salían las ruedas del tren de aterrizaje.

Al día siguiente, García Márquez tomó el tren para Ginebra, llegando por la tarde del mismo domingo 17 de julio, dos días después de haber salido de Barranquilla. Aunque los treinta grados de calor de aquel verano era lo único que asemejaba a los dos mundos, su cosmovisión seguiría siendo la de esa serpiente que se muerde la cola: «Cuando yo iba en ese tren veía la orilla del camino y me daba cuenta de que la hierba era exactamente igual a la hierba que se veía por la ventana del tren de Aracataca, y yo me decía: Tanto volar, tanto beber, tanto cambiar de hélice, para que la hierba siga siendo exactamente igual, siga siendo la misma del tren de Aracataca»[7]. Este método de confrontación de la realidad ajena con su propia y primigenia realidad no sólo era un hábito de su cosmovisión de novelista, sino un recurso para no dejarse deslumbrar por la novedad del Viejo Continente.

Y aparentemente no se dejó deslumbrar, pero cuando tuvo que enviar su primer cable sintió un espanto casi tan aterrador como el que había experimentado un año antes, cuando tuvo que escribir su primer reportaje de enviado especial sobre el derrumbe de la Media Luna, en Medellín. Tan pronto como descendió del tren de Ginebra, se metió en el primer hotel que vio, se cambió de ropa, salió a la calle, miró el reloj y se acordó de que en Bogotá debían de ser las diez u once de la mañana, y entonces pensó que todavía tenía tiempo de enviar el primer cable. Pero ¿cómo? No sabía por dónde llegar al palacio de las Naciones Unidas y, lo que era peor, no sabía expresarse en ningún otro idioma distinto del suyo, pues su francés era muy primario y le salía a golpes de cerrajería. Así que comenzó a caminar por la calle, hasta que de pronto vio a un cura alemán con cara de vasco, que hablaba perfectamente el castellano, y éste fue su salvación. En el palacio de las Naciones Unidas terminó de recuperar el aliento cuando se encontró con los delegados de la prensa latinoamericana y con el resto de los colombianos: el periodista Carlos Puyo Delgado, un francotirador que andaba suelto por Europa, y el ensayista e historiador Germán Arciniegas, enviado especial de *El Tiempo* y autor de un libro inolvidable: *Biografía del Caribe,* cuya graciosa belleza le había enseñado mucho de su tierra y le había acabado de acentuar su vieja pasión por los piratas de Emilio Salgari.

Como era lógico, la conferencia de los Cuatro Grandes, entre el general Eisenhower, Bulganin, Eden y Faure, tenía en vilo al mundo entero, pero cuando García Márquez llegó a Ginebra y la vio paralizada por los treinta grados de calor, pensó que aquello sólo podía ser indiferencia de la ciudad hacia el magno acontecimiento, pues en Barranquilla el calor no paralizaba la ciudad, sino todo lo contrario: la hacía hervir de gentes en un ir y venir por todas partes. Así que tomó el dato al pie de la letra, con la ligereza del «caribe crudo» recién llegado, y se inventó el primer cable: «Ginebra mira con indiferencia la reunión», tituló su periódico al día siguiente en primera página.

Sobre la conferencia, que duró una semana y contó con más de mil corresponsales de todo el mundo, escribiría dos cables más y seis largos reportajes[9]. Sin embargo, el glorioso y brillante reportero que ya era, no lo fue en este primer contacto con el Viejo Mundo. Excepto por el manejo de los datos y la concepción de la anécdota, cuesta trabajo creer que estos primeros trabajos de Ginebra sean del mismo reportero que había escrito «El Chocó que Colombia desconoce» y «La verdad sobre mi aventura». Los tres cables y los seis reportajes no sólo carecen de la habitual elaboración, sino que están armados de anécdotas y datos de superficie, de tal manera que García Márquez se vio de pronto en la paradoja de ser un periodista limitado y provinciano en la capital política del mundo, mientras que en Colombia, trabajando desde la provincia, había sido un periodista clásico y universal. Pero esto se explica por la premura del tiempo y porque él, como los demás corresponsales, no tuvo acceso al tejemaneje de la política mundial que los Cuatro Grandes se traían entre manos; además, desconocía la ciudad y su historia, y la ignorancia de otras lenguas le impedía ampliar sus fuentes. Entonces, con cierta habilidad, se quedó en la epidermis de los hechos y se dedicó a hacer chistes, a «mamar gallo», a enviarles guiños a su novia de Magangué, a sus amigos de *El Espectador* y a sus incondicionales de Barranquilla, intentando demostrar de paso que la vieja Europa no lo había deslumbrado.

Pero éste fue un descenso transitorio: tan pronto como se radicó en Roma y luego en París y tuvo más tiempo y empezó a recorrer otras ciudades europeas y fue aprendiendo el italiano y el francés, volvió a los grandes reportajes, dignificando «el mejor oficio del mundo» con relatos tan soberbios como el del asesinato de la joven romana Wilma Montesi, cuya excelente factura nos remite al relato del náufrago Luis Alejandro Velasco. Sin embargo, la experiencia de Ginebra le iba a dejar referencias fructíferas que utilizaría años más tarde en uno de los *Doce cuentos peregrinos,* esa suerte de memorias noveladas del periodista, escritor y cineasta que fue en Europa. El Ródano, el lago Leman, el Bourg-le-Four, la estatua de Calvino, los jazmines del estío, el recuerdo de la estación, el mismo sabor de la ciudad aquel verano, sus cafés, le servirían para ambientar veinticinco años después la historia del derrocado y exiliado presidente de La Martinica, en «Buen viaje, señor presidente».

Según el plan acordado con *El Espectador,* García Márquez se trasladó de Suiza a Italia, donde debía cubrir la próxima XVI Exposición de Arte Cinematográfico de Venecia. Con su «mamagallismo» impenitente, él recordaría que, al término de la conferencia de Ginebra, el diario le telegrafió diciéndole que se fuera a Roma por si el Papa se moría de hipo[10]. Pío XII había tenido una crisis de hipo muy seria el otoño pasado, cuando él estaba todavía en Bogotá, pero ahora se encontraba bien y no moriría hasta tres años más tarde. Lo cierto es que Roma era una de las metas más anheladas de García Márquez: allí estaba Cinecittà y allí podría tal vez conocer a sus admirados Vittorio de Sica y Cesare Zavattini. Quienes lo trataron en aquel tiempo, coincidirían en afirmar que su sarampión cinematográfico era entonces tan urticante o más que el literario y el periodístico.

El calor que lo sorprendió en la estación, aquel último domingo de julio, no tenía la humedad de Barranquilla, pero era igualmente infernal. O tal vez peor, porque eran treinta y cinco grados de calor amasados con el polvo milenario de la ciudad. «Esto es igual que Aracataca», se dijo mientras buscaba a algún esquirol que le ayudara a cargar sus maletas de trotamundos en la ciudad paralizada. Lo encontró, y con él, al primer guía, que lo condujo hasta un modesto hotel de la cercana Via Nazionale[11].

«Era un edificio muy viejo y reconstruido con materiales varios», recordaría él, «en cada uno de cuyos pisos había un hotel diferente. Sus ventanas estaban tan cerca de las ruinas del Coliseo, que no sólo se veían los miles y miles de gatos adormilados por el calor en las graderías, sino que se percibía su olor intenso de orines fermentados. Mi buen acompañante, que se ganaba una comisión por llevar clientes a los hoteles, me recomendó el del tercer piso, porque era el único que tenía las tres comidas incluidas en el precio (...) Eran las cinco de la tarde y en el vestíbulo había diecisiete ingleses sentados, todos hombres y todos con pantalones cortos, y todos cabeceando de sueño. Al primer golpe de vista me parecieron iguales, como si fuera uno solo repetido dieciséis veces en una galería de espejos; pero lo que más me llamó la atención fueron sus rodillas óseas y rosadas (...) Sin embargo, no sé qué rara facultad oculta del Caribe me sopló al oído que aquella sucesión de rodillas rosadas era un mensaje aciago. Entonces le dije a mi compañero que me llevara a otro hotel donde no hubiera tantos ingleses sentados en el vestíbulo, y él me llevó sin preguntarme nada al piso siguiente. Esa noche, los diecisiete ingleses y todos los huéspedes del hotel del tercer piso se envenenaron con la cena»[12].

Con esta primera experiencia romana alimentaría otro de sus cuentos peregrinos, «Diecisiete ingleses envenenados», sólo que en la ficción el hecho sucederá en Nápoles, otra de las ciudades italianas que lo marcarían de forma indeleble. Pero Roma sería un hontanar inagotable de historias y personajes durante este agosto ardiente y solitario; un mes en que, sin embargo, García Márquez envió a *El Espectador* sólo dos cortos y modestos reportajes: uno sobre las vacaciones de Pío XII en Castelgandolfo y otro sobre un congreso mundial de Testigos de Jehová[13]. El interés por el Papa, al que le dedicaría cinco reportajes en cinco meses, tenía la doble explicación de su interés personal y literario por las criaturas del poder supremo, cuya amistad y compañía sería una de sus grandes vanidades de escritor consagrado, y de su interés periodístico por un personaje que se había hecho aún más famoso desde el otoño pasado a causa de la crisis aguda de hipo, circunstancia que los había tenido a él y a José Salgar en vilo durante tres semanas en la redacción de *El Espectador*. Así que lo siguió, durante los primeros días de este mes, hasta su castillo veraniego de Castelgandolfo, donde asistió a dos audiencias públicas, muy cerca de su figura inmaculada. La visión próxima del vicario de Cristo y el detalle de sus «manos parasitarias que parecían restregadas en lejía» fueron tan intensos, que a partir de entonces el Papa sería un personaje fugaz pero constante en sus cuentos y novelas.

La primera vez iba a meterlo en el cuento «Los funerales de la Mamá Grande», llevándolo hasta el mismo Macondo en una góndola negra, precisamente desde Castelgandolfo, para asistir a los funerales de la gran matriarca feudal[14]. La última vez, aparecería con su nombre propio en «La santa», otro de los cuentos peregrinos, cuya anécdota original conoció García Márquez durante esos días locos en Roma.

Según una de sus más memorables notas de prensa[15], él se encontraba instalado en un cuarto contiguo al del tenor colombiano Rafael Ribero Silva, en una pensión del tranquilo barrio de Parioli, cerca de la Villa Borghese, cuando apareció el supuesto Margarito Duarte, como quien llega en busca de su autor. Margarito Duarte, sin embargo, había llegado desde su lejano pueblo de los Andes colombianos, gracias a una colecta pública, por un motivo más serio: alcanzar la canonización del cuerpo incorrupto de su hija muerta a los siete años. El cónsul de Colombia lo había enviado a donde Ribero Silva para que le buscara alojamiento en su pensión. Ese día Margarito Duarte les contó a los dos la historia del milagro de la santa, como le decía, de las peripecias de su viaje y de sus objetivos en Roma. Lo que nunca sospechó Margarito Duarte es que este viaje lo iba a convertir en un cautivo de Roma por el resto de su vida, empeñado en una labor titánica y dispendiosa, cuya meta final debía terminar en una entrevista personal con el Papa.

Mientras Margarito Duarte se diluía en el anonimato de la vieja Roma, García Márquez seguiría viajando y escribiendo, madurando hacia su obra mayor, pero sin atreverse del todo a hincarle el diente a una historia de por sí tan literaria y de final tan imprevisible, que hubiera parecido irreal en la literatura, y que, en efecto, tendría un aprovechamiento literario modesto en «La santa», treinta años después[16].

La historia de la santa aportó una cierta complicidad a la reciente amistad de García Márquez con el tenor Rafael Ribero Silva, un colombiano modesto como él, que se había hecho a base de paciencia y mucha disciplina. Mientras el reportero se dedicó durante agosto a perseguir al Papa y a reconstruir paso a paso el juicio por el asesinato de la joven Wilma Montesi (un escándalo que tenía a Italia en vilo desde hacía dos años), el tenor madrugaba a las siete a calentar su voz y a dar el do de pecho sobre los tejados del tranquilo barrio de Parioli. Después de la comida, cuando Roma dormía la siesta, los dos se iban en una *vespa* prestada a recorrer la ciudad, a ver las «putitas tristes» de la Villa Borghese, de organza azul y popelina rosada, y a tomarse después un helado en la próxima esquina.

La amistad con el tenor, que llevaba seis años en la ciudad y a quien García Márquez dedicó un reportaje por sus triunfos en Europa[17], fue un gran apoyo durante los primeros meses, pues le sirvió de cicerone y de traductor espontáneo en un momento en que desconocía el italiano y su trabajo le exigía moverse entre gente diversa y consultar abundantes fuentes, como le ocurrió con el extenso y pormenorizado reportaje sobre el asesinato de Wilma Montesi, al que dedicó el mes de agosto y parte de septiembre. Fue el primer gran trabajo que envió desde Europa. Habían pasado casi dos meses desde su llegada y no había publicado nada realmente trascendente, pues los primeros trabajos habían sido en realidad compromisos urgentes de corresponsal y cosas de relleno. Así que se empleó a fondo en uno de sus reportajes más amplios, complejos y completos. Él, mejor que nadie, sabía que su periódico lo había enviado para que la gallina de los huevos de oro de los grandes reportajes siguiera produciendo desde el Viejo Continente. Y «El escándalo del siglo»[18] fue, en efecto, otro éxito periodístico, pero fue, sobre todo, un excelente laboratorio de comprobación de las habilidades técnicas del futuro autor de *Crónica de una muerte anunciada*. Aunque no alcanzaría el suave, limpio y compacto estilo de *Relato de un náufrago,* la historia del proceso y, dentro de ésta, de la reconstrucción del crimen, así como la identificación de los asesinos y el desvelamiento de la verdadera personalidad de Wilma, muestran que García Márquez era ya un narrador maduro, en posesión de extraordinarios recursos para emprender la escritura de sus obras mayores. Pero el novelista seguiría «distraído» unos meses más en sus sueños cinematográficos, en sus aspiraciones íntimas de convertirse en un Cesare Zavattini o acaso en un Vittorio de Sica.

La intensa corresponsalía de la XVI Exposición de Arte Cinematográfico de Venecia, entre finales de agosto y comienzos de septiembre, contribuyó mucho a este distraimiento. Dos semanas viendo cine día y noche, le produjeron la primera gran borrachera de cine de su vida. Pero el ambiente era propicio. Un otoño prematuro y frío se había apoderado de pronto del reino de las góndolas, mientras las delegaciones de todo el mundo iban llegando, con la novedad particular de los socialistas del Este, que, inspirados por el reciente espíritu de Ginebra, participaban en el festival por primera vez desde la posguerra. El entusiasmo de García Márquez fue tan grande (lo que era evidente en sus reportajes), que a la segunda semana le propuso a un joven director francés que se fuera a rodar su próximo filme a Colombia, donde había gente, le aseguró, interesada en coproducir películas con Francia e Italia, «sobre la base de que las películas tengan un ambiente colombiano auténtico y contribuyan a la formación de actores y técnicos colombianos»[19]. Era una exageración, pero cuadraba muy bien dentro de su vieja utopía de contribuir a crear un cine nacional en su país.

Otra de las consecuencias positivas de este festival fue los contactos que estableció para viajar a Checoslovaquia y Polonia diez días más tarde, a través de Austria. Próximo todavía al Partido Comunista de Colombia, la curiosidad de conocer el socialismo real *in situ* era uno de sus viejos sueños, pues García Márquez siempre albergó serias dudas sobre un sistema que, como cualquier religión, se basaba en el dogma y funcionaba prácticamente sobre una burocracia mortal. El viaje a Polonia tenía el interés añadido de poder asistir al Festival de Cine de Varsovia, al cual había sido invitado como representante de Colombia. Viajando en tren desde Trieste, la noche del 21 de septiembre llegó a Viena, que era todavía el paso impuesto por las convenciones de posguerra.

Sin embargo, su primer contacto con el socialismo real tuvo que silenciarlo durante cuatro años. El anticomunismo en Colombia era tan torpe y visceral como en España y Estados Unidos, y el solo hecho de que se supiera que había cruzado la frontera de la Cortina de Hierro podría haberles acarreado serios contratiempos a él y a su periódico en un país que, además, padecía una dictadura militar. Así que sólo habló esta vez de su estancia en Viena, sobre la que envió tres reportajes, dejando los temas de Polonia y Checoslovaquia para dos años más tarde, cuando escribiera en París la serie «90 días en la Cortina de Hierro»[20].

Viena le fascinó. Después de haberse paseado por la rutilante y acuosa Venecia, la ciudad de *El tercer hombre* le pareció un inmenso bosque dorado sembrado de casas y edificios, donde vivían un millón de cordiales y alegres vieneses, con una alegría reciente que nacía de la libertad total de verse por fin solos, sin la tutela de las potencias vencedoras de la II Guerra Mundial. Pero más le fascinó la Viena de la película de Carol Reed. La fruición con que visitó los lugares por donde caminaron Orson Welles y Joseph Cotten es otra prueba de que García Márquez había llegado a Europa buscando el cine más que la literatura. Pero era inevitable, porque la literatura iba siempre junto a él: días antes de regresar a Roma, en una taberna de estudiantes latinos, se topó con una mujer a quien rebautizaría mucho después como Frau Roberta (y luego Frau Frida en «Me alquilo para soñar»), una compatriota andina que era pura literatura en carne y hueso, pues, efectivamente, se ganaba la vida alquilándose para soñar en el seno de una familia vienesa.

Como todos sus cuentos y novelas, los *Doce cuentos peregrinos* se alimentarían de historias y personajes reales que conoció durante estos años de peregrinaje por media Europa. Pero es prácticamente imposible establecer hasta qué punto fueron realidad y en qué punto empezaron a ser literatura, ya que, a diferencia de lo que ocurre con los momentos genésicos de sus otras obras, en este caso sólo contamos con los testimonios del propio García Márquez, soltados aquí y allá en entrevistas y en notas de prensa. Claro que, en el fondo, ésta no es más que una preocupación de críticos bizantinos, porque lo cierto es que la increíble y alegre historia de Frau Roberta sería desde entonces y para siempre simple y pura verdad en las manos del mago de Aracataca.

En cualquier caso, Frau Roberta, según nos contaría el propio García Márquez, también soñó para él aquel otoño: la última noche en que conversaron caminando junto al Danubio, ella le confesó que su último sueño tenía que ver con él, que se fuera de Viena enseguida y no volviera antes de cinco años. Él, con sus muchas supersticiones superpuestas de caribe, agarró el primer tren del alba y retornó a Roma, para no volver jamás a la ciudad de *El tercer hombre*[21].

Mientras *El Espectador* le publicaba a lo largo de noviembre y diciembre los tres reportajes sobre Viena, otros tantos sobre Gina Lollobrigida y Sofía Loren y cuatro más sobre el Papa[22], García Márquez se aplicó a estudiar dirección en el Centro Experimental de Cinematografía, donde debió de matricularse hacia finales de octubre de la mano de su nuevo ángel protector: el cineasta argentino Fernando Birri.

Birri, que había tenido que escapar del peronismo por sus convicciones de izquierda, llevaba cinco años en Cinecittà, donde había hecho un curso de dirección de dos años, tras un arduo examen sobre *El ciudadano Kane,* y donde había obtenido ya una pequeña tajada de gloria como asistente de Vittorio de Sica y Cesare Zavattini. De tal manera que García Márquez no podía haber encontrado un padrino mejor para intentar cristalizar sus viejas aspiraciones cinematográficas en la Meca del cine europeo, donde terminaría de formarse toda una generación de estupendos cineastas latinoamericanos.

La imagen más perdurable que tendría Birri del escritor es la misma de cuando se conocieron durante este otoño en Cinecittà: la de un hombre de regular estatura, muy delgado y pálido, de negros bigotes intensos, una boina y un sobretodo que le llegaba casi hasta los talones. En la carta de recomendación fechada en Bogotá que le entregó García Márquez, Alberto Zalamea, hijo del poeta Jorge Zalamea y sobrino de Ulises, le pedía encarecidamente a Birri que le ayudara a su amigo, un periodista y escritor que quería entrar en el mundo del cine. El argentino le dio encantado todas las coordenadas, lo paseó por el Centro Experimental de Cine y le presentó a las personas que podían interesarle[23].

En Birri, García Márquez encontró desde el principio a otro de sus amigos y cómplices de toda la vida, y la pequeña Roma personal del barrio de Parioli, donde vivía con el tenor Rafael Ribero Silva, se le amplió entonces hasta el 9 de la Piazza di Spagna, donde residía el argentino en un cuarto tapizado de recortes de revistas y periódicos, y hasta el cercano Café de España, donde bebieron y conversaron durante horas sobre el futuro del cine latinoamericano y donde soñaron con la posibilidad de llegar a trabajar juntos en el cine, lo que efectivamente lograrían treinta años después en la Escuela de Cine de San Antonio de los Baños.

Así que no fue por falta de amistad y apoyo, ni por culpa de la sensual y milenaria Roma, que lo cautivó desde el principio, por lo que García Márquez iba a durar apenas unos dos meses estudiando en el Centro Experimental de Cine, sino por culpa del academicismo estéril con que todavía se enseñaba el cine en este centro.

Como buen cinéfilo y escritor que conocía las técnicas de la narración, García Márquez sabía muy bien que la argamasa invisible que sostiene al cine de argumento es el guión, y de ahí su admiración casi incondicional por Zavattini, ese orfebre secreto que estaba detrás del éxito de las películas de De Sica y otros directores. El guión era, por tanto, lo más afín a sus intereses y búsquedas de literato y narrador, por lo que su objetivo era muy claro: estudiar guión y sólo guión. Pero esta materia no existía como curso en el Centro, sino que era apenas una de las asignaturas que se estudiaban en el curso de dirección, viéndose obligado a matricularse en éste.

Con su alergia crónica al academicismo, pronto empezó a bostezar y a ausentarse de las clases, como lo había hecho en Bogotá y Cartagena durante sus escasos años de estudiante de Derecho. Las clases eran excesivamente teóricas, pues los profesores pensaban que lo más útil para los futuros directores y guionistas era conocer la Estética del Cine, la Teoría del Lenguaje Fílmico o la Historia Socieconómica del Cine. García Márquez se desencantó enseguida, y si logró aguantar unas siete u ocho semanas fue porque estaba satisfecho de su progreso en el aprendizaje del italiano y porque había encontrado en los sótanos otros alicientes: la posibilidad de ver en la cinemateca los clásicos del cine y el hecho de poder estar junto a la *dottoressa* Rosado, una señora a la cual le prestaban poco interés los guionistas, a pesar de que era nada menos que la profesora de montaje, una maga de la moviola. Ella les insistía en que, sin conocer las leyes del montaje, que es como «la gramática del cine», no se puede ser un buen guionista jamás. Entonces se entusiasmó tanto, que las últimas semanas las pasó prácticamente estudiando con ella el aspecto de la continuidad del relato fílmico[24]. Un año después, cuando el fotógrafo Guillermo Angulo llegó preguntando por García Márquez, ella lo seguía recordando como *il migliore allievo che abbia mai avuto,* y lamentó de veras que se hubiera ido a vivir a París[25].

Fue durante esos meses cuando García Márquez vivió (o padeció) su breve experiencia como tercer asistente del director Alexandro Blasetti en la película *Lástima que sea un canalla,* lo que en principio le causó una gran alegría, no tanto por el papel que le habían asignado en el Centro, como por la ocasión de conocer a la primera actriz de la película: Sofía Loren. Pero nunca la vio, recordaría él, «porque mi trabajo consistió, durante más de un mes, en sostener una cuerda en la esquina para que no pasaran los curiosos»[26].

Sin embargo, en este caso no fue una lástima que lo hubieran tratado casi como a un canalla, pues un papel más atractivo en el equipo de filmación le hubiera abierto tanto sus apetencias cinematográficas, que tal vez esto hubiera cambiado para siempre el curso de su destino, aplazando o tal vez anulando definitivamente sus citas con *El coronel no tiene quien le escriba* en París, con *Cien años de soledad* en México, con *El otoño del patriarca* en Barcelona y con tantos otros libros esenciales que serían posibles en parte gracias a los reiterados fracasos del cineasta.

Pero París no podía faltar en su itinerario vital y literario. Cuando llegó en el tren de Roma aquella noche de diciembre de 1955, García Márquez debió de creer, como su maestro Hemingway, que, en efecto, «París era una fiesta», y no tanto por su flujo cosmopolita, su leyenda literaria y sus alumbrados navideños, sino porque encontró a las jóvenes parejas de la posguerra besándose por todas partes: en los trenes y en los autobuses, en las plazas y en los parques, en los cines y en los cafés[27]. Para un «caribe crudo», imaginativo y sensual como él, el placer repetido del amor público tal vez le hizo sospechar que la Ciudad Luz, la ansiada «corona de todos los hombres», era mucho más de lo que había dicho su maestro norteamericano: un eterno edén donde todavía era posible pecar sin el pecado original, pues hasta en la milenaria Roma, con todo su historial de artes amatorias, le había parecido que el amor seguía siendo un bien escaso, un objeto de pudor y de mesura.

París era París, la ciudad donde, según sentenció Neruda, «pasa el tiempo y no pasa París», la ciudad capaz de convertir en simples modas movimientos literarios y artísticos como el surrealismo, o partos dolorosos como la guerra de Argelia y el Mayo del 68, para seguir yaciendo impasible a la vera del Sena; la ciudad, en fin, de flujos vanguardistas y esencias inmutables, y tal vez por esto indehiscente a los sueños del peregrino y dura hasta la cicatería con el hambre de los advenedizos. García Márquez lo iba a comprobar pronto en su propia carne y en sus propios sueños. Pero aun así, en este prodigio contradictorio de la civilización europea, el novelista de Macondo, donde todo pasa pasando de verdad, iba a vivir dos años entre gozos y sombras (profundas e inquietantes sombras), para escribir una de sus obras más perfectas y adquirir una perspectiva resuelta y nítida de Colombia y América Latina.

No pudo haber encontrado entonces un sitio mejor que la Rue Cujas, del Quartier Latin, una calle en cuyos hoteles había tantos latinoamericanos exiliados y autoexiliados, que ya empezaba a ser conocida como «la tribu de los Cujas», pues era la época de las dictaduras más generalizadas en América Latina, con Rojas Pinilla en Colombia, Juan Domingo Perón en Argentina, Manuel Odría en Perú, Anastasio Somoza en Nicaragua, Rafael Leónidas Trujillo en Santo Domingo, Fulgencio Batista en Cuba y Pérez Jiménez en Venezuela. Luego de unos primeros días en las residencias de la Alianza Francesa, del Boulevard Raspail, García Márquez se instaló en el averiado Hotel de Flandre, regentado por el matrimonio Lacroix, frente al Grand Saint Michel, donde había otros latinoamericanos, como el poeta cubano Nicolás Guillén, y adonde acababa de regresar desde Mallorca el joven estudiante Plinio Apuleyo Mendoza, que sería uno de sus mejores amigos y un inmenso periodista colombiano. Aunque Luis Villar Borda los había presentado hacía siete años en un oscuro café de Bogotá, la verdad es que se conocían más por la prensa y los amigos comunes que por el recuerdo de aquel fugaz encuentro de finales de los cuarenta.

A Plinio Mendoza, hijo del célebre periodista y político Plinio Mendoza Neira (estrecho colaborador del dirigente liberal Jorge Eliécer Gaitán y director del semanario progresista *Sábado*), le tocó presenciar con su padre la muerte de Gaitán a manos del valetudinario Juan Roa Sierra, lo que le dejó una huella humana y política imborrable. Siendo un adolescente, Plinio empezó a publicar sus primeras prosas líricas en el semanario *Sábado,* y estos textos los había leído el universitario García Márquez por la época en que se vieron por primera vez[28]. Éste estudiaba segundo de Derecho y *El Espectador* acababa de publicarle tres cuentos. Que las primeras prosas líricas de su vida, publicadas gracias a la alcahuetería de su padre, hubieran sido leídas por el joven costeño de veinte años, le causó un cierto asombro a Plinio Mendoza, que todavía no pasaba de los dieciséis.

Lo que entonces ignoraba Plinio es que el joven costeño era, desde los años de Zipaquirá, un lector vicioso del semanario de su padre, especialmente de su suplemento literario, dirigido por el poeta piedracielista Eduardo Carranza, y que, a imagen y semejanza de una sección de este suplemento, el bachiller García Márquez había creado en su primer periódico, *Gaceta Literaria*, la sección «Prosas Líricas de Javier Garcés», donde había publicado también él, en julio de 1944, su primer texto lírico: «El instante de un río»[29].

O sea que, lo mismo que había ocurrido con los otros grandes amigos de García Márquez (Mutis, Cepeda Samudio, Fuenmayor y Vargas), la literatura y el periodismo los habían estado acercando mucho antes de que la vida los juntara en amistad la víspera de Navidad en el bar La Chope Parisienne, del Barrio Latino. Esa tarde hablaron precisamente de la vida, el periodismo y la literatura.

Plinio Mendoza estaba con otros dos colombianos, el escritor Arturo Laguado y el matemático y literato Carlos Obregón, cuando de pronto lo vio con su abrigo color camello de tirabuzones de cuero, el mismo pelo negro y crespo, el mismo bigote podado y la misma verruga que ya eran conocidos en la prensa colombiana tras la publicación de *La hojarasca*. Hablaron de la novela, de Faulkner y de su corresponsalía en Ginebra, Roma y Venecia, pero García Márquez no le cayó muy bien: le pareció un hombre engreído por su manera de hablar distante y suficiente, hasta el punto de que Plinio Mendoza creyó que se le habían subido las primeras glorias a la cabeza o que tal vez se le había contagiado ese aire de elegidos que exhalan ciertos bogotanos[30].

Sin embargo, a la noche siguiente de Navidad se empezaron a disipar los equívocos, cuando Plinio Mendoza lo invitó a cenar con sus amigos a la casa del escultor colombiano Hernán Vieco, en la Rue Guenegaud, y al calor de una chimenea de buhardilla despacharon entre todos un suculento pernil de cerdo con ensalada de endivias y vinos de Burdeos, y el glorioso reportero se quitó la máscara y se puso a cantar con una guitarra las canciones de su amigo y compadre Rafael Escalona. Pero el Gabo fraterno, sencillo e íntimo, el verdadero, el de andar por casa, no lo conocería Plinio Mendoza del todo hasta tres días más tarde, cuando la primera nevada de invierno cubrió los tejados, las calles y los parques de París. La nieve, cayendo en abundantes copos de armiño, había cambiado la imagen del mundo, cambiando a su vez la de Gabriel y la que Plinio tenía de él. Entonces, recordaría aquél, fue cuando el cataquero, cercano en la alegría y feliz en la extroversión, echó a correr por la plaza de Luxemburgo y el Boulevard Saint-Michel, celebrando el milagro de la nieve, que ya no era un asunto literario, de postales navideñas y cuentos de hadas, sino un auténtico milagro de agua congelada, como el hielo de los pargos que él había conocido a los cinco años de la mano del abuelo en el comisariato de la compañía bananera.

Plinio Mendoza se alegró por los dos: «Menos mal que es loco», pensó convencido de que aquello era el comienzo de una larga y profunda amistad[31]. Con el tiempo, se convertiría también en su compadre y compañero de aventuras periodísticas e ideales políticos, en París, Caracas y Moscú, en Bogotá, La Habana y Barcelona. Esta última semana de diciembre y todo el mes de enero siguiente los pasaron juntos recorriendo los tópicos universales de la ciudad inmutable y visitando a los nuevos amigos, hasta que Plinio Mendoza regresó a Caracas, donde su familia vivía ya un largo exilio y él se dedicaría a trabajar en las revistas *Élite* y *Momento*.

Sin embargo, no fue París, esa dama de alta alcurnia, la primera en recortarle las alas al escritor, sino la dictadura militar de su país. *El Espectador,* que, como el resto de la prensa democrática, arrastraba viejos pleitos con Rojas Pinilla, se vio obligado a cerrar sus puertas durante más de dos años. La noticia de su cierre la habían leído los dos amigos en *Le Monde* en un café de la Rue des Écoles. García Márquez no se inquietó de momento, porque su objetivo era permanecer en Francia todo el tiempo posible, pues quería dedicarse a escribir sus cuentos y novelas aplazados una y otra vez. Pero las cartas no volvieron a traer los puntuales cheques del periódico y a principios de febrero ya no tuvo con qué pagarle el cuarto a madame Lacroix. Entonces ella, que lo había visto escribir siempre hasta el amanecer, lo mandó a la buhardilla del séptimo piso, hasta que pudiera pagarle.

Su situación económica pareció enderezarse cuando, el 15 de febrero, empezó a publicarse *El Independiente,* el nuevo diario que sustituyó a *El Espectador* y que fue dirigido, durante sus dos primeros meses, por el ex presidente y futuro presidente Alberto Lleras Camargo, un político paciente y ladino y un escritor y periodista soberbio. En el nuevo diario, García Márquez publicó su siguiente reportaje en diecisiete entregas: «El proceso de los secretos de Francia»³², pero aun así, los cheques empezaron a llegar con retraso, a pesar de las cartas interminables que le enviaba al jefe de redacción, contándole los pormenores más dramáticos de sus desventuras, y a partir de abril, «el mes más cruel», ya no volvieron. A su cierre, el día 15 de este mes, *El Independiente* le envió el billete aéreo de regreso, pero García Márquez se lo hizo reembolsar y con su equivalente se quedó en París trabajando en «la novela de los pasquines»³³, en la que llevaba más de tres meses de angustias.

La tarde de diciembre en que se encontró con Plinio Mendoza en La Chope Parisienne, le había confesado que estaba resuelto a sentarse a escribir por fin «el cuento de los pasquines», una vieja historia que lo perseguía desde Sucre, el pueblo donde su familia había vivido doce años y él había pasado las vacaciones más despreocupadas y felices de su época de estudiante. La historia era ambigua, pero había pendido sobre la dignidad y la seguridad de los sucreños como una espada de Damocles. Hacia finales de los años cuarenta, habían empezado a aparecer unos pasquines anónimos en las paredes de Sucre, en los que sus habitantes se hacían acusaciones cruzadas de toda índole. Los inquietantes pasquines, potenciados por el estado de sitio que amordazaba al pueblo y el fondo de violencia que padecía el país, produjeron un estado de alarma moral, social y política que obligó a emigrar a muchas familias, como los Barcha Pardo y los mismos García Márquez. En este contexto, el escritor introdujo un suceso anterior que había ocurrido en el mismo Sucre durante los primeros meses de 1940: el degollamiento de Joaquín Vega, el bajista de la banda del pueblo, a manos del marido de su amante. Con este presupuesto, la imagen literal del pueblo, sus treinta grados de calor a la sombra y su río tapizado de tarullas, García Márquez se encerró una noche de enero en su cuarto del Hotel de Flandre y de una sentada escribió hasta diez cuartillas, comprendiendo enseguida que lo que tenía entre manos no era un cuento sino una novela. Entonces trazó un plan detallado y se puso a trabajar con furia en lo que años después sería *La mala hora*.

Escribía siempre de noche, bien abrigado y con las piernas pegadas al radiador de la calefacción, pues sólo el frío y el ruido perturbaban su trabajo. Al alcance de su vista tenía la foto de su novia Mercedes, «el cocodrilo sagrado», y, más allá, a través de la ventana, estaban los tejados del Barrio Latino, como «ojos antiguos del tiempo», lo que le compensaba psicológicamente del exiguo espacio de la buhardilla de techos bajos e inclinados. El mobiliario era austero: un pequeño armario, una cama sencilla, una mesita de noche con una lámpara y la mesa donde trabajaba en su máquina portátil roja, la misma que le había vendido Plinio Mendoza por cuarenta dólares[34]. El reloj de la Sorbona apuraba el tiempo cada hora, pero él estaba instalado en el tiempo más lento de sus creaturas, y, entre cigarrillo y cigarrillo y entre folio y folio, fatigaba la máquina hasta el amanecer, cuando pasaba el camión de la basura o se esparcía el pregón publicitario de un vendedor de alcachofas: sólo entonces retornaba del tiempo ficticio y se iba a la cama, a seguir respirando el ámbito saturado por el humo de dos cajetillas de cigarrillos baratos.

Hacia el mediodía se despertaba y se daba una ducha en los baños comunales del hotel, se ponía uno de sus dos *jeans,* un suéter viejo de lana, una bufanda y el abrigo de color camello con tirabuzones de cuero. En el vestíbulo, la bondadosa madame Lacroix le hablaba invariablemente del tiempo y le entregaba la correspondencia, mientras acariciaba sus gatos echados en el bufete.

En las callecitas del Barrio Latino había siempre un olor a castañas asadas, que de pronto se volvía indefinible junto al otro olor persistente a coliflores hervidas, y se oía música de acordeones nostálgicos antes y después de donde brotaban las canciones de Georges Brassens, tan preferidas por los asiáticos, africanos y latinoamericanos que, como él, hacían cola para comer en los restaurantes baratos del barrio: el Capulade y el Acropole[35].

Ya muy entrada la noche, después de haber visitado amigos y lugares y haber dado «el tercer golpe» (la cena) en cualquier parte, volvía al Hotel de Flandre, en la Rue Cujas, perseguido por el olor a coliflores hervidas (un olor que lo perseguiría hasta *Cien años de soledad* y «El rastro de tu sangre en la nieve»), subía los siete pisos peldaño a peldaño y se encerraba de nuevo en la buhardilla a trabajar en la novela de los pasquines. El reloj de la Sorbona seguía apurando el tiempo hora tras hora, pero eso lo tenía sin cuidado: él se había vuelto a instalar en el tiempo más lento y caluroso de sus creaturas de ficción.

La novela de los pasquines, como *La casa,* resultó una explosión de historias y personajes que se multiplicaban pidiendo espacios y tiempos propios. Con respecto a *La hojarasca,* la nueva obra le ofrecía una dificultad adicional, pues quería escribir una novela para dar una respuesta, mediante un tratamiento directo de la realidad y del lenguaje, a la situación de violencia que padecía su país desde hacía diez años, tal y como se lo habían sugerido sus compañeros de la izquierda el año anterior. En la atmósfera de un pueblo tan inmediato como Sucre y en las coordenadas de los reportajes que había escrito en *El Espectador, La mala hora* nacería, pues, con la decidida vocación de ser una novela «sobre la dictadura de Rojas Pinilla», a escala reducida, en la que el presidente es el alcalde, el ministro de Justicia es el juez, el cardenal es el cura párroco y el oligarca es el rico del pueblo[36].

Después de varios meses de intenso trabajo, uno de los personajes secundarios empezó a crecer, adquiriendo peso propio, hasta que se salió de la novela y exigió un tratamiento aparte. Era un viejo coronel de la guerra de los Mil Días, exiliado del Macondo de *La hojarasca* porque el olor del banano le descomponía los intestinos, y había llegado al «pueblo» (Sucre nunca aparecerá citado por su nombre) para sentarse a esperar su pensión de veterano de guerra mientras cuidaba un gallo de pelea, que era en realidad su única esperanza de vida. Entonces, hacia la primavera de 1956, García Márquez tuvo que aparcar las quinientas cuartillas de la novela de los pasquines, amarrándolas con una corbata de colores, para dedicarse a atender los requerimientos del viejo coronel, el personaje más sobrio, intenso y entrañable de cuantos iba a concebir la imaginación de García Márquez. Para cuando tuvo lista la primera versión de *El coronel no tiene quien le escriba,* el verano había caído como plomo derretido sobre los tejados del Barrio Latino y sus deudas con madame Lacroix seguían acumulándose mes tras mes[37].

Durante esos meses, los más duros de su vida, había estado enviando llamadas de auxilio a todos sus amigos. Germán Vargas recibió en Bogotá, además, una solicitud un poco extraña: su amigo le pedía que le enviara lo antes posible un tratado sobre gallos de pelea, el más completo posible, donde se hablara de las distintas razas, de sus características y propiedades, así como del funcionamiento de las galleras. No lo había. La única persona que podía escribirlo, Quique Scopell, estaba en La Habana. Germán Vargas se lo pidió, y a los pocos meses García Márquez tuvo en su buhardilla el mejor tratado de gallos que se había escrito en Colombia hasta ese momento[38].

Sin duda, éste sería el año de las supremas miserias del escritor. Comparadas con éstas, las de Cartagena y Barranquilla habían sido miserias doradas, pues en el ancho y generoso Caribe había amigos por todas partes al alcance de su bolsillo y de su corazón. Pero París era París. Él la había estado viendo mudar del frío al calor y del calor al frío a lo largo del año a través de la ventana de su buhardilla, pero ni siquiera el paso de las estaciones dejaba la menor huella en su reino de esencias inmutables. Él, en cambio, se había estado consumiendo vivo como el personaje de su novela.

Como lo recordaría el mismo García Márquez, tuvo que vivir de milagros cotidianos porque le fue imposible encontrar un trabajo en París: apenas se desenvolvía un poco en francés y no tenía la menor posibilidad de que le dieran una carta de trabajo. Así que, mientras escribía sus novelas, iba inventando cómo defender su vida día a día. Cuando se comió el último franco del pasaje de regreso, recogió botellas, revistas y periódicos viejos y los cambió por algunos francos. Por fortuna, nunca le faltaron una botella de vino y una *baguette* sobre la mesa y siempre tendría a su disposición la cocina de algún amigo para preparar unos *spaghetti* de emergencia. Había un recurso que no fallaba, y es que él y sus compatriotas latinoamericanos en la misma situación habían descubierto que «si uno compraba un bistec, el carnicero regalaba un hueso y se hacía un caldo. A veces uno pedía prestado el hueso para hacer su caldo y lo devolvía»[39].

Él pensaba entonces que si por cada día que sobreviviera lograba agregar una página a su libro, iba consolidando pequeñas victorias, agarrándose cada vez más a sus sueños inquebrantables de escritor. Pero cuando llegó el día en que tuvo que pedir un franco en el metro, despertó de pronto y comprendió que su situación era grave. El entusiasmo con que había estado trabajando en sus novelas era tan grande y el resultado tan satisfactorio, que su dignidad, siempre alerta, le había permitido aceptar las formas más precarias de supervivencia, pero cuando tuvo que pedir aquel franco, porque se había pasado de estación y no tenía con qué regresar, se sintió francamente mal, sobre todo porque el francés malhumorado que se lo dio no quiso ni siquiera escuchar sus explicaciones[40].

Sin embargo, aparte de su labor de periodista, que reemprendería en septiembre de este año en la revista *Élite* de Caracas, encontró una ocasión digna de sobrevivir cantando en L'Escale, un club nocturno de la Rue Monsieur le Princes, adonde acudían los cantantes y aficionados latinoamericanos varados en París. Pero no cantaba vallenatos con la guitarra y la dulzaina, que es lo que mejor sabía hacer después de escribir, sino rancheras a dúo con el pintor Soto de Venezuela. En comparación con el *ramassage de journaux,* la noche de L'Escale era generosa: ganaba un promedio de quinientos francos por noche, algo más de un dólar[41].

Fue durante este año difícil cuando García Márquez saturó los buzones de los amigos con sus cartas apremiantes: a Álvaro Mutis y Germán Vargas en Bogotá, a Rodrigo Arenas Betancourt en México, a Plinio Mendoza en Caracas y a Alfonso Fuenmayor, Álvaro Cepeda Samudio y Alejandro Obregón en Barranquilla. A veces, les adjuntaba algunos artículos para que se los publicaran donde le pagaran algo[42]. Por supuesto, sus amigos le respondieron echándole una mano en su mala hora, pero entonces el correo no tenía ningún sentido de la urgencia y sus angustias cotidianas ralentizaban aún más las respuestas. Sin embargo, las verdaderas razones estribaban en que sus amigos tenían que comprar los dólares, lo que no era fácil entonces, y luego, lo que era todavía más difícil, tenían que meterlos en una carta y eludir la censura de un régimen que, con toda seguridad, lo tenía a él en su lista negra.

Tan pronto como Plinio Mendoza recibió la llamada de auxilio en Caracas y tuvo responsabilidades de coordinación en la revista *Élite,* le empezó a publicar artículos y reportajes de urgencia, paliándole las necesidades más perentorias. Por su parte, Alfonso Fuenmayor, Germán Vargas, Álvaro Cepeda Samudio y Alejandro Obregón crearon la SAGA (Sociedad de Amigos para Ayudar a Gabito), compraron un billete de cien dólares y se reunieron en la Librería Mundo a deliberar sobre cómo enviárselo al amigo varado en París. Jorge Rondón, dueño de la librería y militante del partido comunista, les dio la solución explicándoles cómo él había aprendido, en la Casa Comunista de Bogotá, a abrir las tarjetas postales en dos mitades para enviar mensajes clandestinos. Entonces los amigos siguieron sus indicaciones al pie de la letra, metieron el billete en la postal, la cerraron cuidadosamente y se la enviaron a Gabito con sus más afectuosos recuerdos y abrazos al Hotel de Flandre, Rue Cujas, 16. Cuando estaban en la oficina de correos cayeron en la cuenta de que si el amigo no conocía el truco, no iba a saber nunca que en la postal iban los dólares, y le enviaron una carta simultánea explicándole la artimaña. A la semana, cuando García Márquez bajaba de su buhardilla para ir a almorzar, madame Lacroix le entregó efectivamente la postal, y, como sospechaban sus amigos, no encontró en ella más que afectos y abrazos que no le servían para nada, cuando él se estaba quedando en los puros huesos; entonces se disgustó seriamente: «¡Cabrones!», dijo, y tiró la postal al cajón de la basura. Por fortuna, esa misma tarde le llegó la carta, y García Márquez se precipitó a buscar la afectuosísima postal: allí estaba[43].

El autor, aunque tarde, tuvo por lo menos quien le escribiera cuando estuvo más necesitado, pero el viejo coronel de su novela, que a medida que crecía se alimentaba de sus mismas hambres, se iba a quedar esperando por el resto de su vida una pensión de jubilación que jamás le llegaría.

La primera imagen definida que tuvo García Márquez de su personaje fue la de un hombre que, a principios de los cincuenta, esperaba una barca en el mercado pesquero de Barranquilla, «con una especie de silenciosa zozobra»[44]. Con el tiempo, la imagen fue casando de modo natural con la historia de su abuelo Nicolás Márquez, quien había esperado durante treinta y cinco años la pensión de jubilación por su participación en la guerra de los Mil Días. Era también la historia del general José Rosario Durán en la misma Aracataca, del coronel Clemente Escalona en Valledupar y de tantos otros coroneles y generales olvidados que el escritor había tratado a fondo durante sus viajes por los pueblos del Caribe colombiano, y volvía a ser la misma historia de los veteranos de la guerra de Corea, cuyo drama nos había contado en excelentes reportajes.

En febrero de 1955, estando en Bogotá, la figura del personaje siguió aclarándose en sus contornos, en su carácter y en su destino, cuando el autor vio la película *Humberto D,* de Vittorio de Sica y Cesare Zavattini. Según confesaría el propio García Márquez, el personaje de Humberto Dominico Ferrari le «recordó irresistiblemente a su propio abuelo»[45] por el dramatismo de la dignidad y de la espera, una espera que en el coronel Nicolás Márquez era semanal, puntual y sin alarma, y que al nieto le causaba mucha risa cuando lo acompañaba los jueves a la oficina de correos. Por eso, cuando el personaje del viejo coronel se desgajó de la novela de los pasquines y reclamó su propio espacio, García Márquez pensó que debía ser una comedia, pero cuando él mismo se encontró también esperando una carta de salvación en la buhardilla del Hotel de Flandre, experimentando en carne propia el mismo drama del abuelo, comprendió de pronto que no era ninguna comedia sino una tragedia callada y que la historia que escribía era también la misma que él estaba viviendo, como si los hechos se hubieran desatado de las páginas de la ficción[46].

Como en *La metamorfosis* de Kafka, *El extranjero* de Camus o *El viejo y el mar* de Hemingway, García Márquez había logrado redondear una de las más espléndidas metáforas del hombre de nuestro siglo, sacándose el personaje de sus entrañas atávicas, personales y culturales. Este sólido paso hacia la semilla se terminaba de consolidar en la estrecha buhardilla del Hotel de Flandre, donde el escritor aprendió a lo largo de 1956 que nada, ni siquiera el hambre, puede matar los sueños y la vocación de un verdadero escritor.

Entre mediados de ese año y comienzos del siguiente, escribió nueve veces la novela, hasta alcanzar un libro sin fisuras, una pequeña obra maestra donde no falta ni sobra nada, en lo que se dice y en lo que se calla. Pero sólo sus amigos, sus primeros lectores, lo advirtieron entonces, pues el libro iba a estar año y medio bailando de ciudad en ciudad, de editor en editor, sin que nadie se atreviera a editarlo. García Márquez se lo envió, en copias de papel periódico, a Guillermo Angulo en Roma (que había llegado al Centro Experimental de Cine siguiendo sus pasos), a Plinio Mendoza en Caracas y a Germán Vargas en Bogotá. Lo mismo que Plinio, éste lo paseó por toda la ciudad en busca de un editor piadoso y de buen gusto que se encargara de publicarlo, pero no: «Parece interesante», le repetían, «pero no podemos arriesgarnos. Si usted paga la edición, sí lo haremos»[47]. Y la suma que pedían era casi tan astronómica como la que el mismo autor había terminado debiéndole a la generosa madame Lacroix al cabo de un año.

Ella lo había acogido en la buhardilla, sin cobrarle ni una sola vez, pensando que, puesto que escribía todas las noches sin parar, algo interesante tenía que estar haciendo, y no como los otros latinoamericanos que cantaban y se emborrachaban todas las noches. Pero su generosidad llegó mucho más lejos: cuando a finales de ese año García Márquez fue a pagarle los ciento veinte mil francos de alquileres atrasados, gracias a la generosidad de su amigo Hernán Vieco, a ella le pareció tan alta la cifra que le dijo que no, que era mucho, que le pagara una parte entonces y otra más adelante.

García Márquez no olvidaría jamás la gran bondad de madame Lacroix, sus conversaciones puntuales sobre el tiempo y sus gatos tan lozanos a su alrededor. Por su parte, ella habría de seguir recordándolo con afecto como lo que siempre fue: como «*monsieur Marquez, le journaliste du septième étage*».

A finales de 1956, el escritor dejó el Hotel de Flandre, en el Barrio Latino, y se trasladó a la Rue d'Assas, donde compartió una *chambre de bonne* con Tachia Quintana, una «vasca temeraria», activa y generosa, que intentaba abrirse paso en el teatro mientras trabajaba en el servicio doméstico. Fue un amor breve, intenso y contrariado por la divergencia de temperamentos y las distintas concepciones de la vida, que se diluiría en una amistad perdurable, pero que en su momento fue una mano providencial que asió al escritor por el costado de su desamparo, pues con «el general», como la apodaban sus amigos, García Márquez encontró afecto, comida y un techo regalado, pudiendo retomar con cierta tranquilidad la novela de los pasquines hasta el verano de 1957. A pesar de la diferencia de caracteres, el primer tropiezo serio se produjo cuando la vasca cometió la ligereza de reprocharle que por qué, en vez de dedicarse a escribir novelas que no se vendían, no se ocupaba en algún otro oficio más lucrativo. Para un escritor tan empecinado como él, el reproche tuvo un efecto pernicioso, y desde aquel día le fue cada vez más difícil aceptar su generoso mecenazgo[48]. Entonces ella comprendió que el amante doméstico, pero alienado hasta la muerte por la literatura, muy pronto dejaría de cantar en su *chambre de bonne* las canciones vallenatas de Rafael Escalona: «El hambre del liceo», «La vieja Sara», «La patillalera».

Por esta época, no sólo los amigos latinoamericanos se le habían multiplicado, sino los árabes y franceses: Plinio Mendoza, que regresó de Caracas a principios de mayo, recordaría que García Márquez tenía ya una horda de doce amigos nativos, leales y bohemios, que vivían de cualquier modo y se reunían los viernes en una buhardilla de la Rue Cherubini. Pero sólo con los más íntimos de Colombia y el continente solía reunirse en la habitación de Tachia, alrededor de una paella de reverbero y unos buenos vinos, para celebrar el milagro de estar vivos y soñando. Lo más frecuente era que cada uno llevara su botella de vino, su pedazo de salchichón y su pedazo de queso: así lo hacían Plinio Mendoza, Hernán Vieco, Arturo Laguado y Luis Villar Borda cuando iba desde Leipzig a renovar su visado.

Entre copa y copa y entre nostalgia y nostalgia, no faltaban, por supuesto, las canciones de Atahualpa Yupanqui, Rafael Escalona y Georges Brassens, cuyas letras desgranaba García Márquez al son de la guitarra. Para entonces no sólo podía descifrar el juego de palabras de las canciones de Brassens, sino la gama de los quesos y los vinos, y se había vuelto un experto en el argot y los recovecos de París. A Plinio Mendoza le sorprendió la rapidez con que en año y medio parecía haberse apropiado de la ciudad, a pesar de que había tenido tiempo suficiente de comprobar que París no era una fiesta, sino más bien una fiera: algo así como el tigre de la rifa.

Indehiscente a los sueños y a las hambres del peregrino, París seguía consumiendo con la alquimia de su tiempo las modas y los hombres, convirtiendo el existencialismo en una atracción turística desde los cafés de Saint-Germain-des-Prés, donde Sartre se exhibía como una curiosidad universal. Hasta su maestro Ernest Hemingway, eterno enamorado de su fiesta de París, le pareció entonces a García Márquez una figura escuálida, cuando lo vio de pronto paseando con su mujer por el Boulevard Saint-Michel un día de primavera. Él lo admiraba tanto como a su otro maestro norteamericano, William Faulkner, pero su proverbial timidez lo dejó inmóvil en la acera de enfrente, sin saber qué hacer, y sólo se atrevió a gritarle con las manos de bocina: «¡Maeeestro!». Éste se volvió con la mano en alto y le respondió casi sin verlo: «Adioooos, amigo»[49]. Por supuesto, el Maestro nunca sospecharía que el hombrecito anónimo que lo saludaba desde la distancia acababa de escribir, a la sombra de su magisterio, una pequeña obra maestra, digna de figurar al lado de *El viejo y el mar*, y que con el tiempo se convertiría en el más aventajado y universal de sus discípulos.

La guerra de Argelia, sin embargo, no era todavía una moda, sino una realidad amenazante. García Márquez la había padecido en su propia cara de árabe una noche a la salida de un cine, cuando la gendarmería francesa lo tomó por un argelino, y lo patearon y lo metieron en la comisaría de Saint-Germain-des-Prés con los argelinos de verdad, tristes, bigotudos y pateados como él. Para paliar sus quebrantos, esa noche se pusieron a cantar hasta el amanecer las canciones de Georges Brassens. Entonces se hizo amigo de ellos, especialmente del médico Amed Tebbal, quien lo terminó de acercar a la causa de su país[50]. Fue la época en que escribió varios reportajes sobre la guerra de Argelia y el contencioso del canal de Suez.

Con todo, no iba a ser éste el momento más perdurable de su dura estancia en París, sino aquel amanecer en que cruzó el puente de Saint-Michel, en dirección a la Cité, y vio perfilarse poco a poco en la niebla un semblante y unos ojos turcos que iban llorando: entonces se le heló el corazón, porque creyó verse a sí mismo viniendo de regreso de sus propias hambres[51].

Así lo había encontrado Plinio Mendoza a principios de mayo: con unos cinco kilos menos, pero con una curtimbre a prueba de toda hambre; con la teclas de la máquina portátil desgastadas[52], pero con una pequeña obra maestra; más cosmopolita, pero más colombiano y latinoamericano que nunca; más sabio y más paciente, pero con una curiosidad enorme que traspasaba las fronteras, y así habrían de viajar ambos durante el verano por las dos Alemanias, Rusia y Ucrania.

El viaje a Alemania Oriental fue una confirmación de lo que había visto García Márquez en Polonia y Checoslovaquia durante el otoño de 1955: que el socialismo exportado de la Unión Soviética era una extraña camisa de fuerza que asfixiaba a estos pueblos, pues la revolución no había brotado de sus propias necesidades históricas, sino que la habían traído desde Moscú «en un baúl para ponerla ahí sin contar con ellos». En Leipzig, sobre todo, se iban a decantar las certezas del escritor.

La idea era atravesar las dos Alemanias hasta llegar a Berlín Oriental, pasando por Heidelberg, Francfort, Weimar y Leipzig, donde los esperaba Luis Villar Borda, que llevaba un año exiliado en esta ciudad. Villar Borda había estudiado Derecho en la Universidad Nacional de Bogotá con García Márquez, el cura Camilo Torres y Gonzalo Mallarino. Los cuatro habían formado el cuadrivio literario universitario de entonces en torno a «La Vida Universitaria», un suplemento del periódico *La Razón* dirigido por Villar Borda y Camilo Torres. Cuando la persecución de la dictadura de Rojas Pinilla se hizo más feroz, Villar Borda, como toda la oposición de izquierda, tuvo que exiliarse, y se fue a Leipzig con una beca debajo del brazo. Desde allí, había estado visitando a García Márquez cada vez que iba a París. En las noches del Hotel de Flandre y de la *chambre de bonne* de la Rue d'Assas, habían tenido largas conversaciones sobre el «socialismo real» de los países del Este, sobre las mortales trabas de la burocracia kafkiana, de tal manera que la idea de visitar Alemania Oriental era una vieja aspiración que había madurado en cada visita de Villar Borda.

La ocasión propicia se presentó entonces cuando Plinio Mendoza, recién llegado de Caracas con su hermana Soledad, se compró un exiguo Renault 4 para el verano, y los tres se echaron a rodar a cien kilómetros la hora por las enormes autopistas que Hitler había construido para la guerra. Después de recorrer la diáfana ciudad universitaria de Heidelberg, el campo de exterminio nazi de Buchenwald, cerca de Weimar, y el ínclito Francfort de Goethe (donde visitaron al poeta colombiano Eduardo Cote Lamus), llegaron a Leipzig para recoger a Villar Borda, quien los acompañó hasta Berlín. El viaje no duró más de dos semanas, pero para García Márquez tuvo la intensidad de varios años de experiencia.

Desde que cruzaron la frontera de las dos Alemanias, en una tarde también dividida en dos, fue evidente una vez más que el «socialismo real» de exportación no sólo no funcionaba, sino que era la antítesis completa del socialismo de Marx, de la revolución lírica e ideológica que García Márquez y su generación llevaban prendida en el corazón. Los guardias de la frontera le parecieron «inhábiles y medio analfabetos»; el director de aduanas era «rústico en formas y maneras»; por la mañana, los alemanes orientales le parecieron «gente estragada, amargada, que consume sin ningún entusiasmo una espléndida ración matinal de carne y huevos fritos»; las autopistas que construyó Hitler le parecieron formidables, pero los rusos las habían llenado de soledad y del color grisalla de sus camiones, a través de inmensos campos sin cultivar; Berlín, donde una acera era socialista y la otra capitalista, le pareció un disparate y Berlín Oriental, un desastre; a excepción del «colosal mamarracho» de la avenida de Stalin, donde vivían los once mil obreros del privilegio burocrático, la mayoría de los berlineses orientales residían todavía en los edificios sin reconstruir, y eran «sórdidos» y consumían «artículos de mal gusto» y «de una calidad mediocre»; la misma Berlín le pareció una «ciudad sombría», que «corresponde a la realidad económica del país»; comparada con la diáfana Heidelberg, Leipzig le pareció «una ciudad triste, con viejos tranvías atestados de gente desarrapada y deprimida»; la organización de las colas y el racionamiento de los productos le pareció «ineficaz» y «lo más parecido a la anarquía»; en la misma Leipzig le pareció desconcertante que en «el mundo nuevo todas las cosas parezcan anticuadas, revenidas, decrépitas», y le resultó «incomprensible que el pueblo de Alemania Oriental hubiera tomado el poder, los medios de producción, el comercio, la banca, las comunicaciones, y sin embargo fuera un pueblo triste, el pueblo más triste que yo había visto jamás»[53].

Estas afirmaciones fueron certezas dolorosas no sólo para García Márquez, sino para sus tres acompañantes, Luis Villar Borda, Plinio y Soledad Mendoza, con quienes debatió durante días y noches enteras en Berlín y en Leipzig la inocultable tragedia del comunismo de exportación y también del otro: del exportador de Moscú, la ciudad mítica adonde habrían de viajar en agosto, después de un breve regreso a París.

Ya en Roma, García Márquez había intentado varias veces obtener un visado para viajar a la Unión Soviética como enviado especial de una agencia de prensa, pero se lo negaron cuatro veces, pues entonces era imposible llegar a la mata del comunismo si no era de un modo oficial. Ahora seguía siendo igual, pero el paso por París del conjunto folclórico «Delia Zapata», que había sido invitado al VI Congreso Mundial de la Juventud de Moscú, le brindó la ocasión de enrolarse junto a Plinio Mendoza como uno de sus integrantes.

El conjunto colombiano estaba presidido por el médico y novelista Manuel Zapata Olivella, a quien, según recordaría, lo habían metido ahí como «domador de fieras», pues casi todos los integrantes del conjunto eran negros cimarrones de Palenque y Mapalé. Lo cierto es que Zapata Olivella era uno de esos amigos providenciales con quienes, desde que se conocieron a finales de los cuarenta en Bogotá, García Márquez había estado coincidiendo en los momentos decisivos de su vida: en Cartagena de Indias lo había introducido en el periódico *El Universal,* en La Paz y Valledupar lo había paseado junto a Rafael Escalona por el paraíso de la música vallenata y ahora, desde París, le servía de caballo de Troya con su conjunto de música folclórica para que entrara en el paraíso del comunismo. Afortunadamente, al conjunto «Delia Zapata» se le habían quedado descolgados a última hora un saxofonista y un acordeonero, y García Márquez y Plinio Mendoza encajaron entonces como falsos integrantes del conjunto[54]. En su caso, la falsedad fue sólo un dato formal, pues la verdad es que García Márquez tocaba con habilidad la caja y la dulzaina y era un buen intérprete de las canciones vallenatas.

La delegación se acrecentó con la adhesión de los pintores Hernán Vieco y Pablo Solano, Polidoro Pinto, Teresa Salcedo, Matilde Mújica y Villar Borda, que se enganchó en Berlín. El itinerario desde París fue la larga y burocrática ruta de Berlín, Praga, Bratislava, Kiev y Moscú, que en sus dos primeros trayectos hasta Praga fue un verdadero suplicio de treinta horas para García Márquez y Plinio Mendoza, pues tuvieron que viajar de pie, recostados en la puerta de uno de los retretes, dormitando a trechos el uno en el hombro del otro. El resto del viaje fue relativamente cómodo, a través de los trigales sedantes de Ucrania y las aldeas medievales de Rusia, gracias a las largas conversaciones y a la pachanga ambulante del merengue, el paseo y los sones vallenatos. Aparte de ejercitarse en el presunto oficio de cajista del grupo folclórico, García Márquez hizo durante todo el viaje el elogio reiterado del caviar ruso, despertando un apetito feroz en sus compañeros de viaje, aun en los negros cimarrones del conjunto, y, en efecto, al cabo de cuatro días de viaje fueron recompensados en el hotel de Moscú con un desayuno de recuperación con abundante caviar y las duchas de agua caliente añoradas durante la larga travesía.

Después, García Márquez, Plinio Mendoza y sus amigos se separaron del resto de la delegación, sacrificando el Festival de la Juventud, pues lo que les interesaba era seguir husmeando «en la vida ajena», captando los milagros y fracasos del «socialismo real» en su propio paraíso, y, en consecuencia, estuvieron mirándolo y preguntándolo todo durante quince días repartidos entre Moscú y Stalingrado. Como de costumbre, el escritor se atiborró de notas minuciosas e imparciales que, durante septiembre y octubre, convertiría en los espléndidos reportajes de la serie «90 días en la Cortina de Hierro».

Durante el viaje de regreso, el escritor se separó de Plinio Mendoza en Kiev y se dirigió a Hungría. En Moscú se había hecho incluir en un grupo de dieciocho observadores occidentales invitados por Budapest, terminando de completar así su periplo por los países socialistas iniciado dos años antes. Al igual que en la Unión Soviética, estuvo quince días en Hungría husmeándolo todo y eludiendo la vigilancia de los guías para tomarle el verdadero pulso a un país que todavía conservaba frescas las huellas de la insurrección y la invasión soviética de octubre de 1956. Los primeros días de septiembre, antes de que Plinio Mendoza regresara a Caracas, García Márquez lo llamó desde Budapest y le confesó con el corazón colgando de un hilo: «Todo lo que hemos visto es pálido al lado de Hungría»[55].

Ciertamente, lo que había visto en este país era un reflejo más agravado aún de lo que acababa de ver en la Unión Soviética y Alemania Oriental. Su insistencia durante años en viajar al centro del poder soviético y a sus países satélites era la forma expedita que tenía de acabar con la eterna discusión generacional sobre los fracasos y milagros del «socialismo real» y su conveniencia o no de exportarlo a otros países.

En las lecturas de marxismo que él y sus compañeros habían hecho con los profesores de Historia, Química y Álgebra durante el bachillerato en Zipaquirá, las nociones esenciales de la doctrina de Marx le habían enseñado que el socialismo era apenas una etapa de transición entre el capitalismo y el comunismo, un período durante el cual debían desarrollarse las condiciones objetivas y subjetivas para alcanzar la realización plena e integral del individuo y la sociedad en la etapa del comunismo, liberándolos así del reino de la necesidad e instaurándolos en el reino de la libertad. Esto suponía que durante la etapa del socialismo real, vertebrada alrededor de la dictadura del proletariado, había que ir transformando ésta y su Estado férreamente centralizado en formas de autogestión de la sociedad (pues eternizarlos era, decía Marx, eternizar una injusticia histórica heredada del capitalismo), con unos medios de producción eficaces, una acumulación de riqueza suficiente y un altísimo desarrollo social, cultural y espiritual del hombre nuevo.

Pero no: lo que García Márquez había visto en la Unión Soviética y sus países satélites era un socialismo en piltrafas que más bien parecía una trágica burla del socialismo imaginado y pregonado por Carlos Marx y Federico Engels. No había tal dictadura o gobierno del proletariado, sino la dictadura de una burocracia dogmática, obtusa y rapaz, presidida por una gerontocracia que, a su vez, estaba presidida por un dictador: el secretario de turno del partido comunista; no había tal Estado del proletariado, sino un Estado todopoderoso armado hasta los dientes al servicio primordial de esa burocracia; no había ningún indicio de transformación del Estado en formas de autogestión de la misma sociedad civil, sino un Estado cada vez más centralizado, fuerte y deshumanizado; no había un desarrollo y una acumulación de las riquezas, sino el reparto de una pobreza cada vez mayor, y las únicas tecnologías que prosperaban, tanto o más que las capitalistas, eran la espacial y la militar.

A esta perversión histórica y política del socialismo de rostro humano soñado por los padres del marxismo se debían las contradicciones insolubles que García Márquez observó en la URSS, y que, como bien podía inferirse leyendo sus reportajes de «90 días en la Cortina de Hierro», iban a dar al traste con el sistema soviético treinta y tres años más tarde.

De tal manera que, durante aquellos quince días de verlo y preguntarlo todo en Moscú y Stalingrado, García Márquez supo captar con imparcialidad, serenidad y profundidad la enorme complejidad de la realidad soviética, una complejidad que ciertamente no cabía ni en la propaganda propia ni en la contrapropaganda enemiga. La gente en Moscú le pareció «toda igual, en el mismo nivel, vestida con ropa vieja y mal cortada, con zapatos de pacotilla», pero gente digna, generosa y espontánea, que, tras cuarenta años de encierro a cal y canto, estaba «desesperada por tener amigos» y que, más allá de la vitrina para impresionar al visitante, vivía «con un terrible complejo de inferioridad frente a Estados Unidos». La misma capital le pareció muy limpia, lo mismo que su metro, sus cines, bares, hoteles y restaurantes, pero los moscovitas, con sus ropas viejas y mal cortadas, desentonaban en su propia ciudad, ofreciendo la imagen chocante del camionero que de pronto se gana la lotería. Un soviético podía estar mal vestido y peor calzado, pero podía entrar con su novia a comer y a bañarse en champaña en un restaurante decente. Los trabajadores vivían «amontonados en un cuarto y sólo tienen derecho a comprarse dos vestidos al año, mientras engordan con la satisfacción de saber que un proyectil soviético ha llegado a la Luna». El gigantismo ciclópeo de las construcciones lo deslumbró, pero la arquitectura le pareció tan decadente como la manera de vestir. La alta tecnología militar y espacial le pareció tan avanzada como en Occidente, pero, en cambio, los funcionarios de los bancos y oficinas del Estado se devanaban los sesos con un sistema de ábacos prehistórico (a pesar de tener diecisiete tipos de calculadoras diferentes) y el decurso de la vida cotidiana se veía atascado porque hasta los retretes no lograban funcionar debidamente. En fin, el sistema lo vio tan contradictorio, que «un moscovita puede tener sólo un par de zapatos y dos televisores en su casa». Los rusos le parecieron muy informados en política interna, pero ignorantes en política exterior. Debido al aislamiento de su sistema de producción, los soviéticos se la pasaban todo el tiempo inventando lo ya inventado en Occidente con el legítimo orgullo de los pioneros (como lo haría José Arcadio Buendía en *Cien años de soledad*). Y uno de los fenómenos que más le llamó la atención es que en Moscú, «la aldea más grande del mundo», hubiera una mojigatería aldeana, tal vez derivada de los usos y maneras del «padrecito» Stalin, ese «aldeano de Georgia que administró el país como si fuera una tienda». La moral soviética, por tanto, le pareció idéntica a la moral cristiana: «Las muchachas, en sus relaciones con los hombres, tienen las mismas vueltas, los mismos prejuicios, los mismos recovecos psicológicos que son proverbiales en las españolas»[56].

A los cuatro años de su muerte y tras el histórico informe de Jruschov al Comité Central del PCUS, Stalin era una inmensa sombra hecha jirones, pero que todavía planeaba en el inmenso ámbito del país alimentando el terror y la parálisis de millones de soviéticos. No en balde llevaba cuatro años dormitando a la siniestra de Lenin en el mausoleo de la Plaza Roja, donde García Márquez lo vio no como quien duerme el sueño eterno de la muerte, sino como quien goza de otra vida reciente y tranquila: la vida del poder más allá de la muerte. En su cadáver exquisito y todopoderoso, diría García Márquez, no había ningún remordimiento, y su bigote y sus facciones, aliviados por el embalsamamiento, exhalaban una intemporalidad idéntica a la de sus retratos de gobernante ubicuo y todopoderoso. En su tiempo eterno, en el poder omnímodo con que manejó el país más grande de la tierra durante treinta años y en sus manos finas y femeninas de mariscal embalsamado, iba a empezar a perfilarse la figura mitológica de otro dictador: el también desmesurado, ubicuo y eterno de *El otoño del patriarca*.

Así pues, un sistema tachonado de flagrantes contradicciones y saturado de ineficacias cotidianas, al exportarlo sólo podía generar un desastre mayor, como el que García Márquez había visto en Alemania Oriental, Polonia y Hungría. La excepción era Checoslovaquia, «la única democracia popular sólida», donde el escritor no advirtió la influencia soviética asfixiante de los otros países, tal vez porque éste era un pueblo más constructor y comerciante, poco dado a los embelecos políticos e ideológicos. Su personalidad nacional, fuerte e independiente, rezumaba en cada detalle de la arquitectura, la cultura y los hábitos de los checos. Praga, la cuna de su maestro Franz Kafka, era una ciudad comparable, por ejemplo, a París, donde había «orden», «buen gusto» y «sentido común», y un pueblo así podía darse el lujo de tener «la industria más equilibrada de Europa». En general, los checos estaban, pues, «contentos con su suerte»[57].

A pesar de su visión crítica del «socialismo real», la convicción central de García Márquez seguía siendo la misma: el socialismo, entendido como un sistema de progreso, libertad e igualdad relativa, podía y debía ser el destino de la humanidad entera, pero, ante la evidencia de los hechos, se negaba a aceptar que el socialismo soviético, estalinista, fuera el ejemplo del verdadero socialismo y, mucho menos, que fuera un modelo exportable. Cuando, dos años después, se publicó en la revista *Cromos* de Bogotá la serie «90 días en la Cortina de Hierro»[58], sus reportajes despertaron sentimientos encontrados en sus amigos de uno y otro bando. Mientras los de izquierda lo acusaron de haberse vendido a la Agencia Central de Inteligencia de Estados Unidos, los más liberales se quejaron de que el glorioso reportero se hubiera convertido en un apóstol crítico del socialismo. El primer sorprendido debió de ser, sin embargo, su amigo, colega y maestro Eduardo Zalamea Borda (*Ulises*) cuando, en el otoño de 1957 y antes de que García Márquez viajara a Londres, recibió en Bogotá la serie de reportajes, pues éste los había escrito a su regreso a París con el propósito de publicarlos en *El Independiente*. Zalamea Borda, gran escritor y hombre de izquierdas, era el subdirector del periódico, un sustituto temporal de *El Espectador*, y esto le impidió publicar los reportajes prosocialistas de su viejo amigo y colaborador. Pero al mismo tiempo debió de darse cuenta de que la verdad revelada en los reportajes de su amigo era todo un mazazo para la izquierda incauta y mimética de su país. Entonces los archivó en su escritorio, donde los iba a encontrar García Márquez dos años después, a su regreso a Bogotá[59].

Mientras los escribía, en octubre de 1957, en una *chambre de bonne* de Neuilly, apareció en París un antioqueño trotamundos con abolengo de arriero, que sería el último de sus grandes y eternos amigos: el «fotógrafo sin fotogenia» Guillermo Angulo. Eran viejos amigos y Angulo llevaba un año buscándolo por media Europa, pero ésta era la primera vez que se veían las caras.

Se habían hecho amigos por carta, entre México y Bogotá, gracias a la mediación del escultor Rodrigo Arenas Betancourt, quien le envió al escritor una antología de las fotografías de Angulo para que se las publicara en *El Espectador*. Entre carta y carta, Angulo llegó un día a Bogotá para conocerlo, pero sus amigos le dijeron que el periódico acababa de enviarlo a Ginebra, Venecia y Roma, donde quedaron en encontrarse durante el verano de 1956, pero cuando Angulo llegó a la capital italiana, con el propósito de estudiar Dirección en el Centro Sperimentale de Cine, ya García Márquez llevaba seis meses viviendo en París. Entonces quedaron en verse en Berlín, para hacer juntos el viaje de promisión a la Unión Soviética. Pero esta cita también se frustró porque Angulo nunca llegó a Berlín, pues los alemanes orientales le cortaron el paso en la frontera. A su vuelta a Roma, se encontró con una copia de *El coronel no tiene quien le escriba* en papel periódico y un recado de García Márquez de que se verían por fin en París a su regreso de la Unión Soviética.

Cuando Angulo llegó al Hotel de Flandre, madame Lacroix le dijo que *monsieur Marquez* no estaba porque había prolongado su estancia en los países del Este, desviándose de Kiev a Budapest. Angulo, más intrigado que decepcionado, decidió esperarlo en el mismo hotel, pues no estaba dispuesto a continuar el infinito suplicio de Sísifo de buscar a su amigo sin encontrarlo, y le pidió a la administradora que le alquilara el cuarto más barato que tuviera. Ella lo mandó a la buhardilla de siempre en el séptimo piso, donde seguía oliendo a coliflores hervidas y se oían cada hora las letanías del reloj de la Sorbona. Mientras esperaba, el fotógrafo consumía los días viendo películas antiguas en los cines cercanos, hasta que una tarde fría de otoño irrumpió en su siesta un costeño pálido y delgado, de bigotes intensos y mirada irónica y traslúcida, un trotamundos como él, sumergido en un grueso sobretodo y una bufanda de lana, y le dijo: «Maestro, ¿qué hace usted en mi cuarto?»[60]. Por fin, había terminado una amistad epistolar de dos años y comenzaba la verdadera, de afectos, maneras y palabras directas, como la que lo unía a Álvaro Mutis, Rafael Escalona, Plinio Mendoza, Alfonso Fuenmayor, Germán Vargas, Álvaro Cepeda Samudio y Alejandro Obregón.

Tomaron la costumbre de verse todas las tardes para «dar el tercer golpe» (la cena) con otros compatriotas en el restaurante barato del Capulade, para después despreocuparse, sin horario ni itinerario fijos, por las calles del Barrio Latino. Otras veces se iban de juerga con el escultor Hernán Vieco y el *Chinche* Ruiz, fundiéndose en parrandas con cenas abundantes y tragos largos, en las que se cantaba y se hablaba de todos y de todo. Antes de trasladarse a Londres en noviembre, éstas fueron las últimas francachelas del escritor con sus amigos en París, la ciudad hermosa, irreal y cicatera que, no obstante, lo había mantenido espléndidamente vivo en la más floja de las cuerdas flojas.

Al trasladarse a Londres, su objetivo era vivir (o sobrevivir) el máximo tiempo posible, como acababa de hacerlo en París y lo había hecho en Roma, para estudiar inglés y seguir escribiendo reportajes y «la novela de los pasquines». Los viajes por Europa y la Unión Soviética le habían mostrado que su inglés necesitaba un refuerzo a fondo, y para ello lo mejor era radicarse en la cuna del idioma. García Márquez pensó que podía sobrevivir un tiempo en Londres con lo que *El Independiente* le pagara por los reportajes sobre los países socialistas, pero Ulises los engavetó en su escritorio, y sólo Plinio Mendoza se atrevió a publicarle dos —los de Rusia y Hungría— en la revista *Momento* de Caracas[61], cuya jefatura de redacción acababa de asumir.

Su estancia en la capital del Reino Unido no llegó siquiera a los dos meses, y las seis o siete semanas que estuvo allí las pasó prácticamente encerrado en su cuarto de hotel, en South Kensington, simulando que estudiaba inglés, pero en realidad leyendo y escribiendo algunos cuentos que se le habían desgajado de «la novela de los pasquines», que seguía en la maleta amarrada con una corbata de colores. El único recuerdo vivo que tendría García Márquez de Londres sería el de la multitud babélica de Hyde Park Corner, adonde acudía los sábados y domingos a ver el mercado gratuito de los predicadores y a saborear las escasas gotas de un sol inocuo de otoño.

A pesar de semejantes perspectivas, García Márquez estaba dispuesto a seguir prolongando en Europa la increíble y triste historia del coronel a quien nadie le escribía, pues si había logrado sobrevivir en París escribiendo, ¿por qué no iba a conseguirlo en Londres? En éstas estaba, con más arrojo que medios, sintiendo cómo se aproximaba otra Navidad y otro invierno en soledad, cuando un día recibió un telegrama de Caracas: el director de la revista *Momento,* por mediación de Plinio Mendoza, le ofrecía un billete de avión para que se fuera a trabajar con ellos como redactor. A los ocho días, muy ligero de equipaje, García Márquez llegó al aeropuerto de Maiquetía la víspera de Navidad, dos años y medio después de haberse ido a Ginebra como enviado especial de *El Espectador.*

CAPÍTULO DOCE

Por fin, después de haberla estado imaginando desde su niñez, ahora tenía ante sus ojos a la «infeliz Caracas» de Bolívar, que era también la feliz Caracas de cuentos de hadas de Juana de Freites. Pero él no la vio mientras la cruzaba de punta a punta aquella calurosa tarde del 23 de diciembre, pues muy seriamente le preguntó a Plinio y a su hermana Soledad Mendoza, quienes habían ido a buscarlo en un pequeño MG descapotable, que dónde estaba la ciudad[1]. Aunque ésta no es fácil de avistar por los meandros de su topografía, tal vez traía a París y a Londres superpuestas en la nostalgia, o tal vez llevaba demasiado revueltas en el corazón la mítica cuna de El Libertador y la fantástica Caracas de Juana de Freites. Sin embargo, muy pronto empezaría a descubrir la verdadera y contradictoria capital venezolana, hecha de campo y de ciudad, que, en la madrugada del 23 de enero de 1958, vería fugarse hacia el exilio al dictador Marcos Pérez Jiménez.

Su relación con Caracas había empezado desde la infancia, escuchando las ponderaciones escolares de Simón Bolívar y las historias de los exiliados venezolanos que habían llegado a Aracataca atraídos por el festín de la explotación bananera, como los Barbosa, los Freites, los Leoni y los Betancourt. Pero fue la esposa del general Marcos Freites, antiguo opositor al dictador Juan Vicente Gómez, quien le contagió su memoria nostálgica y literaria de Caracas con los cuentos infantiles de siempre, los que ella le narraba una y otra vez en las tardes de Aracataca para que sucedieran una y otra vez en la «infeliz Caracas» de su memoria. Como vimos, la misma Juana de Freites había sido también la partera providencial de la madre del escritor, salvándolos a los dos de una muerte que parecía segura. Así que cuando García Márquez llegó a Caracas la víspera de la Navidad de

1957, lo hizo no sólo porque Plinio Mendoza le había conseguido un trabajo en la revista *Momento,* sino tal vez obedeciendo a esa recóndita llamada de su destino, que ahora, como tantas otras veces, le permitiría seguir conociendo y atando los cabos sueltos de su vida y de su obra.

Plinio Mendoza lo llevó aquella tarde directamente a las salas de redacción de la revista, y García Márquez tomó posesión de su escritorio en la amplia sala sin ventanas iluminada con tubos de neón, que es donde iba a pasar la mayor parte de sus primeros cinco meses en Caracas. Carlos Ramírez MacGregor, el dueño de la revista, lo desconoció. Lo mismo que al dueño de *El Espectador* cuatro años antes, le fue imposible conciliar la figura escuálida y mal vestida del caribe recién llegado de Europa con la del gran escritor y periodista que le había pintado Plinio Mendoza. Éste recordaría que el «loco» Ramírez MacGregor ni siquiera le contestó el primer saludo[2]. Consciente como siempre de que sólo se es haciendo lo que uno es, García Márquez permaneció en silencio y al día siguiente se encerró durante una semana con Plinio Mendoza a preparar el número monográfico de la revista de aquel fin de año. Los dos vivían en el barrio de San Bernardino: García Márquez en una pensión de inmigrantes italianos olorosa a tallarines hervidos y Plinio Mendoza en un cómodo apartamento de los altos del barrio, donde las chicharras y los grillos dejaban escuchar a toda hora la nostalgia viva del campo. Casi a las horas del alba, éste pasaba a recoger a su amigo en el MG descapotable y lo devolvía a altas horas de la noche.

Durante la celebración de la Navidad y el Año Nuevo, el escritor tuvo ocasión de reencontrarse con el sabor de la guayaba en las pachangas abiertas e interminables de los caraqueños. Pero el primer día de descanso sólo se presentó el domingo 1 de enero, cuando Plinio Mendoza decidió que se fueran a la playa para que su amigo perdiera el color lívido de los malos tiempos de París. Ese día, sin embargo, García Márquez amaneció con los aires premonitorios de su abuela Tranquilina Iguarán Cotes, o tal vez con los tiempos de fábula de Juana de Freites, pues de pronto, como el personaje de su película *Presagio,* le comentó a Plinio Mendoza por la mañana que tenía la impresión de que algo iba a ocurrir ese día, algo que los iba a poner a correr. Y, efectivamente, minutos después estaban él y sus amigos y todo el vecindario de Caracas asomados a las ventanas y azoteas presenciando los vuelos rasantes de los bombarderos mientras oían los latidos secos y desordenados de las ametralladoras: la base aérea de Maracay se había sublevado y estaba bombardeando el palacio presidencial de Miraflores, en el primer intento serio de derrocar al dictador Marcos Pérez Jiménez[3]. El alzamiento fue finalmente debelado por las tropas perezjimenistas, pero el dictador, que había gozado de seis años de poder absoluto, fue derrocado tres semanas más tarde.

Aquéllas fueron semanas de intensa angustia para Caracas y toda Venezuela. Se desató una cascada de represiones, fugas, escondites y reuniones de conspiradores. La gente hervía en proclamas, hojas clandestinas, rumores y contrarrumores. En todas partes se percibía la presión popular contra las vallas de la dictadura a punto de derrumbarse. Los servicios de seguridad, más inseguros que nunca, hacían redadas por toda la ciudad, llevándose a políticos, sacerdotes, intelectuales y periodistas. Una tarde, mientras García Márquez y Plinio Mendoza se encontraban fuera, llegaron a la revista *Momento* y se llevaron a todo el cuerpo de redacción al edificio de la Seguridad Nacional. Sin saber qué hacer y con el director de la revista en Nueva York, los dos amigos recorrieron la ciudad en el MG descapotable hasta la hora del toque de queda, cruzando calles y avenidas llenas de sirenas, carreras, panfletos que caían desde las ventanas y un rumor popular que parecía el de un río en creciente.

Fueron tres semanas de muy poco sueño, y la noche del 22 al 23 de enero ya no hubo manera de pegar ojo. García Márquez y Plinio Mendoza estuvieron velando al pie de la radio en su apartamento de los altos de San Bernardino, hasta que, a eso de las tres de la madrugada, vieron cómo se elevaban sobre la noche de Caracas las luces del avión en que se fugaba hacia Santo Domingo el dictador Marcos Pérez Jiménez. Dos horas después, ellos estaban en las oficinas de *Momento* convocando por la radio a los obreros y redactores de la misma. Sin descanso, sosteniéndose a base de cafés concentrados, trabajaron de corrido hasta tener lista la edición del día siguiente, en la que publicaron un editorial (el primero de la revista) y un corto reportaje a cuatro manos, saludando la recuperación de la democracia y contando las últimas horas y la caída de la dictadura[4]. Sin consultarlo con el director, ordenaron una tirada desorbitada de cien mil ejemplares, que se vendió en pocas horas y convirtió a *Momento* en la revista más popular y difundida de Caracas.

Tres días después, mientras los jóvenes y enfebrecidos periodistas esperaban junto a otros colegas en la antesala presidencial del palacio de Miraflores, ocurrió algo que, sin saberlo, había ido a buscar a la cuna de Bolívar el novelista de Aracataca, tal vez guiado por los radares fantásticos de la inolvidable Juana de Freites.

Eran como las cuatro de la mañana, y los militares, entre demócratas y golpistas, llevaban toda la noche discutiendo la formación de la Junta de Gobierno. De pronto, se abrió la sala del poder y salió uno de los militares perdedores, apuntando con una metralleta mientras caminaba de espaldas, y sus botas de campaña dejaron un rastro de barro en las alfombras del palacio, antes de marcharse hacia el exilio. Ésta sería una imagen fructífera en la memoria de García Márquez, pues en aquel preciso instante, recordaría él, tuvo por primera vez la conciencia clara de escribir *El otoño del patriarca,* la novela del dictador latinoamericano: «Fue en ese instante, en el instante en que aquel militar salía de un cuarto donde se discutía cómo iba a formarse definitivamente el nuevo Gobierno, cuando tuve la intuición del poder, del misterio del poder»[5]. La idea sería reforzada días después durante una larga conversación que él y Plinio Mendoza tuvieron con el mayordomo del palacio presidencial, un hombre que, en sus cincuenta años de trabajo, había estado al servicio de todos los presidentes, militares y civiles, dictadores y demócratas, desde los primeros tiempos de Juan Vicente Gómez, el modelo principal de *El otoño del patriarca* y el mismo dictador que había expulsado a su opositor Marcos Freites, para que éste terminara exiliándose con su familia en Aracataca, y su esposa, Juana de Freites, se convirtiera años después en la partera natal y literaria de García Márquez.

Sin embargo, el proceso del dictador garciamarquiano tuvo que haberse empezado a gestar en agosto del año anterior (o tal vez durante los primeros años de la dictadura de Rojas Pinilla), cuando el escritor contempló en el mausoleo de la Plaza Roja de Moscú el cuerpo embalsamado de Stalin, pues los trazos que le dedicó después en sus reportajes sobre la URSS son claramente un bosquejo de lo que sería el patriarca de su novela. La percepción preconsciente del poder y de la soledad del poder, en cambio, hunde sus raíces en la misma infancia del escritor, a la sombra del abuelo, de los veteranos de guerra y de los ilustres exiliados venidos a menos en la polvorienta Aracataca. No es gratuito que la imagen del poder en la obra de García Márquez esté generalmente asociada al caudillo y a la bota militar. Es algo que le viene del mundo y de la memoria de su abuelo. La leyenda militar y el prestigio civil y moral del coronel Nicolás Ricardo Márquez Mejía y de los generales José Rosario Durán y Marcos Freites, entre otros, constituyeron la primera idea del poder que tuvo García Márquez en la niñez, y estas mismas figuras, olvidadas o exiliadas en su vejez, constituyeron también el reverso de esa idea germinal del poder: la soledad del poder. Asimismo, debió de ser un germen importante la figura derrotada y moribunda de Bolívar en la quinta de San Pedro Alejandrino, santuario patrio que el niño visitó de la mano del abuelo a los siete u ocho años.

Así que cuando el escritor se interesó deliberadamente por el poder y el dictador latinoamericano como temas para una novela aquella mañana del 25 o 26 de enero de 1958, fue porque, como venía sucediendo con todos los grandes temas de su obra, ya los había estado incubando desde la infancia. Plinio Mendoza recordaría que su amigo se dedicó a bucear por aquellos días en las vidas de los dictadores latinoamericanos y que cada día, mientras almorzaban en una fonda de obreros cerca de la revista *Momento* o cenaban en su casa, le iba contando los episodios más insólitos que encontraba en sus biografías: muchos de ellos estaban condicionados por su orfandad paterna, la dependencia excesiva de sus madres y sus ambiciones vacunas. De sus lecturas (por esos días leyó por primera vez *Los idus de marzo*), búsquedas y reflexiones le iba a quedar una imagen germinal: la de «un dictador muy viejo, inconcebiblemente viejo, que se queda solo en un palacio lleno de vacas»[6]. Fue entonces cuando Plinio Mendoza le escuchó hablar reiteradamente del proyecto de escribir algún día una novela sobre el mítico dictador latinoamericano.

Es la misma confidencia que le haría a Mercedes Barcha Pardo dos meses después en su luna de miel, mientras volaban de Barranquilla a Caracas. Pero a ella le hizo dos revelaciones más: que también iba a escribir una novela titulada *La casa* y que a los cuarenta años (acababa de cumplir treinta y uno) escribiría la «obra maestra» de su vida[7]. Ella se las creyó, como le había creído todo, no sólo porque era consciente del alcance de sus afanes literarios, sino porque conocía muy bien su empecinamiento sin tregua: cuando ella tenía apenas trece años y él empezó a cortejarla en el lejano Sucre de la adolescencia, le había oído comentar a su padre: «Ya sé con quién voy a casarme»[8]. Entonces Mercedes acababa de terminar la primaria y él, quinto de bachillerato. La misma noche en que se conocieron, durante un baile de estudiantes, le propuso sin más vueltas que se casaran, como lo contaría en *Crónica de una muerte anunciada,* y aunque él siempre estuvo convencido de que aquél sería un matrimonio seguro, la verdad es que la niña no le prestó mayor atención al principio (como había de hacerlo Remedios Moscote con Aureliano Buendía), pues tal vez ella debió de verlo entonces como un gavilán pollero merodeando alrededor de su edad inverosímil.

Mercedes Raquel Barcha Pardo nació el 6 de noviembre de 1932 en Magangué, un pueblo ardiente, plano y esparcido, rodeado de ciénagas y un brazo del río Magdalena. Hija de Demetrio Barcha y Raquel Pardo, en Mercedes confluye un hilo de sangre oriental milyunanochesco: su bisabuelo había nacido en Siria y su abuelo, Elías Barcha, en Alejandría, por lo que, al final de *Cien años de soledad,* el escritor le atribuirá a su mujer «la sigilosa belleza de una serpiente del Nilo». El abuelo Elías llegó con su padre a Colombia a comienzos de siglo, adquiriendo la nacionalidad el año en que nació Mercedes[9]. Vivió casi cien años y su verdadera vocación, aparte del comercio, fue leer el destino de los hombres en la borra del café.

Demetrio Barcha, el padre de Mercedes, formó parte de una histórica generación de árabes colombianos emprendedores, y dondequiera que plantó sus reales aplicó el mismo espíritu de su padre en la farmacia y el negocio de abarrotes. Trashumantes como los García Márquez, los Barcha Pardo vivieron en Magangué, Majagual, Sucre y Barranquilla. Entre tanto, Mercedes, la mayor de ocho hermanos, era educada en el Colegio de los Niños de la Cruz de Magangué, en el Colegio del Sagrado Corazón de Jesús de Mompox, en el Colegio de la Presentación de Envigado y en el María Auxiliadora de Medellín, donde terminó el bachillerato en 1952[10]. Aunque quiso estudiar Bacteriología y su novio la estimuló regalándole un monumental libro sobre microbios, la perspectiva del matrimonio, que entonces parecía inminente, fue postergando de forma indefinida su carrera universitaria.

A finales de los cuarenta, en los momentos más difíciles de la llamada Violencia, los Barcha Pardo se trasladaron de Sucre, donde habían vivido cinco años de estrecha amistad con los García Márquez, a Barranquilla, en donde el padre de Mercedes montó una farmacia, la misma de siempre, en la esquina de la avenida Veinte de Julio con la calle 65. Aquí ella recibía las serenatas con dulzaina que su novio le prodigó mientras estuvo trabajando en *El Heraldo* y *El Nacional*. Éstos fueron los únicos años en que vivieron su noviazgo de cerca. Después, cuando él se fue, ella continuó escribiéndole cartas impregnadas de valeriana a Bogotá, Roma y París. Eran cartas espaciadas, seguras y tranquilas, como las de él, pues eran dos novios tan antiguos y estaban tan seguros de la inevitabilidad de su matrimonio, que en realidad se comportaban con la conciencia de los esposos longevos que terminan queriéndose como novios.

Al contrario de otros, este noviazgo, sometido a los vaivenes de la profesión viajera de él, nunca estuvo entorpecido por el tiempo y la distancia, sino todo lo contrario: parecía fortificado por éstos. Las amigas y los lances amorosos que tuvo el escritor antes de casarse no fueron en ningún momento sustituciones de la novia distante, del «cocodrilo sagrado», sino meros puentes en el tiempo para volver a ella, para estar con ella, de tal manera que éstos se tornaban más perecederos cuanto más sólidos parecían, como fue el caso de su loca relación con Tachia Quintana, la «vasca temeraria», dinámica y generosa que lo asió por el costado de su desamparo en los momentos más difíciles de París. La «sigilosa belleza» oriental, la inteligencia de sentimientos, la magia, la discreción, el arrojo y la paciencia ursulina de Mercedes Barcha Pardo se le volvían más apremiantes cuanto más lejos se sentía de ella. Y así se lo dijo a la vasca cuando se despidió en París rumbo a Caracas: que se iba a casar con su novia de Magangué, con la hija del boticario Demetrio Barcha[11]. Es más: en un momento en que él no quería todavía regresar a América, éste era el único motivo consciente que tenía para radicarse en Caracas aprovechando el pretexto del trabajo que le había conseguido Plinio Mendoza en la revista *Momento*.

Así que a los tres meses pidió un permiso de cuatro días y voló ligero a Barranquilla, donde Mercedes lo esperaba con la seguridad y la paciencia de siempre, para casarse el viernes 21 de marzo a las once de la mañana, cuatro años después de haberse prometido en matrimonio y trece después de haber estado atizando un noviazgo a fuego lento, sin prisas y sin pausas.

En las naves de la iglesia del Perpetuo Socorro, rodeando a la pareja y a los padres de ésta, estaban, por supuesto, sus amigos de siempre, los impenitentes «mamadores de gallo de La Cueva». Después de casi cuatro años de ausencia, ellos habían vuelto a encontrarse con el Gabito de siempre, pero les pareció un poco traspuesto por la solemnidad del momento y por su extrema delgadez, que, como a Don Quijote, parecía mostrarlo siempre de perfil aunque estuviera de frente. Nunca lo habían visto tan serio, metido en un traje oscuro y luciendo un nudo perfecto en la corbata; sobre todo, nunca lo habían visto aguardando con la intensa y callada espera con que recibió a la novia, que, de la mano de su padre, llegó por fin con el velo nupcial y un vestido azul eléctrico. Alfonso Fuenmayor recordaría sobre todo su «espera intensa», una espera casi desesperada que al padre del novio, Gabriel Eligio García, debió de recordarle la suya propia treinta y dos años antes en la catedral de Santa Marta y que al mismo García Márquez debió de traerle a la memoria la de aquel anónimo barranquillero que él había visto hacía ocho años en el mercado de la misma ciudad, y que sería una de las imágenes originales de *El coronel no tiene quien le escriba*.

El breve permiso que le habían concedido en *Momento* no alcanzó para las celebraciones largas en que habían pensado los familiares y amigos, y al día siguiente los recién casados se fueron a Caracas con una breve escala en Maracaibo. Fue entonces cuando, sobre el cielo compartido de los dos países, García Márquez le habló a su flamante esposa de sus más caros sueños (exactamente como lo haría Amaranta Úrsula con el belga Gastón «a 500 metros de altura, en el aire dominical de las landas»): que escribiría una novela llamada *La casa* y otra sobre el dictador, y que su obra maestra la produciría a los cuarenta años. Ella se lo creyó no sólo porque así sería, sino porque necesitaba creérselo: pues era todo lo que él le podía ofrecer, un todo que sería más que todo, porque habría de ser el fruto maduro de su empecinamiento y su descomunal talento.

Y se lo creyó además porque ella sabía desde antes que su matrimonio sería una asociación no sólo al servicio del amor, sino de la literatura. En esa constelación de amigos de su marido, que tanta felicidad y apoyo le habían brindado, presidida por Álvaro Cepeda Samudio, Alfonso Fuenmayor, Germán Vargas, Álvaro Mutis, Rafael Escalona, Plinio Mendoza y Guillermo Angulo, ella venía a ser el centro, la referencia cenital que faltaba para que una de las mayores empresas literarias de este siglo siguiera creciendo y madurando en toda su envergadura. Pero Mercedes sería, por otra parte, una de las mujeres esenciales en la vida y en la obra de García Márquez. Como en la cosmovisión de los antiguos babilonios, ella venía a completar el número de la plenitud, del orden completo: el siete, después de Luisa Santiaga Márquez, la madre que le dio la vida; Tranquilina Iguarán Cotes, la abuela que lo anegó de historias fantásticas y le prestó su «cara de palo» para narrar; Francisca Cimodesa Mejía, la tía que prácticamente lo crió y le dio ojos para ver en la cultura popular; Juana de Freites, la caraqueña que le salvó la vida y lo contaminó de cuentos de hadas; Rosa Elena Fergusson, la maestra riohachera que le enseñó a leer y a amar la poesía, y Virginia Woolf, la dama inglesa que le dio tantas claves esenciales para concebir su universo literario. Pero a la única a la cual le iba a deber la mayoría de sus libros sería a Mercedes Barcha Pardo, la hija del boticario, incorporándola con su propia identidad en tres de ellos y dedicándole otros dos.

Claro que, como lo recordaría Plinio Mendoza, las primeras experiencias culinarias de Mercedes no fueron muy alentadoras, pues el arroz se le ahumaba, impregnando el aire de la vecindad, y los huevos y los filetes tampoco debieron de salirle muy favorecidos. Sin embargo, pronto tomó las riendas del hogar con el mismo temple de Úrsula Iguarán, y puso orden en el apartamento escueto que habían alquilado en el mismo barrio de San Bernardino. Ordenando el «desorden organizado» de su marido, encontró de todo: originales y recortes de artículos y reportajes de prensa, la flamante novela *El coronel no tiene quien le escriba,* el eterno mamotreto de *La casa,* algunos cuentos recientes y un fardo de unas quinientas cuartillas, amarrado con una corbata azul a rayas amarillas, que aún no tenía título. Ella le preguntó que qué era eso y él le dijo que tuviera cuidado, que era «la novela de los pasquines» de Sucre, empezada dos años antes en París, que la pusiera a buen recaudo porque ahora tenía mucho trabajo en *Momento* y otras prioridades literarias[12].

En realidad, las prioridades literarias eran las mismas de la novela de los pasquines, pues desde Londres había estado trabajando en algunos cuentos que se le habían desgajado del universo de esa novela, como se le había desgajado antes la historia del coronel a quien nadie le escribía. Con Mercedes al frente de la casa, ahora podía dedicarse durante las noches y los fines de semana a trabajar en los cuentos que conformarían el volumen de *Los funerales de la Mamá Grande.* Durante esa Semana Santa, Plinio Mendoza le propuso la travesura de ganarse los concursos de cuento y periodismo que acababa de convocar *El Nacional,* el primer periódico del país, dirigido por el novelista Miguel Otero Silva. Más que divertido, García Márquez lo encontró fácil y puso manos a la obra. Entonces, volviendo al mundo de *La hojarasca* y de «Un día después del sábado», escribió casi de una sentada su cuarto relato de Macondo: «La siesta del martes». Era el desarrollo de una imagen que lo perseguía desde la infancia de Aracataca. Un día, a través del polvo y el sol ardientes, había llegado al pueblo una mujer con un ramo de flores y una niña en la mano. El rumor, como el calor, se propagó de inmediato por todo el pueblo: «Ahí viene la madre del ladrón»[13]. La imagen de esa madre tan digna (que bien podría ser una trasposición del recuerdo del propio García Márquez caminando con su madre por las calles de Aracataca cuando fueron a vender la casa natal), vestida de negro riguroso, con la niña y el ramo de flores avanzando hacia el cementerio para visitar la tumba del hijo asesinado pocos días antes, no se le borraría jamás, permitiéndole escribir en esta Semana Santa de Caracas uno de su mejores cuentos. «El mejor», diría él. Sin embargo, para el jurado de *El Nacional,* presidido por Miguel Otero Silva, el cuento de García Márquez no mereció siquiera una mención, lo mismo que el reportaje novelado presentado por Plinio Mendoza sobre la vida y milagros de Gustavo Machado, el fundador y secretario del partido comunista venezolano[14].

Siempre por las noches y durante los fines de semana, García Márquez continuó trabajando a lo largo de 1958 en los otros cuentos de *Los funerales de la Mamá Grande* («Un día de éstos» se lo había entregado en Barranquilla a Néstor Madrid Malo, para la *Revista del Atlántico,* donde apareció en enero del año siguiente): «En este pueblo no hay ladrones», «La prodigiosa tarde de Baltazar», «La viuda de Montiel», «Rosas artificiales». El que da título al libro, que es como la antesala de *Cien años de soledad,* lo escribiría en Bogotá a mediados de 1959.

Gracias a la visita de Richard Nixon a Caracas, entre mayo y junio, pudo disponer de seis semanas de ocio para seguir trabajando en sus cuentos, pues la presencia del vicepresidente de Estados Unidos precipitó su salida y la de Plinio Mendoza de la revista *Momento.*

Nixon había llegado el 13 de mayo, casi cuatro meses después de la caída de Pérez Jiménez, y los sectores más paupérrimos de la ciudad no habían olvidado la estruendosa condecoración que el Gobierno del general Eisenhower le había impuesto al dictador. Así que el coche del vicepresidente fue agredido a la entrada de Caracas con piedras, palos y escupitajos. Como otros responsables de medios de comunicación, el director de *Momento* pensó que debía presentarle sus disculpas públicas al Gobierno de Estados Unidos, y, excepcionalmente, escribió un editorial para el número siguiente. Plinio Mendoza y García Márquez, que no compartían los términos humillantes de sus disculpas, lo publicaron con las iniciales de Carlos Ramírez MacGregor, dejando claro quién era el responsable del editorial. Cuando éste lo vio se retorció de cólera y dejó caer todo el peso de su xenofobia infantil sobre el par de colombianos que con su esfuerzo y su talento habían llevado la revista a lo más alto. Entonces Plinio Mendoza lo mandó literalmente al carajo y dio el portazo definitivo. En las escaleras se encontró con García Márquez, que, retrasado, subía los peldaños de dos en dos. «Gabo», le dijo, «acabo de mandar al viejo al carajo.» Éste le aseguró que no había ningún problema, que él también se iba[15].

Con todo el tiempo a su disposición, pudo, además de avanzar en su libro de cuentos, disfrutar por fin en cinco meses de la ciudad y de la playa, ir al cine y al teatro con Mercedes y profundizar en la amistad con los jóvenes escritores del Grupo Sardio (Salvador Garmendia, Adriano González León, Luis García Morales, Ramón Palomares, Francisco Pérez Perdomo) tomando cerveza en el café Iruña, frente al Teatro Municipal, y hablando de William Faulkner y de dos clásicos venezolanos a los que, pese a ser insignes antecesores de Jorge Luis Borges, casi nadie conocía: José Antonio Ramos Sucre y Julio Garmendia.

Siendo un escritor pobre y recién casado que no podía darse el lujo de un ocio prolongado, García Márquez tuvo que volver pronto de la mano de Plinio Mendoza a la cadena Capriles, en una de cuyas revistas, *Élite,* había colaborado ya desde París con quince artículos y reportajes. Sin embargo, esta vez Miguel Ángel Capriles lo mandó a la cola, nombrándolo el 27 de junio jefe de redacción de la más frívola de sus revistas: *Venezuela Gráfica,* más conocida popularmente como «Venezuela Pornográfica» por su cosecha de muchachas de la farándula en ropas ligeras. Para ser un trabajo alimenticio, a García Márquez no le pareció mal, siempre y cuando no tuviera que firmar nada con su nombre, y, excepcionalmente, llegó a firmar un par de colaboraciones con sus iniciales. Eran textos militantes, expresión de su sensibilidad y de sus convicciones políticas y sociales, como los de *Momento,* pero ya sin la inspiración de éstos.

Desde un punto de vista formal, los reportajes de *Momento* son probablemente los mejores de su diez primeros años de periodista, a excepción de *Relato de un náufrago.* Recién casado y cumplidos los treinta y un años, García Márquez había adquirido una gran madurez (sus amigos y familiares coinciden en señalar que él nació maduro) humana e intelectual, política e ideológica, literaria y periodística, y se daba el lujo de escribir con profusión, fluidez, gracia y belleza, tratando los temas más serios con total familiaridad y falta de solemnidad. Textos como «Kelly sale de la penumbra», «El clero en lucha», «La generación de los perseguidos», «Sólo doce horas para salvarlo», «Caracas sin agua» o los dos que le dedicó a su país durante este año: «Colombia: al fin hablan los votos» y «Lleras»[16], colocan al lector más cerca del autor de *Cien años de soledad* que del de *La mala hora.* Si el García Márquez maduro estaba casi completo, entonces ¿por qué motivo se iba a retrasar casi una década la escritura de su obra maestra? La respuesta no es nada simple, entre otras razones porque habría que aclarar primero si *Cien años de soledad* se retrasó en su escritura o simplemente se escribió cuando tenía que escribirse. Sin embargo, la impresión (a veces, la convicción) que se tiene es que la escritura de la novela se «retrasó» todos esos años por motivos más extraliterarios que literarios. De ser así, el primero de aquéllos habría que buscarlo en Cuba, donde los barbudos de Sierra Maestra acababan de poner término a la tiranía de Fulgencio Batista, irradiando por toda América Latina el alba de la primera revolución socialista del continente.

Por sus convicciones políticas y por su profesión de periodistas, García Márquez y Plinio Mendoza se habían identificado siempre con el Movimiento 26 de julio desde aquella tarde en París de 1956 en que, tomando café con el poeta Nicolás Guillén en su cuarto del Grand Hôtel Saint-Michel, éste les comentó que la única esperanza que veía para Cuba se cifraba en los esfuerzos de un muchacho muy espigado, terco y medio loco llamado Fidel Castro, que se estaba moviendo rápido por los lados de México. El nombre no les era del todo desconocido a los dos colombianos, pues ocho años atrás se había hecho famoso en Bogotá a raíz de los acontecimientos del 9 de Abril de 1948, cuando el Gobierno conservador de entonces quiso presentarlo, junto a otros estudiantes cubanos, como presunto responsable del asesinato de Jorge Eliécer Gaitán. Ahora, el 1 de enero de 1959, Castro había conducido a buen puerto la revolución que no pudo dirigir en Bogotá, y García Márquez y Plinio Mendoza lo celebraron alborozados, desde una terraza de Bello Monte, como lo hizo toda Caracas y el resto del continente.

Después de una década de dictaduras y atropellos, ahora los patriarcas empezaban a caer como fruta madura del árbol. Primero había sido Juan Domingo Perón, en 1955; luego había sido Manuel Odría, en 1956; después le había tocado a Gustavo Rojas Pinilla, en 1957; posteriormente había caído Marcos Pérez Jiménez, en 1958, y ahora le tocaba el turno a Fulgencio Batista. Pero la revolución cubana era el único movimiento que suponía un salto cualitativo radicalmente distinto: ahora no se trataba de que las burguesías u oligarquías de marras hubieran derrocado al dictador de turno que les había arrebatado el poder, sino de unos guerrilleros barbudos que, al frente de todo un pueblo, habían conquistado el poder desde las montañas, lo que causó admiración, solidaridad y honda preocupación en toda América Latina.

Como muchos latinoamericanos, Plinio Mendoza y García Márquez desearon estar en La Habana para presenciar aquel hervor revolucionario, aquel estallido de esperanzas y sueños aplazados. La ocasión se les presentó pocos días después, el 18 de enero, mientras García Márquez ordenaba por la tarde su escritorio en *Venezuela Gráfica* para irse a casa, y un cubano del Movimiento 26 de Julio entró y le dijo que había llegado un avión expreso de Cuba para trasladar a los periodistas que quisieran ir a La Habana a informar sobre el proceso de la «Operación Verdad» montado por Fidel Castro para juzgar públicamente a los criminales de guerra de la dictadura de Batista. Para García Márquez, que ya había escrito sobre el proceso revolucionario cubano dejando entrever su solidaridad y simpatía en un reportaje sobre Emma Castro, la hermana de Fidel, la invitación era una ocasión feliz. De inmediato llamó a Plinio Mendoza y se fueron esa misma noche muy ligeros de equipaje en el avión bimotor cubano, una antigualla capturada al ejército de Batista que exhalaba «un olor insoportable de orines agrios»[17]. Tras una escala de emergencia en Camagüey, llegaron a La Habana a la mañana siguiente, sumergiéndose de inmediato en un hervor de banderas, uniformes verde olivo y multitudes insomnes que no encontraban tiempo para dormir porque se lo impedía la fiesta de la libertad. Fidel Castro era simplemente Fidel, el líder indiscutible y la esperanza de todos. Hasta los no fidelistas lo coreaban entonces, aupándolo en sus corazones y confiscándolo para sus mejores sueños.

Después de recorrer La Habana, dialogar con la gente y tomarle el pulso a la revolución escuchando a Fidel Castro ante un millón de compatriotas, García Márquez y Plinio Mendoza pudieron entonces presenciar la «Operación Verdad». Para que el mundo supiera que sólo se estaba juzgando y ejecutando a los criminales de guerra, y no a todos los batistianos como decía la prensa norteamericana, Castro había invitado a observadores y periodistas de varios países a los juicios sumarios. Por esos días se juzgaba en el estadio deportivo a Sosa Blanco, uno de los más grandes criminales de guerra del régimen derrocado. Estaba acusado de haber dado muerte fríamente a varios campesinos, a quienes consideró cómplices del ejército rebelde, y ahora era juzgado por un tribunal de barbudos uniformados. El estadio estaba a rebosar, y en el cuadrilátero del centro se encontraba el reo frente al tribunal, vestido con su overol azul de prisionero. Plinio Mendoza y García Márquez estaban en primera fila, casi a los pies de Sosa Blanco, sintiendo su terror glacial de muerto inminente. Esposado y anonadado por el griterío, los insultos y la risa del público ansioso de justicia, el condenado congeló la mirada y la depositó en la punta de sus mocasines italianos, hasta que, al amanecer, escuchó la sentencia de muerte.

García Márquez, Plinio Mendoza y otros periodistas firmaron una inútil revisión del proceso, a solicitud de la esposa y las hijas del condenado. No había ninguna duda sobre la culpabilidad del reo y la sentencia era tal vez justa, pero el juicio había tenido los fallos evidentes de un tribunal inexperto y apresurado. Entonces, al día siguiente, los periodistas firmaron en el hotel Riviera la petición que les presentó la esposa de Sosa Blanco[18]. Las hijas, dos hermosas mellizas de doce años, habían terminado de suscitar su solidaridad con la vida del condenado, aunque fuera un despiadado criminal de guerra, pero que, más allá de la justicia revolucionaria, se había convertido en una apetitosa y carnavalesca presa de la muerte.

El juicio y la sentencia les dejó a los dos periodistas colombianos una impresión imborrable, y García Márquez nunca escribiría de forma directa sobre aquéllos, lo que tal vez sea ilustrativo de su honda y estremecedora impresión[19]. El juicio, los testimonios y la profusa documentación sacados a relucir contra Sosa Blanco, le servirían de inspiración para bosquejar una primera estructura de *El otoño del patriarca,* la novela que en un principio habría de ser un largo monólogo del dictador mientras es juzgado públicamente en un estadio. Diez años después, la estructura sería cambiada y enriquecida, conservando la misma de *La hojarasca:* monólogos alternos alrededor de un cadáver.

A pesar de aquella impresión imborrable de circo romano que les dejó esa experiencia, los dos periodistas regresaron a Caracas cuatro días después con el mejor de los ánimos y dispuestos a seguir aportando sus granitos de arena para que la revolución cubana concretara sus propósitos anunciados de justicia, democracia, paz, igualdad, educación y sanidad, pilares sobre los que habría de construirse el «hombre nuevo» latinoamericano.

Mientras García Márquez seguía trabajando en *Venezuela Gráfica* y escribiendo y puliendo de noche su obra literaria, Plinio Mendoza regresó a Colombia hacia finales de febrero, impelido por los largos años de ausencia de su país, pero también, aunque acababan de ofrecerle la dirección técnica de la revista *Élite,* empujado por la xenofobia creciente que había en la cadena Capriles (un reflejo de la endemia nacional que ya invadía Venezuela). Consciente de la situación adversa que se presentaba, García Márquez continuó en Caracas, pero no por mu cho tiempo: su idea era irse a México, donde su amigo Álvaro Mutis estaba encarcelado, para continuar escribiendo y dedicarse al cine[20].

Sin un trabajo fijo en Bogotá, Plinio Mendoza se convirtió en un periodista *free-lance,* publicando colaboraciones esporádicas en las revistas *Cromos* y *La calle,* hasta que un buen día de abril, por mediación de Guillermo Angulo, conoció a un mexicano borracho y dicharachero que se le presentó como enviado especial de La Habana por toda América Latina para montar Prensa Latina, la nueva agencia noticiosa de la revolución. Plinio Mendoza le dijo que estaba disponible y que además tenía un amigo en Caracas con la misma disponibilidad. Los dos quedaron entonces contratados verbalmente, Plinio como director y García Márquez como redactor, pero ambos con el mismo sueldo. Habiendo recibido el primer presupuesto de diez mil dólares, aquél se apresuró a llamar a su amigo a Caracas. Le dijo que regresara pronto a Colombia, que no le podía explicar todavía nada en detalle, pero que se trataba de una agencia de noticias en la cual ellos iban a ser los jefes. Sólo cuando García Márquez llegó con Mercedes al aeropuerto El Dorado de Bogotá, supo de qué agencia se trataba, y le pareció formidable[21]. Por primera vez en sus once años de periodista, se le presentaba la ocasión de hacer un trabajo independiente de los centros capitalistas internacionales de opinión y acorde con sus convicciones ideológicas y políticas, lo que compensaba con creces el sacrificio de tener que volver como periodista a la andina y fría Bogotá.

Con un buen sueldo y unos buenos fondos, los dos pioneros de Prensa Latina montaron sus oficinas en plena carrera 7.ª, entre las calles 17 y 18, frente al café Tampa. Encerrados con un télex, un receptor de radio ininterrumpido y varias máquinas de escribir, su misión consistía en recibir y enviar noticias a La Habana. Un trabajo paralelo era el de Servicios Especiales, a través del cual debían enviar reportajes sobre la historia, la política y la cultura colombianas. García Márquez desempolvó algunos de sus viejos reportajes de la época de *El Espectador* y los envió a La Habana en forma resumida. Pero su misión más ardua y meritoria estaba fuera de la agencia, pues, mediante la amistad y cierta astucia diplomática, tenían que vencer la resistencia de la prensa colombiana a aceptar los despachos de Prensa Latina, tarea que se les complicaba a medida que la revolución cubana se iba radicalizando.

En ese momento de fervor revolucionario, la agencia se convirtió pronto en la Meca de la izquierda colombiana, pasando por ella, cuando aún compartían los mismos sueños, los futuros ministros, embajadores y jefes guerrilleros de los años sesenta y setenta. Se hacían reuniones, conferencias, lecturas, y se prendían unas discusiones que llegaban hasta el café de enfrente. Pero no todo podía ser simple teoría y simples discusiones, y así llegaron a organizarse en las mismas oficinas las juventudes del Movimiento Revolucionario Liberal (MRL), dirigido por Alfonso López Michelsen, que era entonces el hijo pródigo y díscolo de la oligarquía liberal. Pero hubo acciones más concretas y comprometidas en las oficinas de Prensa Latina, como el reclutamiento de voluntarios para desembarcar en la República Dominicana y derrocar al dictador Trujillo Molina. Todas estas actividades paralelas o adyacentes, así como su solidaridad frontal con Cuba, las ventilaban Plinio Mendoza y García Márquez en una revista de viejo título pero de nueva inspiración: *Acción Liberal,* cuya dirección compartían[22].

Joven aún pero de una madurez sin resquicios, con un trabajo coherente y bien remunerado, periodista espléndido y escritor singular, García Márquez era entonces un hombre feliz, mucho más que el año anterior, cuando, como muchos compatriotas, había sido en Caracas un colombiano «feliz e indocumentado». Ni siquiera la aprensión crónica que le causaba Bogotá, con su cielo encapotado y su llovizna eterna, su sino fatalista y sus maneras almidonadas, podía nublar su felicidad abierta. Por primera vez tenía un apartamento decentemente amueblado, arriba de Chapinero, en la calle 59 con carrera 3.ª, donde lucía un cuadro de su amigo Alejandro Obregón mostrando un pez plateado, en contraste con la ciudad gris que se metía por la ventana. Como en París y en Caracas, García Márquez vestía *jeans,* suéteres de lana de colores chillones, zapatos de semitacón y trajes oscuros y corbata solemne en las ocasiones especiales. Aún muy delgado, con su pelo crespo y su bigote negro, estaba siempre nimbado por el humo de innumerables cigarrillos baratos y la nicotina se estratificaba en los dedos de su mano derecha. Mercedes, a pocos meses de dar a luz, llevaba el pelo corto, del mismo negro de sus ojos, y se resguardaba entre bufandas y pantalones largos del frío bogotano. Recatada, seria, amable y distante, pero a la vez con un aire de travesura femenina, Mercedes se había revelado como una mujer aplomada, sensata y bien informada: la mejor compañía del escritor.

En su estudio escueto, el escritor tenía pocos libros (la mayoría los había ido dejando aquí y allá), destacando las ediciones en piel de Dickens, García Lorca y Graham Greene. Junto al escritorio, donde trabajaba todas las noches, yacían apiladas centenares y centenares de hojas amarillas de papel periódico: él había sido siempre un dilapidador de papel, pues cada vez que cometía un simple error de mecanografía, arrancaba la hoja y volvía a empezar. Así lo había hecho desde *La hojarasca*, la primera y lejana novela que ahora, a mediados de agosto, veía por fin rescatada del olvido gracias al Primer Festival del Libro Colombiano.

La promoción de los festivales del libro era una idea del novelista peruano Manuel Scorza, que venía recorriendo el continente desde Brasil y Perú hasta Cuba y México. Con muy buen criterio y excelente promoción, el festival elegía diez títulos literarios de cada país, entre clásicos y contemporáneos, y los lanzaba con una tirada individual de diez mil ejemplares. La idea tuvo una acogida entusiasta en todos los países, y Scorza llegó a ser un hombre francamente rico, hasta que la prohibición de Fidel Castro de sacar capitales del país lo agarró con todos sus dólares invertidos en el Primer Festival del Libro Cubano. Según el periodista Alberto Zalamea, coordinador editorial del Festival del Libro Colombiano, este fiasco económico fue determinante para que Manuel Scorza se convirtiera después en novelista. En cualquier caso, *La hojarasca* se benefició de la idea del escritor peruano, ya que tuvo tres ediciones con una tirada total de treinta mil ejemplares[23]. Fue entonces cuando García Márquez adquirió cierto renombre nacional como novelista y hasta cierta popularidad, nueve años después de haber escrito su primera novela y cuatro después de haberla publicado. Fue también la primera vez que apareció en público firmando ejemplares de un libro suyo, nada menos que junto a su amigo, colega y maestro Eduardo Zalamea Borda (*Ulises*), el subdirector de *El Espectador* que le había publicado el primer cuento y había pronosticado que con él nacía el futuro genio de la novela colombiana.

Pero más que este reconocimiento tardío de escritor, lo que tenía a García Márquez pletórico de felicidad por aquellos días era el nacimiento de su primer hijo el 24 de agosto. De fuerte complexión y gran sentido del humor, Rodrigo se convirtió pronto en el mejor juguete de la pareja, un juguete que compartían con el padrino Plinio Mendoza, quien llegó a ser un miembro más de la familia. Siempre entre amigos, como mejor le gusta al escritor, Rodrigo fue bautizado enseguida por Camilo Torres, aunque, más que el pastor de almas, quien bautizó al primogénito de los García Márquez fue el soñador y poeta que había en Camilo Torres.

Camilo fue el único cura realmente amigo de García Márquez, pues se habían conocido en la universidad y, antes que el Derecho y la política, los unía la pasión exaltada de la poesía, junto a Gonzalo Mallarino y Luis Villar Borda. Ellos habían conformado el cuadrivio literario universitario de entonces, hasta el punto de que el periódico liberal *La razón* les había cedido una página semanal para que ventilaran sus inquietudes literarias y humanísticas. Pero a Camilo Torres le entró la ventolera mística a mediados de 1947, dejó la universidad, dejó la novia y se fue al seminario. Después de que su madre lo alcanzara en la estación del tren y lo retuviera una semana más, García Márquez y otros compañeros fueron a despedirlo a su casa, y les confesó que no había remedio, que su vocación era sincera y profunda y que de todos modos se iría al seminario[24]. Camilo Torres se graduó de sacerdote cuando el escritor estaba en *El Espectador,* y después estudió Sociología en la Universidad de Lovaina, coincidiendo en Europa con García Márquez, Luis Villar Borda y Plinio Mendoza. A su regreso a Colombia, compaginó la cátedra de Sociología en la Universidad Nacional con su dedicación a los pobres de los barrios marginados del sur de Bogotá. Cuando el escritor lo reencontró en 1959, Camilo Torres era ya un cura entregado en cuerpo y alma a los pobres y a los más desprotegidos. Con frecuencia iba a almorzar al apartamento de los García Márquez y hasta asistía a algunas fiestas los fines de semana. Un día, se les apareció con un ladroncito y les pidió el favor de que lo escondieran en su casa. Es una historia ilustrativa del gran corazón de Camilo y de la realidad que nutre las ficciones del escritor.

El ladroncito era un saqueador inveterado de casas, pero a la manera más bien sana de los ladrones de *Las mil y una noches,* y cada vez que salía de la cárcel, la policía lo perseguía, le quitaba lo que tuviera, así no hubiera vuelto a robar, y lo volvía a encerrar. Era una especie de chantaje continuado. Entonces, para protegerlo, Camilo Torres lo llevó a la casa de los García Márquez, mientras él le encontraba un trabajo. El hombre tenía el sigilo y el carácter sombrío de su profesión, y en la mesa les contaba a sus huéspedes las venturas y desventuras de su oficio a domicilio. Lo más curioso es que a veces ellos salían y el ladroncito se quedaba cuidando la casa. Hasta que un día Camilo Torres le encontró un trabajo y se lo llevó. Semanas después, la criada de los García Márquez abrió el periódico y en la página de sucesos encontró la foto de un hombre muerto, y exclamó: «¡Pero si éstos son los zapatos del señor!». Allí estaba la crónica de su muerte, pues un policía había matado al ladroncito. Camilo Torres fue, recogió el cadáver y lo enterró con su propio dinero[25]. Según García Márquez, éste fue uno de los hechos que empezaron a transformar la conciencia caritativa del sacerdote en una conciencia revolucionaria radical, la misma que lo llevó años después a la selva, donde murió combatiendo como un guerrillero más en las filas del Ejército de Liberación Nacional. Después, su madre, Isabel Restrepo, se exilió en Cuba y se convirtió en la madre adoptiva de Fidel Castro, quien sería otro de los grandes amigos del escritor.

De estos episodios circulares, como serpientes que se muerden la cola, iba a estar llena no sólo la vida del escritor, entretejiéndose con la de sus familiares y amigos, sino la historia de Colombia. Tal era el caso, por ejemplo, del pacto del Frente Nacional, el contubernio entre liberales y conservadores que alentó, hacia mayo y junio de ese año, la escritura de «Los funerales de la Mamá Grande»[26].

El Frente Nacional surgió cuando las oligarquías necesitaron sacudirse de encima al dictador Gustavo Rojas Pinilla, quien, aupado por ellas mismas, se había perpetuado en el solio de Bolívar, olvidándose de que había sido puesto ahí sólo para que les sacara las castañas del fuego deponiendo al ultramontano conservador Laureano Gómez y poniendo diques de contención a la violencia institucional y social que anegaba de sangre el país. Pero más allá, el Frente Nacional había surgido como una estrategia para prevenir una posible revolución que borrara del mapa nacional a las mismas oligarquías. Sin embargo, el pacto se hizo con tal torpeza y egocentrismo, que con el tiempo le causaría a la nación más daño que beneficio. Para empezar, taponó el flujo normal de la democracia, convirtió la política en un clientelismo de reciprocidades y radicalizó las fuerzas políticas al margen de los dos partidos tradicionales. Es como si el tiempo histórico no sólo se hubiera detenido, sino retrotraído a la época de la Regeneración, cuando los liberales de Rafael Núñez y los conservadores de Miguel Antonio Caro crearon un frente parecido para cerrarles el paso a los liberales federalistas y librepensadores, o a los años de comienzo de siglo, cuando, tras el final de la guerra de los Mil Días, liberales y conservadores volvieron a ponerse de acuerdo, cimentando el régimen oligárquico que ahora hacía posible el contubernio del Frente Nacional.

En un momento en que se recuperaba la democracia en Venezuela y otros países del continente y se consolidaba la revolución en Cuba, para García Márquez el Frente Nacional fue una gran decepción. Y probablemente fue cuando el escritor, que venía estudiando con mucha atención la historia política y militar de su país para documentar el trasfondo de *Cien años de soledad,* terminó de captar ese particular sentido circular e inamovible de la historia colombiana[27]. En éste y otros sentidos, «Los funerales de la Mamá Grande», escrito en pleno furor frentenacionalista, fue el eslabón decisivo que lo condujo a su obra mayor.

Fundiendo historia y política, mito y leyenda, memoria local y familiar, García Márquez recuperó en su concepción la imagen de la tía Francisca Cimodesea Mejía (la tía Mamá que lo crió y mandó en casa de los abuelos como toda una coronela) y la de la matriarca de Sucre María Amalia Sampayo de Álvarez (que presta al relato sus haciendas, su mansión de dos plantas, su anacronismo y su ignorancia supina), y tomó de la tradición local la leyenda de la marquesita de La Sierpe (la «gran mamá» colonial española) y la historia de poderío y explotación de la United Fruit Company (la Mamita Yunai), mientras entresacaba de la historia nacional los contubernios políticos de la Regeneración y del Frente Nacional.

Para García Márquez, la soledad será siempre lo contrario de la solidaridad. En sus aspectos histórico, social, político y económico, la soledad garciamarquiana aparece pergeñada ya en *La hojarasca,* y ahora, en «Los funerales de la Mamá Grande», se trataba de profundizarla en sus aspectos histórico y económico: ahora sabemos que la peste suprema de la soledad es, ante todo, un mal histórico, estructural, que viene desde la Colonia. La fortuna de la primera Mamá Grande había empezado con tres encomiendas adjudicadas por cédula real, lo que, en virtud de intrincados matrimonios incestuosos y de conveniencia, le permitió a la última Mamá Grande acumular una enorme fortuna material y moral, visible e invisible, que abarcaba desde cinco municipios, donde vivían trescientas cincuenta y dos familias de aparceros, hasta los partidos tradicionales, la moral cristiana y la soberanía nacional, pasando por los colores de la bandera, la pureza del lenguaje, la Atenas Sudamericana, el peligro comunista, los derechos del hombre, las reinas de belleza y todo lo habido y por haber en la nación.

Más que en *La hojarasca,* esta historia se cuenta desde la perspectiva del rumor popular, que, al exagerarla y manipularla, la convierte en mito y leyenda, en realidad hiperbólica, torrencial, alcanzando la sonoridad de una risa carnavalesca. Sin embargo, ésta es tal vez la risa más grave que vamos a encontrar en la obra de García Márquez, pues constituye en sí la rabia enmascarada y la visión más crítica del autor sobre la historia y la política de su país. Más allá de la anécdota, lo que leemos en «Los funerales de la Mamá Grande» es que el tiempo de la historia de Macondo se ha congelado gracias al omnímodo poder económico, político y espiritual de la Mamá Grande y sus familiares, quedando sólo un tiempo paradójico, sin asidero histórico, que corroe y mata para que todo siga igual.

Así pues, el trasfondo de este relato y el de *Cien años de soledad* ya no será el de una cercana o inminente violencia, como sucede en *El coronel no tiene quien le escriba, La mala hora* y la mayoría de los relatos de *Los funerales de la Mamá Grande,* sino, como se había postulado originalmente en *La hojarasca,* el de una amplia realidad mítico-legendaria, ancestral y esencial, que en la vida diaria se traduce en una cotidianidad inmóvil, donde siempre parece que es lunes, donde los días terminan pasando sin pasar.

En suma, tenemos que el García Márquez más politizado y comprometido, el que ahora trabaja para Prensa Latina y expresa sin tapujos su solidaridad con la revolución cubana, se ha convertido, sin embargo, en el creador más sutil, procurando que su compromiso político y su filiación ideológica de hombre de la calle no «contaminen» su arte, o, dicho de otro modo, que éstos se expresen sólo desde dentro, convertidos en carne de ficción.

De esta manera, tras el gran salto cualitativo que supone «Los funerales de la Mamá Grande», el García Márquez maduro está casi completo, a las puertas de su obra maestra (lo que se aprecia también en sus reflexiones de dos breves ensayos de esta época: «Dos o tres cosas sobre la novela de la violencia» y «La literatura colombiana: un fraude a la nación»). Sin embargo, ésta no sólo seguirá retrasándose siete años más, sino que, hacia mediados de ese año de 1959, el autor volvió a la postergada «novela de los pasquines», concluyendo un ciclo de su obra prácticamente cerrado en Caracas. Como recordaría Plinio Mendoza, el escritor desempolvó las quinientas cuartillas aún sin título, hizo una poda severa de personajes y anécdotas dispersas, eludió la inicial influencia faulkneriana y, trabajando siempre por las noches y los fines de semana, en tres o cuatro meses tuvo lista una primera versión de «el mamotreto»[28], que era el apodo familiar de la novela, aunque ya le tenía un título provisional: «Los catorce días de la semana». Tras un período de cuarentena, continuó trabajándola hasta finales de septiembre de 1960, cuando pasó por Bogotá Jorge Ricardo Masetti, el fundador de Prensa Latina, y se acordó que el escritor fuera a La Habana para ser enviado desde allí a otro lugar.

Pero el cine seguía siendo una de sus grandes prioridades. Poco antes de viajar a La Habana estuvo considerando la posibilidad de retirarse de Prensa Latina, volver a Barranquilla y fundar una escuela de cine a imagen y semejanza del Centro Experimental de Cinematografía de Roma. Incluso llegó a redactar un esquema de lo que sería dicha escuela y lo hizo circular en ciertos ambientes intelectuales de Bogotá[29]. Fue durante estos días de septiembre cuando García Márquez viajó a Barranquilla invitado por el Centro Artístico de la ciudad, dirigido por su amigo Álvaro Cepeda Samudio, para discutir con otros delegados los estatutos de la futura Federación Colombiana de Cineclubes. El escritor participó como delegado del Cineclub de Bogotá en compañía de Hernando Salcedo Silva, su fundador. El resto de los delegados eran de Medellín, Cali y Barranquilla.

Encerrados día y noche en el Centro Artístico, los delegados llegaron a un acuerdo de principios y de estatutos, de cuya redacción quedaron encargados García Márquez y Alberto Aguirre, el delegado del Cineclub de Medellín. En la reunión final se designó a Barranquilla como sede de la Federación y a Álvaro Cepeda Samudio como secretario de la misma. Pero ahí quedó todo, porque en la siguiente borrachera Cepeda Samudio perdió en un taxi los estatutos y el acuerdo de principios.

Alberto Aguirre recordaría que al día siguiente, cansados de esperar a Cepeda Samudio, que los había invitado a su casa a comer mojarras, García Márquez y él decidieron quedarse a almorzar en el mismo Hotel del Prado. Durante el almuerzo, el escritor le comentó que Mercedes lo había llamado de Bogotá para pedirle seiscientos pesos, pues les iban a cortar el suministro de los servicios. Alberto Aguirre era abogado, cinéfilo, librero y un editor de buena voluntad: había publicado algunos libros y estaba editando la obra completa del poeta León de Greiff, más por amor al arte que por negocio. Hacía dos años que había leído con verdadera delectación *El coronel no tiene quien le escriba* en la publicación que había hecho la revista *Mito* de Bogotá. Como el texto no había tenido aceptación en las editoriales y como era claro que su autor estaba necesitado, a Aguirre le pareció doblemente oportuno proponerle a García Márquez la edición de su obra. Entonces, después del almuerzo, se lo dejó caer: «Gabo, yo quiero editar *El coronel no tiene quien le escriba*». Éste, sorprendido, le dijo: «Estás loco, tú sabes que en Colombia no se venden los libros. Acuérdate de lo que pasó con la primera edición de *La hojarasca*». Había además un inconveniente legal: García Márquez tenía firmado un contrato con una editorial de Perú para editar la misma obra. Pero como aquella edición era una empresa remota, Aguirre insistió en su empeño: «No sólo lo voy a editar, sino que te voy a adelantar algo de los derechos de autor». Y ahí mismo cerraron el contrato verbalmente por un monto total de ochocientos pesos y doscientos de adelanto.

Un año después, al anunciarle el editor la salida del libro, García Márquez se quejaría ante aquél de ser «el único que hace contratos verbales enguayabado, tumbado en una mecedora de bambú, en el bochorno del trópico»[30]. A pesar de la buena voluntad del editor y de la excelente acogida de la crítica nacional e internacional, las predicciones del autor se iban a cumplir fatalmente: de aquella primera edición de dos mil ejemplares se venderían sólo ochocientos.

El paso por Bogotá, a finales de septiembre, de Jorge Ricardo Masetti, iba a torcer (o a enderezar) una vez más el destino del escritor.

Masetti era amigo y compatriota de Che Guevara, y Fidel Castro había depositado una gran confianza en él desde que se conocieron en Sierra Maestra. Precisamente, un comentario ocasional suyo en la televisión cubana durante los primeros meses de la revolución había dado pie a la fundación de Prensa Latina, tocándole el privilegio de ser su primer director. Como El Che, Masetti era vital, imaginativo, audaz y estaba visceralmente reñido con la burocracia de los comunistas prosoviéticos. Desde el primer momento soñó con hacer de Prensa Latina la mejor agencia del mundo, evitando que aquéllos se apoderaran de ella, y era un trabajador insomne al servicio de la revolución cubana. Hacía frecuentes viajes por los países latinoamericanos para conocer en persona a los delegados e impartirles nuevas instrucciones, y por ello se encontraba ahora dos días en Bogotá, de paso para Brasil. Plinio Mendoza recordaría que, de pronto, mientras hablaban una noche en el apartamento de García Márquez, les dijo que no los podía tener a los dos en una misma agencia porque necesitaba gente en otra parte, que decidieran quién de ellos se iba con él. Se decidió que fuera García Márquez, pues Plinio Mendoza deseaba reisertarse en la vida de su país, después de varios años de ausencia[31].

La idea era que el escritor estuviera unos meses en La Habana para ponerse al día en el funcionamiento de la agencia antes de ser enviado a un lugar fijo. García Márquez viajó entonces a finales de septiembre por Barranquilla haciendo una pequeña escala en Camagüey, donde vio por primera vez a Fidel Castro. El comandante venía del interior de la isla de poner en marcha unas granjas de pollos, llegó al pequeño aeropuerto muerto de hambre y pidió que le sirvieran un pollo, pero no había. Entonces montó un largo y encendido discurso sobre el inconveniente de que no hubiera pollo en un aeropuerto por donde pasaban todavía los pasajeros norteamericanos. Por mediación de Celia Sánchez, García Márquez lo saludó y le dijo brevemente que era de Prensa Latina[32].

Por su seriedad, su gran capacidad de trabajo y su indudable calidad de escritor, García Márquez hizo pronto estrecha amistad con Jorge Ricardo Masetti y Rodolfo Walsh, el escritor argentino encargado de los Servicios Especiales. En realidad, lo que más contento tenía al colombiano era la posibilidad de estar cerca de un escritor que ya admiraba desde los años de *El Heraldo*. Habían tenido un primer contacto a finales del año anterior, cuando Walsh hizo una breve escala en Barranquilla, procedente de Argentina, Uruguay y Brasil, y García Márquez acudió a su encuentro desde Bogotá para recibir sus instrucciones de cómo debía manejarse el tema de los Servicios Especiales. Pero esto no era lo que más le interesaba, sino poderlo conocer y hablarle de sus magníficos cuentos policíacos de *Variaciones en rojo*, cuyas estructuras perfectas lo tenían entusiasmado desde hacía muchos años. Sin embargo, Walsh eludió el tema de sus cuentos y le dio unas breves instrucciones a su discípulo y subalterno mientras se tomaban un café en el mismo aeropuerto[33].

A pesar de su desilusión de escritor, García Márquez se dio cuenta de que Rodolfo Walsh era además un excelente periodista y no perdió la esperanza de volver a verlo. Ahora, desde el corazón de la agencia, iba a ver cumplidos sus anhelos a medida que el escritor argentino le fue abriendo las puertas de su reserva y empezó a aceptarlo como el autor de *La hojarasca* y *El coronel no tiene quien le escriba*. Entre el fervor revolucionario, la pasión del trabajo y el sarampión literario, los días y las noches se le iban a pasar volando al joven escritor durante los tres meses que estuvo en La Habana.

La ciudad se había convertido en una inmensa barricada, pues la contrarrevolución era un cáncer cotidiano y los cubanos esperaban una invasión norteamericana de un momento a otro. Con los sacos de arena en los edificios, los gruesos tablones en el pavimento y los fusiles en guardia permanente, La Rampa, donde estaba la sede de Prensa Latina, era menos una calle que una trinchera dispuesta para la lucha. La Habana era una ciudad insomne, como toda Cuba y como todos los periodistas nacionales y extranjeros. Los trabajadores de Prensa Latina apenas pegaban ojo y eso cuando ya se caían muertos de sueño al pie del teletipo, de la máquina de escribir o de la cámara fotográfica.

Orientado por su cicerone Ángel Augier, un redactor cercano a Masetti, García Márquez fue alojado en el mismo edificio del Retiro Médico donde funcionaba la agencia, compartiendo un apartamento del piso veinte con el periodista brasileño Aroldo Wall. Era un recinto pequeño, con un salón comedor, dos dormitorios y una terraza abierta al mar encantador de El Malecón y la Bahía del Muelle, mientras al este se veía la imagen de ensueño de La Habana Vieja coronada por El Capitolio, como una inmensa tarta de cumpleaños.

En el desorden de aquellos días, García Márquez y sus compañeros comían a cualquier hora en el restaurante La Cibeles, en los bajos del edificio, o en el Maracas, a cuadra y media del Retiro Médico. Estos lugares y la quinta planta donde funcionaba Prensa Latina son los que prácticamente conoció el escritor en aquellos tres meses, pues todo el tiempo se les iba en trabajar y trabajar, mientras él, con su buen humor caribe, le comentaba a Masetti: «Si algo va a hundir esta revolución es el gasto de luz»[34]. Los periodistas podían acostarse a las cinco de la mañana o levantarse a las cinco de la tarde. Lo que importaba era el trabajo hasta el límite de la resistencia.

García Márquez era un periodista insomne y más bien itinerante, que tomaba nota de todo el complejo funcionamiento de la agencia para poder cumplir su misión de montar una nueva delegación allí donde fuera enviado, pero Masetti quería retenerlo siempre en informativos, mientras Walsh lo quería como ayudante en Servicios Especiales. Los tres llegaron a ser tan buenos amigos que, cuando Walsh descifró los mensajes en clave de la CIA sobre los preparativos de la invasión de Bahía de Cochinos, Masetti llamó al colombiano para que compartiera con ellos aquella felicidad suprema de periodista. Fue el paroxismo, y García Márquez recordaría este momento como uno de los más felices de su vida.

El descubrimiento se debió a una afortunada casualidad mientras Masetti, desde su cuarto de Babel, seguía como cada día los despachos de las diferentes agencias para evaluar su trabajo y poder mejorar el de Prensa Latina. De pronto, apareció en uno de los teletipos una parrafada caótica de la Tropical Cable, filial de la All American Cable en Guatemala, y Masetti, contra el parecer de algunos redactores, pensó que aquello debía de tener su lógica oculta; entonces se lo pasó a Rodolfo Walsh, y éste, ayudado de un manual de criptografía, logró descifrarlo completo después de muchas noches de insomnio: era, en efecto, un informe de la CIA, dirigido desde Guatemala a Washington, en el cual se hablaba de los preparativos para el desembarco armado en Playa Girón en abril del año siguiente. El entusiasmo de Masetti fue tan grande, que no descansó hasta concebir la manera de enviar a Walsh a los mismos campos de entrenamiento de la contrarrevolución, disfrazándolo de pastor protestante vendedor de biblias a domicilio. Pero el plan no llegó a concretarse porque el Gobierno les hizo saber que ya ellos tenían su propio plan[35].

Es comprensible que en aquellos días de emergencia la literatura hubiera quedado relegada a un segundo o tercer plano.

Ángel Augier recordaría haberle oído hablar a García Márquez por aquellos días de su desencanto de la literatura como medio de expresión del hombre de su época. Sus preferencias estaban entonces con el cine. Pero el cataquero era un escritor nato y no podía zafarse tan fácilmente del sarampión literario. De hecho, una de sus mayores distracciones de aquellos días fragorosos era poder hablar de literatura, sobre todo de estructuras narrativas, con Rodolfo Walsh y su esposa, Poupée Blanchard, en conversaciones que eran casi clandestinas. Por eso casi nadie recordaría en Prensa Latina haberle oído hablar de literatura durante los tres meses en que estuvo en la agencia. Sin embargo, no sólo lo hizo, sino que la siguió leyendo como siempre, gota a gota, en las pocas horas de descanso que tenía en su apartamento doscientos dos del Retiro Médico. Más aún: también casi clandestinamente visitó por esos días a Félix B. Caignet, el famoso autor de radionovelas, como *El derecho de nacer,* que tanto había escuchado el escritor durante su niñez y adolescencia.

Caignet fue uno de sus maestros más secretos, el que tal vez le contagió la necesidad de que sus narraciones fueran no sólo textos leíbles, sino oíbles, como en las novelas orales. Así que García Márquez, con toda su admiración hacia el viejo maestro de las radionovelas, se presentó un día en su casa con el mamotreto imposible de *La casa,* ese tronco proteico que no cuajaba pero del cual se habían desprendido total o parcialmente *La hojarasca, El coronel no tiene quien le escriba, La mala hora* y la mayoría de los cuentos de *Los funerales de la Mamá Grande.* Caignet lo escuchó, lo leyó y lo admiró, pero le dio dos consejos que él consideraba los dos grandes secretos del arte de la narración. Le dijo que, para mantener cautiva la atención del lector, tenía que suceder siempre algo en cada párrafo (una mosca que vuela, un vaso que se rompe), porque a la gente lo que de verdad le gusta es que le cuenten cuentos, no que le hagan prolijas descripciones y tediosas disquisiciones. El segundo consejo que le obsequió fue éste: que la licencia del hipérbaton no siempre se aviene con la felicidad de la narración, por lo que el autor y el lector encontrarán en cada párrafo frases incómodas, estorbosas, sobre las que deseamos pasar como esquivándolas. Que cuando esto ocurra, no queda más remedio que colocar las frases según el orden riguroso de la sintaxis castellana y que los complementos circunstanciales hay que colocarlos de menor a mayor según su número de palabras. Por ejemplo, que no debe escribirse «en la casa de María, ayer», sino «ayer, en la casa de María». Caignet concluyó diciéndole que esto, que parecía una tontería, en el fondo no lo era porque así se evita que el lector se fatigue eludiendo frases incómodas, contrarias al ritmo natural de la respiración, y hace que éste acepte fluida y naturalmente todo el párrafo[36].

Sin duda, García Márquez ya venía haciéndolo en sus mejores páginas, pero también es cierto que los consejos de Félix B. Caignet se harían más ostensibles a partir de *Cien años de soledad*.

El único desencanto que iba a padecer García Márquez durante aquellos febriles meses de La Habana, fue ver cómo los sectarios comunistas de Aníbal Escalante se iban apoderando de una revolución en la cual se habían jugado muy poco. Pero no había nada que hacer, porque era una usurpación anunciada desde el momento en que, empujada por la agresión norteamericana, Cuba empezaba a entregarse en brazos de la madre Unión Soviética.

García Márquez los conocía muy bien desde su propio país. Eran revolucionarios de salón, comunistas de corbata, vicarios de Moscú que predicaban un marxismo esclerotizado dentro del cual querían meter, como en una cama de Procusto, la realidad nacional, sin importarles si cabía o no, si aquello era procedente o era mero dogmatismo de sectarios. En Colombia, la izquierda imaginativa los llamaba despectivamente «mamertos», tal vez por su incapacidad para pensar la realidad concreta como verdaderos marxistas, o tal vez por su inhabilidad para acometer cualquier gesta revolucionaria. García Márquez había tenido un tímido acercamiento a sus filas, hasta que un día se atrevieron a sugerirle cómo debía escribir y cómo no, y hasta que en el verano de 1957 conoció *in situ* el «socialismo real» de los países del Este.

Al contrario de muchos contemporáneos y colegas suyos, nunca diría ni haría nada contra los comunistas, pero su identificación con ellos no iría mucho más allá de sus simpatías de juventud. Si ahora apoyaba sin reservas la revolución cubana e iba a cumplir dos años de trabajo en Prensa Latina, era porque creía que dirigentes como Fidel Castro y el Che Guevara habían encontrado al fin un camino distinto del estereotipado de Moscú para Cuba y América Latina.

Sin embargo, ahí estaban otra vez los «mamertos», tomando posiciones de una manera implacable y sigilosa en todos los estamentos de la sociedad, la política y la cultura con la permisividad del Movimiento 26 de Julio, pues si no había partido a la soviética no había ayuda soviética. Así de claro. Prensa Latina era, por tanto, un objetivo prioritario para la nueva clase sectaria de Aníbal Escalante, y empezaron su asedio gradual y sistemático. Para García Márquez y Plinio Mendoza todo esto era previsible desde que el mismo Masetti les había comunicado que el partido los vigilaba a través de un espía en las oficinas de Bogotá. «Ellos», como les decían los mismos fidelistas, sabían muy bien que Masetti, Walsh, García Márquez y Plinio Mendoza, por muy de izquierdas que fueran, nunca serían de su secta burocrática, ya que se lo impedía su espíritu y hasta su mismo cuerpo. Así que una noche ocuparon Prensa Latina con el pretexto de hacer una reunión política, pero Masetti, que acababa de cerrar las oficinas con García Márquez, les dijo que no quería ninguna reunión al margen del resto de los compañeros, y los mandó a dormir. Luego, según Plinio Mendoza, sacaría a muchos de la agencia y a otros los enviaría como corresponsales a los países del Este[37]. Pero la brecha entre «ellos» y los revolucionarios, que eran la inmensa mayoría, sería cada vez más ancha e irreversible. Con los vientos de la historia a su favor (la contrarrevolución seguía más activa que nunca, mientras el Tío Sam preparaba su invasión), sus ojos y oídos se desparramaron por todas partes, introduciendo la cultura de la sospecha como la primera forma del comportamiento social. Todo: una broma, un chiste, una palabra de más o de menos, una corbata americana o unos zapatos italianos, era motivo de sospecha para los «mamertos». Prensa Latina empezó a llenarse de silencios, de miradas significativas, y el humor y el carácter expansivo de los cubanos empezaron a contenerse. Su omnisciencia lo oía, lo veía y lo preveía todo. Así, hasta el propio García Márquez se quedó traspuesto cuando supo que «ellos» habían conocido al mismo tiempo que él su nuevo destino: Montreal.

Habiéndose entrenado durante tres meses en todos los menesteres de la agencia, Masetti acababa de proponerle de forma confidencial que se fuera a Canadá a abrir la oficina de Prensa Latina. García Márquez, sabiendo que tanto él como Masetti no durarían mucho tiempo más en sus puestos, regresó, no obstante, a Bogotá a finales de diciembre a recoger a Mercedes y a Rodrigo, y viajó a Nueva York a comienzos de 1961, de paso para Montreal. Poco antes de dejar La Habana, se dio un salto de tres días a México para ver a su viejo amigo el poeta y gaviero Álvaro Mutis, quien ya había salido de la prisión de Lecumberri y a quien no veía desde hacía cinco años y medio. En su casa de la calle de Adolfo Prieto, en la Colonia del Valle, hablaron día y noche de la «vaina», como lo habían hecho siempre, y García Márquez consideró entonces la posibilidad real de radicarse algún día en México: lo iba a conseguir mucho antes de lo que él pensaba.

La estancia en Nueva York se había previsto, pues, como un simple tránsito mientras les concedían los visados a él y a su familia para continuar a Montreal, pero éstos nunca llegaron, y el escritor acabó quedándose ante la falta de personal en la oficina de la agencia[38]. El 13 de marzo de 1961 tuvo la ocasión de encontrarse en la Casa Blanca, como corresponsal de prensa, escuchando el discurso histórico con el cual el presidente John F. Kennedy anunció su proyecto espectacular de la Alianza para el Progreso, «un emplasto de emergencia para cerrar el paso a los vientos nuevos de la revolución cubana»[39]. Pero los casi seis meses que estuvo en Estados Unidos los pasó en Nueva York, viviendo los momentos tal vez más tensos y difíciles de su vida. A medida que la revolución cubana se iba radicalizando, mostrando su verdadera catadura ideológica, la campaña anticastrista de la prensa y el Gobierno norteamericanos se hacía cada vez más histérica, encendiendo los ánimos y facilitando la cohesión de la numerosa colonia de exiliados, que amenazaban todos los días a los corresponsales de Prensa Latina. García Márquez y sus compañeros tenían que trabajar, a falta de armas, con varillas y tubos de hierro al alcance de su mano. Las amenazas telefónicas incluían toda clase de procacidades, y llegaron a ser tan numerosas e inveteradas, que García Márquez y sus compañeros solían contestarlas de forma rutinaria y desapasionada: «Eso díselo a tu madre, cabrón», y seguían en su trabajo como si nada. Pero un día fueron más lejos y le recordaron al escritor que tenía mujer e hijo, que ellos sabían perfectamente dónde vivían y que lo mejor era que se fuera yendo[40].

Sin embargo, García Márquez siguió trabajando de día en aquella lóbrega oficina de un viejo edificio del Rockefeller Center, mientras de noche pulía los originales de *La mala hora* en su cuarto de un hotel de Manhattan, cerca de la Quinta Avenida. La renuncia de García Márquez no se produjo, pues, por la amenaza de los anticastristas, como algunos iban a pregonar años después, sino por la amenaza interna de los comunistas sectarios de Aníbal Escalante, que, copando los puestos claves de la Administración, habían vuelto insostenible la posición de Masetti, obligándolo a renunciar.

Poco después, el 18 de abril, se produjo la invasión de Bahía de Cochinos (a dos días de la proclamación socialista de la revolución), y Fidel Castro, que se vería obligado a denunciar públicamente el sectarismo y la prepotencia de los viejos comunistas, le pidió a Masetti que continuara un tiempo más en su puesto y luego le pidió que participara en las entrevistas públicas por televisión a los prisioneros de Playa Girón. Consecuentemente, García Márquez había renunciado no sólo en solidaridad con su jefe y amigo, sino porque estaba harto de aquel paraíso de intrigas, pero, al producirse la invasión, no presentó su renuncia para que no pareciera que abandonaba el barco cuando éste se hundía, y decidió quedarse hasta que pasara la crisis[41]. Por eso, cuando Plinio Mendoza llegó a Nueva York a finales de mayo procedente de La Habana y le dijo que ya había presentado su renuncia al nuevo director Fernando Revueltas, García Márquez le contestó que él también tenía lista la suya y que sólo estaba esperando su llegada para presentarla. Con el tiempo, la carta manuscrita de su renuncia pasaría a manos de Conchita Dumois, la viuda de Masetti, quien se la devolvería al escritor en 1988, con motivo de su sesenta (en realidad sesenta y un) cumpleaños. Es el único documento que se salvaría de sus dos años de trabajo en Prensa Latina, pues los «mamertos» hicieron una limpieza tan drástica de la época de Masetti, que quemaron incluso sus trabajos y los de Rodolfo Walsh. Teniendo en cuenta que trabajó dos años intensos y que él era el encargado en Colombia de enviar los informes y reportajes para Servicios Especiales, es de suponer que allí desapareció una parte muy importante de la obra periodística de García Márquez. Tanta y tan buena debió de ser, que hasta el mismo escritor quiso rescatarla muchos años después, cuando ya era una gloria universal, pero entonces alguien dio una explicación evasiva: los archivos de la época de Masetti y Rodolfo Walsh se habían extraviado en una mudanza de la agencia[42].

Con mujer e hijo y ante la perspectiva de irse a México, García Márquez intentó que Prensa Latina le pagara alguna cesantía y le diera los billetes para él y su familia, pero los nuevos encargados de la agencia le dijeron que él se iba por su propio gusto, no porque lo hubieran echado, y que billetes para México no le podían dar porque no había sido contratado allí, que tal vez para Colombia; que probablemente algo de cesantía le podían conceder, pero que debía reclamarla en la oficina de Bogotá, que estaba acéfala en ese momento. Cuando el escritor comprendió que le estaban dando largas porque no se atrevían a decirle que no, a mediados de junio cogió a Mercedes y a Rodrigo y con doscientos dólares en el bolsillo se subió a un autobús de la Greyhound rumbo a Nueva Orleans, adonde Plinio Mendoza le hizo llegar días después ciento cincuenta dólares desde Bogotá[43].

Fue una ruta infernal, de desesperación, a través de «carreteras marginales, ardientes y tristes» que se hacían interminables. En Atlanta y Alabama conocieron la discriminación racial más inhumana, con máquinas públicas de agua para blancos y para negros debidamente marcadas. Ellos mismos desaprovecharon casi toda una noche en Montgomery buscando donde dormir, pues nadie se atrevía a alquilarles un cuarto pensando que eran mexicanos, y en varios pueblos del Sur encontraron un letrero reiterado: «Prohibida la entrada de perros y mexicanos». Cuando llegaron a Nueva Orleans estaban estragados por la comida artificial de las hamburguesas, los perritos calientes y la leche malteada, y, después de haber recogido en el consulado de Colombia los ciento cincuenta dólares providenciales que les envió Plinio Mendoza, se metieron a un buen restaurante francés, al Vieux Carré, para resarcirse de sus hambres peregrinas[44].

Cuando llegaron al polvoriento Laredo de las películas mexicanas, habían completado dos semanas de viaje en autobús por el ficticio y real condado de Yoknapatawpha, cuya alma y geografía conocía el escritor como la palma de su mano en las novelas de William Faulkner. Así que esta travesía de judío errante no sólo le sirvió para llegar a México, la tierra prometida, sino para constatar cuánto realismo patético había en las novelas de su maestro y para describir cinco años después, en *Cien años de soledad,* el viaje en tren sin retorno de su amigo Álvaro Cepeda Samudio. Por lo demás, no deja de ser curioso que, para llegar a su obra mayor, García Márquez hubiera tenido que hacer un doble y largo viaje por las tierras de Yoknapatawpha: el literario y el real.

Como lo evocaría años después, llegaron el domingo 2 de julio de 1961 (el mismo día en que se había suicidado su otro maestro, Ernest Hemingway), en un atardecer malva, a la estación central de la ciudad de México, un atardecer malva como tantos otros de Caracas al pie del Monte Ávila, cuya imagen perenne ya traía consigo en el abultado morral de sus nostalgias. Sin embargo, la capital mexicana le recordó más a Nápoles, a París y, en cierto modo, a Bogotá. Precisamente, un bogotano, inmerso en el espíritu de París, los esperaba en la estación del tren: el poeta y novelista Álvaro Mutis. Con su amistad sin sombras y veinte dólares que le quedaban en el bolsillo, empezaría García Márquez aquí una nueva vida; en realidad, la misma de siempre.

CAPÍTULO TRECE

- Álvaro Mutis y el parto de la leona
- México, la tierra prometida
- En busca del olor de la guayaba
- *La Familia* y *Sucesos:* periodismo estomacal
- Residencia en Comala
- «El mar del tiempo perdido»
- El Premio Esso y *La mala hora*
- Cine y publicidad
- Guiones y tés dominicales con Carlos Fuentes
- *Cien años de soledad*
- Encuentro con Luis Harss
- Una visita de Carmen Balcells
- Dedicatoria a María Luisa Elío
- La Cueva de la Mafia
- Empeñando hasta los últimos aperos
- Las noches de San Ángel Inn
- Paco Porrúa o «el lector desconocido»
- Esa portada de Vicente Rojo
- Buenos Aires era una fiesta
- Una botella al tiempo
- Con Mario Vargas Llosa en Caracas, Lima y Bogotá
- Del viaje y la semilla

Cuando los García Márquez llegaron a México, Álvaro Mutis llevaba cinco años en la ciudad y hacía uno y medio que había salido de las fraguas de Luzbel de la prisión de Lecumberri, donde estuvo quince meses atroces que lo marcaron para siempre de forma indeleble, junto a los años dichosos de Amberes y Coello, y que el poeta destilaría con una prosa feliz y fluida en su dantesco *Diario de Lecumberri*.

Una vez más, Mutis volvía a ser el amigo providencial de García Márquez, pues sin su apoyo, su orientación y sus amigos españoles y mexicanos, éste tal vez no hubiera resistido mucho tiempo el desencuentro inicial con la ciudad azteca. García Márquez no lo ignoraba y por eso lo había llamado desde Nueva York para consultarle su decisión de radicarse en México. Mutis, cada vez más nostálgico de sus amigos colombianos, le dijo que lo esperaba encantado, que allí lucharían todos y harían una piña para salir adelante.

Así que otra vez estaban como en enero de 1954, cuando el poeta, desde su puesto de relaciones públicas de la Esso en Bogotá, había «rescatado» a su amigo de la bohemia de Barranquilla, enviándole dos pasajes de avión y alojándolo en su casa, hasta conseguir que los dueños de *El Espectador* lo contrataran como redactor de planta. Ahora, desde su nuevo puesto de agente vendedor de Producciones Barbachano Ponce, Mutis desplegaría toda su generosidad y diplomacia para ubicar una vez más a su amigo y compañero, en circunstancias no sólo similares, sino en una ciudad que por muchos aspectos también parecía la misma.

Nada de esto, por supuesto, estaba previsto en el horizonte de sus vidas la mañana del 21 de octubre de 1956 en que, mientras García Márquez corregía compulsivamente *El coronel no tiene quien le escriba* en una buhardilla de París, Álvaro Mutis abandonaba Colombia de forma precipitada muy ligero de equipaje, como aconsejaba su maestro don Antonio Machado. El motivo no había sido otro que el vicio de la amistad, que en este parisino de Bogotá sería tan proverbial como el de la literatura y el billar.

Como jefe de relaciones públicas de la Esso colombiana, Mutis había manejado durante tres años un jugoso presupuesto destinado a las cosas más diversas: desde clubes y centros de beneficencia a toda clase de ayudas particulares. Sin embargo, de pronto el poeta empezó a invertir parte de aquel presupuesto en cosas que le salían del alma y de sus afanes de mecenas, como socorrer a los amigos que tenían problemas con la dictadura de Rojas Pinilla, auspiciar exposiciones de algunos pintores sin medios, pagar la edición del primer libro del poeta pobre de siempre, darle un billete de avión urgente a otro amigo que se iba, o celebrar los doscientos años del nacimiento del escritor y gastrónomo Brillat-Savarin, para lo cual hizo traer de París hasta el pan y la mantequilla. Cuando el gerente de la empresa lo llamó al orden, Mutis le dio unas explicaciones tan peregrinas, que en pocos días su caso pasó al criterio de los jueces. Gracias a la complicidad de sus amigos y de su hermano Leopoldo, el poeta pudo eludir la cárcel, viajando a México a través de Medellín y Panamá.

En la capital mexicana empezó una nueva vida con setecientos dólares y dos cartas de recomendación, una de las cuales era para Luis Buñuel. La ciudad lo había fascinado siempre por su cultura palpitante y su vanguardismo en América Latina. Con unos cuatro millones de habitantes, México era todavía una ciudad tranquila y poco polucionada, con un fondo visible de volcanes que frisaban el cielo cóncavo en cuyas noches estrelladas había leído Moctezuma el regreso apocalíptico de Quetzalcóatl-Cortés. Sus grandes avenidas, como el Paseo de la Reforma, eran florestas generosas que creaban la ilusión de un París en el trópico, mientras su arquitectura colonial y sus calles adoquinadas proclamaban a Nápoles en su mismo corazón, y sus centros culturales, teatros, cines, clubes y restaurantes exhibían una clientela de lo más cosmopolita. Así que la ciudad se abrió como un paraíso ante el poeta fugitivo, y éste no lo pensó dos veces. Incapaz de presentarse solo en la casa de Luis Buñuel, el mítico cineasta amigo de García Lorca y Salvador Dalí, jugó a fondo la otra carta de recomendación y, mientras se hospedaba las primeras semanas en la casa del pintor Fernando Botero y su esposa Gloria Zea, empezó a trabajar como ejecutivo de publicidad con Augusto Elías, de donde pasó un año después a la productora cinematográfica de Manuel Barbachano Ponce.

Cuando por fin se decidió a entregarle la carta de recomendación a Luis Buñuel, ya los unía una cierta amistad y además tenía la mejor colección de amigos de todo México: Octavio Paz (que había comentado su poemario *Los elementos del desastre*), Carlos Fuentes, Juan Rulfo, Juan José Arreola, Jaime García Terrés, Fernando Benítez, Vicente Rojo, Ramón Xirau, Jomí García Ascot, María Luisa Elío, Elena Poniatowska, José de la Colina: la flor y nata del arte y la intelectualidad mexicana del momento. Gracias a la complicidad de estos amigos no sólo pudo trabajar siendo todavía un indocumentado, sino que empezó a colaborar en revistas como *Universidad de México* y *Revista Mexicana de Literatura,* dirigidas por Jaime García Terrés y Carlos Fuentes. Mientras, entre martini y martini, siguió hablando con Luis Buñuel de cine, mujeres y novelas. Fue así como un día se encerró dos semanas para demostrarle al maestro del celuloide que era posible escribir una novela gótica en el trópico, en la tierra caliente, y escribió una primera versión de *La mansión de Araucaíma.* Buñuel no sólo estuvo de acuerdo con él, sino que se entusiasmó con su *nouvelle*, hasta el punto de prometerle que algún día la llevarían al cine[1].

Pero en medio de toda esa fiesta de la amistad y la literatura, y tras un buen baño de sol en Acapulco, el 22 de septiembre de 1958 apareció el heraldo negro de Lecumberri, y Álvaro Mutis fue llevado a prisión como paso previo a su extradición a Colombia. Felizmente (o fatalmente), sus amigos lograron frenarla en Bogotá a lo largo de quince meses interminables, los mismos que el poeta debió pasar en Lecumberri conociendo el infierno más exquisito y atroz. Gracias a su fervor por la vida, la amistad y la literatura, no sólo logró sobrevi-

vir al «parto de la leona» (como le decían los presos a la llegada
de un nuevo compañero), sino devorar todos los libros que le
llevaban sus amigos colombianos y mexicanos y escribir textos
tan luminosos como el *Diario de Lecumberri* y *La muerte del estra-
tega*. Fue durante esta época de fuego (unos meses antes de quedar libre el 21 de diciembre de 1959) cuando le escribió a García Márquez a Bogotá pidiéndole que le enviara algo suyo para
leer. Éste le envió una copia de *Los funerales de la Mamá Grande*,
que acababa de terminar hacia mediados de este año, y Mutis se
los pasó después a la periodista Elena Poniatowska, quien lo visitó en compañía de Augusto Monterroso, para que se los
propusiera a la editorial de la Universidad Veracruzana, en Jalapa, pero la periodista los extravió. El percance tuvo su lado
positivo, pues a las pocas semanas de haberse instalado García
Márquez en la ciudad de México, éste y Álvaro Mutis se fueron
a Veracruz con el pretexto de entregarle al editor los cuentos
extraviados, y fue entonces cuando el novelista decidió quedarse en México.

Los primeros días, agravados por una disentería de Mercedes, habían sido muy difíciles para los García Márquez, y no
fueron más dramáticos gracias a la solidaridad fraterna de Álvaro Mutis. Éste los alojó provisionalmente en uno de los apar-
tamentos Bonampak de la calle de Mérida, cerca de su trabajo,
y luego los ubicó en un piso estable de la calle de Renán 21, en
la colonia Anzures. Desde aquí, con un colchón doble en el suelo
para él y Mercedes, una cuna para Rodrigo en el otro cuarto y
una mesa y dos sillas que les servían para comer y escribir, el
novelista de Macondo se lanzaría a la conquista de la tierra prometida, en la cual, como el mismo Moisés, iba a tener que sacar
el agua y el sustento hasta de las mismas piedras.

A pesar de que buena parte de la intelectualidad mexicana conocía sus novelas y cuentos publicados, gracias al entusiasmo de Mutis, y de la solidaridad de los otros tres amigos
que tenía en esta ciudad: el escultor Rodrigo Arenas Betancourt,
el librero y cineasta Luis Vicens y el escritor Juan García Ponce,
durante los dos primeros meses no pudo conseguir ningún trabajo, y gran parte del tiempo se les iba a él y a Mercedes haciendo

cola en los patios de la Secretaría de Gobernación para tramitar los papeles de su residencia. Frente a las deudas acumuladas durante ese tiempo, sólo tuvo los magros estipendios que percibía por colaboraciones esporádicas en la *Revista Universidad de México* y por los comentarios que leía de viva voz para la Radio Universidad, dirigida por el escritor español Max Aub[2].

Lo primero que escribió en tierra mexicana fue un vibrante y emocionado artículo de homenaje a su maestro Hemingway, un largo artículo que muestra cuánto lo admiraba, cuánto lo conocía y cuánto había aprendido de él. En «Un hombre ha muerto de muerte natural», publicado por Fernando Benítez en el suplemento «México en la Cultura», de *Novedades,* García Márquez dejaba sentada esta profecía certera sobre su maestro: «El tiempo demostrará también que Hemingway, como escritor menor, se comerá a muchos escritores grandes, por su conocimiento de los motivos de los hombres y de los secretos de su oficio». Y concluía: «La trascendencia de Hemingway está sustentada precisamente en la oculta sabiduría que sostiene a flote una obra objetiva, de estructura directa y simple, y a veces escueta incluso en su dramatismo»[3].

En los días posteriores a su consagración en Estocolmo, García Márquez confesaría que fue el día siguiente a su llegada cuando en realidad terminó de llegar a México, pues aquel lunes muy temprano lo llamó Juan García Ponce para decirle que «el cabrón de Hemingway» se había «partido la madre de un escopetazo» el día anterior a las siete y treinta de la mañana en el pueblecito de Ketchum, en Idaho, y esta barbaridad se le quedó en la memoria «como el comienzo de una nueva época»[4]. Para Álvaro Mutis, en cambio, el momento en que verdaderamente su amigo se encontró con México fue algunas semanas después, cuando los dos hicieron el viaje a Veracruz.

A pesar de los atractivos de la ciudad de México, de su «tamaño humano» de entonces, de su dinamismo cultural y del afecto y el apoyo de los amigos, García Márquez había entrado de pronto en una especie de ensimismamiento pernicioso. Mutis se dio cuenta enseguida de que era el síndrome de México, el trancazo de enfrentarse a una ciudad y a una cultura complejas, cuyo hermetismo parecía una réplica exacta de la indehiscencia de los cactos y las pirámides de la meseta, pues él, como buen caribe, venía de una cultura sin hermetismos, abierta como el mismo mar, cuyo espacio vital se le había ampliado hasta Cuba y Venezuela en los tres últimos años. Pero ahora se daba cuenta de que, más allá de la colonia de amigos españoles y mexicanos descendientes de españoles que tenía Mutis, no había posibilidad de penetración en el laberinto mexicano, y esta certidumbre lo dejó flotando en un limbo de soledad, junto a la deprimente constatación de que no era nada fácil abrirse paso en el mundo cerrado del cine mexicano, uno de los motivos que lo habían llevado a sentar sus reales allí. Entonces Mutis pensó que contra el síndrome de México sólo había una terapia definitiva: llevárselo al Caribe, a Veracruz, a que respirara el olor de la guayaba.

Con el pretexto de entregarle a Sergio Galindo en Jalapa los originales de *Los funerales de la Mamá Grande,* se fueron un sábado por la mañana en el Ford rojo de Mutis, llevando por escudero a Francisco Cervantes, un joven poeta de veintitrés años que recibió en ese viaje su bautizo marino y para quien García Márquez pedía a gritos, eufórico desde la ventanilla del copiloto, que abrieran paso, carajo, que abrieran paso, «que llevamos una virgen del mar».

Tal y como lo había previsto Mutis, el milagro se operó efectivamente en Veracruz, frente al mar hechizado de la infancia del novelista, pues éste, feliz y tras haber probado el chile bravío en una comida con el gobernador, se sacó la solitaria que llevaba dentro y le confesó: «Si existe Veracruz, si aquí también se puede hablar caribe, entonces yo me quedo en México. No hay ningún problema». Y se quedó. Aquí plantaría sus árboles, criaría sus hijos y escribiría la más inmortal de sus novelas, dando el salto definitivo hacia la fama y la gloria universales.

Pero el gran salto que lo redimiría para siempre del tiempo de las vacas flacas fue un proceso lento y arduo, lleno de enormes amarguras y aparentes defecciones de su obra literaria. Para empezar, y cuando menos lo buscaba y lo deseaba, tuvo que volver al periodismo frívolo, de pura rentabilidad estomacal, ante la imposibilidad inmediata de abrirse paso en el cine. Gustavo Alatriste, un exitoso fabricante de muebles, acababa de comprar en septiembre dos revistas de cotilleos familiares y sucesos de sangre tituladas *La Familia* y *Sucesos para Todos,* y andaba buscando quien se las dirigiera. Álvaro Mutis le dijo que no se preocupara, que él ya tenía la persona indicada. Cuando Alatriste leyó algunos trabajos del aspirante a director, como *Relato de un náufrago,* le parecieron tan excelentes, que tuvo serias dudas de que García Márquez fuera la persona más indicada para dirigir sus revistas. Pero Mutis lo tranquilizó: «No vea en él un literato, que lo es, sino un periodista, un artesano de una gran visión práctica». Entonces el cataquero fue contratado para dirigir al mismo tiempo *La Familia* y *Sucesos para Todos.* Sólo puso dos condiciones: que no apareciera su nombre en los *staffs* y que no tuviera que firmar nada personalmente. Y, en efecto, no sólo no comprometió su nombre en nada que tuviera que ver con estas publicaciones, sino que las dirigió durante dos años sin tener siquiera una máquina de escribir en su oficina. Fue el director menos burocrático posible, despachando siempre con los redactores, correctores, armadores y fotógrafos. De los editoriales, que son todo un modelo *corintelladiano,* puede deducirse el enorme hastío con que el novelista debió de ejercer este trabajo alimenticio.

En el mismo edificio funcionaba la revista *S.nob*, también de Gustavo Alatriste, dirigida por Salvador Elizondo y Emilio García Riera. Era una publicación esnobista, exquisita, que trataba los temas frívolos con cierta trascendencia y las cosas trascendentales con cierta frivolidad, pero casi no se vendía y vivía del éxito de *La Familia* y *Sucesos para Todos,* por lo que García Márquez se quejaba: «Ustedes los exquisitos viven a costa mía, porque quien trabaja aquí soy yo para sostener el lujo de ustedes». Era cierto. En pocos meses había logrado aumentar el tiraje de las dos revistas. Con su talento periodístico y su visión comercial, había logrado sacarlas de la cursilería y la sordidez y convertirlas en publicaciones amenas y de cierto interés general. Mejoró su diagramación y su contenido: entre los típicos consejos para las amas de casa, las clases de Culinaria y Bordado, los cotilleos sociales, los crímenes y crónicas sensacionalistas, fue metiendo grandes novelas y biografías por entregas, las obras de Agatha Christie, reportajes sobre la cultura de otros países, artículos sobre Buda, Cristo, Julio Verne y Albert Einstein. Así, mientras *La Familia* incluía además una sección de poesía (Lorca, Machado, Musset), *Sucesos* se abría con una frase célebre de algún personaje de la historia y su respectiva reseña biográfica[5].

Pero, por más poesía y parafernalia que les pusiera, García Márquez siguió siendo un extraño en las revistas de Gustavo Alatriste. Mientras buscaba la clave de Sésamo que le permitiera acceder al olimpo del cine mexicano, se había refugiado dichoso en las fantasmagóricas tierras de Comala. Un día, cuando aún vivía en la calle de Renán, Álvaro Mutis fue a visitarlo, como de costumbre, y García Márquez le preguntó cuáles eran los escritores y las obras que había que leer en México. Mutis le dijo que no leyera nada hasta que él no volviera, y al poco tiempo regresó con un paquete de libros, separó los dos más delgados y le dijo: «Léase esa vaina, y no joda, para que aprenda cómo se escribe»[6]. Eran *Pedro Páramo* y *El llano en llamas* de Juan Rulfo. Esa noche no se acostó hasta agotar la segunda lectura de *Pedro Páramo* y al día siguiente se precipitó sobre *El llano en llamas*. García Márquez se volvió loco con Rulfo, se lo aprendió de memoria y lo recitaba a todo el que quisiera escucharlo. Durante el resto de aquel año, confesaría después, no pudo leer nada más porque todo le parecía inferior. El hechizo de la lectura en su más alto grado de seducción había vuelto a repetirse en el escritor desde el día en que a los nueve años leyera en Aracataca *Las mil y una noches,* a los veinte en Bogotá *La metamorfosis* y a los veintidós en Cartagena la obra de Sófocles. Y es que Rulfo sería uno de sus maestros esenciales, junto a Scherezada, Sófocles, Melville, Kafka, Faulkner, Virginia Woolf y Carpentier.

Veinte años después, en un artículo de homenaje a Rulfo, García Márquez recordaría que, desde que él llegó a México, «pasaron por lo menos seis meses sin que alguien me hablara» del autor de *Pedro Páramo*[7]. En realidad, para Álvaro Mutis no fueron más que unos días o tal vez unas semanas. La precisión no tendría mayor importancia si no fuera porque fue durante los meses de julio y agosto de 1961, en que no encontró ningún trabajo, cuando García Márquez escribió «El mar del tiempo perdido», el primer texto donde se advierte la influencia transformadora de Juan Rulfo, y el último que escribió antes de emprender el camino del desierto que lo conduciría cuatro años después a *Cien años de soledad*.

Como vimos, uno de los objetivos que lo habían llevado a México era «hacer cine». Los otros dos eran buscar una plataforma editorial de alcance continental y seguir escribiendo. Cansado de ser un escritor de minorías, pensó que la manera de acceder a un público masivo era escribir cuentos para niños, y se lanzó a ello con «El mar del tiempo perdido». Cuando lo tuvo listo, lo sometió al exigente criterio de su amigo Plinio Mendoza. Éste le contestó con franqueza que no le gustaba porque detestaba la fantasía. García Márquez, que siempre había eludido el embeleco de la fantasía, aceptó el dictamen de su amigo como algo inapelable y abandonó el proyecto del libro de cuentos para niños[8].

Es posible que por ese camino el escritor no hubiera llegado a complacer a sus posibles lectores infantiles, pero no porque, como había dicho Mendoza, fuera fantasía lo que estuviera escribiendo, sino por todo lo contrario: en realidad, éste es uno de los cuentos más realistas de García Márquez, con ese realismo alegórico y fantástico que tienen también los relatos de Kafka.

Al contrario de lo que afirmaría Mario Vargas Llosa, con «El mar del tiempo perdido» García Márquez no cierra «toda una etapa de su vida de escritor»[9]. Al contrario: la continúa o la abre, por lo que este relato no es el eslabón entre *La mala hora* y *Cien años de soledad*, sino, más bien, la antesala de ésta, y más aún, la novela misma en estado embrionario.

Sucede que en *La hojarasca* y en los relatos «Un día después del sábado», «La siesta del martes» y «Los funerales de la Mamá Grande» (que es el verdadero eslabón entre *La mala hora* y *Cien años de soledad* y un antecedente de *El otoño del patriarca*) todavía no se logra configurar una actitud, una psicología y una filosofía enteramente macondianas. Se dan, por supuesto, esbozos, avances importantes, y los elementos climatológicos, geográficos, urbanísticos, sociales, históricos, políticos y culturales esenciales para conformar el futuro Macondo, pero todavía, al no estar suficientemente interrelacionados por una dinámica interna de plena trasposición, no logran configurar del todo una actitud típicamente macondiana. Ésta se empieza a dar a partir de «El mar del tiempo perdido», aunque no transcurra en Macondo, sino en una aldea marina donde hay tan poca tierra que los muertos tienen que ser arrojados al mar. Sin embargo, es en este relato donde, junto al «Monólogo de Isabel viendo llover en Macondo», aparece de forma desarrollada una tipificación macondiana. Así, por ejemplo, encontramos ya un cura que levita, un hombre que lleva a su mujer a conocer el hielo[10], una Eréndira anónima, un pueblo que es o puede ser un espejismo de los sueños (como el que sueña José Arcadio Buendía antes de la fundación de Macondo), un acontecimiento extraordinario que cambia la fisonomía del pueblo para dejarlo igual o peor de lo que estaba, y hay además un pueblo fantasma sumergido en el mar, con hombres y mujeres montados a caballo: todo un Comala acuático.

Así pues, «El mar del tiempo perdido» representa, bajo la influencia de Rulfo (una influencia de concepción y de tono), el primero o segundo logro en la configuración de una realidad macondiana autosuficiente. La pregunta que salta otra vez es por qué García Márquez iba a tardar cuatro años más para sentarse a escribir *Cien años de soledad*. La respuesta, o una de las respuestas, estaría no sólo en sus «distracciones» cinematográficas, sino en las circunstancias económicas difíciles de los dos primeros años en México. Fue entonces cuando, en agosto o septiembre de 1961, decidió mandar *La mala hora* al concurso de novela que patrocinaba la empresa petrolera Esso en Bogotá.

La novela, como *La hojarasca*, había recorrido un largo y accidentado camino en los últimos seis años. Iniciada durante el invierno parisino de 1956 y continuada en el invierno del año siguiente, había viajado entre París, Caracas y Bogotá en una maleta, amarrada con una corbata azul a rayas amarillas, hasta que el autor la retomó en esta ciudad entre 1959 y 1960, después de haber concluido *Los funerales de la Mamá Grande*. En Nueva York siguió puliéndola y ahora en México, mientras leía y releía a Rulfo y escribía «El mar del tiempo perdido», limó sus últimas aristas. Junto a *El coronel no tiene quien le escriba*, García Márquez había puesto todas sus esperanzas en *La mala hora*. Su propósito era ubicarla en una editorial de alcance continental y, a ser posible, editarla simultáneamente en varios idiomas: ésta era otra de las razones por las cuales había decidido radicarse en México[11]. Pero Guillermo Angulo y Álvaro Mutis le sugirieron que la mandara al concurso de la Esso colombiana, y el mismo Mutis se encargó de ponerla al correo.

Cuando los de la Esso recibieron «el mamotreto» con la indicación de «Sin título» (había desechado el de «Los catorce días de la semana» y el único que se le ocurría, «Este pueblo de mierda», era todo un escándalo), se quedaron pasmados creyendo que a lo mejor «esa vaina» era de Mutis, ya que llegaba precisamente de México. El dilema que se les presentaba no era fácil, porque, si resultaba ganadora, ¿cómo quedarían ellos premiando a un autor al que habían perseguido de forma implacable? El alivio les llegó de la Academia Colombiana de la Lengua, la encargada de otorgar el premio, cuando supieron que el ganador no era Mutis, sino su amigo García Márquez. El galardón fue recibido ante los doctos académicos por Germán Vargas, quien le envió a su amigo los tres mil dólares a México y dejó el pergamino del diploma en el bar La Cueva, el recinto preferido de los «mamadores de gallo» de Barranquilla.

El Premio Esso de Novela 1961 no sólo no satisfizo las expectativas que el autor tenía puestas en la difusión de su novela, sino que empantanó su proyección editorial. Impresa en diciembre del año siguiente por la Imprenta Luis Pérez de Madrid, *La mala hora* (el título final había salido de una frase del cuento «En este pueblo no hay ladrones») fue madrileñamente almidonada en su estilo y privada de sus localismos y expresiones más vulgares y escatológicas, «en nombre de la pureza del lenguaje». García Márquez la desautorizó en una carta pública a través de *El Espectador* de Bogotá y sólo consideró como primera edición de su novela la que haría Ediciones Era de México en abril de 1966, en la que volvería a restituir «las incorrecciones idiomáticas y las barbaridades estilísticas, en nombre de su soberana y arbitraria voluntad»[12].

A pesar de los reparos del padre Félix Restrepo, presidente de la Academia Colombiana de la Lengua (a quien torturaron dos palabras: «preservativo» y «masturbarse»), *La mala hora* es una de las novelas mejor escritas de García Márquez, alcanzando por momentos esa precisión, concisión y limpidez estilística de *El coronel no tiene quien le escriba*. Si nunca iba a hacer carrera por sí sola, es tal vez por su argumento ínfimo y fragmentario. Prácticamente el argumento se reduce a urdir en los hilos de la violencia política y el terror social y psicológico las diversas situaciones en que se ven inmersos los personajes prototípicos de «el pueblo», ese caserío anónimo a orillas de un río cuyo modelo es el pueblecito de Sucre. Es también la novela más cinematográfica y compartimentada de García Márquez, dejando, además, la sensación de ser una narración inacabada. Es, por tanto, la obra que, junto a *Ojos de perro azul,* menos aprecia su autor. Éste llegaría incluso a sentir desprecio por ella, considerándola muy racionalista y limitada. Pero se equivocaría al meterla en el mismo saco con *El coronel no tiene quien le escriba,* de la que también diría que, junto a aquélla y muchos cuentos de *Los funerales de la Mamá Grande,* «constituyen un tipo de literatura premeditada, que ofrecen una visión un tanto estática y excluyente de la realidad», y que, «por buenos o malos que parezcan, son libros que acaban en la última página»[13]. En el caso de la novela del viejo coronel es, más bien, todo lo contrario, pues pocas obras de ficción como ésta empiezan a existir, a ser verdad, en la última página, concretamente en la última palabra de la última página.

La «premeditación» y la «visión estática y excluyente de la realidad» de que se autocritica García Márquez en estas obras, vendrían dadas por la determinación con que, a mediados de los cincuenta e impelido por sus amigos y críticos de la izquierda, quiso acercarse a la realidad social y política que padecía su país, conocida como la Violencia, cuyo testimonio literario menos cierto era la proliferación de la llamada «novela de la violencia». Pero también vendrían dadas por la poderosa influencia del cine neorrealista italiano y de autores como Heming-

way y Camus, así como por la necesidad sentida por el propio
García Márquez de explorar a fondo esta senda narrativa iniciada en 1950 con los cuentos «La mujer que llegaba a las seis» y
«La noche de los alcaravanes». Por mucho que llegara a lamen-
tar esta segunda opción narrativa, no sólo fue una opción necesaria y casi inevitable en el desarrollo de su obra, sino muy fructífera, pues la belleza y la perfección de *El coronel no tiene quien le
escriba* la justifican plenamente. Pero hay más: si García Márquez no se hubiera adentrado por esta senda verista, de tratamiento más directo de la realidad y del lenguaje, nunca habría
tenido la saludable perspectiva para darse cuenta de que el camino más adecuado para llegar a su novela total, a su obra maestra,
era la senda mítico-legendaria de su primera novela, *La hojarasca*.
De esto se dio cuenta hacia mediados de 1959, cuando escribió el
relato «Los funerales de la Mamá Grande», dando la vuelta de
tuerca necesaria para reencontrar la senda de Macondo: el más
ancho y cierto camino hacia la semilla.

Aunque reescrita durante los dos últimos años, *La mala
hora* pertenece a un ciclo prácticamente cerrado entre Caracas y
Bogotá, siendo una creatura extemporánea que el autor terminó de alumbrar, por tanto, sin mayor entusiasmo.

De todas formas, esta novela aporta considerables logros en el balance general de la obra garciamarquiana, no sólo
por la artesanía de su estilo espléndido y «las astucias de la poesía», sino porque es el primer intento del autor de abordar el
misterio y la soledad del poder, aunque sea al muy modesto
nivel de un alcalde de pueblo. Sus vivencias y observaciones de
las dictaduras de Rojas Pinilla y Pérez Jiménez, así como sus
lecturas lentas y anotadas de *Edipo Rey* y *Los idus de marzo,* habían empezado a dar sus primeros frutos.

Con todo, una de las satisfacciones más grandes que debió de darle a su autor la legendaria «novela de los pasquines»
fue los tres mil dólares del Premio Esso, pues con ellos conoció
la primera abundancia de su vida de escritor e hizo tres cosas
prioritarias: comprarle camisas y pijamas a Álvaro Mutis, que
después de seis años seguía sin terminar de asentarse en el país
azteca, comprarse un coche Opel para enfrentar el tamaño cada
vez menos humano de la ciudad de México y pagar la clínica de

su segundo hijo, Gonzalo, quien nacía así el 16 de abril de 1962 con la casa y el pan debajo del brazo.

El nacimiento de Gonzalo, cuando Rodrigo iba a cumplir tres años, completó la familia y la felicidad de los García Márquez, y esto los llevó a dejar el pequeño apartamento de la calle de Renán 21, para trasladarse al piso más amplio y confortable de la calle de Ixtáccihualt 88, de la colonia Florida. Pero 1962 fue también el año de los cuatrillizos, pues García Márquez recibió las primeras ediciones de tres de sus hijos literarios: *El coronel no tiene quien le escriba,* que, aunque editado en septiembre del año anterior, le llegó apenas en marzo de este año; *Los funerales de la Mamá Grande,* que vio la luz el mismo mes en que nació Gonzalo, aportando mil pesos mexicanos al hogar, y *La mala hora,* el menos deseado por la espantosa edición de la Imprenta Luis Pérez de Madrid. A excepción de los cuatro mil ejemplares de ésta, ninguna de las otras pasó de los dos mil, e iban a tardar años en agotarse[14].

Tal vez porque estaba ya cansado de ser un escritor minoritario o tal vez por las severas obligaciones familiares, lo cierto es que ésta es la época en que García Márquez empieza a esmerarse más para que sus libros se traduzcan, se distribuyan bien y lleguen a los críticos y periódicos más destacados de América Latina. En las cartas a Plinio Mendoza y a sus amigos de Barranquilla empieza a hablar ya de grandes proyectos, de traducciones, de posibles contratos con editores y directores de cine. Cuando su editor Alberto Aguirre le comunicó desde Medellín, en agosto de 1961, que estaba a punto de salir la edición de *El coronel no tiene quien le escriba,* se mostró preocupado porque el lanzamiento del libro fuera a coincidir con la próxima salida de *Los funerales de la Mamá Grande,* y le pidió que se pusieran de acuerdo para «movilizar la maquinaria de la prensa, a ver si logro percibir algo más de los 200 pesos en billetes falsos que me diste a buena cuenta en Barranquilla»[15]. Cuando en marzo de 1962 recibió los primeros seis ejemplares por medio de Luis Vicens, le escribió a Aguirre quejándose de que con tan pocos ejemplares no podía hacer nada, que esperaba tener «al menos 50 ejemplares para empezar el bombardeo» en la prensa. Y cuando se enteró de que el semanario *Marcha* de

Montevideo había hecho un comentario elogioso del libro, se hizo la ilusión de que tal vez se estuviera distribuyendo muy bien en el sur. Pero no: simplemente el impresor del libro en Buenos Aires, Torres Agüero, les había enviado ejemplares por su cuenta y riesgo a algunos críticos de Argentina, Chile y Uruguay.

Así que, promocionado por el autor, el editor y los amigos (Germán Vargas fue además su distribuidor en Colombia), *El coronel no tiene quien le escriba* tuvo una inmediata y entusiasta acogida por parte de la crítica de los principales países latinoamericanos y hasta una pronta traducción al francés por la editorial Julliard de París, pero lo triste es que de la edición de dos mil ejemplares que hizo Alberto Aguirre sólo se vendieron ochocientos. Descontando los ciento cincuenta que recibió García Márquez y otros ciento cincuenta que repartió el editor entre la crítica y la prensa nacionales, quedaron novecientos ejemplares que Aguirre tuvo que saldar al fin como pudo, junto a los restos de las obras completas de León de Greiff y un libro de Fernando González.

Si el ingreso de García Márquez en los círculos literarios y periodísticos fue relativamente rápido, gracias a Álvaro Mutis y a la buena acogida de *El coronel no tiene quien le escriba* y sus otros libros, su penetración en los círculos del cine mexicano iba a ser lenta y difícil. La clave de Sésamo que le permitió acceder finalmente a ellos fue, como siempre, la amistad y su empecinamiento. Aparte de Augusto Monterroso, Juan García Ponce y Fernando Benítez, sus primeros amigos fueron personas del cine o muy afines al cine, como Jomí García Ascot, María Luisa Elío, Emilio García Riera, Vicente Rojo, José Luis González León, José de la Colina, Alberto Isaac, Luis Alcoriza y Arturo Ripstein. Todos ellos eran amigos de Álvaro Mutis.

A Jomí García Ascot y a María Luisa Elío, a quienes dedicaría *Cien años de soledad,* los había conocido a finales de 1960, en su salto de tres días desde La Habana para visitar a Mutis, y esta amistad germinal le permitió, desde el momento en que llegó a México, asistir durante los fines de semana

a la filmación de *En el balcón vacío,* la película que supondría
todo un hito en la historia del nuevo cine mexicano.

La pareja García-Elío había crecido dentro del drama
de la mayoría de los niños españoles de la diáspora: esa nostalgia herida de la infancia y esa tierra de nadie en que quedaron
al perder sus raíces sin haber echado otras de sustitución. La
mayoría de estos exiliados siguieron viviendo en sus guetos
españoles con la esperanza de que tal vez el año próximo o el
siguiente cayera Francisco Franco, y mientras esperaban y sus-
piraban por la Madre Patria, fueron desplegando en México su
actividad empresarial, cinematográfica, universitaria, periodística, editorial, literaria, artística, enriqueciendo y transformando la cultura mexicana durante los años cuarenta, cincuenta y sesenta.

Como muchos de ellos, María Luisa Elío había escrito
unos relatos clandestinos para paliar las hieles del exilio y la
nostalgia herida de la infancia española, y entre su marido Jomí
García Ascot, un madrileño cosmopolita educado en París, y
Emilio García Riera, un ibicenco también pasado por Francia,
se propusieron llevarlos al cine con un presupuesto doméstico
de cuatro mil dólares y la colaboración semanal de los amigos.
Todos los fines de semana, durante 1961, Carlos Fuentes, Álvaro Mutis, Juan García Ponce, Salvador Elizondo, Tomás Se-
govia, John Stanton y otros amigos pusieron su granito de
arena de actores de buena voluntad para que *En el balcón vacío*
fuera posible. La película ponía el dedo en la llaga de la soledad y la nostalgia, ilustrando de paso ese compromiso común
de los escritores mexicanos y españoles del exilio con el cine,
en este caso con el nuevo cine, pues la película de García Ascot, que obtuvo dos premios internacionales, constituyó todo
un hito del cine nacional, inaugurando una nueva sensibilidad
y proponiendo un nuevo lenguaje inspirados en la «nouvelle
vague»[16].

La asistencia al rodaje de *En el balcón vacío* fue, pues, el
primer acercamiento de García Márquez al celuloide mexicano,
aunque todavía con cierta timidez. María Luisa Elío recordaría
que, después de cada sesión, el escritor se quedaba rezagado
detrás de las columnas o de algún parapeto para que no lo vieran.

Y es que García Márquez seguía siendo un hombre tímido, algo triste e introvertido, cuya sensación de sobrar en algunas partes era uno de sus complejos persistentes. Sin embargo, su determinación era muy clara: demostrar que él podía no sobrar en el cine mexicano. Entonces, de la mano de Álvaro Mutis y Luis Vicens, empezó a visitar regularmente los grupos de escritores, periodistas, artistas y cineastas que estaban unidos por la pasión común del celuloide y que querían cambiar el trillado rumbo del cine mexicano. Álvaro Mutis no era un asiduo de estas reuniones porque el cine nunca había sido una de sus aficiones primordiales y porque siempre le había tenido alergia a la vida social de los intelectuales, pero le dio todas las coordenadas a su amigo. Así, García Márquez empezó a reunirse una vez a la semana para hablar de cine, en comidas rotativas, con Arturo Ripstein, Vicente Rojo, Emilio García Riera, José Luis González de León y la actriz Adriana Roel. Más tarde, se reuniría todos los viernes con Luis Alcoriza, Alberto Isaac, Arturo Ripstein, Emilio García Riera y, de cuando en cuando, Álvaro Mutis. Pero sus verdaderos cenáculos cinematográficos tenían lugar los sábados en la oficina del venerable Luis Vicens, con la concurrencia de Jomí García Ascot, José Luis González de León, Emilio García Riera, José de la Colina y Salvador Elizondo.

Luis Vicens, un gran promotor de cineastas, pintores y escritores, se había instalado en México en septiembre de 1959, procedente de Colombia, donde había vivido muchos años y había dejado una impronta pionera en la afirmación del cine nacional, como la fundación del Cineclub de Colombia y la Cinemateca Colombiana. Asimismo, había hecho el montaje de *La langosta azul,* la película que hicieron Álvaro Cepeda Samudio y sus amigos por su cuenta y riesgo en 1954. García Márquez había asistido a este montaje con mucho interés, dándose cuenta desde entonces de la importancia que tenía para un guionista el conocimiento de la técnica del montaje: lo mismo que le enseñaría la *dottoressa* Rosado durante su breve paso por el Centro Experimental de Cinematografía de Roma. Cuando Vicens llegó a México, lo primero que hizo fue buscar a los jóvenes cineastas que estaban abriendo nuevos caminos en el cine mexicano, y los encontró agrupados bajo la influencia de la «nouvelle vague» y los *Cahiers du Cinéma*. En este ambiente propicio nació la revista *Nuevo Cine,* que, pese a su corta vida, iba a tener una gran influencia nacional y cierta repercusión internacional. La revista, animada y administrada por Vicens, propició el despegue del nuevo cine mexicano, con películas como *En el balcón vacío, La fórmula secreta* y *En este pueblo no hay ladrones,* basada en el cuento de García Márquez.

En las reuniones de los sábados alrededor del librero y cineasta catalán, se hablaba de todo y se proponía de todo. Fue así como Álvaro Mutis sugirió que crearan un seudónimo que todos pudieran usar indistintamente para firmar sus colaboraciones en la revista. Los otros estuvieron de acuerdo y aceptaron el nombre propuesto por el propio Mutis: Zachary Anghelo. Este perfecto judío de Hollywood llegó a tener cierto renombre no sólo por el acento puesto en sus comentarios sobre cine, sino por sus presuntas aventuras con las más bellas actrices. Una vez se atrevió incluso a contar que había tenido que pelearse a golpes con un insensato por una película de Luis Buñuel, y cuando el maestro aragonés lo supo lamentó de veras no haberlo conocido personalmente[17].

De modo que, en medio del trabajo y el estudio, también había espacio para la «mamadera de gallo», lo que delata la amistad y complicidad con que este grupo de mexicanos, españoles y colombianos vivían la pasión común del celuloide. Éste fue el ambiente que encontró García Márquez en julio de 1961, y se sintió tan cómodo en él y vio tales posibilidades de futuro, que al cabo de dos años, cuando por fin encontró la brecha para introducirse en el cine, pensó más de una vez en cerrar el grifo de la literatura y dedicarse en cuerpo y alma al séptimo arte.

La primera oportunidad que se le presentó fue toda una ocasión de oro: trabajar para el productor Manuel Barbachano Ponce en la adaptación de «El gallo de oro», un argumento de Juan Rulfo, el escritor al que más conocía y admiraba en ese momento. Encantado, dejó entonces el trabajo en la agencia de publicidad Walter Thompson, a la que había llegado en septiembre de 1963 huyendo del periodismo alimenticio y estéril que había tenido que acometer durante dos años en *La Familia* y *Sucesos para Todos*. Aquí el hartazgo había sido total, y sólo las dificultades económicas del comienzo explican que el escritor hubiera perdido dos años en un trabajo de rentabilidad puramente estomacal. Para colmo, su patrón Gustavo Alatriste le hacía más triste y dramática su desesperación, pues solía pagarle con retraso y para cobrarle García Márquez tenía que perseguirlo a través de todo un laberinto kafkiano. Emilio García Riera recordaría, por ejemplo, que una vez llegó a deberle tres meses, y el escritor lo perseguía por todas partes, hasta que el empresario le dijo que no se preocupara, que le iba a pagar. Lo metió en su coche y se lo llevó a un baño turco, donde le dio el cheque en medio del vapor. Cuando García Márquez salió, se dio cuenta de que las letras del cheque se habían borrado; entonces tuvo que volver a perseguirlo, en una nueva versión del eterno suplicio de Sísifo[18].

Así que cuando llegó al mundo de la publicidad de la mano de Mutis, el escritor se sintió dos veces liberado, y cuando dejó la publicidad meses después para dedicarse de tiempo completo al cine con Manuel Barbachano Ponce, creyó encontrarse en la gloria, pues era justamente lo que había estado buscando desde los tiempos de Roma: poner su pluma al servicio del cine hasta lograr la novela en imágenes perfecta. Porque el escritor estaba convencido entonces de que el cine, por su enorme poder visual, podía ser el medio de expresión más adecuado para narrar la problemática del hombre de su tiempo. Esta convicción, que se le desvanecería a mediados de 1965, no sólo había dejado huellas evidentes en sus libros anteriores, sino que estaba entorpeciendo en cierta forma (aunque en otra lo estaba enriqueciendo) su proceso de madurez hacia la novela total, hacia esa «película perfecta» que sería *Cien años de soledad*. Pero, mientras tanto, iba a tener que pasar dos años de ilusiones y decepciones hasta llegar a saberlo.

Manuel Barbachano Ponce era toda una institución en México. Hombre generoso, que no tuvo el menor reparo en seguirle pagando a Álvaro Mutis su sueldo durante los quince meses que éste pasó en la prisión de Lecumberri, Barbachano Ponce aglutinaba a su alrededor toda una serie de cineastas, pintores y escritores. Productor de algunas de las mejores pelí-

culas de Luis Buñuel y uno de los fundadores del cine independiente mexicano, creía que, ante la falta de buenos argumentos
originales, el cine debía alimentarse de la literatura y recurrió
con frecuencia a escritores como Benito Pérez Galdós, Ramón
María del Valle-Inclán o Juan Rulfo, por el que sentía una admiración aparte. Su apoyo al nuevo cine, en conjunción con la
obra de los nuevos escritores, lo llevó a ser el único productor
independiente que participó en 1964 en el Primer Concurso de
Cine Experimental, produciendo cinco mediometrajes basados en textos de Carlos Fuentes, Juan García Ponce y Juan de la
Cabada.

La idea de llevar a Rulfo al cine era la gran joya de sus
sueños, pero no encontraba un buen guionista. Barbachano Ponce buscaba un guionista que estuviera tan enajenado como él por
la obra de Rulfo y que fuera, por lo menos, tan buen escritor como éste. Entonces Álvaro Mutis se acordó de que su amigo
García Márquez estaba pasando la misma embriaguez por el
autor de Comala y los presentó a los dos. A caballo entre la literatura y el cine y con todo el tiempo a su disposición (acababa
de renunciar a su trabajo en publicidad), García Márquez escribió en pocos meses su primer guión basado en «El gallo de
oro», al que Barbachano Ponce sólo le puso un pero: los diálogos estaban en colombiano y no en mexicano. En este momento
entraron en juego la colaboración y la amistad de Carlos Fuentes, quien acababa de regresar de un largo viaje por Europa.
Álvaro Mutis los presentó en la misma sala de proyecciones de
Barbachano Ponce. Los dos se conocían por carta y a través de amigos comunes, se habían leído y, sin duda, se admiraban, pero la
empatía no fue inmediata.

A sus treinta y cinco años, Carlos Fuentes era ya uno de
los grandes e innovadores narradores mexicanos, y dos de sus
mejores novelas, *La región más transparente* y *La muerte de Artemio
Cruz,* lo habían colocado a la cabeza de la nueva novelística latinoamericana, junto a Alejo Carpentier, Julio Cortázar, Juan
Rulfo y Mario Vargas Llosa. Era un escritor cosmopolita enraizado en los grandes mitos mexicanos y un ensayista agudo y re-
frescante; un intelectual que practicaba la solidaridad generacional y un hombre ternuroso, como diría Vallejo. Con todo este

bagaje literario, intelectual y humano se paseaba por medio mundo en tres idiomas con pasos largos y seguros, una labia encantadora, una risa espontánea y ademanes cada vez más fluidos. De tan cordial, profuso y explosivo que era, resultaba casi apabullante.

Gabriel García Márquez, siendo ya uno de los mejores escritores de América Latina, padecía todavía, por el contrario, la dicha desdichada de que sus primeros cuatro o cinco libros fueran joyas casi secretas, restringidas a sus amigos y a un público de lectores parroquial. No le terminaba de ir bien en nada, excepto, claro está, en su artesanía literaria, en su amor con Mercedes y en la relación con sus amigos de siempre. Tenía la desventaja de una labia menos seductora, de ser un hombre un poco triste, tímido e introvertido que creía que sobraba en algunas partes.

A mediados de los cincuenta, Carlos Fuentes había leído la primera novela del colombiano gracias a Álvaro Mutis y le había publicado en la *Revista Mexicana de Literatura,* que dirigía con Emmanuel Carballo, algunos relatos cedidos por la revista *Mito* de Bogotá, como el «Monólogo de Isabel viendo llover en Macondo». A raíz de esto, habían tenido algún intercambio epistolar, y es posible que Fuentes hubiera imaginado al colombiano desenfadado, recursivo y seguro como su misma prosa, y, en el fondo, lo era, pero no precisamente cuando se conocieron, por lo que, entre la explosión, la seguridad y la fluidez del mexicano y la implosión, la inseguridad y las inhibiciones del colombiano, no es raro que se hubiera creado un cierto *impasse,* una especie de zona vedada en la que uno quedó de un lado con sus reservas y el otro quedó de otro lado con sus timideces. Pero éste fue sólo un desencuentro provisional que pronto dio paso a una de las amistades y complicidades más profundas y felices en la vida de ambos escritores.

Según Vicente Rojo, uno de los factores que empezó a abonar su amistad fue la publicación en Ediciones Era, en septiembre de 1963, de la segunda edición de mil ejemplares de *El coronel no tiene quien le escriba,* obra que comentó Carlos Fuentes con entusiasmo en enero del año siguiente en el suplemento «La Cultura en México» de *Siempre!* Pero el hecho que los

acercó definitivamente fue el cine y Juan Rulfo, pues su trabajo conjunto en «El gallo de oro» les permitió conocerse mejor
como escritores, cineastas y amigos, desterrando las últimas
sombras. El guión resultante fue un trabajo digno y fiel a la
obra de Rulfo, aunque la película, dirigida por Ricardo Gavaldón y estrenada en diciembre de 1964[19], fue un fracaso. Gavaldón
era un viejo director comercial, lleno de resabios y carente de
imaginación, que, según recordaría García Márquez, les hizo la
vida imposible a los guionistas durante varios meses, haciéndoles deshacer y rehacer el guión, en el círculo vicioso de Penélope
(como lo haría el coronel Aureliano Buendía con los pescaditos
de oro de la soledad), hasta que un día se hartaron y le dijeron a
Barbachano Ponce que ahí le dejaban el guión para que Gavaldón hiciera con él lo que le diera la real gana[20].

Meses después, los dos volvieron a coincidir bajo la misma pasión por el cine y por Juan Rulfo, en la adaptación de *Pedro Páramo*, el gran proyecto de Barbachano Ponce que estuvo
a punto de llevarlo a la quiebra. El guión original había sido
escrito por Fuentes, pero el director, Carlos Velo, estaba muy
inseguro y quería un guión casi científico, sometiéndolo a la
consideración de un sinnúmero de técnicos y escritores, desde
Jomí García Ascot, Juan García Ponce y Álvaro Mutis, hasta
Fernando Benítez, José de la Colina y Gastón García Cantú.
Cuando llegó a las manos de García Márquez, el trabajo de Fuentes estaba irreconocible: cada cual le había agregado o quitado
retazos de aquí y de allá. El colombiano entró entonces como
abogado de buena voluntad de Rulfo, pero aun así la película
de Carlos Velo «fue uno de los mayores desastres del cine mexicano»[21]. En cambio, el trabajo minucioso durante meses en este
guión le fue de mucho provecho para conocer a fondo las esencias más secretas de la carpintería poética de Rulfo, logrando
una de las claves que le permitirían escribir poco después *Cien
años de soledad*.

Al mismo tiempo que daba sus primeros pasos en el
cine, García Márquez vendió los derechos cinematográficos de
El coronel no tiene quien le escriba (que no llegó a filmarse por care-
cer el personaje de gancho comercial) y cedió los de su cuento
«En este pueblo no hay ladrones» para que Alberto Isaac y Emi-

lio García Riera lo llevaran al cine. Con adaptación de ambos y dirección de Isaac, la película quedó finalista y obtuvo premios en adaptación y fotografía en el Primer Concurso de Cine Experimental[22]. El primer premio fue para *La fórmula secreta*, de Rubén Gámez, a la que Rulfo le puso un hermoso texto. Ambas películas se inspiraron en *En el balcón vacío,* y como en ésta, varios escritores y cineastas participaron como actores de buena voluntad en la filmación de *En este pueblo no hay ladrones.* El mismo García Márquez, que intervino activamente en el montaje, actuó como taquillero de cine; Luis Buñuel hizo de cura sermoneador; Luis Vicens actuó de don Ubaldo; Juan Rulfo y Carlos Monsiváis hicieron de jugadores de dominó, y José Luis Cuevas y Emilio García Riera se desempeñaron como jugadores de billar[23]. La tímida presencia de Rulfo en esta película vino a subrayar su reciente amistad con García Márquez, una amistad que se había iniciado sin mayores augurios en noviembre del año anterior, cuando Álvaro Mutis los presentó durante la boda de un amigo (exactamente el día en que Ruby mató a Oswald, el asesino de Kennedy). Aunque el mexicano había leído ya al colombiano, las excesivas reservas, timideces e inhibiciones de aquél, así como el proceso de desalcoholización por el que estaba pasando, hicieron que la amistad no cuajara de inmediato. Pero una vez que ésta se consolidó, Rulfo fue una presencia continua en las tertulias literarias que, paralelamente a las cinematográficas, mantuvo García Márquez con otros escritores y amigos: Luis Cardoza y Aragón, Ernesto Mejía Sánchez, Augusto Monterroso, Jaime García Terrés, Juan García Ponce, José Emilio Pacheco y, con menos frecuencia, Álvaro Mutis.

Entusiasmado con los primeros logros, García Márquez se lanzó durante ese mismo año de 1964 (su año de oro del cine) a escribir el primer guión completamente suyo: *Tiempo de morir.* Era una vieja idea que, con el nombre de *El charro*, había nacido de la imagen de un viejo pistolero que ha aprendido a tejer tras largos años de reclusión, imagen que a su vez nació de una anécdota vivida por García Márquez cuando un día regresaba a su casa y encontró al portero, un antiguo matón, tejiendo un suéter[24]. El guión, cuyos diálogos fueron adaptados por Carlos Fuentes, fue escrito expresamente para que el joven Arturo Ripstein de veintiún años se lanzara como realizador a la sombra de su padre, el productor de la 'película, quien exigió que ésta se disfrazara de *western* para encontrarle un mercado seguro en Alemania Occidental. La película fue filmada en Pátzcuaro entre el 7 de junio y el 10 de julio de 1965, con la asistencia de García Márquez, y estrenada ese mismo año[25].

Tiempo de morir no sólo es el primer guión original de García Márquez, sino su segunda influencia de Juan Rulfo y un trabajo revelador de lo que el escritor buscaba en el cine: plasmar y comunicar las mismas obsesiones de su obra literaria. Tecnicismos aparte, el guionista se comporta prácticamente como el autor de *La mala hora* y *El coronel no tiene quien le escriba*, a la vez que introduce elementos importantes de su obra futura, por lo que este guión podría haberse titulado también «La mala hora», «Juan Sayago no tiene quien le ayude», «Veinte años de soledad» o «Crónica de una muerte anunciada». El tiempo y la estructura no sólo son circulares, reiterativos, sino que aun en las descripciones el autor se empeña en hacer literatura, su literatura, «olvidando» que las palabras de un guión son simples instrumentos al servicio de la cámara y no entidades literarias autónomas.

Aunque García Márquez había seguido trabajando alternativamente en el cine y en la publicidad (unas veces en Walter Thompson y otras en Stanton Pritchard and Wood), este año fue todavía más prolífico: aparte de su participación en el guión de *Lola de mi vida,* una película menor de Miguel Barbachano Ponce, escribió dos guiones más con argumentos originales suyos: *Patsy, mi amor,* que dirigió Manuel Michel, y *Juegos peligrosos,* presentada en dos partes: *H.O.*, dirigida por Arturo Ripstein, y *Divertimento,* realizada por Luis Alcoriza[26].

Sin embargo, el verdadero paraíso del cineasta García Márquez pareció dibujarse en su horizonte cuando el productor Antonio Matouk les propuso a él y a Luis Alcoriza, el prestigioso guionista de Luis Buñuel, que se encerraran a escribir guiones con un sueldo fijo. Después de tres guiones y numerosas historias bosquejadas, tiraron la toalla[27], y el escritor pudo comprobar entonces que el paraíso del guionista no era más que un estrecho oasis, pues a su alrededor se extendía el desierto de una industria comercial compleja y contradictoria, en la que el guionista no era más que una simple pieza, una pieza velada que casi siempre terminaba perdiendo su propia identidad. Estaba claro, pues, que el cine no era «el medio de expresión perfecto» para plasmar y comunicar el universo que llevaba dentro desde los días de la infancia en que el abuelo lo llevaba al circo o a ver las películas de Tom Mix y la abuela lo amordazaba al anochecer con los espíritus endémicos de la casona de Aracataca.

Treinta años después, Carlos Fuentes recordaría los lamentos mutuos de sus fracasos en el celuloide. Echados en el césped de su casa de la Cerrada de Galeana, en el suburbio residencial de San Ángel Inn, de pronto el mexicano se volvía loco y exclamaba que ya no podía mas, que se retiraba, o era el colombiano el que se quejaba con la cantinela de siempre: «Me voy a Colombia, no puedo trabajar más como guionista, es muy humillante, estamos trabajando con analfabetos». Entonces, Fuentes, antes consolado por su amigo, consolaba ahora a éste: «Gabo, no se te olvide que esto que estamos haciendo en el cine es para financiar las novelas que queremos escribir. Recuerda que tienes que escribir tu gran novela». Pero el problema no era ése. El problema era que García Márquez siempre había pensado que el cine era el medio más adecuado para contar todo lo que quería contar, y ahora, tras dos años de bregas en el celuloide, tenía que admitir con toda humildad que, frente a la novela, el cine no sólo era un medio de expresión más limitado, sino que, al pairo de los gustos, caprichos e intereses de productores y directores, era muy poco lo que se podía hacer en él.

Para un escritor de ambiciones normales, los logros de García Márquez hasta mediados de 1965 no sólo eran óptimos, sino que éste parecía flotar en la cresta de la ola. En Colombia gozaba de un sólido prestigio de reportero y novelista; en México era ya una referencia como guionista y era coreado como escritor, aunque fuera entre sus amigos y la crítica, y sus libros empezaban a interesar en varios países latinoamericanos. Era un guionista y un publicista bien pagado y empezaba a navegar en un mar de cierta prosperidad, lo que se reflejaba en la calidad de sus viviendas (tras un breve paso por la colonia de Prado Ermita, había dejado la casa de la colonia Florida para instalarse en la luminosa y confortable de San Ángel Inn), en la variedad y calidad de sus ropas, en los gustos que podía darle ahora a su familia y en sus relaciones sociales con productores, directores, periodistas, escritores, pintores, cantantes, célebres actores y bellas actrices. Era un hombre correcta y convencionalmente vestido y encorbatado, a quien se le veía con frecuencia, unas veces solo y otras con Mercedes, departiendo con distintos grupos de amigos en bares, cafés, restaurantes y clubes de la Zona Rosa (ese gran bazar de las convenciones sociales mexicanas), la Alameda Central, el México colonial, la calle de Bucareli o en los mil y un lugares del Paseo de la Reforma y la Avenida de los Insurgentes. Con todo, uno de sus ritos preferidos era asistir los domingos por la tarde a los tés abiertos que Carlos Fuentes hacía con su mujer Rita Macedo en su casa, donde la vida social con los numerosos invitados era en realidad una prolongación festiva del trabajo literario, cinematográfico y periodístico que los mantenía insomnes. Entre los ternos y las chaquetas de cuero de la intelectualidad mexicana, era frecuente ver la chaqueta de lana a cuadros blancos y negros, electrizante, que el escritor colombiano conservaba como un amuleto desde sus tiempos líricos de cineasta en Roma.

Pero ahora, diez años después, se sentía defraudado por el séptimo arte y agotado como escritor. Amigos como Álvaro Mutis le escucharon decir reiteradamente en esa época que no volvería a escribir, que él ya no tenía nada que decir. A Plinio Mendoza le confesó en una de sus frecuentes cartas de entonces que tragaba «tranquilizantes untados en el pan, como mantequilla»[28], y dos observadores latinoamericanos, el crítico uruguayo Emir Rodríguez Monegal y el escritor chileno-norteamericano Luis Harss, dieron fe del estado de postración en que parecía encontrarse el escritor colombiano[29]. Sólo Álvaro Mutis, el amigo más cercano y quien mejor lo conocía, no creyó jamás en la verdad de fondo de sus lamentos, aunque le parecieron sinceros, ni mucho menos en su supuesta esterilidad. Para el poeta de Coello no eran más que manifestaciones externas y equívocas de una lenta y profunda digestión: «No, yo nunca creí en esa tan llevada y traída esterilidad literaria de Gabo, porque éste es un escritor nato, y él durante esos años anteriores a *Cien años de soledad* estaba digiriendo varias cosas: en primer lugar, el trancazo de México, que es algo lento y difícil de digerir; en segundo lugar, la obra de Rulfo junto a lo de México, porque Rulfo es el México esencial, y en tercer lugar, estaba digiriendo lo del cine, que él creyó descubrir en toda su potencialidad aquí».

Por eso, Álvaro Mutis pondría en duda la versión según la cual García Márquez había estado trabajando en una primera versión de *El otoño del patriarca* durante esos años[30]: «Gabo nunca me dijo que estuviera escribiendo *El otoño del patriarca* antes de sentarse a escribir *Cien años de soledad*. Aunque con Gabo nunca se sabe, pues él lo que tiene es un arsenal de imágenes e ideas que permanecen más o menos intactas desde la infancia. Es posible que hubiera estado trabajando antes en la idea de *El otoño del patriarca,* pero nunca me lo dijo. Es muy raro que, de haberlo estado haciendo, no me lo hubiera comentado, pues en esa época nos veíamos mucho y siempre nos comentábamos lo que uno y otro estaba trabajando. No, eso de que llegó a escribir trescientas páginas de la novela del dictador antes de *Cien años de soledad* no lo creo, no, porque él estaba sobre todo escribiendo guiones y dirigiendo revistas para poder vivir. Además, él dijo por esa época que no volvería a escribir y que se iba a dedicar sólo a eso. Lo dijo con mucha convicción, aunque se estaba engañando, sin saber que se estaba engañando».

Las afirmaciones de Mutis estaban respaldadas de antemano por unas declaraciones del mismo García Márquez, cuando, en noviembre de 1965, éste le escribió a Luis Harss dándole información complementaria sobre el proceso de escritura de *Cien años de soledad* para su libro *Los nuestros:* «Estoy loco de felicidad. Después de cinco años de esterilidad absoluta, este libro está saliendo como un chorro, sin problemas de palabras». Y más adelante, tras revelarle que la novela del dictador se titularía *El otoño del patriarca,* le puntualiza: «No será, como suponía, un libro muy largo, sino apenas más largo que *El coronel*. No sé por qué no se me había ocurrido antes: debe ser el monólogo del dictador en el momento de ser juzgado por un tribunal popular. Estoy trabajando en las notas»[31].

En efecto. Desde comienzos de 1958 hasta mediados de 1965, García Márquez sólo pudo haber estado buscando material y tomando notas para su novela del dictador, pues durante estos siete años no había tenido ni el tiempo, ni el sosiego, ni la perspectiva suficientes para acometer una obra de semejante envergadura. Además, seguía teniendo atragantado en el centro de su numen un bolo literario más antiguo y de mayor calibre: *La casa*, sobre la cual había estado tomando notas durante diecisiete años, fracasando en varios intentos, y de la cual había plantado esquejes por separado, con métodos distintos, en aproximaciones sucesivas al gran tronco central.

De modo que, habiendo reparado en sus «distracciones» cinematográficas, habiendo asimilado a Rulfo en lo más profundo y habiendo superado el trancazo de México, con una excelente grey de amigos y una situación económica estable, de pronto, mientras conducía su Opel blanco con su familia desde ciudad de México hacia Acapulco, vio claro cómo debía escribir *La casa* de marras, convirtiéndola en una mansión habitable, y una noche de mediados de 1965 en que Álvaro Mutis y su entonces novia Carmen Miracle fueron a visitar a los García Márquez en su casa de San Ángel Inn, el escritor le dijo a su amigo, como si acabara de ocurrírsele: «Maestro, voy a escribir una novela. Mañana mismo voy a empezar. ¿Se acuerda de aquel mamotreto que nunca le mostré y que le entregué en el aeropuerto de Techo en enero de 1954 para que me lo metiera en la cajuela del coche? Pues es ésa, pero de otra manera». Y, en efecto, al día siguiente empezó a trabajar en *Cien años de soledad* de forma afiebrada, demencial, pero el comienzo estuvo empedrado de dificultades e interrupciones durante los primeros meses.

Existe una confusión ya legendaria sobre el momento preciso en que tuvo lugar este comienzo. Seis años más tarde, Vargas Llosa diría en *Historia de un deicidio* que fue en «enero de 1965», y, diecisiete años después, García Márquez anotaría que fue «una mañana de octubre de 1965» cuando se sentó «frente a la máquina de escribir, como todos los días, pero esta vez no volví a levantarme sino al cabo de dieciocho meses»[32]. Sin embargo, ciertos hechos y anécdotas señalan que el comienzo de la empresa más memorable del escritor de Macondo no pudo haber empezado tan temprano como diría Vargas Llosa, ni tan tarde como anotaría el propio García Márquez.

El primer hecho elocuente es su encuentro con el ensayista y escritor chileno-norteamericano Luis Harss a mediados de ese año. Hacía algún tiempo, Harss venía recorriendo el continente, desde Estados Unidos hasta Argentina, entrevistando, para su novedoso libro *Los nuestros,* a los nueve escritores que él consideraba canónicos en la nueva narrativa latinoamericana: Jorge Luis Borges, Miguel Ángel Asturias, Alejo Carpentier, João Guimarães Rosa, Juan Carlos Onetti, Julio Cortázar, Juan Rulfo, Carlos Fuentes y Mario Vargas Llosa. Al llegar a México y verse con Fuentes, éste le dijo que tuviera muy en cuenta a Gabriel García Márquez, un joven escritor colombiano poco difundido, pero con una obra muy personal y decantada, pues para el mexicano su colega y amigo era ya un gran narrador de talla latinoamericana, uno de «los nuestros». Seducido por la lectura de sus cuatro libros, Harss se desplazó hasta Pátzcuaro, a unos trescientos kilómetros al oeste de la ciudad de México, donde encontró a García Márquez con el director Arturo Ripstein filmando la película *Tiempo de morir,* hecho que tuvo lugar entre el 7 de junio y el 10 de julio de ese año[33].

En la entrevista, realizada hacia junio, en una vieja fonda colonial a orillas de un lago, García Márquez hizo por primera vez de cara al público un escrutinio a fondo de su vida y su obra, pero no habló todavía ni siquiera del proyecto de su novela mayor, pues, aunque estaba satisfecho de sus libros anteriores, se sentía en un callejón sin salida, flagelándose con una autocrítica implacable, y, como lo reconocería él mismo, «no pensaba todavía en *Cien años de soledad*», por lo que «le hablé a Harss de esa novela sólo mucho después, en una carta, anunciándole que estaría lista para marzo o abril de 1967»[34]. La carta, en la que le dio amplia información de su contenido y proceso de escritura, data de noviembre de 1965.

Otro referente en el tiempo que nos conduce a la fecha aproximada en que García Márquez empezó a escribir su novela es la visita que Carmen Balcells y su esposo Luis Palomares le hicieron durante los primeros días de julio de ese año. Balcells, que ya era su agente oficial desde noviembre de 1962, llegaba triunfal de Estados Unidos, donde acababa de conseguir un contrato de mil dólares para los cuatro libros anteriores del autor colombiano, y pensó que éste era el mejor momento para conocerlo personalmente, pero cuando llegó y le comentó el contrato obtenido con la editorial Harper and Row, sus aires de triunfo se desvanecieron como un castillo de arena, pues el escritor le dijo franca y llanamente lo que pensaba: «Es un contrato de mierda». Por supuesto, no estaba descalificando su trabajo, sino expresando el estado de desamparo en que se encontraban los derechos de un autor que, aunque celebrado por la crítica internacional, carecía todavía de un nombre comercial: mil dólares por cuatro libros que le habían costado quince años de arduo trabajo, y entre los cuales se encontraba una de las obras más perfectas y hermosas de la lengua castellana, no podía ser otra cosa que un contrato cicatero.

Carmen Balcells y Luis Palomares fueron recibidos durante tres días y tres noches por los García Márquez con ágapes, fiestas y rondas nocturnas por la ciudad de México. Como era ya tradicional con los catalanes, la empatía fue muy grande, aunque al principio aquéllos se quedaron un poco desconcertados por ese aire de soberbia y distancia con que el escritor suele desorientar a quienes lo tratan por primera vez. Pero detrás de las apariencias, sus agentes empezaron a descubrir pronto a un ser antisolemne, informalmente formal, un «mamagallista» de mucho cuidado y un huésped atento y exquisito. Al final, les firmó un segundo contrato jocoso, con fecha de 7 de julio de 1965, «autorizándolos», en presencia de Luis Vicens, a representarlo como agentes literarios en todos los idiomas durante «ciento cincuenta años». Como recordaría Carmen Balcells, la novela que iba a convertir esta broma en una magnífica realidad todavía no se había empezado a escribir: se empezaría en los días siguientes.

Estos hechos y fechas nos permiten llegar a la conclusión de que *Cien años de soledad* no pudo haberse empezado a escribir en enero de 1965, como afirmó Vargas Llosa, sino probablemente hacia mediados de julio de ese año, después de la visita de Luis Palomares y Carmen Balcells y del rodaje de *Tiempo de morir*.

Que el comienzo no pudo haber sido en una fecha tan tardía como octubre, que es la que dio el propio autor, parece quedar corroborado también por los hechos ocurridos una noche de comienzos de septiembre de ese mismo año, cuando García Márquez le dedicó la novela a María Luisa Elío.

Todo había empezado esa tarde en el Palacio de Bellas Artes, donde Carlos Fuentes acababa de dar una conferencia sobre su reciente novela *Cambio de piel* y había rendido al final un homenaje público a sus mejores amigos, confesando su aprecio, entre otros, por García Márquez, «a quien me ligan tanto nuestros ritos dominicales como mi admiración por su antigua sabiduría de aedo de Aracataca»[35]. Al término de la charla, Álvaro Mutis invitó a su casa a varios amigos: Carlos Fuentes y Rita Macedo, Gabriel y Mercedes García Márquez, Jomí García Ascot y María Luisa Elío, Elena Garro, Fernando Benítez, Fernando del Paso, hasta conformar un grupo de diez o doce personas. Inspirado por el ambiente, a la salida de Bellas Artes, García Márquez empezó a contarles las historias de los Buendía, en la calle, en el coche, en las escaleras, hasta que llegaron al apartamento de Mutis en Río Amoy, donde la conversación, como ocurre en estos casos, se convirtió en una pequeña babelia. Pero entre los oyentes del aedo de Aracataca había uno insaciable, la española María Luisa Elío, quien logró que aquél le contara durante tres o cuatro horas la novela completa. Cuando el escritor le refirió la historia del cura que levita, su oyente salió del encantamiento y le lanzó la primera pregunta de incredulidad: «Pero ¿levita de verdad, Gabriel?». Entonces él le dio una explicación todavía más fantástica: «Ten en cuenta que no estaba tomando té, sino chocolate a la española». Al ver a su oyente subyugada, el aedo de Aracataca le preguntó si le gustaba la novela, y María Luisa simplemente le contestó: «Si escribes eso, será una locura, una maravillosa locura». «Pues es tuya», le dijo él. La anécdota no es gratuita: muestra que a comienzos de septiembre de 1965 García Márquez debía de tener muy avanzada la escritura de *Cien años de soledad*[36], por lo que queda descartado que la hubiera empezado en octubre, es decir, al mes siguiente.

De modo que lo más factible es que García Márquez hubiera empezado a escribir su novela hacia mediados de julio de 1965, y que la escritura continuada y excluyente no hubiera empezado hasta octubre, cuando superó las dificultades iniciales y se zafó de los compromisos que lo tenían atado al cine y la publicidad, lo que tal vez explique que, en la nebulosa cronología de los hechos, el escritor se aferrara al mes de octubre como fecha inicial.

Sin duda, los encuentros con Luis Harss y Carmen Balcells fueron, junto al contagio y los estímulos de Carlos Fuentes y el cansancio del cineasta y el hartazgo del publicista, importantes estímulos coyunturales para que decidiera sentarse a escribir la novela que llevaba incubando durante diecisiete años. Era evidente que su inclusión en *Los nuestros,* al lado de los más grandes narradores latinoamericanos, significaba su primera consagración continental y una excelente tribuna de proyección de su obra (no en balde se apresuró a darle amplia información a Luis Harrs de su novela en ciernes en noviembre de 1965). Sus cuatro libros publicados no sólo eran tan dignos como los de aquéllos, sino que él llevaba escribiendo más tiempo que el mismo Fuentes y el mismo Vargas Llosa. Pero persistía su desdicha endémica: seguía siendo entre ellos el autor menos editado, traducido y conocido, tanto que los grandes editores mexicanos, algunos de los cuales eran sus amigos, no se atrevían a publicar sus libros por considerarlo un escritor irremediablemente «minoritario». Así que, con su instinto para detectar las ocasiones decisivas en que hay que dar el gran paso, García Márquez debió de aprovechar el estímulo de su inclusión en *Los nuestros* para sentarse a escribir *Cien años de soledad.*

El encuentro con Luis Harss no sólo fue providencial como estímulo exterior, sino porque éste fue además el heraldo que llevaría después sus libros al director literario de la Editorial Suramericana de Buenos Aires, Francisco Porrúa, el personaje clave en la edición de *Cien años de soledad* y, junto a Carmen Balcells, en el relanzamiento de los libros anteriores de García Márquez.

La visita de la agente catalana tuvo que haber sido otro estímulo en la dirección del gran paso, no sólo porque el escritor pudo constatar personalmente sus cualidades humanas y profesionales (las mismas que ya habían espiado para él en Barcelona Luis Vicens y Vicente Rojo), sino porque, con la noticia del contrato de los mil dólares, le llevó la confirmación definitiva de su desesperanza esperanzadora: que, pese a la excelente crítica, sus libros anteriores no lograban hacer carrera, sobre todo *El coronel no tiene quien le escriba,* y que para ser un autor de gran difusión, que es lo que él buscaba, no era suficiente ser un gran escritor y que sus amigos lo quisieran más y más, sino que estaba claro que hacía falta algo más y ese algo más tenía que alcanzarlo desde ahora y para siempre con su gran novela de Macondo.

Es posible que, como recordaría Alfonso Fuenmayor, fuera por esos días cuando el escritor realizó uno de sus viajes a Barranquilla, con el propósito de recoger información complementaria, recuperar el olor de la guayaba y estar con sus familiares y amigos. Sin embargo, y contra el propósito inicial de quedarse un mes, a la semana cambió de idea y regresó a México. Cuando Fuenmayor le recordó que eso no era lo prometido, García Márquez le dijo que tenía que regresar porque la noche anterior había visto tan clara la novela (titulada aún *La casa*), que estaba en condiciones de dictarla palabra por palabra a una mecanógrafa. En el barco de Cartagena a Veracruz, la novela se le fue aclarando cada vez más, pero al llegar a México persistía todavía el problema de fondo: el tono. Debió de ser entonces cuando el escritor, ya medio enajenado, emprendió con su familia aquel breve viaje de vacaciones a Acapulco, durante el cual se le reveló de golpe, mientras conducía su Opel blanco, la forma como debía escribir su lejana novela-río[37], la misma que había empezado en unas tiras largas de papel periódico en Cartagena de Indias a mediados de 1948. Puesto que necesitaba un tono absolutamente convincente que hiciera verosímil el heterogéneo mundo de Macondo, comprendió de pronto que la solución del problema estaba en el origen: *Cien años de soledad* debía ser narrada con la misma «cara de palo» con que su abuela Tranquilina Iguarán Cotes le contaba de niño las historias fantásticas, que era la misma con la cual él recordaba haber visto a su tía Francisca Cimodosea Mejía impartiendo órdenes a un grupo de niños para que hicieran una hoguera en el patio de la casa de Aracataca y quemaran un «huevo de basilisco». Por supuesto, era también la misma «cara de palo» con que Juan Rulfo había poblado Comala de un hervidero de ánimas que van y vienen. Paralelamente a la solución del tono, el escritor vio claro adónde había estado intentando llegar desde que escribió su primer cuento: no sólo a la casa en donde había nacido, sino a los instantes perdidos en que su abuelo lo llevaba de la mano al circo, al cine, a misa o de paseo. En realidad, había estado intentando llegar mucho más allá, y la solución del tono venía resolviéndose de forma natural y coherente en sus narraciones anteriores.

El intento de encierro a cal y canto para emprender su más largo y definitivo viaje fracasó a los pocos días por los compromisos que lo tenían atado al cine y la publicidad. Éstos llegaron a ser un engorro tan grande, que frenaron su fiebre creadora y el escritor fue atacado durante semanas por fuertes dolores de cabeza, pues tenía el cuerpo y el alma absolutamente colonizados por la novela. Entonces se apartó de la vida social, de los grupos literarios y cinematográficos, parlamentó con sus jefes y se zafó de los trabajos alimenticios. Emilio García Riera, el guionista de *En este pueblo no hay ladrones,* recordaría que a él le tocó reemplazarlo como *copy* en Walter Thompson, y que cuando se despidió les dijo que lo iban a ver muy poco, que se iba a encerrar a escribir una novela, a jugársela a fondo[38]. García Márquez habló con Álvaro Mutis para que le echara una mano, y entre los ahorros que tenía y algo que le dejó su amigo, logró juntar cinco mil dólares que fueron a parar a las manos de Mercedes, con el ruego de que se hiciera cargo de todo y que no lo fuera a molestar para nada durante al menos los seis meses que iba a estar encerrado escribiendo la novela. En realidad, iban a ser catorce.

El barrio de San Ángel Inn, donde había alquilado una casa meses antes, era el lugar propicio para el retiro monacal que necesitaba. Hecho a pedazos por burgueses, comerciantes, artistas, cineastas, escritores y periodistas, que habían llegado buscando un refugio en la soledad y la pureza del aire, San Ángel Inn se había convertido, entre pinos, álamos, fresnos, ficos y madreselvas, en un sedante suburbio residencial de arquitectura heterogénea y callecitas empedradas de guijarros, desde el cual sus habitantes podían gozar además de una vista regalada de volcanes espectrales y montañas de color púrpura, pues ya la gran metrópoli de siete millones de habitantes distaba mucho de ser «la región más transparente del aire». Para los García Márquez, San Ángel Inn tenía el encanto añadido de convertirse en vecinos de Carlos Fuentes y Rita Macedo, en la Cerrada de Galeana 16, y de Jomí García Ascot y María Luisa Elío, en Cárpatos 14. Ellos vivían a unas diez cuadras, en la calle de la Loma 19, bordeando la campiña.

La casa de dos plantas, hecha de ladrillo de canto, techo de dos aguas y amplias ventanas por donde se colaba la mitad del día, ciertamente les quedaba grande a los García Márquez y a sus posibilidades económicas, pero le venía bien a la claustrofobia innata del escritor y a su buscado retiro monacal. Al fondo del salón había tapiado con madera su estudio: «La Cueva de la Mafia». Era un espacio mínimo pero bien iluminado, de unos tres metros de largo por dos y medio de ancho, con un bañito, una puerta y una ventana al patio, un diván, una estantería con libros y una mesa de madera con una máquina Olivetti. De la estantería colgaba un cuadro cursi que era motivo de chistes y risas de sus amigos: una náyade gorda, como una mamá grande, dormitando sobre almohadones mientras los regordetes cupidos, hechos de su misma carne y con sus mismos rizos, tejían guirnaldas de rosas alrededor de su sueño. Sobre el diván colgaba una oleografía menos cursi, pero igualmente rebosante de inocencia: dos niños recogiendo flores al borde de un precipicio vigilados muy de cerca por el ángel de la Guarda, mientras el escritor, vestido con un overol azul de mecánico y pegado a un calentador eléctrico, luchaba a brazo partido con el ángel exterminador de Macondo.

El resto de la casa era el reino de Mercedes: un caserón de dos plantas escasamente amueblado, con un patio mínimo a la sombra de dos fresnos y un jardín con un césped frente al garaje por donde correteaban Rodrigo y Gonzalo por las tardes al regresar del colegio. Precisamente, el horario escolar de los niños había contribuido a modificar el horario del escritor. Hasta hacía poco, éste había seguido siendo un escritor nocturno (en realidad, en las horas libres que le dejaban los trabajos alimenticios no escribía, sino que hacía ejercicios de calistenia)[39], arrastrado por la inercia de sus tiempos de periodista, hasta que la vida le indicó que las horas de la mañana eran la isla desierta ideal para escribir. De modo que, después de dejar a sus hijos en el colegio Williams, a la altura de Las Águilas, se encerraba en La Cueva de la Mafia a las ocho y media de la mañana y escribía de corrido hasta las dos y media de la tarde, cuando aquéllos estaban de vuelta para almorzar.

Rodrigo y Gonzalo, que cumplirían durante esa época siete y cuatro años, recordarían a su padre como un hombre que vivía siempre encerrado en el pequeño cuarto del fondo del salón, pues tras el almuerzo, una breve siesta y un corto paseo por el barrio, lo veían encerrarse otra vez hasta las ocho u ocho y media de la tarde en que llegaban los amigos, que casi siempre eran Álvaro Mutis y Carmen Miracle, Jomí García Ascot y María Luisa Elío. Durante catorce meses, las dos parejas serían testigos privilegiados de la concepción y evolución de las mil y una historias de los Buendía y del destino apocalíptico de Macondo.

Al contrario de la visión que tenían sus hijos de él, García Márquez iba a sentirse, durante los meses de encierro, el hombre más humano y sociable del mundo y el más feliz, pues, a pesar de las dificultades económicas de los últimos meses, que Mercedes manejaba con mano ursulina, él no sólo se veía a diario con los Buendía y la numerosa gente de Macondo, sino que creía estar inventando la literatura: tal era el chorro de palabras e historias que manaban del surtidor de su imaginación. Pero no siempre vivió la escritura de su libro como una fiesta de la fecundidad. El comienzo, por ejemplo, lo recordaría muy arduo y azaroso. Cuando al fin logró redondear la primera frase: «Muchos años después, frente al pelotón de fusilamiento, el coronel Aureliano Buendía había de recordar aquella tarde remota en que su padre lo llevó a conocer el hielo», se preguntó aterrorizado «qué carajo vendría después», y hasta el hallazgo del galeón en medio de la selva (al final del primer capítulo) no creyó «de verdad que aquel libro pudiera llegar a ninguna parte. Pero a partir de allí todo fue una especie de frenesí, por lo demás, muy divertido»[40]. Claro que tuvo que haber sido divertido hasta para él escribir con esa gracia y fluidez inéditas en nuestra lengua, ver a Melquíades arrastrando sus imanes y pregonando que las cosas tienen vida propia, que todo es cuestión de despertarles el ánima; ver a José Arcadio Buendía devanarse los sesos ante la magia ilimitada del gitano; ver al padre Nicanor Reyna levitando después de tomarse una taza de chocolate; ver a José Arcadio Buendía intentando construir la máquina de la memoria para registrar todo el asombro de los inventos, primero, y para no sucumbir ante la peste del olvido, después; o ver a Remedios la bella ascender al cielo en cuerpo y alma en las sábanas de bramante de Fernanda del Carpio desde el mismo jardín multicolor que él disfrutó en la casa de los abuelos.

Pero no todo fue diversión para el demiurgo escritor. Algunos de los momentos más graves de su vida los padeció durante su encierro en La Cueva de la Mafia. La muerte del coronel Aureliano Buendía, por ejemplo, es apenas comparable a aquella «funesta tarde de enero» de 1943 en que, recién llegado a Bogotá con dieciséis años escasos, tuvo que llorar de desolación en la avenida Jiménez de Quesada, frente a la Gobernación, o a aquel día de octubre de 1972 en que lloraría sin continencia en Barcelona la muerte de su amigo Álvaro Cepeda Samudio, el más estruendoso y vital de los «mamadores de gallo de La Cueva». En la evolución natural de la historia, el coronel Aureliano Buendía se había hecho viejo después de promover y perder treinta y dos guerras, tener diecisiete hijos de mujeres distintas y sobrevivir a un pelotón de fusilamiento, a un intento de suicidio y a una carga de estricnina capaz de matar a un caballo. Cuando cayó en el círculo vicioso de su soledad, fabricando pescaditos de oro para fundirlos y volver a fabricarlos, García Márquez comprendió que, en realidad, estaba aplazando uno de los momentos más difíciles de su vida: darle muerte al coronel Aureliano Buendía. Como siempre había querido escribir un relato que describiera minuciosamente momento a momento un día en la vida de una persona hasta que muere (tal vez por el contagio del *Ulises* y *Mrs. Dalloway*), trató de darle esta solución literaria a la muerte de su personaje, pero se dio cuenta enseguida de que el libro se le convertía en otra cosa. Entonces «optó» por la más simple: que muriera orinando al pie del castaño. En realidad, era la muerte que le tenía predestinada, pues durante muchos años supo que un viejo militar de la guerra civil moriría orinando debajo de un árbol. Entonces, una lluviosa mañana de octubre (que es siempre en sus novelas «el mes más cruel») el coronel Aureliano Buendía «fue al castaño pensando en el circo, y mientras orinaba trató de seguir pensando en el circo, pero ya no encontró el recuerdo. Metió la cabeza entre los hombros, como un pollito, y se quedó con la frente apoyada en el tronco del castaño». Esa tarde subió al cuarto del dormitorio donde Mercedes hacía la siesta, le comunicó la muerte del coronel, se acostó a su lado y estuvo «llorando dos horas»[41]. Poco después, cuando fue a la casa de Jomí García Ascot y María Luisa Elío, llegó con el semblante lívido, todavía descompuesto, y ellos le preguntaron que qué le pasaba, y él les dijo: «Acabo de matar al coronel Aureliano Buendía»[42]. No menos grave debió de ser para él la muerte de Úrsula Iguarán o la huida hacia ninguna parte de Santa Sofía de la Piedad, después de medio siglo de servidumbre sin una sola queja en la casa de los Buendía. O el momento en que, empujado por la ruina febril de Macondo, «el sabio catalán» se despidió de sus amigos y regresó a su aldea natal de Lérida, desde la cual, «aturdido por dos nostalgias enfrentadas como dos espejos», les enviaba cartas mostrándoles la realidad de los hechos al trasluz: «que se fueran de Macondo, que olvidaran cuanto él les había enseñado del mundo y del corazón humano, que se cagaran en Horacio, y que en cualquier lugar en que estuvieran recordaran siempre que el pasado era mentira, que la memoria no tenía caminos de regreso, que toda primavera antigua era irrecuperable, y que el amor más desatinado y tenaz era de todos modos una verdad efímera».

Sin embargo, el momento de mayor desconcierto lo padeció cuando la novela tocó a su fin. Después de tantos meses de haber estado conviviendo día y noche con sus creaturas de ficción, un día de mediados de 1966 el escritor sintió que la historia de Macondo y los Buendía llegaba naturalmente a su fin, que aquél era el último día de trabajo, pero las cosas se precipitaron de pronto como a las once de la mañana. Como Mercedes no estaba en casa, ni encontró por teléfono a ninguno de sus amigos cómplices para contárselo, se sintió desconcertado, y no supo qué hacer con el tiempo que le sobraba, así que estuvo «tratando de inventar algo para poder vivir hasta las tres de la tarde»[43]. Un año después confesaría que, tras la escritura de *Cien años de soledad,* se había sentido vacío, «como si hubieran muerto mis amigos»[44].

Tal era el estado de colonización absoluto que Macondo y sus personajes llegaron a ejercer en el escritor. Y si no hubiese sido por la pobreza de los últimos meses, la enajenación hubiera continuado probablemente hasta marzo o abril de 1967 (como el mismo escritor se lo había anticipado a Luis Harss en su carta de noviembre de 1965), pues tuvo que recortar dos generaciones de Buendía, dejar algún otro personaje de lado, suprimir varios episodios y dejar algunos cabos sueltos, porque le debía seis meses de alquiler al casero, la carne de por lo menos otros tantos meses al carnicero y tenía casi todo empeñado[45].

Con la misma naturalidad con que había administrado los meses de abundancia, Mercedes había conseguido administrar esos meses de escasez de 1966 (sólo comparables a los que había pasado el escritor en París en 1956, curiosamente mientras escribía su otra obra maestra, *El coronel no tiene quien le escriba*). Cuando su esposo le entregó los cinco mil dólares a mediados del año anterior, Mercedes se las ingenió para alargarlos hasta los seis meses que él le había dicho que estaría escribiendo la novela, pero cuando se acabaron y vio que la novela apenas iba por la mitad, le dijo que no había nada que hacer. Entonces García Márquez tomó su Opel blanco, que había comprado con el premio de *La mala hora*, se fue al Monte de Piedad y regresó a pie con el importe de su empeño[46]. En realidad, tampoco el dinero del coche duró más de tres o cuatro meses. Pero Mercedes sabía que, aunque fuera por una razón tan poderosa, no debía molestar a su marido recordándole sus obligaciones cada vez que se acabara el dinero. Así que empezó a empeñar algunas joyas, el televisor, la radio, hasta quedarse sólo con «tres últimas posiciones militares»: su secador de pelo, la batidora con que le preparaba el alimento a los niños y el calentador que le servía a su marido para escribir en las frías mañanas y noches de la ciudad, pues México «es un refrigerador con un radiador dentro». Mientras tapaba huecos con el empeño de esto y de lo otro (sin que le faltaran nunca quinientas cuartillas de papel periódico al escritor), Mercedes, con su ángel particular, había logrado también que don Felipe, el carnicero del barrio, les fiara la carne, y que Luis Coudurier, el dueño de la casa, les fiara el alquiler. Y no de cualquier manera: ambos lo hicieron siempre con el buen talante de estar contribuyendo a la escritura de una obra memorable. Casi treinta años después, Luis Coudurier seguiría muy satisfecho de su gesto, poniendo el acento, sin embargo, en la puntualidad exquisita con que, en general, solían pagarle los García Márquez[47].

Aunque después lo negaran o lo minimizaran, los amigos hicieron una piña en la excelente mala hora de los García Márquez. Carmen Miracle y Álvaro Mutis, María Luisa Elío y Jomí García Ascot asumieron la situación como algo que les incumbía doblemente: por sus amigos y por la literatura. Lo más admirable no fue sólo su solidaridad fraterna, sino su gran discreción y pudor, pues jamás hablarían de ello, jamás harían alarde de sus contribuciones puntuales durante los meses más difíciles de la escritura de Cien años de soledad. Si luego se supo, fue por las confesiones sueltas de García Márquez y por las infidencias de otros amigos y allegados[48]. De lo que sí hablarían, aunque tampoco con afán protagónico, es de algunas anécdotas que vivieron o conocieron como testigos directos de la escritura de la novela.

Las dos parejas solían llegar a la calle de la Loma 19 a eso de las ocho de la tarde. A veces, cuando el escritor no había terminado aún los deberes del día siguiente (por las tardes solía documentarse, tomar notas y preparar los esquemas del trabajo del día siguiente), ellos esperaban hasta que se abría la puerta de La Cueva de la Mafia. Mutis, que no suele ser un hombre hiperbólico, recuerda que su amigo salía como si hubiera acabado de terminar un combate de boxeo a doce asaltos: «Aquello era bestial». Después de que Rodrigo y Gonzalo se iban a la cama, los seis amigos se quedaban hablando hasta las once o doce de la noche al sabor de una botella de buen whisky. La conversación se centraba casi siempre en torno a la novela, que era como la hija esperada y mimada de todos, con naturales derivaciones hacia otros temas: la música, el cine, los amigos, la «vaina», es decir, «los días que uno tras otro son la vida». A lo largo de la charla, el novelista iba soltando un goteo de preguntas relacionadas con la infinita cantidad de temas que estaba tratando en la novela, desde el sexo de los camarones y el hábito de ciertos insectos, hasta las distintas maneras de matar cucarachas en la Edad Media y las costumbres de algunos personajes históricos. Era lo normal: los amigos conocían su obsesión documental, y habían visto acumularse en su mesa de trabajo, semana tras semana, textos de alquimia, relatos de navegantes, recetas de cocina, manuales de medicina casera, crónicas sobre las pestes medievales, manuales de venenos y antídotos, crónicas de Indias, estudios sobre el escorbuto, el beriberi y la pelagra, tratados sobre las guerras civiles colombianas y armas de fuego antiguas, además de los veinticinco tomos de la Enciclopedia Británica y diccionarios de toda clase.

Estos encuentros cotidianos, nocturnos, íntimos, de una complicidad total, se convertían en reuniones abiertas los domingos por la tarde en casa de María Luisa Elío y Jomí García Ascot, adonde acudían Carmen y Álvaro Mutis, los García Márquez con sus hijos y otros amigos, como Carlos Fuentes y Rita Macedo (antes de trasladarse a París), Alba y Vicente Rojo, Emilio García Riera, José de la Colina, Arturo Ripstein, Luis Alcoriza. En realidad, éste era el único momento de la semana que el habitante de La Cueva de la Mafia tenía para su hijos y sus otros amigos. Porque incluso, durante las tardes de los últimos meses, Rodrigo y Gonzalo solían quedarse a la salida del colegio en casa de los García-Elío jugando con Diego, el hijo de éstos.

Al contrario de aquéllos y del crítico Emmanuel Carballo, que fueron lectores casi cotidianos de *Cien años de soledad,* Mutis se negó desde un principio a leerla por partes, él quería la creatura entera, hecha y derecha. Pero, de todas maneras, la fue viviendo día a día filtrada por los relatos y comentarios de los otros amigos y del propio García Márquez. Según éste, Mutis escuchaba los capítulos terminados «con tanto entusiasmo que seguía repitiéndolos por todas partes, corregidos y aumentados por él. Sus amigos me los contaban después tal como Álvaro se los contaba, y muchas veces me apropié de sus aportes»[49]. Para el creador de Maqroll el Gaviero, estas palabras no son más que «generosidades de Gabo», pues, al cabo de muchos años, él había llegado a saber muy bien qué terrenos iba pisando el novelista, de tal manera que no solía hablar mucho de lo que le contaba mientras escribía *Cien años de soledad*. Pero sí confesaría que, como a María Luisa Elío, lo desconcertó la historia del cura que levita tomando chocolate: «Una noche llegué con Carmen a San Ángel Inn, él salió y me dijo: "Acabo de escribir una escena en que un cura levita tomándose una taza de chocolate". Entonces yo dije: "¡Qué horror, este hombre ha jodido la novela, no puede ser que un cura levite tomando chocolate!". Lo que pasa es que Gabo no es buen narrador oral de sus historias, resume mucho y, sin darse cuenta, lo hace un poco grotescamente, y termina haciendo una caricatura de su propia historia. Pero cuando terminó la novela y me la dio, yo me quedé asombrado: vi en ese libro, era fácil verlo, el libro, el gran libro sobre América Latina».

En cambio, los García-Elío fueron leyendo la novela por partes y en caliente a medida que crecía día a día en la máquina Olivetti, sobre todo María Luisa, quien, desde que García Márquez le contó toda la historia aquella noche de principios de septiembre de 1965 en el apartamento de Mutis, se había convertido en su adicta más insaciable, por lo que el rapsoda de Macondo la tuvo como su oyente y cómplice principal. A veces la llamaba y le leía por teléfono lo que acaba de escribir; otras veces le preguntaba, por ejemplo, que cómo iban a vestir a Amaranta Úrsula en tal o cual ocasión, y cuando terminaba un capítulo le daba una copia para que lo leyera en casa con su esposo Jomí. De tal manera que los dos entraron en un estado de efervescencia y ansiedad creciente por ver lo que pasaba en el siguiente capítulo. Fueron ellos, como recordaría José de la Colina, los mayores pregoneros de las excelencias de la novela *in progress*. La verdad es que no atinaban del todo a contarles a sus amigos de qué trataba, pero enfatizaban que era «algo muy hermoso, algo que hace levitar». Y repetían: «Gabo está escribiendo el *Moby Dick* de América Latina».

El crítico Emmanuel Carballo fue el otro lector fascinado desde el primero hasta el último capítulo durante los doce o catorce meses que duró la escritura de la novela. Carballo, que había dirigido con Carlos Fuentes la *Revista Mexicana de Literatura*, era ya uno de los críticos más destacados de México y uno de los mayores parteros de la literatura mexicana de los años sesenta. Estaba casado con Neus Espresate, cofundadora de la pequeña editorial Era, la editora de García Márquez que esperaba la novela como pan para el desayuno. Así que Emmanuel Carballo tenía más que una decorosa amistad con el novelista, y conocía bien su obra anterior, con una visión en perspectiva desde *La hojarasca,* por lo que su apreciación de la novela *in progress* era un elemento de apoyo muy estimado por el novelista. Sin embargo, el motivo principal de su lectura en caliente se debió a que la Universidad Nacional Autónoma de México se proponía sacar, en su colección «Voz Viva de América Latina», un disco con la voz del escritor leyendo fragmentos de la novela, y Carballo estaba encargado de hacerle la introducción, que, por cierto, sería el primer ensayo sobre *Cien años de soledad,* profetizando con acierto lo que pasaría después con la novela[50].

Normalmente se veían los sábados por la tarde. Cuando García Márquez terminaba un capítulo se lo pasaba, y Carballo se lo devolvía con sus comentarios al sábado siguiente. Éstos, como recordaría el mismo Carballo, eran siempre de carpintería menor, pues lo que él le daba era tan depurado, que desde un principio el crítico se encontró «frente a una obra maestra», una obra que fue leyendo «con fascinación y gran delectación». Desde entonces pensó que «sería la gran novela de él y una de las mejores novelas de la lengua de la segunda mitad del siglo. Así que nuestras conversaciones, al hilo de lo que yo iba leyendo, eran sobre la atmósfera, los personajes, las imbricaciones de las historias. Pero nada de mis comentarios podía influir en la novela».

El entusiasmo de Carballo fue contagiando, capítulo tras capítulo, a su esposa Neus Espresate y a Vicente Rojo, los dueños de Ediciones Era, y esto supuso una desagradable contrapartida para García Márquez: tenerles que decir a sus amigos y editores mexicanos, cuando más entusiasmados y esperanzados estaban, que la novela no iba a ser para ellos, sino para la Editorial Sudamericana de Buenos Aires. Una vez que la terminó, él les explicó que editar en esta editorial no sólo era un viejo anhelo suyo, sino que Sudamericana le había pedido publicar sus libros anteriores y había tenido la generosidad de enviarle un contrato con quinientos dólares de adelanto por *Cien años de soledad*. Les explicó que ellos eran una editorial pequeña y que él quería entrar en el gran mercado para acceder al engranaje de las traducciones, que era exactamente uno de los dos grandes sueños que lo habían llevado a México cinco años antes. Aunque con dolor, quien mejor entendió sus razones (tal vez porque conocía mejor sus dificultades económicas) fue el pintor y diseñador Vicente Rojo, que haría la portada de la edición argentina, pero quien sí se resintió fue Neus Espresate.

Cuando, unos meses antes de terminar *Cien años de soledad,* García Márquez recibió la primera carta de la Editorial Sudamericana, la aceptó como un mandato del destino, como algo que llegaba inesperadamente a poner en su sitio sus viejas aspiraciones; toda una epifanía que establecía un antes y un después en su vida. No era para menos. Impulsada por Jorge Luis Borges y sus amigos de Sur a comienzos de los años cuarenta, Sudamericana era una de las editoriales míticas de América Latina que, como Sur, Losada y Fondo de Cultura Económica, habían plagado el continente de libros excelentes, muchos de los cuales estaban en la base de la formación literaria del propio García Márquez. Al separarse del grupo de Sur, la editorial siguió por su cuenta bajo la dirección del catalán Antonio López Llausás, y en 1958 entró como lector Francisco Porrúa, el fundador de la editorial Minotauro, para convertirse después en su director literario. Éste fue uno de los hechos más relevantes en la trayectoria de Sudamericana, pues Paco o «el lector desconocido», como le decían en la editorial, era un lector insaciable de un ojo clínico singular y un promotor entusiasta de los nuevos escritores argentinos y latinoamericanos, que apostó desde un principio por escritores como Juan Carlos Onetti, Julio Cortázar y Leopoldo Marechal. Así que no parece fortuito que a finales de 1965 se presentara ante Porrúa el joven escritor chileno-norteamericano Luis Harss con los originales de *Los nuestros,* un libro ensayístico-periodístico con una forma propia de abordar la obra de los diez narradores que él consideraba canónicos en la nueva literatura latinoamericana. De éstos, García Márquez era el único del cual Porrúa no había oído hablar. Luis Harss le explicó quién era, dónde vivía y le prestó sus cuatro libros publicados. Tan pronto como los leyó, el editor le escribió una carta a su autor diciéndole que le habían gustado mucho y que quería reeditarlos en Sudamericana: ésta es la carta que llegó a poner en su sitio las viejas aspiraciones del escritor colombiano.

García Márquez le contestó que él estaría encantado, pero que no podía ser porque sus libros estaban comprometidos con editores que además eran sus amigos (*El coronel no tiene quien le escriba* y *La mala hora* estaban en Ediciones Era; *Los funerales de la Mamá Grande* lo tenía la editorial de la Universidad Veracruzana, y *La hojarasca* acababa de ser reeditada por la editorial Arca de Montevideo). Entonces le ofreció la novela que estaba a punto de terminar, una novela, le decía, «en la que he puesto muchas esperanzas»[51]. El editor le pidió un adelanto y el escritor le envió los cuatro primeros capítulos. Conociendo sus libros anteriores, a Porrúa le bastó leer unas cuantas páginas del primer capítulo para darse cuenta, como Fuentes, Mutis, Carballo y los García-Elío, que estaba «ante una obra maestra», y poco después le envió una hoja de contrato y quinientos dólares de adelanto. Mientras tanto, Carmen Balcells, que ya tenía diez años de experiencia en lides editoriales y que sabía muy bien cómo había que moverse en el terreno aún semibaldío de los derechos de autor, había estado intentando, en conversaciones directas con su coterráneo Antonio López Llausás, el director y accionista mayoritario de Sudamericana, obtener un mayor adelanto y un contrato mejor atornillado. Pero García Márquez se puso nervioso, tal vez temiendo que podía perder la ocasión de que lo publicara la editorial de sus sueños, y le hizo saber a su agente: «No anden ahí discutiendo por quinientos dólares, que lo que quiero es que me publiquen y que me publiquen ya». Así que, sin más dilaciones, el 10 de septiembre de 1966 firmó el contrato que le había remitido Paco Porrúa. La hoja contractual establecía el diez por ciento de las ventas para el autor y dejaba constancia del adelanto de los quinientos dólares.

El contrato y la fecha son dos buenos argumentos que echan por tierra la leyenda de que Carlos Barral rechazó *Cien años de soledad*. Según el editor catalán, el escritor le envió en algún momento un telegrama en el cual le proponía una lectura de la novela: «El telegrama me llegó en vísperas de un viaje, no recuerdo si de vacaciones o de trabajo, pero lo cierto es que yo me preparaba para un viaje próximo. Entonces, por alguna razón absolutamente injustificada, yo no contesté a tiempo el telegrama, lo cual ofendió mucho a Gabo, quien prescindió después de mi lectura y pasó a contratar directamente con Sudamericana. Pero yo nunca vi el manuscrito de *Cien años de soledad*. Así que las versiones que cuentan que yo vi o no supe apreciar el manuscrito de esta novela son falsas»[52]. Efectivamente, García Márquez confirmaría después que todo fue «una falsedad que se abrió camino por sí sola, sin que el propio Barral consiguiera desautorizarla»[53].

Es verdad que uno de sus lectores, el poeta Gabriel Ferrater, la leyó total o parcialmente, pero de forma extemporánea y ocasional. Un mes después del contrato con Sudamericana, Carmen Balcells recibió, en su antiguo despacho barcelonés de la calle de Urgell, una copia de la novela con el fin de gestionar su traducción a otros idiomas. La fascinación de la agente llegó a oídos de Ferrater gracias a su novia, una norteamericana que trabajaba en la agencia de Balcells y que le pidió prestada la novela para llevársela a aquél. La reacción de Ferrater fue inmediata: comentarle a Balcells que si la novela se presentaba al Premio Biblioteca Breve, de la editorial Seix-Barral, sería la ganadora con toda seguridad. La agente lo consultó con García Márquez, pero éste rechazó la oferta no sólo por el contrato que ya tenía firmado con la editorial argentina, sino porque no quería que su novela se editara bajo el rótulo de ningún premio, ni quería prestarse al jugoso juego de los premios a priori, pese a que Biblioteca Breve era el galardón más prestigiado en todo el ámbito de la lengua castellana.

Pero el rechazo del escritor tenía una explicación previa y más profunda: su seguridad de que acababa de escribir una obra maestra, una novela que, como en el caso del *Quijote,* partiría en dos la historia de la narrativa en lengua castellana. Sin embargo, y pese a la confianza plena en el talento de su marido, ésa no parecía ser la convicción de Mercedes Barcha cuando fueron a la oficina de correos a enviar el manuscrito a la editorial de Buenos Aires. Después de varios meses de haberlo estado vendiendo, empeñando y prestando casi todo, habían terminado por parecer un par de náufragos de la supervivencia cotidiana. García Márquez no olvidaría la imagen de Mercedes buscando en su cartera los improbables pesos mexicanos cuando el funcionario de correos les dijo que el paquete costaba ochenta y dos pesos. Como no tenían más de cincuenta, dividieron las quinientas noventa cuartillas por la mitad y enviaron los diez primeros capítulos. Luego se fueron a casa, agarraron las «tres últimas posiciones militares»: el secador de ella, el calentador de él y la batidora, se fueron al Monte de Piedad y las empeñaron por unos cincuenta pesos. Cuando salieron de la vieja oficina de correos, llenos de esperanza y desesperanza, de seguridad e inseguridad, pero felices y aliviados por haber echado a andar sola la enorme creatura de sus pesadillas, Mercedes, que aún no la había leído (pues ella no suele leer manuscritos), le dijo a su marido: «Oye, Gabo, ahora lo único que falta es que esta novela sea mala»[54].

Aunque dos meses antes había confesado que «escribir libros es un oficio suicida», en realidad, nunca el escritor de Aracataca había estado tan seguro de un libro suyo como en esta ocasión: allá dentro de sí sabía muy bien que acababa de entregar la «obra maestra» que él le había asegurado a ella, mientras volaban recién casados entre Barranquilla y Caracas, que escribiría a los cuarenta años. Y lo sabía no sólo por él mismo y por los amigos que la habían leído, sino por el rumor continental que empezaba a crecer alrededor de la novela, un rumor que había comenzado con los comentarios periodísticos y adelantos previos de la misma. La voz más autorizada, y la más entusiasta, había sido la de Carlos Fuentes, quien en junio de 1966 recibió en París los tres primeros capítulos de *Cien años de soledad* y escribió en caliente a finales del mismo mes, para el suplemento «La Cultura en México» de *Siempre!*[55], un comentario pletórico de elogios hacia la novela de su amigo, la misma que él esperaba desde que, echados en el césped de su casa de San Ángel Inn, lo había estimulado a escribirla aprovechando el trabajo alimenticio del cine. Enseguida, Fuentes le pasó esas primeras setenta y cinco cuartillas a Julio Cortázar, quien las leyó con un entusiasmo parecido, y después le hizo llegar el capítulo dos al crítico uruguayo Emir Rodríguez Monegal para que lo publicara en el primer número de agosto de su revista *Mundo Nuevo*. Sin embargo, el primer adelanto ya lo habían dado los amigos de *El Espectador* de Bogotá el 1 de mayo, como un gesto especial y exclusivo de su antiguo reportero, quien les llevó personalmente el primer capítulo en marzo, cuando asistió en Bogotá al estreno de su película *Tiempo de morir*. Después vinieron otros adelantos: el de la revista *Amaru* de Lima, en enero de 1967, y el de la revista *Eco* de Bogotá, en febrero del mismo año[56].

De tal manera que a García Márquez le habían llegado referencias suficientes, empezando por las de sus amigos de Barranquilla, como para estar más que seguro de su novela. De lo que tal vez no estaba muy seguro es de que el manuscrito llegara por fin a Buenos Aires, pues entonces el correo de Macondo, aunque fuera aéreo, parecía que de todos modos iba en mula. Así que aprovechó los buenos oficios de estafeta de su amigo Álvaro Mutis para asegurarse de que el original alcanzaría su destino. El poeta de Coello llevaba un año trabajando como gerente para América Latina de la 20th Century Fox, yendo y viniendo de un lado para otro, y en un viaje que hizo a Buenos Aires hacia mediados de octubre de 1966, García Márquez le pidió el favor de que le llevara la novela por si acaso se perdía en el avión. Cuando llegó llamó a Paco Porrúa y le dijo: "Te he traído el original de *Cien años de soledad*", y él me dijo: "Cállate, yo ya lo recibí y es genial, no sé tú qué piensas". Yo no lo conocía y le dije que se viniera al Hotel Plaza. Llegó al hotel y me dijo: "Oye, ¿te das cuenta de que esto es una obra maestra? Esto es un clásico, es una obra perfecta". Le anotó dos o tres supuestas fallas de continuidad, para hablar cinematográficamente, en algunos relatos, pero yo no estuve de acuerdo con él, ni creo que tuviera razón. Pero hablamos largamente del libro y los dos estuvimos de acuerdo en que aquello iba a ser una cosa arrolladora».

El encuentro con Álvaro Mutis fue una referencia definitiva para el editor al sentirse corroborado por alguien que conocía perfectamente la vida y la obra de García Márquez. Entonces, el entusiasmo de Paco Porrúa terminó de contagiar a todo el personal de Sudamericana y, más allá, a sus amigos de la crítica y la prensa bonaerense. Éste fue su otro gran mérito como editor de *Cien años de soledad*: haber sabido crear, como en el caso de *Rayuela* de Julio Cortázar y tantos otros libros memorables, el ambiente, la expectación y la alharaca propicios para que la novela viera la luz el 30 de mayo de 1967 en olor de consagración y casi que de multitudes.

Casi. Las multitudes empezarían a llegar con la visita del autor a Buenos Aires veinte días más tarde, cuando asistió al lanzamiento de su libro y, de paso, como jurado del concurso de novela «Primera Plana Sudamericana».

En su afán por lograr un lanzamiento espectacular, Paco Porrúa había suscitado, entre otros, el entusiasmo de su amigo Tomás Eloy Martínez, jefe de redacción del semanario *Primera Plana,* y éste le propuso hacerle al autor un reportaje exclusivo con una portada a color, una concesión excepcional por parte del primer semanario argentino a un escritor notable pero poco conocido hasta ese momento. Entonces, la revista envió a México a su secretario de redacción, Ernesto Schóo, quien regresó a comienzos de junio con un amplio reportaje en el que contaba cómo vivía y escribía el autor de *Cien años de soledad,* quién era su familia, dónde y cómo se había criado, cuál era su trayectoria literaria y periodística, quiénes eran sus amigos y cuáles sus proyectos inmediatos. El reportero lo encontró exultante, casi dicharachero, con un humor expansivo, repartiendo sonrisas y abrazos por la ciudad a tantos amigos y conocidos a quienes había tenido en hibernación durante dos años. Desde que terminó la novela en septiembre del año anterior, había estado recuperando la vida de la calle, respirando aire renovado, y era consciente de estar asistiendo desde ya al comienzo de la leyenda de su reinado, pero no podía sospechar el gran fervor de Buenos Aires.

El reportaje y la portada de *Primera Plana* se habían proyectado para que estuvieran en la calle antes de mediados de junio, cuando *Cien años de soledad* llevara una semana en las librerías, pero en ese momento estalló la guerra de los Seis Días entre Israel y Egipto, y la cara de turco de García Márquez fue sustituida a última hora por la cara de pirata del sionista Moshe Dayan. Entonces fueron aplazados para la semana siguiente, coincidiendo su publicación con la llegada del escritor a Buenos Aires el 20 de junio[57].

Lo sorprendente es que la portada y el reportaje se habían concebido como el plato fuerte del lanzamiento de la novela, pero cuando salieron a la calle, ya se habían agotado en quince días los ocho mil ejemplares de la primera edición[58]. Claro que la expectación era enorme desde un comienzo, pues Sudamericana había movilizado de forma compacta casi todos los medios de comunicación bonaerense, y el mismo autor, como vimos, había estado ubicando durante un año adelantos de su novela en algunas publicaciones estratégicas del continente.

Semejante éxito editorial, tan rotundo e inmediato, tomó de sorpresa a todo el mundo. Los editores se habían planteado una tirada inicial de cinco mil ejemplares, pero al revisar las pruebas y ver el entusiasmo generado en la editorial y fuera de ella, decidieron elevarla a ocho mil. Cuando García Márquez lo supo, les escribió muy preocupado, diciéndoles que corrían el riesgo de clavarse con todos esos ejemplares en una primera edición, pero ellos le contestaron que no, porque la novela era excelente, y que estaban seguros de que los venderían entre junio y diciembre[59]. La verdad es que a los quince días estaban preparando ya una segunda edición de diez mil ejemplares, con lo cual la editorial se quedó sin papel y sin cupos de imprenta para seguir satisfaciendo una demanda que crecía en proporción a la voracidad lectora de todo un continente. Así, durante dos meses, se dio la paradoja de que se hablaba de *Cien años de soledad* por toda América Latina, pero la gente no podía comprarla porque no estaba en las librerías. Cuando en septiembre salió por fin la tercera edición, aquello ya era el desorden completo de la prosperidad, pues México pedía veinte mil ejemplares, Colombia pedía diez mil y los demás países pedían diez mil, cinco mil, tres mil. Así empezó el chorro amazónico que, sólo en el ámbito de la lengua castellana, en tres años vendería seiscientos mil ejemplares, y en ocho, dos millones, cifra que alcanzaría sólo en Argentina veinticinco años después. Desde luego, son cifras aproximadas, pues, como se sabe, no todos los editores declaran siempre sus tiradas reales, y, por otra parte, es imposible cuantificar la ingente labor de los editores piratas.

Pero no sólo hubo que postergar hasta septiembre la tercera edición, como se había aplazado la portada publicitaria de *Primera Plana,* sino que la primera edición ya había salido con una fecha tardía, pues las postergaciones, como se ha visto a lo largo de su concepción y escritura, eran un fenómeno inherente al destino de esta novela. Y así, aunque la primera edición se había previsto para mucho antes del 30 de mayo, la portada original no llegó a tiempo desde México, y en Sudamericana tuvieron que improvisar otra para no retrasar más la salida del libro.

El pintor Vicente Rojo, coeditor y amigo de García Márquez, la había diseñado a petición de éste. Cuando se sumergió en la novela buscando los motivos de la portada, se quedó anonadado: no podía escoger personajes porque eran muchos, ni podía guiarse por los temas porque se perdía. Entonces, recordaría Vicente Rojo, «escogí lo popular, los elementos que están en la imaginería popular; no son elementos precisos de la novela, pues no estaba ilustrando determinada cosa». Sobre un fondo blanco, el pintor fue colocando en un panel reticular azul motivos foclóricos en negro y en rojo naranja: corazones sangrantes, cupidos activos, diablitos danzarines, lunas menguantes, angelitos atónitos, estrellitas mustias, soles sonrientes, pescaditos voladores, gorritos frigios, campanitas y arabescos y símbolos de la muerte. No sólo había captado el fondo y el mensaje popular de la novela, sino que, sin proponérselo, se había acercado al diseño original del antiguo juego del macondo, que fue tan popular en la zona bananera durante las primeras décadas del siglo.

Redondeando la concepción de su trabajo, Vicente Rojo dibujó el nombre del autor y el título de la novela en letras grandes, como esas que se utilizan en las cajas de embalaje y en las tiendas de los pueblos, y a última hora se le ocurrió poner la letra E de la palabra soledad al revés, dándole un juego de equívoco popular. Nunca podía haberse imaginado el pintor mexicano que esta travesura de su duende personal daría pie a las teorías más disímiles de la crítica internacional y hasta a algunas anécdotas realmente jocosas, como la de aquel librero de Guayaquil que no tardó en comunicarle a la Editorial Sudamericana que, por favor, no le enviaran más ejemplares defectuosos, ya que él, para no disgustar a sus clientes, había tenido que borrar y dibujar a mano la letra que estaba al revés en el título de la novela.

La portada de Rojo, que invadió el continente con más de un millón de ejemplares, llegó naturalmente a ser tan popular como la novela, rebasando los límites de lo libresco y convirtiéndose en una imagen de identidad cultural. Sin embargo, la gloria de la edición príncipe se la llevaría la portada espuria que tuvieron que improvisar en Sudamericana cuando constataron que la verdadera no llegaba. Un diseñador anónimo colocó entonces en la carátula de la primera edición de *Cien años de soledad* un barco encallado en plena selva, en un fondo azul grisáceo, con tres exóticas flores anaranjadas abriéndose al pie del galeón. Treinta años después, los mercaderes de incunables harían su agosto con los supervivientes de aquellos primeros ocho mil ejemplares, traficándolos en cientos de dólares.

Estos gajes de la gloria literaria no podía sospecharlos ni siquiera el propio autor cuando descendió con Mercedes del avión en el aeropuerto de Ezeiza el 20 de junio de 1967, como tampoco pudo sospechar que la salida de su novela y su presencia en Buenos Aires serían recibidas en olor de multitudes. Según Paco Porrúa, la capital argentina fue una fiesta con su presencia y «toda la ciudad sucumbió de inmediato a la seducción de la novela y se puso a leerla». Pero según Tomás Eloy Martínez, hubo al principio un interregno de varios días de anonimato antes de que se desatara la locura y hubiera que mudarlo de hotel y ponerle una secretaria que le filtrara las llamadas[60].

Los dos grandes artífices del lanzamiento de *Cien años de soledad* habían acudido a recibir a su autor al aeropuerto a las tres de la mañana. A esa hora y después de tan largo viaje, esperaban encontrar a un hombre vencido por el sueño y la fatiga, y lo que vieron descender del avión fue un vendaval que quería irse enseguida hasta la misma pampa a ver el amanecer violeta, junto a una buena parrilla de carne asada. Sus anfitriones lo disuadieron de semejante locura y se lo llevaron a uno de los últimos restaurantes abiertos de la calle de Montevideo. Viéndolo junto a Mercedes, con su chaqueta de colores caribes, sus pantalones ajustados a lo Pietro Crespi, sus dientes emplomados, su conversación sentenciosa y su fresca y desenfadada manera de ser, Paco Porrúa y Tomás Eloy Martínez empezaron a creer que sí, que sólo este cataquero trotamundos podía haber escrito la novela que ya, en sólo dos semanas, había agarrado por la solapa a ocho mil lectores argentinos.

Sin embargo, durante los tres primeros días nadie parecía percatarse de su presencia en Buenos Aires, a pesar de que García Márquez caminaba de pronto junto a las portadas de *Primera Plana,* que multiplicaban su imagen como en un laberinto de espejos borgiano en los quioscos y librerías. Una mañana, mientras desayunaban en un café de Santa Fe y Suichapa, apreciaron el primer síntoma de la popularidad: una mujer, que salía con la bolsa cargada del mercado, dejó ver un ejemplar de *Cien años de soledad* entre las lechugas y los tomates[61]. Para su autor fue un síntoma alentador, pues la novela, que había salido de la más profunda entraña popular, era aceptada desde el principio como algo propio del mundo popular. El libro, efectivamente, había tenido «una recepción no como novela, sino como vida».

Aquella misma noche, García Márquez y su mujer asistieron al estreno de una obra en el teatro del Instituto Di Tella. Según Tomás Eloy Martínez, «Mercedes y él se adelantaron hacia la platea, desconcertados por tantas pieles tempranas y plumas resplandecientes. La sala estaba en penumbra, pero a ellos, no sé por qué, un reflector les seguía los pasos. Iban a sentarse, cuando alguien, un desconocido, gritó "¡Bravo!", y prorrumpió en aplausos. Una mujer le hizo coro: "Por su novela", dijo. La sala entera se puso de pie. En ese preciso instante vi que la fama bajaba del cielo, envuelta en un deslumbrante aleteo de sábanas, como Remedios la bella, y dejaba caer sobre García

Márquez uno de esos vientos de luz que son inmunes a los estragos de los años»[62].

Para el propio escritor, sin embargo, el asedio de las multitudes había empezado en una de las tantas reuniones públicas de aquellos días en que Buenos Aires era una fiesta. En los tiempos libres que le dejaba la ocupación como jurado del concurso de novela «Primera Plana Sudamericana», junto a Augusto Roa Bastos y Leopoldo Marechal, García Márquez fatigaba las horas libres de la tarde y de la noche en reuniones y fiestas multitudinarias. Una de ellas la había armado su amigo el periodista Horacio Verbitski, con el propósito central de que el autor de *Cien años de soledad* se reencontrara con el escritor Rodolfo Walsh. Éste no sólo había sido su amigo cuando ambos trabajaron codo con codo en La Habana durante aquellos meses difíciles de finales de 1960, sino que era uno de sus maestros secretos desde que García Márquez había conocido las estructuras perfectas de sus relatos policíacos. Pero fue muy poco lo que pudieron hablar, y el reencuentro se redujo a largas miradas en silencio, tal vez por la timidez de ambos y el tiempo trascurrido, o tal vez por la presencia intimidadora de la fama súbita del autor colombiano: una multitud de gente lo asedió aquella noche asegurándole que ya había leído su libro, que Úrsula era idéntica a su abuela y Amaranta igualita que su tía, aunque no hacía más de veinte días que había salido. Para García Márquez, aquella fiesta fue su «despedida de la soledad», pues nunca más pudo estar solo[63]. Pero, bien miradas las cosas, fue más bien su ingreso en la soledad, en el exquisito club de la soledad de la fama.

Este cataclismo que cambiaría su vida de la noche a la mañana y lo pondría a la cabeza de la novela latinoamericana era el producto más depurado de su talento singular, de sus bregas insomnes de artesano de la palabra, pero las cosas tal vez hubieran sido muy distintas, o por lo menos más lentas, sin los editores, los periodistas, los críticos y los lectores de la ciudad de Buenos Aires. En el ámbito de nuestra lengua, sólo una metrópoli cultural como ésta reunía entonces las condiciones en grado y equilibrio óptimos para aceptar y popularizar de inmediato una novela como *Cien años de soledad* sin la consagración previa de Nueva York, París o Roma. Por eso, treinta años después, los amigos argentinos seguirían preguntándose en soliloquios y conciliábulos por qué García Márquez no volvió a Buenos Aires; qué Frau Roberta, qué pitonisa de los sueños le aconsejó, como en el caso de Viena, que no volviera a la capital argentina. Porque la ciudad que lo vistió con las primeras galas de su muy merecida gloria no fue la hermética y desconfiada México, ni la ínclita e indiferente Bogotá, ni la sensual y apática Caracas, ni la rutilante e irreal París, ni mucho menos, por supuesto, la aldeana y medieval Madrid del franquismo, sino la culta y fervorosa ciudad de Buenos Aires, la cuna de su maestro Borges y de tantas editoriales míticas, cuyos mejores títulos abonaron su formación de escritor.

Mientras el escándalo editorial y literario de *Cien años de soledad* se extendía desde la capital argentina, Carmen Balcells continuaba en silencio su labor de hormiguita arriera para que la novela fuera traducida a los principales idiomas del mundo. En realidad, ella ni siquiera había esperado a que empezara la fiesta de la consagración, no sólo porque conocía las urgencias del autor, sino porque había captado enseguida, como todo el mundo, que una novela de semejante calibre no precisaba de ninguna fiesta ni consagración previas para ser presentada en otras lenguas. Su labor había empezado desde el momento en que, a mediados de octubre del año anterior, recibió una copia del original en su oficina de la calle barcelonesa de Urgell. O tal vez desde antes, porque la confianza que la agente tenía en la novela (conocía muy bien los libros anteriores del escritor y era una de sus lectoras más adictas) la había llevado a hacer correr la voz en algunos ámbitos editoriales de otras lenguas. Carmen Balcells recordaría, por ejemplo, que Valerio Riba, director literario de Feltrinelli, le escribió confirmándole su interés por los libros anteriores de García Márquez, y que en algún momento le comentó: «Pero me dices que el autor está preparando un libro importante. ¿Qué pasa si en ese libro importante que está preparando vuelve a aparecer Macondo? Será siempre el mismo cuento y el mismo rollo». La verdad es que Feltrinelli fue la segunda editorial extranjera en contratar *Cien años de soledad,* en octubre de 1967, después de la francesa Seuil, que la contrató en abril, mientras en noviembre Harper and Row (que había comprado por mil dólares los cuatro libros anteriores del autor) se hacía con los derechos para el mercado norteamericano. El único tropiezo editorial que tuvo la novela fue en Alemania, donde inicialmente la rechazaron cuatro editoriales: Rowolht, Sigher, Hausser y Aufbau. Sólo Kiepenheur la contrató en noviembre de 1968, cuando ya el escándalo del libro había estallado en Francia e Italia[64].

Traducida a las principales lenguas de Occidente y premiada en Francia e Italia en 1969 con el *Prix du Meilleur livre étranger* y el *Premio Chianchiano,* en pocos meses Carmen Balcells consiguió dieciséis contratos más para su traducción en Inglaterra, Dinamarca, Finlandia, Suecia, Noruega, Holanda, Rusia, Hungría, Polonia, Rumanía, Checoslovaquia, Yugoslavia (dos traducciones: serbo-croata y esloveno), Japón, Portugal y Brasil. De modo que, en sólo tres años, la novela había dado un paso gigantesco en su consagración planetaria, y, con ello, la agente catalana veía convertirse en una realidad magnífica los términos del contrato jocoso que, con una vigencia de «ciento cincuenta años», García Márquez le había firmado a ella y a su esposo Luis Palomares en México, en presencia del también catalán Luis Vicens. En realidad, había empezado otra leyenda dentro de la leyenda: la de «la Mamá Grande de la novela latinoamericana», según la expresión jocosamente seria de Mario Vargas Llosa.

Después de la fiesta de consagración de Buenos Aires, los García Márquez regresaron a México a finales de junio de 1967 con un propósito central: empacar sus corotos y trasladarse a Barcelona (tras algunos viajes breves a Venezuela, Colombia y Perú), donde el escritor esperaba encontrar las condiciones de anonimia y soledad óptimas para sentarse a escribir su próxima novela, *El otoño del patriarca.* Pero iba a ser todo lo contrario. Buenos Aires lo había señalado para siempre con la cruz de ceniza de la soledad de la fama, y, como los hijos espurios del coronel Aureliano Buendía, ya no podría zafarse de ella ni en el último rincón del mundo. Por supuesto, el escritor era muy consciente de las nefastas consecuencias de la peste que acababa de contraer, y por ello, entre otras razones, había escogido una ciudad viva, mediterránea y discreta como la Ciudad Condal, pero de todas maneras, y aun a riesgo de llover sobre mojado, el crítico mexicano Emmanuel Carballo lo previno contra las vueltas más peligrosas de su destino de hombre célebre.

El crítico y su mujer Neus Espresate invitaron a los García Márquez a una comida de despedida en su casa de la calle de Comercio y Administración, conscientes de que se despedían de un hombre que, por haber escrito una novela que Carballo no dudó en calificar de «obra maestra» desde el principio, se convertiría pronto en una leyenda viva. Y, efectivamente, durante la reunión el crítico mexicano, con la misma lucidez con que había previsto el destino de *Cien años de soledad,* le dijo que esta novela lo iba a atiborrar de tanta fama, gloria y dinero, que ello determinaría una metamorfosis en su personalidad, y que el joven sencillo, humilde, campechano y tímido que la había escrito daría paso, contra su voluntad, a otro ser muy distinto, un ser al cual les iba a ser muy difícil acceder a muchos de sus amigos de entonces. García Márquez le dijo, por supuesto, que estaba equivocado, que eso no ocurriría jamás, y se defendió con todos sus argumentos, que no eran ni más ni menos que los de una vida sencilla, de amistad, honestidad y trabajo. Entonces, como prueba de que aquello no ocurriría, los cuatro: García Márquez, Mercedes, Carballo y Espresate, estamparon sus firmas en la etiqueta de una botella de whisky White Horse. Como los náufragos, echaron, pues, una botella al tiempo, que, a diferencia de las botellas del mar, debía entregar su mensaje sin abrirse, permaneciendo en su eterno reposo, como una bella durmiente del bosque del tiempo.

Las previsiones y temores expresados por el crítico mexicano, en aquella comida de finales de julio, ya los había formulado y resumido Michel de Montaigne, cuatrocientos años antes, con la poesía de su pensamiento, cuando escribió que «la gloria y el reposo son dos cosas que no pueden alojarse en la misma morada», y los terminaría aceptando el propio García Márquez, catorce años después, a la luz de su experiencia personal, cuando declaró que «la fama perturba el sentido de la realidad tal vez casi tanto como el poder»[65]. Pero, sucediera lo que sucediera en los años venideros, siempre habría en la vida de García

Márquez una ínsula de amigos en la cual refugiarse y recobrar ese sentido perturbado de la realidad. En México no eran todavía muchos, pero eran suficientes y leales: Carlos Fuentes, Juan García Ponce, Alba y Vicente Rojo, Emilio García Riera, Jomí García Ascot, María Luisa Elío, Nancy y Luis Vicens. Carmen y Álvaro Mutis eran un caso aparte: con ellos los García Márquez habían llegado más allá de la amistad y la hermandad. Por eso, la despedida fue un momento realmente grave para las dos parejas. Durante seis años lo habían compartido todo, absolutamente todo: los hijos y los amigos, la escasez y la abundancia, las esperanzas y las desesperanzas, las tristezas y las alegrías. Sobre todo, habían compartido durante catorce meses, junto a los García-Elío, esa fiesta (fiesta también penosa) de la creación que fue la escritura de *Cien años de soledad*. De ahí que, cuando los García Márquez levaron anclas rumbo a España, con escalas previas en Colombia y Venezuela, se sintieron tan huérfanos de sus amigos, que, de pronto, Carmen Mutis le espetó a su marido: «¡Ah, no: el matrimonio era contando con los Gabos. Esto sin los Gabos no estaba previsto!».

Mientras Mercedes viajaba con Rodrigo y Gonzalo a Barranquilla y Cartagena a finales de julio, García Márquez apuraba los últimos días de este primer período mexicano en un apartamento de la Plaza Washington, propiedad de Luis Vicens (pues la casa de San Ángel Inn la habían entregado a mediados de mes), para partir el 1 de agosto hacia Caracas, donde asistió al XIII Congreso Internacional de Literatura Iberoamericana y a la entrega del Premio Rómulo Gallegos. Pero, antes que esta doble fiesta de las letras, lo que le interesaba era reencontrarse con sus viejos amigos venezolanos y conocer personalmente a Mario Vargas Llosa, el escritor peruano que acababa de ser galardonado con la primera entrega del Rómulo Gallegos por su novela *La casa verde*. Como recordaría éste, los dos se conocieron en el aeropuerto de Maiquetía la misma noche de su llegada, ya que los aviones de Londres y México aterrizaron casi al mismo tiempo, y estuvieron juntos los primeros quince días de agosto entre Caracas (que acababa de padecer un trágico terremoto), Mérida y Bogotá, volviéndose a encontrar en Lima los primeros días de septiembre.

Aunque ésta era la primera vez que se veían las caras, previamente habían mantenido una larga y bien cultivada amistad epistolar, que los había llevado incluso a contemplar el proyecto de escribir algún día una novela a cuatro manos sobre la guerra tragicómica que habían padecido sus países a comienzos de los años treinta. Por supuesto, los dos se habían leído con esmero, y la admiración mutua era el acento que presidía sus largas epístolas entre París, Londres y México. Viejos adictos de la novela de caballerías, para el colombiano, Vargas Llosa era «el último caballero andante de la literatura», mientras que para el peruano, García Márquez era «el Amadís de América». Éste había trasvasado el carácter de algún personaje de *La casa verde* a otro de *Cien años de soledad* (como lo había hecho con otros personajes de Fuentes, Cortázar y Carpentier), y Vargas Llosa acababa de escribir un artículo de exaltación y rendido homenaje a las excelencias de esta novela, «un libro admirable» que le hubiera gustado escribir a él, como lo confesaría después, porque es una novela donde su autor «manda a paseo cuatro siglos de pudor narrativo», compite «con la realidad de igual a igual» y hace de «la narración un objeto verbal que refleja al mundo tal como es: múltiple y oceánico»[66].

Esta admiración mutua tenía su origen no sólo en el hecho evidente de ser ambos dos grandes de la novela latinoamericana, sino tal vez en el hecho mágico del soterrado paralelismo de sus vidas, un paralelismo que parece sacado de las páginas del divino Plutarco. Ambos habían sido criados por sus abuelos maternos con todas las complacencias y habían sido dos niños mimados y caprichosos que perdieron el paraíso de su infancia a los diez años; ambos conocieron tarde a sus padres y su relación con ellos sería una relación de desencuentro, entre otras razones, porque éstos expresaron su reserva o su oposición a la vocación de sus hijos; ambos estudiaron en colegios religiosos y cursaron el bachillerato como internos en centros de régimen monacal o castrense, abrazando la literatura como refugio y como afirmación de su identidad frente a un medio que les era hostil o repugnante; ambos encontraron en el teatro y la poesía los pilares iniciales de su formación literaria y escribieron versos en su adolescencia y publicaron su primer cuento casi a la misma edad; ambos leyeron con fervor a Alejandro Dumas y a Tolstoi, a Rubén Darío y a Faulkner, a Borges y a Neruda; ambos empezaron a ganarse la vida en periódicos de provincia en condiciones muy precarias y llegaron muy jóvenes a Europa atraídos por el mito literario de París, donde siguieron viviendo del periodismo, padeciendo en la Ciudad Luz los días tal vez más oscuros de sus vidas; ambos pudieron seguir escribiendo sus libros gracias a las buhardillas que los mismos esposos M. y Mme. Lacroix les fiaron durante meses en dos hoteles del Barrio Latino y ambos vieron rechazadas sus primeras novelas por editoriales de la misma ciudad de Buenos Aires; de orientación marxista, los dos eludieron siempre la militancia política en partidos de izquierda y eran defensores confesos de la revolución cubana; ambos serían amigos y delfines del gran poeta de las Américas, Pablo Neruda, y terminarían siendo los «hijos» predilectos de la misma Mamá Grande, Carmen Balcells; y, como punto de convergencia, los dos llegarían a ser las estrellas más rutilantes del firmamento de la nueva novela latinoamericana, del impropia y tópicamente llamado *Boom*.

Pero eran dos hombres y dos escritores muy distintos y hasta opuestos en muchas cosas, desde el talante personal al carácter de sus obras, exceptuando el fervor por la amistad, la disciplina del trabajo y el compromiso irreductible y excluyente con la literatura. Sin embargo, hasta que las contingencias de la vida, la amistad y la política los separó, colocándolos en caminos diferentes e incluso opuestos, los dos harían honor al soterrado paralelismo de sus vidas cultivando una amistad intensa y extensa como pocas veces se había visto en la historia de las letras latinoamericanas. Así que no parece meramente fortuito que las dos primeras entregas del Premio Rómulo Gallegos, el más prestigioso entonces de la lengua castellana, recayera en las mejores novelas de estos autores: *La casa verde* y *Cien años de soledad,* y que los discursos y las actitudes políticas asumidos por ambos durante la entrega de aquéllos constituyeran dos de los mayores escándalos político-literarios de América Latina de los años sesenta y setenta.

En su discurso del 4 de agosto, Vargas Llosa dio una lección magistral sobre las verdaderas razones que mueven y ali-

463

mentan al escritor y sobre la condición artística y los cometidos éticos de la novela. Advirtió que «la literatura es fuego» porque «significa inconformismo y rebelión», que «la razón de ser del escritor es la protesta, la contradicción y la crítica»[67]. Pero cuando pasó del fuego literario al fuego real, al revolucionario, que habría de acabar con el oprobio, la tiranía y la injusticia en América Latina, como, según él, había ocurrido en Cuba hacía ocho años, aquello fue Troya en plena Caracas, en «la infeliz Caracas». Es posible que hasta su flamante amigo y colega colombiano se revolviera en su asiento mientras lo escuchaba, no porque no fuera de la misma convicción, que, por supuesto, lo era y lo seguiría siendo cuando Vargas Llosa defeccionara del campo socialista, sino porque García Márquez llevaba guardando un prudente silencio público sobre la revolución cubana desde que él y sus amigos habían sido defenestrados (o autodefenestrados) de Prensa Latina en 1961. Sin embargo, y a pesar de que la llevaría siempre atragantada como una mala espina, ésta no era la razón mayor de su silencio, sino el hecho de que el escritor veía entonces con profundo desagrado el creciente proceso de enajenación soviética de la revolución cubana. Como vimos, él había viajado durante varios meses por la URSS y sus países satélites del Este europeo, había conocido *in situ* el desastre macondiano que se cernía sobre estos países y había escrito unos excelentes reportajes visionarios que la historia terminaría por corroborar treinta años después. También había militado dos años en Prensa Latina: en Bogotá, La Habana y Nueva York, llegando a conocer las palpitaciones más íntimas de la revolución cubana y sus dirigentes. De modo que su silencio no sólo era el del reposo del guerrero, sino el de un hombre que conocía de primera mano el rumbo desviacionista de una revolución a la que, como Masetti, Rodolfo Walsh y tantos intelectuales latinoamericanos, se había entregado sin reservas. Vargas Llosa, igualmente entregado, pero más joven, fogoso y con menos información directa sobre la entelequia del «socialismo real», se daba el lujo, en cambio, de lanzar soflamas revolucionarias que les pusieron los pelos de punta a las mismas burguesías y oligarquías que ahora, en presencia del propio Rómulo Gallegos, lo adulaban y premiaban en el Salón Abierto del Museo de Bellas Artes de Caracas. El colombiano y el peruano eran, pues, dos escritores, dos intelectuales, tan distintos, que incluso eran diferentes en la afinidad (luego, como se sabe, Vargas Llosa haría de Fidel Castro la gran bestia negra a combatir, mientras García Márquez se convertía en un adolescente revolucionario de una lealtad sin término hacia el dirigente cubano), y esta identidad de lo antitético, junto al paradójico paralelismo de sus vidas, es lo que, entre otras cosas, le iba a conferir una intensidad insospechada a su amistad.

Sonriente, cordial y solícito, Vargas Llosa tenía entre confundido y seducido al público caraqueño con su estampa y su manera de vestir a lo Hollywood y sus intervenciones brillantes y sesudas. Huraño, tímido y fastidiado por el escándalo de su popularidad reciente, García Márquez, con sus pelos hirsutos y sus camisas policromadas de caribe, se negaba a dar la imagen «seria», académica, que todos esperaban del creador de Macondo. Era una estrella emergente, muy feliz con su suerte literaria, pero empezaba a sentirse incómodo con los reflectores de la fama: en una fiesta que le hicieron sus viejos amigos de Caracas había hecho colocar un letrero que decía: «Prohibido hablar de *Cien años de soledad*». Por eso cuando hablaba lo hacía casi siempre para divertirse a sus anchas «mamando gallo», pues, como recordaría el mismo Vargas Llosa, «a los periodistas les confesaba, con la cara de palo de su tía Petra, que sus novelas las escribía su mujer pero que él las firmaba porque eran muy malas y Mercedes no quería cargar con la responsabilidad; interrogado en la televisión sobre si Rómulo Gallegos era un gran novelista, medita y responde: "En *Canaima* hay una descripción de un gallo que está muy bien"...»[68]. Pero una vez, por lo menos, tuvo que hablar en serio: fue el 11 de agosto en el Ateneo de Caracas, durante el acto de clausura del XIII Congreso Internacional de Literatura Iberoamericana, titulado «El novelista y sus críticos». Estaba aterrado. Como quien espera su turno al pie del patíbulo, se encontraba sentado junto a Vargas Llosa, con las manos húmedas y heladas, trasmitiéndole su «infinito terror» y fumando «como un murciélago». En lugar de una disertación académica, de esas que tanto regocijan el oído de críticos y profesores, contó una historia, simplemente una

historia, tal vez rebelándose contra la solemnidad y el academicismo del momento. El comienzo fue arduo, pedregoso, hilva-
nando las palabras con silencios tan largos, que suspendió a los
oyentes en sus asientos. Pero poco a poco fue armando la historia completa de lo que años después sería el argumento de la
película *Presagio*[69], y se llevó una ovación cerrada por lo único
que en el fondo le ha interesado ser: un contador de cuentos.

La ínclita y andina Bogotá no mejoró la estela pública que entonces iba dejando tras de sí el rapsoda de Macondo.
Tierno, cariñoso y solícito con sus amigos de siempre, la verdad
es que «la ciudad más fea y triste del mundo», según él, terminó por arrugarle el entrecejo, tornándolo más huraño y distante frente al público. Pero aquí no había nada que hacer,
porque las desavenencias con la ciudad de sus pesadillas eran
un mal crónico, una endemia del alma. Vargas Llosa recordaría que, poco antes de salir juntos para Bogotá el 12 de agosto, García Márquez se entretenía haciendo llamadas sigilosas
a la capital colombiana: luego descubriría que andaba tramando
con sus amigos bogotanos un programa intrincado para que,
desde coches veloces y entre hotel y hotel y casa y casa, él y el
crítico José Miguel Oviedo no tuvieran ocasión de ver la ciudad sino de lejos[70].

Pero no lo consiguió. La gloria y la popularidad crecientes de ambos los convirtió en personajes prácticamente
ubicuos, durante tres días, a todo lo ancho y a todo lo largo de
la ciudad de los cachacos. Cuando Vargas Llosa regresó a Lima
el 15 de agosto por la tarde, después de una acalorada mesa redonda en *El Tiempo* (en la que participaron también Álvaro Cepeda Samudio, Ángel Rama y José Miguel Oviedo), un homenaje
multitudinario en la revista *Letras Nacionales*, una apretujada
sesión de firmas de sus libros en la Librería Contemporánea y
una reunión semiclandestina con las juventudes comunistas,
los dos estaban dichosamente extenuados por el tremendo desgaste de la fama, sabiendo de una vez para siempre con Montaigne que, en verdad, es inútil intentar disfrutar de la gloria y
del reposo al mismo tiempo.

Paradójicamente, fue «Lima la horrible» la que, aún
bajo el escándalo continuado, les dio un poco de reposo, o, por

lo menos, de mayor resignación frente a su destino de estrellas rutilantes. Tal vez la clave estuvo en que, durante la semana escasa que García Márquez visitó la capital peruana a principios de septiembre, invitado por la Universidad Nacional de Ingeniería, supieron conjugar la amistad, la familiaridad y la literatura en un mismo estado de gracia. Todo empezó con el bautizo del segundo hijo de los Vargas Llosa, a quien García Márquez apadrinó y a quien sus padres pusieron el nombre de Gabriel Rodrigo Gonzalo, toda una expresión de afecto y amistad hacia el colega y compadre reciente, y terminó con un diálogo abierto de los dos escritores sobre la novela latinoamericana en general y la obra del colombiano en particular, que tuvo lugar durante los días 5 y 7 de septiembre en el Auditorio de la Facultad de Arquitectura de la Universidad Nacional de Ingeniería, frente a una concurrencia numerosísima de estudiantes[71]. Pero el diálogo fue sereno, fluido, casi familiar. García Márquez no sólo parecía resignado a su nueva suerte de *vedette*, sino que hasta parecía haber domeñado su horror a hablar en público. Estuvo más cercano, solícito y de buen humor que nunca, y fue profuso hasta el detalle al revelar las claves de su arte narrativo y sus nexos con la realidad. Con su visión abarcadora de la novela y su obsesión analítica de la misma, Vargas Llosa fue el brillante conductor e interrogador, aunque a veces se intercambiaban los papeles. Y es que el peruano tenía otra obsesión más reciente: entender y explicar en su conjunto el proceso múltiple que había conducido a García Márquez hasta *Cien años de soledad,* empresa que acometería dos años después en su monumental *Historia de un deicidio,* un libro que, aunque telegráfico y poco afinado en la parte biográfica, sigue siendo insuperable en la captación y análisis del entresijo literario.

Entre otras, dos cosas quedaron claras en este diálogo memorable de estos dos gigantes de la novela latinoamericana: los amplios conocimientos genealógicos de la novela que a sus treinta y un años ya poseía Vargas Llosa, junto a sus preocupaciones teóricas sobre la misma y su profundo interés por la obra de su colega y amigo, y la conciencia minuciosa, lúcida, con que García Márquez había venido concibiendo y articulando su obra a lo largo de veinte años a la luz de un análisis amplio y detenido de la realidad colombiana y latinoamericana. Esto último quedó particularmente claro cuando el peruano le planteó al colombiano el problema de la irrealidad en la obra de Jorge Luis Borges: «¿Tú no crees que Borges está, de alguna manera, describiendo, mostrando la irrealidad argentina, la irrealidad latinoamericana. Y que esta irrealidad es también una dimensión, un nivel, un estado de esa realidad total que es el dominio de la literatura?». A lo que García Márquez, tras expresar su admiración y gratitud por el maestro argentino (porque «lo necesitamos para la exploración del lenguaje, que es otro problema muy serio»), contestó: «Yo creo que la irrealidad de Borges es falsa también; no es la irrealidad de América Latina. Aquí entramos en paradojas: la irrealidad de América Latina es una cosa tan real y tan cotidiana que está totalmente confundida con lo que se entiende por realidad»[72]. Claro: él lo sabía muy bien y lo sabía desde niño, porque esa «irrealidad de América Latina», que ya en 1950 había denominado como «realismo de lo irreal» o «irrealidad demasiado humana»[73], era el proteico territorio, el delicioso limbo, en el que habían vivido su abuela Tranquilina Iguarán Cotes, sus numerosas tías y tantos personajes prodigiosos de la Aracataca de su infancia. Y éste era el gran nervio, el cogollo medular, de la obra de García Márquez: el mismo que había estado intentando comprender, captar y comunicar desde que, a mediados de agosto de 1947, escribió en Bogotá «La tercera resignación» al impulso de *La metamorfosis* de Kafka. *Cien años de soledad* suponía la realización y la coronación suprema de ese antiguo y descomunal empeño.

Un empeño que había tenido como pretexto una obsesión personal, una de las tantas y peligrosas trampas de la nostalgia, según se lo confesó el propio García Márquez a Vargas Llosa delante de los estudiantes limeños: «volver» a la casa de Aracataca y recuperar los instantes perdidos con el abuelo Nicolás Ricardo Márquez Mejía que lo llevaba de la mano al circo, a misa, al cine, a dar «la vueltecita» por las calles del pueblo o a través de las plantaciones bananeras para bañarse en el río de aguas frías y diáfanas, al pie de la Sierra Nevada de Santa Marta[74]. Sin embargo, el nieto del coronel supo superar sabia-

NOTAS

CAPÍTULO UNO

1. Véase nota 37 del Capítulo Nueve.
2. En nuestras conversaciones de México, los días 14 y 17 de marzo de 1989, García Márquez comentó que, efectivamente, el regreso a su pueblo le mostró que lo que él había vivido en la niñez y lo que ahora veía en su pueblo abandonado estaban muy lejos de lo que había escrito hasta entonces, y que esta comprobación lo llevó después a emprender otro camino.
3. Al contrario de lo que reiteraría en algunas entrevistas, no la escribió después de este viaje. En el Capítulo Siete y sus notas 24 y 25 y en las notas 45 y 49 del Capítulo Nueve, se demuestra que la primera versión de *La hojarasca* fue escrita casi tres años antes del regreso con su madre a Aracataca.
4. En la entrevista concedida al equipo de redacción de *El Manifiesto* («El viaje a la semilla», Bogotá, 1977), García Márquez afirma que fue en Valledupar; cuatro años más tarde, en «El cuento del cuento» (en *Notas de prensa 1980-1984*, Madrid, Mondadori, 1991), que era originalmente un prólogo de *Crónica de una muerte anunciada*, dice que fue en Manaure del Cesar. Esta confusión de lugares bien podría ser deliberada en García Márquez, y tendría por objeto preservar el anonimato del tercer protagonista, a quien, por cierto, cita en el primer caso como José Prudencio Aguilar, mientras que en el segundo ya no lo nombra. Sin embargo, Rafael Escalona, en uno de los dos encuentros que tuvimos en Bogotá en agosto de 1992, no sólo me reveló el nombre de Lisandro Pacheco, sino que me aclaró que el encuentro con éste había sido en La Paz, situado entre Valledupar y Manaure.
5. Gabriel García Márquez, «El cuento del cuento», *op. cit*.
6. De mis conversaciones con Rafael Escalona, Bogotá, agosto de 1992.

7. Gabriel García Márquez, *op. cit.*

8. Esta semblanza de Barrancas la debo a la colaboración de varios barranqueros, especialmente a Ana Ríos y a su alcalde José Domingo Solano.

9. *Ibíd.*, y Germán Arciniegas, *Genio y figura de Jorge Isaacs,* Buenos Aires, Eudeba, 1970.

10. Manuel M. Flores, *El Estado,* Santa Marta, 19 de marzo de 1937.

11. Según este dato que, como otros de la genealogía, me aportó Ligia García Márquez, «la historiadora de la familia», la tatarabuela y el bisabuelo del novelista debieron de llegar a Colombia hacia 1826, a más tardar.

12. En la casa de Élida Fonseca, en Barrancas, pude conocer uno de los pescaditos de oro fabricados por el abuelo de García Márquez, perteneciente a Sara Ercilia Bonilla Fonseca, bisnieta del coronel Márquez. Es exacto a los descritos por el novelista en *Cien años de soledad.*

13. Obardo Pinto Romero, «Barrancas, la tierra de los Buendía», *Guajira Gráfica,* octubre de 1984.

14. Álvaro Tirado Mejía, «El Estado y la política en el siglo XIX», en *Manual de historia de Colombia,* Bogotá, Instituto Colombiano de Cultura, 1982, vol. II, y Alberto Gómez M., *La guerra de los Mil Días,* Bogotá, Editorial La Oveja Negra, 1985.

15. Carlos Eduardo Jaramillo, *Los guerrilleros del novecientos,* Bogotá, Fondo Editorial Cerec, 1991.

16. José María Valdeblánquez, *Historia del departamento del Magdalena y del territorio de la Guajira. Desde el año 1895 hasta el de 1963,* Bogotá, Editorial El Voto Nacional, 1964.

17. Como en el caso de Nicolás Márquez y sus hijos y amigos, la circunstancia de Rafael Uribe y Pedro Nel Ospina, que eran grandes amigos y adversarios a la vez, muestra el absurdo y trágico destino de los colombianos, enfrentados secularmente por ideales que se decían opuestos, pero que, una vez pasada la guerra, se homologaban prácticamente, hasta reducir las diferencias entre liberales y conservadores a lo que dice el coronel Aureliano Buendía en *Cien años de soledad:* que la diferencia entre unos y otros radica en que los liberales van a misa de cinco y los conservadores, a misa de ocho.

18. Sabas S. Socarrás, «Recuerdos de la guerra de los Mil Días en las provincias de Padilla y Valledupar y en el departamento del Magdalena: 1899 a 1903», en José María Valdeblánquez, *op. cit.*

19. Obardo Pinto Romero, *art. cit.*

20. José María Valdeblánquez, *op. cit.*

21. Sabas S. Socarrás, *op. cit.*, y Octavio M. Gómez, «La guerra de los Mil Días en el Magdalena (El combate de Carazúa)», en José María Valdeblánquez, *op. cit.*

22. Siendo Medardo Pacheco Romero un simple soldado raso que, bajo la tutela de su tío Francisco Javier Romero, se había enrolado en la comisión de oficiales, se explica que su nombre no apareciera en las crónicas de Sabas Socarrás y Octavio Gómez. Pero otro ex compañero de armas y gran amigo de Nicolás Márquez, Juan Lázaro Robles, sí iba a registrar el nombre de Medardo Pacheco Romero en sus *Recuerdos de la guerra de los Mil Días en las provincias de Padilla y Valledupar y en la Guajira*, Santa Marta, 1946.

23. «En las guerrillas no existió la disciplina militar y su cohesión sólo se debía a fidelidades y respeto. De ahí que los jefes debieran hacer permanentemente gala de valor y destreza para reafirmar su autoridad» (Carlos Eduardo Jaramillo, *op. cit.*). Ésta es una de las razones que explican la diferencia abismal entre el cohesionado y regular ejército de Benjamín Herrera en el Pacífico y Panamá y las desmedradas y anárquicas huestes de Uribe Uribe en el Atlántico: mientras el primero estaba permanentemente al frente de sus tropas, corriendo sus mismos riesgos, el segundo, casi siempre de viaje dentro y fuera del país, apenas aparecía de cuando en cuando para incentivar a las tropas con sus chispeantes arengas.

24. Lucas Caballero, *Memorias de la guerra de los Mil Días,* Bogotá, Instituto Colombiano de Cultura.

25. En efecto: el 20 de agosto de 1902, de camino a Valledupar, Aracataca y Ciénaga, dijo en San Juan del Cesar: «Creo que la terminación de la guerra se impone por razones de pura conmiseración. Mi venida no tiene más objeto que el pesar para que las condiciones de paz sean más decorosas y prácticas» (José María Valdeblánquez, *op. cit.*).

26. *Ibíd.* El mes y la fecha de la llegada a Aracataca de Uribe Uribe y sus hombres están equivocados por este libro, pues dice que fue «los últimos días de julio». En realidad, fue el 5 de septiembre de 1902, como aparece en el libro inédito de Lázaro Diago Julio: *Aracataca: una historia para contar*, 1989.

27. *Ibíd.*

28. *Ibíd.*

29. No se puede afirmar taxativamente que sólo de estos dos personajes históricos haya salido el nombre del personaje Aureliano Buendía. También en la guerra de 1895 hubo un coronel liberal llamado Francisco Buendía, quien, al pasar por Aracataca, se enfrentó a las fuerzas gubernamentales y depuso al corregidor conservador, sembrando una leyenda que, tal vez, el niño Gabito debió de escuchar muchos años después de labios de su abuelo. Por otra parte, el apellido Buendía es corriente en la Costa Atlántica colombiana. Se sabe que García Márquez, antes de intentar escribir a finales de los años cuarenta *La casa*, el germen de *Cien años de soledad*, conocía las leyendas de los coroneles Ramón Buendía y Aureliano Naudín. El novelista Manuel Zapata Olivella me contó que su padre, Antonio María Zapata, escribió un folleto sobre Aureliano Naudín y que García Márquez lo leyó por esa época en Cartagena de Indias.

30. Juan Lázaro Robles, *op. cit.*

31. En marzo de 1952, García Márquez escribiría, desde Barranquilla, a su amigo y coterráneo Gonzalo González, en Bogotá: «Acabo de regresar de Aracataca. Sigue siendo una aldea polvorienta, llena de silencio y de muertos. Desapacible; quizás en demasía, con sus viejos coroneles muriéndose en el traspatio, bajo la última mata de banano, y una impresionante cantidad de vírgenes de sesenta años, oxidadas, sudando los últimos vestigios del sexo bajo el sopor de las dos de la tarde» («Auto-crítica», *El Espectador*, Bogotá, 30 de marzo de 1952). Cinco años antes había muerto su abuela, en Sucre, expresando su último deseo, que era también la última voluntad del abuelo muerto en 1937: que después de su muerte alguien cobrara la pensión.

32. Los barranqueros dan hasta tres versiones distintas de los motivos del duelo entre Nicolás Márquez y Medardo Pacheco y de cómo ocurrieron los hechos, y según la generación, las versiones van ganando en todo tipo de matices. Pero qué duda cabe que la versión más objetiva es siempre la de los más ancianos, si se hace la salvedad de las jugadas propias de la memoria y las alteraciones que inevitablemente introduce toda tradición oral. Guiado por este criterio, localicé y hablé en Barrancas con las hermanas Etzael y Clemencia Saltarén, de noventa y dos y noventa años, respectivamente, y a partir de sus recuerdos (ya que no pude encontrar ningún documento sobre este hecho ni en Barrancas, ni en Riohacha, ni en Santa

Marta) intentamos reconstruir la versión más respetuosa con la objetividad de los hechos. En el cotejo de los datos suministrados por las dos hermanas y en la confrontación de sus datos con los de otros barranqueros, se fueron eliminando las alteraciones e invenciones de la tradición oral y se recuperaron otros datos aparentemente marginales o semiolvidados, que se revelaron extraordinariamente importantes en la consecución de una versión más objetiva de los hechos.

33. De mis conversaciones con Etzael y Clemencia Saltarén, Barrancas, agosto de 1992.

34. La frase iba a pasar intacta de generación a generación entre los barranqueros.

35. Los datos del éxodo, estancia en Santa Marta y Ciénaga, así como la fecha de la llegada a Aracataca, me los suministró Luisa Santiaga Márquez Iguarán, la madre del novelista, en nuestras conversaciones de Cartagena y Barranquilla, julio y agosto de 1992.

36. Así consta en su partida de defunción, que obtuve en el archivo parroquial de Barrancas.

CAPÍTULO DOS

1. Según los testimonios de la madre de García Márquez y su prima Sara Márquez, a los Márquez Iguarán les regalaron en Aracataca años después otros dos indios, Néctar y Lucía, pues Remedios y Alirio se escaparon de casa. El escritor sólo conoció a Apolinar, quien solía volver al pueblo para visitar a sus viejos amos.

2. La frase y la anécdota, referidas por Ligia García Márquez, tendrían una cierta trascendencia en la familia, como esos momentos y visiones ancestrales de los Buendía.

3. Orlando Fals Borda, *Historia doble de la Costa (Mompox y Loba)*, vol. I, Bogotá, Carlos Valencia Editores, 1980.

4. Lázaro Diago Julio, *op. cit.* La copia que consulté se conserva en la Casa de la Cultura de Aracataca. Es el primer libro que se ha escrito sobre la historia del pueblo, y es una buena fuente de datos. Me fue muy útil para completar mis investigaciones sobre la historia de los chimilas, la fundación e historia de Aracataca y el fenómeno de las bananeras.

5. *El Promotor,* Barranquilla, 4 de marzo de 1882, y Germán Arcinie-gas, *op. cit.*

6. Roberto Herrera Soto y Rafael Romero Castañeda, *La Zona Banane-ra del Magdalena,* Bogotá, Imprenta Patriótica del Instituto Caro y Cuervo, 1979.

7. *Ibíd.*

8. Alberto Luna Cárdenas, *Un año y otros días con el general Benjamín Herrera en las bananeras de Aracataca,* Medellín, Editorial Bedout, 1960.

9. Roberto Herrera Soto, *op. cit.*, y Renán Vega, *La masacre de las bana-neras,* Bogotá, Editorial La Oveja Negra, 1985.

10. Los cataqueros mayores recuerdan todavía El Prado como una visión de ensueño. Luis Carmelo Correa García, íntimo amigo de la infan-cia de García Márquez, me describió aquel lugar de belleza y poder como algo vedado a los mortales de Aracataca.

11. Gabriel García Márquez, «Auto-crítica», *art. cit.*

12. Lázaro Diago Julio, *op. cit.*

13. El hielo, desde luego, era conocido en Aracataca, pero estaba res-tringido al ámbito de las casas de los norteamericanos. Parece que los gitanos lo popularizaron en toda la zona durante los primeros años de la segunda década.

14. Cfr. las declaraciones de Luisa Santiaga Márquez, en «No los he leído, pero sí los viví» (entrevista de los padres de García Márquez con Alegre Lewy), *El Tiempo,* Bogotá, 8 de marzo de 1970.

15. Lázaro Diago Julio, *op. cit.*, y breve relación de la historia de Araca-taca anotada al margen del libro de bautismos por el cura párroco Francisco C. Angarita.

16. Cfr. las declaraciones de García Márquez al periodista Gustavo Tatis Guerra, en «Gabo, el otro alquimista», *El Universal,* Cartagena, 3 de mayo de 1992. La anécdota me fue confirmada por Luisa Santiaga Márquez, la madre del escritor.

17. Pero en realidad monseñor Espejo, siendo vicario de Santa Marta, solía ir a Aracataca a presidir las fiestas mayores del pueblo, y durante esos días se alojaba con sus sacerdotes en la casa de los Márquez Iguarán, por lo que ésta recibía el nombre de «El Va-ticano».

18. Las diferentes fuentes orales y escritas consultadas sobre este suceso, desde las declaraciones de los cataqueros más antiguos hasta las del

propio García Márquez, difieren notablemente en cuanto a los motivos de la pelea que originó la muerte del costeño a manos del antioqueño, pero todas las fuentes coinciden en señalar que dicha muerte desencadenó los rencores de los cataqueros contenidos durante años y que el suceso marcó profundamente la memoria de todo el pueblo. Otra dificultad notable radica en precisar el año en que ocurrió la matanza. Mientras, por ejemplo, García Márquez lo sitúa en 1910, Lázaro Diago lo sitúa en 1913 y Guillermo Henríquez en 1912.

19. Lázaro Diago Julio, *op. cit.*
20. *Ibíd.*
21. Por la variedad y exuberancia de los disfraces, el carnaval nos recuerda al de Macondo durante el cual compitieron por la corona de la belleza Remedios, la bella, y Fernanda del Carpio, la cachaca, y en el cual hubo una matanza que rememora la de La Noche de Aracataca.
22. Gabriel García Márquez, «Vuelta a la semilla», en *Notas de prensa 1980-1984, op. cit.*
23. Carlos Arango Z., *Sobrevivientes de las bananeras*, Bogotá, ECOE, 1985. Víctor Gómez Bovea, «Las bananeras: fueron más de nueve», *El Espectador,* Bogotá, 10 de diciembre de 1972. Revista *Aracataca,* números 1 y 2, Aracataca, 1983. Cinco meses después de la matanza, el diario bogotano *El Espectador* publicó, el 19 de mayo de 1929, una entrevista con el general conservador Pompilio Gutiérrez en la que éste declaraba: «Tengo pruebas irrefutables de que en las bananeras hubo más de 1.000 muertos, cifra ésta que el Gobierno está ocultando». Por su parte, los supervivientes, en el libro de Carlos Arango, insistirían: «Casi todos los cadáveres fueron arrojados esa noche al mar. Y uno de los chóferes que manejaban esa noche los carros que llevaban los muertos hasta el sitio donde los recogían las lanchas para llevarlos al barco que los transportaba al mar abierto, era de apellido Bovea. Él se rebeló como a las cuatro de la mañana y no quiso llevar más muertos porque decía que estaba cansado y nervioso» (Santander Alemán); «yo estaba ahí en la Estación y me tocó presenciar el abaleo. Vi caer muchos cienagueros. También vi llevar muchos al mar» (Carlos Leal).
24. *La Prensa,* Barranquilla, 14 de diciembre de 1928.
25. *El Espectador,* Bogotá, 19 de mayo de 1929.

26. La carta del cónsul norteamericano en Bogotá, Jefferson Caffey, está fechada el 15 de enero de 1929, y fue ampliamente difundida en los medios de comunicación mucho después.

27. Cfr. la breve biografía de Raúl Eduardo Mahecha, en Carlos Arango Z., *op cit*.

28. Cfr. las declaraciones de García Márquez a Gustavo Tatis Guerra, *art. cit.*

29. Uno de los supervivientes de la masacre, Sixto Ospina Núñez, afirmaría, por ejemplo: «... las tropas reprimieron durante los tres meses que duró el estado de sitio. Por todas partes uno encontraba muertos», en Carlos Arango Z., *op. cit.*

30. De mis conversaciones con Luisa Santiaga Márquez, Margot y Ligia García Márquez, Cartagena, julio-agosto de 1992.

31. Cfr. la breve biografía de Eduardo Mahecha, en Carlos Arango Z., *op. cit.*

32. Roberto Herrera Soto, *op. cit.*

33. Cfr. las declaraciones de Santander Durán Gómez (sobrino del general José Rosario Durán) a Carlos Arango Z., *op. cit.* En un telegrama enviado por la junta de productores bananeros de Aracataca al diario *La Prensa*, de Barranquilla, y publicado por éste el 5 de diciembre de 1928, se citan los nombres de la comisión mediadora encabezada por el general José Rosario Durán, pero no aparece el nombre del abuelo de García Márquez. Sin embargo, las palabras de Santander Durán Gómez afirmando que el coronel Márquez también formó parte de dicha comisión nos parecen incuestionables por la sencilla razón de que aquél, al ser sobrino del general Durán y allegado del coronel Márquez, tenía que conocer dicho dato sin lugar a dudas.

34. Roberto Herrera Soto, *op. cit.*, y Renán Vega, *op. cit.*

35. En *Cien años de soledad* este decreto aparece en el lugar del «Decreto Número 1», fusionándose la finalidad de los dos decretos: conminar a la multitud a disolverse, bajo amenaza de fuego, y declarar a los huelguistas «cuadrilla de malhechores». El decreto que se leyó en la realidad antes de la matanza es, pues, el número 1, mientras que el que se lee en la ficción es el número 4.

36. Roberto Herrera Soto, que en general da una versión esmerada y documentada de esta masacre en *La Zona Bananera del Magdalena,* anota que el resultado del levantamiento de los cadáveres fue de «13 muertos y 19 heridos». Pero el acta oficial, que Herrera Soto incluye ínte-

gramente en su texto, habla taxativamente de «9 muertos y 3 heridos». Además, existen documentos gráficos de la fosa común de los «nueve» muertos de Cortés Vargas.

37. Jorge Eliécer Gaitán, *La masacre de las bananeras*, Bogotá, Documentos y Testimonios.

CAPÍTULO TRES

1. Quien mejor ha investigado la genealogía del escritor es su hermana Ligia, impulsada por su religión mormónica. Los datos de los ascendientes del padre, como los de la madre, me los suministró ella. Todos los datos que se proporcionan en este capítulo, si no se indican otras fuentes, proceden de mis conversaciones con Gabriel García Márquez, su madre Luisa Santiaga Márquez, sus hermanos Luis Enrique, Gustavo, Jaime, Margot, Aída y Ligia García Márquez, sus primas Sara Márquez y Margot Valdeblánquez, su primera maestra Rosa Elena Fergusson, su amigo de la infancia Luis Carmelo Correa García y numerosos cataqueros con quienes he conversado en mis diversos viajes a Aracataca, iniciados en enero de 1973.

2. Ligia García Márquez sospecha que su padre, debido a la pobreza extrema de la familia, tal vez no llegó a matricularse oficialmente en la Universidad de Cartagena, sino que debió de asistir informalmente a algunos cursos en la antigua Escuela Dental. Este dato no lo pude corroborar, porque los archivos de esa época no existen en la Universidad de Cartagena.

3. Curiosamente, Carlos Henrique Pareja sería, veintitrés años después, profesor de García Márquez en la Facultad de Derecho de la Universidad Nacional de Bogotá.

4. José Font Castro, «Las claves reales de *El amor en los tiempos del cólera*», *El País*, Madrid, 19 de enero de 1986.

5. *Ibíd.*

6. *Ibíd.*

7. Gabriel García Márquez, «El cuento del cuento», *op. cit.*

8. José Font Castro, *art. cit.*

9. El mismo Gabriel Eligio tuvo que postergar su propuesta de matrimonio en alguna ocasión, porque la tía Francisca se negó a retirarse del almendro donde él estaba hablando con Luisa. Aquél le había

pedido el favor de que los dejara solos un momento, pues tenía algo privado que decirle a su novia. La tía Francisca no sólo se negó, sino que le respondió que qué podía decirle él a la niña Luisa que no pudiera escuchar ella. La anécdota y la frase las recogería literalmente García Márquez en *El amor en los tiempos del cólera*, protagonizadas por la tía Escolástica Daza y Florentino Ariza.

10. José Font Castro, *art. cit.*

11. Al padre del escritor siempre le molestó que Mario Vargas Llosa dijera en *García Márquez: Historia de un deicidio* (Barcelona, Barral Editores, noviembre de 1971) que él fue rechazado en la casa de los Márquez Iguarán por prejuicios sociales y familiares. La verdad es que dichas razones fueron siempre *vox populi* entre familiares y allegados de los García Márquez. También es verdad que, por principio, los Márquez Iguarán rechazaban a todo pretendiente de su hija, tuviera la condición que tuviera.

12. De mis conversaciones con Antonio Barbosa, hijo y heredero del boticario del mismo nombre, y varios cataqueros de antaño, Aracataca, julio de 1992.

13. De mis conversaciones con Santander Infante, pirotécnico de Aracataca, julio de 1992.

14. De mis conversaciones con Ana Ríos y Graciano Brito, Barrancas, agosto de 1992. Brito fue el encargado de llevarles las mulas a Villanueva, a casa del general Sabas Socarrás (viejo amigo del coronel Nicolás Márquez), para conducir a doña Tranquilina y a Luisa a Barrancas.

15. José Font Castro, *art. cit.*

16. Esta historia, como tantas otras, la recuerda muy bien Ana Ríos, porque se la oyó comentar a sus padres, Arcenia y Eugenio Ríos.

17. No es cierto, pues, como afirma Vargas Llosa en *Historia de un deicidio*, que el traslado de Gabriel Eligio García a Riohacha se hubiera debido a presiones del coronel Márquez: fue por iniciativa propia, según me contó la madre de García Márquez.

18. José Font Castro, *art. cit.*

19. Según la madre del escritor, hay un error de fecha en la partida de su matrimonio. Ésta dice que Luisa Santiaga Márquez Iguarán y Gabriel Eligio García Martínez contrajeron matrimonio el «doce de junio» de 1926, cuando en realidad fue el 11, pues ella recuerda que fue exactamente el mismo día del Sagrado Corazón de Jesús.

20. La frase no sólo hizo carrera en las dos familias, sino que García Márquez la metería literalmente en *El amor en los tiempos del cólera*.

21. La partida de bautismo (asentada en el libro 12, folio 126, marginal 324, de la iglesia parroquial de San José de Aracataca) dice que Gabriel José García Márquez «nació el seis de marzo de mil novecientos veintisiete (1927)». El otro dato que establece inequívocamente que el escritor nació en 1927, y no en 1928, es que Luis Enrique, el hermano que le sigue, nació el «ocho de septiembre último (1928)», según partida de bautismo asentada en el libro 11, folio 96, marginal 192, de la misma iglesia parroquial de Aracataca.

22. José Font Castro, *art. cit.*

23. Lázaro Diago Julio, *op. cit.*

24. En García Márquez y en su familia existe la duda de que es posible que Gabito, con casi dos años, hubiera sido llevado con sus padres a Barranquilla en enero de 1929 y que al año siguiente, después del nacimiento de Margot, hubiera vuelto a Aracataca con sus abuelos. Pero una carta de la tía Francisca Cimodosea Mejía, fechada el 2 de mayo de 1929, despeja la duda. La carta va dirigida a la esposa de su hermano Eugenio Ríos, en Barrancas, y en lo que nos concierne dice: «Luisa vive en Barranquilla, pero el niño mayor está aquí en la casa y el segundo, que va a cumplir ocho meses, es el que verás retratado (...) El mayor, que se llama Gabriel y que le decimos Gabito, no ha salido en el porvenir (en la foto) porque aquí no hay fotógrafo» (la carta pertenece al archivo de Ana Ríos).

25. Cfr. las declaraciones de García Márquez a Susana Cato, en «García Márquez regresó a Bolívar al campo de batalla», *Proceso,* México, 14 de abril de 1989. En nuestras conversaciones de México, los días 14 y 17 de marzo de 1989, García Márquez me habló de este viaje a Barranquilla como del «día en que me llevaron a conocer a mi hermana Margot». Después, hablando con su madre y hermanas en Cartagena de Indias, los meses de julio y agosto de 1992, y por la fecha del centenario de la muerte de Bolívar, pude deducir que el escritor había confundido el día en que lo llevaron a conocer a su hermana Aída Rosa con el día en que lo llevaron a conocer a su otra hermana Margot, que fue casi un año antes.

26. Gustavo Castellón Licero, Gilver Caraballo Gómez y Jaime Santos Puerta, *Reconstrucción de la memoria arquitectónica y propuesta para la casa museo Gabriel García Márquez en Aracataca* (tesis de grado), Uni-

versidad Jorge Tadeo Lozano (Sección del Caribe), Facultad de Arquitectura, Cartagena de Indias, 1992. Con Gustavo Castellón Licero, el más mordido por la literatura de los tres arquitectos, estuve una semana en Aracataca corroborando *in situ* los datos y planos de su espléndido trabajo. Junto a la información de Luisa Santiaga Márquez, Margot García Márquez y Sara Márquez, el trabajo de los tres jóvenes arquitectos fue definitivo para la reconstrucción de la casa natal del escritor.

27. Luis Harss, «García Márquez o la cuerda floja», en *Los nuestros*, Buenos Aires, Editorial Sudamericana, noviembre de 1966, y Gabriel García Márquez y Mario Vargas Llosa, *La novela en América Latina: Diálogo*, Lima, Carlos Milla Bartre Ediciones-UNI, 1968.

28. Cfr. las declaraciones de García Márquez a Plinio Apuleyo Mendoza, en *El olor de la guayaba*, Barcelona, Editorial Bruguera, abril de 1982.

29. Esta anécdota me la contó la entonces sor Aída García Márquez en Copacabana (Antioquia) (Véase *El Espectador*, «Magazín Dominical», Bogotá, 22 de octubre de 1972) y me la corroboró textualmente Sara Márquez, veinte años después, en nuestras conversaciones de Santa Marta, en agosto de 1992.

30. Gabriel García Márquez, «La conduerma de las palabras», en *Notas de prensa 1980-1984*. La palabra «conduerma» es un regionalismo, tal vez procedente de Venezuela, que significa «modorra» o «sueño pesado». Pero la abuela le daba la connotación de «tormento permanente». En *Crónica de una muerte anunciada* aparece en boca de Ángela Vicario: «... sentía como si se me hubiera quitado de encima la conduerma de la muerte».

31. Gabriel García Márquez y Mario Vargas Llosa, *op. cit.*

32. De mis ya citadas conversaciones con Sara Márquez.

33. De mis conversaciones con Rosa Elena Fergusson, Medellín, junio de 1992, y Margot Valdeblánquez, Bogotá, julio de 1992.

34. García Márquez y Mario Vargas Llosa, *op. cit.*

35. En la familia de García Márquez nadie está seguro de la ortografía correcta del segundo nombre de la tía Francisca. Cada quien lo escribe a su antojo: con dos eses o con una *s* inicial y una *c* final. Pero en una carta suya, perteneciente al archivo de Ana Ríos, vi que firmaba «Francisca C. Mejía», lo que quiere decir que el nombre Cimodosea lo escribía, al menos, con una *c* inicial.

36. García Márquez y Mario Vargas Llosa, *op. cit.*

37. O sea que la anécdota tal y como se la contó García Márquez a Vargas Llosa en el diálogo citado, que mantuvieron los días 5 y 7 de septiembre de 1967, en la Universidad Nacional de Ingeniería de Lima, no pudo haber ocurrido así, pues, según me contó Sara Márquez, la tía Francisca no sabía tejer, aunque sí la tía Elvira. Además, cuando ocurrió el episodio de la mortaja, García Márquez no estaba en Aracataca, sino que se encontraba en Bogotá presentando un examen para el concurso de becas del Ministerio de Educación, que le permitiría terminar el bachillerato en Zipaquirá.

38. Cfr. las declaraciones de García Márquez a Claudia Dreifus, en «Playboy interview: Gabriel García Márquez», *Playboy*, enero de 1983 (*El Tiempo* de Bogotá, publicó una versión resumida, en traducción de Carlos E. Restrepo, el 9 de enero de 1983, de la cual cito).

39. Por ejemplo, en Luis Harss, *op. cit.*, Gabriel García Márquez y Mario Vargas Llosa, *op. cit.*, y Plinio Apuleyo Mendoza, *op. cit.*

40. Cfr. las declaraciones de García Márquez a Plinio Apuleyo Mendoza, *op. cit.*

41. Gabriel García Márquez y Mario Vargas Llosa, *op. cit.*

42. Cfr. las declaraciones de García Márquez a Ernesto González Bermejo, en «García Márquez: Ahora doscientos años de soledad», *Triunfo*, Madrid, noviembre de 1970, y Plinio Apuleyo Mendoza, *op. cit.*

43. Cfr. las declaraciones de García Márquez a Marianela Balbi, en «Un Bolívar caribeño y no romano», *El Nacional* («Voz Suplementa»), Caracas, 23 de febrero de 1989. Según el escritor, el abuelo lo llevaba también para despistar la vigilancia aduanera, ya que las camisas de seda y los perfumes los introducía de contrabando.

44. La anécdota, que me contó Ligia García Márquez, es tal vez por ello uno de los momentos más intensos de la infancia del escritor.

45. Cfr. las declaraciones de García Márquez a Susana Cato, *art. cit.*

46. Cfr. las declaraciones de García Márquez a Plinio Apuleyo Mendoza, *op. cit.*

47. Cfr. las declaraciones de García Márquez a Gustavo Tatis Guerra, *art. cit.* La anónima y bella norteamericana se llamaría Patricia Brown en *Cien años de soledad,* y, después del diluvio que acaba con «el gallinero electrificado» y las plantaciones de banano, sólo quedaría de ella un guante dentro de su «automóvil sofocado por las trinitarias».

48. Cfr. las declaraciones de García Márquez a Enrique Santos Calderón y Jorge Restrepo, en «Estoy comprometido hasta el tuétano con el

periodismo político», *Alternativa*, n.º 29, Bogotá, 25 de marzo al 10 de abril de 1975.

49. Cfr. las declaraciones de García Márquez a Gustavo Tatis Guerra, *art. cit.*

50. Cfr. las declaraciones de García Márquez a Luis Harss, *op. cit.*, y a María Esther Gilio, en «Escribir bien es un deber revolucionario», *Triunfo,* Madrid, 1977.

51. Cfr. las declaraciones de García Márquez a Manuel Pereiro, en «La revolución cubana me liberó de todos los honores detestables de este mundo», *Bohemia*, La Habana, 1979.

52. Gabriel García Márquez, «Vuelta a la semilla», *op. cit.*

53. *Ibíd.*

54. Citado por Mario Vargas Llosa en *Gabriel García Márquez: Historia de un deicidio.* En junio de 1992 conversé con Osvaldo Robles Cataño, quien era juez en Cali, y volvió a hablarme en los mismos términos de su último encuentro con la abuela de García Márquez. Según él, el encuentro fue hacia finales de 1941, antes de que muriera la tía Francisca Cimodosea Mejía, en cuya compañía la encontró ya completamente ciega.

55. Jorge Eliécer Gaitán, *op. cit.*

56. Cfr. las declaraciones de García Márquez a Gustavo Tatis Guerra, *op. cit.*

57. Gabriel García Márquez, «Memoria feliz de Caracas», *El Espectador,* Bogotá, 7 de marzo de 1982.

58. Gabriel García Márquez, «Vuelta a la semilla», *op. cit.*

59. La información sobre el significado y origen etimológico del nombre Macondo la obtuve gracias a los servicios de información de la *Enciclopedia Británica.* Sus derivaciones y variaciones etimológicas en las distintas lenguas bantúes son numerosísimas.

60. Enrique Pérez Arbeláez, *Plantas útiles de Colombia,* Medellín, Editorial Víctor Hugo, y de mis conversaciones con Luis Carmelo Correa García, Barranquilla, agosto de 1992, y Pedro Antonio Pérez Muñoz y Dionisio Sánchez, Guacamayal, agosto de 1992.

61. Gabriel García Márquez, «La poesía, al alcance de los niños», en *Notas de prensa 1980-1984, op. cit.*

62. Cfr. las declaraciones de García Márquez a Plinio Apuleyo Mendoza, *op. cit.*

63. Gabriel García Márquez, «La túnica fosforescente», *El Tiempo,* Bogotá, diciembre de 1992.

64. Desde la aparición de *El amor en los tiempos del cólera* ha prosperado la versión según la cual el abuelo del novelista murió a causa de una

caída mientras capturaba un loro en lo alto de un palo de mango, como le sucede al doctor Juvenal Urbino de la novela. Pero, como me dijo Sara Márquez, testigo de los hechos, la caída del coronel Márquez no sólo no fue de un palo de mango, sino que murió dos años después como resultado de varias circunstancias. En la partida de defunción, que se encuentra en los archivos parroquiales de la catedral de Santa Marta, se dice que murió «de neumonía interlobular».

65. Según los datos de la partida de defunción, asentada en el libro 31, folio 299, número 2063 de la parroquia del Sagrado y San Miguel de Santa Marta. El mismo día 4 de marzo, el periódico de Santa Marta, *El Estado*, publicó escuetamente, en su sección «Vida Social», la noticia de su muerte: «En las primeras horas de la mañana de hoy dejó de existir el señor Nicolás R. Márquez. Enviamos nuestra voz de condolencia a sus deudos». Entre esta fecha y el 19 del mismo mes se publicaron, en el mismo periódico, dos semblanzas biográficas de sendos amigos y una nota de condolencia del Concejo de Aracataca, lo que muestra el gran afecto y estima de que gozaba el abuelo de García Márquez no sólo en Aracataca, sino también en toda la provincia del Magdalena.

66. Cfr. las declaraciones de García Márquez a Plinio Apuleyo Mendoza, *op. cit.*

CAPÍTULO CUATRO

1. Resolución Número 190 del Ministerio de Educación Nacional (Junta Central de Títulos Médicos), Bogotá, 13 de mayo de 1938. Los datos que se proporcionan en este capítulo, si no se indican otras fuentes, proceden de mis conversaciones con Gabriel García Márquez, su madre Luisa Santiaga Márquez, sus hermanos Luis Enrique, Margot, Aída y Ligia García Márquez, y su antiguo profesor, el padre jesuita Ignacio Zaldívar.

2. Juan Gossaín, «García Márquez: ese desconocido», *Cromos*, n.º 2804, Bogotá, 1971.

3. Cfr. las declaraciones de García Márquez a Rosario Agudelo, en «Conversaciones con García Márquez», *Pueblo* (suplemento «Sábado Literario»), Madrid, 2 de mayo de 1981.

4. Dasso Saldívar, «García Márquez: una realidad que comenzó no siendo», *El Espectador* («Magazín Dominical»), Bogotá, 9 de octu-

bre de 1977. Cuando en 1974 consulté los archivos del colegio San José, aún estaban completos, pero años después, con la gabomanía creciente y el traslado del colegio a otro local, desaparecieron gran parte de los documentos concernientes al escritor. Las hojas de calificaciones de primero y segundo de bachillerato muestran un altísimo rendimiento académico del alumno «Gabriel García». La hoja de 1941, año en que enfermó, indica una asistencia muy irregular hasta mayo, cuando tuvo que abandonar el segundo curso y regresar con sus padres a Sucre.

5. Juan B. Fernández Renowitzky, «Cuando García Márquez era Gabito», *El Tiempo* («Lecturas Dominicales»), Bogotá, octubre de 1982.

6. «Mamar gallo», de donde vienen «mamagallismo» y «mamagallista», es una expresión popular, de uso corriente hoy en toda Colombia, que designa el particular sentido del humor de los habitantes de la Costa Atlántica. En general, suele usarse como sinónimo de tomar el pelo, pero en términos garciamarquianos «mamar gallo» es el humor fino, carente de mal gusto, es, como lo ha precisado el mismo García Márquez, «entrarle a las cosas más serias, más fastidiosas, como si no las estuviéramos tomando en serio por miedo a la solemnidad». «Mamar gallo», según algunos etnolingüistas, es una expresión procedente de Venezuela, y parece que tiene su origen en la costumbre de los galleros de mamar o chupar la cresta de los gallos. También significa en algunas regiones colombianas acariciar o besar la vulva de la mujer.

7. Víctor González Solano afirma que existen unos pinitos literarios anteriores: «Como caso desconocido estamos en condiciones de señalar que a la edad de once años (...) Gabito escribió con trazos rústicos lo que puede llamarse su primera incursión literaria, contenida en cinco hojas de cuaderno y trabajo al que denominó "Mi tintero y yo" y "Por qué soy mentiroso"» («García Márquez en el péndulo del tiempo», *Intermedio-Suplemento del Caribe*, Barranquilla, 24 de octubre de 1982). Por los títulos bien pudiera ser cierto, aunque no a los once años sino antes, pero en las conversaciones que tuve con García Márquez en México, éste se mostró muy escéptico sobre la existencia de aquellas supuestas primeras incursiones literarias: «No creo que existan esas redacciones escolares de la época de Montessori, porque sólo aprendí a leer y a escribir al cabo del segundo año; yo sólo leía, y constantemente en el tercero de escuela y a partir de ahí, y dibujaba. Las primeras cosas que escribí las hice en Barranquilla

cuando estaba en el colegio San José, que, por cierto, se publicaron en la revista *Juventud*. Antes, no; lo que hacía era dibujar y dibujar».

8. Revista *Juventud*, números 1, 2, 3, 4 y 6, publicados, respectivamente, en junio, septiembre y noviembre de 1940, marzo de 1941 y noviembre de 1942.

9. *Juventud*, n.º 1, Barranquilla, junio de 1940.

10. *Juventud*, n.º 4, Barranquilla, marzo de 1941.

11. Estos versos pertenecen a su colaboración «Desde un rincón de la Segunda», publicada en *Juventud*, n.º 3, noviembre de 1940.

12. Mario Vargas Llosa, *op. cit.*

CAPÍTULO CINCO

1. Cfr. las declaraciones de García Márquez a Germán Castro Caycedo, en «Gabo cuenta la novela de su vida», *El Espectador*, Bogotá, 16 al 23 de marzo de 1977 (este reportaje fue una concesión inicial del escritor al mismo periodista para la Televisión Colombiana, con motivo de la transmisión de la adaptación televisiva de *La mala hora*, siendo la primera vez que García Márquez concedía una entrevista a un medio audiovisual). Entre algunos amigos cercanos al escritor se ha comentado siempre que una de las razones por las cuales éste se fue de casa es por «la mala relación» que tenía con su padre. Es muy probable. En *El olor de la guayaba*, García Márquez le confiesa a Plinio Mendoza: «El resultado fue que nuestras relaciones (las de él con su padre) hasta mi adolescencia fueron para mí muy difíciles». Catorce años después confesaría, mientras daba un taller en Cartagena de Indias a doce periodistas, que en Zipaquirá se veía obligado a sacar buenas notas para seguir teniendo beca, pues no quería volver a su casa porque se sentía muy feliz fuera (véase Carlos Arroyo, «García Márquez: 'Yo no sé gramática'», *El País*, Madrid, 31 de diciembre de 1995).

2. Gabriel García Márquez, «Bogotá 1947», en *Notas de prensa 1980-1984*, *op. cit.*

3. Germán Castro Caycedo, *art. cit.*

4. Gabriel García Márquez, «El río de la vida», en *Notas de prensa 1980-1984*, *op. cit.*

5. *Ibíd.*

6. *Ibíd.*

7. Germán Castro Caycedo, *art. cit.*

8. En realidad, su buena estrella ya se había encendido durante la travesía en barco, no sólo porque aquí conoció al hombre enamorado, sino, tal vez, por la anécdota que me contó en Bogotá Lorenzo Solano Peláez, ex gobernador de La Guajira y nieto de Lorenzo Solano Gómez, el gran amigo barranquero del abuelo de García Márquez: «Es una historia que no he podido aclarar. No sé si fue en 1943 o en 1944 cuando, en un barco de la Naviera Colombiana, había un estudiante en la cubierta del buque que andaba llorando porque había perdido la billetera con todo el dinero que traía, doscientos o trescientos pesos. Yo me la había encontrado en el baño del barco, y cuando el muchacho volvió a dar la vuelta se la entregué. Me abrazó muy agradecido y nos tomamos unos tragos de ron con Coca-Cola. A mí me parece que el de la billetera era Gabriel García Márquez. No lo he vuelto a ver desde entonces. Pero años después, cuando él trabajaba en *El Espectador* y publicó su primer libro, cada vez que veía su foto en los periódicos me acordaba de la anécdota de la billetera». Los datos que se proporcionan en este capítulo sin indicar otra fuente proceden de mis conversaciones con García Márquez, sus hermanos Luis Enrique y Margot García Márquez, su ex profesor el poeta Carlos Martín, su ex condiscípulo el arquitecto Eduardo Angulo Flores, el urólogo Armando López, ex alumno del Liceo Nacional de Zipaquirá, las doctoras Gladys y Zunny Calderón, hijas de Carlos Julio Calderón Hermida, el profesor de Literatura de García Márquez en Zipaquirá, y María Luisa Núñez y María Luisa Gómez de Aguirre, viuda e hija respectivamente del abogado Adolfo Gómez Támara, el entonces director nacional de Becas, quien le ayudó al joven cataquero a conseguir la beca en Bogotá para terminar su bachillerato en Zipaquirá.

9. Germán Castro Caycedo, *art. cit.*

10. Gabriel García Márquez, «Bogotá 1947», *op. cit.*

11. En «El momento más grave de la vida», de los *Poemas en prosa* de César Vallejo, un hombre confiesa: «el momento más grave de mi vida ha estado en mi mayor soledad». Ésta, como se sabe, será el momento más grave, la peste suprema, de la vida de los personajes de García Márquez.

12. Cfr. las declaraciones de García Márquez a Daniel Samper, en «El novelista García Márquez no volverá a escribir», *El Tiempo*, «Lecturas Dominicales», Bogotá, 22 de diciembre de 1968.

13. Germán Castro Caycedo, *art. cit.*

14. *Ibíd.*

15. Curiosamente, los primeros versos rimados y croniquillas que García Márquez publicó en la revista *Juventud,* del colegio San José, se encuentran hoy en la biblioteca de este colegio, gracias a la diligencia del jesuita e historiador Fortunato Herrera.

16. En el libro de matrículas de 1943, número 182, está anotado que se matriculó en esta fecha para tercero de bachillerato, procedente del colegio San José de Barranquilla, como «interno becado nacional». Los archivos del antiguo Liceo Nacional de Varones se encuentran en el actual colegio Lasalle. Como ha sucedido en el resto de Colombia, la «gabomanía» ha hecho presa gran parte de los archivos referidos a la vida y obra del escritor. En los archivos actuales del Lasalle faltan, por ejemplo, las matrículas de quinto y sexto de bachillerato y los dos mosaicos de la promoción de bachilleres de 1946: el oficial y el de caricaturas que dibujó el mismo García Márquez.

17. Cfr. las declaraciones de García Márquez a Rosario Agudelo, *art. cit.*

18. Esta revelación la hizo García Márquez, en abril de 1992, a bordo del barco francés *Melquíades,* que había atracado en el puerto de Cartagena de Indias para saludar al novelista. Sus palabras están recogidas en Gustavo Tatis Guerra, *art. cit.*

19. Carlos Martín, «Croniquilla con Gabo al fondo», texto leído por el autor en Radio Nederland, en octubre de 1982, con motivo de la concesión del Premio Nobel a García Márquez.

20. Cfr. las declaraciones de García Márquez a Plinio Mendoza, *op. cit.*

21. Cfr. las declaraciones de García Márquez a Juan Gustavo Cobo Borda, en «Comadreo literario de 4 horas con Gabriel García Márquez», de *La otra literatura latinoameri.....,* Bogotá, Áncora-Procultura, 1982.

22. *Ibíd.*

23. Guillermo Valencia (1873-1943) fue el representante más destacado de los poetas parnasianos de Colombia, cuyo lema era «sacrificar un mundo para pulir un verso». A los quince años, en el colegio San José de Barranquilla, García Márquez no sólo lo leía ya, sino que lo recitaba en las veladas del colegio. Pero en Zipaquirá lo fue relegando bajo la influencia de Piedra y Cielo. Su juicio de novelista consagrado sería el más demoledor que se haya emitido sobre Valencia: «Al releer, años después a Guillermo Valencia, comprendí que era una figura comple-

tamente inflada, una vergüenza pública, de la cual no se salva ni un solo verso» (declaraciones a Juan Gustavo Cobo Borda, *op. cit.*).

24. Germán Santamaría, «Carlos Julio Calderón Hermida, el profesor de García Márquez», *Gaceta* (revista del Instituto Colombiano de Cultura), n.º 39, Bogotá, 1983. Carlos Martín me recuerda, en su carta fechada en La Haya el 20 de julio de 1992, que efectivamente su «libro de poemas *Travesía terrestre,* publicado en 1942, fue conocido por el profesor Calderón y por algunos alumnos en 1944. Gabo, entonces, también conoció mi primer poemario, *Territorio amoroso*. Conoció también las primeras publicaciones de Eduardo Carranza y Jorge Rojas».

25. Carlos Martín me recuerda en la carta citada que en su clase se leyeron y comentaron varias veces los poemas «Lo fatal» y los «Nocturnos» de Rubén Darío.

26. Ruben Darío, *Autobiografía*, Madrid, Mondadori, 1990, y el texto de Carlos Martín leído en Radio Nederland, *art. cit.*

27. Como sacadas de las páginas de Plutarco, se pueden enumerar hasta más de veinticinco situaciones paralelas o gemelas entre Rubén Darío y García Márquez. No en balde el nicaragüense y el colombiano han sido, después de los grandes autores del Siglo de Oro y junto a Vallejo y Borges, los escritores a los que más les ha tocado barrer en los establos de Augías de la poesía y la novela de la lengua castellana. Así, la cercana y fértil presencia de Darío en *El otoño del patriarca* vendría a corroborar intrínsecamente la conocida afirmación de García Márquez de que esta novela es, de todas las suyas, la que contiene el mayor número de claves autobiográficas.

28. J. G. Cobo Borda, *op. cit.* Respecto a estas tempranas lecturas de García Márquez, Carlos Martín me cuenta en su carta de La Haya: «La última vez que lo vi, en Colombia, me confesó que jamás había olvidado el que yo le hubiera presionado a leer un libro tan voluminoso como *La experiencia literaria*, de Alfonso Reyes. Algo de eso, le dije en broma, le debes al buen pulso de prosista».

29. Carlos Martín, «Ante la nueva voz», *Gaceta Literaria* (Órgano del Centro Literario de Los Trece, del Liceo Nacional), Zipaquirá, 18 de julio de 1944.

30. Mario Convers y Javier Garcés, «La encuesta del día», *Gaceta Literaria,* Zipaquirá, 18 de julio de 1944.

31. El número 1 de *Gaceta Literaria* (Órgano del Centro Literario de Los Trece, del Liceo Nacional) tiene como fecha de salida el 18 de julio de

1944, aunque debió de imprimirse antes. Consta de 8 páginas, formato tabloide a cinco columnas. Ensayos, crónicas, relatos y poemas de los profesores y alumnos del liceo conforman su contenido. Las colaboraciones de Javier Garcés (García Márquez): La sección «Nuestros poetas», «La encuesta del día» y «El instante de un río» aparecen en las páginas 5 y 7. *Gaceta Literaria* incluye discretamente publicidad en pequeños recuadros, a dos columnas a pie de página, con la cual se financiaba. El dato no lo pude confirmar, pero, según todos los testimonios, la revista no debió de pasar de dos o tres números. El primer número lo obtuve por cortesía del poeta Carlos Martín.

32. Germán Santamaría, *art. cit.*

33. Gabriel García Márquez, «La poesía, al alcance de los niños», *op. cit.*

34. Los poemas de García Márquez de la época de Zipaquirá han venido apareciendo en distintas publicaciones colombianas, gracias a que sus poseedores, antiguos compañeros del escritor, los han estado revelando.

35. Gabriel entonces no sólo escribía y pulía los poemas de su propia inspiración, sino que versificaba con facilidad para sus compañeros o las novias de éstos, como lo había hecho entre los trece y quince años en el colegio San José de Barranquilla. Su ex condiscípulo Eduardo Angulo Flores recordaría, por ejemplo, estos versos sueltos: «Dan tus ojos tanto brillo / niña de mis alegrías / que parecen dos bombillas / de veinticinco bujías». Los demás muchachos que también escribían versos no iban a donde el profesor de Literatura para que se los corrigiera, sino que buscaban a Gabriel. Otros se las ingeniaban para robarle los sonetos y llevárselos dedicados a sus novias. Como recordaría Gonzalo Mallarino, un día se dio el caso de que, durante un baile de fin de semana, un condiscípulo de Gabriel quiso cortejar a la novia de éste recitándole un soneto que ya Gabriel le había enviado. La muchacha, encantada, dejó que el poeta impostor recitara los versos robados, para finalmente replicarle muy ovante: «Yo soy Garrid, cambiadme la receta» (aludiendo a un poema del poeta mexicano Juan de Dios Peza), es decir, yo soy la destinataria.

36. En la reveladora entrevista que le concedió Carlos Julio Calderón Hermida a Germán Santamaría, *art. cit.*, el profesor de García Márquez no hace referencia a los momentos de indisciplina de su ex discípulo de Zipaquirá. Pero en las conversaciones que tuve con sus hijas (el viejo profesor había muerto hacía poco), las doctoras Gladys y Zunny Calderón, éstas me confirmaron que, en efecto, su padre les había hablado

más de una vez de la época de indisciplina del bachiller Gabriel García Márquez, así como de los relatos que le imponía de castigo.

37. Del primer cuento de García Márquez no se sabe si se conserva el original o no. Son muchos los originales del escritor de esa época que quedan por recuperar. De «Sicosis obsesiva» habla el profesor Carlos Julio Calderón Hermida en la citada entrevista con Germán Santamaría, y también me habló el arquitecto Eduardo Angulo Flores, en nuestras conversaciones de Bogotá, el 8 de julio de 1992.

38. Germán Santamaría, *art. cit.*

39. *Ibíd.*

40. *Ibíd.*

41. *Ibíd.*

CAPÍTULO SEIS

1. Según la matrícula número 65, folio 32, del 25 de febrero de 1947, de la Facultad de Derecho de la Universidad Nacional. Sus calificaciones de las nueve materias de este primer curso, así como las de las once del segundo, que abandonó después del 9 de abril de 1948, están anotadas en la misma página. En el margen inferior derecho de ésta, hay una anotación a lápiz que dice que «se matriculó en la Universidad de Cartagena». Los datos que se proporcionan en este capítulo sin indicar otras fuentes proceden de mis conversaciones con Gabriel García Márquez, su hermano Luis Enrique y sus amigos Luis Villar Borda, Gonzalo Mallarino y Luis Carmelo Correa García.

2. Cfr. las declaraciones de García Márquez a Juan Luis Cebrián, en *Retrato de Gabriel García Márquez,* Barcelona, Círculo de Lectores, septiembre de 1989.

3. Sobre una escala del 0 al 5, perdió Estadística y Demografía con un 2 y aprobó Derecho Constitucional e Introducción al Derecho con un 3 raspado. Las otras materias que cursó en primero de Derecho son: Derecho Civil, Derecho Romano, Economía Política General, Biología, Historia Político-económica de Colombia y Seminario de Introducción al Derecho.

4. En 1854 los liberales, que gobernaban el país, se dividieron en Gólgotas y Draconianos. Los Gólgotas estaban compuestos por comerciantes, abogados y tribunos, y dieron origen a los *Cachacos.* Los

Draconianos, compuestos por artesanos y otros grupos populares, recibían el apodo de *Guaches,* debido a las ruanas que solían usar.

5. Germán Arciniegas, «Sal, oro y esmeraldas», en *Así era Bogotá,* Bogotá, Editorial Gamma, 1987.

6. Los dos cafés de mayor solera social y literaria eran el Asturias, situado en la calle 14, entre las carreras 6.ª y 7.ª, y el Automático, que quedaba en la avenida de Jiménez de Quesada, entre las carreras 5.ª y 6.ª. En estos dos lugares era donde más coincidían los escritores de las distintas generaciones con la juventud universitaria. Una anécdota que ilustra bien este acercamiento es, por ejemplo, la que cuenta el poeta Álvaro Mutis, íntimo amigo de García Márquez: «Jamás se me olvidará una ocasión en que estábamos allí criticando a algún escritor del momento, y León de Greiff, al escucharnos, comentó: "Para decir esas cosas hay que conocer, Dios mío, aunque sea de nombre, a Guillaume Apollinaire". Le respondí que yo lo había leído. De Greiff volteó la cabeza hacia mí y me preguntó la edad. Cuando le contesté, se rascó la barba y dijo: "No hay derecho a tener veinte años... No hay derecho. Pero qué bueno que haya leído a Apollinaire"» (Fernando Quiroz, *El reino que estaba para mí (Conversaciones con Álvaro Mutis)*, Bogotá, Grupo Editorial Norma, abril de 1993).

7. Los dos poemas de García Márquez, cuya recuperación debo a una gestión personal del mismo Luis Villar Borda, se publicaron los días 1 y 22 de julio de 1947 en *La Razón.* «La Vida Universitaria» salía todos los martes y sólo se publicó durante 1947. Como su nombre indica, se ocupaba de temas y problemas universitarios, destacando las cuestiones humanísticas y literarias. Los poemas de García Márquez aparecieron en la sección «Poetas Universitarios».

8. Plinio Apuleyo Mendoza, «El caso perdido», en *La llama y el hielo,* Barcelona, Planeta, diciembre de 1984.

9. Plinio Apuleyo Mendoza, en la obra citada, cuenta que, tras haber conocido a Gabriel García Márquez en un café de Bogotá, Luis Villar Borda, quien acababa de presentárselo, le comentó acerca de él: «Es un masoquista típico. Un día aparece en la universidad diciendo que tiene sífilis. Otro día dice que tiene tuberculosis. Se emborracha, no se presenta a exámenes, amanece en los burdeles. Lástima, tiene talento. Pero es un caso absolutamente perdido». Aunque estas palabras pueden traducir una opinión generalizada entre los compañeros del entonces estudiante de Derecho Gabriel García Márquez, parecen

más bien una exageración de la memoria de Plinio Mendoza puesta en boca de Villar Borda, pues, como se ve, éste debió de tener en la más alta estima a quien fue, sobre todo, su compañero de lecturas literarias y aventuras periodísticas.

10. Cfr. las declaraciones de García Márquez a Daniel Samper, *art. cit.*

11. Cfr. las declaraciones de García Márquez a Germán Castro Caycedo, *art. cit.*

12. Gabriel García Márquez, «Bogotá 1947», *op. cit.*

13. *Ibíd.*

14. *Ibíd.*

15. Al contrario que los restos del abuelo Nicolás, que desaparecieron del Cementerio Central de Santa Marta a finales de los años ochenta, los de la abuela Tranquilina fueron trasladados de Sucre a Cartagena, donde reposan en el osario de la catedral.

16. Eduardo Zalamea Borda (*Ulises*), «La Ciudad y el Mundo», *El Espectador,* Bogotá, 22 de agosto de 1947.

17. García Márquez ha contado reiteradamente que escribió o terminó «La tercera resignación» cuando, en efecto, leyó la nota de Ulises, y que lo hizo por solidaridad generacional: para demostrarle al escritor que su generación era capaz de tener escritores. Aunque fuera cierto, la explicación es espectacular y artificiosa, pues lo más lógico, o lo único lógico, es pensar que aquel joven de veinte años terminó su cuento y lo mandó a *El Espectador* cuando vio una ocasión clara de que se lo publicaran. Es difícil creer que un muchacho que escribe su primer cuento hubiera tomado una postura tan magnánima y trascendental.

18. Cfr. las declaraciones de García Márquez a Germán Castro Caycedo, *art. cit.*

19. Eduardo Zalamea Borda, «La Ciudad y el Mundo», *El Espectador,* Bogotá, martes 28 de octubre de 1947. La nota no salió, pues, como afirmaría García Márquez, junto con su primer cuento el 13 de septiembre de este año.

CAPÍTULO SIETE

1. En mis conversaciones con Manuel Zapata Olivella en Bogotá, el 11 de julio de 1992, éste me comentó que probablemente había conocido a García Márquez mucho antes, pero que sólo lo recordaba a partir de ese

encuentro, hacia finales de 1947, y que lo recordaba muy bien porque el entonces universitario García Márquez le confesó que tenía problemas económicos para continuar la carrera y que él lo que quería era ser escritor. Los otros datos que se proporcionan en ese capítulo sin indicar otras fuentes proceden de mis conversaciones con el mismo Manuel Zapata Olivella, García Márquez, Luis Villar Borda, Luis Enrique García Márquez, Juan Zapata Olivella, Gustavo Ibarra Merlano, Alfonso Fuenmayor, Ramiro de la Espriella, Álvaro Mutis y de la charla inédita de García Márquez a los alumnos de la escuela de periodismo de *El País* y la Universidad Autónoma de Madrid, el 28 de abril de 1994.

2. Rafael Galán Medellín, *El crimen de abril,* Bogotá, Ecoe Ediciones, abril de 1986.
3. Daniel Pécaut, *Orden y violencia: Colombia 1930-1954*, vol. II, Bogotá, Siglo Veintiuno Editores, agosto de 1987.
4. Jorge Eliecer Gaitán, *op. cit.*
5. Daniel Pécaut, *op. cit.*, y Benjamín Ardila Duarte, «Gaitán y el liberalismo popular», en *Historia de Colombia,* vol. V, fascículo 21, Bogotá, Editorial La Oveja Negra, 1986.
6. Véase, por ejemplo, Daniel Pécaut, *op. cit.*, y Gonzalo Sánchez y Donny Meertens, *Bandoleros, gamonales y campesinos (El caso de la violencia en Colombia)*, Bogotá, Áncora Editores, 1983. La tesis del asesinato político de Jorge Eliecer Gaitán se hace más consistente en la medida en que se analiza el pasado inmediato de Juan Roa Sierra, su asesino material. En su desespero por encontrar un empleo, éste había acudido meses antes al despacho de Gaitán para pedirle ayuda, pero el dirigente le dijo que le era muy difícil satisfacer su demanda por las trabas que encontraba en la Administración conservadora, y le sugirió que se dirigiera el presidente Mariano Ospina Pérez. En la secretaría de la Presidencia le contestaron pidiéndole mayores detalles acerca de su solicitud, lo que quiere decir que el Gobierno conservador llegó a tener noticias de Roa Sierra, de quién era y en qué situación se encontraba. Lo sospechoso es que, de pronto, éste pasó, de ser un empleado pobre y desesperado, a ser un hombre con proyectos de viaje al oriente del país y con cientos de pesos que le permitieron, días antes del crimen, comprarse un revólver de segunda mano sin mayores regateos.
7. Peter Stone, «Scorpriamo il mondo de Gabriel García Márquez», citado por Pedro Sorela en *El otro García Márquez. Los años difíciles,* Madrid, Mondadori, 1988.

8. Plinio Apuleyo Mendoza, «Biografía doméstica de una novela», *El Tiempo,* «Lecturas Dominicales», junio de 1963.

9. Cfr. las declaraciones de Fidel Castro a Arturo Alape, recogidas en *El Bogotazo. Memorias de un olvido,* Bogotá, Editorial Pluma, 1983.

10. *Ibíd.*

11. Clemente Manuel Zabala, «Saludo a Gabriel García», *El Universal,* Cartagena, 20 de mayo de 1948.

12. La primera nota de García Márquez para *El Universal* versó sobre la memoria de la ciudad colonial y el toque de queda, y fue publicada el 21 de mayo de 1947 en la página 4, inaugurando la columna «Punto y aparte».

13. Cfr. las declaraciones de García Márquez a Jacques Gilard, citadas por éste en su prólogo a *Textos costeños,* Barcelona, Editorial Bruguera, febrero de 1981.

14. Gabriel García Márquez, «Héctor Rojas Herazo», *El Heraldo,* Barranquilla, 14 de marzo de 1950.

15. Gabriel García Márquez, «Un payaso pintado detrás de una puerta», en *Notas de prensa 1980-1984, op. cit.*

16. Véase la columna «Punto y aparte» de *El Universal* del 29 de junio de 1948, recogida en *Textos costeños.* El nombre del verdadero autor de esta columna sobre el imaginario poeta César Guerra Valdés fue desvelado por Jorge García Usta en «Las raíces de la magia común», *El Espectador,* «Magazín Dominical», Bogotá, 16 de agosto de 1992. Al día siguiente de publicarse el artículo de Rojas Herazo en la columna de García Márquez, salió en el mismo periódico un reportaje del presunto Guerra Valdés hecho por Manuel Zabala, Rojas Herazo, Ibarra Merlano y García Márquez, en el cual dejan constancia de su ideario literario y de sus duras opiniones sobre la cultura y la historia de los países de América Latina.

17. En «Cuando García Márquez coronaba reinas» (*El Tiempo,* «Lecturas Dominicales», Bogotá, 8 de noviembre de 1987), Jorge García Usta le atribuye a García Márquez el discurso que éste leyó el 5 de julio de 1949 en la coronación de la reina estudiantil Elvira Vergara. Cuando le enseñé el texto a Ramiro de la Espriella, en Bogotá, me dijo que, en efecto, éste había sido leído por García Márquez y publicado en *El Universal* con su nombre, pero que el texto era en realidad suyo, y me enseñó el de García Márquez: un texto aparecido también en el mismo periódico bajo el nombre de De la Espriella, leído por éste el mismo

día en la coronación de la otra reina, Carmen Marrugo, pero que en realidad fue el que escribió García Márquez. Un análisis de los estilos confirma sin lugar a dudas la afirmación de Ramiro de la Espriella. Siete meses después, en la coronación de la reina de Baranoa, el 18 de febrero de 1950, García Márquez repetiría literalmente dos párrafos del discurso de De la Espriella.

18. Véase, por ejemplo, «La casa de los Buendía», «El hijo del coronel», «La hija del coronel», «El regreso de Meme», recopilados por Jacques Gilard en *Textos costeños,* y «Un hombre viene bajo la lluvia», recogido en *Entre cachacos,* Barcelona, Editorial Bruguera, abril de 1982.

19. El mes y año de este encuentro fueron establecidos por Jacques Gilard en su prólogo a *Textos costeños,* y me fueron ratificados por Gustavo Ibarra Merlano en nuestras conversaciones en Bogotá, el 27 de agosto de 1992.

20. Cfr. las declaraciones de Germán Vargas a Jorge Medina Rendón, en «A Gabo le falta escribir para niños», *El Espectador,* Bogotá, 22 de octubre de 1982. En términos parecidos había recordado este primer encuentro en la entrevista a Álvaro Medina para la encuesta «Del café Colombia al bar La Cueva», *Suplemento del Caribe,* Barranquilla, 14 de octubre de 1973. Que éste fue el primer encuentro de García Márquez con los del Grupo de Barranquilla, parece quedar corroborado por un comentario posterior de Alfonso Fuenmayor a la periodista cubana Lídice Valenzuela (en *Realidad y nostalgia de García Márquez,* La Habana, Editorial Pablo de la Torriente, 1989): «Él cree, porque la memoria le falla en ocasiones, que conoció a Gabriel en 1949 (sic). Tampoco recuerda la razón por la que se lo presentó el también periodista Germán Vargas». Es decir, que Fuenmayor admite que Germán Vargas tuvo un encuentro con García Márquez anterior al suyo de septiembre de 1948.

21. En nuestras conversaciones de Barranquilla, el 22 de agosto de 1992, Fuenmayor no se acordaba de la presencia de Ibarra Merlano, ni de la del pintor Alejandro Obregón en este encuentro con García Márquez. Después, en una carta fechada el 1 de enero de 1993, me volvió a asegurar: «Es inexacto que en mi primera conversación con Gabito estuviera presente el gran amigo Gustavo Ibarra Merlano». Pero, según me contó éste, no sólo estuvo, sino que, como se ve, su participación en la conversación fue la más destacada junto a la del mismo Fuenmayor. Ibarra Merlano recordaría igualmente la presen-

cia de Obregón por un detalle: éste le comentó que no le gustaba nada la poesía de Eduardo Carranza, el capitán del movimiento Piedra y Cielo, que tanto había leído García Márquez.

22. Es un lugar común alimentado por el mismo escritor. Durante años, García Márquez se esforzaría por vincular su verdadera formación literaria y periodística y la escritura de *La hojarasca* sólo a la ciudad de Barranquilla y al ambiente de los amigos de esta ciudad, en detrimento de Cartagena y los amigos cartageneros. Incluso llegaría a afirmarlo públicamente: «En 1950, cuando yo estaba en Barranquilla (para ser francos, fue en Cartagena, pero a los cartageneros no los cito porque son cachacos), escribí *La hojarasca*...» (declaraciones a Daniel Samper Pizano, *art. cit.*). Años después admitiría que «la mitad de mi primera novela la escribí (...) en las madrugadas ardientes y olorosas a miel de imprenta del periódico *El Universal,* de Cartagena» («El amargo encanto de la máquina de escribir», en *Notas de prensa 1980-1984*). En realidad, como se argumenta en las notas 24 y 25 de este capítulo, *La hojarasca* fue escrita en su primera versión en Cartagena durante (probablemente) finales de 1948 y el primer semestre de 1949.

23. En nuestras conversaciones de México, García Márquez recordó que cuando regresó de Bogotá a la Costa, empezó a leer a los norteamericanos, especialmente a Faulkner, quienes le enseñaron un método y le mostraron el interés literario que podrían tener los mundos de su infancia, de Aracataca y las bananeras. Entonces fue cuando empezó a escribir *La casa,* que abandonó tras unos primeros capítulos, para pasar enseguida a *La hojarasca*. Así que el comienzo de la escritura de esta novela tuvo que haber tenido lugar en Cartagena durante los tres o dos últimos meses de 1948. Es, desde luego, una fecha sólo aproximada, pero inequívoca en su aproximación, sobre todo si se tiene en cuenta que, según los testimonios de Ibarra Merlano y Rojas Herazo, *La hojarasca* estaba escrita en su primera versión entre mayo y julio de 1949.

24. «Regreso de un compañero», *El Universal,* Cartagena, 15 de mayo de 1949. El título «Ya cortamos el heno» al cual se refiere aquí el autor anónimo de la nota, quien, según todos los testimonios, es Rojas Herazo, es uno de los varios que tuvo *La hojarasca* inicialmente. Jacques Gilard, en su prólogo a *Textos costeños,* afirma que el exótico título fue, según se lo sugirió el propio García Márquez, una invención de Rojas Herazo y que esa novela no existió. Sin embargo,

en octubre de 1972, Aída García Márquez, que entonces era monja, me contó en Copacabana, Antioquia, que su hermano le tenía al principio varios títulos a la novela, de los cuales recordaba especialmente «Ya cortamos el heno» (Véase Dasso Saldívar, «Sor Aída García Márquez», *El Espectador,* «Magazín Dominical», Bogotá, 22 de octubre de 1972). Es posible que el título fuera de Rojas Herazo y que García Márquez lo hubiera tomado en préstamo, pues en esta época los dos amigos y vecinos de columna de *El Universal* se prestaban de todo: títulos, metáforas, personajes y temas. Pero la prueba más concluyente de que Rojas Herazo tenía que referirse a *La hojarasca* con este título de reminiscencias faulknerianas, estriba en la opinión que emite sobre ella en la misma nota: la juzga como «uno de los mayores esfuerzos que actualmente se realizan en Colombia para incorporar nuestro país a los más exigentes derroteros de la novelística contemporánea». Un juicio tan elevado de alguien tan inteligente y bien informado como Rojas Herazo sólo podía referirse a *La hojarasca* y no a *La casa,* que el autor tenía momentáneamente abandonada y que, a juzgar por los fragmentos que nos han llegado, no podía merecer un juicio tan entusiasta. Por otra parte, la referencia y el comentario de Rojas Herazo a la primera novela de García Márquez es uno de los argumentos más sólidos que nos permiten sostener, contra las afirmaciones de la mayoría de los biógrafos del escritor y a pesar de que éste fechara la novela en Barranquilla en 1950, que *La hojarasca* fue escrita durante el período de Cartagena, estando lista la primera versión en mayo/julio de 1949.

25. En su carta del 9 de febrero de 1993, fechada en Bogotá, Ibarra Merlano me comenta que él leyó *La hojarasca* antes de viajar a Bogotá para radicarse definitivamente en esta ciudad. La fecha de su viaje la sitúa hacia el 26 de julio de 1949, o un poco antes, pues este día salió en *El Universal* una nota anónima de despedida que le escribió García Márquez. En otra carta, fechada también en Bogotá el 15 de septiembre de 1994, es más preciso: «Por consiguiente, *La hojarasca* estaba escrita y corregida antes de julio de 1949, esto es ya un hecho y despeja sus dudas sobre el particular». Éste es el argumento más sólido de los varios que prueban que García Márquez escribió su primera novela en Cartagena y que para mediados de 1949 ya tenía lista la primera versión: la que leyeron Rojas Herazo e Ibarra Merlano.

26. Cfr. las declaraciones de García Márquez a J. G. Cobo Borda, *op. cit.*

27. Aunque no logró matricularse hasta el 17 de junio, según la matrícula número 129 anotada en el libro 7, folios 58 y 59, que se conserva en los archivos de la Universidad de Cartagena.

28. García Márquez tuvo quince faltas durante este curso: nueve en Derecho Internacional Público y seis en Derecho Romano. Las calificaciones de las materias son: Sociología General: 5; Derecho Constitucional: 5; Derecho Canónigo y Procesal Canónigo: 5; Derecho Internacional Público: 5; Derecho Civil: 4; Historia de las doctrinas económicas: 4; Sociología (Seminario): 4; Derecho Romano: 2; Antropología y Psicología: no la cursó.

29. Para el tercer curso se matriculó el 5 de febrero de 1949, bajo el número 111. Las faltas durante este curso cuadriplicaron las del anterior: tuvo sesenta y cuatro: treinta y siete en Derecho Civil, seis en Seminario de Derecho Civil y veintiuna en Derecho Español e Indiano. Las calificaciones de las materias de tercer curso son: Sociología Americana: 5; Derecho Penal General: 4; D.I.A. e Historia de Colombia: 4; Derecho Español e Indio: 4; Hacienda Pública: 3; Derecho Civil: 3; Medicina Legal: 2; Seminario de Derecho Civil: no presentó monografía.

30. Gabriel García Márquez, «Ceremonia inicial», prólogo a la novela *Neblina azul,* de George Lee Bisswell Cotes, Cartagena, Tipografía Diario de la Costa, diciembre de 1949. Aparte del prólogo de García Márquez, esta novela se publicó con un contraprólogo de Santander Blanco, porque, según recordaría Manuel Zapata Olivella, a Bisswell Cotes no le gustó el prólogo de aquél, ya que no le hacía el elogio obligado entre amigos y camaradas de grupo, sino que, con gran humor y delicadeza, le hizo un inventario implacable de las torpezas y deficiencias de la novela.

31. En realidad, el motivo de *Del amor y otros demonios* lo encontró muchos años después, tal vez a principios de los ochenta mientras se documentaba para *El amor en los tiempos del cólera.* Se trata del episodio de la historia de Cartagena de Indias, contado por Eduardo Lamaitre, conocido como El Sessatio a Divinis, un pleito entre capuchinos y clarisas, con una historia de amor de por medio: la de la novicia Juana Clemencia de la Barzés y Pando y el Teniente del Gobernador (Cfr. las declaraciones de García Márquez a Gustavo Tatis Guerra, *art. cit.*).

32. Apuntaba Eduardo Zalamea Borda (*Ulises*) en la nota que leyó García Márquez: «(...) próximamente aparecerán en la sección literaria

de este diario obras de que son autores Arturo Camacho Ramírez, Alberto Ángel Montoya, Carlos López Narváez, Álvaro Mutis y otros escritores» (*El Espectador*, Bogotá, 22 de agosto de 1947).

33. En el suplemento «Fin de Semana» de *El Espectador*, del sábado 6 de septiembre de 1947, apareció en forma destacada el poema «El 204», de Álvaro Mutiz (sic), y el 4 de octubre del mismo año, «Las imprecaciones de Maqroll el Gaviero».

34. Gabriel García Márquez, «Mi amigo Mutis», *El País*, Madrid, 30 de octubre de 1993.

CAPÍTULO OCHO

1. Jacques Gilard, prólogo a *Textos Costeños*. Los datos cuyas fuentes no se citan en este capítulo proceden de mis conversaciones con Alfonso Fuenmayor, Gustavo Ibarra Merlano, Ramiro de la Espriella y Álvaro Mutis.

2. A los dos, García Márquez los despidió con sendas notas periodísticas llenas de afecto y admiración. A Ibarra Merlano lo califica de «extraordinario ejemplar humano», de «intelectual en el sentido incorruptible del término», a quien lo une un «afecto incondicional» (nota anónima, *El Universal*, Cartagena, 26 de julio de 1949). Dos días después, en el mismo periódico y firmada con su nombre, en la nota «El viaje de Ramiro de la Espriella» despedía a éste con parecidos comentarios, agregando que el amigo les iba a hacer falta «para que nos soporte días enteros leyendo originales de una novela que no puede circular sin su visto bueno» (es decir, que García Márquez tiene que referirse aquí a *La hojarasca* y no a *La casa*).

3. «La naturaleza decide el viejo pleito entre Puerto Colombia y Bocas de Ceniza», *El Espectador*, Bogotá, 8 de marzo de 1955 (recopilado por Jacques Gilard en *Entre cachacos*).

4. Para el sociólogo e historiador barranquillero Orlando Fals Borda, *op. cit.*, el primer nombre oficial de la ciudad fue el de San Nicolás de Barranquillas, dado por los primeros colonos blancos hacia comienzos del siglo XVIII. Para otros, el verdadero origen de Barranquilla se remonta a los tiempos míticos del hombre caimán, el pescador que, gracias al embrujo de un indio wayúu, se transformó en mitad bestia y mitad ser humano. Algunos creen que el origen de la ciudad fue un

caserío de los antiguos indios kamach (Julio Olaciregui, «Historia de caimán», *El País Semanal*, Madrid, 27 de agosto de 1995).

5. Germán Vargas, «García Márquez: autor de una obra que hará ruido», *Encuentro Liberal*, Bogotá, 29 de abril de 1967.

6. En nuestro encuentro de Bogotá, Gustavo Ibarra Merlano recordó que todavía en Cartagena, hacia 1949, García Márquez «no era mamagallista», es decir, bromista, «sino que, además de serio, no podía oír ninguna palabra vulgar».

7. Plinio Apuleyo Mendoza, «Réquiem por un escritor», en *La llama y el hielo*, y Daniel Samper Pizano, «Prólogo» a *Antología de Álvaro Cepeda Samudio*, Bogotá, Instituto Colombiano de Cultura, 1977.

8. Cfr. las declaraciones de García Márquez a J. G. Cobo Borda, *op. cit.*

9. La profecía de la muerte de Álvaro Cepeda Samudio en *Cien años de soledad* permitió ver que el carácter profético es un elemento importante en la obra del escritor cataquero. Enseguida se empezó a hacer acopio de otras profecías cumplidas o por cumplir, como el viaje del papa Pablo VI a Colombia nueve años después de que el escritor lo narrara en «Los funerales de la Mamá Grande» (con el mismo presidente calvo y rechoncho y el mismo primer ministro Pastrana que luego recibieron al Papa); el descubrimiento en Barranquilla de un hombre con una cola de cerdo de Buendía; el hallazgo en Argentina por Fernando Vidal Buzzi, gerente de la Editorial Sudamericana, del costillar de una nave abandonada en plena selva; o los hallazgos en el Caribe, tras la publicación de *El amor en los tiempos del cólera,* de varios barcos hundidos con tesoros coloniales.

10. Cfr. las declaraciones de Germán Vargas, en «A Gabo le falta escribir para niños», *El Espectador*, Bogotá, 22 de octubre de 1982.

11. Citado por Jacques Gilard en su prólogo a *Textos costeños, op. cit.*

12. Alfonso Fuenmayor, *Crónicas sobre el Grupo de Barranquilla*, Bogotá, Instituto Colombiano de Cultura, 1978.

13. Gabriel García Márquez, «Obregón o la vocación desaforada», en *Notas de prensa 1980-1984, op. cit.*

14. *Ibíd.* Francisco Porrúa, el primer editor de *Cien años de soledad,* me hizo ver la coincidencia entre este cuento y «El gigante ahogado», de Ballard, por lo menos en el planteamiento inicial de los dos relatos. Pero ambos coincidimos en que es improbable que el colombiano hubiera leído el original de Ballard en 1969 (además, «El ahogado más hermoso del mundo» se escribió en 1968, y la traducción españo-

la de aquél se publicó apenas tres años después). En cualquier caso, la idea de un relato sobre un ahogado era una vieja obsesión de García Márquez, apuntada por él mismo en la carta «Auto-crítica» dirigida a Gonzalo González, en marzo de 1952.

15. Alfonso Fuenmayor, *op. cit.*

16. Gabriel García Márquez, «Mi tarjeta para don Ramón», en *Textos, costeños, op, cit.*

17. Jacques Gilard, *Entre los Andes y el Caribe (La obra americana de Ramón Vinyes)*, Medellín, Editorial Universidad de Antioquia, diciembre de 1989.

18. *Ibíd.*

19. Gabriel García Márquez, «El bebedor de Coca-Cola», en *Textos costeños, op. cit.*

20. Jacques Gilard, *op. cit.*

21. *Ibíd.*

22. En aquel artículo sobre los helicópteros, García Márquez anotaba ya estos trazos macondianos: «Recordaría *Las mil y una noches*. Diría el hechizo de las alfombras mágicas que con sólo oír una voz se llevan al hombre por encima de los camellos y la montañas... Hablaría de aquella aldea anónima, pastoril, que pasó una vez a la orilla de nuestro viaje. Diría que el vientre de la aldea estaba curvado. Lleno de una gravidez frutal, de un silencio que se parecía en algo al de una madre dormida. Que más allá, desenvuelto, estaba el río indispensable. Y que venía mansamente, habitado de racimos y de niños, como si no corriera el paisaje sino por la memoria de la aldea» (*El Universal,* Cartagena, 26 de mayo de 1948).

23. Así se refiere el narrador a los amigos de Aureliano Babilonia: Álvaro (Cepeda Samudio), Germán (Vargas), Alfonso (Fuenmayor) y Gabriel (García Márquez). Según me contó Alfonso Fuenmayor, estando sentados junto a la Fontana de Trevi, en 1969, García Márquez le hizo esta confesión: «Maestro, lo más importante que me ha sucedido en la vida es la época que pasé en Barranquilla; yo sentí que ahí fue mi verdadera formación, ahí vi que se me abrían los caminos de lo que yo quería ser». Años más tarde le repitió lo mismo en México, y, un año después de haber obtenido el Premio Nobel, resumió así su amor, gratitud y admiración por los amigos del Grupo de Barranquilla: «Ellos fueron decisivos en mi formación intelectual, orientaron mis lecturas, me ayudaban, me prestaban libros. Y curiosamente, a pesar de todas las circunstancias

de la vida, ellos siguen siendo los mejores» (María Teresa Herrán, «El Nobel, un año después», *El Espectador,* Bogotá, 11 de noviembre de 1983).

24. Cfr. las declaraciones a Lídice Valenzuela, *op. cit.*

25. Juan B. Fernández Renowitzky, «Cuando García Márquez era Gabito», *El Tiempo,* Bogotá, 11 de octubre de 1982.

26. Juan Gossaín, «El regreso de Macondo», reportaje publicado originalmente en *El Espectador* de Bogotá, los días 17 y 18 de enero de 1971, y compilado en *Gabriel García Márquez habla de Gabriel García Márquez,* Bogotá, Rentería Editores Lta., 1979. Gossaín apunta que, cuando él y otros periodistas y amigos de García Márquez lo esperaban en el aeropuerto de Barranquilla, el 14 de enero de 1971, un taxista, al verlo descender del avión con una escandalosa camisa guayabera, recordó que «veinte años atrás, y por esas mismas excentricidades, a García Márquez le decían Trapo Loco en Barranquilla».

27. Cfr. Germán Vargas, en «García Márquez: autor de una obra que hará ruido»; Juan Gossaín, en «García Márquez: ese desconocido», y Gabriel García Márquez, en «El viaje a la semilla» (declaraciones al equipo de redacción de *El Manifiesto*).

28. Cfr. las declaraciones de García Márquez, en «El viaje a la semilla», *art. cit.* y *El olor de la guayaba, op. cit.*

29. En «El encuentro de dos camaradas» (revista *Libre,* París, 1972), García Márquez le dice a su amigo Plinio Apuleyo Mendoza que la declaración de Faulkner «la publicó *The Paris Review* cuando yo vivía en Barranquilla, y precisamente en un burdel». Es inexacto. La declaración del autor de *Luz de agosto* se publicó a comienzos de 1956, cuando García Márquez residía en París.

30. Cfr. las declaraciones de García Márquez a Plinio Apuleyo Mendoza, en «El encuentro de dos camaradas», *art. cit.*

31. Alfonso Fuenmayor recordó en nuestro encuentro de Barranquilla que García Márquez escribió (en realidad, reescribió) *La hojarasca* «en papel periódico después de que terminaba su labor en *El Heraldo.* De pronto, se ponía a discutir conmigo sobre la conveniencia o no de algunas frases. Recuerdo alguna sobre la cual él me expresaba su duda por parecerle muy barroca, muy faulkneriana: "... y el caballo atravesó el río como si tuviera entre las piernas trabada la ira de Dios". Le dije que la dejara, que qué más daba».

32. Cfr. las declaraciones de García Márquez a Juan Gossaín, en «El regreso a Macondo», *art. cit.*

33. La primera confirmación escrita que se conoce de este rechazo es del propio García Márquez, quien, en una carta publicada en *El Espectador,* el 30 de marzo de 1952, le dice a su coterráneo y amigo Gonzalo González (*Gog*), entre otras cosas: «Ya sabes que la editorial Losada echó para atrás *La hojarasca*». Pero ésta es una confirmación tardía que ha dado lugar a cierta confusión sobre el año en que se escribió la novela y la fecha aproximada en que la editorial argentina la rechazó. En nuestras conversaciones de México, Álvaro Mutis me comentó que, cuando él conoció a García Márquez en Cartagena, hacia octubre o noviembre de 1949, éste le dijo que ya tenía lista *La hojarasca,* y que por eso él se la recomendó luego en Bogotá a Julio César Villegas, el agente de Losada. Entonces, éste debió de enviarla, junto con *El Cristo de espaldas,* de Eduardo Caballero Calderón, hacia finales del 49 o comienzos del 50, a más tardar, y García Márquez tuvo que haber conocido el rechazo de su libro antes del 15 de abril de este año. ¿Por qué? Porque fue en esta fecha cuando Ramón Vinyes, el sabio catalán, regresó definitivamente a Barcelona, y, según el propio García Márquez, fue él una de las personas que más le ayudaron a superar el abatimiento que le produjo el rechazo de su novela (declaraciones a Leopoldo Azancot, en «Gabriel García Márquez habla de política y literatura», *Índice,* n.º 237, Madrid, noviembre de 1968).

34. Cfr. las declaraciones de Alfonso Fuenmayor a Lídice Valenzuela, *op. cit.* La carta de Guillermo de Torre a García Márquez parece que no se conserva. Sólo conocemos sus términos por los comentarios del escritor y de los pocos amigos que, como Alfonso Fuenmayor, la leyeron entonces.

35. Cfr. las declaraciones a Leopoldo Azancot, *art. cit.*

36. Alfonso Fuenmayor, *op. cit.*

37. Lídice Valenzuela, *op. cit.*

38. Jacques Gilard, «Historia de *Crónica*», *Gaceta,* vol. IV, n.º 35, Instituto Colombiano de Cultura, Bogotá, 1981.

39. Sin embargo, en esto contaban con la ayuda frecuente de Germán Vargas, quien años después diría que *Crónica* la «repartíamos de tienda en tienda y cuyo producto, que desde luego era ínfimo, recogíamos también, de tienda en tienda, en especies bebibles» («El Ramón Vinyes que yo conocí», *Punto Rojo,* n.º 2, Bogotá, 1975).

40. Gabriel García Márquez, «Auto-crítica», *art. cit.* En nuestras conversaciones, Fuenmayor admitió la veracidad de la apuesta, pero aseguró no recordar mayores detalles de la misma.

41. Alfonso Fuenmayor, *op. cit.*

42. Cfr. «Auto-crítica» *art. cit.* En efecto, «Los asesinos» podría titularse también «El hombre que llegaba a las seis» o «Crónica de una muerte anunciada».

43. Este tema se reitera, por ejemplo, en *La hojarasca,* «La siesta del martes», «María dos prazeres» y, de varias maneras en *Cien años de soledad.* Incluso, en el prólogo de *Doce cuentos peregrinos,* García Márquez refiere la historia de un cuento que se le frustró, basado en un sueño en el cual él asiste, junto a sus amigos, a sus propios funerales.

CAPÍTULO NUEVE

1. Cfr. las declaraciones de Luis Enrique García Márquez al periodista Juan Gossaín, en «La realidad de la muerte anunciada», *El Espectador,* Bogotá, 11 de mayo de 1981. Los datos cuyas fuentes no se indican en este capítulo proceden de mis conversaciones con Gabriel García Márquez, sus hermanos Luis Enrique, Gustavo, Jaime, Eligio, Margot, Aída y Ligia García Márquez, Alfonso Fuenmayor, Rafael Escalona, Manuel Zapata Olivella, Luis Carmelo Correa García y los sucreños Hugo Vega, Elvira Salazar y otros.

2. Gabriel García Márquez, «El cuento del cuento», *op. cit.*

3. Jaime nació el 22 de mayo de 1940; Hernando, el 26 de marzo de 1943; Alfredo Ricardo, el 25 de febrero de 1946, y Eligio Gabriel, el 14 de noviembre de 1947. Cuatro habían nacido en Aracataca: Gabriel José, Luis Enrique, Ligia y Gustavo; y tres, en Barranquilla: Margarita, Aída Rosa y Rita del Carmen.

4. Eligio García Márquez, *La tercera muerte de Santiago Nasar,* Madrid, Mondadori, septiembre de 1987.

5. *Ibíd.*

6. Según Gustavo García Márquez, esas noches todos dormían en el mismo cuarto, porque «dormir en esos tiempos era toda una pesadilla, pues las historias se continuaban en los sueños».

7. En el reportaje «El viaje a la semilla», *art. cit.* García Márquez dice que conoció La Sierpe porque estuvo allí. Sin embargo, su hermano Luis Enrique me dijo que estaba «casi seguro de que Gabito nunca estuvo en La Sierpe». En el prólogo a *Entre cachacos* Jacques Gilard dice, tomando las afirmaciones del escritor, que éste obtuvo los datos para la

serie sobre La Sierpe «a través de numerosas conversaciones sostenidas en Sucre, donde corrían muchas noticias sobre esa extraña región, aunque señala como su principal informante a Ángel Casij Palencia, un amigo que vivió en Sucre y luego en Cartagena». Pero no es descartable que, llevado por el rigor del periodista que ya era, García Márquez hubiera hecho al final un viaje rápido a los tremedales de La Sierpe para constatar sus datos, pues en el reportaje citado puntualiza: «Conozco La Sierpe, estuve en La Sierpe, pero por supuesto no vi el "totumo de oro" ni el "cocodrilo blanco" ni nada de estas cosas. Pero era una realidad que vivía dentro de la conciencia de la gente; por lo que te contaban no te cabía ninguna duda de que eso era así».

8. Gabriel García Márquez, «La marquesita de La Sierpe», en *Entre cachacos*. Es la primera de las cuatro entregas de «Un país en la Costa Atlántica», título genérico que el autor no conservó a partir de la primera publicación completa de la serie en *El Espectador*, días 7, 21, 28 de marzo y 4 de abril de 1954. (Esta primera entrega se publicó en la revista *Lámpara*, vol. I, n.º 5, Bogotá, 1952.)

9. Dasso Saldívar, «Sor Aída García Márquez», *El Espectador*, «Magazín Dominical», Bogotá, 22 de octubre de 1972, y Eligio García Márquez, *op. cit.* En mi viaje a Sucre, entre los días 17 y 18 de agosto de 1992, pude constatar la veracidad de la leyenda de María Amalia Sampayo de Álvarez. Según se lee en la lápida de mármol de su tumba, nació el 16 de febrero de 1898 y murió el 1 de noviembre de 1957.

10. Cfr. las declaraciones de Luis Enrique García Márquez a Juan Gossaín, *art. cit.*

11. Gabriel García Márquez, «La cándida Eréndira y su abuela Irene Papas», en *Notas de prensa 1980-1984, op. cit.* Dice textualmente el autor: «Hace muchos años, en una noche de parranda en un remoto pueblo del Caribe, conocí a una niña de once años que era prostituida por una matrona que bien hubiera podido ser su abuela (...) Yo tenía entonces dieciséis años y era consciente de que tarde o temprano sería escritor». Dado que García Márquez suele equivocar su edad en uno o dos años menos, habría que situar los hechos hacia 1944 o 1945, y durante esos años él pasaba las vacaciones precisamente en Sucre. Interrogado sobre la veracidad de esta anécdota, Luis Enrique García Márquez me contestó que no se acordaba de ella ni de que hubiera ocurrido en Sucre, lo que, conociendo su buena memoria, me hizo pensar que tal vez la anécdota de la niña prostitu-

ta no debió de ocurrir en Sucre, sino en algún otro pueblo aledaño. Es más: que el mismo escritor no fue testigo directo, sino que probablemente la oyó comentar por «radio bemba», como dicen los cubanos.

12. Cfr. las declaraciones de Luis Enrique García Márquez a Juan Gossaín, *art. cit,* y Gabriel García Márquez, en «El cuento del cuento», *op. cit.*

13. Cfr. las declaraciones de Gabriel Eligio García, padre del novelista, a Harley D. Oberhelman, en «Gabriel Eligio García habla de Gabito», compilado por Peter Earle en *García Márquez*, Madrid, Taurus, octubre de 1981. A mediados de 1974 tuve una charla con el padre de García Márquez en su casa del barrio de La Manga, de Cartagena, y, entre otras cosas, me habló de este personaje, sólo que yo, por alguna jugarreta de la memoria, situé al autoexiliado dentista en Aracataca.

14. Eligio García Márquez, *op. cit.*

15. *Ibíd.*, y Luis Enrique García Márquez, en «La realidad de la muerte anunciada», *art. cit.*

16. Parece que esta anécdota no trascendió a la memoria popular, pues García Márquez, tan minucioso como es, no la registró en sus investigaciones previas a la escritura de *Crónica de una muerte anunciada*. Su hermano Luis Enrique me la contó en Barranquilla, y me dijo que el escritor sólo la conoció cuando ya la novela estaba en la imprenta.

17. Eligio García Márquez, *op. cit.* En mi viaje a Sucre intenté reconstruir los pormenores de este crimen, y aunque mis pesquisas coincidieron esencialmente con los hechos fundamentales, pronto me di cuenta de que la tradición no sólo había alterado muchas cosas, sino que cada sucreño iba agregando detalles y variantes de su invención, lo mismo que, en la reconstrucción de otros hechos, constaté en Aracataca, Barrancas, Ciénaga, Barranquilla, Cartagena y cada pueblo de la Costa. Así, por ejemplo, Elvira Salazar, la dueña del hotel Veracruz, antigua casa de Cayetano Gentile, me dio una versión de los hechos diferente en muchos aspectos (asegurándome que ella había sido testigo directa) a la que dan los hermanos de García Márquez, quienes conservan una versión veraz y escrupulosa de los pormenores de este crimen que tanto los afectó. Por eso he decidido guiarme por sus declaraciones. El viaje a Sucre me permitió, además, constatar la veracidad de sus datos, como fechas, nombres y lugares, así como la ubicación y la distancia entre éstos. En esto me fue de mucha utilidad haber dormido una noche en el hotel Vera-

cruz. También pude constatar que las descripciones que hace García Márquez en la novela de la casa, la plaza, el puerto, el río y el pueblo son literalmente exactas.

18. *Ibíd*., y Luis Enrique García Márquez, en «La realidad de la muerte anunciada», *art. cit.* Según Elvira Salazar, las últimas palabras del moribundo fueron: «Mamá, traigan mi dedo, que quedó en la otra casa. Mamá, soy inocente. Calma, serenidad y paciencia. Venguen mi sangre». La anécdota del dedo parece que fue cierta, y es una de las pocas que García Márquez no registra en la novela. Con la primera cuchillada, Víctor Manuel Chica le cortó a Cayetano el dedo meñique de la mano derecha, quedando junto a la alberca de la casa vecina. José Salazar, el hermano de la actual dueña de la casa de Cayetano, lo recogió y se lo metió en el bolsillo de la camisa para que lo enterraran completo.

19. Quien mejor y más ampliamente ha visto el embozamiento del asesinato de Julio César en el de Santiago Nasar, es José Manuel Camacho Delgado, en «*Crónica de una muerte anunciada:* La reescritura de la historia», *Huellas* (Revista de la Universidad del Norte), Barranquilla, agosto de 1994. En cuanto al cuestionamiento que García Márquez hace en su novela del mito de la fatalidad, véanse sus reflexiones en «El cuento después del cuento», de *Notas de prensa 1980-1984, op. cit.*

20. Gabriel García Márquez, «El cuento del cuento», *op. cit.*

21. Jacques Gilard, en su prólogo a *Textos costeños*, afirma que, efectivamente, García Márquez no acudió a este trabajo: «El desorden administrativo era tal, que su única actividad consistió en cobrar un sueldo indudablemente útil para el presupuesto familiar, pero nada merecido porque ni él ni su hermano jamás trabajaron efectivamente en el censo». Sin embargo, Gustavo García Márquez, en nuestra charla del 19 de agosto de 1992, me aseguró en Barranquilla que su hermano no cobró porque ciertamente no acudió al trabajo, pero que él sí estuvo trabajando diez meses, ganando cien pesos mensuales, y que sólo pudo cobrar su primera paga a los siete meses. Por su parte, Luis Enrique tuvo que trabajar primero como detective unos meses antes de entrar en el Ministerio de Agricultura y radicarse en Ciénaga en noviembre de 1951.

22. Fuenmayor recordaba muy bien el préstamo de los seiscientos pesos, según me dijo, por dos detalles: por los muebles y porque García Márquez se los tuvo que pagar con editoriales que le amargaron la vida durante meses, mientras que a él se la aliviaron.

23. Gabriel García Márquez, «Palabras a una reina», en *Textos costeños*, *op. cit.* En cuanto a la autoría de Ramiro de la Espriella del primer discurso de Cartagena, cuyos dos párrafos finales copia García Márquez aquí, véase la nota 17 del Capítulo Siete.

24. Jacques Gilard, prólogo a *Textos costeños, op. cit.,* y Jorge García Usta, «Los días de *Comprimido*», *El Universal,* Cartagena, 11 y 19 de diciembre de 1982.

25. Consuelo Araújo Noguera, *Rafael Escalona, el hombre y el mito,* Bogotá, Editorial Planeta, agosto de 1988.

26. Ciro Quiroz Otero, *Vallenato, hombre y canto*, Bogotá, Ícaro Editores, febrero de 1983.

27. *Ibíd.,* y Gabriel García Márquez, en «García Márquez habla de música», declaraciones concedidas a Armando López para la revista cubana *Opina,* reproducidas en *El Espectador,* Bogotá, 29 de diciembre de 1985.

28. Cfr. las declaraciones de García Márquez a la revista *Coralibe,* en «Cuando Escalona me daba de comer», Bogotá, abril de 1981: «Yo nunca me he cansado de decir que *Cien años de soledad* no es más que un vallenato de 350 páginas... Cualquiera que haya oído un vallenato original se da cuenta que no es un chiste ni una mamadera de gallo. *Cien años de soledad* es un relato de acontecimientos cotidianos de la región donde nació y prosperó el vallenato, precisamente».

29. García Márquez ha reconocido públicamente varias veces su admiración y gratitud hacia Rafael Escalona: «Entonces conocí a Escalona, fíjate: empezamos a trabajar juntos; hacíamos unos viajes del carajo por la Guajira... Hay un viaje de la Eréndira que es un viaje que hice por la Guajira con Escalona...» («El viaje a la semilla», *art. cit.*). Cuatro años después declararía a la revista *Coralibe*: «Escalona me ayudó mucho, y siempre hemos sido muy buenos amigos. Yo asistí al parto de muchos de sus cantos. Escalona es un genio en esa vaina. ¡En serio! ¿Te imaginas meter toda una cantidad de argumentos en siete u ocho líneas? Ésa es la admiración que yo le tengo a Escalona y a todos los compositores vallenatos» («Cuando Escalona me daba de comer», *art. cit.*). Según la biógrafa del compositor, Consuelo Araújo, el escritor remató la admiración hacia Escalona en pleno Estocolmo durante los días del Nobel dedicándole un ejemplar de *Cien años de soledad*: «A Rafael Escalona, la persona a la que más admiro en el mundo». Por lo demás, ahora sabemos que el gran

poder de síntesis de su narrativa no sólo se debe a escritores como Hemingway y Graham Greene, sino también, y en primer lugar, a esa fuente cantada que son los vallenatos.

30. Por ejemplo, en «El viaje a la semilla», *art. cit.,* declara: «¿Sabes cómo hice para financiarme todo ese viaje que duró mucho más de un año, cuando estuve vagando de un lado para otro por toda esa región?... ¡Vendiendo enciclopedias!». Este viaje no duró, en realidad, más de cinco o seis meses. Lo que «duró mucho más de un año» fueron los diversos viajes que hizo por el Magdalena, Valledupar y la Guajira, por lo que, al hablar así, García Márquez sintetiza todos sus viajes en uno solo. Más recientemente, en «El mismo cuento distinto» (prólogo a *El hombre en la calle* de Simenon, Barcelona, Tusquets, febrero de 1994), ha vuelto a la confusión al situar el viaje por la Guajira como vendedor de libros (que tuvo lugar entre diciembre de 1952 y mayo o junio de 1953) en 1949, año en el que, al parecer, hizo el primer viaje a Valledupar y La Paz invitado por Manuel Zapata Olivella.

31. En nuestras conversaciones del 11 de julio de 1992, en Bogotá, Manuel Zapata Olivella parecía no recordar este primer viaje de García Márquez a Valledupar y La Paz invitado por él. Sólo parecía recordar el viaje en que el escritor llegó vendiendo libros en compañía de Rafael Escalona, olvidando que ésta era, por lo menos, la tercera visita que aquél hacía a la región. Pero el año aproximado del primer viaje es posible establecerlo por otras referencias. La primera me la dio el mismo Zapata Olivella cuando me dijo que a finales de 1949, tras haberse graduado de médico en Bogotá, pasó, rumbo a La Paz, por Cartagena y se volvió a encontrar con García Márquez, que llevaba más de un año trabajando en *El Universal,* precisamente gracias a él. Entonces fue cuando Zapata Olivella invitó al escritor a que lo visitara en La Paz. Esta invitación se la confirmó el propio García Márquez a Jacques Gilard (véase nota 79 del prólogo a *Textos costeños, op. cit.*), y las impresiones de este viaje las anotó en su *jirafa* de *El Heraldo* («Abelito Villa, Escalona & Cía.») del 14 de marzo de 1950, dejando constancia expresa de que, en efecto, había estado con Zapata Olivella en Valledupar. La fecha de la publicación sugiere que el viaje se había producido recientemente, pero una referencia del escritor me hace creer que este primer viaje pudo haberlo realizado hacia diciembre de 1949, tal vez antes de radicarse en Barranquilla. García Márquez anota en «El mismo cuento distinto» que la primera vez que leyó el cuento «El hombre

en la calle» de Simenon fue «en 1949», cuando «había hecho una pausa en mis primeras armas de periodista, y andaba vendiendo enciclopedias y libros técnicos a plazos por los pueblos de la Guajira colombiana». Es inequívocamente falso que éste sea el año de su viaje como vendedor de libros, pero, en cambio, García Márquez admite que en 1949 hizo un viaje a la región, y éste tiene que ser el que hizo a Valledupar y La Paz invitado por Manuel Zapata Olivella.

32. Consuelo Araújo Noguera, *op. cit.*, afirma que el escritor y el compositor se conocieron el 24 de marzo de 1950. En realidad fue un día antes, como lo afirma el mismo García Márquez en su *jirafa* de *El Heraldo* publicada en esta fecha. También anota Araújo Noguera que, al mes siguiente, García Márquez viajó a Valledupar invitado por Escalona y que estuvo «una semana larga». Es una fecha dudosa porque en abril, e incluso en los meses siguientes de este año, no faltan las suficientes columnas de García Márquez en *El Heraldo* como para afirmar que se hubiera ausentado entonces durante una semana. Las ausencias significativas de su columna no se producen hasta finales de marzo y abril y comienzos de mayo de 1951, que es la época en que García Márquez ha vuelto a Cartagena, coincidiendo con su familia recién llegada de Sucre.

33. Afirma Consuelo Araújo Noguera, *op. cit.*, que al final de la estancia de García Márquez en la casa de los padres de Escalona, y después de haber conversado muchas horas con el viejo Clemente Escalona, el escritor «tenía delineada en su mente la figura del protagonista de una de las más bellas novelas cortas de la literatura universal: *El coronel no tiene quien le escriba*». Es una exageración plantearlo así, pues para concebir su libro García Márquez se basó en la historia común de varios personajes reales, empezando por la de su abuelo, así como en ciertas circunstancias autobiográficas.

34. Como la aventura de *Comprimido* no terminó hasta finales de septiembre de 1951, es de suponer que García Márquez no emprendió este viaje hasta octubre o noviembre o quizás diciembre de este año. Él había suspendido su columna «La Jirafa» en *El Heraldo* a comienzos de julio y la retomó el 8 de febrero de 1952, al término de esta gira.

35. Gabriel García Márquez, «Algo que se parece a un milagro», en *Textos costeños, op. cit.*

36. Gabriel García Márquez, «Auto-crítica», *art. cit.*

37. En las primeras versiones del libro, manejé la fecha aproximada del

viaje que me dio García Márquez en nuestras conversaciones de México: entre el 25 y el 28 de febrero de 1950, el año que han manejado siempre sus amigos de Barranquilla y ciertos biógrafos y estudiosos. Sin embargo, sabiendo que ésta es una fecha trascendental en la vida del escritor y que éste suele trasponer los años en sus referencias autobiográficas, pensé que debía constatar este dato con su madre y sus hermanos. Doña Luisa Márquez, próxima a cumplir noventa años, no se acordaba bien del año, pero su hija Ligia, «la historiadora de la familia», me dijo rotundamente que el viaje de su madre y su hermano para vender la casa de los abuelos no podía haber sido en 1950, sino en 1952, cuando llevaban un año residiendo en Cartagena. No albergaba la menor duda al respecto, porque fue a comienzos de este año cuando ella conoció Aracataca, y todavía la casa no se había vendido por lo menos durante los dos primeros meses, pues a ella le había tocado ir varias veces a cobrarles el alquiler a los Acuña Acosta. Luego su hermano Luis Enrique me confirmó 1952 como el año del viaje por una referencia inequívoca: él se había ido a trabajar a Ciénaga, como empleado del Ministerio de Agricultura, en noviembre de 1951, y tres o cuatro meses después se encontró allí con su madre y su hermano Gabriel, de paso para Aracataca. Así que no había ninguna duda: el viaje del escritor y su madre para vender la casa de los abuelos fue en 1952. El mes fue marzo, como quedó registrado en la carta «Auto-crítica», en la que García Márquez le confiesa a su amigo y coterráneo Gonzalo González: «Acabo de llegar de Aracataca...» y le describe el estado de ruina y soledad en que encontró su pueblo. La fecha aproximada: hacia la primera semana de marzo, se deduce del hecho de que, durante esta semana, el escritor dejó de publicar su columna «La Jirafa» en *El Heraldo*, cosa que hacía cada vez que se ausentaba de Barranquilla.

38. Cfr. las declaraciones de García Márquez a Mario Vargas Llosa, en *La novela en América Latina: Diálogo, op. cit.*
39. *Ibíd.* Agrega García Márquez que su madre y la comadre «se abrazaron y lloraron durante media hora». Es, sin duda, una hipérbole del escritor, pues en un pueblo con treinta y cinco grados a la sombra no es posible que dos personas aguanten media hora abrazadas.
40. Cfr. las declaraciones de García Márquez a la revista *Play Boy,* reproducidas en *El Tiempo* con el título de «*Play Boy* entrevista a García Márquez», *op. cit.* Bogotá, 9 de enero de 1983. En esta entrevista vuelve

a recordar el viaje con su madre a Aracataca en términos parecidos a los empleados en el diálogo con Vargas Llosa y luego con J. G. Cobo Borda, en «Comadreo literario de 4 horas con Gabriel García Márquez», *op. cit.* Sólo que ahora ya no tiene «quince años», sino «veintiuno» (en realidad, estaba cumpliendo los veinticinco), y su madre y la comadre no lloraron «media hora», sino «más de media hora».

41. Cfr. las declaraciones de García Márquez a Mario Vargas Llosa, *op. cit.*

42. Cfr. «*Play Boy* entrevista a García Márquez», *art. cit.* Seis años después, en nuestros diálogos de México, reiteró que, al comparar lo que había escrito hasta entonces con la Aracataca que había encontrado durante este regreso, le pareció que todo «estaba muy lejos» de lo que estaba «viendo aquí».

43. Cfr. las declaraciones de García Márquez a J. G. Cobo Borda, *op. cit.*

44. *Ibíd.*, y *El olor de la guayaba, op. cit.* En nuestras conversaciones de México, reiteró lo mismo: «Entonces, dejé *La casa* y escribí *La hojarasca* cuando regresé, es decir, empecé por otro camino».

45. En la carta «Auto-crítica», fechada en Barranquilla en marzo de 1952, poco después del regreso a Aracataca, García Márquez le confiesa a su amigo Gonzalo González: «Ya sabes que la editorial Losada echó para atrás *La hojarasca*», rechazo que, como vimos en la nota 33 del Capítulo Ocho, tuvo que haber conocido el autor antes del 15 de abril de 1950. Entonces, ¿por qué insistiría en que su primera novela la escribió en Barranquilla tras el regreso a Aracataca, regreso que él situaría en febrero de 1950? Hay tres posibles respuestas o tal vez tres maneras de dar la misma respuesta. La primera es que, desde el momento en que se publicó *La hojarasca* en 1955, la crítica insistió tanto en la influencia inocultable de Faulkner en esta novela, que García Márquez llegó a sentirse con el tiempo muy irritado (pues era una crítica unilateral que no sólo no veía la influencia de Virginia Woolf y otros autores, sino que ignoraba el hecho fundamental de que la novela tiene como fuente primordial su infancia, la casa de los abuelos y Aracataca), y tal vez por eso se colocó en el extremo opuesto al de los críticos y quiso hacer creer que *La hojarasca* la había escrito sólo tras el regreso con su madre a Aracataca (lo que explicaría por qué, en algún momento, empezó a situar arbitrariamente el viaje en febrero de 1950). La segunda respuesta se incrusta en la primera, y es que, como vimos, sólo a partir de este momento decisivo García Márquez termina de ver claras las raíces,

la concepción, el entramado y la finalidad de su arte narrativo, sintiéndose de verdad un narrador original o con la posibilidad de serlo al alcance de la mano, y entonces vuelve a reescribir por tercera vez su novela a la luz de esta experiencia. La tercera respuesta es de orden sentimental, pues afirmar, como lo haría reiteradamente, que escribió *La hojarasca* después del viaje a Aracataca (es decir, y según él, en 1950, el año en que estuvo más unido a los amigos de Barranquilla) y fecharla efectivamente en 1950, como lo hizo en la primera edición de Ediciones S. L. B., le brindaba la oportunidad de rendirle un homenaje perenne a la ciudad y a los amigos del grupo, cuya amistad y camaradería iba a considerar como «lo más importante» para su carrera literaria.

46. Citado por Germán Vargas en «A Gabo le falta escribir para niños», *art. cit.*

47. Cfr. «*Play Boy* entrevista a García Márquez», *art. cit.*

48. De la carta que me envió Gustavo Ibarra Merlano, fechada en Bogotá el 15 de septiembre de 1994.

49. Al preguntarle por las distintas versiones de *La hojarasca*, en nuestro segundo encuentro en México, el 17 de marzo de 1989, García Márquez me dijo: «*La hojarasca* no pasó por muchas versiones; lo que pasa es que tardé mucho en escribirla. No, esta novela fue cosa de inspiración: inmediatamente empezó con su método, con su tono, con su estilo, con todo. No, lo que pasa es que yo la leía mucho porque entonces tenía la impresión de estar inventando algo, lo que ahora me parece un poco pueril, pero en Colombia no era pueril para la edad en que estaba la literatura». Por su parte, Gustavo Ibarra Merlano me aseguró, en su carta del 15 de septiembre de 1994: «Gabriel corrigió la novela varias veces», y se refirió a las posibles «redacciones anteriores» a la que él leyó antes de julio de 1949. Conociendo el método de trabajo de García Márquez, las dudas que tuvo con esta novela iniciática y las peripecias que pasó con la misma, es coherente, o casi inevitable, pensar que tuvo que haberla reescrito muchas veces, y que *La hojarasca* es, si no el más, uno de los libros más reelaborados. Ciertamente, no podemos precisar el número exacto de versiones sin conocer los distintos borradores, pero se pueden inferir unas cuatro o cinco versiones esenciales siguiendo las peripecias de la escritura de la novela. La primera sería la que leyeron Héctor Rojas Herazo y Gustavo Ibarra Merlano hacia mayo o junio

de 1949 (sin contar que antes pudo haber tenido más de una). La segunda vendría a ser la que hizo García Márquez después de leer a Sófocles por sugerencia de Ibarra Merlano, quien, asombrado, le dijo que *La hojarasca* era *Antígona*, y entonces él se la tomó prestada y se fue corriendo a leerla. En nuestro encuentro de Bogotá, Ibarra Merlano me comentó: «Luego, a la luz de la lectura, (García Márquez) la rehízo y como homenaje al maestro griego puso aquella cita de *Antígona* al principio de *La hojarasca*». Esta reescritura es la que, por sugerencia de Álvaro Mutis, García Márquez le envió al agente editorial de Losada en Bogotá hacia finales de 1949. La tercera versión (o segunda reescritura) es la que hizo después del rechazo editorial de su novela, recogiendo las críticas del sabio catalán Ramón Vinyes, Alfonso Fuenmayor y Germán Vargas, entre marzo, abril o mayo de 1950 y finales de este año. Ésta es la versión que los amigos de Barranquilla y los estudiosos del escritor toman como si fuera la primera, pues es la que el mismo autor ha querido hacer pasar por tal, según las razones que se explican en la nota 44. Así, por ejemplo, Alfonso Fuenmayor me aseguró que García Márquez «empezó a escribir *La hojarasca* en la redacción de *El Heraldo* (es decir, hacia comienzos de 1950) en una máquina Remington que era la mía y que yo regalé al Museo Romántico de Barranquilla», mientras Jacques Gilard, el estudioso francés de la obra periodística del escritor, afirma en su prólogo a *Textos costeños* que «se hace evidente que la redacción de *La hojarasca* abarcó desde junio o julio de 1950 hasta junio de 1951». La cuarta versión (o tercera reescritura) es la que tiene como punto de partida el regreso de García Márquez a Aracataca con su madre, que debió de emprender hacia marzo o abril de 1952, simultáneamente con la continuación de la siempre postergada, y al fin abandonada, *La casa*. Que reescribió la novela después de este viaje se puede inferir tras una lectura detenida de la misma, pues hay detalles y descripciones que el autor sólo pudo haber captado al regresar a Aracataca con su madre, como, por ejemplo, este recuerdo del coronel anónimo de la novela: «Aquí quedaba una aldea arruinada, con cuatro almacenes pobres y oscuros; ocupada por gente cesante y rencorosa, a quien atormenta el recuerdo de un pasado próspero y la amargura de un presente agobiado y estático»; o esta descripción de Isabel, la hija del coronel: «Vuelvo el rostro hacia la ventana y veo, en la otra cuadra, los melancólicos y polvorientos almendros con nuestra casa al fondo. Sacudida por el soplo invisible de la destrucción, también ella está en vísperas de un silencioso y definitivo derrumbamiento». El primer párrafo corresponde a la visión y al sentimiento que tuvo García Márquez de su pueblo al regresar con su madre la primera semana de marzo de 1952, y el segundo es la visión que tuvo de su casa natal, en perspectiva diagonal, desde la botica de Antonio Barbosa, donde su madre y la comadre Adriana Berdugo se abrazaron y, según él, lloraron en silencio «durante media hora». Fue durante esta versión cuando García Márquez debió desglosar el hermoso capítulo «Monólogo de Isabel viendo llover en Macondo», que inicialmente publicó en El Heraldo, el 24 de diciembre de 1952, con el título de «El invierno». Incluso puede hablarse de una quinta versión de La hojarasca, pues en la segunda edición (Primer Festival del Libro Colombiano, agosto de 1959) el autor suprimió buena parte de los capítulos 4 y 7 y modificó o suprimió muchas frases de la primera edición bogotana de Ediciones S. L. B., de mayo de 1955.

50. En el diálogo con Vargas Llosa, García Márquez precisa: «No quiero decir que Aracataca es Macondo; para mí... Macondo es más bien el pasado, y bueno, como a ese pasado había que ponerle calles y casas, temperatura y gentes, le puse la imagen de este pueblo caluroso, polvoriento, acabado, arruinado, con casas de madera, con techos de zinc, que se parece mucho a los del sur de Estados Unidos; un pueblo que se parece mucho a los pueblos de Faulkner, porque fue construido por la United Fruit Company. Ahora, el nombre del pueblo sale de una finca de bananos que estaba muy cerca y que se llama Macondo» (La novela en América Latina: Diálogo, op. cit.).

51. Gabriel García Márquez, «Auto-crítica», art. cit.

52. Jacques Gilard, prólogo a Textos costeños, op. cit. Álvaro Mutis, que fue amigo de Villegas, me suministró la mayoría de los datos sobre la personalidad de éste.

53. Consuelo Araújo Noguera, en su biografía de Rafael Escalona, op. cit., da por hecho que este viaje del escritor se inició en octubre de este año, pero es inexacto, ya que García Márquez no lo emprendió hasta principios de diciembre, cuando se retiró definitivamente de El Heraldo. Pero es más inexacto todavía que el mismo García Márquez lo sitúe en 1949 en su prólogo («El mismo cuento distinto») a El hombre en la calle, op. cit., de Simenon: «La primera vez que lo leí, en 1949, había hecho una pausa en mis primeras armas de periodis-

ta, y andaba vendiendo enciclopedias y libros técnicos a plazos por los pueblos de la Guajira». Aunque sí fue exacto cuando, trece años antes, le confesó a J. G. Cobo Borda, *op. cit.*: «Cuando salí del periódico *El Heraldo* de Barranquilla, me fui para la Guajira un tiempo, con un maletín, a vender libros de medicina y la enciclopedia Uteha». Casi a continuación agrega: «Estando un día en Valledupar, con un calor espantoso, en un hotel, me llegó la revista *Life*, enviada por esos locos de Barranquilla: allí estaba *El viejo y el mar*, que fue como un taco de dinamita». El relato de Hemingway salió en el número 7 de *Life En Español*, el 30 de marzo de 1953, lo que nos permite concluir a ciencia cierta que el viaje de García Márquez como vendedor de libros por Valledupar y la Guajira tuvo lugar, principalmente, durante la primera mitad de este año.

54. En nuestros encuentros de Bogotá, en agosto de 1992, y en conversaciones telefónicas posteriores, Rafael Escalona me confirmó sus viajes por estos lugares con el escritor (el viaje por la Guajira más desértica iba a ser aprovechado por García Márquez en su *nouvelle* de la cándida Eréndira), haciendo hincapié en que él había sido su guía permanente y precisando: «*Cien años de soledad* sale de Valledupar y la Guajira, porque el folclor de Aracataca no resiste media hora de análisis. Yo lo llevé por todas partes y le enseñaba y le contaba todo. Una vez lo llevé al Tupe, cerca de La Paz, y le enseñé un tamarindo gigante que se había secado. Gabo me preguntó por qué, y yo le dije: "porque un cura lo orinó en el tronco". Él tomaba nota de todo». Contaba Escalona que sus amigos se le quejaban: «Oye, Rafael, ese amigo tuyo es muy preguntón». Escalona lo dejaba enrollado con la gente y se iba con los músicos.

55. Cfr. Gabriel García Márquez, en «El mismo cuento distinto», *op. cit.*, y Lídice Valenzuela, *op. cit.* En este prólogo a *El hombre en la calle* de Simenón, García Márquez dice que el vale que le quedó debiendo a Víctor Cohen era de «novecientos pesos». Pero la periodista cubana Lídice Valenzuela, que sin duda tuvo el vale en sus manos, ofrece un dato muy distinto: «Por esa buena cualidad que no pocos le envidian, el anciano hotelero conserva el vale con la cuenta expedida a García Márquez, fechada el 30 de marzo de 1953. En la columna de débito aparecen 122 pesos, 53 centavos (colombianos), de los cuales abonó 53. Más abajo aparece la rúbrica del deudor» (*Realidad y nostalgia de García Márquez, op. cit.*).

56. El número 7 de *Life En Español* se publicó el 30 de marzo de 1953, es decir, el mismo día en que García Márquez abandonó Valledupar, tras firmarle el vale a Víctor Cohen, hacia, probablemente, la Guajira interior y Riohacha. Como la revista debió de llegarle varias semanas después, es posible que no fuera en Valledupar donde leyó el relato de Hemingway, o si fue aquí, debió de ser hacia mayo o junio, de regreso de su fracasada gira como vendedor de libros a plazos. Según Jacques Gilard (prólogo a *Entre cachacos*), «García Márquez recuerda que leyó este texto, muerto de calor en un cuarto de hotel de Riohacha, pero entusiasmado por la lectura, en la época en que vendía libros». Sin embargo, como se ve en la nota 53, a J. G. Cobo Borda le declaró que fue en Valledupar. Es probable que García Márquez no se acuerde exactamente de en cuál de las dos ciudades leyó *El viejo y el mar,* pero el lugar en sí es irrelevante. El dato a destacar es que fue durante esta gira cuando lo hizo.

57. Cfr. las declaraciones de García Márquez a Plinio Mendoza, en «El encuentro de dos camaradas», *art. cit.,* y *El olor de la guayaba, op. cit.* En ambos casos, García Márquez cita textualmente el párrafo de la novela de Virginia Woolf.

CAPÍTULO DIEZ

1. Es decir, que, aunque para García Márquez fue fundamental el apoyo de *El Espectador*, esta vez es el escritor quien le daría a Bogotá, a Colombia y al mundo, el producto de su temprana madurez. Pensamos con el crítico uruguayo Ángel Rama que los hallazgos temáticos y los cánones estéticos desarrollados por el escritor entre finales de 1947 y comienzos de 1954, en que retorna a Bogotá, no van a variar esencialmente a partir de su trabajo en *El Espectador* (en el que se conjuga lo literario con el reportaje, el cine y la inquietud político-social), sino que se van a decantar y a profundizar (Ángel Rama, «La iniciación literaria de Gabriel García Márquez», Centro de Investigaciones Lingüístico-Literarias, Universidad Veracruzana, Xalapa, enero-diciembre de 1975).

2. De mis conversaciones con Álvaro Mutis, México, 17 de noviembre de 1994. Según cuenta Pedro Sorela en *El otro García Márquez. Los años difíciles, op. cit.,* Guillermo Cano le dijo que no le podía «afirmar si es cierto que su ingreso (el de García Márquez) fuera el producto

de una estratagema urdida por Álvaro Mutis en connivencia con alguien del periódico para que se aproximara a *El Espectador* y después pedirle que se quedara». Los datos cuyas fuentes no se proporcionan en este capítulo, proceden de mis conversaciones con Álvaro Mutis, Manuel Zapata Olivella, Alfonso Fuenmayor, José Salgar, Luis Villar Borda, Gonzalo Mallarino, Carlos Martín, Rodrigo Arenas Betancourt, Nancy Vicens y José Luis Díaz-Granados.

3. Jacques Gilard, prólogo a *Entre cachacos, op. cit.*

4. Gabriel García Márquez, «Aquel tablero de las noticias», en *Notas de prensa 1980-1984, op. cit.*

5. La anécdota, referida por el mismo Gonzalo González, me la contó el escritor José Luis Díaz-Granados, pariente de García Márquez.

6. Pedro Sorela, *op. cit.*

7. A esta historia, que me contó Mutis en nuestras conversaciones de Madrid, el 7 de noviembre de 1991, se refiere García Márquez en su artículo «Mi amigo Mutis», *cit.*

8. Cfr., por ejemplo, Daniel Pécaut, *op. cit.*, y Gonzalo Sánchez y Donny Meertens, *op. cit.*

9. Gabriel García Márquez, «La historia de esta historia», prólogo a *Relato de un náufrago*, Barcelona, Tusquets Editores, marzo de 1970.

10. Jacques Gilard, prólogo a *Textos costeños, op. cit.*

11. Guillermo Cano, director del periódico, le confesó a Pedro Sorela, *op. cit.*: «Personalmente le puedo decir que yo no sabía que García Márquez militara en el partido comunista ni que hiciera colectas entre sus compañeros de trabajo. Sabía, sí, que García Márquez era de ideas de izquierda avanzadas».

12. Cfr. las declaraciones de García Márquez a Juan Luis Cebrián, *op. cit.*

13. Mario Vargas Llosa, *García Márquez: Historia de un deicidio, op. cit.*, y Plinio Mendoza, *El olor de la guayaba, op. cit.* García Márquez recordaría que sus amigos militantes llegaron a crearle un complejo terrible de culpa cuando le dijeron que *La hojarasca* era «una novela que no denuncia, que no desenmascara nada».

14. Jacques Gilard, prólogo a *Entre cachacos, op. cit.*

15. *Ibíd.*

16. Este aspecto de la influencia (aunque aquí podría tratarse de una influencia y de una coincidencia) del neorrealismo italiano en la obra de García Márquez lo ha visto con acierto el estudioso francés Jacques Gilard en el prólogo citado. Pero fue el crítico uruguayo Ángel Rama,

op. cit., quien mejor y más profundamente captó la esencia del detalle de «lo humano trascendente» en la narrativa garciamarquiana.

17. Cfr. las confesiones de García Márquez, en «La desgracia de ser escritor joven», *Notas de prensa 1980-1984, op. cit.*

18. Jacques Gilard, *op. cit.*

19. Cfr. las declaraciones de García Márquez a Germán Castro Caycedo, *art. cit.*

20. Jacques Gilard, *op. cit.*

21. Cfr. las declaraciones de García Márquez a Germán Castro Caycedo, *art. cit.*

22. Gabriel García Márquez, «El Chocó que Colombia desconoce», *El Espectador,* Bogotá, 29 de septiembre al 2 de octubre de 1954.

23. Gabriel García Márquez, «De Corea a la realidad», *El Espectador,* Bogotá, 9 al 11 de diciembre de 1954.

24. Gabriel García Márquez, «Un grande escultor colombiano adoptado por México», *El Espectador,* Bogotá, 1 de febrero de 1955.

25. El 19 de julio de 1992, en su casa de Caldas, cerca de Medellín, Rodrigo Arenas Betancourt me contó que García Márquez le propuso hacerle el reportaje: «Él tenía todo ordenado en la cabeza. Conocía muy bien lo que se había escrito sobre mí y conocía muy bien los tópicos: el seminario, las costumbres de una familia pueblerina antioqueña, la trashumancia del buscavidas. El reportaje, si te fijas bien, es casi un autorreportaje, sólo que se pasa de la letra a la piedra». El escultor siempre creyó que García Márquez no le buscó por su condición de escritor, «porque nunca le interesé ni le he interesado como tal, sino por mi militancia en el partido comunista, pues él ya estaba en el partido o tenía simpatías muy próximas».

26. Gabriel García Márquez, «La historia de esta historia», prólogo a *Relato de un náufrago, op. cit.*

27. De las declaraciones inéditas de García Márquez en la charla que dio en la Escuela de Periodismo de *El País* y la Universidad Autónoma de Madrid, el 28 de abril de 1994.

28. *Ibíd.*

29. *Ibíd.*

30. Desde que la editorial Tusquets de Barcelona publicó este reportaje en su colección de textos marginales, en marzo de 1970, el libro se convirtió en uno de los más editados y leídos del autor, calculándose sus ventas, veinticinco años después, en unos diez millones de ejemplares en todo el mundo.

31. Según Luis Alejandro Velasco, al salir el libro en marzo de 1970, García Márquez le escribió una carta en la que le expresaba que los derechos eran suyos y le indicaba lo que debía hacer para cobrarlos (Cfr. sus declaraciones a Luis Carlos Delgado, en «El náufrago demanda a García Márquez», *El Tiempo,* Bogotá, 29 de julio de 1987). Desde marzo de 1970 hasta diciembre de 1982, los derechos en lengua castellana le llegarían puntualmente, pero a partir de ahí, sin ninguna explicación, la gallina dejaría de poner para él sus huevos de oro. Velasco, que se convertiría en un industrial próspero, se quejó ante la agente literaria Carmen Balcells, sin obtener respuesta durante tres años, hasta que en marzo de 1986 se estableció una correspondencia entre los abogados de las dos partes, con propuestas y contrapropuestas, en un largo y complicado proceso que terminaría en febrero de 1994 a favor del escritor, en el sentido de que éste es el único autor del libro.

32. Gabriel García Márquez, *La hojarasca*, Bogotá, Ediciones S. L. B., mayo de 1955. Según el pie de imprenta, es una «edición certificada de 4.000 ejemplares», pero, según varios testimonios, las ediciones de Samuel Lisman Baun no pasaban de los mil o dos mil ejemplares.

33. Eduardo Zalamea Borda, *Ulises*, le dedicó toda su columna de «La Ciudad y el Mundo», de *El Espectador*, a *La hojarasca,* el 4 de junio de 1955; Hernando Téllez escribió un comentario en la edición dominical del mismo periódico el 12 de este mes; unas dos semanas antes, sin embargo, había salido una reseña anónima en el primer número de la revista *Mito*, dirigida por el poeta Jorge Gaitán Durán; en Barranquilla, los amigos del grupo escribieron varias notas, siendo especialmente destacable la del pianista Roberto Prieto Sánchez, publicada en *El Heraldo* el 14 de julio, es decir, el mismo día en que García Márquez se encontraba de paso para Europa; un mes antes, el 15 de junio, los amigos del grupo hicieron un banquete de salutación a la primera novela de García Márquez, hecho que fue noticia en la prensa local; el 16 de octubre, cuando ya el escritor se encontraba en Roma, Gonzalo Arango publicó en *El Colombiano* de Medellín una penetrante reseña con el título de «García Márquez: un Faulkner en Colombia».

34. Cfr. las declaraciones de Carlos Julio Calderón Hermida a Germán Santamaría, *art. cit.*

CAPÍTULO ONCE

1. En «La historia de esta historia», prólogo a *Relato de un náufrago*, García Márquez apunta: «Antes de dos años cayó la dictadura y Colombia quedó a merced de otros regímenes mejor vestidos pero no mucho más justos, mientras yo iniciaba en París este exilio errante y un poco nostálgico que tanto se parece también a una balsa a la deriva». Siete años después, en declaraciones a Germán Castro Caycedo, *art. cit.*, vuelve a insistir en lo del exilio forzado: «Después de la publicación del relato del náufrago la cosa se puso cabrona en Colombia, porque era la dictadura de Rojas Pinilla. Los periódicos estaban censurados. Y tengo la impresión, con veinte años de distancia, de que a la dictadura no le gustó mucho el reportaje del náufrago. El hecho es que, por si acaso, se decidió en *El Espectador* que me fuera a Ginebra como enviado especial a la Conferencia de los Cuatro Grandes».

2. El propio director del periódico, Guillermo Cano, le declaró a Pedro Sorela, *op. cit.*: «Creo que el viaje de García Márquez a Europa tuvo de todo, de premio a sus dos años estelares de periodismo en *El Espectador*, pero, sobre todo, es mi impresión, a su propio deseo de andar caminos nuevos, abrir nuevos horizontes a su inteligencia privilegiada».

3. Jacques Gilard, el estudioso francés de la obra periodística de García Márquez, también lo ve así: «Si lo mandaron a Europa, era que veían en él la seguridad de una producción periodística excelente, que beneficiaría la circulación del periódico» (Prólogo a *Entre cachacos, op. cit.*).

4. José Salgar, en nuestras conversaciones de Bogotá, el 31 de agosto de 1992, recordó que no sólo el viaje de García Márquez a Europa frustró el reportaje, sino el cierre posterior del periódico por la dictadura de Rojas Pinilla. El caso es que no se volvió a saber nada más del tema, excepto que el túnel fue cerrado y la empresa abandonada. Los datos cuyas fuentes no se indican en este capítulo, proceden de mis conversaciones con José Salgar, Álvaro Mutis, Alfonso Fuenmayor, Manuel Zapata Olivella, Luis Villar Borda, Alberto Zalamea, Fernando Birri, Rodrigo Arenas Betancourt y Mercedes Barcha Pardo.

5. Gabriel García Márquez, «Regreso a la guayaba», en *Notas de prensa 1980-1984, op. cit.,* y «Gabo cuenta la novela de su vida», *art. cit.*

6. Cfr. las confesiones de García Márquez, en «¿Cómo se escribe una novela?», *Notas de prensa 1980-1984, op. cit.* El «Monólogo de Isabel viendo llover en Macondo» no fue recuperado propiamente en esta ocasión por Gaitán Durán, como asegura el escritor, pues ya había sido publicado con el título de «El invierno» en *El Heraldo* de Barranquilla, el 24 de diciembre de 1952.

7. Cfr. las declaraciones de García Márquez a Germán Castro Caycedo, *art. cit.*

8. *Ibíd.*

9. Los reportajes de Ginebra: «Los 4 grandes, en tecnicolor», «Mi amable cliente Ike», «Cómo es el hormiguero de la prensa», «Los cuatro alegres compadres», «El susto de las 4 grandes», «La auténtica Torre de Babel» y «Las tres grandes damas de Ginebra», se publicaron en *El Espectador* los días 22, 23, 25, 26, 27, 28 y 31 de julio de 1955, respectivamente.

10. Mario Vargas Llosa, *op. cit.*

11. Gabriel García Márquez, «Roma en verano», en *Notas de prensa 1980-1984, op. cit.*

12. *Ibíd.* El número 17, que nos remite a los 17 hijos espurios del coronel Aureliano Buendía, es probablemente aquí una invención que busca la coherencia con la acepción mágico-fatalista que tiene este número en su obra.

13. «S.S. va de vacaciones» y «Preparándose para el fin del mundo», publicados en *El Espectador* los días 8 y 15 de agosto de 1955, respectivamente.

14. No sólo llevaría al Papa a Macondo a los funerales de la Mamá Grande (hecho que ocurriría históricamente nueve años después con la visita de Pablo VI a Colombia en 1969), sino que metería en el relato el mismo mercadillo de feria que vio alrededor del Papa en su retiro veraniego, así como la mujer decapitada que por esos días encontró la policía en el lago de Castelgandolfo.

15. «La larga vida feliz de Margarito Duarte», en *Notas de prensa 1980-1984, op. cit.*

16. Por ejemplo, García Márquez en este relato de los *Doce cuentos peregrinos* no ahonda para nada en la vida llevada por Margarito Duarte en Roma mientras espera la presunta canonización de su hija incorrupta, por lo que, la conclusión de que el verdadero santo es él y no su hija, no resulta verosímil, pues tendría que habérnoslo dicho el relato y no el autor en una intromisión que resulta arbitraria.

17. «Triunfo lírico en Europa», publicado en *El Espectador* el 11 de diciembre de 1955.

18. Publicado en catorce entregas entre el 17 y el 30 de septiembre de 1955.

19. Gabriel García Márquez, «Un director francés en Venecia se interesa por hacer cine en Colombia», *El Espectador*, Bogotá, 7 de septiembre de 1955.

20. Jacques Gilard, prólogo a *De Europa y América*, Barcelona, Editorial Bruguera, febrero de 1983.

21. Cfr. las confesiones de García Márquez en «Me alquilo para soñar», *Notas de prensa 1980-1984, op. cit.*

22. Los tres reportajes sobre Viena, con el título genérico de «En la ciudad de *El tercer hombre*», aparecieron los días 13, 20 y 27 de noviembre; los cuatro sobre el Papa, «El Sumo Pontífice visto de cerca», los días 19, 20, 21 y 22 de diciembre; y los tres sobre Sofía Loren y Gina Lollobrigida, «La guerra de las medias», los días 26, 27 y 28 de diciembre de 1955. Los temas y personajes elegidos, así como los títulos, muestran que García Márquez no sólo se encontraba muy contento en Europa, sino también deslumbrado por ésta. El humor, el desenfado y la manera de tratar lo europeo, comparándolo sin complejos con lo colombiano y lo latinoamericano, pueden inducir a la creencia, como así lo pensaron muchos, de que el escritor no se sintió deslumbrado por el Viejo Continente. Quienes así lo creyeron, olvidan que su talante y su método de escritor están reñidos con el deslumbramiento, pues García Márquez es demasiado artista como para dejarse deslumbrar ante su objeto narrativo.

23. En nuestras conversaciones de San Antonio de los Baños, el 22 de octubre de 1994, Fernando Birri me insistió en que la primera imagen que tiene de García Márquez es la de la boina y el sobretodo y que se conocieron en Cinecittà, lo que sugiere que fue en otoño, hacia finales de octubre, cuando el escritor acababa de regresar de su viaje a Polonia y Checoslovaquia vía Austria. Esto nos lleva, entonces, a la conclusión inequívoca de que García Márquez no pudo haber estudiado en el Centro Experimental de Cinematografía más de dos meses, de finales de octubre a finales de diciembre, cuando se trasladó a París.

24. Cfr. las confesiones de García Márquez en *Cómo se cuenta un cuento*, Bogotá, Editorial Voluntad, 1985.

25. Guillermo Angulo, «En busca del Gabo perdido», en compilación de artículos de varios autores, Bogotá, Colcultura, 1983.

26. Cfr. el discurso pronunciado por García Márquez en el acto de inauguración de la sede de la Fundación del Nuevo Cine Latinoamericano el 4 de diciembre de 1986, *El Heraldo*, «Revista Dominical», Barranquilla, 28 de diciembre de 1986.

27. Gabriel García Márquez, «Desde París con amor», en *Notas de prensa 1980-1984, op. cit.*

28. Plinio Mendoza no da el año de este encuentro en «El caso perdido», *La llama y el hielo, op. cit.*, pero Luis Villar Borda cree que fue «en vísperas de salir Plinio para Europa a su primer puesto diplomático, en 1948, un poco después del nueve de abril» (Cfr. *El último embajador*, Bogotá, Tercer Mundo Editores, julio de 1992).

29. Entre las secciones de *Sábado*, que García Márquez empezó a leer en 1944, a raíz de la llegada del poeta Carlos Martín a la rectoría del Liceo Nacional de Varones de Zipaquirá, había una titulada precisamente «Prosas Líricas», en la que, sin duda, el joven bachiller debió pensar cuando, en julio de este año, creó su propia sección de textos líricos en la flamante *Gaceta Literaria*.

30. Plinio Mendoza, *op. cit.*

31. *Ibíd.*

32. «El proceso de los secretos en Francia», publicado en *El Independiente*, entre el 18 de marzo y el 5 de abril de 1956, es, según nuestro parecer, el único reportaje malo que escribiría García Márquez en toda su dilatada y brillante carrera de periodista. Sin estructura, sin su estilo habitual, sin ritmo, casi sin humor, este reportaje parece escrito muy de prisa, sin un trabajo previo de la estructura ni una asimilación completa del material. Ciertamente, el idioma, el desconocimiento de la historia, la política y la sociedad francesas fueron grandes limitaciones para el reportero que se veía obligado a escribir para poder comer.

33. Mario Vargas Llosa, *op. cit.*, y Jacques Gilard, prólogo a *De Europa y América, op. cit.*

34. Plinio Mendoza, *op. cit.*

35. *Ibíd.*

36. De mis conversaciones con José Luis Díaz-Granados, Bogotá, 14 de julio de 1992. Díaz-Granados, que es pariente de García Márquez, trató muy de cerca a su primo cuando éste, entre finales de 1959 y finales de 1960, se encontraba en Bogotá reescribiendo *La mala*

hora. Fue entonces cuando le escuchó hablar acerca de las ocultas motivaciones políticas de su novela.

37. Plinio Mendoza, «Biografía doméstica de una novela», *El Tiempo*, «Lecturas Dominicales», Bogotá, junio de 1963.

38. Germán Vargas, «Acerca de *El coronel no tiene quien le escriba*», en *Gabriel García Márquez y su obra*, Bogotá, Grupo Editorial Norma, diciembre de 1991.

39. Cfr. las declaraciones de García Márquez a Jean Michel Fossey, en «Entrevista con Gabriel García Márquez», *Imagen*, Caracas, 1969 (citada por Mario Vargas Llosa, *op. cit.*).

40. Plinio Mendoza, *El olor de la guayaba, op. cit.*

41. Cfr. las declaraciones de García Márquez a Armando López, en «García Márquez habla de música», *El Heraldo*, Barranquilla, 29 de diciembre de 1985, y a Juan Luis Cebrián, *op. cit.*

42. Según el escultor Rodrigo Arenas Betancourt, García Márquez le enviaba entonces cartas a México, pidiéndole dólares y adjuntándole algunos artículos para que se los ubicara en la prensa mexicana. El escultor le leía las cartas a su amigo Guillermo Angulo, quien en ese momento sólo tenía una relación epistolar con el escritor, y los dos se divertían con la situación. «Dígale a ese tipo la verdad: que tampoco nosotros tenemos ni para comer», exclamaba Angulo, según Arenas Betancourt.

43. La anécdota me la contó Alfonso Fuenmayor en Barranquilla, en nuestras conversaciones del 22 de agosto de 1992. Curiosamente, no es una anécdota que haya referido García Márquez, que yo sepa, en sus entrevistas y artículos de prensa, tal vez por ese pudor de la miseria que asiste también al coronel a quien nadie le escribía.

44. Cfr. las declaraciones de García Márquez a Plinio Mendoza, en *El olor de la guayaba, art. cit.*

45. Jacques Gilard, prólogo a *Entre cachacos, op. cit.*

46. Cfr. las declaraciones de García Márquez a Germán Castro Caycedo, *art. cit.*

47. Germán Vargas, *op. cit.*

48. La anécdota me la contó Margot García Márquez. La mayoría de los datos sobre Tachia Quintana me los proporcionó Luis Villar Borda, quien la conoció en París durante estos años.

49. Gabriel García Márquez, «Mi Hemingway personal», en *Notas de prensa 1980-1984.*

50. Gabriel García Márquez, «Desde París, con amor» y «Georges Brassens», en *Notas de prensa 1980-1984, op. cit.,* y Juan Luis Cebrián, *op. cit.*

51. Gabriel García Márquez, «Desde París, con amor», *op. cit.*

52. Durante esta primavera, procedente de Copenhague, lo visitó el médico y periodista Juan Zapata Olivella, hermano del novelista Manuel Zapata Olivella. Zapata Olivella recordaría que, cuando se disponía a retornar a Cartagena de Indias, García Márquez le dijo, de la manera más digna posible, que él se ganaba la vida con su máquina de escribir, pero que tenía un problema: una de las teclas se había borrado. «Tú pensarás», le dijo el desolado escritor, «que es la *x*, la *y* o la *z*. No: ¡es la *a*!». Juan Zapata Olivella le dio para que la mandara a reparar, y cuando el técnico la vio, exclamó apenado: *«Elle est trop fatiguée, monsieur!».*

53. Gabriel García Márquez, «La Cortina de Hierro es un palo pintado de rojo y blanco», «Berlín es un disparate», «Los expropiados se reúnen para contarse sus penas», en *90 días en la Cortina de Hierro,* serie de reportajes recopilados por Jacques Gilard en *De Europa y América, op. cit.*

54. En «El caso perdido», *op. cit.,* Plinio Mendoza dice, con evidente mala memoria: «Oficialmente quedamos acreditados como integrantes de un ballet folclórico compuesto por negros de la costa colombiana». Manuel Zapata Olivella, en cambio, me contó, como queda dicho, que fue él quien logró meter de contrabando en su conjunto a Plinio Mendoza y a García Márquez, cuando ellos ya no abrigaban ninguna esperanza de poder viajar a Moscú.

55. Plinio Mendoza, «El caso perdido», *op. cit.*

56. Gabriel García Márquez, «Yo estuve en Rusia», recopilado en *De Europa y América, op. cit.*

57. Gabriel García Márquez, «Para una checa las medias de nylon son una joya» y «La gente reacciona en Praga como en cualquier país capitalista», en *90 días en la Cortina de Hierro, op. cit.*

58. Gabriel García Márquez, «90 días en la Cortina de Hierro», *Cromos,* Bogotá, 27 de julio, 3, 10, 17, 24, 31 de agosto y 7, 14, 21 y 28 de septiembre de 1959. Los títulos de los diez reportajes son éstos: «La Cortina de Hierro es un palo pintado de rojo y blanco», «Berlín es un disparate», «Los expropiados se reúnen para contarse sus penas», «Para una checa las medias de nylon son una joya», «La gente reacciona en Praga como en cualquier país capitalista», «Con los ojos abiertos en Polonia en ebullición», «URSS: 22.400.000 kilómetros cuadrados sin

un solo aviso de Coca-Cola», «Moscú, la aldea más grande del muno», «En el mausoleo de la Plaza Roja Stalin duerme sin remordimientos», «El hombre soviético empieza a cansarse de los contrastes».

59. Jacques Gilard, prólogo a *De Europa y América, op. cit.*
60. Guillermo Angulo, *art. cit.* Angulo dice que el encuentro fue «una tarde de invierno», pero, en realidad, era apenas otoño, pues para comienzos del invierno ya García Márquez había viajado a Caracas: el 23 de diciembre de 1957.
61. Gabriel García Márquez, «Yo visité Hungría» y «Yo estuve en Rusia», *Momento,* Caracas, 15, 22 y 29 de noviembre de 1957.

CAPÍTULO DOCE

1. Plinio Mendoza, «El caso perdido», en *La llama y el hielo, op. cit.* De los más antiguos e íntimos amigos de García Márquez, Plinio Mendoza es el único que ha escrito ampliamente sobre su vida, yendo más allá del consenso y la admiración. Se le ha criticado por haber «literaturizado» en exceso la vida de su amigo, pero la verdad, leyéndolo con cuidado y buena información, es que su «literaturización» está sustentada en un esmerado respeto a la objetividad de los hechos. Es cierto que las páginas de Plinio Mendoza han eliminado las referencias cronológicas, y eso, junto a la felicidad de su estilo, parece aproximarlo más a la novela que al ensayo biográfico, pero sabe captar con precisión y lucidez el detalle humano y psicológico para restituir la verdad profunda de los hechos. Así que «El caso perdido» nos parece el mejor retrato que se haya escrito tal vez sobre el novelista, y por eso lo hemos tomado como base para la reconstrucción de sus catorce meses de estancia en Caracas y sus dos años de militancia periodística en Prensa Latina. Otros datos que se proporcionan en este capítulo sin indicar sus fuentes, proceden de mis conversaciones con Adriano González León, José Font Castro, Mercedes Barcha Pardo, Héctor Barcha Velilla, José Luis Díaz-Granados, Alberto Zalamea, Alberto Aguirre, Alfonso Fuenmayor, Ángel Augier y Eliseo Alberto Diego.
2. Plinio Mendoza, *op. cit.*
3. *Ibíd.*, y Gabriel García Márquez, «Memoria feliz de Caracas», *art. cit.*
4. «Buenos días, libertad» y «El pueblo en la calle», *Momento*, Caracas, 24 de enero de 1958 (recopilados por Jacques Gilard en *De Europa y América, op. cit.*).

5. Cfr. las declaraciones a Plinio Mendoza, en *El olor de la guayaba, op. cit.*

6. *Ibíd.*, y Ernesto González Bermejo, «García Márquez: ahora doscientos años de soledad», *Triunfo*, n.º 44, Madrid, 14 de noviembre de 1970.

7. Cfr. las declaraciones de Mercedes Barcha Pardo a Germán Castro Caycedo, citadas por éste en «Gabo cuenta la novela de su vida», *art. cit.*

8. *Ibíd.*

9. Según resolución de la Gobernación del departamento de Bolívar del 23 de mayo de 1932. En ella se constata que el abuelo de Mercedes es «natural de Siria, hoy Monte Líbano y con residencia en la ciudad de Magangué».

10. Los cursos primero, segundo y tercero de primaria los estudió en el colegio de los Niños Cruz de Magangué, entre 1942 y 1944; el cuarto y el quinto de primaria y el primero y el segundo de bachillerato, en el colegio del Sagrado Corazón de Jesús de Mompox, entre 1945 y 1948; el tercero y cuarto de bachillerato, en el colegio de la Presentación de Envigado, entre 1949 y 1950; y el quinto y sexto de bachillerato, en el colegio María Auxiliadora de Medellín, entre 1951 y 1952. Las notas de calificación de tercero y cuarto de bachillerato sugieren que Mercedes Barcha no sólo era una excelente estudiante, sino una de las dos o tres mejores alumnas durante estos dos cursos.

11. Según Luis Villar Borda, así se lo confesó la propia Tachia Quintana, cuando él se la encontró casualmente a comienzos de 1958 en un café del Boulevard Saint-Germain de París: «Aquí apareció Tachia, que estaba pasando la pena de la separación (...), pues Gabo marchó a Caracas y su propósito era casarse con Mercedes, según se lo había comunicado a la propia Tachia, de acuerdo con su versión» (de la carta de Luis Villar Borda al autor, fechada en Bogotá el 20 de febrero de 1996).

12. En 1976, el escritor le confesó al periodista Bernardo Marques, de Prensa Latina, que, ya concluida la novela, «andaba con ella enrollada y amarrada con una corbata en la maleta, mientras vivía del periodismo. Si hasta recuerdo que cuando Mercedes llegó a Caracas, donde yo vivía, mientras ordenaba aquel desorden organizado que tenía en la habitación, me preguntó: "¿Qué es esto, Gabo?". "¿Esto? Una novela, no la vayas a botar, por favor"...» («García Márquez: Pasado y presente de una obra», *Alternativa*, n.º 93, Bogotá, 9 al 16

de agosto de 1976). Sin embargo, tres años más tarde le confesaría todo lo contrario al también periodista cubano Manuel Pereiro: «Cuando yo regresé de Europa a Caracas traía *La mala hora* hecha un rollo y amarrada con una corbata (...). En ese período me caso con Mercedes, y cuando ella empieza a ponerle orden a la casa, de pronto saca aquel rollo de papel amarrado con la corbata, y me dice: "¿Y esto qué es?" Y yo le respondo que es una novela, pero que no me sirve; lo mejor es tirarla para no volver a pensar en eso, porque ahora ya se me están abriendo otras perspectivas» («La Revolución cubana me liberó de todos los honores detestables de este mundo», *Bohemia,* La Habana, 1979). De las dos versiones contradictorias, he escogido la primera por considerarla más ajustada a la verdad, pues, conociendo a García Márquez, para quien nada es más importante que sus manuscritos después de la vida, el amor y la amistad, es coherente pensar que aquélla debió de ser la única respuesta que le dio a su flamante esposa.

13. Véase la nota 50 del Capítulo Tres.

14. Plinio Mendoza, «El caso perdido», *op. cit.* El cuento, con ilustraciones del pintor Fernando Botero, no fue publicado hasta dos años después en *El Tiempo,* «Lecturas Dominicales», Bogotá, 24 de enero de 1960. Durante este mismo año, Augusto Monterroso, por sugerencia del cineasta catalán Luis Vicens, lo volvería a publicar en *Universidad de México,* la revista de la UNAM.

15. Plinio Mendoza, *op. cit.*, y Jacques Gilard, prólogo a *De Europa y América.*

16. Todos publicados en *Momento,* entre enero y mayo de 1958, y recopilados por Jacques Gilard en *De Europa y América, op. cit.*

17. Gabriel García Márquez, «No se me ocurre ningún título», *Revista Casa de las Américas,* n.º 100, La Habana, enero-febrero de 1977.

18. Plinio Mendoza, *op. cit.*

19. Claro que también puede ser ilustrativo de la prudencia (o el silencio) con que García Márquez maneja los asuntos de la revolución cubana. La ocasión en que pudo haberlo hecho es cuando escribió el artículo «No se me ocurre ningún título», pero el escritor termina el relato precisamente en el momento en que llega a La Habana el 19 de enero de 1959.

20. Plinio Mendoza, *op. cit.*, y Jacques Gilard, *op. cit.*

21. *Ibíd.*

22. *Ibíd.*

23. Gabriel García Márquez, *La hojarasca,* Primer Festival del Libro Colombiano, Talleres Gráficos Torres Aguirre, Lima, Perú, 1959. Tanto esta edición como la primera de 1955 están dedicadas a Germán Vargas, dedicatoria que el autor no conservaría en las ediciones siguientes. Para la puesta en marcha del Festival del Libro Colombiano, Manuel Scorza fue a Bogotá y le propuso al periodista Alberto Zalamea, hijo del poeta Jorge Zalamea, que dirigiera el festival, y nombraron presidente de honor al novelista Eduardo Caballero Calderón.

24. Cfr. las declaraciones de García Márquez a Plinio Mendoza, en «El encuentro de dos camaradas», *art. cit.;* a Germán Castro Caycedo, *art. cit.*, y a Juan Luis Cebrián, *op. cit.*

25. Cfr. las declaraciones de García Márquez a Plinio Mendoza, *art. cit.*, y a Germán Castro Caycedo, *art. cit.*

26. Según testimonios de Plinio Mendoza (véase Jacques Gilard, prólogo a *De Europa y América*), la redacción de este relato fundamental de la obra garciamarquiana coincidió con las primeras actividades del autor en Prensa Latina, es decir, hacia los primeros días de mayo de 1959, lo que el mismo Plinio Mendoza confirmaría después al anotar en «El caso perdido» que en agosto de este año, cuando nació el hijo mayor de los García Márquez, el escritor se encontraba ya trabajando en la reescritura de *La mala hora.*

27. En este sentido, compartimos el análisis y la visión de Jacques Gilard (véase su prólogo a *De Europa y América*).

28. Plinio Mendoza, «Biografía secreta de una novela».

29. Cfr. declaraciones de García Márquez a Jacques Gilard, en prólogos a *Entre cachacos* y *De Europa y América.*

30. De la carta de García Márquez a Alberto Aguirre, fechada en México el 17 de agosto de 1961.

31. Plinio Mendoza, «El caso perdido», *op. cit.*

32. Cfr. las declaraciones de García Márquez al periodista argentino Horacio Verbitsky, en «Gabo habla de Walsh» (la fotocopia que obtuve, de otra fotocopia de la hemeroteca de la Biblioteca de Casa de las Américas, no conserva el nombre de la publicación, el año y la fecha).

33. *Ibíd.*

34. Cfr. las declaraciones de García Márquez a Ernesto González Bermejo, *art. cit.*

35. Cfr. las declaraciones de García Márquez a Horacio Verbitsky, *art. cit.*, y en «Recuerdos de periodista», *Notas de prensa 1980-1984, op. cit.*

36. El poeta y cineasta cubano Eliseo Alberto Diego, hijo del poeta Eliseo Diego y amigo y colaborador de García Márquez, fue quien me contó esta historia en nuestras conversaciones de México, el 24 de noviembre de 1994. Eliseo Alberto Diego me comentó asimismo que el escritor no sólo había admitido su vieja admiración por Félix B. Caignet, sino también la influencia de la oralidad de la radionovela en su obra.

37. Plinio Mendoza, «El caso perdido», *op. cit.*

38. Cfr. las declaraciones de García Márquez a Orlando Castellanos, para el programa «Formalmente Informal» de Radio Habana Cuba, reproducido en *Prisma del Meridiano 80*, La Habana, 1-15 de octubre de 1976.

39. Gabriel García Márquez, «El fantasma para el progreso», en *Notas de prensa 1980-1984, op. cit.*

40. Plinio Mendoza, «El caso perdido», *op. cit.*

41. Cfr. las declaraciones de García Márquez a Horacio Verbitsky, *art. cit.*

42. Fue el mismo periodista argentino Horacio Verbitsky quien intentó recuperar, tal vez por sugerencia de García Márquez, alguna documentación de la época de Masetti, Walsh y García Márquez, pero, según explica en la misma entrevista con el escritor colombiano, «después de muchas gestiones, en Prensa Latina me dijeron que no se conservaba nada de esa época», a lo que García Márquez comentó: «Es muy probable que hubiera sido destruido, por otras razones: para manipular la historia de Prensa Latina. Eso no me importa que esté grabado y que lo publiques. Es probable que hubieran roto todos los archivos de la época de Masetti y de Walsh con el objeto de darle un acta de nacimiento distinta a Prensa Latina, porque esos artículos eran como debían ser, pero para un dogmático eran terriblemente heterodoxos y probablemente hasta contrarrevolucionarios».

43. Plinio Mendoza, «El caso perdido», *op. cit.*

44. Ernesto Schóo, «Los viajes de Simbad García Márquez», *Primera Plana*, n.º 234, Buenos Aires, 20 al 26 de junio de 1967; Plinio Mendoza, «El caso perdido», *op. cit.*; y Gabriel García Márquez, «Regreso a México», en *Notas de prensa 1980-1984, op. cit.*

CAPÍTULO TRECE

1. Cfr. las declaraciones de Álvaro Mutis a Fernando Quiroz, en *El reino que estaba para mí*, Bogotá, Editorial Norma, abril de 1963. Los

datos cuyas fuentes no se indican en este capítulo proceden de mis conversaciones con Álvaro Mutis, Carlos Fuentes, María Luisa Elío, Vicente Rojo, Emmanuel Carballo, Nancy Vicens, Carmen Balcells, Mercedes Barcha Pardo, Gonzalo García Barcha, José de la Colina, Neus Espresate, Luis Coudurier, Francisco Cervantes, Augusto Monterroso, Arturo Ripstein (quien me aclaró algunas fechas a través de Eduardo García Aguilar), Alberto Aguirre, Alfonso Fuenmayor, Paco Porrúa y Daniel Samper.

2. Gabriel García Márquez, «Breves nostalgias», *Diario 16*, «Cultura», Madrid, 12 de enero de 1986.

3. Gabriel García Márquez, «Un hombre ha muerto de muerte natural», *Novedades*, «México en la Cultura», México, 9 de julio de 1961.

4. Gabriel García Márquez, «Regreso a México», en *Notas de prensa 1980-1984, op. cit.*

5. Ambas revistas fueron fundadas por Francisco Sayrols: *La Familia* en 1930 y *Sucesos para Todos* en 1933. La primera se distribuía también en España y el resto de América Latina. Como García Márquez no quiso que su nombre apareciera en ellas, en los *staffs* figuraba como director el mismo dueño Gustavo Alatriste, pero, al leer los editoriales, es fácil reconocer la mano del escritor: «Llega el momento de enviar el pequeño a la escuela. Ha dejado de ser el pedacito de carne que parecía desbaratarse entre nuestras manos. Ahora sabe caminar, habla constantemente, mira con asombro cuanto lo rodea, investiga, pregunta, quiere adueñarse del universo del que, por su tamaño, es una pequeña partecita, pero al que cree y puede abarcar con su naciente inteligencia» («La prolongación del hogar», *La Familia*, n.º 633, México, 15 de octubre de 1961). Tal vez en este momento García Márquez estuviera hablando desde su propia experiencia paterna, pues Rodrigo, su hijo mayor, acababa de cumplir dos años.

6. Cfr. «Breves nostalgias», *art. cit.*

7. *Ibíd.*

8. Cfr. la respuesta de García Márquez a Germán Vargas, en «Intelectuales interrogan a Gabriel García Márquez», por Eva Norvind, en la revista *Hombre de Mundo*, México, 1977.

9. Mario Vargas Llosa, *García Márquez: Historia de un deicidio, op. cit.*

10. En la primera edición del cuento (*Revista Mexicana de Literatura*, números 5-6, México, mayo-junio de 1962) se dice que Tobías «llevó a Clotilde a conocer el hielo», frase que García Márquez cam-

bió por «llevó a Clotilde a conocer el dinero» en la edición del cuento incluida en el volumen *La increíble y triste historia de la cándida Eréndira y de su abuela desalmada,* México, Editorial Hermes, 1972.

11. Al menos es lo que el escritor le confiesa al editor Alberto Aguirre en su carta fechada en México el 17 de agosto de 1967: «La novela (se refiere a *La mala hora*) está terminada, aunque sin título, y no te la doy. Me he vuelto ambicioso y quiero que se edite simultáneamente en varios idiomas. Eso responde a una pregunta de tu carta: por qué estoy en México».

12. Gabriel García Márquez, «Nota a la primera edición», en *La mala hora,* México, Ediciones Era, abril de 1966. La nota completa es ésta: «La primera vez que se publicó *La mala hora,* en 1962, un corrector de pruebas se permitió cambiar ciertos términos y almidonar el estilo, en nombre de la pureza del lenguaje. En esta ocasión, a su vez, el autor se ha permitido restituir las incorrecciones idiomáticas y las barbaridades estilísticas, en nombre de su soberana y arbitraria voluntad. Ésta es, pues, la primera edición de *La mala hora*». La primera edición de Madrid se hizo el 24 de diciembre de 1962 en los talleres de Gráficas Luis Pérez.

13. Cfr. las declaraciones a Plinio Mendoza, en *El olor de la guayaba, op. cit.*

14. *El coronel no tiene quien le escriba,* Medellín, Aguirre Editor, septiembre de 1961; *Los funerales de la Mamá Grande,* Xalapa, Universidad Veracruzana, abril de 1962 (contiene: «La siesta del martes», «Un día de éstos», «En este pueblo no hay ladrones», «La prodigiosa tarde de Baltazar», «La viuda de Montiel», «Un día después del sábado», «Rosas artificiales» y «Los funerales de la Mamá Grande»).

15. De la carta fechada en México el 17 de agosto de 1961. García Márquez se refiere aquí a los doscientos pesos que Aguirre le dio en Barranquilla, en septiembre del año anterior, como adelanto de los ochocientos pesos de los derechos de autor. En una carta posterior, fechada también en México el 20 de marzo de 1962, el escritor se muestra escéptico de las ventas en México, pero muy esperanzado en la crítica: «Aquí, desde luego, no habrá una venta mayor, pero en cambio la crítica será un cañonazo. Todos mis amigos, siempre escasos de temas en periódicos y revistas, esperan sus ejemplares para empezar a disparar. Me he cuidado de que no empiecen todavía, pues prefiero que la cosa sea coordinada, y eso sólo será posible cuando tenga aquí un número suficiente de ejemplares».

536

16. Eduardo García Aguilar, *García Márquez: La tentación cinematográfica*, México, Filmoteca de la UNAM, 1985.
17. Cfr. las declaraciones de Emilio García Riera a Eduardo García Aguilar, en «Entrevista a Emilio García Riera», *Gaceta*, vol. VI, n.º 39, Colcultura, Bogotá, 1983.
18. *Ibíd.*
19. *El gallo de oro* (1964). CLASA Films, Manuel Barbachano Ponce. Productor Asociado: Federico Américo. Jefe de Producción: Enrique Morfín. Director: Roberto Gavaldón. Estreno: 17 de diciembre de 1964. Duración: 90 minutos.
20. Cfr. las declaraciones de García Márquez a Miguel Torres, en «El novelista que quiso hacer cine», *Revista de Cine Cubano*, La Habana, 1969.
21. Cfr. las declaraciones de García Márquez a Augusto M. Torres, en «Gabriel García Márquez y el cine», *Hablemos de Cine*, n.º 47, Lima, mayo-junio de 1969.
22. Eduardo García Aguilar, *op. cit.*, y declaraciones de Emilio García Riera a Eduardo García Aguilar, *art. cit.* Los créditos de *En este pueblo no hay ladrones* son éstos: Producción: Grupo Claudio, Alberto Isaac. Dirección: Alberto Isaac. Argumento: sobre el cuento homónimo de Gabriel García Márquez. Adaptación: Alberto Isaac y Emilio García Riera. Intérpretes, entre otros: Luis Vicens (don Ubaldo), Luis Buñuel (cura), Juan Rulfo (jugador de dominó), José Luis Cuevas (jugador de billar), Carlos Monsivais (jugador de dominó), Gabriel García Márquez (boletero de cine), Emilio García Riera (experto en billar), Arturo Ripstein, Eleonora Carrington. Filmada a partir del 26 de octubre de 1963 y estrenada el 9 de septiembre de 1964. Duración: 90 minutos.
23. Eduardo García Aguilar, *op. cit.*
24. Cfr. las declaraciones de García Márquez a Miguel Torres, *art. cit.*
25. El dato sobre la fecha de filmación, que fue decisivo para terminar de establecer después el momento aproximado en que García Márquez empezó a escribir *Cien años de soledad*, se lo debo a una gestión personal de Eduardo García Aguilar ante Arturo Ripstein. Los créditos de *Tiempo de morir* son éstos: Producción: Alameda Films, César Santos Galindo, Alfredo Ripstein Jr. Director: Arturo Ripstein. Argumento: Gabriel García Márquez. Adaptación: Gabriel García Márquez y Carlos Fuentes. Títulos: Vicente Rojo.
26. Mario Vargas Llosa, *op. cit.*, y Eduardo García Aguilar, *op. cit.*

27. Cfr. las declaraciones de García Márquez a Miguel Torres, *art. cit.*

28. Plinio Mendoza, «El caso perdido», *op. cit.*

29. Véase Emir Rodríguez Monegal, «Novedad y anacronismo de *Cien años de soledad*», *Revista Nacional de Cultura*, n.° 185, Caracas, julio, agosto, septiembre de 1968; y Luis Harss, «Gabriel García Márquez o la cuerda floja», en *Los nuestros*, Buenos Aires, Editorial Sudamericana, noviembre de 1966. Rodríguez Monegal anota que, cuando lo conoció en enero de 1964, «García Márquez era un hombre torturado, un habitante del infierno más exquisito: el de la esterilidad literaria». Por su parte, Luis Harss, quien lo visitó en junio de 1965, dice: «Pasaba por uno de esos períodos de duda metódica en los que apenas pone la pluma en el papel. En las malas rachas se siente gastado y vacío, se amontona trabas, y decide que está acabado».

30. En «El encuentro de dos camaradas», *art. cit.*, García Márquez le dice a Plinio Mendoza: «La novela que estoy escribiendo ahora (es decir, *El otoño del patriarca*) la suspendí en México, en 1962, cuando llevaba 300 cuartillas, y lo único que se salvó de ella fue el nombre de un personaje». En *El olor de la guayaba* vuelve a insistir sobre lo mismo, y en «El caso perdido», *op. cit.*, Plinio Mendoza llega a asegurar incluso que «fue entonces cuando, interrumpiendo la segunda versión de *El otoño del patriarca*, se sentó delante de su máquina de escribir para redactar *Cien años de soledad*».

31. Luis Harss, *op. cit.*

32. Gabriel García Márquez, «La penumbra del escritor de cine», en *Notas de prensa 1980-1984, op. cit.*

33. Probablemente, García Márquez no asistió a todo el proceso de filmación, pues entre el 5 y el 7 de julio se encontraba en la ciudad de México recibiendo a sus agentes literarios Carmen Balcells y Luis Palomares, procedentes de Estados Unidos.

34. Cfr. «Una addenda de García Márquez», en «Primer Plano», suplemento de *Página 12*, Buenos Aires, 16 de octubre de 1994. El texto de García Márquez se incluye como complemento a una entrevista con Paco Porrúa, el mítico editor de *Cien años de soledad*.

35. Carlos Fuentes, «No creo que sea obligación del escritor engrosar las filas de los menesterosos», «La Cultura en México», suplemento de *Siempre!*, México, 29 de septiembre de 1965. La conferencia de Fuentes tuvo lugar dentro del ciclo «Narradores ante el público». En la presentación de su texto, los directores del suplemento apun-

tan que la conferencia tuvo lugar «hace tres semanas», por lo que la noche en que García Márquez le dedicó *Cien años de soledad* a María Luisa Elío, debió de ser la del 8 de septiembre o un poco antes.

36. Sobre todo si se tiene en cuenta que, años después, el escritor confesaría que, cuando fue a describir la escena, el cura no se elevaba con nada hasta que probó con chocolate (véase Juan Luis Cebrián, *op. cit.*). Esto quiere decir, entonces, que para comienzos de septiembre de 1965 García Márquez debía de tener escritos, por lo menos, los primeros cuatro o cinco capítulos de la novela.

37. Ernesto Schóo, *art. cit.*, y Plinio Mendoza, *El olor de la guayaba, op. cit.*

38. Cfr. las declaraciones de Emilio García Riera a Eduardo García Aguilar, *art. cit.*

39. Luis Harss, *op. cit.*, lo cuenta así: «Nos dijo que cuando no estaba filmando trabajaba como un esclavo, persistente y tenaz, levantándose a las seis de la mañana "para mantener caliente el motor". Pero el trabajo de todo un día podía muy bien rendir apenas ocho o diez líneas de un párrafo que probablemente iría a parar al tacho de basura por la noche».

40. Cfr. las declaraciones a Plinio Mendoza, en *El olor de la guayaba, op. cit.*

41. Cfr. las declaraciones de García Márquez al equipo de redacción de *El Manifiesto, art. cit.,* y a Plinio Mendoza, *op. cit.*

42. Cfr. las declaraciones de Jomí García Ascot (a quien está dedicada *Cien años de soledad*) a Eduardo García Aguilar, en «Entrevista a Jomí García Ascot», *Gaceta*, vol. VI, n.º 39, Colcultura, Bogotá, 1983.

43. Cfr. las declaraciones de García Márquez a Plinio Mendoza, *op. cit.*

44. Cfr. las declaraciones a Ernesto Schóo, *art. cit.*

45. Cfr. las declaraciones de García Márquez durante la mesa redonda «Buendía, Macondo y el mundo», celebrada en Moscú en 1979 y reproducida por la revista *América Latina*, n.º 1, Moscú, 1980.

46. Cfr. las declaraciones de García Márquez a Manuel Pereiro, *art. cit.*, y a Bernardo Marques, *art. cit.*

47. Según declaraciones de García Márquez a Manuel Pereiro, *art. cit.*, cuando salió *Cien años de soledad,* Luis Coudurier lo llamó por teléfono y le dijo: «Señor García Márquez, usted me haría un gran honor si me dijera que yo tuve algo que ver con ese libro». Ya muy mayor y delicado de salud, el señor Coudurier me recibió, el 30 de octubre de 1994, en la misma casa de la Loma 19, y, con una flema muy inglesa, me habló de la casa, de cómo se la había alquilado a los Gar-

cía Márquez, de su creciente fama y de las dos veces que se habían robado la placa. Como todo monumento, es ahora una casa llena de soledad, de una inmensa soledad.

48. Por ejemplo, en julio de 1976, García Márquez le confesó a Bernardo Marques, *art. cit.*: «Durante los 18 meses que me llevó escribirla (*Cien años de soledad*) nos quedamos sin un centavo y, prácticamente, tuvimos que vivir con las jabas de alimentos que nos llevaban los amigos, con el dinero de las cosas que empeñábamos y, finalmente, con la hipoteca del carrito de que te hablé». En cambio, Álvaro Mutis, cuando le toqué este punto, se sonrió y, tras un breve silencio, agregó: «Estas cosas que hemos hecho el uno por el otro, en verdad yo no las tengo registradas y estoy seguro que Gabo tampoco. Nos basta saber que el uno siempre está dispuesto a acudir en ayuda del otro en lo que sea, da lo mismo que el dinero lo tenga él o lo tenga yo». María Luisa Elío fue todavía más escueta: «A mí nunca me pidieron nada. Les di amor, les di amistad, como ellos a mí». Sin embargo, como lo admitió el propio García Márquez, las bolsas de alimento no faltaron cuando fueron necesarias, y los hijos del escritor, en los últimos meses de la escritura de la novela, se quedaban en la casa de María Luisa Elío a la salida del colegio, hasta que su padre iba a buscarlos por la tarde.

49. Gabriel García Márquez, «Mi amigo Mutis», *El País,* suplemento «Libros», Madrid, 30 de octubre de 1993.

50. La presentación de Emmanuel Carballo sería recogida en numerosas antologías de ensayos sobre la obra de García Márquez, en América y Europa, con el título de «Gabriel García Márquez, un gran novelista latinoamericano».

51. Cfr. las declaraciones de García Márquez a «Primer Plano», *art. cit.*

52. Cfr. las declaraciones de Carlos Barral a Dasso Saldívar, en «Carlos Barral: Marinero en tierra», revista *Universidad de México,* n.º 409-410, México, febrero-marzo de 1985. Es posible que el telegrama de García Márquez le llegara a Barral hacia finales de junio o principios de julio de 1965, al comienzo de las vacaciones estivales, es decir, un poco antes de que el escritor recibiera la propuesta de la Editorial Sudamericana.

53. Cfr. las declaraciones a «Primer Plano», *art. cit.*

54. Cfr. las declaraciones de García Márquez a Bernardo Marques, *art. cit.*, y a Germán Castro Caycedo, *art. cit.* La anécdota me la contó Alfonso Fuenmayor en términos parecidos, pero la versión que darían

cinco años después el mismo García Márquez y Plinio Mendoza en *El olor de la guayaba, op. cit.,* es un poco diferente. Dice el escritor: «Fue ella (Mercedes) la que, una vez terminado el libro, puso el manuscrito en el correo para enviárselo a la Editorial Sudamericana», a lo que Plinio Mendoza agrega: «(Mercedes) me lo contó alguna vez; llevó el manuscrito al correo pensando: ¿Y si después de todo resulta que la novela es mala?».

55. Carlos Fuentes, «García Márquez: *Cien años de soledad*», *Siempre!,* «La Cultura en México», n.º 679, México, 29 de junio de 1966.

56. *Amaru* publicó el capítulo doce en su n.º 1 y *Eco* el diecisiete en su n.º 82. Aparte del capítulo publicado en la revista mexicana *Diálogos*, *Mundo Nuevo* de París volvió a publicar un segundo adelanto en marzo de 1967.

57. Ernesto Schóo, «Los viajes de Simbad García Márquez», *Primera Plana*, n.º 234, Buenos Aires, 20 al 26 de junio de 1967. También se incluye en este número un enjundioso comentario de Tomás Eloy Martínez: «América: La gran novela. Gabriel García Márquez: *Cien años de soledad*», en el que se define a ésta como «una metáfora minuciosa de toda la vida americana, de sus peleas, sus malos sueños y sus frustraciones».

58. La primera edición se terminó de imprimir el 30 de mayo de 1967, en la Compañía Impresora Argentina, S. A., calle de Alsina 2049, Buenos Aires, y se distribuyó o publicó el 5 de junio. Por lo tanto, cuando sale *Primera Plana,* lleva quince días en el mercado, habiéndose agotado toda la edición.

59. Cfr. las declaraciones de García Márquez al equipo de redacción de la revista *Seuil*, en «Gabriel García Márquez: Al banquillo», Bruselas, 1975; y a Juan Luis Cebrián, *op. cit.*

60. Tomás Eloy Martínez, «El día en que empezó todo», en *Para que mis amigos me quieran más*, Homenaje a Gabriel García Márquez, prólogo y selección de Juan Gustavo Cobo Borda, Bogotá, Siglo del Hombre Editores Ltda., 1992.

61. *Ibíd.*

62. *Ibíd.*

63. Cfr. las declaraciones de García Márquez a Horacio Verbitsky, *art. cit.*

64. Francesc Arroyo, «Historia de un libro», *El País*, suplemento «Libros», Madrid, 28 de noviembre de 1992.

65. Cfr. las declaraciones a Plinio Mendoza, en *El olor de la guayaba, op. cit.*

66. Mario Vargas Llosa, «Cien años de soledad: el Amadís en América», *Amaru*, n.º 3, Lima, julio-septiembre de 1967.

67. Cfr. «La literatura es fuego», en *Contra viento y marea (1962-1982)*, Barcelona, Seix Barral, noviembre de 1983. Vargas Llosa cita el 11 de agosto como la fecha en que pronunció su discurso, pero el novelista venezolano Adriano González León recuerda que fue antes y, en efecto, el crítico José Miguel Oviedo anota en su libro sobre Vargas Llosa, *La invención de una realidad* (Barcelona, Barral Editores, octubre de 1977), que fue el 4 de agosto.

68. Cfr. *García Márquez: Historia de un deicidio, op. cit.*

69. *Ibíd.*

70. *Ibíd.*

71. El texto del diálogo fue publicado con el nombre de los dos bajo el título *La novela en América Latina: Diálogo, op. cit.* Este diálogo puede considerarse la prehistoria de *Historia de un deicidio*, que, por lo demás, sería la tesis doctoral de Vargas Llosa, presentada en junio de 1971 en la Universidad Complutense de Madrid.

72. *Ibíd.*

73. Cfr. «Un cuento de Truman Capote», en *Textos costeños, op. cit.*

74. Diez años después, García Márquez ampliaría esta confesión en su primer reportaje televisivo: «Yo siempre tuve la impresión de que estaba trampeando un poco, porque a través de todos mis libros, de mis cuentos, hay un viejo que lleva al niño y lo lleva a ver un muerto y lo lleva de paseo y lo lleva al cine... Mi abuelo me llevaba siempre al cine, y yo tenía la impresión de que no había llegado exactamente a la almendra del problema, hasta cuando llegué a *Cien años de soledad*, donde lo lleva a conocer el hielo. Y era exactamente el punto adonde yo había estado tratando de llegar desde que tenía, no sé, cuatro o cinco años. Creo que ni siquiera sabía hablar cuando conocí el hielo» (Germán Castro Caycedo, *art. cit.*).

FOTOGRAFÍAS
Y PLANOS DE LA CASA NATAL

1. LA ABUELA TRANQUILINA IGUARÁN COTES nació en Riohacha el
5 de julio de 1863 y murió en Sucre el 15 de abril de 1947.

2. EL ABUELO NICOLÁS RICARDO MÁRQUEZ MEJÍA nació en Riohacha el
7 de febrero de 1864 y murió en Santa Marta el 4 de marzo de 1937.

3. EL ABUELO poco antes de su muerte. Arrastrando las secuelas de una caída de una escalera en Aracataca, murió a causa de una neumonía.

4. PLAZA CENTRAL DE BARRANCAS, en donde empezó el enfrentamiento entre Nicolás Márquez y Medardo Pacheco, en abril de 1908.

5. LUGAR DEL ANTIGUO CA-LLEJONCITO DE BARRANCAS en donde Nicolás Márquez ma-tó en un duelo a Medardo Pa-checo, el 19 de octubre de 1908.

6. ANTIGUA ALCALDÍA DE BARRANCAS: aquí se entregó Nicolás Márquez a su amigo el alcalde Tomás Peláez.

7. ANTIGUA CASA DEL GENERAL FRANCISCO JAVIER ROMERO, tío de Medardo Pacheco, en donde Tranquilina Iguarán fue acogida con sus hijos tras el infausto suceso.

8. LOS PADRES DE GABRIEL GARCÍA MÁRQUEZ: Gabriel Eligio García Martínez y Luisa Santiaga Márquez Iguarán.

9. LA MADRE DEL NOVELIS-
TA en sus años de juventud.

10. GARCÍA MÁRQUEZ A LOS CUATRO AÑOS DE EDAD, en el jardín de la casa de Aracataca, junto a una flor de La Habana.

11. EL ESCRITOR CON OCHO AÑOS (centro), cuando cursaba primero de primaria en la escuela Montessori. En primer plano, de izquierda a derecha, sus hermanas Margot, Ligia y Aída. En segundo plano, su primo Eduardo Márquez Caballero y su hermano Luis Enrique.

12. PARTIDA DE BAUTIZO DEL ESCRITOR, en la cual se lee que nació el 6 de marzo de 1927.

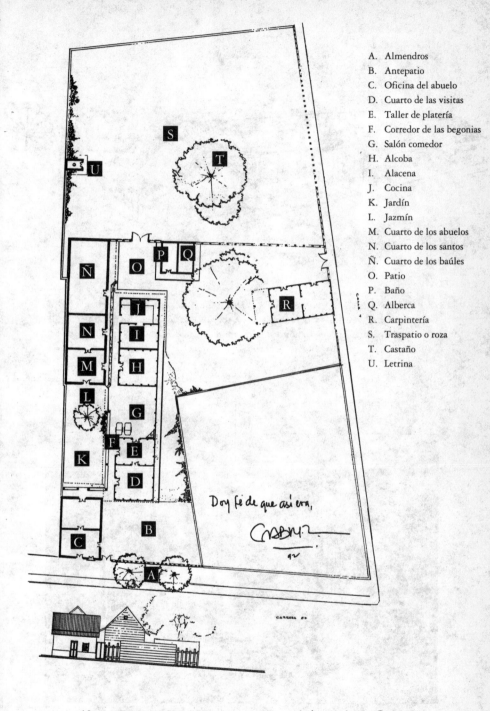

A. Almendros
B. Antepatio
C. Oficina del abuelo
D. Cuarto de las visitas
E. Taller de platería
F. Corredor de las begonias
G. Salón comedor
H. Alcoba
I. Alacena
J. Cocina
K. Jardín
L. Jazmín
M. Cuarto de los abuelos
N. Cuarto de los santos
Ñ. Cuarto de los baúles
O. Patio
P. Baño
Q. Alberca
R. Carpintería
S. Traspatio o roza
T. Castaño
U. Letrina

Doy fe de que así era,

13. PLANTA Y ALZADO DE LA CASA NATAL, según los arquitectos Gustavo Castellón, Gilver Caraballo y Jaime Santos. La trayectoria D, E, F, G, H, I, J es la misma que, en *Cien años de soledad,* sigue el hilo de sangre del cadáver de José Arcadio.

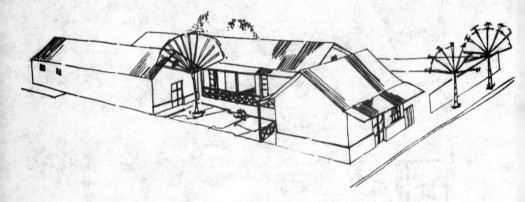

14. RECONSTRUCCIÓN PICTÓRICA DE LA CASA. Los tres cuerpos eran una mezcla de ladrillo, madera y anjeo, con techos de zinc y paja. En el primer cuarto del tercer cuerpo, junto al jazmín, nació García Márquez.

15. ASÍ ERA EL CORREDOR DE LAS BEGONIAS, entre el salón comedor y el taller de platería (derecha) en donde el joyero Nicolás Márquez fabricaba pescaditos de oro, como el que se aprecia arriba.

16. RESTO DE LA CASA. De izquierda a derecha, la alacena, un cuarto y parte del salón comedor y del corredor de las begonias.

17. SOLAR Y RESTOS DE LA ANTIGUA CASA.

18. BODA DE SARA MÁRQUEZ (25 de diciembre de 1936). Es una de las pocas fotos del interior de la casa. De izquierda a derecha, Margot y Aída García Márquez.

19. EN EL LUGAR EXACTO DE ESTE ÁRBOL DE MAMÓN estuvo el famoso castaño hasta principios de los años setenta.

20. CASI TODA LA ANTIGUA CASA FUE DEMOLIDA PARA CONSTRUIR ESTA MODERNA, que es hoy casa museo Gabriel García Márquez.

21. CASA DEL TELEGRAFISTA, detrás de la iglesia de Aracataca.

22. MESA E IMPLEMENTOS DE LA ANTIGUA TELEGRAFÍA. Desde aquí, Gabriel Eligio García le enviaba mensajes de amor cifrados a su novia Luisa Santiaga Márquez a otros pueblos, con la complicidad de sus colegas.

23. CASA Y BOTICA DEL DOCTOR ANTONIO BARBOSA, dos lugares esenciales en la vida y en la obra del escritor. Aquí su padre le dejaba mensajes a su madre durante el noviazgo prohibido y la visitaba a distancia desde la ventanita de la foto de la izquierda.

24. AVENIDA DE MONSEÑOR ESPEJO. A la izquierda, la casa de la botica y, a la derecha, la esquina en donde quedaba la Casa del Muerto, contigua a la de los Márquez Iguarán.

25. IGLESIA DE SAN JOSÉ DE ARACATACA, en donde fue bautizado García Márquez el 27 de julio de 1930 y ofició de monaguillo del padre Francisco C. Angarita.

26. CALLE DEL CAMELLÓN, por donde el niño Gabito cruzaba para asistir a la escuela Montessori, al fondo a la izquierda.

27. ESTACIÓN DE ARACATACA, adonde el tren llegaba todos los días a las once de la mañana.

28. RESTOS DE LOS TRENES de la United Fruit Company.

29. ROSA ELENA FER-
GUSSON, la maestra rio-
hachera que le enseñó a
leer al escritor y le contagió el gusto por la
poesía.

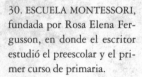

30. ESCUELA MONTESSORI,
fundada por Rosa Elena Fergusson, en donde el escritor
estudió el preescolar y el primer curso de primaria.

31. ÁRBOL MACONDO. Abundó en la región en los años diez y veinte. Hoy sólo quedan unos pocos ejemplares al pie de la Sierra Nevada de Santa Marta.

32. CASA DE LA FINCA MACONDO (1948). En el patio hubo dos macondos gigantes que dieron nombre al lugar. A la derecha, Campo Elías Palencia, padre de Michael Palencia-Roth.

33. FINCA MACONDO, a orillas del río Sevilla, entre Guacamayal y Sevilla. De aquí tomó García Márquez el nombre para su pueblo mítico.

34. ACTUAL CASA DE LA FINCA MACONDO. A su alrededor se levantó un caserío posterior llamado también Macondo.

35. VÍA FÉRREA A LA ALTURA DE GUACAMAYAL Y SEVILLA. A la izquierda, la finca Macondo, cuyo nombre podía leerse, desde el tren, en letras blancas sobre un fondo azul grisáceo de peltre.

36. CASA DEL LLAMADO ESTILO REPUBLICANO, de la época del esplendor bananero, en Ciénaga.

37. LA CASA GRANDE, donde vivió Álvaro Cepeda Samudio de niño y transcurre su novela del mismo nombre.

38. LUGAR DONDE ESTUVO LA ANTIGUA ESTACIÓN DE TREN DE CIÉNAGA. El monumento de Rodrigo Arenas Betancourt rememora la matanza de los trabajadores bananeros, tema de *La casa grande* y uno de los episodios cruciales de *Cien años de soledad*.

39. EL ESCRITOR A LOS TRECE AÑOS DE EDAD, cuando terminó primero de bachillerato, en el Colegio de San José, Barranquilla, 1940.

40. COLEGIO DE SAN JOSÉ de Barranquilla, en donde cursó primero y segundo de bachillerato entre 1940 y 1942.

41. REVISTA *JUVENTUD*, del Colegio de San José, que publicó las primeras crónicas y versos de García Márquez.

42. PLAZA CENTRAL DE ZIPAQUIRÁ, al pie de los cerros andinos.

43. ANTIGUO LICEO NACIONAL DE VARONES DE ZIPAQUIRÁ, en donde el escritor cursó los cuatro últimos años de bachillerato, entre 1943 y 1946.

44. EN LA PUERTA DE LA IZQUIERDA ESTABA LA CAPILLA DEL LICEO y en la del fondo, la biblioteca, que García Márquez se leyó completa en cuatro años.

45. VESTÍBULO DE LOS DORMITORIOS DEL LICEO, en el segundo piso.

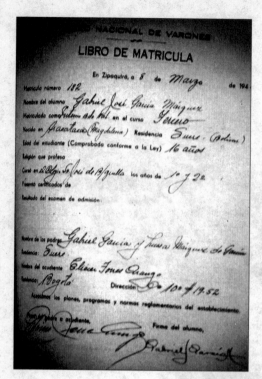

LIBRO DE MATRICULA

En Zipaquirá, a 8 de Marzo de 194

Matrícula número 182

Nombre del alumno *Gabriel José García Márquez*

Matriculado como *alumno* en el curso *Tercero*

Nacido en *Aracataca (Magdalena)* Residencia *Sucre (Bolívar)*

Edad del estudiante (Comprobada conforme a la Ley) *16 años*

Religión que profesa

Cursó en *el Colegio S. José de B/quilla* los años de *1º y 2º*

Presentó certificados de

Resultado del examen de admisión:

Nombre de los padres *Gabriel García y Luisa Márquez de García*

Residencia: *Sucre*

Nombre del acudiente *Eliécer Torres Arango*

Residencia: *Bogotá* Dirección *10ª f 19.52*

Aceptamos los planes, programas y normas reglamentarias del establecimiento.

Firma del padre o acudiente,   Firma del alumno,

Gabriel García

46. HOJA DE MATRÍCULA correspondiente al tercer curso de bachillerato.

47. ADOLFO GÓMEZ TÁMARA, director nacional de Becas, quien le ayudó a García Márquez a obtener la beca para terminar el bachillerato.

48. EL POETA CARLOS MARTÍN, rector del Liceo Nacional de Zipaquirá durante 1944, introdujo al escritor en la obra de Rubén Darío.

49. CARLOS JULIO CALDERÓN HERMIDA, su profesor de literatura y una de las personas que más influyeron en el futuro narrador.

50. MERCEDES BARCHA PARDO, la «colegiala ingrávida» que inspiró algunos poemas piedracielistas al bachiller García Márquez.

51. MOSAICO DE LA PROMOCIÓN DE BACHILLERES DE 1946 DEL LICEO
NACIONAL DE VARONES.

52. EL BACHILLER GABRIEL
GARCÍA MÁRQUEZ.

53. ANTIGUO PUERTO DE SUCRE sobre el caño de La Mojana. Es el mismo que aparece recreado en *El coronel no tiene quien le escriba* y *Crónica de una muerte anunciada*.

54. RESTOS DE LA CASA DE LOS GARCÍA MÁRQUEZ EN SUCRE. Aquí el escritor trabajó en la primera versión de *La hojarasca* y leyó montones de libros a la sombra de los mangos.

55. CASA DE CAYETANO GENTILE CHIMENTO, el Santiago Nasar de *Crónica de una muerte anunciada*.

56. TUMBA DE CAYETA-
NO GENTILE CHIMENTO
en el cementerio de Sucre.

57. CASA DE MARÍA AMALIA SAMPAYO DE ÁLVAREZ *(la Mamá Grande)*, contigua a la de Cayetano Gentile.

58. TUMBA DE MARÍA AMALIA SAMPAYO en el cementerio de Sucre.

59. ÁLVARO MUTIS, JULIO CÉSAR VILLEGAS Y JUANITA RATTI, Nueva York (Latin Quarter), 21 de enero de 1951. Para el segundo, ex ministro peruano, García Márquez trabajó como vendedor de libros a plazos por Valledupar y la Guajira.

60. GRUPO DE BARRANQUILLA. De izquierda a derecha, de pie: Alfredo Delgado, Carlos de la Espriella, Germán Vargas, Fernando Cepeda, Orlando Rivera (*Figurita*). Sentados: Roberto Prieto, Eduardo Fuenmayor, Gabriel García Márquez, Alfonso Fuenmayor, Ramón Vinyes («el sabio catalán») y Rafael Marriaga.

61. EN LA ÉPOCA EN QUE FUE REPORTERO DE *EL ESPECTADOR* y publicó
su primera novela, *La hojarasca*.

62. EN LEIPZIG, JUNIO DE 1957. De izquierda a derecha: Carlos Lozano, Gabriel García Márquez, Jaime Orejuela, Plinio Apuleyo Mendoza, Soledad Mendoza y Luis Villar Borda.

63. EN LA PLAZA ROJA DE MOSCÚ, AGOSTO DE 1957. De izquerda a derecha: Gabriel García Márquez, Luis Villar Borda, Matilde Mújica, Pablo Solano y Teresa Salcedo.

64. CON SU MUJER MERCEDES BARCHA en la casa de
María Luisa Elío. México, 1966.

65. CON LOS CINEASTAS Alfredo y Arturo Ripstein en la época en que se
filmó *Tiempo de morir*. México, julio de 1965.

66. CASA DE LOS GARCÍA MÁRQUEZ en el suburbio residencial de San Ángel Inn.

67. LA CUEVA DE LA MAFIA, cuarto donde García Márquez escribió *Cien años de soledad*, entre julio de 1965 y septiembre de 1966.

68. PORTADA DE LA EDICIÓN PRÍNCIPE de *Cien años de soledad*, impresa el 30 de mayo de 1967.

69. PORTADA DISEÑADA POR VICENTE ROJO, publicada a partir de la segunda edición, en junio de 1967.

70. CON FRANCISCO PORRÚA, editor de *Cien años de soledad,* en una calle de Buenos Aires, en junio de 1967.

71. CON ÁLVARO CEPEDA SAMUDIO, centro, y Daniel Samper, izquierda, en la cocina de Consuelo Araújo. Valledupar, septiembre de 1967.

72. CON MERCEDES Y SUS HIJOS GONZALO Y RODRI-GO en Barcelona cuando escribía *El otoño del patriarca*.

73. ASEDIADO POR LA SOLEDAD DE LA FAMA, el escritor medita sobre la soledad del poder. En una calle de la Ciudad Condal.

ÁRBOLES GENEALÓGICOS

LOS MÁRQUEZ IGUARÁN

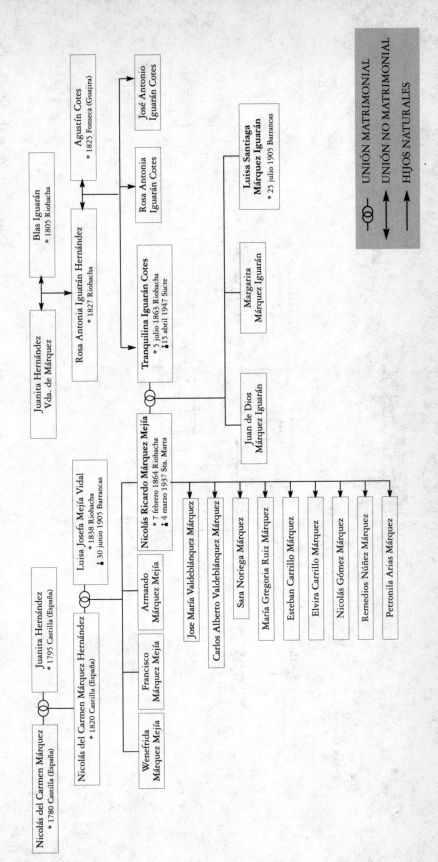

Nicolás del Carmen Márquez
* 1780 Castilla (España)

Juanita Hernández
* 1795 Castilla (España)

Nicolás del Carmen Márquez Hernández
* 1820 Castilla (España)

Luisa Josefa Mejía Vidal
* 1838 Riohacha
✝ 30 junio 1905 Barrancas

Wenefrida Márquez Mejía

Francisco Márquez Mejía

Armando Márquez Mejía

Nicolás Ricardo Márquez Mejía
* 7 febrero 1864 Riohacha
✝ 4 marzo 1937 Sta. Marta

Juanita Hernández Vda. de Márquez

Blas Iguarán
* 1805 Riohacha

Rosa Antonia Iguarán Hernández
* 1827 Riohacha

Agustín Cotes
* 1825 Fonseca (Guajira)

José Antonio Iguarán Cotes

Rosa Antonia Iguarán Cotes

Tranquilina Iguarán Cotes
* 5 julio 1863 Riohacha
✝ 15 abril 1947 Sucre

Juan de Dios Márquez Iguarán

Margarita Márquez Iguarán

Luisa Santiaga Márquez Iguarán
* 25 julio 1905 Barrancas

Jose María Valdeblánquez Márquez

Carlos Alberto Valdeblánquez Márquez

Sara Noriega Márquez

María Gregoria Ruiz Márquez

Esteban Carrillo Márquez

Elvira Carrillo Márquez

Nicolás Gómez Márquez

Remedios Núñez Márquez

Petronila Arias Márquez

UNIÓN MATRIMONIAL

UNIÓN NO MATRIMONIAL

HIJOS NATURALES

LOS GARCÍA MARTÍNEZ

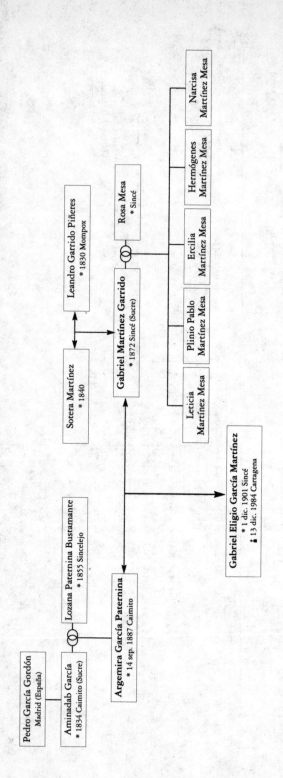

	UNIÓN MATRIMONIAL
	UNIÓN NO MATRIMONIAL
	HIJOS NATURALES

Pedro García Gordón
Madrid (España)

Aminadab García
* 1834 Caimito (Sucre)

Lozana Paternina Bustamante
* 1855 Sincelejo

Argemira García Paternina
* 14 sep. 1887 Caimito

Sotera Martínez
* 1840

Leandro Garrido Piñeres
* 1830 Mompox

Gabriel Martínez Garrido
* 1872 Sincé (Sucre)

Rosa Mesa
* Sincé

Gabriel Eligio García Martínez
* 1 dic. 1901 Sincé
✝ 13 dic. 1984 Cartagena

Leticia
Martínez Mesa

Plinio Pablo
Martínez Mesa

Ercilia
Martínez Mesa

Hermógenes
Martínez Mesa

Narcisa
Martínez Mesa

LOS GARCÍA MÁRQUEZ

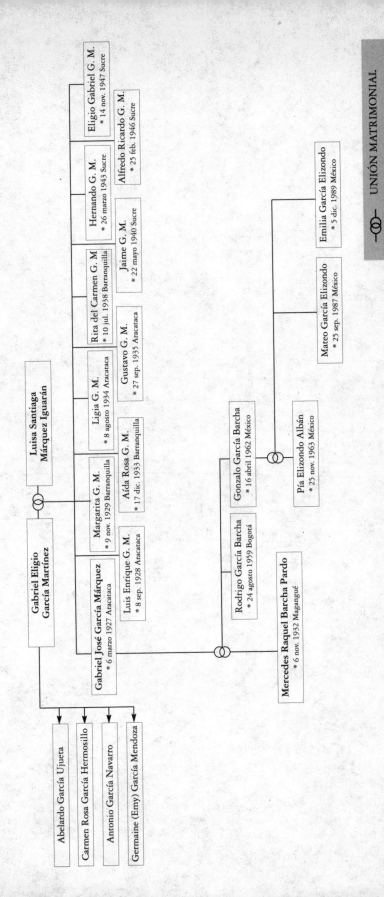

Gabriel Eligio García Martínez

Luisa Santiaga Márquez Iguarán

Gabriel José García Márquez
* 6 marzo 1927 Aracataca

Luis Enrique G. M.
* 8 sep. 1928 Aracataca

Margarita G. M.
* 9 nov. 1929 Barranquilla

Aida Rosa G. M.
* 17 dic. 1933 Barranquilla

Ligia G. M.
* 8 agosto 1934 Aracataca

Gustavo G. M.
* 27 sep. 1935 Aracataca

Rita del Carmen G. M
* 10 jul. 1938 Barranquilla

Jaime G. M.
* 22 mayo 1940 Sucre

Hernando G. M.
* 26 marzo 1943 Sucre

Alfredo Ricardo G. M.
* 25 feb. 1946 Sucre

Eligio Gabriel G. M.
* 14 nov. 1947 Sucre

Abelardo García Ujueta

Carmen Rosa García Hermosillo

Antonio García Navarro

Germaine (Emy) García Mendoza

Mercedes Raquel Barcha Pardo
* 6 nov. 1932 Magangué

Rodrigo García Barcha
* 24 agosto 1959 Bogotá

Gonzalo García Barcha
* 16 abril 1962 México

Pía Elizondo Albán
* 25 nov. 1963 México

Mateo García Elizondo
* 25 sep. 1987 México

Emilia García Elizondo
* 5 dic. 1989 México

UNIÓN MATRIMONIAL

UNIÓN NO MATRIMONIAL

HIJOS NATURALES

Índice onomástico

Índice de obras

Este libro
se terminó de imprimir
en los Talleres Gráficos
de Rotapapel, S. L.
Móstoles, Madrid (España)
en el mes de mayo de 1997